华中师范大学110周年校庆丛书

丛书主编／马　敏　黄晓玫

不朽的文华

——从文华公书林到文华图书馆学专科学校

BUXIU DE WENHUA

CONG WENHUAGONGSHULIN DAO WENHUATUSHUGUANXUE ZHUANKE XUEXIAO

◎ 周洪宇 著

華中師範大學出版社

新出图证(鄂)字10号

图书在版编目(CIP)数据

不朽的文华——从文华公书林到文华图书馆学专科学校/周洪宇 著.
—武汉:华中师范大学出版社,2013.9
(华中师范大学110周年校庆丛书)

ISBN 978-7-5622-6282-4

Ⅰ.①不… Ⅱ.①周… Ⅲ.①文华图书馆学专科学校—校史 Ⅳ.①G649.286.31

中国版本图书馆CIP数据核字(2013)第219032号

不朽的文华——从文华公书林到文华图书馆学专科学校

责任编辑:王 胜　　**责任校对:**刘 峥
封面设计:罗明波　　**编 辑 室:**学术出版中心
电　　话:027－67863220
出版发行:华中师范大学出版社
社址:湖北省武汉市珞喻路152号
电话:027－67863040(发行部)　027－67861321(邮购)
传真:027－67863291
网址:http://www.ccnupress.com　　**电子信箱:**hscbs@public.wh.hb.cn
印刷:湖北恒泰印务有限公司　　**督印:**章光琼
字数:536千字
开本:787mm×960mm 1/16　　**印张:**37.5
版次:2013年9月第1版　　**印次:**2013年9月第1次印刷
定价:83.00元

欢迎上网查询、购书

MU LU

目录

绪论

一、研究缘起

图书馆是保存和传播人类文明、开启人类智慧的重要机构，是人类文化教育的重要载体。中国的官府、书院、私人等藏书机构源远流长，“老子为周室柱下史，即是国家已有官吏专司图书管理责任。汉高祖入咸阳，萧何首先收藏秦丞相御史律令图书，已见圖籍档案对治国的重要。因此历代政府，无不注重藏书，如汉之东观兰台，隋之嘉则殿，唐之宏文馆，宋之三馆一阁，元之秘书监，明之文渊阁，清之内廷四阁，皆为国家藏书所在”①。中国历代所产生的图书，绝大部分集中于这些类似性质的藏书机构，包括官方藏书、私人藏书、书院藏书和寺院藏书，以至有学者谓：“我国的图书馆，到了汉代，已成为了一种事业。所谓事业，据易经坤：‘发于事业’疏：‘所谓事业，事成谓之业。’换句话说，有理想、有目标、有计划，不断经营的，都是一种事业。汉代的图书馆，已经循着这一方向运转，所以我们称之为图书馆事业。”② 到了清代，已形成完整成熟的官府藏书体系，包括清初以来建立起的宫廷藏书及各府、州、县的藏书机构。其中，宫廷

---

① 严文郁．中国图书馆发展史——自清末至抗战胜利［M］．台湾：枫城出版社，1983：21.

② 卢荷生．中国图书馆事业史［M］．台湾：文史哲出版社，1986：21.

藏书是中央一级的藏书，如南北七阁所藏《四库全书》，标志着我国古代社会官府藏书已发展到最完善、最丰富的阶段。

我国古代藏书机构的名称繁多，“藏书楼并非皆以‘楼’名，早期的藏书处都未冠名，把藏书处普遍称为某某藏书楼是到明清以后的事。常见的藏书楼除名以某某楼外，还多以某斋、堂、室、居、轩、馆、亭、房、洞等名之。更有一楼数名，乃至有名无楼者。书楼之名深得微言大义春秋笔法之精妙，寥寥数字借以传达事主旨趣欲求、性情处境乃至藏书特色、数量规模等等”①。古代的藏书机构或叫“府”、“宫”、“阁”、“观”，或叫“殿”、“院”、“堂”、“斋”、“楼”等，如西周的故府、秦朝的阿房宫、汉朝的天禄阁、东汉的东观、隋朝的观文殿、宋朝的崇文院、明朝的澹生堂、清朝的知不足斋、清朝的铁琴铜剑楼。在几千年的历史流变中，藏书楼塑造了中国博大精深的藏书文化，只是“可惜这些宝藏储之大内，不仅宇内读书人，绝对无法寓目，即是朝廷高官词臣，也不轻易得见。盖其意在保存而非利用”②。

藏书楼伴随着近代社会经济、政治、文化的变化，特别是遭遇晚清历史大变革时期，再遭受外敌入侵与军阀混战的破坏，无法逃脱没落的命运。在连绵不断的战火中，标志着中国古代官府藏书达到鼎盛的“四库七阁”藏书体系在战争中遭受了重创，“七阁”中“宫廷四阁”中的“文源阁”在1860年英法联军火烧圆明园时化为灰烬，“江南三阁”中的“文宗阁”和“文汇阁”的《四库全书》在1853年太平军攻破镇江和扬州时被付诸一炬，杭州“文澜阁”的《四库全书》亦曾流落市井颇有散佚，而藏有《四库全书》底本等大量珍贵藏书的“翰林院”则在1900年“北京围困”时被“八国联军”焚掠一空③。叶德辉在记述太平天国后私家藏书的情况时说：“大江南北，遍地劫灰，吴中二三百年藏书之精华，扫掉尽矣。幸有常熟瞿氏

① 任继愈．中国藏书楼（第一卷）［M］．沈阳：辽宁人民出版社，2001：1-2.
② 严文郁．中国图书馆发展史——自清末至抗战胜利［M］．台湾：枫城出版社，1983：21.
③ 程焕文．晚清图书馆学术思想史［M］．北京：北京图书馆出版社，2004：46.

铁琴铜剑楼保守其孑遗，聊城杨氏海源阁收拾余烬，兰陵孙祠书籍归于吾县袁氏卧雪庐，江浙间所有善本秘抄，又陆续会于湖州陆氏皕宋楼，仁和丁氏善本室，长篇短策，犹可旗鼓中原。”甲午战争后，仅剩的几处负有盛名的私家藏书楼也在外国侵略者的觊觎之下在劫难逃，大量中国古代珍稀书籍流失海外。“日本在既得皕宋楼后，又觊觎瞿氏铁琴铜剑楼，遂引起学部之重视，议拟设置京师图书馆，并购置瞿氏藏书，以免流散，为他国所得。”①

明清以前古代藏书机构的功能主要是保存图书资料，加之民众受教育水平较低，故而影响范围有限。“在昔日各种藏书虽然不是对于一般人公开的，但对于受教育的人，即学者文人，是公开的。无论是什么人要经过科举的典试以人士者阶级不受任何限制，然而这些藏书馆阁只是往昔珍贵记载储藏之所，而不是传布有用的书籍于民间的枢纽。”② 这就是后世人们之所以把古代藏书机构统称为“藏书楼”的缘故。对于中国古代藏书楼“重藏轻用”，图书馆学家李小缘在《藏书楼与公共图书馆》中是有明确认识的，他说：“藏书楼是静、贵族式保存、设在山林里、官府办的、注重学术著作文化结晶的机关。”可见藏书楼最大的特点是它的保守性，它通常只服务极少数上层统治者和文人，不向公众开放。作为保存和传播人类文明，为广大社会民众服务的公共图书馆（public library），李小缘认为公共图书馆是“动的、设在城市、民众办的、自动的、平民式的、贵考用的、注意精神快乐、文化的宣传机关”。

现代图书馆事业先驱袁同礼亦在《明代私家藏书概略》一文中，揭示古代藏书楼“重藏轻用”的特征成因与弊端，“然私家藏书，愈秘不示人，愈不能永其传。当其聚也，穷毕生精力而为之，缩衣节食，引而弗替；迨其后也，非遭兵燹而散乱无遗，即为有力者捆载而去，一转瞬间，已散为云烟。加以书目简略，后世研究书史者，亦无所稽考，此亦清代藏书家之

① 张碧惠. 晚清藏书家缪荃孙研究［M］. 台北：汉美图书公司，1991：123-124.

② 文华图书馆学专科学校季刊［J］. 北京：国家图书馆出版社，2009，8（5）：42.

普遍现象也。盖载籍之厄，以中国为最甚。全国缺乏公共收藏机关，实学术不发达之主要原因。此则今之务典藏者，有以力矫之矣”[①]。

新式图书馆起源于西方文艺复兴和宗教改革时期，随着普及公共教育思想而兴起，是西方工业文明的产物。美国是现代图书馆的先驱，19 世纪和 20 世纪初，美国的公共图书馆迅速发展，并带动了其他国家的公共图书馆运动，自然也包括中国。在“西学东渐”的特定历史情势下，西方的基督教徒、传教士和教会学校出于传教布道的需要，将西方公共图书馆理念“植入”中国传统文化社会的土壤，扮演了中西文化交流的媒介和桥梁角色，在推动中国社会的变革方面起到了一定作用。早在 1605 年，意大利传教士利玛窦就已在北京创办了南堂传教书库，接踵而来的有西堂传教书库、东堂传教书库、北堂传教书库。1842 年，耶稣会传教士在上海创办了“徐家汇天主教堂藏书楼”，此后相继有格致书院图书馆、圣约翰大学图书馆等出现[②]。它们的教会色彩均很浓厚，如徐家汇藏书楼的管理由教会总院负责，主管人员一般为耶稣会士，服务对象一般也为耶稣会士，其后才有所扩展。这些西方人士对于我国新式图书馆事业的兴起起到了一定的示范和促进作用。

鸦片战争以后，在古代藏书楼没落的同时，为救亡图存，一批“开眼看世界”的维新改革仁人志士主张“师夷长技以制夷”，开始在器物层面向西方学习。1894 年甲午战争后，中国人了解到制度转换的重要性，开始了“在传统外变”（change beyond the tradition）时期，并由此导致了清末公共图书馆的创设和近代中国第一次公共图书馆运动的兴起。1904 年，湖北图书馆和湖南图书馆分别在武昌和长沙正式成立，它们是我国第一批官办的公共图书馆。1905 年清政府迫于形势，实行新政，将公共图书馆建设以法令的形式予以肯定。当时的省立新式图书馆一般具备了“公立”特征，却

---

① 李希泌，张椒华．中国古代藏书与近代图书馆史料（春秋至五四前后）［M］．北京：中华书局，1996：426．

② 林明武．中国近代图书馆诞生与欧美图书馆关系［J］．中国电力教育，2008（11）．

不具备“公共”的特征，如有图书馆规定“不得携带僮仆幼孩”等。加之，图书馆普遍采取阅览券的收费方式，普通民众利用程度受到一定的限制。“据教育部本年调查统计，各省图书馆 23 所，通俗图书馆 237 所，巡回文库 30 个，公众阅览报所京师 9 个，各省公私阅报所1 808所。”① 而正在筹办和已经开办的各类图书馆，共有五种类型：公共图书馆有国家图书馆、省级图书馆、市县级图书馆，公共藏书楼，阅览室，学校图书馆，专门图书馆。藏书机构的名称逐渐以“图书馆”取代了“藏书楼”。

在学校图书馆中，又尤以教会大学图书馆为主，这包括 1910 年武昌文华大学（华中大学前身）正式建立的图书馆“文华公书林”（Boone Library, Boone University）。“文华公书林”的成立、发展乃至对中国图书馆事业的后世影响，具有一般教会大学图书馆所没有的特殊性、复杂性、广泛性、深远性。“文华公书林”的创办者为美国人韦棣华（英文名 Mary Elizabeth Wood，译为玛丽·伊丽莎白·伍德）。一般教会大学图书馆的创办者通常为基督教传教士，她却并非差会传教士，在创办“文华公书林”整个时段里，她只是文华书院（文华大学前身）的一名英语教师。创办图书馆的念头，一方面是其职业兴趣之使然，她来华前曾担任过美国巴达维亚市立里奇蒙德图书馆首任馆长；另一方面是出于启迪民智与当时文华书院客观上迫切需要一所正规图书馆的双重考虑，这一想法得到了当时美国圣公会鄂湘教区主教、文华大学校长孟良佐（Alfred Alonzo Gilman）的支持。

1923 年，韦棣华将 150 名中国知名人士和 65 名有影响力的在华美侨的两份联名请愿书，提交美国政府，为将美国第二次退还庚款用于发展图书馆事业奔走，并倡导将两国的图书馆通过行业组织联系起来，积极促成前美国图书馆协会馆长鲍士伟博士（Dr. Arthur Elmore Bostwick）访华，为处理庚款事务专门成立的“中华教育文化基金董事会”（China Foundation for the Promotion of Education and Culture）参考其报告，决议资助中国文化事

---

① 邹华享，施金炎. 中国近现代图书馆事业大事记［M］. 长沙：湖南人民出版社，1988：26.

业，包括图书馆学。文华公书林系在不足20平方公尺的“八角亭”藏书室基础上演变而来，之所以取名为“公书林”，本身寓有公之于众的意思。该馆将文华大学所藏图书馆期刊公开陈列，供人自由阅览，凡武汉地区机关、学校以及一般群众均可使用。这是我国第一所由外国私人经办的美国模式的图书馆[①]。为了便于读者阅读，公书林实行开架借书，创办巡回图书馆，在离公书林较远的学校和单位设点，送书上门，定期更换新书，使那些由于条件不便，无法到公书林来阅读的读者也能看书，这在当时的中国是少见的。

尽管公书林已经建成并投入使用，但是韦棣华的图书馆事业梦想并非局限于此。一方面，到1912年，全国相继建立了省级公共图书馆共18所，据1916年《教育公报》统计：全国21个省市已拥有公私立图书馆237所。尔后中国恰好处于传统藏书机构向近代图书馆渐变的历史变革时期，不断崛起的民众意识与白话文运动给公共图书馆带来了无限生机，“民众图书馆运动因国内兴起了三种改革受到了强大的激荡。第一为民国六年所倡的文艺革命及复兴运动，其目的乃在推行白话为写作的工具。其次，民国八年学生运动继起，以唤醒民众了解新国家观念为标榜。再次，民国九年平民教育运动随之而起，要教授目不识丁的民众能读能写千字课本，并获得做公民的基本知识。有了这三种运动，于是白话体的通俗杂志和书籍出版至多，犹如雨后春笋，民国三年在邮政局正式登记的杂志仅367种，到了民国十年有921种，民国十四年有1 323种——十年之内增加约百分之二百六十”[②]。显然，这是一个需要图书馆及其专门人才的时代。

另一方面，“文华大学图书馆规模甚小，馆藏贫乏，不敷教学需要，女士有鉴于此，除极力争取房舍，扩充馆藏外，并返美就读纽约普莱特学院(Pratt Institute）及波士顿西蒙斯学院（Simmons College)，专攻图书馆学，

---

① 严文郁．中国图书馆发展史——自清末至抗战胜利［M］．台湾：枫城出版社，1983：26.

② 裘开明．中国［J］．文华图书馆学专科学校季刊．北京：国家图书馆出版社，2009，8（5）：475.

以为实际的助力”。韦棣华考虑到要发展中国的图书馆事业，想要建立一所图书馆学校，培养管理图书馆的专业人才。而建立图书馆学校，首先要培养师资，当时中国对图书馆管理员的理念还很陈旧落后，更谈不上有专门的图书馆学校。无怪乎图书馆学家杜定友在1926年谈到，“图书馆学是一个新名词，恐怕只有二三年吧？在外国，也不过是近代的事。图书馆学这个名词，在外国书中，虽然发现于近百年前（1829年）；但是成为专门学，也不过最近10年的事。考图书馆事业的发轫，远在数千年前。我国向来有目录学、校雠学，也差不多有图书馆学的意思，不过内容却大不相同”①。据资料记载，我国第一次在大学开设图书馆课程的是美国图书馆专家克乃文（Harry Clemens）。1913年，克乃文主持南京金陵大学图书馆时，曾在该校文科设图书馆课程②。而通过独立的专业设置，通过学校教育系统地培养图书馆专门人才，则是武昌文华大学图书科首开先河。

1914年和1916年，韦棣华先后派文华大学两名毕业生沈祖荣和胡庆生赴美，入纽约公共图书馆学校专攻图书馆学。学成归国后，他们一面着手准备教学所用教材（基本上是移植和改造美国图书馆学教育体系，如杜威的分类法），一面又组织宣传团分赴华中、华东、华北等地积极进行宣传，发起提倡美国式图书馆的新图书馆运动，主张建立公共图书馆。在对中国图书馆实际状况有了更加深入了解的基础上，积极争取得到中国教育界（如中华教育改进社）的帮助。在完成了一系列的准备工作后，1920年成立文华大学图书科，附设在文华大学（Boone University）文学院，文华大学图书科最初是从文华大学二年级以上的学生中招收兼修图书馆学课程的学生，学制两年。本科毕业生除授予文学学士学位外，还另外发给图书馆学专科毕业证书。文华公书林作为当时颇具特色的公共图书馆，不仅是文华大学的公共图书馆，也成了武汉民众的图书馆，而且成为文华大学图书科

① 杜定友．图书馆学的内容与方法［J］．教育杂志，1926，18（9、10）．

② 张锦郎，黄渊泉．中国近六十年来图书馆事业大事记［M］．台北：“商务印书馆”，1974：9-10．

的办学依托和教学实习基地。

从某种程度上讲，韦棣华开启了中国图书馆学的大门，她引进了美国的公共图书馆精神，并促成了中国图书馆学的产生与发展。“欧美图书管理法多由日文传入我国。在一九一三年日本图书馆协会所编印的图书馆经营法被译成中文。当时有美国传教士当中的图书馆学专家教授中国学生以管理现代图书的方法。其中有几位后来留美攻图书馆学，返国后复以传授国人。第一所正式图书馆学校一九二〇年在武昌文华大学（后为华中大学）开办。韦棣华女士居是校之首，而以她的曾在美国受过训练的两位学生为教授。”① 当然，我国的一些有识之士也为本国图书馆学的产生做了一些先期准备工作，譬如，孙毓修综合日本和美国的情况于 1909 年发表了《图书馆》一文，谢荫昌于 1910 年翻译了日本的《图书馆教育》一书，等等。1917 年前后，留学美国和菲律宾等国的我国第一代图书馆学者沈祖荣、胡庆生、戴志骞、李小缘、刘国钧、杜定友等相继学成归国，他们迅即掀起了一场“新图书馆运动”，并直接促成了20 世纪我国图书馆学发展的第一次高潮。第一次高潮从 20 世纪 20 年代初一直延续到 30 年代末，它锻炼了第一代学者而造就了第二代学者②。图书馆学的薪火传承，足见“文华”对于中国图书馆事业的历史贡献延续至今。

20 世纪 20 年代以后，随着“教育救国论”的倡导流行，各种国立的、公立的大学发展迅速，私人兴办的大学也蒸蒸日上，给教会学校的发展带来竞争之势。1922 年，在上海举行基督教全国千人代表大会以后，教会提倡学校适当调整合并，以便集中人力物力来加强其工作的影响，1924 年文华大学合并其他诸校，改名为华中大学。根据校董会的预算，“图书馆杂志及图书馆的一切均由美国圣公会担负，而图书馆（即公书林）是和美国圣公会、图书馆学专科学校共用的”。

1927 年正值北伐和国民大革命，“由于教会学校大多是美英的教会所举

---

① 文华图书馆学专科学校季刊 [J]. 北京：国家图书馆出版社，2009，8（5）：480-481.

② 程焕文. 图书馆人与图书馆精神 [J]. 中国图书馆学报，1992（2）：35-42.

办，不能适应革命潮流，广东、湖南、武汉这些地区的教会学校纷纷停办"[①]。反基督教运动在全国上下风起云涌，华中大学因此停办直至1929年复校。"在华中大学被关闭的这段时间里，其图书馆学专业仍在继续开办。这个专业的领导人希望华中大学重新开学后，图书馆学校仍是华中大学的一个部分。"[②] 然而，事不遂人愿，1928年国民政府通过"北伐战争"的胜利获取了中国形式上的统一，加强了国家力量的重新整合，并随之在政治、经济、军事、外交、法律、文化教育、民族心理和宗教管理等方面展开了一系列国家整合工程，对由外国人建立并提供资金的教育机构施行更严密的监管。在非基督教和收回教育权运动中，1929年8月，南京政府教育部正式颁布了《部定私立学校规程》，要求所有教会学校必须进行注册。在重重压力之下，华中大学不得不向教育部注册立案。然而，"在学生训练、课程设置及图书馆学校领导者与华中大学领导者的关系等等几个方面，华中大学与文华图书馆学校出现了许多争执"[③]。韦棣华希望图书科能发展成一所独立的实力雄厚的专科学校，而不能受制于华中大学的掌控之下，这一点却是华中大学所不能容忍的，于是1929年文华图书科董事会积极向南京政府教育部办理专科学校立案手续，同年8月批准立案，成为一所独立的学校。1930年6月，华中大学教育委员会、评议会和教员委员会通过了一项要求文华图书馆学专科学校要么成为华中大学的一部分，要么脱离华中大学成为一所独立的学院的"最后通牒"式的决议。多重因素的叠加，促使文华图书馆学专科学校决定"走自己的路"。1930年12月1日正式启用"私立武昌文华图书馆学专科学校"（Boone Library School）印章。

文华大学图书科以及后来的华中大学文华图书科、文华图书馆学专科

---

① 韦卓民．关于文华书院的变迁［M］//陈冠林，杨胜红．文华之光．武汉：长江出版社，2011：13.

② ［美］柯约翰．华中大学［M］．黄政辉，译．武汉：华中师范大学出版社，1992：50.

③ ［美］柯约翰．华中大学［M］．黄政辉，译．武汉：华中师范大学出版社，1992：50.

学校（以下简称“文华图专”）在促进中国与世界图书馆界的交流方面功不可没。除了前面所提1925年鲍士伟访华是由韦棣华一手促成，1926年美国图书馆协会50周年纪念大会，中国图书馆协会参会代表为韦棣华、桂质柏、裘开明等5人。1927年9月，韦棣华代表中国图书馆协会参加了在英国爱丁堡举行的英国图书馆协会50周年大会；1929年6月15日—30日，第一次国际图书馆与目录学会议在意大利罗马召开，沈祖荣作为中华图书馆协会代表参会。文华的许多优秀毕业生留学海外，一些毕业生在国外著名图书馆服务。文华也常常聘请外籍教师前来授课，许多国外的学校和机构都曾向文华捐赠和交换过书刊，文华的办学得到了世界各地的重视，美国图书馆协会、英国议会、洛克菲勒基金会等国外机构均曾援以办学资金。韦棣华逝世后，她的好友在国外募捐成立“韦棣华基金会”（Miss Mary Elizabeth Wood Foundation）。至今，韦棣华基金会还在亚洲与世界各地资助支持图书馆事业与人才培养，为全球图书馆事业的发展作出贡献。

从最初文华书院的“八角亭”藏书室到文华大学的公共图书馆——文华公书林（1910年），从文华大学图书科（1920年）到华中大学文华图书科（1924年），再到文华图书馆学专科学校（1930年），最后至1953年并入武汉大学，前后跨越近半个世纪。在20世纪世界公共图书馆运动的历史潮流中，中国也先后进行了两次新图书馆运动，文华图书馆学专科学校是我国近代图书馆史上开办最早、时间最长的图书馆学专门学校，其创办者韦棣华与发展者沈祖荣、胡庆生等人为中国图书馆事业融入世界作出了重要的历史贡献，文华图专理所当然成为世界图书馆事业的一个组成部分。

笔者选择“文华”作为研究主题实乃各种机缘叠合促成：

其一，个人求学经历、学术背景和研究兴趣是直接动因。华中师范大学的最早前身就是文华书院（尔后发展成为文华大学、华中大学），而文华公书林、文华大学图书科、华中大学文华图书科和文华图书馆学专科学校正是在文华母体内孕育而生的。笔者先后在华中师范大学历史系、教育科学研究所、历史研究所学习并获历史学学士（1982年）、教育学硕士（1988年）、历史学博士学位（1992年），可谓一个地道的生于斯长于斯的“华大人”。笔者1982年1月大学毕业以后，留校在华中师范大学教育科学研究所任教，从事教育文化史研究，有机会接触到文华老人，了解到许多情况，对这段历史比较熟悉，感触甚多，倍感珍惜。而且，“文华”又属于笔者专业教育文化史的研究范围，研究它有助于从一所学校的历史变迁看中国近现代教育文化史的流变、特征与规律，自然引起笔者的极大关注，故从20世纪90年代就开始留心研究，撰写相关论文，有所积累。钱穆曾谓：“贵于心知其意者之能微窥而知也。”如何将文华图专的研究从图书馆学科史转向教育文化史（包括西方基督教在华教育事业）研究，正是笔者沉浸“冥心眇索”与延伸“微窥功夫”的兴趣所在。

其二，笔者近年担任湖北省人大常委会副主任，分管教科文卫工作，有机会经常对国内外大学办学尤其是其图书馆发展状况进行考察，接触各种历史和现实资料，也曾以全国人大代表身份，多次向全国人大提交有关公共图书馆、档案馆、博物馆等公共教育文化事业的议案和建议，希望能促成有关政策和法律出台。现实的工作与责任促使笔者格外关注图书馆事业的历史与发展。同时，笔者对口联系省档案馆、省图书馆，这些部门的同志也在研究中给予了热情协助，为笔者的研究创造了得天独厚的条件。《论语·八佾》云：“夏礼吾能言之，杞不足征也。殷礼吾能言之，宋不足征也。文献不足故也。足，则吾能征之矣。”历史研究是要用史料说话的，现在有大量的原始档案做依据，自然心中有底。

其三，今年10月恰逢华中师范大学110周年校庆，写作此书为母校献礼，是笔者的心愿。业师章开沅先生、学兄华中师范大学书记马敏教授、好友华中师范大学出版社社长范军教授得知笔者的研究计划后经常问询，了解进展，也使笔者深感责任重大，义不容辞，刻不容缓。多重契机由萌而“动”，“倒逼”着笔者去研究。但毕竟现在公务缠身，无法像过去一样可以心无旁骛，专心写作，笔者只能利用工余休息时间研究，时作时辍。

好在十多年前笔者就在刘飒同志协助下完成了一个八章十余万字的初稿，有一定基础，今又得贺娜同志协助，搜集到大量档案资料，从而得以依据新的资料，充实了不少内容，终于完成了持续近二十年的研究，算是了结平生夙愿。

二、研究意义

如前所述，我们知道在“文华”成立了近代中国最早的真正意义上的公共图书馆；在“文华”最早开创了专门图书馆员教育培训机构。今天，我们透过历史的分光镜，可以看到“文华”作为近代中国历史文化赓继绵延的记忆载体，在其半个世纪的发展史中，近代图书馆学从实践到理论再到实践的接力棒，在“文华”是如何传递的历史镜像。本书试图通过对“文华”的个案研究，考察基督徒、传教士和教会学校是如何将公共图书馆、图书馆学教育与研究等现代图书馆体系制度引进中国，并促进中国图书馆事业的发展。探讨基督徒、传教士和教会学校是如何因应时代变化与社会的需求，日益走向世俗化、本土化和专业化的路径，在近代中国发挥西方文明传入中国的媒介和桥梁作用。无论是从教育文化史角度，抑或从社会发展史角度，“文华”在历史长河的时间维度上，正好处于 19 世纪和 20 世纪中西文化交流的坐标上，故而浓缩了中国近代化进程，富有独特的历史魅力，值得深入研究。

该项研究具有重要的学术价值与现实意义。从学术价值看：一是有助于学术文化积累，过去这项研究尽管有，但不全面、不深入、不客观，鉴于“文华”的历史地位，现在应该力求全面、深入、客观，以作为此类研究的学术文化积累，为今后此类研究奠定更为厚实的基础，也为后人认识和研究这段历史提供基本读物。二是有助于学科建设，过去这项研究主要限于图书馆学史和档案馆学史研究，服务于图书馆学科和档案馆学科的建设，而未能从教育文化史更为广阔的学科建设视野与思路来开展研究，现在则在图书馆学史研究和档案馆学史研究的基础上，以教育文化史视野与思路来开展个案研究，不仅有助于推动图书馆学科和档案馆学科的建设，也有助于推动教育文化史学科建设，填补教育文化史的空白。

从现实意义看：一是有助于加快我国图书馆学和档案馆学建设，为科学建设今天的图书馆和档案馆事业，发展图书馆学科和档案馆学科，造就适应时代和社会要求、业务精良、品格高尚、富于人格魅力的优秀图书馆学家、图书馆学教育家和档案馆学家、档案馆学教育家；二是有助于提高全社会对图书馆、档案馆事业乃至整个教育文化事业的重视，提高我国公民的文明素质，助圆伟大“中国梦”的实现。

三、概念界说

文华图书馆学专科学校（简称“文华图专”）是我国第一所独立培养图书馆学专门人才的教育机构，也是我国最早开办档案教育的学校。文华图专培养了许多图书馆学高级专门人才，时人谓之“文华帮”或“文华集团”。本书以文华图专办学历史沿革即时间为经，以学校设立主体、行政管理、经费来源、学制、教学、课程、学生、研究、出版等多个历史横截面为纬，力求经纬分明，让读者一目了然。

另外，本书研究的主体——文华公书林和文华图专，加上此前的文华书院、文华大学、华中大学等相关机构，概称为“文华”，文华公书林、文华大学图书科、华中大学文华图书科和私立武昌文华图书馆学专科学校是依时间先后嬗递而来，具有鲜明的赓继传承的历史属性。文华书院、文华中学、文华大学、华中大学、文华图书馆学专科学校组成了整个文华教育系统，而文华公书林、文华大学图书科、华中大学文华图书科、文华图书馆学专科学校则组成了整个文华图书馆学教育系统。如果说每一个子系统就是一个小共同体，那么，显然文华教育系统作为一个大共同体囊括了整个文华图书馆学教育系统这一小共同体。之所以说它们是共同体，就在于它们有共同的历史（起源与发展）、共同的遭遇（政治与战争）、共同的精神纽带（如爱国、自由、民主、科学等政治信仰；先天下之忧而忧、后天下之乐而乐，天下兴亡、匹夫有责，入世济民等文化信仰，特别是博爱、奉献、服务等基督教宗教信仰）、共同的结局（都分别被合并而结束独立的办学历史）、共同的命运（涅槃重生），它们是中国近现代教育文化的缩影，其中的代表性人物沈祖荣、胡庆生等走过了一条近代中国知识分子所走过的共同的道路，那就是追求真理、爱国救亡、知识救国、服务社会，尽管政治信仰和宗教信仰不同，但初衷和目的都是一样的，今人应给予他们足够的尊重。

“共同体”一词的原文是 community，社会学家往往把它理解为“社群”、“社区”，这样未免有点过于狭隘。德国社会学家裴迪南·滕尼斯（Ferdinand Tönnies）从血缘、意志等角度来阐述“共同体”，他把“共同体”与“社会”对比，认为两者明显有别，他认为：“共同体是古老的，社会是新的，不管作为事实还是作为名称，皆如此。”① 可见“共同体”是指社会中存在的、基于主观或客观上的共同特征或相似性（这些共同特征或相似性包括种族、观念、地位、遭遇、身份等）而组成的各种层次的团体、组织，既包括小规模组织，也可指较高层次的总体。

英国社会学家齐格蒙特·鲍曼（Zygmunt Bauman）在《共同体》一书中指出，无论这个词可能有什么意义，对于某个人、某个群体、社会乃至整个人类来说，“有一个共同体”、“置身于共同体中”总是好事。鲍曼认为，共同体是好的，并且能给人带来快乐的原因有两个。首先，共同体是一个“温馨”的地方，一个温暖而又舒适的场所。其次，在共同体中，我们能够互相依靠对方。如果我们跌倒了，其他人会帮助我们重新站起来②。这说明共同体的维系更重要的在于历史传统的自然形成，评判共同体的存在与否主要靠共同体成员的相互扶助的感受。可以想见，共同体既可指有

① ［德］裴迪南·滕尼斯．共同体与社会［M］．林荣远，译．北京：商务印书馆，1999：53-54.

② ［英］齐格蒙特·鲍曼．共同体：在一个不确定的世界中寻找安全［M］．欧阳景根，译．南京：江苏人民出版社，2003：1.

形的共同体，也可指无形的共同体。

这种社会学中的“共同体”观念，无疑也适用于“学校共同体”的建构。美国当代西方教育管理学界最有影响力的理论家之一托马斯·J. 萨乔万尼（Thomas J. Sergiovanni）曾指出，共同体是由于自然的意愿而结合，并对一套共享的理念富有义务的个人集合体。这种团结和约束的紧密性足以把每个人从一种“我”的集合体改造成为一种集体的“我们”。作为“我们”，“共同体”的成员是紧密编织而成的富有意义的关系网络的一部分。这个“我们”，通常共享一个共同场所，并随着岁月的推移开始共享共同的思想情操和持久的传统[①]。

对“学校共同体”这一核心概念的界定，有助于加深对文华图专在创办与发展历史过程中的各种利益关系变化的理解。在此，笔者试图借用这一概念，将文华书院、文华大学、华中大学、文华图专、文华中学等一起构成以文华书院为共同缘起的“文华共同体”（Boone Community），犹如一树多枝聚成荫，它们（文华大学及华中大学、文华图专、文华中学）以同一宗教与教会为信仰纽带和组织纽带，以文华书院为同一起源，以同一校区为平台（文华大学及华中大学、文华图专、文华中学长期共处于文华校园），以基督教的“奉献与服务”精神等构成文华精神传统，以同一礼堂、同一课堂、同一图书馆为信仰和教学研究活动场所，有多位共同的校董事组成成员，以同一颁授学位为学术标准和标识，以同一运动会为课外活动和体育成绩展示空间，最核心的是蕴含同一价值观和精神。

萨乔万尼认为，学校共同体是用共同价值与愿景把教师与学生联系在一起，让集体的重要性凸显。它使教师和学生的自我理解、责任感与应对困境的方式上升到一个更高的水平。学校共同体帮助教师和学生从个体的“我”的集合体改造成一种集体的“我们”，为他们提供一种持久的身份感、

① ［美］托马斯·J. 萨乔万尼. 校长学：一种反思性实践观［M］. 张虹，译. 上海：上海教育出版社，2004：92.

归属感和家的感觉[①]。尽管各机构有自己的部门利益，尽管各机构经常分分合合，但其合作基础，包括外在的利益基础与内在的精神基础总体一致，它们始终是一家人，是一家人中的兄弟姊妹关系，不是两家人或多家人。尤其在非基督教运动和收回教育权运动发生后，“文华共同体”的领导人作为美国圣公会受洗的中国基督徒（韦卓民、沈祖荣、卢春荣），文华中学和文华大学的毕业生，深受文华传统的浸染和熏陶，对文华的传统有深刻的理解，他们更善于找到满足差会与国内政府要求的平衡点，在动荡年代始终维系“文华共同体”的存在，直至1951年三校面临共同的结局，接受共同的命运，分别先后由中南教育部接管，转变成为公立学校。

四、研究综述

教育文化史特别是基督教在华教育事业研究时下已经被国内外学界越来越多的学者所关注，研究成果也陆续发表和出版。这些成果的问世，有利于人们正确理解基督徒、传教士和教会在华教育事业的历史作用，进而正确地认识和对待近现代中西关系。不过，这方面的研究成果显得不够完整和深入。有些重要的方面，比如教会学校与近代中国图书馆事业的关系，很少有学者专门论及[②]。其中，文华书院、文华大学、华中大学的研究在学界一直属于教会大学史的研究范畴，而文华公书林、文华大学图书科、文华图专又往往作为近现代图书馆事业发展史内容来考察研究，如在20世纪80年代以后出版的《中国近代图书馆事业史》、《中国图书馆发展史》等书中都或多或少地论及文华公书林和文华图专。运用单一

---

① Thomas Sergiovanni. The Lifeword of Leadership：Creating Culture，Community，and Personal Meaning in Our Schools［M］. San Francisco：Jossey-bass Publishers，2000：23.

② 迄今为止，与这方面相关的研究专著有孟雪梅著《近代中国教会大学图书馆研究》，国家图书馆出版社2009年版；研究论文有陈剑光、翟云仙《教会大学与中国近现代图书馆事业》，《北京图书馆馆刊》1999年第2期。

的学术范式容易割裂历史传承和文脉沿袭，终结历史的记忆和延续。毕竟“图书馆教育”不仅仅是图书馆学问题，需要将其纳入更为开阔的研究视野。若从教育文化史（包括基督教在华教育事业）角度来考察研究文华公书林和文华图专，必将涉及文化政治、权力运作及学科规训等一系列问题——从这个角度来观察“文华”，笔者相信“文华”的研究会更有发展前景。

目前有关文华公书林和文华图专的研究成果，可分直接研究成果和间接研究成果两类。1949年以前，文华公书林和文华图专在为中国引进和传播美式特征的近代图书馆理论与应用技术过程中起到了重要作用。但因文华图专办学规模不大，又不纯属基督教在华创设的13所大学，在学术界对教会大学史研究开展得如火如荼的时候，文华公书林和文华图专仅仅是西方基督教在华教育事业史的“穿插曲”、“小补丁”或“边缘物”，并未受到应有的重视。尽管已有一些出版物，但是多为文集、人物传记、资料汇编以及非研究性报告，未见系统研究的学术专题著作，而且已有评价文华公书林和文华图专及其影响的文章，不完整性和过于主观性明显存在。就整体而言，研究“文华”的视野和路径依然过于狭小，如同有学者所批评的：“几乎没有人把亚洲的大学放在它们的政治和社会中予以分析，把它们当做一种制度来分析其内部的运作，就更少了。”① 因此，在原始档案材料、过往研究成果和其他调查的基础上重新梳理文华公书林和文华图专的发展脉络，从教育文化史（包括基督教在华教育事业）角度来对文华公书林和文华图专进行整体性研究就极有必要。

对文华公书林和文华图专真正开展研究始于20世纪80年代，伴随着学术界对近代图书馆事业研究的热潮兴起。从相关研究成果情况看，专著少、论文多，不够系统，不够深入，也不够客观。

---

① ［美］约翰·克来默．过度社会化的知识分子的困境：后殖民时代新加坡的大学、政治与知识的制度动力学［M］//贺照田．并非自明的知识与思想，倪伟，译．长春：吉林人民出版社，2003：112．

首先，已经出版的专著或文集多集中于文华公书林的创办者韦棣华、沈祖荣等对图书馆学发展有重大影响的人物上，通过描述韦棣华、沈祖荣的办学理念、课程设置与美国图书馆界的资金来源和学术交流的关系，学生的培养以及文华图专的毕业生在图书馆学领域取得的学术成就，进而反映文华图专的地位和影响。美国学者白齐茹（Cheryl Boettcher）1989 年在美国 *Libraries and Culture* 第 3 期上发表的长篇论文“Samuel T. Y. Seng and the Boone Library School”，就是这类研究成果之一。

学者徐鸿的论文《文华图专对现代中国图书馆学的影响》在研究方法上，与一般历史评论或传记研究，或纯粹定性分析和描述的方法对该校或其创立者进行评价的方式迥异，作者通过历史分析和比较研究，指出文华图专在中国现代图书馆学中具有突出地位和领导作用。作者将主题研究系统运用于文华图专，为文华图专研究范式转型提供了借鉴。其另一篇论文《美国模式对中国现代图书馆学教育的影响——以文华图专为例》，从教学体制、课程设置、教师结构三方面解释美国模式对文华图专以及中国现代图书馆学教育的深远影响，并以文华毕业生的就业情况来反映该校对中国现代图书馆乃至美国图书馆事业建设的重要贡献，进而得出美国模式影响下的文华图专对中国现代图书馆学的影响是全方位的结论①，富有新意，值得一读。

值得一提的是程焕文教授对文华图专负责人沈祖荣的专题研究。其专著《中国图书馆学教育之父：沈祖荣评传》（台湾学生书局，1997 年），改变了以往零碎片段的研究状况，为沈祖荣的研究迈出了重要一步，著者采用评传方式，在叙事评论中彰显了个人学术旨趣。另外，沈祖荣的弟子丁道凡搜集了沈祖荣 1918 年至 1944 年间先后发表过的图书馆学方面的专业性文章 31 篇，编辑出版《中国图书馆界先驱——沈祖荣先生文集（1918—1944 年）》（杭州大学出版社，1991 年），收录了反映沈祖荣办理文华图专

① 徐鸿. 美国模式对中国现代图书馆学教育的影响——以文华图专为例 [J]. 天禄论丛——中国研究图书馆员学会会刊，2012 (2)：174.

思想的代表性作品。

其次，涉及文华图专方方面面的论文虽然不少，但以考察性描述与回顾居多。如彭斐章的《文华图专和中国图书馆学教育的发展》（《图书馆》，2001（4））、黄宗忠的《武汉大学图书馆学系六十年——兼评文华图专和韦棣华在我国图书馆事业史上的作用》（《武汉大学学报（哲学社会科学版）》，1980（6））、路林的《韦棣华与文华公书林及文华图专》（《河南图书馆季刊》，1982（4））、钱德芳和程晓端的《文华图书馆学专科学校开办档案教育始末》（《图书情报知识》，1984（2））、程焕文的《文华图专名称考释》（《图书情报知识》，1987（2））、查启森的《从文华图专到武汉大学图书情报学院的档案教育》（《图书情报知识》，1990（3））、罗忆的《文华图专经费来源考》（《中国档案》，1998（1））、俞君立的《文华图专学者对图书分类理论与实践的贡献》（《高校图书馆工作》，2001（1））、阎鸣和段国桥的《武汉最早的公共图书馆——文华公书林》（《湖北档案》，2000（2））、谢灼华和贺子岳的《文华图专与中国图书馆学研究》（《高校图书情报学刊》，2002（1））、梁建洲的《回头看看私立武昌文华图书馆学专科学校档案管理专业教育的贡献》（《图书情报知识》，2007（1））、毛相麟的《文华图专旧事——从公书林到廖家花园》（《图书情报知识》，2007（5））、廖洛纲的《文华图专毕业生自抗日战争开始后对四川地区各图书馆做出的贡献》（《图书情报知识》，2007（1））、彭敏惠的《文华公书林与文华图专的巡回文库》（《图书馆论坛》，2008（4））、查启森和赵纪元的《文华公书林纪事本末》（《图书情报知识》，2008（5））、刘耀华的《难忘文华图专和文华师友》（《图书情报知识》，2008（4））、吴永贵和林肖海的《文华图专与中国近代图书馆学学科建制》（《图书情报知识》，2009（3））、谢灼华的《特点和影响：20世纪上半叶的文华图书馆学专科学校》（《图书情报知识》，2009（1））、彭斐章和彭敏惠的《文华图专目录学教育与目录学思想现代化》（《图书馆论坛》，2009（6））、刘美文的《文华图专的兴起及其历史、社会背景分析》（《档案学研究》，2011（1））等。

再次，各种有关近代图书馆事业发展史的著作，均花费笔墨叙述文华公书林和文华图专的创办者及创办过程，并作出相应历史评价，但通常篇幅较短，内容较为简略。

邹华享、施金炎编著的《中国近现代图书馆事业大事记》（湖南人民出版社，1988 年）是一部记录中国图书馆事业 1840 年至 1987 年间重要史事的工具书。该书内容包括图书馆事业的政策、法令、法规；各类型图书馆的沿革；图书馆组织的会议和活动；图书馆学教育的发展；图书馆界重要人物和学术著作以及国际交往等；所录史事按时间先后排列。对文华图专的叙述为：1920 年 3 月，“武昌文华大学图书科成立，由美国人韦棣华及沈祖荣、胡庆生等人创办，仿美国纽约州图书馆学校制度，学制 2 年，招收大学肄业 2 年以上的学生。1925 年更名为华中大学文华图书科，1930 年 6 月 20 日校董事会决议独立，是年 12 月 1 日正式启用‘武昌私立文华图书馆学专科学校’。1938 年秋迁至重庆，借曾家岩求精中学为临时校址，1941 年校舍被炸，同年 10 月迁至江北唐家街廖家花园，1947 年迁回武昌。1951 年 8 月 16 日改为武昌公立图书馆专科学校，1953 年 8 月并入武汉大学为图书馆专修科，1956 年 9 月改为武汉大学图书馆学系。1984 年 4 月 7 日，经教育部批准为图书馆情报学院”①。

严文郁著的《中国图书馆发展史——自清末至抗战胜利》（台湾枫城出版社，1983 年）一书第三章“萌芽时期的图书馆事业”，提出“我国最早以私人之力从事兴办近代化的图书馆，则首推美国人韦棣华（Mary Elizabeth Wood，1861—1931）于光绪二十九年，在武昌创办的文华公书林（Boone Library)”，并认为公书林“是我国第一所美国模式的公共图书馆，亦是一项新构想与新技术的引进，影响十分深远”②。此书对韦棣华的评价极高，“韦棣华女士所创办的文华公书林，对我国图书馆事业的发展有很大的启

① 邹华享，施金炎．中国近现代图书馆事业大事记［M］．长沙：湖南人民出版社，1988：30-31.

② 严文郁．中国图书馆发展史——自清末至抗战胜利［M］．台湾：枫城出版社，1983：26.

示，不仅带动了新式图书馆的概念与作法，更树立了私人创办图书馆的规模。而韦女士后来积极创设图书馆学校，鼓吹图书馆教育，更是贡献良多。中美庚款的退还，中华图书馆协会的成立，女士亦亲身参与促成，更是她一生对我国图书馆事业的最大贡献，正如意大利人潘利文（Panizi）于大英博物馆一般，皆异邦人士而造福邻邦，其热心毅力，实足为今世师表。誉之为中国图书馆运动的大导师，洵不为过”①。

张锦郎著的《中国图书馆事业论集》一书中提及“美人韦棣华于清末设立文华公书林，实为我国西洋式公共图书馆的嚆矢。韦氏后于武昌文华大学开设图书馆课程，并选送学生赴美专攻图书馆学术，民国九年又创办文华图书馆学专科学校。韦氏对中国图书馆事业的近代化，贡献颇多”②。

王西梅著的《中国图书馆发展史》在讲到图书馆学教育时，简述了文华大学图书科的创办缘由及过程等，并指出了当时文华图书科存在的三个问题：“一是生员不足，文华大学的学生兼修图书科课程的并不踊跃。从1922年到1927年只有33名毕业生；二是师资不够，韦、沈、胡三人除任该科专业课的教学外，还要兼理公书林的工作。1925年文华大学改组为华中大学后，困难更多。”③

徐引篪、霍国庆著的《现代图书馆学理论》在讲述中国的图书馆学学说时，对“韦棣华与中国图书馆学的产生”作了专门论述，提出我国图书馆学的先驱人物是美国圣公会女传教士和图书馆学教育家韦棣华的观点，认为其对中国图书馆事业有两大贡献，第一贡献是创办了文华公书林，包括20世纪20年代，为争取将退还的庚子赔款的一部分用于推进中国图书馆事业而积极奔走——开办早期的公共图书馆并为中国图书馆事业奔走呼号正是韦棣华的主要贡献之一。第二贡献也是最大的贡献是培养了一批中国图书馆学专家，这些图书馆学专家包括沈祖荣、胡庆生等，他们尔后成为

① 严文郁. 中国图书馆发展史——自清末至抗战胜利［M］. 台湾：枫城出版社，1983：41.
② 张锦郎. 中国图书馆事业论集［M］. 台北：台湾学生书局，1984：100.
③ 王西梅. 中国图书馆发展史［M］. 通化：吉林教育出版社，1991：596-597.

第一次图书馆学高潮的中坚力量①。

郑章飞、黎盛荣、王红主编的《中国图书馆学教育概论》是国内第一部研究中国图书馆学教育事业的著作，书中梳理了中国图书馆学教育史发展概况，将“武昌文华图书馆学专科学校发展概况”作为论述中国图书馆学教育起步时期（1920—1949年）的首要内容。其概括出文华图专的办学特色是：第一，重视教学设备与图书馆建设；第二，重视教学与社会实践相结合；第三，采取既办学又办馆的方法培养人才②。

谢灼华主编的《中国图书和图书馆史》（修订本）（武汉大学出版社，2005年）“图书馆学教育”一节中，叙述了1920年3月，文华大学图书科成立。1927年文华大学暂时停办，该科改名为华中大学文华图书科。1929年8月私立武昌文华图书馆学专科学校立案，由沈祖荣主持，成为我国第一所独立的图书馆学校。肖希明主编的《图书馆学研究进展》（武汉大学出版社，2007年）一书总序通过“文华图专记忆”、“文华图专的办学理念”、“文华图专的办学模式”、“在实践教学上，注重培养学生操作能力”四个方面总括了文华图专的历史概貌。

董乃强主编的《中国高等师范图书馆史》一书，一方面承认美国韦棣华引进西方图书馆的理论与实践对我国图书馆事业的推动之功。另一方面认识到我国古代藏书家，如19世纪国英开办“共读楼”开放藏书等一系列学术活动，为我国图书馆事业的进一步发展做好了理论和实践准备的事实。作者认为“正因为有了这些准备，又有了韦棣华女士外来的推动，我国的古代藏书楼才得以用较快的速度完成了向近代图书馆过渡”③。

最后，在研究近代中国图书馆事业发展史或图书馆学术思想史时，提及文华公书林、文华图专。在这个切入点上，有关的著述和研究文章相对

---

① 徐引篪，霍国庆. 现代图书馆学理论［M］. 北京：北京图书馆出版社，2000：105.

② 郑章飞，黎盛荣，王红. 中国图书馆学教育概论［M］. 长沙：国防科技出版社，2001：20-23.

③ 董乃强. 中国高等师范图书馆史［M］. 北京：人民教育出版社，2002：17.

比较多，如孟雪梅著的《近代中国教会大学图书馆研究》（国家图书馆出版社，2009年），在论述教会大学图书馆的创建及教会大学图书馆的发展过程时，均花了一定篇幅论述了文华公书林与文华图专在近代中国图书馆事业发展中起到的典范作用。来新夏等著的《中国近代图书事业史》（上海人民出版社，2000年）阐述了1840—1949年间我国图书事业发展史。该书采用“三史合一”的体例，将图书史、目录学史和图书馆史集合起来为“图书事业史”，以详实的资料，阐述了随着西学东渐而兴起的西书翻译、传统私藏的终结与近现代图书馆的逐步发展等。在讲到图书馆学专业教育情况时指出，我国图书馆学正规教育始于1920年创办的文华大学图书科。

文华图专于1953年院系调整中被并入武汉大学，后成为武汉大学图书馆学系，1984年改名为图书情报学院，2001年再更名为信息管理学院。武汉大学研究图书馆学的学者从20世纪80年代就开始致力于文华公书林和文华图专的历史研究，这方面的文章纪念性居多，大多形式不拘一格，著者将一件件在文华发生的或宏大事件、或身边小事作为素材，并以个人对文华的独特情怀，向读者展示文华图专所独有的生活场景和精神空间。集中体现者是两部专门的纪念文集：一是在文华图专创建80周年之际，武汉大学汇集了海内外学者提交的学术论文24篇，编辑出版《世代相传的智慧与服务精神——文华图专八十周年纪念文集》（北京图书馆出版社，2001年）。二是在2010年，将《图书馆情报知识》（2007年第1期—2010年第5期）“文华情怀”栏目上刊发的文稿、《文华图书馆学专科学校季刊》上的有关文章及其他刊物及出版物上涉及“文华”的文章105篇，汇集出版《文华情怀——文华图专九十周年纪念文集》（武汉大学出版社，2010年）。

另外，由于文华大学、华中大学的直接继承者华中师范大学与文华公书林、文华大学图书科、华中大学文华图书科和文华图专的特殊血缘关系与校史渊源，在华中师范大学的校史丛书中也自然涉及文华公书林与文华图专等，如《百年校史（1903年—2003年）》（马敏，汪文汉主编，华中师范大学出版社，2003年），《江汉昙华林——华中大学》（章开沅主编，河北教育出版社，2003年)。另外，文华大学当时的外籍职员撰写的校史中也留下了不少文华公书林和文华图专的记载。如《华中大学》([美]柯约翰著，华中师范大学出版社)，《文华大学》([美]吉尔曼等著，《校友通讯》(1992年)）等书中均运用一定篇幅叙述文华公书林和文华图专曾经作为文华大学和华中大学一部分的客观历史事实。

综上所述，目前虽有一些相关著作与论文，但尚无一本从教育文化史(包括基督教在华教育事业)的角度来对文华公书林和文华图专进行整体性研究的专著，这就给后人的研究留下了空间。

五、研究思路、理论方法、文献资料和全书框架

前人留下的空间就是本书的切入点和突破口。本书试图从教育文化史(包括基督教在华教育事业)的角度来对文华公书林和文华图专进行整体性研究。

从教育文化史的角度看，近代教会学校是在1840年鸦片战争以后中西接触，军事、政治、经济、文化碰撞的产物。西方列强依靠坚船利炮轰开了中国的大门，通过一系列不平等条约保护了传教士的在华特权，此后传教士才得以在中国广泛开办学校、传播文化。所以，从一开始就具有明显的强制性“文化植入”色彩，因此只有将文华公书林和文华图专置于近代中国社会政治与文化的变迁之中，才能真正把握其中变化的历史轨迹。正如美国教育家亚伯拉罕·弗莱克斯纳在20世纪30年代所言，近代大学总是处于特定时代总的社会结构之中而不是之外[①]。那么，对文华公书林和文华图专的整体性研究不能仅仅局限于一般意义的图书馆事业史或校史研究场域和层面，更不能就“文华”而谈“文华”，“教育史家必须细心把握航向，力图克服一种倾向，即只注重学校，而忽视学校所处的社会，因为学校依

---

① [美]亚伯拉罕·弗莱克斯纳. 现代大学论[M]. 徐辉，陈晓菲，译. 杭州：浙江教育出版社，2001：1.

附社会，是社会的代表”[①]。

在宏观理论上，笔者服膺马克思的唯物史观，倾向从整体史观来看待历史演变，立足从教育文化史尤其是教育文化活动史角度考察“文华”。以马克思唯物史观为基石的整体史观，注重以经济为基础和根本，注重经济、政治、社会的相互联系与影响。从历时的角度讲，就是处于不断发展过程中的历史是一个有机统一的整体，社会发展的每一个阶段都是整体的一部分，且前一阶段是后一阶段社会整体的一个环节。从共时的角度来说，就是社会有机体是由社会的经济结构、政治结构和精神结构等方面构成的整体结构。社会的经济结构是政治结构和精神结构的基础，政治结构和精神结构都是围绕这个基础结构而逐层地整合成一个总体，三个子结构相互作用、相互制约地构成社会有机体。同时，社会体系内各种要素的相互作用构成社会系统变迁的根本动力。它要求对历史进行“全景式”或“全幅式”的把握[②]，也就是对历史作“零视角”、全方位、整体性的把握，做到“大历史”、“大教育”、“大文化”。

本书重视“文华”在整个社会历史背景之间的互动关联，阐释在民族主义运动对教会学校大冲击的背景下，政府逐渐加强对私立学校的管理，文华图专如何应对此种挑战。具体理论上，试图运用伯顿·克拉克的大学权力配置模式（包括国家、学术、市场三因素），“权力根植于正式组织结构。要分析权力，则以追溯各种组织和价值的结构性权力开始”[③]。引入教会第四方因素，从学校权力与利益构成方面来分析文华图专何以逐步逃离圣公会构建的“文华共同体”（Boone Community）内部职权管理框架。

我们知道，知识和权力存在“共谋性”，构建真正意义上的教育文化

---

① ［美］欧文·V. 约翰宁迈耶. 教育史的本质、目的和方法［M］//当代教育史研究与教学的主要趋势，方晓东，等，译. 北京：教育科学出版社，2001：43.

② 马敏. 21世纪中国近现代史研究的若干趋势［J］. 历史研究，1999（5）：8-10.

③ Burton R. Clark and Ted I. K. Y. Youn. Academic Power in the United States: Comparative Historic and Structural Perspective [M]. Research Report No. 3. Published by The American Association for Higher Education，1976：1.

史，需运用社会学的场域分析视角。具体理论上，本书运用政治控制的分析框架，对学校与国家、社会之间的关系展开深入研究。本书的研究逻辑，按照一般机构的设置与沿革，首先将文华公书林到文华大学图书科、华中大学文华图书科、文华图专划分成1910—1930年创立阶段（包括初创期、植基期、扩展期）、1930—1949年发展阶段（包括全盛期、迁徙期、重振期）、1949—1953年变革阶段三个历史时段。其次采用解构与建构的路径，把文华图专的历史解构成设立主体、经费来源、学制、管理、课程、教学、师资、校园生活等诸方面，采用纵向研究与横向比较相结合的叙述方式，通过叙述历史的矛盾运动表现历史的转折，通过叙述历史的转折表现历史的过程，注重研究文华图专寻求独立与文华大学及华中大学力求控制，二者的利益之争带来的教育和管理张力变数。

笔者研究的重点，也是本书试图创新和突破的主要之处，一是通过史料分析发现，以文华书院为同一源头、美国圣公会鄂湘教区为宗教联系纽带，衍生而来的文华中学与文华大学（包括此后的华中大学），以及由文华大学及华中大学逐渐脱离出来的文华图专在历史上实际形成了一个“文华共同体”。本书以文华图专的办学过程为主轴，论述“文华共同体”与美国圣公会之间张弛有度的权力关系网络，展现共同体内部变幻莫定的相互关系及各自的历史走向。二是在考察“文华”内部的人事网络与师徒谱系中，发现在文华公书林和文华图书科的创立时期（1910—1930年），沈祖荣与胡庆生可以说是韦棣华的左臂右膀。此一阶段，沈、胡二人的历史贡献大体相当，宜“沈胡并称”，而不宜“重沈轻胡”。这对以往研究者大多过于笼统、过于主观、过于偏重的论点是一纠偏，从而提示人们，历史研究要具体不要笼统、要客观不要主观、要公平不要偏颇。三是1949年新中国成立后，通过发掘原始档案，如文华图专教职员工与学生的调查意见表等，并配以大量人物、校园建筑、学生课本等照片，力图摆脱一般校史“见物不见人”、“见人不见行”，不能全面真实反映师生生活、过分沉闷枯燥的局限，在具体生动丰富的日常活动中，凸显历史的意义和价值。

追求历史真相是历史研究者的永恒冲动，本书也试图对不同政治语境下，文华图专生存与发展的各种史料进行整合，希求将从文华公书林到文华图专（1910—1953年）最完整与最真实的历史镜像呈现给读者。就教育事实而言，它“包有两种要素，其一为教育理论方面，其二为教育实际方面。前者是关于教育理想或方案等一种思想学说，此乃构成教育事实之奥柢者，后者是根据上述的思想或学说而使其具体化者，如实地教学、教材、设备、制度等均是。……此等理论或实际，若为某教育家所倡导或实施时，须将其人的生活、人格、事迹等，与教育事实一并考究”①。显然，“教育实际”不仅包括教育制度，也包括教育实施状况与教育者生活以及人的生活、人格、事迹等，而这些正是典型的人的教育活动，是教育文化活动史研究的内容。在叙事话语背景下，本书采用文献分析方法、历史分析方法、比较分析方法和系统分析方法进行系统研究，力图清晰地呈现从文华公书林到文华图书馆学专科学校的整个历史过程。

在历史研究中，史料的重要性是无法替代的。史料是史学的研究基础，尽管傅斯年“史学便是史料学”的观点一直存在争议，但我们不能否认“其实离开史料，历史简直无从研究”②。

过去在“政治正确”的学术话语基调下，很可能遮蔽掉“文华共同体”内部关系某些错综复杂的事实，正所谓“言论愈有条理系统，则去古人学说之真相愈远”③。本书意在通过“曝露史实”，对“文华”开展以原始史料为基础的实证研究。注重研究过程中社会史方法与专门史研究视野的融合，做到能够用“大历史”的眼光审视“文华”，用“整体观”对文华公书林、文华图专进行分析研究。涉及的研究资料包括手稿、书信、回忆录、传记、档案记录、个人文集、口述史料、照片、史料汇编、学会年报、杂志刊物、地方志等史料，如沈祖荣的书信及函文、胡庆生的演讲和文章、韦卓民致

---

① 雷通群. 西洋教育通史［M］. 上海：商务印书馆，1934：24.

② 周谷城. 中国通史（上册）［M］. 上海：开明书店，1939：2.

③ 陈寅恪. 金明馆丛稿二编［M］. 上海：上海古籍出版社，1980：247.

麦默伦函（华中大学档案）、裘开明等重要当事人的文章、《中国古代藏书与近代图书馆史料（春秋至五四前后）》、《严文郁先生图书馆学论文集》、《裘开明图书馆学论文集》、《文华图书馆学专科学校季刊》、《中华图书馆协会会报》、《浙江公立图书馆年报》、《文华图书科丛书》、《文华图书馆学专科学校丛书》、《文华月刊》、《文华温故集》、《私立武昌文华图书馆学专科学校一览》、《湖北教育月刊》、《中华基督教教育季刊》、《新教育》、《教育通讯（汉口）》、《教育季刊》、《中国近代教育史资料》、《中华归主》、《差会年鉴》、《全国专科以上学校教员研究专题概览》、《湖北文史资料集萃》（教育 科技 医卫 体育卷）、《湖北省志资料选编》第三辑、《华中大学档案全宗》、华中师范大学档案馆馆藏等。

学校档案可以真实反映学校内外活动的全过程，教师与学生的个人档案是研究教育文化史必不可少的资料，湖北省档案馆馆藏了十卷关于文华图专的珍贵历史档案，包括《湖北私立文华图书馆学专科学校概况、访问材料、教职员工学生名册、调查表、毕业生历年成绩表》（全宗号：GM7-1-96）、《湖北私立文华图书馆学专科学校各学科教学情况调查表、学生意见表》（全宗号：GM7-1-97）、《私立武昌艺术专校和私立文华图书馆学专科学校学生表册》（全宗号：LS10-6-261）、《私立武昌文华图书馆学专科学校呈请补助修建设备》（全宗号：LS10-6-278）、《武昌图书馆学专科学校请拨昭忠祠为校舍》（全宗号：LS19-4-6059）、《武昌文华图书馆学专科学校请拨武昌粮道街昭忠祠为校》（全宗号：LS20-3-1217）、《文华图书馆学专科学校季刊》（全宗号：LSF2.2-8）、《私立武昌文华图书馆学校毕业生名册》（全宗号：LS10-5-386）、《文华图书馆学校请将敌伪时间废档移交本校以为学生实习用》（全宗号：LS3-1-1673）、《私立武昌文华图专图书馆学档案管理科毕业证书存根》（全宗号：ZN9-1-345）。武汉市档案馆也馆藏了一些涉及文华图专的历史档案，包括《基督教圣公会文华图专资料》（全宗号：112-1-26）、《原上海银行鄂行各字来去函》（全宗号：68-3-376）、《永利银行总管理处同政府机关团体来往函件》（全宗号：68-1-70）等。这些都为本书的写作提供了重要依据。

全书除了开头的绪论和书末的结语，共分十章，分别为第一章　情势必然：西学东渐与近代中国图书馆事业的产生；第二章　接踵而至：从文华公书林到文华图书科（1910—1930 年）；第三章　庚续弦歌：文华图书馆学专科学校（1930—1949 年）；第四章　革故鼎新：新中国成立后文华图书馆学专科学校的合并（1949—1953 年）；第五章　朦胧色彩：受制于民族主义运动的文华共同体；第六章　走向变革：文华共同体内部职权体系；第七章　适者生存：美式图书馆学教育模式在中国的移植与改造；第八章　一枝独秀：近代图书馆学知识生产与“文华集团”图景；第九章　再添星辉：文华图书馆学专科学校的档案管理专业；第十章　硕果满枝：谱写“建设中国的图书馆学”历史篇章。

第一章　情势必然：西学东渐与近代中国图书馆事业的产生

第一节　晚清社会与西学东渐

晚清以降，中国遭遇“数千年未遇之强敌”，面临“数千年未有之变局”。在经历了几千年辉煌的古代农业文明之后，传统中国社会面临着抵抗外来侵略、争取国家和民族独立，以及顺应世界近代化潮流、实现全面转型的两大历史课题。在这种特殊的历史背景下，中国近代“西学东渐”的历史特征明显地呈现出由被动接受到主动求知的过程，本土文化与外来文化相互激荡，在冲突与融合中渐成社会思潮。如同梁启超在《清代学术概论》中所言：“今之恒言，曰‘时代思潮’，此其语最妙于形容。凡文化之国，其国民于一时期中，因环境之变迁与乎心理之感召，不期而思想之进路，同趋于一方向，于是相与呼应汹涌如潮然。始焉其势甚微，几莫之觉；寖假而涨——涨——涨，而达于满度；过时焉则落，以渐至于衰熄。凡‘思’非皆能成‘潮’；能成‘潮’者，则其思必有相当之价值，而又适合于其时代之要求者也。凡‘时代’非皆有‘思潮’，有思潮之时代，必文化昂进之时代也。”①

---

① 梁启超. 中国近三百年学术史［M］. 北京：东方出版社，1996：14.

近代“西学东渐”是在西方列强用大炮打开中国大门，凭借一系列不平等的条约推行其殖民化政策，使中国处在半殖民地的社会条件下进行的。从这个意义上说，最初，中国人对西学的接受是被动的。而且，从“西学东渐”的过程来看，近代开始西学与中学之间产生了明显的文化势差，相比之下西学总体上处于一种较高势能状态。根据任继愈教授的文化发展势差理论分析——“不同文化接触后，高层次的、先进的文化必然影响低层次的、落后的文化。这种现象如水之趋下，不可逆转”，近代西学是一种以资本主义工业文明为先导的全新的较高势能的文化。所以在中国近代历史上，西学东渐是一股主流趋势，因此对中国社会的影响也是多元的。

西学东渐是指西方学术思想向中国传播的历史过程，通常而言是指在明末清初以及晚清民初两个时期之中，欧洲及美国等地学术思想的传入。有学者将晚清西学东渐分为四个历史阶段，如历史学家熊月之在《晚清社会与西学东渐》一书中划分阶段如下：

第一阶段，1811—1842 年。1807 年，伦敦会传教士马礼逊奉派东来，成为第一个基督教新教来华传教士。1811 年，马礼逊在广州出版了第一本中文西书，拉开晚清西学东渐的序幕，对中国的学术思想始有触动。此时西方科学技术正开始迅速发展，而中国科学技术的发展已经非常缓慢，大大落后于西方的科学技术。当时中国的一些士大夫及皇帝接受了科学技术上的知识，但是思想基本上没有受到影响。这一阶段的西学东渐，由于雍正的禁教，加上罗马教廷对来华传教政策的改变而中断，但较小规模的“西学”传入，主要以传教士和一些中国人对西方科学著作的翻译为主。1605 年利玛窦辑著《乾坤体义》，被《四库全书》编纂者称为“西学传入中国之始”。当时“西学”对中国的影响主要在天文学、数学、地图学等方面，由于只在少数的士大夫阶层中流传，而且大部分深藏禁宫，没有能够得到很好普及。这一阶段传教士的活动，一方面没有受到不平等条约的保护，影响很难达于中国内地；另一方面，正因为没有不平等条约的保护，其活动通常不会被视为西方国家政府的活动，传播者没有盛气凌人的气势，受传对象也没有被压挨欺的心理，传受双方处于相对平等的地位，文化交流在相对正常的状态下进行。

第二阶段，1843—1860年。在1840年至1842年的中英鸦片战争中，清朝政府战败，被迫与英、美、法等国签订不平等的《南京条约》、《望厦条约》和《黄埔条约》，被迫割让香港给英国，开放广州、福州、厦门、宁波、上海作为通商口岸，允许外国人在这些口岸传教、开设学堂和医院。于是，传教士便将活动基地从南洋迁到中国东南沿海，开始了晚清西学传播史上的新阶段。就在这一阶段，中国知识分子中出现主动了解、吸收西学的趋向。林则徐、魏源、徐继畬等为其中代表人物。

第三阶段，1860—1900年。1856年至1860年，英国、法国在美国、俄国等的支持下，发动了侵略中国的第二次鸦片战争。中国再次惨败。侵略者逼迫清政府先后签订了《天津条约》（1858年）、《北京条约》（1860年）等一系列不平等条约。通过这些条约，外国侵略者从中国勒索了大量的战争赔款，取得了一系列侵略特权，如增开11个通商口岸，条约规定外国人可以在这些通商口岸居住、赁房、买屋、租地起造礼拜堂、医院、坟茔等，开放长江，中国被迫开放的城市达17个，外国人可以深入中国内地自由活动，其结果是加强了西方列强对中国的政治侵略、经济掠夺，也便利他们对中国的文化渗透。在清政府方面，中国对外对内政策有了重大调整。总理各国事务衙门的设立，京师同文馆的创办，以学习西方坚船利炮、声光化电为重要内容的洋务运动的开展，都对西学的传播产生了重要影响。因此第二次鸦片战争的结束，《北京条约》的签订，成为晚清西学东渐史上的重要转折点。这一阶段，西学的传播机构多种多样，有遍布各地、程度不同的新式学校。政府创办了各种译书机构，翻译西书量多面广。西学影响逐渐从士大夫的知识分子阶层扩展到普通基层民众。

第四阶段，1900—1911年。1898年的戊戌政变，1900年的八国联军之役，使清政府的威信跌到最低点，爱国人士、知识分子失望到极点，革命风潮因之而生，留日热潮骤然而起，西学传播的内容、方式亦为之一变。

这一阶段，西学的深入已从以器物、技艺等物质文化为主转为以思想、学术等精神文化为主。在传播方式上，经历了中日之间的“文化反哺”特殊时期，从1900年以后，从日本输入的西学数量急剧增长，成为输入西学的主要部分。以1902—1904年为例，3年共译西书533种，其中日文321种，占60.2%[①]。大批西学的涌入，为日后的新文化运动打下了基础，特别是不同种类的新式教科书和层出不穷的新名词，中文的“图书馆”这个词就可能来自日文的“図书馆”一词[②]。另外，教会学校发展更加迅速，也更加具有吸引力。“中国每一千三百个居民中只有一个基督教受餐信徒，而中国大约每四百或五百个学龄儿童中就有一个教会学校学生。”[③] 教会学校在高等教育中几乎占据垄断地位。据统计，到1877年第一次“全国传教大会”召开以前，全国基督教教会学校达462所，有学生8 522人。1890年第二次“全国传教大会”召开以前，全国基督教会学校学生数达16 836人。戊戌变法以后，特别是20世纪初清政府实行新的学制、废除科举以后，基督教和天主教都加强了在华的教育事业，教会学校数、在校学生数均大幅度增长。到1912年，全国基督教教会学校在校学生数达138 937人，天主教教会学校在校学生数约8万人。两类相加，到1912年，中国教会学校在校学生数约为20万人左右[④]。

第二节 传教士与西方公共图书馆观念的舶来

传教士在整个西学东渐的过程中充当了很重要的角色，而且很多时候和场合都是扮演主角。纵观19世纪，绝大多数传教士采取“直接布道”方

① 熊月之. 西学东渐与晚清社会（修订版）[M]. 北京：中国人民大学出版社，2011：9-11.

② 国内图书馆学界对这种看法已经形成普遍认识，黄宗忠在《图书馆学导论》中说：“‘图书馆’一词是由日本引入中国的。”

③ 中华续行委办会调查特委会. 中华归主（下）[M]. 北京：中国社会科学出版社，1987：889.

④ 熊月之. 西学东渐与晚清社会（修订版）[M]. 北京：中国人民大学出版社，2011：226.

式，即宣讲教义、巡回布道和散发宗教印刷品。这种方式是差会派遣传教士来华的主要任务，一直为传教士所采用。这种传统的传教方式一般不看重甚至反对办学、办报等活动。采用这种直接布道方式的传教士一般称为基要派（Fundamentalist）①，有时也被称为保守派、救灵派或传统派。19世纪80年代以后，西方神学界开始兴起以社会福音为特点的现代派神学思想，并逐渐影响传教运动。与此同时，面对在华传教的种种困难，部分传教士感到中国传统文化与基督教文化的不同是传教的最大障碍。因此，要使中国福音化，必须使用以基督教为核心的西方文化改造中国文化，即建立一个有利于基督教传播的社会文化环境。因此，一部分传教士逐渐采取“间接布道”形式，如从事新闻、出版、教育和社会改革活动。采取这种方式的传教士一般被称为自由派（Liberal）。当然，无论基要派或自由派，“为基督征服中国”是所有传教士的共同目标。

自由派传教士在19世纪来华传教士中并不占主导地位，但其传教政策在19世纪末逐渐被重视。到20世纪初，随着现代派神学思想的兴起和发展，自由派才一跃成为传教士中的翘楚。自由派传教士的一项重要传教政策是“以学辅教”。这里的学就是指“西学”。无论是基要派还是自由派，近代来华传教士都有一种强烈的文化优越感，相信基督教文化至高无上。从取得的实际效果看，显然自由派传教士的政策更符合文化传播规律。当一种文化传播到另一种文化圈时，它必须适合受体文化的特殊情形，这就好比一棵树要移植他地，必须先适应那里的土壤环境。没有这种适应，就会引起强烈的排斥反应，文化传播就很难进行。完全按照西方传教模式移植基督教，引起了中国文化的激烈反抗，酿成无数起大小教案。在义和团运动期间，新教来华传教士中共有127人被杀，其中内地会传教士50人，将近占一半。可见，内地会传教士成为除天主教传教士之外的主要被打击对象，这在相当程度上是其传教政策过激的结果。正如保罗·科恩评论的

① 王立新．十九世纪在华基督教的两种传教政策［J］．历史研究，1996（3）：70-81.

那样，中国“在接受西方知识的同时拒绝西方宗教，不但证明是可行的，而且前者甚至可以变成反对后者的武器”①。赵紫宸指出：“宣教会原来的策略是要用教育医药服务文字机构作为传教的工具，没有想到工具造成了，用工具的教会却被削弱了。”② 如果说来华传教士充当了“历史不自觉的工具”，那么西方公共图书馆引入中国，便是历史运用这种“工具”的特殊产物。

19 世纪中叶前后开始，西方人再度开始进入中国，并以各种媒介带来西方的新知识。而由于鸦片战争及英法联军的刺激，促使清政府从 1860 年开始，推动了洋务运动，主要采取“中学为体，西学为用”的态度对待“西学”，而主要关注的是西方的先进武器以及相关的器械运输等，而未试图对西方的学术思想加以学习，因此在这期间学术思想方面的传入主要借由西方传教士创办的媒体，以及洋务机构中为军事目的而译介的书籍。

西方传教士携入介绍西方新式图书馆的文献，带来了新式图书馆观念。西方公共图书馆理念传入中国，发端于明清之际来华的耶稣会士，他们在为传教服务的宗旨下，翻译介绍了各种科学文化知识，同时也为中国带来了与古代藏书楼不同的西方新式图书馆观念。如英国传教士马礼逊父子合著的《外国史略》(1807 年) 一书中，就有介绍葡萄牙、荷兰、法国、英国等国家的藏书和图书馆的内容；而同一时期的美国北长老会传教士理哲著的《地球史略》，则更为详细地介绍了意大利、法国、德国的藏书和图书馆的情况；19 世纪 80 年代以后，西方传教士先后撰著，介绍西方图书馆的文籍增加，如花之安的《德国学校论略》，英国传教士李提摩太的《七国兴学国要》和美国监理会传教士林知乐的《文学兴国策》等书，都宣传了西方各国教育、文化及图书馆③。近代图书馆把大门向公众敞开的举措非同寻

① 费正清．剑桥中国晚清史（上）[M]．北京：中国社会科学出版社，1994：617，634．

② 赵紫宸．今后四十年中国基督教教义神学可能的发展 [J]．金陵神学志，1950，26 (1/2)：14．

③ 谢灼华．中国图书和图书馆史 [M]．武汉：武汉大学出版社，1987：219-220．

常，开放的姿态赋予民众的是平等阅读的文化权利。这不仅是新派人士新民思想付诸实践的证明，更是西方民主与平等思想移植中国的结果。

第三节　中国近代知识分子对西方图书馆学的介绍

甲午战争以后，中国面临着国破家亡的命运，许多有识之士悚然惊醒，正如梁启超所言："唤起支那四千年之大梦，实自甲午一役也……支那则一经庚申圆明园之变，再经加身马江之变，而十八行省之民，尤不如痛痒，未曾稍改其顽固嚣张之习。直待台湾既割，二百兆之偿款既输，而鼾睡之声，乃渐警醒。"① 清末朝野上下开始更积极而全面地向西方学习，他们向西方学习大量的自然科学和社会科学的知识，政治上也要求改革。这一时期大量的西方知识传入中国，影响非常广泛。许多人以转译日本人所著的"西学"书籍来接受"西学"。晚清时期大多数人根本不重视甚至排拒"西学"的存在，仅有少数有识之士如林则徐、魏源等人，开始注意到"西学"有其优越之处，但基本上，他们仍不把"西学"看做是与"中学"对等的学术文化。从魏源的名言"师夷长技以制夷"来看，"西学"只能是"夷学"，其中虽有可取之处，但其地位远不及中国学术思想，并开始探讨应当如何融合二者的优点来帮助中国富强。当时在政界、学术界具有重要地位的张之洞所提出的"中学为体，西学为用"，便成为晚清新式知识分子们最典型的"西学"观点，认为"西学"在器物、制度上胜过"中学"，但在基本的思想、道德、人心等方面不如中国。

对待西学的态度倾向决定了清末轰轰烈烈的戊戌变法运动必然以培育人才、启迪民智为开端。"戊戌维新运动，是以教育为主体的政治改革运动。它不但冲击了我国数千年的专制政体，而且开创了我国教育改革的新纪元。其一切改革莫不以教育为中心，意图以教育之改革，作为维新变法之基础，藉此开通民智，废除旧俗，以达到兴学育才和富国裕民之目的。"②

① 张锦郎. 中国图书馆事业论集［M］. 台北：台湾学生书局，1984：66.
② 张锦郎. 中国图书馆事业论集［M］. 台北：台湾学生书局，1984：66-67.

以康有为、梁启超为代表的维新改良派将建立公共藏书楼作为兴国的五项措施之一，竭力进行宣传。值得注意的是，已有学者通过考证发现，在清末新政之前，“藏书楼”和“图书馆”这两个词是完全同义的，他们认为“藏书楼这个名词在我国晚清以前鲜有人使用，它的产生和流行是晚清西学东渐的结果，尤其是外国人在中国创办西式图书馆和中国人创办近代图书馆的结果，所以藏书楼完全是一个近代的名称”[①]，1906年（清光绪三十二年），刘光汉在其所撰的《论中国宜建藏书楼》（《国粹学报》第二年丙午第七号）一文中，在阐述建立新式“藏书楼”的意义时言：“今考东西各邦，均有图书馆。官立、公立、私立，制各不同。上而都畿，咸建阁庋藏，以供士大夫博览。今宜参用其法，于名都大邑设藏书楼一区，以藏古今之异籍。”[②] 维新派或撰文详细阐述近代图书馆的意义和作用，或向清廷呈文提出设置公共藏书楼的具体构想和方案等。这些宣传和倡议对中国图书馆事业近代化产生了直接深远的影响。

西学东渐将西方近代各种学术上的新成果带入了中国，深深影响到中国整个学术的发展，而许多在中国不被重视甚至不存在的学科也在此影响下得到发展，许多传统的学术受到“西学”的冲击，有的逐渐衰落，有的吸收西方学术而加以改进。受西学东渐之风的披拂，我国近代意义上的各种新学科，一时间纷然并起，到民国时期，整个西方式的学术体系架构大致成型。按照历史学家许倬云的说法，西方新学科在近代中国落户，模式大致有三：一是生成和而不同的新学科的“接轨”型，如中国考古学，则是李济等老一辈专家，既接受了西方人类学、考古学的训练，又继承了中国古老金石学的传统，创建成具有民族特色的中国考古学，曾在河南殷墟的考古发掘中大显身手；二是直接借用而产生出新学科的“移植”型，如偏重于找矿的地质学，便是在丁文江、翁文灏、李四光等专家引进国门后

① 程焕文．晚清图书馆学术思想史［M］．北京：北京图书馆出版社，2004：8-11．

② 李希泌，张椒华．中国古代藏书与近代图书馆史料（春秋至五四前后）［M］．北京：中华书局，1996：118-122．

才产生的，它与中国古老的偏重于人文地理范畴的舆地之学大相径庭；三是完全替代中国已有类似学术的“取代”型，如西医传入，中医逐渐式微。“西医在中国的遭遇很有意义。始而被怀疑、猜忌、排斥，继而被试用、接受，再而被信任、高扬，最后长驱直入，占领了医学主导地位。从中国方面来说，疑忌—试用—高扬，输入中医的三部曲，也典型反映了中国研究、吸收外来文化的心路历程。”① 那么，图书馆学科在中国显然属于第二种类型。有学者认为：“中国图书馆学的建立，显然属于这种‘移植’、‘接轨’结合型的模式。尽管‘移植’的成分大于‘接轨’的成分，但它仍是‘一方参酌欧美之成规，一方稽考我先民对于斯学之贡献’而形成的‘合于中国国情之图书馆学’。”②

据文献记载，我国最早介绍西方藏书和图书馆的是清末近代化先驱林则徐、魏源、姚莹、徐继畬等人，他们先后撰译出版了不少介绍西方科技文化的著作，如《四洲志》、《华事夷言》、《海国图志》、《英吉利纪略》、《康西纪行》、《瀛环志略》等书，这些书中都有关于英美各国的大图书馆、经典馆、藏书楼等情况的介绍，并列举各国藏书数字③。这些书都曾大量取材于《职方外纪》和《外国史略》等早期来华传教士的著作，这证明传教士对西方图书馆的介绍是近代早期中国人获得图书馆学知识的主要媒介。到了19世纪60年代以后，随着中外接触日益频繁，一些驻外使节和出洋游历的知识分子，还有倡导维新变法的学者及朝臣，如冯桂芬、郭嵩焘、曾纪泽、王韬、马建忠、薛福成和郑观应等也都热情地在其著作或游记、日记中介绍西方的图书馆事业，并重点介绍了外国图书馆对外开放的明智举措④。创办新式图书馆的社会舆论不断高涨，也为教会大学图书馆的创立提供了有利的环境和文化背景。

---

① 熊月之. 西学东渐与晚清社会（修订版）[M]. 北京：中国人民大学出版社，2011：11.

② 王子舟. 图书馆学是什么 [M]. 北京：北京大学出版社，2007：146.

③ 谢灼华. 中国图书和图书馆史 [M]. 武汉：武汉大学出版社，1987：219-220.

④ 谢灼华. 中国图书和图书馆史 [M]. 武汉：武汉大学出版社，1987：219-220.

中国新式图书馆学的产生和发展大致经历了西方图书馆的介绍（鸦片战争至洋务运动时期）、西方图书馆观念的引进（戊戌变法前后）、日本图书馆学术的引进（清末新政前后）、欧美图书馆学术的引进（辛亥革命前后至20世纪20年代）等几个阶段。从文化传播的运动轨迹来看，西方公共图书馆思想的传入有点类似王国维所剖析的中国近代学术思想轨迹周期：传入（往往在非能动时代）——与中国原有藏书文化并行（受动时代）——两者化合调和（导向能动时代）[①]。这个漫长而复杂的历史过程跨越了晚清和民国两个历史时期，其中晚清时期并没有形成具有独立的学科意义的图书馆学，只是中国近代图书馆学的酝酿和准备时期，而民国时期则是中国近代图书馆学正式形成和发展的时期[②]。

相比之下，中国新式图书馆学明显晚了许多，但中国自有的藏书文化为中华文明生生不息的重要记忆体，西方的图书馆与中国藏书楼都是在各自独特的历史环境下铸就的文化传承模式，抛开古代—近代的二元对立的思维方式，就会发现二者均有其历史合理性。如国学大师章太炎就曾说："以前的学校，叫做书院，其实相当于现在的图书馆。书院中备了许多书籍，使得学生可以自由阅览。再聘请一位掌院或山长，常驻院中，遇有疑难，可以请问。这种情形，学生有自得之乐，教师无讲演之劳，在事实上很合理。"[③]

从世界角度来追根溯源，在西欧，图书馆经历了数个连续的发展阶段。16世纪，寺院图书馆与数量更多、范围更广的大学图书馆结合在一起。启蒙运动导致许多公共图书馆的建立，后来这些图书馆从法国大革命中得到很多好处；在19世纪和20世纪，这些图书馆在数量上不断增加。与此同时，也出现了第一批专业图书馆和学校图书馆。并且，16世纪西欧已出现

---

① 姚淦铭．王国维文献学研究［M］．南京：江苏古籍出版社，2001：8.

② 程焕文．中华民国时期图书馆学术史序说［J］．中山大学学报（哲学社会科学版），1988（2）：91.

③ 马勇．章太炎讲演集［M］．石家庄：河北人民出版社，2004：23.

了第一批学者图书馆员，如法王弗朗西斯一世的王室图书馆员 G. 比代(G. Bude，1467—1540)，在他们之后的其他人解释并建立了图书馆学这个专业的基础[①]。

1807 年，德国的施雷廷格提出了“图书馆学”这个专门名词。1808—1829 年，他出版了《图书馆学综合性试用教科书》，在图书馆学史上第一次全面地探讨了图书馆目录的编制原理。他还非常重视对图书馆员进行专门教育，认为图书馆管理是一门专门的、独特的学科。此后围绕着这门近代新学科的理论研究和学术探讨持续不断，代表人物有德国的艾伯特、丹麦的莫尔贝希、英国的帕尼奇和爱德华兹等。

帕尼奇曾任不列颠博物馆馆长，对图书馆藏书建设、经费筹措、人员待遇、馆舍建筑、目录组织和阅览服务等方面进行了改革。他与同事制订的 91 条著录规则，即《不列颠博物馆图书编目条例》于 1841 年出版，长期以来成为欧美一些国家图书馆的编目规范。爱德华兹 1859 年出版的《图书馆回顾》一书，叙述了中世纪以前和 19 世纪各国图书馆概况，讨论了各项业务工作的组织管理问题。该书不仅对 19 世纪图书馆的建设以及图书馆人员的培养起到了广泛的指导作用，而且一直影响到当今的西方图书馆界。

毋庸置疑，美国是现代图书馆学的先驱。在这一时期，出现了公共图书馆运动，大学图书馆所扮演的重要角色得到了社会的承认，各种专门图书馆也建立起来。因此，迫切需要用众多图书馆都愿意接受的标准化方式来训练图书馆工作人员。为了满足新形势的需要，麦维尔·杜威于 1887 年 1 月 5 日创办了第一所图书馆员教育学院——哥伦比亚大学图书馆学院。从此以后，图书馆学教育真正成为正式的教育系统中的一部分，对图书馆员的训练不再仅局限于对单项图书馆工作的训练。图书馆员被社会认可为一项职业。美国的现代图书馆和图书馆学教育体系为世界上其他国家采用。

---

① [美] 理查德·克尔齐斯，加斯顿·利顿. 世界图书馆事业——比较研究 [M]. 徐俊，译. 北京：书目文献出版社，1990：98-99.

第四节 清末新政与公共图书馆运动的勃兴

西方传教士创办的图书馆是近代史上最早出现的新式图书馆，成为中国人了解西方文化的一个窗口，同时也成为中国新式图书馆产生的参照系，其启蒙和示范作用是不可低估的。中国新式图书馆的产生，固然与西方图书馆观念的输入和传播有较大关系，但是要将这种观念付诸实践，仅仅依靠社会舆论与精英呼吁，或者薄弱的民间捐助力量是远远不够的。最终必须依赖政府的力量去推动和实施才能实现。毕竟传统中国社会“官权”远远大于“民权”，类似公共图书馆的“这种‘公共空间’之所以能够大规模兴办扩展，还得益于官方的提倡”①。

随着资本主义新文化、新思想和先进科学技术的传入与扩散，中国的有识之士在开阔眼界的同时深感奋起图强的紧迫。随着维新变法运动的兴起，维新派认为变法要从振兴教育、培养人才、启迪民智入手，主张在设学会、办学校、开报馆的同时，把开设向社会开放的图书馆作为传授新知识、新思想的重要措施。维新派领袖梁启超在《戊戌政变记》中提出“开办图书馆”是强学会的五件大事之一。在维新思潮的推动下，一些开明大臣也纷纷向朝廷建议要求设置新型藏书楼。1896 年，吏部尚书孙宅鼐奏办官书局，第一条就是要求设新式藏书楼，同年 5 月 2 日，礼部尚书李端棻奏请变法的第一件事也是开设大藏书楼。

一曰：设藏书楼。好学之士，半属寒酸，购书既苦无力，借书又难其人，坐此孤陋寡闻无所成就者不知凡几。高宗纯皇帝知其然也，特于江南设文宗、文汇、文澜三阁，备度秘籍，姿人借观。嘉庆间，大学士阮元推广此意，在焦山、云隐起立书藏，津逮后学。自此以往，江浙文风甲于天下，作人之盛，成效可观也。泰西诸国颇得此法，都

---

① 雷颐．“公共空间”的自觉与扩展 [J]．寻根，2001 (6)．

会之地皆有藏书，其尤富者至千万卷，许人入观，成学之众，亦由于此。今请依乾隆故事，更加增广。自京师及十八行省会，咸设大书楼，调殿板及官书局所刻书籍，暨同文馆、制造局所译西书，按部分送各省以实之。其或有切用之书，为民间刻本官局所无者，开列清单，访书价值，徐行购补。其西学书陆续译出者，译局随时咨送。妥定章程，许人入楼观书，由地方公择好学解事之人经理其事，如此则向之无书可读者，皆得以自勉于学，无为弃才矣。古今中外有用之书，官书局有刻本者居十之七八，每局酌提部数，分送各省，其费至省，其事至顺，一奉明诏，事即立办，而饗遗学者，增益人才，其益盖非浅鲜也。①

学者罗振玉在1902年首倡一种全国民众图书馆及博物馆的系统。其《京师创设图书馆私议》一文中说：

保固有之国粹，而进以世界之知识，一举而二善备者，莫如设图书馆。方今欧、美、日本各邦，图书馆之增设，与文明之进步相追逐，而中国则尚然无闻焉。鄙意此事亟应由学部倡率，先规划京师之图书馆，而退之各省会。兹将京师之创设图书馆之办法，条举如下：一曰，择地建筑也。二曰，请赐书以立其基也。三曰，开民间献书之路也。四曰，征取各省志书及古今刻石也。五曰，置写官。六曰，采访外国图书。以上乃大略办法。至监守之法，借阅之例，设官之员数等，应参考各国成规而采用之。先由调查员从事调查。至京师图书馆以外，各省城应各立图书馆一所，以为府、厅、州、县之倡。如是则二十年后，我国之图书馆，或稍有可观乎！②

① 李希泌，张椒华．中国古代藏书与近代图书馆史料（春秋至五四前后）［M］．北京：中华书局，1996：97-98.

② 李希泌，张椒华．中国古代藏书与近代图书馆史料（春秋至五四前后）［M］．北京：中华书局，1996：123-124.

为实施变法方略，维新领袖康有为等人首先在北京、上海、湖南、广东、天津等地的维新学会中办起了学会藏书室，所藏图书以西书、新书为主，管理制度也比较完善，对图书采访、分类、编目、流通借阅都做了详细的规定。读者对象，除了维新派成员，还包括一般士大夫和普通市民。可见，学会藏书室已经初步具备了社会文化机构的性质，是我国新式图书馆的萌芽。1902 年，带有现代意义的中国新式公共图书馆萌生了，这就是徐树兰在浙江绍兴设立的古越藏书楼。徐树兰是光绪二年（1876 年）举人，他热心公益，造福乡梓，又受到维新思想的影响，创办了古越藏书楼，其宗旨为“阁邦人士之观摩，府县学堂之辅翼”。徐树兰模仿教会图书馆模式，参照西方资本主义近代图书馆的建设原则及管理思想，力破千年陈规陋习，在藏书内容和分类法上都突破经、史、子、集的传统框架，按“学部”、“政部”分类，除收集传统典籍外，还收入了声、光、电、化等“新学”书籍及图画、报刊共七万余卷。编目方法也有许多创新，著录详细，方便读者。借阅方式多样，既可馆内阅览，又可借回家中。古越藏书楼的办馆理念、方式和方法很快为社会所接受，受到广泛的欢迎。

1902 年 7 月，清政府诏颁《学堂章程》规定：“大学堂当附属图书馆一所，广罗中外古今各种图书，以资考证。”明确要求在学校设图书馆。在这以后大量的公共藏书楼和大学图书馆建立起来。1909 年底，清政府正式颁布的《京师及各省图书馆通行章程》规定，图书馆应“保存国粹，造就通才，以备硕学专家研究学艺，学生士人检阅考证之用。以广征精彩，供人浏览为宗旨”。这是我国近代有关图书馆的第一次立法。它的颁布，说明此时中国新式图书馆事业已初具规模。

第二章　接踵而至：从文华公书林到文华图书科（1910—1930年）

第一节　传教士的兴学活动与影响

鸦片战争以后，在不平等条约的保护下，基督教传教事业空前兴盛起来，传教士的足迹从中国沿海逐渐向内地延伸。居于中国腹地的华中地区当时有人口1亿多，其政治、经济和文化中心是有“九省通衢”之称的武汉。19世纪60年代以后，传教士们怀着坚定的宗教信念，接踵而至，纷纷踏上这座华中重镇。传教士们在武汉最初的传教经历与他们的同伴在中国其他地区的境遇一样，走街串巷地传教布道，犹如对着风浪讲话，在沙滩上留名，向水中撒种，收效甚微。以1890年来到华中地区宣教的瑞美行道会为例，“1892年冬，该会进入武汉北部麻城县区之尝试遭遇挫折。后又派两名宣教师至宋埠。又受到强烈反对，次年春竟遭残杀，工作陷入停顿，五年后方得于该地另建立足之地”。“瑞美行道会在武汉北部之布道工作常受到反对，瑞美行道会在武汉西北樊城附近之布道工作亦被攻击。工作三年仅有一人归主。”① 这一时期华中地区基督教势力薄弱的原因，“十差会报

---

① 中华续行委办会调查特委会. 中华归主（下）［M］. 北京：中国社会科学出版社，1987：230.

告缺少职员，六差会报告称经费困难。其他原因甚多，如山多民少，交通不便，治少乱多，人心浮动，凡此种种皆影响基督教宣教事业之发展”①。为促进差会宣教工作，他们迫切希望找到一种在中国行之有效的传教方式。

传教士自西向东，来到中国腹地湖北，实际是西学东渐使古老的湖北经受到欧风美雨的洗礼。基督教传入武汉是1861年的事。基督教内的一个教派——美国圣公会于1868年传入武昌，是来汉基督教的第三个教派。尽管他们以传教布道为职志，但因为湖北民众对他们所传的“教”和所布的“道”并不感兴趣，“有二十一县（占全省32%）报告每县受餐信徒不满五十人。有四十七县（占全省70%）报告每万人中受餐信徒平均不到五人”②。严峻的现实使他们不得不变通手法，加之“九县已有布道工作，但无教会初级小学。全省只有1/3稍多的县区设有教会高级小学”③。因此，通过办学来传教布道，是扩大基督教影响力的有效途径，客观上也将科学民主的种子撒遍荆楚大地，加速了湖北传统教育的解体和新的价值体系的形成；另一方面，在湖北办起了“一条龙”性的学校系统，成为湖北教育近代化的参照品和借鉴物，从而推动湖北教育近代化进程。从这一方面来看，西方传教士来鄂，尽管他们的人数有限，“约有四百名外国宣教师分驻于全省三十二个城市之中”④，所办的学校难以与官办的学校相匹比，仅仅从初级教育的学生人数上比较，就可见一斑。“本省教会两级小学学生人数最多，现有初级小学二百八十所，学生八千零四十九名，高级小学五十八所，学

---

① 中华续行委办会调查特委会．中华归主（下）［M］．北京：中国社会科学出版社，1987：232．

② 中华续行委办会调查特委会．中华归主（下）［M］．北京：中国社会科学出版社，1987：225．

③ 中华续行委办会调查特委会．中华归主（下）［M］．北京：中国社会科学出版社，1987：225．

④ 中华续行委办会调查特委会．中华归主（下）［M］．北京：中国社会科学出版社，1987：233．

生二千一百八十五名。”① 而国立学校“据教育部报告，1915—1916 年全省小学学生总数为二十二万五千人”②。虽然传教士的动机并非尽是出于善意，但是，他们在客观上对湖北教育近代化建设的推动作用，是不可否认的。

在外力的冲击和内部改革的需求双重驱动下，从 19 世纪中叶起，传统教育日趋解体与崩溃。这主要表现为旧式学校的消亡和新式学堂的开办，科举制度的废除和新教育制度的建立，传统教学内容和方法的改革，以及传统教育观念（特别是教育价值观）的转化等。文华大学的设立和博文、博学两书院的改制，标志着湖北的教会教育发展到一个新的阶段，表明在张之洞等人建立的湖北新式教育体系之外，一个包括小学、中学和大学等层次和类别的教会教育体系已于 20 世纪初在湖北出现。

在湖北，传统教育的解体，则可从以下重大事件中窥其梗要：

1893 年，张之洞在武昌开办湖北自强学堂，并于此后陆续创办了湖北武备学堂（1896 年）、湖北农务学堂（1898 年）和湖北工艺学堂（1898 年）等新式学堂。

1896 年，张之洞改革两湖书院。仿照西方学堂的办法，分班上课，每班日课两堂，每堂 1～2 小时，经、史、地、算四门分日轮习。四门中，尤重视算学。

1898 年，张之洞将湖北的 11 所府属书院改为府（中）学堂，一律停习八股文，改习算术与财务。并通令州县属书院改为小学堂，停习八股文，改习新课程。

1902 年，张之洞、端方等人上《筹定学堂规模次等第兴办折》，拟订全面发展湖北教育计划，初步形成各级各类学堂齐全的教育体系。

---

① 中华续行委办会调查特委会. 中华归主（下）［M］. 北京：中国社会科学出版社，1987：239.

② 中华续行委办会调查特委会. 中华归主（下）［M］. 北京：中国社会科学出版社，1987：242.

张之洞（1837—1909）

两湖书院

同年，张之洞将学务处改为“湖北全省学务处”，主管全省公私立大、中、小学堂及留学事宜。

总之，由于西方新教育异质因子的作用，湖北传统学校制度根基松动，出现了前所未有的巨大变化，形成了学校教育的新局面。

传教士的到来，目的当然是传教，但在传教的同时也带来了若干科学新知，而其所办的各类教会学校，也在客观上为晚清湖北教育改革的主持者们发展和建设新式学堂，提供了某种程度的示范和导向。

第二节　文华共同体的缘起：文华书院

创办教会学校，培养传教人才，以教育之舟来载宗教之道，是传教士们找到的有效传教方式之一①。湖北的教会小学，大体上经过了从走读学校

① 传教士们创办教会学校的目的不同于中国的传统教育，不是去培养“君子”、“士大夫”，而是为了传教，为教会培养信徒和传教士，《挪威国路德会沙麻牧师末次返国留念碑记》的碑文说得很清楚：“当其传教伊始，即设初等小学，招集男女生徒，助衣助食，非沾沾然欲求名誉也，唯冀其学道归主，为异日教育中用耳。”转引自湖北省志·教育［M］. 武汉：湖北人民出版社，1993：85.

到住宿学校这样两个阶段。传教士来汉不久，就办起了走读学校。他们称这种学校为Free Day School（即“免费走读学校”）。这种学校，有的两年制，也有的四年制。学校依照旧例，请一位中国先生教儿童读中国《三字经》，也读基督教《三字经》，以及教义问答和新旧约圣经中的一些故事。他们通过这种学校形式，既可向儿童灌输基督教信仰，又加强了与儿童家长的联系，借此在当地站稳了脚跟。

随着形势的发展，传教士对这种走读学校逐渐不满足起来。这种学校的学生白天在校受基督教影响，回家耳闻目见、所作所为是“祭祖”、“上坟”等传统习俗，学生无法受到持久的基督教氛围熏染。同时，教会急需培养一批中国传教人员，这种学校显然不能承担这一任务。因此，从19世纪70年代起，传教士办起了新的寄宿学校。

1871年10月2日，美国圣公会国内外差会（The Domestic and Foreign Missionary Society of the Protestant Episcopal Church in the United States）的威廉斯主教（Williams，中文名韦廉臣）为纪念其兄长、美国圣公会首位来华主教文惠廉（Boone，Williams Jones），在牧师颜永京（Yen Yun Kiung）的协助下，于武昌横街头创立了“The Boone Memorial School”，即“文氏纪念学堂”或“文氏学堂”。

韦廉臣

1873年取中文名为“文华书院”，文华者即文教士在华传教之简称，又与中文“文章华国”暗合。该校最初是一所由美国圣公会提供经费的寄宿学校，完全免费，并提供少量津贴（每人每天6个铜钱）[①]，首批招收5名学生，其中3人为正式生。1887年10月17日，S. G. 帕特里奇（Sidney G. Partridye，中文名贝鼎三）继任校长，在他的管理下，学校发生重大的变化并取得很大的进步。

① 汪文汉. 华中师范大学校史［M］. 武汉：华中师范大学出版社，1993：5.

美国圣公会首任
驻华主教文惠廉

中华圣公会在武汉的堂所

文华学校的前面 20 年与其说是学校，还不如说是个大家庭。学生们不用交学费，而且吃饭、穿衣以及其他很多方面都由学校完全包下来……当时外界流传着这样一种谣言，学校免收学费并供应生活用品是为了引诱孩子们入校，以最终得到他们的器官并制造一种药。当时人们对文华寄宿学校无知且怀有巨大成见，只有穷人“冒险”将他们的孩子送到这所外国人办的学校来读书。尽管人们对文华学校有成见，文华学校还是逐步前进着，在它的幼年时期，它培养了许多毕业生，这些毕业生在当时和以后为汉口和安庆教区的建立贡献了许多力量[①]。历史在无数个偶然中构成必然，就是这样一所毫不起眼的家庭式微型教会学校，逐渐发展演变成为本书后面所论述的“文华共同体”(Boone Community)。

文华书院新生班的学生

① ［美］吉尔曼，等．文华大学［M］．黄政辉，等，译．武汉：华中师范大学出版社，1992：3.

1899 年文华书院毕业生

1896 年文华中学建设中的建筑

1890 年以前，文华书院始终保持 30 名左右的学生名额。教学内容为儒家经典与基督教教义。随着外来人在华工商、金融、运输、邮电、海关业务的扩张，随着洋务运动的发展，文华书院为了自身生存，乃从 1890 年开始，由美国传教士贝鼎礼接任院长，开武汉教会学校改革之风。为了适应整个中国教育改制的环境，把以培养传教人员为单一宗旨的“书院”改变为面向社会按照西方教育制度施教的新式学校。学校除开设圣经、国文等传统课程外，新设地理、算术、格致等新课程。学校还引进了班级制、学分制、升留级制等新规章，一年分两个学期。贝鼎礼的革新之举，曾引起了武汉教育界的震动。热衷于办学的张之洞为了在湖北推广新的教育体制，改革旧学堂，几度派人到文华考察，继任湖广总督端方本人也曾两度前往。

文华书院院长巴修理
(S. C. Partridge)
(1885—1899)

1891 年起学校增设英语课程，从此确定了以英文教育为主的方针。由于注重培养学生的英文应用能力，适应了当时急剧发展的武汉工商业和外贸事务的需要，受到了社会的欢迎。文华书院的学生不久便由 30 名左右增加到100多名[①]。同时，文华书院结合当时社会学习西方的热潮，把欧美的教育制度与其他具有西方民主主义性质内容的活动，移植到文华书院来，并由文华影响到武汉社会。当时武汉其他教派与天主教都办有学校，但只有文华书院在传播西学方面起步最早，而且是富有成效的一个团体，包括最早推行西方教育制度；在武汉最早设立女子教育学校；最早在校内开展西方体育课程；最早成立学军，倡导学生军操；创建武汉教育界最早的西洋铜乐队；“中国童子军”第一支队在文华中学诞生；成立日知会——一个受西方资产阶级革命思想影响的反清团体。文华一时间成为湖北新式学堂的范式。为了寻求更大的发展空间，19世纪90年代学校迁到武昌昙华林，从而奠定了后来扩展为文华共同体的空间基础。

文华大学孟格尔礼堂

文华书院童子军

文华大学校园内景

① ［美］柯约翰．华中大学［M］．马敏，叶桦，译．珠海：珠海出版社，1999：9.

1919 年文华大学学生足球队

在传教士们办理文华书院、培养传教人才的同时，洋务运动的后期领袖张之洞也在湖北武汉大力兴办洋务事业。1889 年他担任湖广总督后，便以两湖地区特别是武汉作为其洋务事业的中心试验区，办实业，练新军，兴学校，派游学，力图以“西学”来补“中体”之不足，巩固清王朝的统治。尽管其目的在于确保大清江山之不失，但在他的推动以及时代潮流的影响下，武汉地区办理洋务，崇尚西学，追求新知，一时蔚为风气[①]。

第三节　双重角色的文华公书林（1910—1920 年）

正是在这种变革背景下，韦棣华来华创办了文华公书林。韦棣华（英文名 Mary Elizabeth Wood，译为玛丽·伊丽莎白·伍德）1861 年 8 月 22 日生于美国纽约州爱尔巴镇一个新英格兰人家庭。韦棣华出生后不久，全家迁到纽约州巴达维亚城（Batavia），其父成为一家捷运公司的代理商。韦棣华在巴达维亚中学毕业后，曾就读于波士顿西蒙斯（女子）学院（Simmons

① 时人有言，在张之洞的推动下，武汉地区“除设立五六十余堂小学、五路高等、两等师范外，并设农、工、商、医、方言各专门学校。学生总数达五千人以上。几乎把武昌城变成一个学校城”。参见沈祖荣. 在文华公书林过去十九年之经验 [J]. 文华图书馆学专科学校季刊，1929，1 (2).

College）图书馆学专科。1889年巴达维亚成立里奇蒙德图书馆，28岁的韦棣华以广博的学识成为该馆首任馆长，也是该馆的首位图书馆管理员，左邻右舍和朋友都称她“Lizz”，她以衣着古典和外貌端庄著称。韦棣华每逢一周的“故事时段”就会给孩子们喝热巧克力，还让孩子们在书库中捉迷藏。但是她的助手威德夫人是不允许孩子这么干的，韦棣华在该馆工作了10年。

韦棣华
（Mary Elizabeth Wood，1861—1931）

韦德生
（Roberto Edward Wood，1872—1952）

韦棣华是长女，与胞弟韦德生（Roberto Edward Wood，1872—1952）从小相依为命，感情深厚[①]。韦德生笃信基督，是一名牧师，立志到最艰苦的地方去布道。韦德生选中了中国，他到武昌后住在大朝街圣米迦勒堂，成为“中华圣公会”的一名神职人员。1900年取得美国圣公会圣迈克尔教

① 关于韦棣华的家世，有记载为“一个拥有7个子女的新英格兰人家”（秦明：《韦棣华女士对中国近代图书馆事业的贡献》，《安徽高校图书馆》，1986年第3期），也有记载为“姊弟3人”（惠世荣：《架起中美图书馆界友谊桥梁的前驱——纪念韦棣华女士》，《四川图书馆学报》，1982年第2期），还有认为是“七男一女共八个小孩”（程焕文：《中国图书馆学教育之父：沈祖荣评传》，台湾学生书局，1997年）。另外，关于韦棣华的父母有记载为“幼失怙恃”（张遵俭：《昙华忆旧录——记沈祖荣与韦棣华的遇合》，《图书情报知识》，1981年第2期），韦棣华的两个弟弟，一个在美国当工程师，一个即韦德生在中国做牧师。

区教堂（St. Michael's Parish Church）的牧师职位。1899—1900 年义和团运动爆发，1900 年八国联军入侵中国，各地教案“屡有发生”，动乱中一些外国传教士被杀。消息传到美国后，韦棣华十分担心胞弟的安全，对于韦德生不听从安排回家的决定，深感失望。在她当时的头脑中，“中国诚然是个蛮荒鬼域，是恶魔与乞丐居住的地方”。为了让韦德生早日离开中国，韦棣华辞去担任 10 年之久的里奇蒙德图书馆（当时已改名为里奇蒙德纪念图书馆，Richmond Memorial Library）馆长之职，随美国传教团，来中国说服、动员韦德生回美国。韦棣华先抵达上海，稍事休整后，1900 年 5 月 16 日到达武昌。

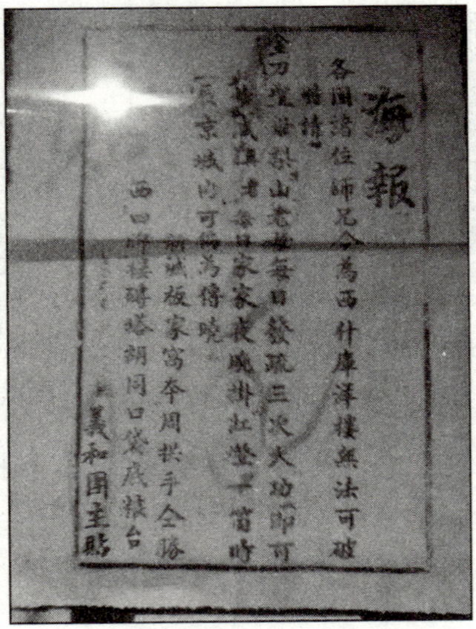

义和团运动期间，由于西什库教堂（天主教北京教区主教座堂，1703 年开堂）久攻不下，义和团四处张贴的海报声明请来金刀圣母、梨山老母前来助战

关于韦棣华来华的缘由，过去学术界看法并不统一。她来中国的时间是 1900 年，恰好是八国联军肆意蹂躏中国的时候，加上她与美国传教团同行，于是有观点认为“美国传教士韦棣华随着帝国主义的大炮一同来到中

国……在武昌，她按其所学，利用图书馆来为帝国主义服务”（武汉大学图书馆学系编：《中国图书馆事业史》，1964年）。“文华图书馆学专科学校是美帝国主义在华的教育机关之一，也是美帝国主义对华文化侵略，控制我国图书馆教育的堡垒，为美帝国主义分子韦棣华所把持。”（北京大学图书馆学系编：《中国图书馆事业史讲稿》，1957年）甚至有人将其中国之行，猜测成受教会的指派。“1900年5月份来到中国，其时正值义和团运动轰轰烈烈地展开，八国联军正在组织并继而向天津、北京进军，她是跟着侵略者的大炮一起开到中国土地上的，这难道是偶然的巧合吗？从她来中国前后与美国圣公会的紧密联系来看，很可能带有宗教任务。”①

上述看法显然过于主观。韦棣华是基督徒，但此时并不是传教士，她与美国圣公会在来华前是否有直接联系，仅在《私立武昌图书馆学专科学校概况》中提及一句。1904年因韦棣华工作出色，圣公会才任命她为世俗传教士②。实际上，她与圣公会下属的教会学校、基督教青年会全国协会等的联系，仅限于开办图书馆和图书馆教育相关的业务往来，“迨至前清光绪二十六年，女士以圣公会推荐，初履华土”③。倒是有很多记载表明韦棣华的中国之行只有一个目的：探视其在华胞弟的安危，至于和美国传教士团同行，只是一个偶然的机会，纯粹是为了旅途方便。据韦德生所写的纪念文章《关于吾姊之生平》（“Reflections on My Sister”）记录，韦棣华对其弟弟远在骚乱的中国，不愿听从她的安排回家，深感失望。她担心弟弟的安全，亲身来探望④。裘开明在《韦师棣华女士传略》中认为，“庚子拳匪倡乱京津，排外仇教，一时传教士之被害者众，风声所播，国外尤严，韦师笃于友爱，因于一千九百零零年，单身冒险来华，探视其弟”。据《文华图

① 马启. 评韦棣华［J］. 四川图书馆学报，1985（3）.

② George W. Huang. Miss Mary Elizabeth Wood: Pioneer of the Library Movement in China［J］. Journal of Library and Information Science，1975：67-68.

③ 基督教圣公会文华图专资料［G］. 武汉市档案馆藏，全宗号：112-1-26.

④ 文华图书馆学专科学校季刊［J］. 1931，3（3）.

书馆学专科学校季刊》(1931年第三卷第三期)记载:“1900年,拳匪倡乱,华北骚然,风声所播,海外震惊,女士只身来华探视其弟,遂留任武昌文华大学教职。”事实上,韦棣华抵达武昌,了解到韦德生安全无恙后,“起初并没有长期留在中国的意思,只不过想在中国作一短期间的游历”[①]。

韦棣华女士(照片来源:《湖北外国语专门学校同学录》,1916年,武汉市档案馆藏)

文华起初的一个主要办学目的是培养牧师,因此早在1878年就有了神学校。“直到1906年它的教学语言才是汉语,这个时候其课程增多,已完全用英语教学,以后它越来越大,也变得越来越重要。”[②] 可见,当时圣公会创办的文华中学和文华书院师资奇缺,韦德生建议韦棣华暂时在文华中学担任基础英语教学工作,以解燃眉之急。韦棣华到中国后,也发现中国与她想象中的大相径庭。中国虽然苦难贫困,但有灿烂悠久的历史和勤劳智慧的人民,在强烈的宗教献身精神的感召下,韦棣华决定留下来,接受教职,以自己所学为需要帮助的中国做点事。

韦棣华在文华中学教书十分认真,被学生誉为“我们敬爱的老师”(our beloved teacher)。也因如此,1912年创办于武昌的外国语专门学校也聘请她担任英语教员。尽管教学可与其弟相依为命,但毕竟不是韦棣华的兴趣所在。她在美国长期的图书馆工作经历,加上对中国民众迫切需要公共知识的了解,以及对已有的中国图书馆开放利用的不满,“今日国内所有图书馆,不外极简单或有名无实的某某公立图书馆,某某学校图书馆,与几个少数的私立图书馆两三种而已。至于目前急需的公共图书馆,儿童图书馆,盲人图书馆等的成立,不知何日方能实现;我们的图书馆事业和‘现代的图书馆’的标准,实在相关太远”[③],这使她

① 徐全廉. 评《评韦棣华》[J]. 四川图书馆学报,1987(1).

② [美]吉尔曼,等. 文华大学[M]. 黄政辉,译. 武汉:华中师范大学出版社,1992:9.

③ 孔敏中. 现代图书馆的意义[J]. 晨报副刊,1925(6).

很快将工作兴趣转向了老本行——图书馆服务。

图书馆面向公众开放的观念，西方早在17世纪就已产生，例如加布里埃尔·诺代（1600—1653）在1627年出版的《关于图书馆建设的意见》中指出了图书馆应该向所有人开放的基本原则①。19世纪70年代以后，美国的图书馆事业便已步入了世界先进行列。在韦棣华来华时，美国国内的图书馆及其教育事业已比较发达，国内有国会图书馆、大学图书馆、公共图书馆和捐赠图书馆等多种形式的图书馆，各州成立图书馆委员会，专事州内的图书馆事业。特别是在1852年美国最早的义务教育的州法案通过和1876年美国图书馆协会成立之后，公共图书馆有了巨大发展。到19世纪末，公共图书馆在美国已相当普及，大约有3 000～4 000所，在美国东北部一些偏远州还出现了农村图书馆和流动书车（travelling library）。

作为一个来自当时图书馆事业较发达国家的前图书馆馆长，韦棣华对图书馆的功用评价相当高，“在学校则为学校之心神，在社会则为社会之骨髓”②。在她看来，中国“积弱之原，由于文化落后，民智鄙塞”；“而促进文化浚发民智之利器，莫图书馆若”③。正是基于这些认识，加之，当时中国之客观环境，正如晚清李鸿章所言：“中国遇到了数千年未有之强敌，中国处在三千年未有之大变局。”清政府迫于形势，逐步倡行“新学”和推行“新政”，科举制的废除，带来“科举考试是各种政治和社会利益彼此竞争制衡的一个文化角斗场”④ 的地位轰然垮塌，新式学堂在“新政”浪潮中遍布广设。“在此前几年时，正值清廷改行新政，废科举，兴学校。武昌方面有一个兴学的首领——张香涛（之洞）为湖北总督。他极力创办学校，振兴教育。除设立五六十余堂小学、五路高等、两等师范外，并设农、工、

---

① ［美］理查德·克尔齐斯，加斯顿·利顿．世界图书馆事业——比较研究［M］．徐俊，译．北京：书目文献出版社，1990：99.

② 毛坤．悼韦棣华女士［J］．文华图书馆学专科学校季刊，1931（3）.

③ 沈祖荣．韦棣华女士略传［J］．文华图书馆学专科学校季刊，1931（3）.

④ 本杰明·艾尔曼（Benjamin Elman）．晚清帝国科举文化史（A Cultural History of Civil Examinations in Late Imperial China）［M］．加州：加州大学出版社，2001：823.

商、医、方言各专门学校。学生总数达五千以上。几乎把武昌城变成一个学校城。”① 韦棣华创办文华公书林与武昌在当时中国经济、文化区域中心中占据重要一席之地紧密相关。自张之洞办洋务、大兴新式教育以来，各种传教士创办的西式学堂也为武昌文化教育提供了浓厚的社会氛围。韦棣华在美国演讲时，曾这样描述当时的武昌：“溯扬子江流六百英里而上，至武昌城，适与汉口对峙。汉口乃中国内部商务荟萃之区，铁道汇集之点，繁盛殆不减于美国之奇加哥。武昌之人物气象，与汉口虽判若霄壤，而文风蓬勃，学海渊深，若美国之波士顿城。溯其原因大率前任张督之力……武昌得其维持，竟成中国内部各省之臣擘也。文华书院，并立其中，得地之宜，宜不待言。”②

在 20 世纪初，清政府诏令办新学后，中国已开始拟定官办学校的发展计划，传统书院基本上进行了改革，建立了一些实施西式教育的大学，并派遣大批留学生出国求学，改变了教会学校独占西式教育的局面，使教会学会的优势渐失，并感到竞争压力。如同一些传教士认为的：“教会学校如果不再增加完备的实验室和图书馆，不聘请更多更好的教师的话，那么优秀学生将被政府学校吸引去。教会学校只有成为优秀的高等学府才能期望成为国立大学的榜样，从而促进国民教育计划改变重点。”③ 韦棣华 1901 年在文华中学就职后不久，就发现校园内图书资料贫乏，教师无可参考之教学资料，学生亦无可参阅之书籍。她“以为学生的疑难讯问，非全凭口讲所能贯彻解答。而有助于解答学生各种疑难之机关，尚付阙如”。她曾经说过，当她到武昌昙华林的时候，看到了这样一幅景象：武昌这个地方是中南地区南来北往的经济文化中心，学校也不下几十所，可那里连一所公共

① 刘美文．文华图专的兴起及其背景分析［J］．云南档案，2011（1）．

② 刘美文．文华图专的兴起及其背景分析［J］．云南档案，2011（1）．

③［美］杰西·格·卢茨．中国教会大学史［M］．曾钜生，译．杭州：浙江教育出版社，1987：96．

图书馆都没有！图书馆是启迪民智的重要场所，也是服务民众的社会事业。她听到有声音对她说，“去做这件事，让每个中国人都有看书的权利和机会”。确实，当时华中地区的文化中心，号称“文化荟萃之地”的湖北省府武昌除了个别私人藏书楼外，连一座像样的可供公众阅览的公共图书馆都没有，“学校急切需要一个图书馆来满足中国学生对知识的渴望，很快给伍德小姐留下了深刻的印象”[①]。她首先多方设法搜集图书。她开始写信给美国“妇女辅助会”（Women's Auxiliaries）、“教会期刊俱乐部”（Church Periodical Club）和美国教会报社的朋友们，请他们捐赠图书。她很快就收到了各种各样的图书。为了很好地管理和利用这批图书，韦棣华在文华校园东区的八角亭内创办了一所小型图书阅览室。在这所阅览室内，陈列着她四处搜集而来的各种书刊、教义、小册子约3 000册，供人们免费阅览，被当时学生直呼为“报房”，这就是文华公书林的前身。

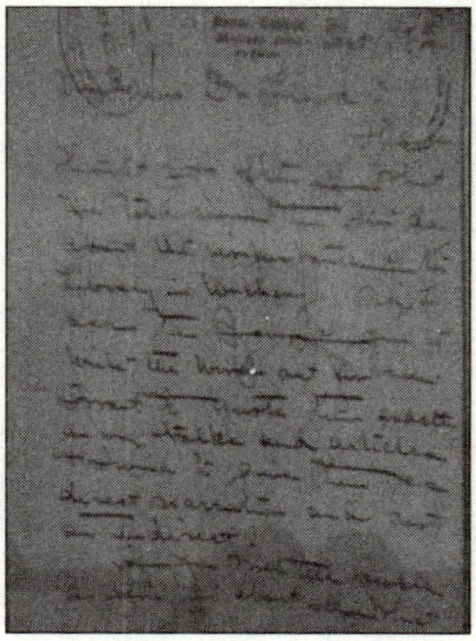

韦棣华手稿

文华公书林的前身八角亭

① Alfred K. M. Chieo. Boone University Library Past, Present and Future—A Review of the History of the Library up to the Tenth Anniversary and Its Outlook for the Future [J]. The Boone Review, 1920: 327.

在1920年的《文华评论》中，一篇译为《文华大学图书馆过去、现在和将来》的文章，这样讲述文华大学图书馆即文华公书林的历史："它追溯于1894年，当时的八角亭阅读室，也就是现在被用作文华合唱团俱乐部大厅，曾被使用过的人叫做八角形图书馆。大部分的书被分类成为宗教主题，另外有一些少量的书被分类成五花八门，有一些外国传教士和少量的神学学生去这里。在1901年末，瞿雅各博士负责管理文华学校，他意识到了学校图书馆的需要，为了这个目标应立马修建一间房屋。不久以后，1903年随着学院的成立，对图书馆的需求显得更加明显。幸运的是，这种需求创造了一位热心、热诚的图书馆员来解答这个吁求。这个图书馆员正是文华大学图书馆的发起人与创办者伍德小姐。"①

韦棣华深知图书馆对于开启民智的重要意义，图书馆在大学教育中占有重要位置，是不可或缺的办学设施之一，而且昙华林一带自古以来文化气息浓烈，教育文化兴盛，是武汉城市文脉所在地。汉口开埠以来，文华书院附近的学校分布非常密集，如武昌贡院、圣约瑟学堂、真理中学、湖北中等工业学堂等，都分布在昙华林附近，可观的读者群对公共图书馆有直接需求，因此，她并不满足于这所只有一些过期报纸和破旧书籍，场地极为狭小的阅览室，她敏感地预见到，无论是发展中的文华，还是变革中的武汉都需要一座真正意义上的新式公共图书馆。韦棣华认为要办好图书馆，馆舍十分重要。当时文华资金紧张，没有这批建馆费用，于是韦棣华除了拿出部分私蓄尽力充实所管理的图书室外，开始四处奔走，募集资金。为了实现这一计划，她于1906年利用回国度假的机会，返回美国，开始了长达一年半的准备工作。同时，在韦棣华返美期间，文华校园内也开始了图书馆的组织酝酿工作，"在韦棣华离开的日子里，文华大学的校长瞿雅各

① Alfred K. M. Chieo. Boone University Library Past, Present and Future—A Review of the History of the Library up to the Tenth Anniversary and Its Outlook for the Future [J]. The Boone Review, 1920: 327.

组织成立了图书馆委员会，并由他担任委员长去关照图书馆的利益”①。

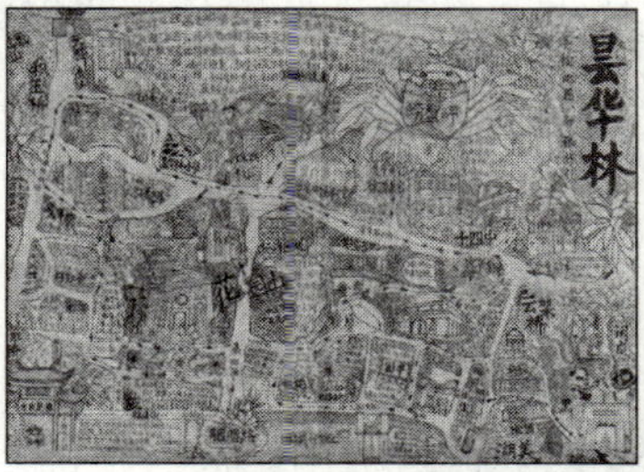

昙华林地图

当时在昙华林欢迎瑞典教师的老照片

韦棣华到纽约、费城、波士顿、巴尔的摩等地教会和知名人士中募捐、演讲，不放弃任何为公书林筹集资金的机会。1907年她在《差会精神》（*The Spirit of Mission*，1907年1月出版）上发表《华中所需的一座基督教图书馆》（“A Christian Library for Central China”）等，文中估算，建馆舍需款15 000元，图书需款5 000元。同年5月23日至29日，韦棣华参加了在美国北卡罗来纳州阿什怀尔（Aschevile, North Carolina）举行的美国图书馆协会（ALA）第29届年会，并宣读了报告《在一个中国城市的图书馆工作》（“Library Work in a Chinese City”），阐述了在中国创设图书馆的必要性和重要性。在韦棣华的努力下，一共筹集了1万美元和3 000册书刊。哥伦比亚大学前校长罗瑟博士（Dr. Seth Low）第一个捐款1 000美元；纽约著名慈善家奥利维亚·菲尔普斯·斯托克斯小姐（Miss Olivia Phelps Stokes）为纪念其姐，捐助公书林礼堂费用；波士顿的劳伦斯（Bishop Lawrence）主教和他的两姐妹坎宁安（Mrs. Frederick Cuning Ham）与洛琳（Mrs. Loring）、费城的查理·比德尔夫人（Mrs. Charles Biddle）和约翰·马克欧夫人（Mrs. John Markoe）、韦棣华在巴尔的摩（Baltimore）和

---

① Alfred K. M. Chieo. Boone University Library Past, Present and Future—A Review of the History of the Library up to the Tenth Anniversary and Its Outlook for the Future [J]. The Boone Review, 1920: 328.

里奇蒙德（Richmond）的朋友们都纷纷捐款[①]。经过多年持续不断的努力，在各方面的帮助下，终于在1910年5月16日，在武昌昙华林，造价号称“十万美元”的文华公书林新舍落成开放，韦棣华任馆长，沈祖荣任协理（副馆长）。1921年又进行了扩建[②]，公书林主体建筑成为当时文华校园内最漂亮的建筑物。

1905年文华书院学生参加“文华公书林”开工奠基典礼

文华公书林近景

文华公书林全景

① 沈祖荣. 中国近代图书馆运动的皇后韦棣华小姐（Miss Mary Elizabeth Wood: the Queen of the Modern Library Movement in China）[J]. 文华图书馆学专科学校季刊，1931，3（3）：8-13.

② 在1920年底和1921年1月，斯托克斯小姐又拿来3 000美金作为扩充公书林楼上建筑费用，公书林扩建共用国币5 000元，主要由沈祖荣、胡庆生筹得（《公书林佳音汇总》，《文华月刊》1册2号，1921年3月，第5页）。

公书林主体建筑外观是古希腊式的风格，由汉口著名建筑师德希斯（De Hees）设计，内部采用中国风格，家具全为红木。花岗石门框上端烫金镌书“智识诸宝咸蕴基督”，左、右分别有对联“仰之弥高钻之弥深”、“博我以文约我以礼”。公书林内设编目室、参考室、阅览室、报纸杂志室、书库、孙公纪念室（专藏商学书籍）、罗瑟纪念室（专藏西文书籍，以捐款人罗瑟博士命名）、博物古物陈列室、实习室、图书馆学研究室和斯托克斯大厅（以捐款人纽约慈善家O. P. 斯托克斯小姐命名）。据回忆：“公书林以书库为中心，居大厅中央。长长的大厅内一排排双面架上陈列着按杜威法分编的精装图书；侧面靠窗设有阅览座，读者座厢前后也是靠背双面书架，排列成套的《永乐大典》、《古今图书集成》等经典巨著，琳琅满目，书背上的金字从窗玻璃上透过的阳光下闪烁可见，给人一种宁静之感。”① 1918年统计时，文华公书林有中文图书1 012种11 771册，西文图书6 704册。加之，近代报刊逐步走向兴办高潮期，公书林因此源源不断地获得大量书刊，如“贵会启事一篇令人惊喜欲狂，夫以佛化新青年月刊销行之广，不一年而至如许之多足徵，议论透彻脍炙人口，敝书林逖听之下，难免垂涎。兹特奉寄邮票二角以便置之几案以供众览”（《佛化新青年》，1924年第2卷第3期，第3页）。1934年统计时则达48 208册。所有图书均按麦维尔·杜威（Melvil Dewey）十进分类法排列，向公众免费开架开放。

文华公书林开幕请柬

1910年5月16日，文华公书林开馆典礼嘉宾合影

① 唐月萱. 回顾文华学习生活，缅怀沈祖荣校长 [J]. 高校图书馆工作，1982（2）.

从公书林建成到1938年夏日军入侵湖北，武汉即将沦陷，文华图专迁至重庆为止，在相当长一段时间内，公书林实际上容纳了华中大学图书馆、文华图专图书馆和公共图书馆三个图书馆，是三分天下的奇特格局。据时人回忆：“大厅的主要部分是私立的，全面开架的公共图书馆，占去全部面积的十分之七。大学图书馆设在一个角落，图书馆学校的图书馆设在另一个角落里，共占面积十分之二强。两校师生也和社会群众一样，有向公书林借书的权力。”① 落成后文华公书林在设计图纸上为“文华书院藏书室”，中文名为“文华公书林”，英文名为“Boone College Library”②，后为“Boone Library”，取名为“公书林”即深寓“公之于众而非文华独有”之意。英文名中去掉“College”一词也说明公书林非为文华大学独有，体现其公共性。从文华公书林的那副对联“仰之弥高钻之弥深”，“博我以文约我以礼”可以看出韦棣华旨在期望公众来公书林博览群籍，获得丰富知识，陶冶情操。因此，文华公书林虽然馆址在文华大学校园内，隶属于文华大学，但其宗旨却是使其藏书不仅为文华师生服务，而且面向社会，为武汉三镇广大公众服务。

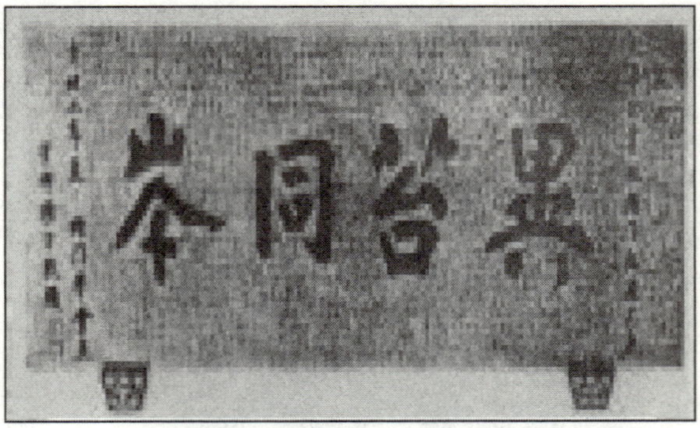

文华大学校友在文华公书林开馆时赠送的匾额，用以赞美文华公书林中西合璧

文华公书林明信片

① 张遵俭. 昙华林旧录——回忆绍期师［J］. 图书馆学通讯，1982 (2).

② Mary Elizabeth Wood. A Christan Library for Central China［M］. The Spirit of Missions, 1907：9-14.

然而，由于图书馆在当时属于新生事物，人们对之缺乏了解，公书林最初建成后，“来馆北阅览的人，寥若晨星，凡乎门可罗雀，使人大失所望”。韦棣华认识到公众一时对图书馆还很陌生，尚没有形成到图书馆借书、读书的习惯，甚至还有些人由于对教会学校有抵触情绪，认为，“天地间安有这好的事，他们从美国捐钱来买书，给中国人读，恐怕当中含有别的臭味，不是招揽学生的办法，就是引人入教的阶梯”①。尽管阻碍重重，但韦棣华没有枯坐待人来索取书籍，而是主动出击，首先从文华校内开始引导诱掖的工作。起初公书林的工作人员向文华的学生宣传，学生们因为“没有利用图书馆加强课余研究的习惯，即使来馆，也只是翻翻凡种日报，看看凡篇杂志文章：茫然而来，轰然而去”。韦棣华见仅向学生宣传收效甚微，转而向教师宣传，“请他们鼓吹图书馆对教学两利的常识”，鼓励学生课余多到图书馆来阅览。同时，经与教师磋商后，将学生们需要参考的各类新书的内容，分批地揭示出来，启发学生来馆阅借。又请教员将所出的论文题，先行告知图书管理人员，以使图书管理人员就学生们的论文题目展示书刊资料，减轻学生寻找有关书刊的劳动量②。另外，在时间安排上也尽量方便读者借阅。经过一段时间的努力，到公书林借阅图书的读者，特别是学生逐渐多了起来。

韦棣华又进一步将公书林的服务范围扩大到武汉三镇的学生。她首先每季度拜访一次各中学校长和教职员，希望他们支持图书馆的工作。校长们当面一律应酬道：“贵校这样热心公益，建立公书林，我们非常钦佩，容日必定令学生前来观光。”③ 实际上，仍少有外校学生光顾。这是因为武汉三镇地点分散，交通不便，学生们上课时间长，来公书林不易。还有当时国人普遍对图书馆的功用不了解，向公众免费开架借阅的图书馆当时尚没

① 沈祖荣. 在文华公书林过去十九年之经验 [J]. 文华图书馆学专科学校季刊，1929，1 (2)：175.

② 沈祖荣. 在文华公书林过去十九年之经验 [J]. 文华图书馆学专科学校季刊，1929，1 (2)：175.

③ 吴则田. 韦棣华在中国近代图书馆史上的活动 [J]. 图书情报知识，1983 (4).

有，文华公书林主动热心地向公众免费开放借阅，让人们心存疑虑，有借公书林引诱中国人入教，招揽学生学洋文的嫌疑。韦棣华感到造成这种状况的症结仍在对图书馆功用的宣传不够，于是韦棣华敬请中外名人、学者来公书林，每月定期举行两次关于自然科学和社会科学的演讲，“图书馆面向公众开放，与它的名字含义相一致。1911 年 3 月 25 日在图书馆的礼堂——司徒克斯厅（Stokes Hall），‘公共的图书之林’开始了大学衍生公共演讲课程。从那以后，在那年的特定时段，由武汉的著名人士在周六晚上轮流进行了一系列的公开演讲，这些演讲包括宗教的、社会的与一些普遍的时代话题”[①]。事先给各校分送入场券，请学生赴会。为吸引听众前往，演讲还穿插举行音乐会、放电影和幻灯。每次演讲前，都请学生们浏览公书林的各种书报，向他们介绍公书林的性质，消除关于公书林的各种无稽之谈。坚持一段时间之后，各校来公书林读书的人逐渐增多。

韦棣华女士正在收藏旧书

文华公书林司徒克斯厅（Stokes Hall），为文华大学举办各种报告和讲座的场所

到 1929 年，文华公书林一直都致力于向公众推广应用图书馆的意义，想尽各种宣传办法引导民众到图书馆来，“如果我们要在实际上为一个城

---

① Alfred K. M. Chieo. Boone University Library Past, Present and Future—A Review of the History of the Library up to the Tenth Anniversary and Its Outlook for the Future [J]. The Boone Review, 1920: 328.

市，为一个社会谋真正的幸福，与人民以高尚的精神享乐，提高一般民众的知识，那我们就应当尽力将图书馆内的珍藏——智慧之宝库显布出来，使他们认识、使用和欣赏，这才是图书馆的本意，图书馆员惟一的使命，不过想要使全社会了解图书馆的意义，再进而去应用它，那就靠有良好的宣传不可。宣传的方法，可分为下列几种：(一) 利用报纸宣传。(二) 在公共地点张贴报告。(三) 在图书馆内设置布告栏。(四) 分送图书馆藏书目录。(五) 发行图书馆工作月报及刊物。(六) 联络各种学术机关及会社。(七) 开演讲会及放电影。(八) 举行图书馆展览会。(九) 改进图书馆内部的设备和工作”①。

为了充分发挥公书林为各阶层民众服务的宗旨，达到“人人皆能读其所当之书”的直接目的，公书林先后设有三个对外开放的分部阅览室。1914年，公书林在圣·迈克尔教堂（St. Michael's Church）和垂尼提教堂（Trinity Church，即三一教堂）设立两个公共阅览室，一个向居民、学生和军人开放，一个为商人和店员服务，以便人们就近阅读。而另一个是在1917年春，孟良佐成为文华大学的校长时，在文华大学图书馆（文华公书林）楼上开设，平均一天来的读者大概有50人。而三一教堂因为地处武汉的商业中心，读者人数比另外两个阅读室要多，大概是一周600人。

公书林开设分支公众阅览室的深层动因当然不可能只是简单的“人人皆能读其所当之书”，韦棣华与文华大学均有基督教教会背景，在考虑公书林开放的问题上都或多或少会沾上传教的因子，当时文华校方曾公开地自豪坦言：“总之，我们能说文华大学图书馆的三个公共阅读室直通到了这个城市的三个主要社会阶层。他们是商人、战士和学生。通过阅读室这个通道，文华公书林做到的不仅是教育工作，也包括在主要的社会阶层人士中的福音传道工作。如果教会希望在中国的教育工作取得丰硕成果，那么文

① 陈颂．如何引导民众到图书馆来［J］．文华图书馆学专科学校季刊．北京：国家图书馆出版社，2009（1）：391．

华大学图书馆一定是把人们引向基督的方法之一。”①

1914 年，公书林又采取了一种更为有效的服务方式——流动服务图书馆，即巡回文库。这里，特别值得一提的是韦棣华，她是文华大学图书馆即公书林的灵魂，“她一直在中国建立流动图书馆，流动图书馆在她的指挥下不时地从一个无公共图书馆的中心地区旅行到另一个无图书馆的地区”②。公书林挑选各种适用图书，装箱（每箱 50～100 册）分送到各学校、机关、工厂、茶肆、医院、兵营、公社、监狱、商店和孤儿院陈列，由公书林定期轮换图书。这种“流动图书馆不仅把书送到政府机构和教会学校，而且也把书送到公共机构中去，像汉阳钢铁厂、粤汉铁路、扬子江工程公司等。有时公书林服务到更远的地方，如岳阳、九江、宜昌、南昌、上海、开封、西安和北京等。流动图书馆有时全是英文书，有时全是中文书，有时是中、英文书各半。到 1926 年就有这样的巡回文库 23 处”③。

为方便读者借阅，公书林一直实行开架开放式，读者增多以后难免出现图书破损、掉失和被盗现象，当时文华大学校长瞿雅各（James Jackson）和一部分教师因此而反对开架阅览，主张公书林改用闭架式，并严格限制校外人士自由出入书库。韦棣华则认为给予读者的利益大于书籍的损失，对于偷窃和久借不还者，宜开诚布公告诫劝谕，使之改掉陋习，渐渐养成爱护公物、遵守定章的美德，不能因此而剥夺其他读者借阅读书的自由。韦棣华顶住了压力，坚持开架服务，瞿雅各态度也十分强硬，甚至以停发公书林经费为要挟。两人意见分歧愈来愈大，以致于瞿雅各死后，其夫人将他全部藏书捐给了上海圣约翰大学图书馆，而不捐给文华公书林。“瞿克松氏（瞿雅各）既殁，继任文华校长吉尔曼氏（A. A. German）与女士

① Alfred K. M. Chieo. Boone University Library Past, Present and Future—A Review of the History of the Library up to the Tenth Anniversary and Its Outlook for the Future [J]. The Boone Review, 1920: 329-330.

② [美] 吉尔曼，等. 文华大学 [M]. 黄政辉，等，译. 武汉：华中师范大学出版社，1992: 14.

③ 沈祖荣. 在文华公书林过去十九年之经验 [J]. 文华图书馆学专科学校季刊，1929, 1 (2).

（韦棣华）颇相得，公书林乃得恢复其原有事业。”① 继任文华大学校长的孟良佐在开架阅览一事上，持赞成态度，才避免了再起事端。

文华公书林与中国旧式藏书楼的最大不同在于，向社会公众开放、实行开架式借阅和采用新式图书分类法。

关于向社会公众开放的问题。公共图书馆在美国被看成一种社会教育文化机构，它的发展是与教育的普及齐头并进的。在美国，公共图书馆被称为“民众的大学”（People's University），除白天开放外，一般晚间和星期日都开放，馆员的一项主要职责是为读者提供参考和咨询，较大的公共图书馆兼有民众图书馆和学术专门图书馆两种职能，既为一般读者服务，也为科研人员服务。总之，面向全体社会成员开放。韦棣华就是秉承这一观点来办理文华公书林的。文华公书林所有中西文图书、期刊均公开陈列，凡武汉地区各机构、学校及一般民众皆可自由阅览，此法一举打破了旧式藏书楼将图书贮之高阁、只供少数文人雅士专用的传统观念和传统做法。

从世界范围来看，在1899年、1900年两次国际图书馆会议上，开架式得到肯定后，各国图书馆在不同程度上，以不同方式努力实行开架式，但具体实施情况则明显有别。美国公共图书馆的任务就是尽可能地采取便当的方式，最大限度地向市民提供所需的图书资料，开架式便是重要举措之一②。1891年克里兰市公共图书馆就实行开架借阅。1895年在美国莱克普拉西德（Lake Placid，纽约东北）召开的图书馆会议上，到会的135所图书馆的代表中有105所的馆代表赞成实行开架式，开架式在美国已相当普遍。而在英国尽管1892年著名图书馆员布朗（James Duff Brown，1862—1914）站在读者立场倡议过开架式，并在1894年5月1日开始在他负责的克勒肯威尔（Clerknwell，伦敦北）图书馆实行了开架式，但反对者大有人在。一

---

① 刘允慈．记美国图书馆学专家韦棣华女士［J］．图书展望（复刊），1946（4）．

② 开架式一般有三种形式，即全部开架（少量珍本除外）：多数中、小型图书馆以及一些专业图书馆和大学图书馆采用此法；部分开架：把常用的或近几年新书开架，这些书数量可达几万甚至十几万，基本上满足读者大部分需要；分科开架：便于读者进行某一专题的研究。

直到1920年以后，在英国实行闭架的公共图书馆，才被认为是不识时务。而在德国到1927年也只有27个馆实行开架式，传统的出借办法仍然盛行。韦棣华关于开架式的观点与美国图书馆界的观点一脉相承。她认为开架式借阅，读者可以不必查阅卡片目录，直接接触图书，详尽了解图书的内容，从而大大提高图书的利用率。虽然读者有可能把图书排列顺序弄乱，图书馆员要花一定时间从事整架工作，还有图书丢失等问题，但总体而言，开架式给读者带来了巨大的好处，这一点在当时图书馆事业较为发达的欧美早为证实，“书架制度可分两种，一为开架制一为闭架制。开架制、闭架制二制失书之比较，于欧美诸邦已有相当之报告。细查之，则知开架制与闭架制二者之比较所差无几。若以书籍之散失言之，如鲍士伟氏云‘圕之于书籍，犹工厂之于煤之烧毁，理当然耳’，以效率而言，则开架制收效较大”①。在韦棣华的坚持下，文华公书林一直实行开架式借阅方式，并且“我国最早采用开架式者，首推武昌文华公书林”②。

关于新式图书分类法问题。美国最初图书馆普遍采用固定排架法，即按图书大小、颜色或入藏顺序把图书排列在固定的位置上。随着图书馆库藏量增多，读者增多，特别是公共图书馆开架借书法的盛行，固定排架法已不适用，需要产生一种活动排架法，让图书按分类目录的顺序加以排列，以便新到的图书可随时插入相关类目。1876年美国图书馆学家麦维尔·杜威在按主题分类排列法的基础上，发明了“十进分类法”。该法简明易懂，富于等级性和助记性，很快被美国各图书馆广泛应用。杜威还促进了目录卡片的标准化。在编制目录过程中，普遍采用卡片也是19世纪下半叶美国图书馆的一个新趋势。卡片目录出现之前，都是使用手写的或印刷的书本目录。编制这种目录相当费工费钱，也不能及时反映新到的图书③。据统

---

① 张葆箴．中国圕运动［J］．文华图书馆学专科学校季刊．北京：国家图书馆出版社，2009，8（4）：31.

② 张葆箴．中国圕运动［J］．文华图书馆学专科学校季刊．北京：国家图书馆出版社，2009，8（4）：31.

③ 杨威理．西方图书馆史［M］．北京：商务印书馆，1988：236.

计，此时“美国的96％的公共图书馆、85％的大学图书馆、64％的专业图书馆都采用杜威法”[①]。与此同时，19世纪下半叶美国图书馆也普遍采用卡片编制目录。1901年在华盛顿召开的图书馆大会上确定标准卡片的规格为7.5 cm×12.5 cm。1948年布鲁塞尔的国际目录学会正式认定这一规格为国际标准。

文华公书林完全参照了美国图书馆的方法，以杜威十进制对图书进行分类，用标准卡片来编制目录。“在编目上使用卡片，有很多好处。新编的卡片可随时插进目录内，使目录能够及时反映馆藏变化。卡片可以根据需要复制多张，用来编制著者目录、书名目录、分类目录、主题目录或字典式目录等等。”[②] 我国最早采用卡片目录的是上海亚洲文会北中国支会图书馆。该馆1908年编制成卡片目录，卡片著录内容包括《杜威十进分类法》分类号和索引款目、卡特著者号码等。1917年京师通俗图书馆改用卡片目录。1918年武昌文华公书林亦赶制卡片目录。由于卡片增删方便，又便于保存，卡片目录于是逐渐得以推广使用[③]。

杜威

图书馆学家刘国钧认为，近代新式图书馆的特征有八点：“（一）公立；（二）自由阅览；（三）自由出入书库；（四）儿童阅览之特设；（五）与学校协作；（六）支部与巡回图书馆之设立；（七）科学的管理；（八）推广之运动。”故近代图书馆性质可概括为三点：

其一，“自动”，即动态流通性，“使其馆中之书皆为人所阅读，而尤贵乎使人人皆能读其所当读之读物”，以此“引起社会上人人读书之兴趣”。

其二，“社会化”，即以“所服役之人”为中心，不光关注现在的读者，还要发展潜在的读者，使图书馆成为社会的文化中心。

---

① 杨威理．西方图书馆史［M］．北京：商务印书馆，1988：234.

② 杨威理．西方图书馆史［M］．北京：商务印书馆，1988：237.

③ 谢灼华．中国图书和图书馆史（修订本）［M］．武汉：武汉大学出版社，2005：345.

其三，“平民化”，即服务大众使凡有阅读之能力者，不问其年龄阶级与性别之如何，皆得有其适当之读物[①]。

另一位图书馆学家李小缘也对旧式藏书楼与新式图书馆的性质和特征作了比较，他认为：“藏书楼是静、贵族式贵保存、设在山林、官府办的、注重学术著作、文化结晶的机关”，而“图书馆是动、平民式贵致用、设在城市、民自动办的、注重精神娱乐、文化宣传的机关”。李认为新式公共图书馆主要有以下几点功能：

第一，图书馆是人生之大学校。公共图书馆可以补“学校参考所不及，课程以外之书籍”，学生“自动按个性而专门之研究，全赖学校及公共图书馆为之利器”。他认为“图书馆即是教育”，不论对读书的、未读书的，毕业的或中途辍学的，识字的或粗识字的都有很大益处。所以在美国，“成人教育运动的领袖承认公共图书馆是他们育幼助长的唯一方法，图书馆员承认成人教育为他们的目标”。

第二，图书馆是精神娱乐的最高俱乐部。公共图书馆的责任是引导国民从事高尚的精神娱乐，拒绝无聊的娱乐。

第三，图书馆是传播消息及知识的总机关。“图书馆是知识的总汇，因而，无论何人以各种问题来问应无不详为答复。”这使“在答者，只查查书、写写信；在问者，执其答案，得益无穷”。

第四，图书馆是宣传文化之总机关。“图书馆为文明国之象征，一国的图书馆可以看出这国的文化的情长”，他认为：“我们何以不能以图书馆来化我们的人民呢！我们又何以不能以图书馆来化在华的西人呢？”[②]

李小缘认为，新式公共图书馆有五个特征：

其一，自由开放。他认为，“今之图书馆重利民众，流通致用，以普遍为原则，以致用为目的，以提高生活为归宿，皆所以启民智，伸民权，利

---

① 刘国钧．近代图书馆之性质及功用［J］．金陵光，1921，12（2）．

② 李小缘．藏书楼与公共图书馆［M］//马先阵，倪波．李小缘纪念文集．南京：南京大学出版社，1988：114-119．

民生者也”。对于私藏，他提倡“归之公”，以利于千万人，且可“免散失，免流落异域，实乃民族伟大精神之最大表现”。“如果公共道德提高，人人人格高尚，公开借书的事是极易办到的。”

其二，人人皆有资格为读者。他认为“不要将图书馆看成学者的专用物，它是平民知识的唯一简便而又稳妥的源泉”。图书馆的读者不要分等第、界限，只有这样才可谓图书馆之真正革命。

其三，管理员应为人民公仆。“要想中国图书馆发达，必先培植人才，从国立学校机关添设图书馆专门科不可。”馆员应受过专门训练，具备图书馆知识，工作态度诚恳。

其四，管理方法上的先进。他提倡运用卡片目录和机械设备，提高图书馆效益，特别是应实行开架式，“由读者随便到书库，随便浏览，随便的翻阅，自己取自己所要的书”。

其五，公共扶持与图书宣传。图书馆要广为宣传自己，争取社会公众的支持与理解①。

文华公书林面向社会开放，开架借阅，送书上门，定期换书，这种以最大可能为公众服务的经营方针和科学的管理方式，无论从哪个方面看，都体现出文华公书林是一座真正意义上的新式公共图书馆，是中国近代新式公共图书馆的开端。蔡元培曾称赞道：“至于为平民谋便利而设图书馆，则最近数十年学制革新以后始有之。而韦女士创办公书林恰当其时。”② 文华公书林的建立为中国新式公共图书馆的建立起到了示范、导引和促进作用，使得中国近代新式图书馆在各地陆续出现。

在文华公书林建立前后，1904年长沙知识界筹办湖南图书馆兼教育博

① 谢灼华，彭海斌．李小缘先生在近代图书馆史研究上的地位［J］．江苏图书馆学报，1987：4，5．

② 蔡元培．裨补学界　潜滋暗助——纪念美国友人韦棣华女士［J］．文华图书馆学专科学校季刊，1931，3（3）．

物馆。1906年，湖南巡抚庞鸿书认为该馆“庋藏群籍，输进文明，于劝学育才，大有裨益”[①]，遂大力支持，并将之改为“湖南图书馆”。1912年8月京师大学堂藏书楼正式对外开放，1929年9月与1926年建立的北海图书馆合并，称为国立北平图书馆，这是最早的国立大学新式图书馆和最早的国立新式图书馆。1918年成立的上海南洋大学图书馆也是国立大学新式图书馆中建立时间较早的。1904年向公众开放的浙江徐树兰的“古越藏书楼”（绍兴“鲁迅图书馆”前身）和同年建成的商务编译所所长张元济的涵芬楼（1924年改为东方图书馆，1932年被炸毁）是较早的私立新式图书馆。教会所属的新式图书馆，除文华公书林外，较早建立的是1910年上海圣约翰大学的罗氏图书馆。当时，很多教会大学出于办学的竞争意识，都非常重视图书馆的创建，很多大学图书馆基本上是与教会大学一起建成的，是教会大学不可或缺的基础设施，如1905年岭南大学堂图书馆建立，1909年浸会大学（沪江大学的前身）图书室建立，1911年南京金陵大学图书馆、江苏东吴大学图书馆也相继建立，1912年杭州之江大学文理学院图书馆建立，1914年华西协和大学图书馆正式建成，1917年齐鲁大学图书馆建立，1919年燕京大学图书馆建立。

单就影响而言，北平清华学校图书馆和南京东南大学孟芳图书馆是除文华公书林外，当时南北两所影响最大的大学新式图书馆。北平清华学校图书馆1919年落成，主持人为戴志骞博士。南京东南大学孟芳图书馆1924年4月建成，由苏督齐燮元为纪念生父捐助而建，由洪有丰主持。与文华公书林相比，这些图书馆也采用新式分类法等科学方法和手段，并陆续对外开放，但大都为学术性的图书馆，真正如文华公书林以民众教育为己任的公共图书馆不多，后来成立的民教馆图书馆才是以民众教育、普及教育为工作重点的。据1931年中华图书馆协会统计，当时全国图书馆有1 527所，其中国立1所，省立49所，县立私立921所，学校附设413所，机关附设

---

① 谢灼华. 中国图书和图书馆史［M］. 武汉：武汉大学出版社，1987：23.

89所，专门54所[①]。到抗战前的1936年增为5 196所[②]，成为民国时期图书馆事业发展的最高峰。文华公书林在湖北省图书馆界始终占重要地位，1918年3月沈祖荣的《中国全国图书馆调查表》中，湖北省图书馆的藏书万册以上的三大图书馆为：省图书馆汉文139 369册，日文511册，西文203册；1917年国民政府以清方言学堂的校舍、图书、师资为基础建立的国立武昌高师，图书馆藏书汉文19 680册，日文4 355册，西文532册；文华公书林藏书汉文1 012种，共11 771册，西文6 704种，共19 000余册，为各图书馆之冠（《教育杂志》十卷八期，1918年8月）。到1937年，文华公书林总计有中文普通各科书籍15 348册，专门图书馆学及目录学书籍1 215册；英文普通各科书籍27 478册，专门图书馆学书籍1 811册；普通中英文杂志395种，共有3 672册，专门图书馆学中英文杂志63种，共有646册。此外，还备有图书馆学工具书、参考书籍和各种卡片、表格、器具。另有图书馆展览表证、适用之图表、模型、幻灯及电影机设备。在公书林的博物古物陈列室中有石物矿物人文标本约1 100件（《私立武昌文华图书馆学专科学校一览（二十六年度）》，1937年）。抗战结束后，湖北省图书馆藏书达240 000册（湖北省图书馆《1946年1月5日省教育厅训令》），武汉大学图书馆藏书达150 000册，才超过了文华公书林的藏书量。

第四节　文华大学图书科（1920—1924年）

（一）教会学校整合力量向高等教育进军

文华大学图书科是文华书院升格为文华大学后的产物之一，而文华书院在20世纪初发展成为文华大学，又与此时中国各方面形势的变化，特别

① 严文郁．中国图书馆发展史——自清末至抗战胜利［M］．台湾：枫城出版社，1983：110．

② 谢灼华．中国图书和图书馆史［M］．武汉：武汉大学出版社，1987：280．

是传教士工作重心和办学战略的改变有密切联系。义和团运动以前，西方列强妄想用武力迅速灭亡中国。他们虽然也很重视以教育配合军事、政治等方面的活动，但毕竟因战略重点是抓军事和政治，故在教育方面投入的精力有限。早在1890年基督教在华传教士举行了第二次大会，狄考文在大会上就详细阐述了创办教会大学的必要性，当时支持其建议的人很少，但是对整个教会教育却加强了管理，就在这次基督教传教士全国会议上，与会代表决定将1877年由在华各教派组成的学校科教委员会改组为中华教育会，从单纯编辑出版教科书扩展为对整个在华基督教教育进行指导。

义和团运动之后，西方列强感受到潜藏在全体中国人民身上的巨大力量，转而采取“以华制华”的战略，教会学校随之逐步将眼光向高等教育转移，中华教育会的活动更加活跃。他们力图培植一批有西方文化科学知识和基督教精神的“高等华人”，以取代尊奉儒学的中国士大夫阶级，掌握国家的领导权，为此他们重视发展教会教育（特别是教会大学），并采取相应的措施对此给予支持和推进，与此同时，西方传教士在华办学的战略也发生了重大转变。“美国人和不列颠人，双方不约而同地认为小学校比高等学校较为次要。他们坚决主张中国归根到底会很快变成一个基督教的国家，假设有一帮受过良好训练的领导人，能够培养起来，尽管人数不多，总比那一班只受拙劣教育麇集于教堂的人们为佳。他们认为这样的领导者，只能在基督教徒的主持下，通过中等和高等学校的培养，才能理想地获得。”①根据这种共识，传教士在1902年中华教育会第四届会议上重点讨论了如何利用清政府完全屈服于西方列强的有利形势，以最大努力扩展教会势力。西方传教士除了利用庚子赔款恢复原有的教会学校外，还纷纷在此基础上扩充，以招收更多的学生入学，增加预算经费，开设更多的课程。在1907年庆祝基督教在华成立100周年纪念大会上，通过了加强中等和高等教育的相应决议，由此掀起了开办教会大学的热潮。

---

① ［美］盖·斯·拉托里斯. 在华基督教学校概况［M］. 纽约：纽约麦克米伦图书公司，1929：624.

在这股潮流的推动之下，文华书院的办理者与当时不少教会、学校的同仁一样，不失时机地将自己原来不过是中等程度的书院发展成为高等程度的大学。1901年，美国人詹姆斯·杰克逊（James Jackson，中文名瞿雅各）继任文华校长。他瞅准时机，大兴土木，建筑校舍，改善办学设备，并于1903年将学校设正、备两馆。正馆为大学部，开设大学课程，备馆为中学部（后改名文华中学）。1906年1月16日，文华首届大专班7名学生毕业，标志着文华从一所初级寄宿学校到高等程度大学的质的飞跃。1909年5月18日，文华在美国哥伦比亚特区注册，综合文、理、神学三科，正式改名为文华大学校。其毕业生无须考试即可直接升入美国注册州立大学。1911年起首次授文学学士学位，1915年起又首次颁硕士学位。

文华书院升格为文华大学后，立志在中国推广西方新式公共图书馆和图书馆学的韦棣华开始在校内筹设图书科。韦棣华认为中国民智未通，图书馆缺乏是其中重要原因之一；要办图书馆，必先着手培养图书馆专门人才；加之民初各地纷纷建成了新式图书馆，图书馆业务规模逐渐扩大，对图书馆专业人士的需求也越发迫切，专业人员缺乏成了重要发展的瓶颈。当时国内尚无图书馆学教育基地，图书馆专业管理人员十分紧缺，不少大学图书馆让教员或学生兼任图书馆管理员，如圣约翰大学图书馆“在黄维廉任命为助理图书馆员之前，图书管理员曾走马灯似换过”[①]。可见，当时图书馆管理极不规范。沪江大学1913年的《董事会年度报告》中说：“图书编目工作尚须等有一位常设馆长后方能进行……”到1915年时仍没有找到一位常任馆长，只任命了一位常务副馆长[②]，可见图书馆专业人才之匮乏。若“海外留学，所费不赀，远涉重洋，谈何容易”，况且“所学之件，在外国虽称合法，在中国不能完全采用。由是言之，欲推广图书馆之事业，务须在中国组织培育人才机关，将来学业有成，可以充图书馆之应用”[③]。

---

① ［美］赉玛丽．圣约翰大学［M］．王东波，译．珠海：珠海出版社，2005：126．

② ［美］海波士．沪江大学［M］．王立城，译．珠海：珠海出版社，2005：50-51．

③ 沈祖荣．民国十年之图书馆［J］．新教育，1923，6（2）．

（二）文华大学图书科：韦棣华的炽热宗教情感与拓展“性别空间”理想互构的果实

关于韦棣华的身份和来华的动机过去曾引起学界的广泛讨论，但最终学术界形成了她对中国图书馆事业近代化的重要作用和贡献的主流意见。尽管林美玫的著作《妇女与差传——19世纪美国圣公会传教士在华差传研究》(*Women in Missiology: The Study of the Episcopal Women Missionaries and Their Endeavors in China (1835—1900)*)一书中，著者根据美国德州奥斯汀市的圣公会全国档案馆所特藏的“中国差传档案”、《差传记录》、《差传精神》、《教会人》、“文惠廉主教家族书信专档”、《美国圣公会总议会记录》等珍贵史料整理出美国圣公会传教士生平简录，将韦棣华列为87名[①]美国圣公会来华女传教士之一，明确认为其为1899年出发，1900年继续供职ACM（美国圣公会），但另一方面，其弟弟韦德生与文华图专毕业生的各种关于韦棣华的纪念文章均指出：韦棣华来华纯粹是探视其弟弟的安危，并不是圣公会任命的传教士，只是因为后来韦棣华工作出色，才于1904年被任命为世俗传教士。如果立足传统的“文化侵略”的立场，“传教士”好比是一个帝国主义侵略者的标签，自然会引起各种纷争，而对于还原历史事实并无大益。因为韦棣华是否为传教士并不能影响今天对韦棣华为中国图书馆事业近代化所作出的历史贡献的高度评价。韦棣华是一位在19世纪美国出身并生活的虔诚的女性基督教徒，这一点是持不同观点的双方都必须认可的客观事实。仅从女性基督教徒这一客观事实出发，对她成长生活的美国的时代背景深入分析，可能会更有利于揭示韦棣华为何不畏艰辛在中国创办文华公书林和文华图专，为何坚持文华图专要独立办学，坚决不与华中大学合并的理由。

---

① 林美玫．妇女与差传——19世纪美国圣公会传教士在华差传研究（Women in Missiology: The Study of the Episcopal Women Missionaries and Their Endeavors in China (1835—1900)）[M]．北京：社会科学文献出版社，2011：93-94．

根据美国学者对19世纪美国妇女生活的种种研究，美国妇女身处19世纪美国基督教新教第二次宗教大觉醒运动（The Second Great Awakening）所激起的宗教-性别相互影响的浪潮中，随着美国社会日渐高度资本化、工业化及大量新移民的流入，妇女或接受高等教育，或投入劳动市场，妇女越来越参与美国社会的各种改革，她们的行为很难只受限在“家”的狭窄围篱内，她们会积极投入各项社会运动，譬如道德改革运动（Moral Reform Movement）、禁酒运动、女权运动和社会运动等。再从美国妇女参与各种不同的妇女组织，譬如妇女慈善组织（Women Benevolent Societies）、女性姊妹会（Women's Auxiliaries）[①]、妇女俱乐部（Women's Club）、基督宗教妇女禁酒联盟（Women's Christian Temperance Union）、全国妇女女权协会、美国妇女权协会等来看，妇女表达她们对宗教和社会发展的关怀，以及从这些关怀中孕育出女性主义意识和诉求。

韦棣华为文华公书林的经营理念灌注了一心为公的精神品格。这与她的宗教情感有很大关联，她常说：“服务人群，即是谋求世界大同。”这与基督教提倡的“非以役人，为役于人”行为原则是相符的。在与当时文华大学校长瞿雅各关于图书馆开架阅览问题进行讨论时，她始终坚持开架阅览；在华中大学复校后，她坚持文华公书林不能只作为华中大学的图书馆，必须作为为中国人民服务的、独立的公共图书馆存在。这些观点，除了出自她在国内所衍育的女性意识，即“纯正妇女意识”之外，更受到此种女性意识所衍生的“妇女性别空间”概念的激发。韦棣华在文华学校的八角亭办起小规模的图书馆，公开借阅，大受欢迎。这使韦棣华认识到，把西方的图书馆理念引进中国，并建立一座大型的新型公共图书馆非常必要：“我觉得这项工作乃是神的感召，它是主的中国计划之构成部分。”[②]

---

① 韦棣华在创办文华公书林时曾接受该组织的捐款。

② 程焕文．文华精神：中国图书馆精神的家园［M］//世代相传的智慧与服务精神．北京：北京图书馆出版社，2001：232．

随着文华公书林事业的蒸蒸日上，韦棣华也根据工作需要进行自我调整、肯定和突破。韦棣华是一位个性独立，并且富有远见卓识的人。公书林设立之后，她立即想到了图书馆专门人才的培养问题，她认为只有解决了这个问题，才能真正全面振兴中国的图书馆事业。于是她开始了自己的第二项工作：创办图书馆学校。这种历程可以解释为其妇女性别空间概念的发挥和扩大。同时，韦棣华为筹建文华图专和扩建公书林，在利用回美国休假期间，积极争取各种捐款，包括与教会妇女团体，以及该团体与美国基督教新教宗派教会的妇女组织的互动，如美国圣公会在1871年的总议会（General Convention）上正式授权在差传总部之下设立的“女辅传道部”（The Women's Auxiliary），女辅传道部自成立开始到1900年为止是美国圣公会差传总部财政上的重要贡献者，且担负着为教会寻找或征召合适的女传教士人选职责①。另外，“圣公会期刊俱乐部”（The Church Periodical Club）等机构也给予其大力支持，这使得她获得了一个有利管道来提出呼吁。作为那些不能出国拓展“妇女性别空间”且怀有“纯正妇女意识”的美国妇女，对韦棣华的图书馆事业产生认同感，并且给予其援助是显而易见的事情。因为，如果了解19世纪美国妇女身上具备的“纯正妇女意识”与“性别空间”，她们习惯在专属的性别空间里积聚集体的女性特质，寻求集体的性别认同，期待发挥集体的性别力量，自然教会妇女组织以及各种社会改革运动组织的管道就成为妇女汇集女性特质和性别力量的场域。那么对韦棣华能到处奔走，口笔宣传，较为顺利地募集到款项，以及成立韦棣华基金会的背景就相对容易理解了。文华公书林及文华图书科的捐助者中有不少来自美国的女性基督教徒，如学校的新宿舍华德楼的捐建者Miss Marian Dec Ward，“华德女士本为校创办人韦棣华女士之老友，对于本校及公书林，无不竭尽力量帮助发展，现尚为本校基金会董事，故因以纪念之云”②。

---

① Mary S. Donovan. A Different Call: Women's Ministry in the Episcopal Church, 1850—1920 [M]. Wilton, Connecticut: Morehouse-Barlow, 1986: 66-68.

② 文华图书馆学专科学校季刊 [J]. 北京：国家图书馆出版社，2009，8 (6)：326.

作为世俗传教士的韦棣华的所作所为，显示出美国妇女与宗教的结合的确给予她一股力量与勇气，使她在由男性传教士为主的海外传教事业中，力求突破性别障碍，开创属于自己的独立王国。尽管韦棣华经过多方努力，争取到了创办文华大学图书科的经费，“但是她在文华校园里却面临重重困难。Winkelman申诉她与纯真的教会工作有截然相反的目的：作为教区工作的一部分，过去她常常独立采取行动，她征集赠书、提高公书林的经费，但不求取教会的任何实质性帮助，更重要的是她个人企求的是扩大发展公共图书馆服务，一项有价值的目标，但不是完全符合新教主教区的传教目的”[①]。对心怀“纯正妇女意识”的美国妇女来说，韦棣华在中国的图书馆事业也给她们一种成就感及参与感。即使她们不能远赴中国，但她们以对社会关心、对世界关注为己任，都因为支持韦棣华的文华公书林与文华图书科而感到光荣。对美国圣公会女性基督教徒而言，她们在美国社会中所做不到的，都因为韦棣华在中国所做的一切而得到满足。值得一提的是，这种满足也受到圣公会主教和教友的肯定。也许是这种美国国内宗教界、妇女界与韦棣华的互动，使韦棣华认为自己有足够的能力掌握自己在华的工作事业——文华公书林与文华大学图书科，所以她在创办文华公书林时就表现出较为独立，甚至连“文华公书林的地皮，乃是韦棣华从募款中拨款自购后的地皮，而不是用文华书院的教会地皮”[②]。

综观韦棣华在华生涯，也许工作曾给她带来无限希望。她期待将自己对上帝的忠诚、对所受教育的发挥和独立自主的生活，都展现在她的文华公书林与文华大学图书科的经营上。韦棣华对中国图书馆事业十分热诚，以至于Janath Spence指出传教士对其产生了误会。当他们热衷于社会目的

---

① 陈传夫. 文华情怀——文华图专九十周年纪念文集［M］. 武汉：武汉大学出版社，2010：124.

② 董铸仁. 韦棣华女士追悼大会纪略（附韦棣华女士追悼大会挽词及来华三十周年纪念题辞）［J］. 文华图书馆学专科学校季刊，1931，3（3）.

更甚于宗教时，“西方力量沿着竞赛路线分解，从达到长远的宗教目标分解到推行专门技术”。另一个与韦棣华对抗的，可以从 Jane Hanter 在传教士会上妇女缺少公开力量的讨论中找到，单身妇女在美国是受妇女会领导和帮助的。中国的传教站规定在一般的社团会议上，要限制妇女的投票权和评议权，但韦女士却是一个例外者①。

前面主要通过讲述韦棣华如何通过创办文华公书林与文华大学图书科在中国进一步拓展其“性别空间”，那么韦棣华身上的“纯正妇女意识”则在她平时对待学生的热诚上表现得最为明显了，根据她的学生董铸仁回忆，韦棣华“真挚的慈母般的感情，可说她的每一个学生都同样领受过!”② 无独有偶，另据沈祖荣的儿子沈宝环回忆，韦棣华身上蕴藏了女性基督教徒的善良随和。“我曾有好多次随同家长接近韦女士的机会，韦女士身材高大，终年穿着长可及地的洋装，一对半高跟的黑色皮鞋，外出时一定带黑色宽边帽子，表情极为严肃。她住在文华校园内一栋二楼洋房，大门石阶下种有一棵桃树。我念初一住校，颇不安分，曾和同班小淘气三两人打韦棣华女士桃子的主意。我身材较高由我爬树，其他的人则在树下接应，正在兴高采烈之际，惊动了韦棣华女士，她悄悄来到树下，其他小朋友早已一哄而散，我则在树上上下不得。韦女士的中文并不灵光，我的英文又不能开口，好在她认出了我，轻轻摸我的头，又摆摆手，表示上树是不可以的事。那天她不仅没有生气，脸上反而露出了少见的微笑，而且叫工友摘了一袋桃子让我带走。”③

从这一点可看出，韦棣华与 19 世纪来华的美国圣公会女传教士钟爱玛等人均有一致性特征。钟爱玛的学生杨海定于 1872 年 4 月 21 日，在上海虹

① 陈传夫. 文华情怀——文华图专九十周年纪念文集 [M]. 武汉：武汉大学出版社，2010：124.

② 陈传夫. 文华情怀——文华图专九十周年纪念文集 [M]. 武汉：武汉大学出版社，2010：15.

③ 严文郁. 中国图书馆发展史——自清末至抗战胜利 [M]. 台湾：枫城出版社，1983：15.

口救主堂为推崇她在教会教育上所作的贡献，写了一份英文颂词。在这份英文颂词中，杨海定述说钟爱玛除了给予他们宗教教育和英文教育外，还像母亲一般照顾学生起居，教导他们对生活应有的态度，生病时无微不至地看顾他们，并随他们一起作田野旅行。她的身教成为学生们认识并接纳基督教的最有说服力的楷模①。当然，这种博爱行为的普遍性根源，与教会学校普遍实行导师制度，使导师与学生起居与共，达成学校家庭化与教学做合一之目的有一定关联②。

（三）美庚款用于中国图书馆事业的原委新探

1911年，美国的第一批庚子还款被指定创建了留美预备学校——清华学校。1917年第一次世界大战爆发，因中国宣布对德奥宣战，德奥两国的庚款赔偿取消，中国亦借此战胜国的同盟成员要求美国取消庚子赔款，其后多年中国政府与美国政府交涉要求取消庚子赔款剩余部分。不少研究著作里，大多重点突出韦棣华个人深受第一批庚子还款用途的启发，认为这是为图书馆方面争取经费的好时机，开始遍走各地，为争取美国第二批庚款还款，制造社会舆论，而忽略了其他重要历史人物的影响，譬如文华书院毕业生，曾任文华中学校长，时任中华基督教青年会全国协会总干事、中华全国基督教协进会会长余日章的影响与作用。1925年1月11日，《新闻报》上刊登了一篇名为《欢迎图书馆专家韦棣华女士纪》新闻：

上海图书馆协会于昨日下午三时在青年会欢迎图书馆专家美人韦棣华女士，并请韦女士报告赴美运动庚款之经过，是日到者有该会会员六十余人，来宾二百余人，由主席杜定友致欢迎词，略谓韦女士在二十五年前来我国提倡图书馆事业，中国之有图书馆（从前只有藏书

① 林美玫．妇女与差传——19世纪美国圣公会传教士在华差传研究（Women in Missiology: The Study of the Episcopal Women Missionaries and Their Endeavors in China（1835—1900））[M]．北京：社会科学文献出版社，2011：52-53.

② 伪文华中学[G]．武汉市档案馆藏，全宗号：101-1278.

楼）实由韦女士始云云。次韦棣华女士报告略谓图书馆之在美国与学校相辅而行，图书馆即为国民公共之大学校也。近日各国皆力求图书馆之发达以期文化之普及，国民教育之进步。中国从前无图书馆，只有藏书楼，专事收藏及供文人浏览之用，而今之图书馆专为流通书籍之所，可供给各界士女之用，例如上海为商业中心，则图书馆中应搜藏大部分之商业书籍以供社会需用，然则今未多见也。今中国教育之改造进步极速，而少注意于图书馆事业。1910年美即款助文华建筑图书馆，馆中职员有沈、胡二君曾在美得图书馆学位，研究极有心得；1920年复办图书馆学专科。二年前，余为提倡图书馆起见，曾来上海与余日章先生晤面，余君以为以庚款一部分发展图书馆实为最善之法，余从之，乃赴各大埠请诸行政官长及国内有名望者援助此事，因由余君拟稿提议向美国国会通过将庚款一部分拨归图书馆之用，签名赞成者凡百五十人。余因此携该提案赴美曾亲晤美国诸大政治家及国家议员五百余人，请力为赞助皆蒙允许。现该提案已通过拨归中国教育文化之用，但并未指明图书馆应否参与，故吾人当竞进以求计划之实行。现闻美国已组织董事会专理庚款事项之支配，须另请专家支配调查，方定用途，因此，余乃向美国图书馆协会请派美国图书馆专家来华调查中国图书馆事业之状况及需求，切实报告于该董事会议，庚款之如何分配与中国倡办图书馆之新事业之方法，则图书馆对于庚款或有一部分希望云云。①

透过这篇新闻稿，至少可以看出三层含义：一是韦棣华对于中国图书馆事业作出了重大历史贡献，并得到当时国内图书馆界的普遍认同；二是韦棣华接受了余日章的建议，为退还庚款用于中国图书馆事业赴美国奔走呼吁，因提案稿为余日章所拟写②，故签名赞成的人数众多；三是韦棣华是

① 浙江公立图书馆年报 [J]. 1925 (10): 3-7.

② 程焕文著《中国图书馆学教育之父：沈祖荣评传》一书认为，该议案的起草显然是由沈祖荣和胡庆生完成的，未论及余日章之作用。

促成美国图书馆专家鲍士伟访华的关键人物。

韦棣华在美国为庚款四处奔走的同时，文华大学图书科联手国内图书馆界、教育界名流也向美国方面积极争取，“沈祖荣、胡庆生、洪有丰与戴志骞四人曾为此事致函美国图书馆协会年会，请其在美国方面给以相当之赞助，复函亦已收到”①。1923年8月，在韦棣华代表文华大学图书科的提议下，中华教育改进社北平年会通过了“呈请中华教育改进社转清政府及美国将要退还之庚子赔款三分之一做为扩充中国图书馆案”，通过该提案的理由为：

壹、图书馆为普及教育之利器。

一、图书馆不限程度之高下一较之贵族式之学校，或其他为最少数人谋利益之组织，不可同日而语。（如谓图书馆为平民大学也可，谓为专门学者之知识宝库也亦无不可。）

二、图书馆不限职业之贵贱一无论士农工商，均得同享图书馆之利益。

三、图书馆不限年龄大小。

四、图书馆不限男女之差别一能调剂男女教育之现象。

五、图书馆能使1. 未受教育者，受相当之常识（如通俗演讲等）。2. 已受教育者，继续求学，得与时并进（就知识方面言）。

贰、希望我国政府推广图书馆事业，现在已如泡影，绝无成为事实之可能。故吾人如欲发展中国图书馆事业，舍仰给予“美国退还赔款”外，并无第二途径。

叁、各省公立图书馆之经费，异常拮据。整顿无从着手。故不得不假“美国退还赔款”，用为改良中国原有之图书馆（此项图书馆须收藏较丰，成绩较优，地点适宜，并能履行特别条件者）。

肆、今日中国人士之“捐助”观念日渐发达，唯对于图书馆事业，

① 图书馆教育组·议决案汇录［J］. 新教育，1923，3（2/3）：304-307.

较之西人，甚形冷淡。推原其故，实因中国图书馆收效未著，不易引起多数人之同情。为今之计，应藉“美国退还赔款”建设若干设备完善之图书馆。速尽图书馆所应尽之服务，早着图书馆所应著之功效，以博国内多数人士之赞助。如是，则图书馆事业应可普及于中华民国矣。

伍、中国尚无模范图书馆堪足取法者。一旦得此巨款，则可经营若干模范图书馆，划一各种制度标准，管理手续，以为全国公私省县市林图书馆之赞助。

陆、中国各界领袖对于图书馆事业甚表赞同。

柒、美国为图书馆事业发达最盛之国家。故该国人士对于“退还赔款”用为扩充中国图书馆，势必尽力相助。

捌、图书馆在欧美教育界所占位置之重要，识者尽知，不待赘述。今中华教育改进社既以改进中华教育为宗旨，理应以改进图书馆事业为前提。

玖、中华教育改进社为中国教育界唯一代表，故该社所提出之议案，极易得中外人士之信仰。①

议案还规划了退还赔款的分配使用方案：“期望在二十年内，就尚未退还庚子赔款项下，每年提出美金20万元。其第一年提出之全数，另行存储，作为永远基金，以年利六毫计，每年可计息金美金1万2千，专备中华图书馆委员会之用。第二年提出之20万美元，应存妥实之银行生息，俟第三年之款提出（连第二年之母子金共计金元41万2千元），可拨金元21万2千元，以充大图书馆一所建筑及设备之用。余剩之金元20万元，以六毫生息，年得金元1万2千元，可供维持之用。此后每间一年，可增设类于第一次所建之图书馆一所，迨至各最大城市已有大图书馆五所后，其后九年，可于

① 宋建成. 中华图书馆协会［M］. 台湾：育英社文化事业有限公司，1980：16-18.

较小城市中，年增小图书馆一所，每所拟用金元10万元作建筑及设备之用。而以余剩之金元10万元作为基金，以六毫生息，年得金元6千元，藉共维持。另则，凡接受此项公共图书馆之城市，应拨给建筑图书馆基地及每年拨给该馆所需要津贴费若干，用以半作购置新书费，季作扩充等费。”① 议案在实施办法中提出管理赔款的组织框架为：由美国驻京公使、中国外交部、教育部及全国高等教育联合机关、总商会等组织“选举部”，由选举部推选“董事部”，由董事部派选“图书馆委员会”，再由图书馆委员会扶助“中国图书馆协会”组织及其发展。

根据中华基督教青年会全国协会总干事余日章建议，韦棣华将其中部分款项用作向中国介绍新式图书馆。韦棣华大受鼓舞，以议案为主拟定了一份请求书，同年便赴京拜见北京美国驻华大使教尔曼博士（Dr. Schurman），说服他支持这一请求书。在京期间，韦棣华遍访京城名士，如当时的总统黎元洪、外交部长顾维钧、中俄交涉大员王正廷、曾任驻德大使和内阁总理的颜惠庆等，陈述用美国庚子赔款推动中国新式公共图书馆事业的意义，最终争取到150位中国朝野人士和65名在华美侨在请求书上签名赞同。韦棣华决定亲自回美国，一是向美国政府呈交请求书，在美国国内争取支持；二是代表“中华教育改进社”向美国图书馆协会商定聘请美国图书馆学者来华讲学。

1923年9月，韦棣华回国后首先向美国总统和国会提交了请求书。据鲍士伟1936年回忆，当韦棣华就请求书一事拜访他时，他指着桌上的一本国会记录（Congressional Record）告诉韦棣华，若她能按照次序拜访每一位议员，取得他们的赞同，此事或者有望成功②。结果，韦棣华在以后的四五个月中，拜见总统，访问报馆，会见记者，拜见了82位参议员和420位众议员。鲍士伟回忆在1923年秋冬之交，经常在国会走廊下看到韦棣华。

① 宋建成．中华图书馆协会［M］．台湾：育英社文化事业有限公司，1980：16-18.

② 辅仁大学图书馆学系．严文郁先生图书馆学论文集［G］．1983：247，251.

1924年3月韦棣华出席参议院外交委员会听证会上也说，“我曾拜会了国会四百位议员，只有十二名‘政客’（Politician）”[①]。邀请美国图书馆学者来华讲学，实际上是希望美国图书馆界能出面，就赔款用途一事向美国政府建议。

1924年6月30日至7月5日，韦棣华参加了美国图书馆协会第46届年会，在第二次全体会议上宣读论文《中国近代图书馆的发展》（“Recent Library Development in China”），详述新式公共图书馆对中国的重要性和中国图书馆的发展状况，并说明为使退还庚款能用于图书馆事业，美国图书馆协会必须派一位图书馆学专家到中国作图书馆调查。韦棣华认为这位专家必须能代表美国图书馆界，是图书馆学的权威，在中美两国的图书馆界和教育界都很有影响和号召力。于是美国图书馆协会聘请圣路易斯（St. Louis）公共图书馆馆长，美国图书馆协会前任会长鲍士伟博士为代表于1925年4月来华讲学考察。关于此行的使命，鲍士伟在报告中曾说：“余此次赴中国考察图书馆，实衔美国图书馆协会之使命，作正式代表，基于中国图书馆教育有些微改进及推广之贡献。……余之赴中国尚有一种职务为中美两国所当注意者，即经国会通过之庚款余额支配问题也。此议案之提议应作图书馆教育用途最力之人，厥为韦棣华女士。”[②]

关于韦棣华为中国图书馆事业发展去积极争取庚子赔款的历史情形，还可以从纽约公共图书馆馆长E. H. 安德逊（Anderson）的一篇回忆性文章中得到佐证，他曾写道：“需要与大学图书馆不同的公共免费图书馆已被演讲所证实。在中国大城市能对图书馆做些什么呢？现在有人向伍德小姐建议，为了使中国人民在最佳的现代生活、思想中得到提升和启迪，保证用庚子赔款的剩余部分来建造公共图书馆，以作为另一种强大教育力量，那将是可行的。由于接受此项建议后，伍德小姐给我写信，然后回美国休假，并建议：为这种可能性，我应该去美国参议院拜望一位普通朋友。当

① 辅仁大学图书馆学系．严文郁先生图书馆学论文集［G］．1983：247，251．

② 辅仁大学图书馆学系．严文郁先生图书馆学论文集［G］．1983：249．

我这样做了时，我得到了令人惊喜的答复”，“如果你需要的话，我会那样做的。我们只要华盛顿某个人去告诉国会的各位议员有关全部情况，以避免在繁杂的事务中迷失方向”。这次会谈的结果通过电报告诉了伍德小姐，她去华盛顿与人一道活动了整个冬季。她几乎亲自拜访了每一位参议院和400位众议员。正是这次个人接触带来了收获，在为了“教育和其他文化活动”而豁免中国赔偿的法案通过之后，外交事务委员会主席在信中对伍德小姐写道：“我丝毫不怀疑您为中国人民的福利而表现出的令人振奋的兴趣，您对议员们的意见促成一致有相当大的影响。”①

早在1922年，中华教育改进社举行常委会，会议决议各地需要组织地方图书馆协会，并通知到各地，于是，到1924年，北京、天津、上海、南京、广州等地纷纷成立地方性图书馆协会，为成立全国性图书馆协会奠定了基础。1925年，中华教育改进社为配合美国图书馆协会的鲍士伟博士访华调查的需求，更是为了促进交流协作，急需成立全国性的图书馆协会。此时，尽管韦棣华年事已高，她还是尽力从中斡旋，促成了中华图书馆协会这一全国性组织于1925年4月25日即鲍士伟来华的前一日成立。

1925年中华图书馆协会在北京成立大会留影，前排左起沈祖荣、鲍士伟、梁启超、袁同礼、韦棣华、朱家治、李小缘、洪有丰、黄警顽

① 1997年9月，笔者在香港中文大学访问研究期间，请吴梓明教授找耶鲁大学神学院图书馆史玛莉女士代为印得此文。笔者返汉后，即嘱陈新祥硕士译出，以供研究中国图书馆学史参考。

1925年6月2日，中华图书馆协会成立仪式在北京欧美同学会举行，各省图书馆与会代表100多人出席，历史学家、社会活动家梁启超、美国图书馆协会代表鲍威尔以及文华大学图书科、华中大学文华图书科创始人韦棣华先后发表了讲话。中国图书馆协会成立后，积极参加国际图联会议和国外图联组织并进行技术交流。1926年韦棣华在应美国图书馆协会之邀回美期间，被中华图书馆协会任命为代表，与刘国钧等人一起出席美国图书馆协会50周年纪念大会。1927年，韦棣华又代表中国图书馆协会远赴英国，出席了在爱丁堡举行的英国图书馆协会成立50周年的庆典和国际图书馆员大会，代表中华图协加入国际图书馆与目录委员会，参与了国际图联(IFLA)的成立工作。回国后，韦棣华因健康状况不佳，便推荐沈祖荣作为中国代表，并由政府任命于同年5月去罗马出席国际图书馆第一次大会，并在会上两次发言、宣读论文和举办展览。沈祖荣在会后对欧洲一些国家的著名图书馆作了考察，并结交到很多图书馆界朋友。这些对外交流组织活动，为促进中国图书馆事业与国际接轨作出了积极贡献。

1924年秋，韦棣华返华，亲自安排鲍士伟来访事宜。1925年4月26日至6月16日，鲍士伟在访华期间，途经北京、上海、杭州、苏州、南京、武汉、长沙、开封、太原等地，调查了省、市、县图书馆50所，讲演50多次，还放映了关于图书馆的影片。6月2日中国第一个国家性的图书馆学术组织——中华图书馆协会在京成立时，鲍士伟是特邀贵宾。鲍士伟根据考察情况，向中华教育文化基金董事会提交《致中华图书馆协会和中华教育改进社报告》，他认为中国图书馆有7点不足：经费来源缺乏；新式图书馆缺乏；图书不能外借；书架不开放：编目法不适用；推广事业和增加阅读能力薄弱；适用建筑缺乏。他也认为中国对图书馆教育的作用已有相当认识，做出不少努力，“倘能舍短取长，输入现代公共图书馆之制度，当不难奏效也。鄙意此种制度之组织及推广，于中国社会教育前途之贡献极大，可以断言”。至于如何解决这些问题，他又进一步提出：“至于如何改进方

来自国外捐赠的图书馆学专门书籍

法，则为贵会（中华图书馆协会）社（中华教育改进社）唯一之问题，当辅助中国人民解决者也。……鄙意采用下列任何三种方法，中国可有美国式之公共图书馆，每种方法之采取，当视情形而定，非彼此不相关也。(一) 组织完全新设之图书馆，不附设于任何机关，(二) 就现存之图书馆改进而扩充之，(三) 现存之图书馆，本体不变更，但多设分馆及阅书社，施行新方法。

现时最急需者，为通力合作之团结及各种方法之划一，个人创造力，固有价值，而事务往往亦不能规以准绳，但图书馆员如不利用他人之经验，虽终日劳力亦无所补，更难措置欲如。故图书馆协会之事业，第一步即决定何种事业，应先制定适宜之标准。第二步每种事业中，采其应用上最佳方法，定为标准。第三步则应谋普遍的采用；此第三步，系实行上最难之一步，盖因改进之故，须有几许之牺牲也。

今日中国图书馆界其认为研究不可缓者，实为图书馆建筑及中国文字排列之方法二事，此二问题如不早日解决，于将来图书馆事业之发展，实多窒碍也。”①

关于庚子赔款的用途，他在报告中说：“中华教育改进社图书馆教育委员会所提出拨用美国退还庚款三分之一建设图书馆之提议，鄙人认为至当。盖将来得到之款，数目尚难确定；此种计划，极有伸缩也，唯设立图书馆之时，须注意者，即使人人自由借用书籍，而地点宜在人烟稠密之区行之，不必专择公园之美景也。关于书籍之应在馆内阅览，抑借出馆外，似可不必讨论，盖参考图书馆与流通图书馆初无歧异。普通书籍，可于馆中阅览，而专门书籍，亦未尝不可借出馆外也。……重言之，以鄙人考察所及，美国图书馆组织如施于中国，可畅行勿阻，而贵会、社经营此种事业之成功，鄙人更抱无穷之希望。”② 他在报告中还明确建议赔款中应用部分作为补助中国兴建大型图书馆及培训图书馆专业人才之费用。鲍士伟的《致美国图书馆协会执行委员会报名》经美国图书馆协会议决通过，转送美国政府有关当局作为参考，对庚子赔款的分配问题发挥了重要影响。

1924 年 5 月 21 日，美国参、众两院联席会议通过了退还第二批庚子赔款议案，国会批准将 6 137 552.9 美元退还中国，用于文化教育。中国政府接到美国政府的通告，表示同意，遂设中华教育文化基金董事会（China Foundation for the Promotion of Education and Culture），为保管及处置此款之机关。同年 9 月 18 日，在北京外交部召开第一次会议，于是中华教育文化基金董事会遂告正式成立（后改为“中华教育文化基金董事会”），该会由 10 名中国人和 5 名美国人组成，负责有关庚款使用和管理事项。第一次执行委员会于 1925 年 9 月 28 日下午 12 时 30 分假座北京欧美同学会举行。

① 中华图书馆协会会报 [J]. 1925，1 (1)：3.

② 中华图书馆协会会报 [J]. 1925，1 (1)：3.

会上，通过分配款项原则六条和分配款项范围二条。明确分配款项原则："吾国之接受美国退还庚子赔款，此为第二次矣。其第一次退还之款，专用以举办清华学校及留学事业。换言之，即第一次庚子赔款之利用系完全集中政策。此番接受第二次退还赔款，本会自初即不主袭用前法。十四年六月第一次年会曾经决议，此种款项，应用以'发展科学知识及此项智识适于中国国情之应用，其道在增进技术教育，科学之研究、试验与表证及科学教学法之训练，及促进有永久性质之文化事业，如图书馆之类'。"[①] 此项决议由中国驻美公使交美国政府，作为分配退款的依据。庚款分配的结果是有相当一部分被用在图书馆事业上，如拨款 100 万元建立国立北平图书馆。在"（丑）图书馆学教席及助学金"一栏中明确提出，鉴于韦棣华对于中国图书馆事业的功劳，决定资助文华图书科办学，"顾图书馆学一科，系属专门学术，苟非培养专才，改进固难着手。查武昌华中大学文华图书科，为国内唯一之图书馆学校，开办有年，成绩甚佳。主任韦棣华女士，对于我国图书馆事业，夙具热心。现拟委托该校为全国各地培养图书馆人才，就该校设置图书馆学教席，关于中国图书之编要等项，另聘专员主讲。复于该校特设助学金名额，于南北要区招选合格生入校专修，分年资助，以示鼓励而宏造就"[②]。中华教育文化基金从 1926 年起，每年补助文华图书科万余元教学经费，用于培养图书馆专业人员。

1927 年 6 月 24 日，中华教育文化基金董事会第二次年会在北京欧美同学会开会。会上将文华图书科列入补助筹办事业讨论，"本会又因图书馆学一科，系属专门学术，特就武昌华中大学文华图书科设置图书馆学教席及助学金名额，并于去秋招选学生入校专修。异日毕业以后，分赴各处担任

---

① 中国社会科学院近代史研究所近代史资料编辑部．近代史资料（总 101 号）［M］．北京：中国社会科学出版社，2001：172-173.

② 中国社会科学院近代史研究所近代史资料编辑部．近代史资料（总 101 号）［M］．北京：中国社会科学出版社，2001：189.

职务，于图书馆之事业必能有所改进焉。今春该校因受时局影响，暂归停顿，惟闻校中当局正设法开学，不久当可恢复原状也”[①]。在中华教育基金会的大力赞助下，文华图书科有了良好的免费生源和稳定的办学资金，且学生的就业也借此得到相应推荐，使得整个学校得以维持和发展，为中国培养了大批图书馆学精英。

自1926年8月起，至1929年6月止，由中华教育文化基金会委托武昌华中大学文华图书科授予学生奖学金和补助图书馆学教席。在图书馆学界的呼吁下，基金会对文华图书科考察后，认为这种专门教育富有成效，于是在1930年南京的年会上决议延长3年资助。中华教育文化基金会的补助为文华图书科的发展提供了稳定、保证的资金，为图书科由附设到独立，由外办转民办，由教会向私立变革与过渡，创造了条件。

（四）对于韦棣华争取庚款一事的历史评价

对于韦棣华在促使美国退还第二批庚子赔款过程中的表现，有学者认为，“庚子赔款退还问题是美帝国主义整个侵略计划的一部分，是帝国主义用中国人民自己的钱来办某些中国文化事业，却要让中国人民对美帝国主义者感恩戴德，又有何可称道之处？”[②] 也有学者认为庚子赔款刚好迎合了当时美国政府侵华政策和麻醉中国人的需要，“用中国人民的钱收买中国人是美国政府的本意，他们希图通过教育进行文化侵略，从知识与精神上支配中国，倘若没有这个前提，韦棣华愿望再好，神通再大恐怕也是无济于事的”[③]。的确，从庚款的来历而言，它是近代中国一段不堪回首的历史，

---

① 中国社会科学院近代史研究所近代史资料编辑部．近代史资料（总101号）［M］．北京：中国社会科学出版社，2001：212.

② 马启．评韦棣华［J］．四川图书馆学报，1985（5）.

③ 李甲芹，张海济．关于中国现代图书馆事业史评价上的一个重要问题［J］．吉林图书馆学会会刊，1981（3）.

是八国联军因中国人奋起反抗外敌入侵而强加在中国人头上的所谓赔偿费用，根据《辛丑条约》，中国赔款四亿五千万两白银，分39年还清（至1940年），加利息为九亿八千万两，美国分得7.32%，3 200余万两（2 444多万美元），减去自称“实应赔偿”部分，尚多出1 100余万美元。1906年传教士斯密斯首先提议应“退款办学”，即把这笔钱“用在使类似的事件难以再生”。美国指明庚子赔款用于中国的文化教育事业，当然是有政治目的的。美国政府将这批款项的支配权始终牢牢控制在自己手里，美国政府1909年4月规定，中国政府每月按原数向上海花旗银行缴付赔款后，由上海海关总道按照美国驻上海总领事通知，将若干数额汇票汇往美国后（一般为4.5万美元），再由美总领事签字核明将余下款项（一般为6.5万美元），退还上海海关总道转交外务部。若退款使用不当，美国随时有权制止公使转拨款项。这笔钱对于美国政府而言，原本就是不义之财，取之于中国用之于中国，不过是慷他人之慨，我们当然不应感恩戴德。但对在整个事件中曾经尝试过帮助中国，事实上对中国文化教育事业的发展也起到过客观积极作用的历史人物，我们也不能无动于衷，不屑一顾。肯定个人的作为并不等于认同隶属国政府的行径，谴责隶属国政府的暴行也无必要抹杀个人的善举。忘记历史就意味着背叛过去，韦棣华个人是无法决定美国政府的外交政策的，但她为了促使这批款项最终能用于发展中国文化教育事业，特别是图书馆事业，其坚实信念和不屈不挠的精神，实在令人钦佩，她在美国国会听证会上诚恳希望议员们“眼光放远，以国际亲善为出发点”[①]。为了拜见到国会议员“她每日坐在国会会客室里等候，访问一个个议员，有时一天可能会见一二议员，有时一天一个也会不到；像这样，她就中午不离开那里去吃午饭，仅随身带几个面包充饥。坚持到最后，她终于会见了参、众两院议员的大多数，表达了她的申请书的诚意”[②]。当时对

① 辅仁大学图书馆学系．严文郁先生图书馆学论文集［M］．1983：251．

② 徐全廉．评《评韦棣华》［J］．四川图书馆学报，1987（1）．

于第二批庚子还款是“群争用途，莫衷一是”，退还庚款余额的议案1921年8月11日在参议院便获通过，但送到众议院后被搁置了两年多，一直到1924年5月25日两院才完成立法手续，若没有韦棣华的四处奔走，这笔款项不会如此顺利地用在发展中国图书馆事业上。国内学界也有观点认为“咸以兹事体大，鲜不为韦师此举，断难有成”①，但韦棣华以她坚韧的毅力，不顾一切的牺牲精神，促成了此事。韦棣华的胞弟韦德生曾写道：“她在青年时代，讲究享受和乐趣，极力追求这些东西，她是舞会、聚会、野餐和爬山活动的常客。后来她超脱了这些。她超然于旧的享乐之上人生观，更不必说困惑和悲观失望了。责任感似乎逐渐改变了她的生活世界观。”②正是这种对文华图书科、公书林和图书馆事业的责任感，使她抛弃了年轻时享受至上的人生观，自奉其俭，独身一世，把她的全部时间和精力都用在图书馆事业上。

据沈祖荣回忆：“仅就创办公书林及文华图书科的募款之信件，从手中一次就发出了百余封”，“她的衣着及其生活用品是从教堂捐赠品义卖时买的便宜东西，以便为改变图书馆服务节约资金”。她到美国争取庚子赔款退还中国时，“由于她的简朴旧式衣着给人们留下深刻印象”③。她的一个朋友曾和她开玩笑说：“下次谒见美国总统，不要再穿着旧的服装和帽子。”④毛坤在《悼韦棣华女士》一文中说：“余随女士五年，未见其御一新衣、着一新鞋。死后四壁萧然，一无长物。”（黄文宏：*Miss Mary Elizabeth Wood: Pioneer of the Library Movement in China*）韦棣华是世俗传教士，她的这种精神境界和生活态度固然与她的宗教信仰有关，她曾说：“我觉得做这项工作乃是神的感召，它是主的中国计划之构成部分。”但这并不妨碍我们对她

---

① 徐全廉．评《评韦棣华》[J]．四川图书馆学报，1987（1）．

② 文华图书馆学专科学校季刊［J］．1937，3（3）．

③ 禹成明．热心中国图书馆事业的美国人［J］．广东图书馆学刊，1983（4）．

④ 文华图书馆学专科学校季刊［J］．1937，3（3）．

为中国图书馆事业贡献一生的精神的钦佩。美国众议院外交委员会委员林锡庆这样评价韦棣华女士："众议院议员所以能对这个议案如此明了洞悉，而特别使我们这个委员会，对于这个议案能如此熟悉，都是因为韦棣华女士向各议员所做的坚忍不懈的工作。"①

韦棣华也因其对中国图书馆事业的特殊贡献，得到了中华教育文化基金董事会、中华图书馆协会及各大图书馆对于筹划于 1931 年举办的韦棣华女士纪念大会的襄助，"女士来华服务，已历三十年，其门人友好念女士之于我国图书馆事业，致力悬钜，功在海内，未可泯灭，于是有于本年五月十六日，在武昌文华公书林举行纪念大会之举。除刊行专刊记述女士之生平及其种种事业外，并拟募捐六万元建筑韦氏博物馆一座，及募捐五万元为其手创之图书馆学校之讲学基金，以为永久纪念。既以表彰硕彦，又藉能促进我国图书馆事业之发展，法良意美。本会乐予以协助。一方在国内重要城市委托大图书馆经募捐款，一方复在北平进行征募。中华教育文化基金董事会已慨捐国币一万元用为首倡，国立北平图书馆认捐二百元，北京大学图书部认捐五十元，其他各处，输将互有多寡。本会亦自捐国币二百元，并另赠韦女士来华服务卅周年颂辞一轴"②。

蔡元培亦曾作文《裨补学界　潜滋暗助》，高度评价韦棣华的一生，充满感谢与赞美，他说："韦棣华女士远道而来，不辞劳瘁，居武汉中心，实施实际工作，尤致力于图书馆。余曾作韵语颂赞之，用志钦仰。……韦女士来华服务已三十年，阅时不可谓不久，然其精心毅力，实现三十年如一日。倘再阅多时，亦无丝毫倦怠，可以断言。"1980 年中国图书馆学会机关刊物《图书馆学通讯》在重发蔡元培的纪念短文时加编者按，评价韦棣华"不仅勤于职守，革旧创新，而且为创办文华公书林、文华图书科而四出奔走，成绩卓著。……今年值蔡元培先生逝世 40 周年，韦棣华女士来华 80 周年，文华公书林和文华图书科成立 70 和 60 周年，我们重新发表蔡元培先生

① 美国退还庚子赔款余额经过情形［M］. 徐仲迪，等，译. 上海：商务印书馆，1925：67.

② 本会对于韦棣华女士纪念大会之襄助［J］. 中华图书馆协会会报，1931，5（5）：36.

此文作为纪念”[①]。

（五）旧式藏书楼到近代公共图书馆的过渡期

20世纪二三十年代，新式图书馆在各地纷纷建立，据第一次《中国教育年鉴》(1930年）统计资料显示，这一时期有普通图书馆903所、专门图书馆58所、民众图书馆575所、社教机关附设图书馆331所、专业团体附设图书馆107所、书报处（内含巡行文库）259所、学校图书馆654所、私人藏书楼8所，总计2 935所。其中，特别重要的是，公共图书馆已达到2 068所（包括普通图书馆、民众图书馆、社教机关附设图书馆和书报处)，占当时全部图书馆数量的70%。而据中华图书馆协会统计，1925年全国

---

① 对于韦棣华的评价，1949年前一直是很高的。韦逝世后，蔡元培亲写《裨补学界 潜滋暗助》的纪念文章（《文华图书馆学专科学校季刊》1931年9月第三卷第三期)，图书馆界一般称韦为“中国图书馆皇后”，高度颂扬她为中国图书馆发展所做出的努力。1949年，因政治因素起作用，韦被斥为“美帝国主义分子”，是美国对华文化侵略的代表（见武大图书馆学系1964年编《中国图书馆事业学》和北大图书馆学系1957年编《中国图书馆事业讲稿》)。20世纪80年代以后对韦棣华开始重新评价，最早是《图书馆学通讯》（1980年第3期）重发了蔡文，武汉大学图书馆学系黄宗忠也在《武汉大学学报》（哲社版）1980年第6期上发表《武汉大学图书馆学系六十年》，其后又在《图书情报知识》1981年第1期上发表《进一步加强中美两国图书馆学和情报学领域的交流与合作》，他高度评价了韦棣华对中国图书馆事业做出的贡献。但也有文对此提出不同看法。如1981年6月，东北师范大学图书馆学系学生李甲芹、张海齐在《吉林图书馆学会会刊》(1981年第3期）上发表《关于中国现代图书馆事业史评价上的一个重要问题——就韦棣华评价问题与黄宗忠同志商榷》，提出不同观点，认为韦棣华的评价不能“超阶级”和“抹煞历史上帝国主义侵略中国的本质”。随即惠世荣在《四川图书馆学报》(1982年第2期）上发表《架起中美图书馆界友谊桥梁的前驱——纪念韦棣华女士》，吴则田在《图书情报知识》(1983年）上发表《韦棣华在中国近代图书馆史上的活动》，安徽图书馆的禹成明在《广东图书馆学刊》(1983年第4期）上发表《热心中国图书馆事业的美国人——关于韦棣华的评价问题》等，基本上对黄文持赞同意见，认为应该尊重历史，正确评价韦棣华。然而马启在《四川图书馆学报》(1985年第5期）上著文《评韦棣华》，表示支持东北师范大学图书馆学系两学生的观点，认为无论是韦棣华还是她创办的文华公书林、文华图专在中国图书馆发展史上，都不应该获得如此推崇。两年后，徐全廉同样在《四川图书馆学报》（1987年第1期）上发表《评〈评韦棣华〉》对马启一文提出了尖锐的批评，重新肯定了韦棣华、文华公书林和文华图专，自此，对韦棣华的评价基本定型。

502所图书馆中，公共图书馆仅259所，占51.6%[①]。

中国当时处于北洋军阀统治时期，政治斗争激烈，战火连绵不断，图书馆事业的近代化进程是在内外交困的情形下借鉴西方图书馆模式仓促发展起来的，尽管从数量上看，我国这一时期图书馆事业发展迅速，但是从公共图书馆“服务公众”的宗旨内涵上讲，确实有别于以往藏书楼“重藏轻用”的特征，从形式上来说已属于近代图书馆，但是藏书内容、管理方式、服务手段却都没有太大变化，仍带有旧式藏书楼的痕迹。这一时期图书馆事业整体发展仅体现在“量”的增长上，大部分图书馆处于“有名无实”的状态，特别是那些由清末官书局和私人藏书楼改建的图书馆，如河南普通图书馆、山东普通图书馆、江苏国学图书馆、浙江普通图书馆等，均以清初以来“四库七阁”的内容和方法为经营蓝本，“各省图书目录，多沿用四库四部之成规，又知四部目录，不能统中西图书，概括无遗，而于四部外，别增目录，以补不备，糅杂参差，无一完善目录，可公应用”。可见，无论是藏书的经营理念还是工作方法，都与近代西方的图书馆事业相去甚远。“盖吾国士夫多持曹仓鄴架之谬见，尚未明了图书馆之性质，不在培养一二学者，而在教育千万国民，不在考求精深学理，而在普及国民教育。此中国图书馆不能发达之一远因也。尔年，图书馆事业渐有萌芽，各省亦多有设立者。惜国家无一种法令之规定，各管皆人自为法，满无标准，殊于图书事业前途诸多滞碍。”[②] 因此，把这一时期的图书馆事业称为旧式藏书楼与新式公共图书馆的混合体较为合适。

沈祖荣1918年3月进行的全国图书馆调查结果（共收到33所图书馆填报的情况表）显示，文华公书林为韦棣华在中国创办的第一座美式公共图书馆，公书林作为普通图书馆，藏书卷数汉文1 012种，共11 771本，西文6 704本，其中西文书数量在已了解的33所图书馆中，仅次于天津北洋大学

① 谢灼华．中国图书和图书馆史［M］．武汉：武汉大学出版社，1987：251.

② 李希泌，张椒华．中国古代藏书与近代图书馆史料（春秋至五四前后）［M］．北京：中华书局，1996：187-198.

图书馆（其有汉文20 000本、英文16 460本）。公书林书籍均可借出，另有五省公共机关分设巡回文库22处，这也是当时其他图书馆所没有的；图书目录按照中西图书均用杜威书目十类法编定，且图书装订中书大半改作西式装订，方便读者检阅。与其他省立图书馆用券阅览不一样，公书林不用券，不取资，任由读者阅览；包括赠书及装订书费在内，公书林每年经费3 500元。在普通图书馆经费保障上，京师普通图书馆每年经费15 000元，远远高出其他地方图书馆。公书林和其他同类普通图书馆在经费上相差无几，如河南普通图书馆每年经费3 600元，山东普通图书馆每年经费4 512元，但公书林每季阅书人数有7 238人，远远超出一般同类图书馆，这在很大程度上得益于公书林面向民众，实行开架阅览的方式。

从世界图书馆发展规律的角度出发，通常一个国家在开始进入公共图书馆阶段初期，会有一个“公共图书馆运动”阶段，中国也不例外。1917年后，随着沈祖荣、戴志骞、胡庆生等留美图书馆学家相继回国，在韦棣华的大力支持下，沈祖荣“至国内各大城市演讲图书事业之重要组织并经营大概”①，拉开了以抨击旧式藏书楼陋习，倡导建立美式图书馆事业为目标的“新图书馆运动”的序幕。严文郁评价这一件事“为西洋图书馆学流入中国之先声音”。1920年，受北京高师校长陈筱庄委托，戴志骞邀请沈祖荣等人在北京高师开办暑期图书馆讲习会。刘国钧对此评价说，戴志骞“在北京高师之演讲，实此潮流之滥觞。斯时自美习图书馆学归国者，亦相继以新图书馆运动号召于时。西洋图书馆之办法与理论，乃渐为国人所重视”②。这些宣传活动在当时产生了很大影响，促使国人认识到美国式图书馆事业对图书馆管理及国民教育的优势，意识到我国图书馆事业与美国的差距，引起了一批文化界人士对图书馆事业改革的兴趣和关注，取得了良好的社会效果。

---

① 程焕文. 一代宗师　千秋彪炳——记中国图书馆学教育之父沈祖荣先生［J］. 图书馆，1990（4）.

② 刘国钧. 现时中文图书馆学书籍评［M］//刘国钧图书馆学论文选集. 北京：书目文献出版社，1983：15-17.

（六）新图书馆运动的高潮期

北伐战争结束后，国内政治逐渐趋于相对稳定的状况，南京国民政府于1927年建立之初就成立了管理图书馆事业的机构——中华民国大学院①。大学院是全国教育行政研究学术的最高机关，下设有教育行政处，处下分六部门，其中图书馆组就设于其下。图书馆组的职责是：关于国立图书馆事项；关于学校图书馆事项；关于公立图书馆事项；关于保存文献事项等。同年12月，大学院颁布了《图书馆管理条例》15条，其中图书馆组织及业务方面规定"图书馆得设馆长1人，馆员若干人"、"图书馆职员每届学年终应将办理情形报告于主管机关"。图书馆馆员的资格规定"馆长应具有①国内外图书馆专科；②在图书馆服务3年以上而有成绩者；③对于图书馆事业有相当学识及经验者"。

可见，经过"新图书馆运动"积极宣传美国式图书馆理念，普及图书馆学专业教育，推动现代图书馆事业发展，在近代中国首先确立了以美国式的图书馆事业发展方向，并对美国式图书馆理念与方法进行了本土化改造，使现代图书馆学在中国得以建立，即西方所谓专业化（professionalizing）的过程也可称为学科化过程，催生了以文华大学图书科为代表的图书馆教育的专业机构。1920年3月，在韦棣华、沈祖荣、胡庆生的努力下，我国第一所美国式的图书馆学教育机构——文华大学图书科在武昌文华大学内成立。文华大学图书科是我国培育图书馆专业人员之始，开创了中国现代图书馆学教育的先河。此后不少大学也纷纷相继设立了图书馆学专业，如1925年，上海国民大学仿照文华大学图书科的课程设置，在教育科内设立图书馆学系。1927年，金陵大学成立图书馆学系。

作为新兴的蓬勃发展起来的图书馆行业，在学科地位的建设中也企图通过推动大学专业教育达到专业化的目的。中华教育改进社图书馆教育组

① 来新夏．中国近代图书事业史［M］．上海：上海人民出版社，2000：354．

是图书馆界的第一个全国性专业团体。1918 年 12 月，由南京高等师范学校、江苏省教育会、北京大学、中华职业教育社、暨南学校等单位联合发起组织的“中华新教育改进社”宣告成立，次年 1 月改称“中华新教育共进社”，并创办了机关刊物——《新教育》。1921 年 12 月 19 日，实际教育调查社邀请孟禄来华调查九省教育现状之后，在北京召开了改进教育方案讨论会。新教育共进社、《新教育》杂志社和广东、福建、江苏、浙江等省代表出席了会议。会上，各方代表深深体会到教育团体分散活动的状况不能适应中国教育改革的形势需求，因而与会代表均有谋求合作之意。会后，新教育共进社、《新教育》杂志社、实际教育调查社的当事人把三个机关合并成为一个机关。1921 年 12 月 23 日，中华教育改进社在北京正式成立，《新教育》自然成了中华教育改进社的机关刊物。从 1919 年 2 月创刊，至 1925 年 10 月停刊，《新教育》共出版 11 卷 52 期。中华教育改进社的成立可谓是当时思想、文化和教育界先进力量的大集结。它的领导层大多有欧美留学经历，尤其是以留美为主体。范源濂时任教育总长，蔡元培时任北京大学校长。蒋梦麟、郭秉文、胡适和陶行知都是哥伦比亚大学的学生，他们同时也是“实用主义”哲学倡导者美国哲学家杜威的中国高足。这一批留美学生一方面受美国进步主义教育思潮影响，信奉杜威提出的“学校即社会，教育即生活”的主张。另一方面，五四时期“民粹主义”成为中国当时一股力量强大的思潮，提倡民众教育和平民教育成为当时各方政治势力都不可忽视的改造中国的途径。

由于美国是现代图书馆的先驱，中华教育改进社这批留美学者非常重视图书馆在民众教育中的作用，他们认为图书馆是民众的大学校，是社会教育的最重要的工具之一，因此从第一届年会起就设立了“图书馆教育组”，而且在《新教育》上刊发了大量图书馆学原创论文。中华教育改进社成员的组成以及所提倡的民众教育理念，为文华大学图书科搭建了更高的交流平台，拓宽了更大的展示空间。《新教育》上刊发的图书馆学论文共有 20 篇，其中沈祖荣就有 5 篇，包括《中国各省图书馆调查表》（第 5 卷第 1、

2期合刊）、《民国十年之图书馆》（第5卷第4期）、《民国十一年之图书馆教育》（第6卷第4期）、《提倡改良中国图书馆之管见》（第6卷第4期）、《中学图书馆几个问题》（与胡庆生共同署名，第9卷第1、2期），占总篇目的四分之一。《新教育》每期发行均在万份以上，风行全国，其对中国现代图书馆学宣传作用之大显而易见。

中华教育改进社图书馆教育组得到了包括以文华大学图书科为首的图书馆界的积极拥护，中华教育改进社图书馆教育组的四届年会为图书馆学界提供了第一个全国性交流平台。像沈祖荣这样的20世纪上半叶中国图书馆事业的领军人物及重要图书馆学家借此登上了历史舞台。四届年会中，图书馆教育组一共提出议案42项，来自文华大学图书科韦棣华、沈祖荣、胡庆生、裘开明等人的就有18项。另外，从与会社员的组成讲，四届年会有据可考的正式代表总共33人。从学术谱系上讲，33位代表中，文华大学图书科毕业的学生有6位，占正式代表人数的18%。图书馆教育组认为中国图书馆事业的发展归根结底的出路是专业化，而能否专业化取决于能否由专业人员来办理图书馆。馆长和馆员是专业化的核心。沈祖荣指出："图书馆之馆长最宜得人。大凡图书馆经费虽充足，书籍虽宏富，然而不得其人，其事业终归低落。选择馆长，第一须有专门学识，第二须有坚定操守。诚以馆长职务，有指挥监督的全权，要设法使全馆能够改良，能够经营，并能监督经费，决定办事的方针，检选主要的书籍，调查办事的成绩，编制精好的目录，对于董事部负责，考察社会上的情形，谋大众教育之普及等类，是即其职责也。"①

沈祖荣在协助韦棣华打理文华公书林的艰辛付出，正是用实际行动对这些话语的最好诠释。第一届图书馆教育组年会后，至少高等教育界逐渐明白图书馆需要专门的人才办理。韦棣华、沈祖荣等人终于欣喜地看到了这种变化，这种观念的转变对文华大学图书科的发展非常有利，如此产生

① 沈祖荣．民国十年之图书馆［J］．新教育，1923，5（4）．

更多的用人单位，才能为扩大办学规模提供先决条件。沈祖荣曾自豪地说："前此办理图书馆，均以为无关轻重，其馆长与管理员，无论何人，皆可为之。一至本年，如厦门、天津、北京等处，均到武昌文华大学，聘请图书馆专科人才，办理此项教育。间有不遂所请，若深以为憾者。"[①] 去厦门大学担任馆长的是裘开明，去天津的是王文山，去北京的是查修、刘廷藩等，他们都是文华早期的毕业生。

无论是韦棣华还是沈祖荣，以及文华大学图书科出身的早期学生与中华教育改进社的主要领导人及部分成员均有美式教育的"学缘"，因此，在图书馆事业的推广方式上，他们是有共识的。中华教育改进社图书馆教育组极大地推动了中国现代图书馆事业的专业化或者职业化进程，其具体贡献包括三个方面：①形成了现代图书馆学的第一个学科范式，提出图书馆即教育的基本理念和初步的课程体系；②设定馆员资格，提倡用专业人员管理图书馆，加强了大学图书馆专业的设置和加快了专门学校的创立；③逐步成立各种图书馆类型组织，开展全国性的行业活动，完成了图书馆协会和图书馆专业刊物创设的历史使命。这三方面贡献的背后都有来自文华图书科的身影。譬如第一点，对于教育界第一次主动把图书馆教育纳入自己的研究范畴，如改进社的领导陶行知等人对图书馆研究和组织建设予以高度关注。图书馆教育能被纳入大学教育的范畴，这是与图书馆界极其认同并努力去推动实现分不开的。正如沈祖荣所说："本年（1922）夏间，海内通人，学界巨子，在山东济南，为改进教育起见，开会研究。其研究条目之繁多，而图书馆教育，亦居其一，足见此项教育，前此无人问津，而此次合中国之硕学鸿儒，犹提倡之，此图书馆教育渐次发展原因也。"[②] 同样，在中华教育改进社与文华大学图书科的互动中，正是中华教育改进社在第三点上的贡献，为后来文华大学图书科能独立于华中大学单独设校培

---

① 沈祖荣．民国十一年之图书馆教育［J］．新教育，1923，6（2）．

② 沈祖荣．民国十一年之图书馆教育［J］．新教育，1923，6（2）．

育了土壤，积蓄了力量。

（七）开创国内图书馆学专门教育的先河

1920年春季，韦棣华在中华教育改进社和美国圣公会湘鄂教区主教孟良佐的支持下，在沈祖荣（Samuel T. Y. Seng）和胡庆生（Thomas C. S. Hu）两位助手的协助下，创办文华大学图书科，培养图书馆专门人才。韦棣华为创办图书科作了周密的计划，并进行了艰苦的努力。

首先，她于1918年致函美国圣公会伍德主教（Bishop Wood），获得圣公会对创办图书馆学校的准许，还争取到当时文华大学新任校长孟良佐（Alfred Alonzo Gilman）、圣公会湘鄂教区主教韦卓民（Francis C. M. Wei）和中华教育改进社的支持。孟良佐同意在文华大学内附设一个图书科，并解决校舍和部分经费问题。

其次，积极为图书科的开办准备师资。一方面，在美国教会朋友的帮助下，1914年韦棣华资助毕业于文华，并在公书林任其助手的沈祖荣赴美到纽约公共图书馆学校学习，1917年沈祖荣回国后，又派同为公书林助手的胡庆生到同一机构学习。另一方面，为了加强自己图书馆方面的知识，韦棣华自己利用回美国度假和工作的机会，多次到大学里进修图书馆学理论知识，如1907她到纽约布鲁克林的拉特学院（Pratt Institute Library School in Brooklyn，New York）学习一学期的图书馆学课程，1917年她作为特别生到纽约伯拉特学院进修，1918—1919年再入波士顿西蒙斯大学学习，1924年到奥克斯福特大学进修，1926年到麻省威廉斯大学政治学院进修，还在牛津大学学习过有关图书馆课程。这些学习经历为她日后办理文华图专打下了坚实的专业基础。

1922年元旦文华大学图书科师生集体合影，摄于文华大学校园

再次，继续大力宣传，推动图书馆事业，为图书科的建立制造社会舆论。韦棣华充分利用美国圣公会在华的各种便利。当时基督教在我国派系复杂，英、美两国的基督教力量在华占据绝对优势，均希望教会合一。以美国穆德（John. R. Mott）为首的基督教青年会乃是教会合一的桥梁。基督教青年会运动原发生于英国，而盛行于美国。韦棣华先后派沈祖荣、胡庆生去美国学习图书馆学专业知识，并借此机会与基督教青年会取得联系，为在国内推广图书馆运动提供了多方面的便利条件。青年会声称，不分教会的宗派，不问教会的教义和历史，不拘任何一种的礼拜仪式，其口号是“非以役人，乃役于人”，就是说单纯为社会服务。在当时民族主义运动风起云涌的中国，显然，呼吁广设美式公共图书馆非常适合且有利于基督教维持在中国的发展。1917 年、1919 年沈祖荣和胡庆生相继结业回国后，与当时设在上海的中华基督教青年会全国协会（The National Committee of Young Man's Christian Association，YMCA）讲演部合作，在余日章（David Z. T. Yui）的协助下①，联合各界青年，携带有关图书馆的各种影片、模型、统计图表等，沿长江北上，到华中、华东、华北 14 个城市巡回宣传讲演。例如 1917 年 5 月 1 日，沈祖荣在江苏教育会讲演“图书馆之功用及办法”。5 月 2 日在全国基督教青年会讲演“图书馆之功用办法”时，还“备各种影片用幻灯逐张映射”②。1917 年 6 月，他们在报界俱乐部讲演图书

① 余日章（David Z. T. Yui，1882—1936），湖北蒲圻人，其父余文卿为美国圣公会武昌分会会长。余日章因此进入文华书院就读五年，后转入圣约翰大学。1905 年毕业后，回鄂先后任文华书院体育教员、英文教师。创办《文华学界》月刊，参与营救日知会被捕志士刘静庵。同为文华书院担任英文教师的韦棣华正是听取了余日章的意见，积极争取美国庚子赔款用于发展中国图书馆事业。此人对于文华公书林、文华大学图书科、华中大学文华图书科、文华图专的创办、发展有较大影响，可谓牵线引路人。余日章 1913 年任中华基督教青年会全国协会演讲部主席，1917 年任中华基督教青年会全国协会总干事，连任十七年，并兼任中华全国基督教协进会会长。后沈祖荣、胡庆生留学归国后，也在余的帮助支持下，发动“新图书馆运动”。1925 年 4 月 22 日至 25 日，中华图书馆协会在上海召开成立大会，通过协会章程，推荐了沈祖荣、余日章等 15 人为董事。

② 演讲图书馆功用办法［N］. 申报，民国六年五月四日第三张.

馆事业是针对报界人生的。1920 年暑假，他们还在李大钊等人主办的北京高师图书馆讲习会上主讲图书馆学。这些讲演使得全国上下掀起了一场“新图书馆运动”。

余日章

（David Z. T. Yui，1882—1936）

最后，大力募款，筹备经费。韦棣华将陆续募到的捐款设立了“韦棣华基金”，成立了专门的董事会来管理基金，负责继续筹备经费。她还争取到美国圣公会每年 8 000 美元和美国妇女问题研究会每年2 000美元的补助。1920 年 3 月，武昌文华大学图书科正式成立。“‘我们的良师益友’——韦棣华，因为她在中国的富有意义且成功的工作表现而受到了大学校长的赞誉。”1920 年 6 月 26 日，韦棣华被文华大学授予名誉文学硕士学位，“这个荣誉学位的特殊意义在于：这是由大学（文华大学）授予的第一个荣誉学位，第一个授予女士的学位，第一个授予西方人的学位，并且她是全体教职员工中第一个获得大学（文华大学）荣誉学位的人”[①]。

1921 年，文华大学教师合影

① T. C. S. Hu（胡庆生）. A Great Surprise on Last Boone Commencent Day [J]. The Boone Review，1920：344.

文华大学图书科首届学生只有6人，全部为男生，他们都是从文华大学文学院二年级学生中挑选出来的，1922年毕业，这6人被当时文华大学的学生戏称为“幸福的六人（Happy Six）”①。韦棣华在1917年沈祖荣回国后就将公书林总理一职交与他。图书科成立后，韦棣华除了继续督理文华公书林事务外，还兼任图书科董事。图书科1920年成立时，科主任为胡庆生。1928年11月，胡庆生辞去科主任职务，专任教授，韦棣华曾于1928年11月至1929年春这段时间一度代理图书科主任。图书科以文华图专名义立专案后，便由沈祖荣长期任校长。图书科的三位创办人韦棣华、沈祖荣和胡庆生同美国图书馆学教育渊源极深，图书科基本上是依照美国的图书馆学校而建立的，其办学方法、经营方式等实为美式图书馆教育的移植与改造。

1922年，文华大学图书科第一届毕业生与教师的合影

文华大学图书科仿照美国图书馆学家麦维尔·杜威创办的美国纽约州立图书馆学校（New York Library School）来办理，招收大学肄业两年以上的学生或大学毕业生，对他们进行两年的图书馆学专业训练。教学采用学分制，所用课本和工具书均是从美国购买来的英文教科书。课程设置亦参

① 文华大学三年级生：陈宗澄（Henry T. T. Chen）、裘开明（Alfred Kaiming Chiu）和黄伟楞（William W. F. Huang），二年级生：许达聪（Coleman T. T. Hsu）、查修（Lincoln H. Ca）和桂质柏（John C. B. Kwei），实际上是一班两届，1922年1月8日，三年级学生毕业，同年6月24日二年级学生才毕业。

考美国模式，注重“专门学识”，教授图书馆的经营、书籍的保管、书目、分类法、目录著录、参考咨询、外语等与图书馆管理技术相关的学科，另外也开设一些技能训练课，如图书馆专用字体的学习、打字和书籍补订法等。而此时的公书林就是学生在校学习期间的实习图书馆，学生们在公书林的工具书参考室完成老师布置的咨询作业。1921年12月，沈祖荣还亲自带学生到北京清华学校实习，帮助该校图书馆清理、编排所购图书。文华大学图书科的家庭气氛很浓，学生人数少，师生之间彼此都熟悉，关系很亲密。1924年为纪念韦棣华来华25周年，图书科的毕业生集资在公书林主楼层墙上修建了一个壁龛，将公书林的主要参考书都集中在那里，该墙被取名为“韦棣华墙”，以向韦棣华表示敬意，从1922年第一届文华大学图书科毕业生算起，到1927年华中大学停办，图书科专业共毕业了37名学生，全部是男生①。这些学生毕业后多在北京、天津、厦门等地的图书馆界中担任重要职务。

1923年，文华大学图书科师生合影

文华大学图书科是近代中国图书馆学教育的先驱。从世界范围来看，19世纪下半叶，图书馆学校正式出现。1886年德国著名的图书馆学者齐亚茨科（Karl Dziatsko，1842—1913）在格廷根大学开设图书馆讲座。1887年1月5日，哥伦比亚大学图书馆（Columbia University Library）馆长麦维尔

① 严文郁．中国图书馆发展史——自清末至抗战胜利［M］．台湾：枫城出版社，1983：188.

·杜威在哥伦比亚大学内正式创立“图书馆管理学校”（The School of Library Economy)。第一批学生除该大学旁听生外，有 20 人，其中 17 人为女生。由于哥伦比亚大学当时不主张男女同校，因此 1889 年该校停办。同年麦维尔·杜威调任奥尔巴尼（Albany，纽约北）的纽约州国立图书馆馆长时，将学校搬至该馆继续办理。“是年三月三十日，哥伦比亚大学即将图书馆学研究院结束，随即移交至纽约州立大学监督委员会，于四月十日纽约州立图书馆学校（New York State Library School）在奥尔巴尼开学，历三十七年之经营，到一九二六年方始重新合并于哥伦比亚大学。在此三十七年中所毕业者有一千余人，现在尚服务于图书馆界者七百余人。大多数占重要位置。”[①] 这是世界上最早的正规图书馆学校，哥伦比亚大学图书馆研究院与纽约公共图书馆学校（即韦棣华派沈祖荣、胡庆生赴美攻读图书馆学之机构）之间关系也甚为紧密，“哥伦比亚大学图书馆研究院不但以纽约州立图书馆学校收回与校中所设立图书馆学系合办，而纽约市公共图书馆之图书馆学校（The Library School of the New York Public Library）亦为所合并而成立今日之图书馆学研究院”[②]。

德国直到 1870—1880 年间取消了教授（学者）兼任图书馆长制度，明确图书馆馆长由专业人员担任时，才又开始着手图书馆人员的教育。而 1919 年英国才在伦敦大学内设置了一所图书馆学校。1930 法国巴黎参照美国模式，成立巴黎市立图书馆员学校。俄国 1913 年首次在莫斯科河尼雅夫斯基大学开办了图书馆学课程，由图书馆学家哈芙金娜主讲。1918 年瑞士开办了日内瓦图书馆学校，同年丹麦在哥本哈根也开设了学校。1934 年西班牙在巴塞罗那开办了图书馆学校。美国是当时世界上图书馆教育最发达的国家，1900 年以前有 4 所图书馆学校，1900—1919 年美国建立了 8 所图书馆学校，1920—1939 年又有 22 所建校，到

① 文华图书馆学专科学校季刊［J］. 北京：国家图书馆出版社，2009，8（8）：193.

② 文华图书馆学专科学校季刊［J］. 北京：国家图书馆出版社，2009，8（8）：194.

1950年共有36所图书馆学校[①]。1924年美国图书馆协会设置了图书馆教育委员会（Board of Education of Librarianship），该委员会1927年制定了美国图书馆学校最低标准。最早开设图书馆学博士学课程的是1928年的芝加哥大学，随后密执安、伊利诺伊、加利福尼亚、哥伦比亚等名校都设立图书馆学博士学位。

中国最早的正规图书馆教育始于1920年的文华大学图书科。自此之后，中国开始出现多种形式的图书馆从业人员训练。1935年沈祖荣曾将当时出现的图书馆专业教育，总结为6种方式：

其一，学徒制的训练。招收对图书馆工作感兴趣的青年，在图书馆通过半工半读的形式，训练他们从事图书馆的各项工作，训练期满后，可以雇用为图书馆正式职员。

其二，利用暑期作讲习的训练。区、县、市、省所办的利用暑期作图书馆学术讲习的训练，属进修、研讨性质，适用于要求深造，不能离开职守，又感财力缺乏的图书馆员。

其三，师范科所设的图书馆课程。在培养中小学教员的师范科的课程内，设一二种关于图书馆的使用法、组织与管理的科目，便于教师日后指导学生。

其四，大学图书馆学的训练。在大学课程或学系内设图书馆学系或科，占一定学分，学生毕业时，获大学毕业证书同时也获图书馆学系的结业证明。

其五，大学图书馆附设图书馆学学校的训练。在大学图书馆内附设图书馆学专科学校，对学生进行系统的、理论联系实际的训练。

其六，图书馆学研究院的训练。造就图书馆事业的高级专材，预备图书馆专门学校的师资。入学资格为已取得了图书馆学士、硕士学位，训练完毕后，授予博士学位。

---

① 沈祖荣．谈图书馆专业教育［J］．湖北教育月刊，1955，2（4）．

上述6种训练方式各有利弊。总体而言，学徒制、暑期培训和师范科内附设图书馆课程是属于非正规的、短期的、不系统的训练。沈祖荣特别指出，师范科内设图书馆课程对于教师今后从事教职是有帮助的，但并不能因此就认为在师范科内学过一两门图书馆课程的学生，就可以从事图书馆专业工作。他认为："任命一个学校的教员去担任学校图书馆的事务，是和任命一个学图书馆学的图书馆员去教数学，一样荒谬无理。"大学图书馆学系、图书馆附设图书馆学学校和图书馆学研究院是属于正规、系统、完整的训练。沈祖荣尤其提倡大学图书馆附设图书馆学学校，因为大学图书馆收藏丰富，馆员都具有较高专业水准，学生实习操作的机会多，有助于培养高素质的图书馆专业人才。按照上述观点，我国古代的藏书楼曾有专门的管理人员，一般都是官吏和学者，没有受过专门训练，至多是采取学徒制的方式，口传身授，将实践经验传承下去。文华大学图书科设立之后，中国才出现了各种形式的新式图书馆教育。

（八）国内图书馆学教育如火如荼展开

1925年上海国民大学设图书馆学系，杜定友为系主任，这是我国第二个图书馆学专业。杜定友早年毕业于菲律宾大学，获文学、教育学、图书馆学3个学士学位。他的《图书馆学的内容和方法》（1926年）一文系统地论述了图书馆学教育的理论和方法，文中比较了英美各国与中国图书馆学教育的状况，论述了图书馆学校的宗旨、种类和组织、图书馆学校入学资格与试验、图书馆学校的课程、入学程度、年限、学位等，是我国早期图书馆学教育的经典著作。1926年上海国民大学停办，图书馆学系亦随之结束。1927年金陵大学文学院图书馆学系成立，系主任为李小缘。李小缘是我国20世纪二三十年代新图书馆运动倡导人之一，1920年毕业于金陵大学，1921年留学美国纽约州立图书馆学校和哥伦比亚大学师范学院，获社会教育学硕士学位。1925年回国后，曾负责编辑《图书馆学季刊》。金陵大学首先将图书馆学课程列为全校学生选修课，1929年后断断续续办理，

1940 年又在文学院设立图书馆学专修科，科主任为曹祖彬，可惜只办两届便停办。1941 年 8 月，国立社会教育学院在四川璧山成立，学院设图书博物馆学系，首任系主任为汪长炳，从 1941—1947 年，该校只毕业了 4 届学生。国立北京大学 1947 年在文学院设立图书馆专修科，科主任为王重民。

继文华大学图书科之后，图书馆界和教育界为提高图书馆人员的专业素质，还举行了各种短期训练班和讲习会，办培训班较多的为上海、南京、广州、湖北、四川和浙江等，如“上海东方图书馆馆长王云五，为提倡图书馆事业，在该馆开办图书馆学暑假讲习班。并在上海图书馆协会内推请孙心磐（中央大学上海商业图书馆主任）、沈丹泥（复旦大学图书馆主任）、陈伯达（上海民立中学图书馆主任）、宋景祁（上海清心中学图书馆主任）、陈友松（上海基督教教育会编辑）等五君，分期演讲图书馆学及其他应用学术。自七月九日起至八月十八日止。定额四十名，须现在图书馆服务人员及大学二年级肄业生。课程为四角号码检字法及实用图书馆学。第一星期上午听讲，下午实习，第二星期起接连五星期全日实习，晚间听讲。受业者每人可得津贴三十元，以大学二年级生为限云”①。

1920 年 8 月，北京高师开设暑期图书馆学讲习会，首创我国图书馆在职培训制，各地图书馆工作人员 78 人参加（女性 29 人）。1922 年 3 月杜定友创办广东图书馆管理员养成所，广东省教育委员会通令全省中等以上学校派教职员学习，学员共 60 余人，为期 24 天。南京东南大学 1923—1926 年开办了 4 期年暑期图书馆讲习班，1923 年夏，南京东南大学开办暑期馆讲习科，为期一个月，这是第一次在江浙一带举办图书馆学讲座，听讲人数为 80 余人，1924 年暑期继续开办。1925 年夏，东南大学与中华图书馆协会、中华职业教育社、江苏省教育会合办暑期学校，为期 1 个月，其中有 69 人修图书馆学，为时 1 个月。1926 年东南大学开办的讲习班中有 20 余人毕业。上海商务印书馆也在 1928 年和 1930 年开办了两期暑期图书馆学讲习

① 中华图书馆协会会报［J］．北京：国家图书馆出版社，2009，4（1）：15.

班，参加者分别有146人和200余人。

另外，1924年夏穆耀枢主持成都暑期图书馆讲习会，同年夏天上海圣约翰大学海氏图书馆设图书馆讲习班。1926年华东基督教大学在苏州东吴大学举办的暑期学校内设图书馆学科，以后每年暑期都办理，1942年7月国立中央图书馆办图书馆补习班，为期10个星期。此外，各级教育主管部门也积极办理图书馆学的短期教育，1924年夏，河南开封小学校开设教员讲习会，设小学图书馆管理课程，为期3周，听众达200人。1927—1932年湖北、浙江、河北等省教育厅分别举办暑期图书馆学讲习活动。1941年11月起，四川省教育厅委托省立图书馆举办了中等学校图书管理员讲习班，学员共25人。随后又开办了第2期讲习班。1930年江苏社会教育学院和1931年江苏省立社会教育机关所办的暑期学校都有图书馆课程，每期有百余人选修。1930年安徽省教育厅省立图书馆开办图书馆专业班，培养中学图书馆馆员。“安徽教育厅于本省图书馆事业之幼稚，各学校图书馆管理之乏人，根据第二届省立校长会议之决议，开办图书馆专班，训令省立第一中等职业学校，订定招生四十名，于十月三十日考试。因专班只授业半年，毕业后即派往管理各中学图书馆或各县立图书馆，故应试学生须曾在高中毕业或旧制中学毕业后曾服务两年者。考试科目为党义、国学常识、应用文字、英文、算术五门。”① 1932年山东民众教育馆举办图书馆讲习会，讲“民众图书馆之设施法”，有196人报名。1933年夏，河北教育厅在天津举办图书馆讲习会。

在文华大学图书科之后，图书馆学课程开始出现在一些大学、中学课程中，供学生选修。东南大学、大夏大学、厦门大学、河南大学、中华大学等大学都有图书馆学课程，如在东南大学，洪有丰授图书馆教育，顾实讲目录学，陈钟凡讲诸子书目。在厦门大学，陈乃乾讲目录学。在上海大夏大学，陈友松讲图书馆学。1922年7月中华教育改进社在山东济南第一

---

① 中华图书馆协会会报［J］. 北京：国家图书馆出版社，2009，6（2）：25.

次年会上建议组织图书馆教育研究委员会，并决定“中国师范学校及高等师范应增设图书馆管理科”。广州市立师范学校校长杜定友当年就增设了图书馆学课程。江苏第二师范1924年、1926年在高年级开设图书馆学课，每周两课时，由杜定友讲授。1929年广州市立职业学校增设图书管理科。1930年秋，安徽省立职业学校设立图书馆专班。1932年上海创新中学添设女子部图书科。另外上海广肇公学、清心中学等一些中小学也讲授图书馆利用法。一些函授学校也开始设图书馆学科。如1937年上海商务印书馆函授学校，内置图书馆学科，科主任为徐亮，校长为王云五。1939年，上海中华图书馆协会服务社创办函授学校，聘任上海鸿英图书馆主任吕绍虞主持，授以各种图书馆课程，学时1年。1947年上海文化函授学校设图书馆学系，钱亚新为主任。1936年7月，教育部举行的留美考试中，设图书馆学专业名额，录取顾家杰、张铨念2名公费生，孙云畴1名自费生，首开我国以公费派遣学生出国学习图书馆学之先河，三人均在纽约哥伦比亚大学图书馆学研究院学习。

第五节　华中大学文华图书科（1924—1930年）

（一）教会学校逐步走向联合：从文华大学到华中大学

在华教会大学之间的联合与合作，基于急剧变化的社会环境下学校生存和发展的需要。1877年狄考文就建议各地区教会学校教育要统一并分工，1879年《教务杂志》呼吁北京地区的教会学校联合组成一所大学，以减轻教会的经济负担，提高教育水平。义和团运动和中国国立新式教育的兴起，使得互相合作、迅速提高教育水平和办学质量，成为教会大学工作的新重点。1890年基督教在华传教士大会上，“中国教育会”成立，该组织章程（1893年）第二条明确其总目的是“促进在中国办教育之兴趣和所有教育工作者之间的合作”。该教育会为教会学校各年级制订课程计划，为各门课程规定统一的中文术语，介绍教学、管理方法，促进教育的联合，1912 年“中国教育会”改名为“中华基督教育会”（China Christian Education Association），重申该会宗旨“为增进中国教育之利益，联络之感情，又须知基督教会之宗旨在研究基督教友之品格，入其范围者，无不竭力改良”。该会将中国分为 8 个区域，每个区域都有教育协会，后又设立分别负责宗教、中小学、高等和成人教育的 4 个干事。1919 年在华基督教高等院校协会成立（中国基督教大学联合托事部的前身），负责协调大学的工作。协会设有高等教育干事，主持一系列大学调查工作，为各大学制订发展计划提供参考依据。

上述组织促进了教会大学之间的联合，许多教会大学是由数所规模相对较小的教会学校联合而成的，如燕京大学是由华北协和大学（前身为潞河学院）、汇文大学和华北协和神学院 1916 年合并而成，1920 年华北协和女子大学（前身为贝满女学）又并入。圣约翰大学是由培雅书院、度思书院及神道学校在 1879 年合并而成。金陵大学是由南京汇文书院和宏育书院（1906 年由基督书院和益智书院合并而成）在 1906 年合并而成。东吴大学是由博习书院、上海中西书院、坤宏学堂在 1901 年合并而成。福建协和大学是由福州英华书院、格致书院和三一书院的高年级在 1916 年合并而成。震旦大学 1938 年并入震旦女子学院，辅仁大学也在同年并入辅仁大学女子学院。齐鲁大学的情况要复杂些，1902 年登州文会馆和广德书院（青州男寄宿学堂）合并，成立广文大学（山东联合大学）。1904 年广文大学与郭罗培真书院（前身为青州神道学堂）和共合医道学堂合并，成立山东新教大学，1909 年正式改名为山东基督教大学，1917 年济南学堂并入山东基督教大学，1924 年华北协和女子医学院又并入，1931 年齐鲁大学正式成立。

华中地区的教会中学与华东、华北等地相比，数量非常有限，而且华中教会中学的毕业生倾向于到东部大城市的教会大学去求学，因此华中地区教会大学的生源较少。当时华中地区冠以大学名称的教会大学有武昌文华大学、长沙雅礼大学和岳阳湖滨书院等，还有一些教会中学也开设大学部，如武昌的博文书院和汉口的博学书院等，因此“直到 1920 年以前华中所有的教会大学规模都很小，而且多半只有中学水平”[①]。据记载，文华大学1905—1924年共毕业学生130人，除了1915年、1921年各毕业10人，1922年毕业21人和1924年毕业13人外，大部分年份毕业人数都不超过10人，其中1911年和1920年各只毕业3人，1919年只有2人毕业。长沙雅礼大学……总计69人[②]。博文书院大学部从1909—1920年共毕业学生72人，博学书院1912年才办大学部，湖滨书院1921年发展为专科学院，它们的学生人数都不多。华西地区也同样存在着地理劣势和生源少的问题，但华西的教会学校成立时间较晚，华西地区各教派吸取了各地的经验，通过建立教派间的教育联合，决定只设立一所教会大学，避免了重复建设带来的不良后果。1910年代表英、美和加拿大各教会的美国浸礼会、大不列颠与爱尔兰公谊会、加拿大善道会、美国美以美会、圣公会联合成立了华西协合大学，到20世纪20年代中期，已形成有文、理、医、牙、教育、宗教在内的系科齐备、附属机构众多的影响较大的综合性大学。

文华校园建筑

1921年，在北美和英国教会总部的中国教育调查委员会起草的中国各级教会学校报告（《伯顿报告》）中，关于华中的建议就是建立一所范围广泛的教会大学，所有教会和教会学校都应该全力支持这所学校。1922年2月，在华中对教育感兴趣的教会代表在汉口会晤，商议建立联合大学的事务。参加者有美国圣公会、美国新教会、英国卫理公会、伦敦教会、福音联合会、瑞典教会、雅礼协会等，会议的联合决议为：“建议尽可能地尝试在武

---

① ［美］杰西·格·卢茨．中国教会大学史［M］．曾钜生，译．杭州：浙江教育出版社，1987：109.

② 文华大学1905—1924年毕业生情况见1906年、1908年和1916年资料。汪文汉．华中师范大学校史［M］．武汉：华中师范大学出版社，1993：19.

昌为华中地区组建一所大学。困难虽不少，但是要相信，如果原则是正确的，那么克服那些显而易见的困难的道路一定会被找到。委托两个委员会规划大学的组织形式设置，以便向 4 月 24 日的会议报告。各教会应该继续让与会代表或另选代表组成一个理事会，以筹建华中大学。”①

华中大学教学楼

1924 年春，华中大学理事会成立，图为华中大学理事会主席吴德施主教

同时 5 个在华中地区主持高等教育的教会和组织（圣公会、复初会、循道会、伦敦会以及雅礼协会）组成临时委员会，临时委员会决定于 1924 年 9 月，在文华大学的基础上成立设有文理学院的华中大学，试验期为 3 年。1924 年 9 月 8 日，华中大学开学，最初是以文华大学为主体，合并博文书院和博学书院的大学部，华中大学与其说是一所新大学，倒不如说是文华大学的继续。华中大学第一届招收了 34 名新生，全校学生 89 人。1926 年长沙雅礼大学受时局影响关闭，桂质廷和几名希望继续上学的学生，携带许多自然科学仪器加入华中大学，这时，雅礼大学与华中大学才开始合作。

华中大学的 3 年试验计划很快受到“五卅惨案”、北伐战争等政治事件

① ［美］柯约翰．华中大学［M］．黄政辉，译．武汉：华中师范大学出版社，1992：9．

的冲击，1925 年 9 月，华中大学第二学年时，学生只有 75 人，一年级新生减少最多。1926—1927 年华中大学第三学年时，武汉地区排外运动更加强烈，时局动荡，1927 年3 月，西方教职员全部离开武汉，韦卓民领导中国籍教员苦苦支撑。然而随即而来的民族主义运动把矛盾指向当时被称为“洋奴”的教会学校的中国领导人。5 月份韦卓民离汉，远赴英国伦敦经济学院留学，桂质廷也去了沈阳的东北大学（后到上海大学），中国教职员纷纷散去。1927 年武汉国民政府改革高等教育，华中大学临时停办，在读的学生大多去了华北、华东继续学业，文华神学院的学生就全体转入上海圣约翰大学，华中大学第一个 3 年试验期便这样结束。

韦卓民

孟良佐

1927 年 6 月华中大学的代理校长孟良佐主教从美国回武汉后，开始积极恢复华中大学。1928 年 1 月他出席了上海基督教高等教育委员会，说明恢复华中大学的理由，使得高等教育委员会同意重办并扩大华中大学，华中大学继续列入中国基督教高等教育的规划。1929 年 1 月底，重建华中大学的 5 个教会的代表在武昌商定华中大学重新开学的具体计划，决定华中大学要提高办学水平，以高质量的教育赢得武汉教育界的认可，同国立武汉大学竞争。同年 5 月，教会代表再次开会，选举韦卓民为华中大学校长，确立学校英文名为“Central China College”，为华中大学重新开学做好一切准备工作。1929 年复校的华中大学是什么样的一所大学呢？它是由所谓的五个组合单位组成的，即美国圣公会（教会）、美国雅礼会（学术团体）、美国复初会（曾主办岳阳湖滨大学的教会）、英国循道公会（曾主办博文书院）和英国伦敦会（不是教会而是由英国某些教会组成的，曾主办汉口博学书院）。比较华中大学在1924—1927年试办的时期已增加三个单位，即雅礼会、复初会和伦敦会。因为雅礼会主办的长沙雅礼大学与复初会主办的岳阳湖滨大学都在1926年北伐时期停办，雅礼大学与华中大学的合并因而也在1929年秋实现。可是美国信义会所主办的益阳信义大学于1926年停办后，还是犹豫不决，没有正式加入华中大学的组织，只于1930年把它剩下的七个学生送来华中大学。这样一来，华中地区的教会大学算是全部合并，在教会的高等教育方面，基本上可算是完全合作了，初步达到了整合教会大学力量的目的。

1929年9月，华中大学重新开学，学校有17位教师和31名学生。韦卓民1930年1月发表在《汉口时事通讯》上的文章，表明了华中大学的办学目标："我们在这个大学的工作与这个国家的基督教运动紧密地联系起来是我们政策的一个很重要部分，在许多意义上说来中国还处在十字路口，我们可以预见华中大学的毕业生将积极参与引导国家向正确目标迈进，我们中间的那些相信基督教能拯救中国的人，希望看到我们的学生在完全的基督教环境里受教育。我们相信中国基督徒希望在中国的基督教学院里为他们培养所需要的领导人，在这个伟大的国家面临命运选择的时候，这些领导人解决下一代或第二代人不得不面临的错综复杂的问题，他们有着正确的人才观，并深信除非打下坚实的培养人才的基础，否则中国将一事无成。……如果中国基督教要有教导者，这些领导者也只得在国内培养，大学毕业后的学生固然重要，但更重要的是完全的中国的基督教环境。……我们不仅着重于尽可能使教学达到高水平，而且还要着重于在我们眼前的关键时刻，中国基督教为中华民族培养不同凡响的人物。我们的教育为了基督，同时也是来自基督。我们希望越来越多的理解中国基督教的需要，以便帮助我们继续存在的事业。"

（二）文华图书科：文华共同体的重要组成部分

图书科一直是华中大学一个比较重要的科系，早在1922年2月筹备华中大学的委员会报告中便指出："筹划华中大学学科设置委员会，计划在华中大学建立文、理、神学和医学院。文理学院培养教师及商业、贸易和图书馆管理等方面的人才。"[①] 1924年9月，华中大学开学时设立了文、理、图书三科。图书科在文华大学时便是最受欢迎的专业之一，当时中国开展正规图书馆教育的学校并不多，文华图书科是中国图书馆专业人员培训的重要基地。华中大学成立后，图书科继续发展，1924年12月，华中大学还举行了纪念韦棣华来华25周年纪念活动。1925年华中大学第二学年时，随着各地新式图书馆的建立，对图书馆专业人才的需求越来越大，图书馆科作为华中大学的特色、优势专业被放在重要位置，规模越来越大。然而1927年华中大学停办后，文华图书科也因此陷入暂时停顿状态，"武昌华中大学文华图书科为国内唯一之图书馆专门学校。自五月中旬因时局关系，该校教职员大半离校引避，以致校务暂归停顿。中华教育文化基金董事会所设置图书馆学免费生额，亦因之暂停。本年并未招考新生，闻该校现正筹备于下学期开学云"[②]。9月在华中大学校园里文华中学和图书科继续办理。文华中学不到一年注册学生已超过200人，并计划同时办理低级中学和高级中学，逐渐恢复实力。

图书科以"文华图书馆学校"的名义继续开办，1928年初韦棣华从美国回汉后，希望将图书科发展成为实力雄厚的学校。1927年图书科毕业了4人。1928年又毕业了9人，并招生11人。1929年华中大学重新开设时，图书科招收了8人，仍是华中大学的一个科系，在学校建设框架设计中专门列有图书馆学培训大纲，1929年9月华中大学重新开学时，31名学生中有3个预备生，12个一年级学生，6个二年级学生，而10个高年级学生都

① 圣公会．汉口新闻通讯［G］．1922.

② 中华图书馆协会会报［J］．北京：国家图书馆出版社，2009，2（6）：20.

是图书馆学系的学生，“文华共同体”呈现出一派精诚团结、欣欣向荣的景象，“本大学此次改组开学后，对于校务发展，不遗余力。本期教授及学友人数虽不甚多，而精神焕发，同心矢志，以谋华中之进展。每逢星期五有师生圆桌讨论会及演讲会，并拟于最近发行华中月刊，以传播校闻为宗旨云”①。

当时在华中大学校园里，华中大学的男生住在“恩殷堂”，文华图书科的男生住在“博育室”，文华图书科的女生和华中大学其他的女生住在“颜母室”。在1929年华中大学重新开办时，尽管文华图书科已经立案批准，“本校校董及代理主任沈祖荣先生前呈请教育部立案，现已承教育部批准，以俟履察后，即为正式立案专门学校矣”②。但在两校领导之间矛盾爆发前，还没有其他迹象表明图书科的任何独立征兆，而在“文华共同体”中，华中大学与文华图书科的“名实关系”却自此渐生微妙的变化。在形式上，图书科为华中大学的复开举办了庆祝活动，足以展示其仍为“文华共同体”成员之一，“本科以华中复开，新旧教授及同学，多不远千里而来，足资庆幸。乃于国庆日晚七时在公书林楼上演讲厅开欢迎会。首由刘华锦同学致词，略述开会意义，继演放世界名片——《古城末日记》，直至十一时始尽欢而散”③。图书科的韦棣华、沈祖荣和胡庆生三位教师也属于华中大学，并有参加华中大学所有会议的资格，沈祖荣还担任华中大学图书馆主任一职，这个职务一直到抗战西迁时他才卸任。直至抗战前夕，来自中国基金会的3位图书馆学专业的教师也在华中大学工作了一年。

（三）若即若离：文华图书科与华中大学渐行渐远的始末

1929年华中大学重新开办后，决心重振旗鼓的华中大学负责人与同样立志大展拳脚的文华图书科负责人，在许多问题上产生矛盾，双方分歧愈

---

① 文华图书馆学专科学校季刊［J］. 北京：国家图书馆出版社，2009，8（1）：505.

② 文华图书馆学专科学校季刊［J］. 北京：国家图书馆出版社，2009，8（1）：260.

③ 文华图书馆学专科学校季刊［J］. 北京：国家图书馆出版社，2009，8（5）：505.

来愈大。图书科与文华大学和华中大学的关系，与其他科系相比十分微妙，别的科都叫文华大学某科，图书科则叫“文华大学图书科”，英文名为“Boone Library School，Boone University”。图书科并不属于文华大学的原有计划。它的创办是韦棣华一手促成的，而且图书科从创办时起，在经费上走的就是自筹经费的道路，有自己的基金会，并不完全依靠文华大学和华中大学，因此图书科虽然依附于文华大学和华中大学，但办学一直比较独立，并不完全受文华大学和华中大学的控制。随着新式图书馆事业在中国的发展，图书科在国内图书馆界享有很高的声望，成为开展图书馆教育的重要基地，图书科超过了其他科系，成为文华大学和华中大学最受欢迎、最有竞争力的专业。图书科的领导人希望该科发展成为有雄厚实力的实体。

当时国内形势的发展也为图书科的独立创造了条件，1925年后，中国政府改变了对教会学校的政策，要求私立学校（包括教会学校）必须向政府立案注册。换句话说，凡是能够立案注册的学校，也就取得了政府的承认，获得在中国办理的批准。1927年华中大学停办后，图书科仍坚持办理，为了谋求图书科的发展，1929年初，沈祖荣以文华图书科基金会代理主任的名义，向南京国民政府教育部呈交了成立“私立武昌文华图书馆学专科学校”的报告，同年8月获批准，因此在华中大学重新开办后，图书科虽然承认属于华中大学的一个科系，但也同时使用“私立武昌文华图书馆学专科学校”的校名办学，并任命沈祖荣为代理校长，韦棣华为教务主任，独立的倾向已经很明显了。1929年华中大学复校时，因为韦棣华基金捐款未达到一年两万五千元的预定目标，单独建校在经济上困难仍很大，所以9月华中大学复校后，图书科仍称为华中大学的一个科系。随着中华文化教育基金会对文华图专加大补助力度，图书科的领导人认为可以在经费上脱离华中大学，是单独设校的时候了。

华中大学和文华图书科在学生训练和课程设置等许多方面，一开始就存在需要协调的地方。按图书科负责人的计划，要培养两种类型的图书馆工作者：“一种修满大学本科4年的全部课程，毕业时授予学位；另一种仅要求修两年的课程，毕业后担任图书馆的助理馆员。”① 如何将这些学制两年的学生纳入学校的教学计划，双方并没有协商好。不过一开始图书科招收的都是在文华大学修满两年的学生，他们毕业时同时获得文华大学毕业证和图书馆学修业证，矛盾并未显现。后期图书馆在全国各高校招生，特别是华中大学停办后，图书科仍办理，并在 1927 年、1928 年共毕业了 13 名学生。1929 年华中大学复校后，图书科将其中 10 名毕业生推荐给华中大学，要求授予他们学位，结果只有 3 名被授予了学位。而且 1929 年华中大学复校后，图书科在读的学生有 10 人进入华中大学高年级，其他学生的身份，两校没有达成一致协议。

图书科最终单独设校与华中大学、图书科双方领导人的志向和性格因素也有关系。华中大学是圣公会办理的，它以“抱定培植教会子弟，传播基督福音，服务国家社会为目的。三者之中，尤以培植教会子弟为根基，无论如何，永无变易者也”②。学校教学和社会活动都是围绕着灌输基督教之真谛，传播基督信仰展开，自然要求文华公书林和文华图书科也以服务基督为旨归。图书科的主持人韦棣华是世俗传教士，她的助手沈祖荣为基督徒，若能够使自己的活动与圣公会的宗旨完全一致，当然是最完美的。然而事实并非如此简单，虽然不少传教士确实是怀着传播福音的虔诚之心来到中国，但在来华途中，教会与侵略国政府恰好是同路人，并且教会在华的发展直接受到加在中国人头上的不平等条约的保护，这份屈辱在教会给中国带来医疗、文化教育等好处后，仍无法让中国人忘怀，“反抗的烈火”，从义和团运动前后各地的“教案”到 20 世纪二三十年代的民族主义运动，一直不停地“燃烧到与洋人同来的‘洋教’（基督教）身上”③。

从个人志向来看，韦棣华作为一位图书馆专业人士，认为图书馆是学校的心神和社会的骨髓，她到中国来是希望推动中国公共图书馆运动的发

---

① ［美］柯约翰．华中大学［M］．黄政辉，译．武汉：华中师范大学出版社，1992：69.
② 本校设立旨趣［J］．文华月刊，1921，1（5/6）：1-4.
③ 卓新民．宗教与文化［M］．北京：人民出版社，1988：252.

展，传播西方新式图书馆的科学知识。面对风起云涌的中国非宗教运动和反教会宗教教育的斗争，她审时度势，主张将文华公书林和图书科的活动尽量独立于教会之外。1921年2月16日，韦棣华在给美国圣公会主教伍德的信中曾坦言，她担心中国政府会努力使一切教会机构的管理人员本地化，整个公共图书馆运动将会发展成这一趋势，因而完全剥夺基督教的影响[①]。

韦棣华对促进全国公共图书馆发展展开的许多活动，包括文华公书林的改造扩充，都是独立于圣公会和文华大学进行的，原文华中学校长卢春荣回忆说，“那一位全心全意为中国服务的韦女士，她募捐了一所图书馆，这个图书馆的范围就成了她的势力范围，她的独立王国。她不让大学校长干预她指甲大的事，甚至于筑起一道藩篱把图书馆（文华公书林）从大学院址划分出去。公开争权，争到了这样地步”[②]。此举在圣公会和“文华共同体”内不断引起争议和批评。但这些对于性格坚强，做事极有主见的韦棣华而言都不足以改变她的行事风格。以韦棣华就开架一事与瞿雅各的争议为例，韦棣华认定了目标，就决不会轻易妥协，而且为达成目标，不屈不挠，义无反顾。

当然与瞿雅各产生争议的原因不单单限于图书开架一事，根本还是在于“文华共同体”内部存在的利益之争，无论是文华大学还是后来复校后合并而成的华中大学内部都矛盾重重。“在文华教学的、在圣公会传教的、在教会医院行医的，个个都是要名要权要地盘，自私自利，彼此之间争权夺利，有些地方还发现有邪恶罪行。前面所谈的瞿校长，他就积极善于运用扩张主义手腕。原先有男女医院和女学校与文华同在一个院内，他要扩张他的地盘，就把医院、女学校一个个扶起来了。但是他的地盘不久又被其他的人设法夺占了。他不是美国人，而是由英国圣公会借来的，及至日久美国人逐渐多的时候，就与他争权。他对这些美国人发表他的意见说：

---

① Tohn H. Winkelman. Mary Elizabeth Wood (1861—1931): American Missionary-Librarian to Modern China [J]. Journal of Library and Information Science (台湾), 1982 (8): 62-76.

② 卢春荣. 武昌昙华林文华书院纪实 [M] //陈冠林, 杨胜红. 文华之光. 武汉: 长江出版社, 2011: 35-36.

‘我们终究都是要离开中国的，我们首要任务是训练中国人起来继承我们的事业。’可是这个意见正不是那些想永久占住中国的美国人所欢迎的。不久，这些美国人就联名呈请圣公会主教，声称瞿雅各校长年老了，请他退休，果然主教就照办了。”[①] 文华公书林与文华图书科都是韦棣华一手创办起来的，她想按照自己的意图在文华发展自己的图书事业，一旦与华中大学发生利益争执，其产生独立发展的念头就不足为怪了。

大风起于青萍之末，1929—1930 年间，在学生训练、课程设置及文华图书科领导者与华中大学领导者的关系等几个方面，华中大学与文华图书科出现了许多争执，而点燃这根导火线的正是在华中大学被关闭期间，文华图书科几位学生的学位授予问题。其实这个矛盾早在华中大学停办之时便埋下了种子，“1926 年尽管许多两年制图书馆专业学生似乎没有正规大学生所应具有的水平，但如何使这类学生纳入学校计划这个问题已隐约可见，可惜 1927 年的政治动乱使这个问题没有解决”[②]。尽管在华中大学被关闭的这段时间里，图书馆专业仍然在艰难地维持办学。那个时段文华图书科在师资上不具备单独建校的能力，因此“这个专业的领导人希望华中大学重新开学后，图书馆学校仍是华中大学的一个部分”[③]。到 1929 年 9 月，图书馆专业已有许多学生，其中一部分学两年，一部分学四年。华中大学开学时，10 名学生尝试性进入高年级，其他的学生身份还没有确定。于是对于授学位给毕业生这个大家都关心的问题，双方达成了非正式协议。教师们将把那些按华中大学要求完成了学业的前文华图书馆学校 10 名毕业生推荐给一个有学位授予权的协作单位。后来，三名符合条件的毕业生（他们毕业于文华图书馆学校并在 1926 年进入华中大学学习）由教师介绍给文华大学，他们被正式授予学位。两名女生学业上达到要求，但体育不及格因而没有被推荐（后来华中大学 1949 年补授了学位）。其余 5 名由于学业上达不

---

① 卢春荣．武昌昙华林文华书院纪实［M］//陈冠林，杨胜红．文华之光．武汉：长江出版社，2011：35-36.

② ［美］柯约翰．华中大学［M］．黄政辉，译．武汉：华中师范大学出版社，1992：50.

③ ［美］柯约翰．华中大学［M］．黄政辉，译．武汉：华中师范大学出版社，1992：50.

到要求而没有被考虑。

因这两名女生的学位授予问题引发的激烈争执，据沈祖荣的女儿沈培凤给沈宝媛的信中对于详细细节有所交代："1928年，华中大学美国教授薛士和（原名Taylor）要无理开除图书馆系二女生，我父亲坚决不答应，双方争执起来，华中大学校长韦卓民、美国圣公会孟良佐站在薛士和一边，向我父亲施加压力。由于我父亲和他们之间一向存在矛盾，他们就藉此机会强迫图书馆学系离开华中，拒绝给予经费。我父亲负气之下，就把它迁往昙华林，租借民房，继续办下去。临走前，我父亲向美国主教孟良佐表示：'无论如何，我一定要坚持把图专办下去！'"①

华中大学甚至对文华图书科发出了最后通牒，1930年6月华中大学教员委员会和评议会上通过了一项决议：文华图书馆学专科学校要么成为校长、评议会和教员委员会管理下的华中大学的一部分，要么脱离华中大学成为一所独立的学院。同年6月20日，文华图书馆学专科学校董事会也作出决议："本校已于国民政府教育部立案，为办事便利起见，应行独立。唯独课程方面仍可与华中大学协作一切。"9月开学前，学校董事会已决定"走自己的路"，不与华中大学合并，12月1日，正式启用"武昌私立文华图书馆学专科学校"印章。

尽管如此，当时双方的关系，并不是没有缓和的可能。毛坤在《华中大学文华图书科十周年纪念》一文中写道："希望于华中者，图书科本华中大学之一科，十六年夏，华中大学因故停办，图书科单独进行，且于其间办准立案。华中大学于十八年复办后，图书科仍为其一科。夫当时之分势也，此日之合情也。揆其情而度其势，本无意见可言，而今日之势……水乳相融之相，识者颇以为忧：合之则双全，离之则两伤，愿重思之。"② 但韦棣华的健康状况恶化让局面变得复杂，1930年12月10日，韦棣华立下

---

① 程焕文．中国图书馆学教育之父：沈祖荣评传［M］．台北：台湾学生书局，1997：18.

② 文华图书馆学专科学校季刊［J］．1930，2（2）．

遗嘱，强调四点：第一，文华公书林不作为华中大学图书馆，必须保持独立为民众服务；第二，文华图专必须单独办理，而不属于华中大学，以免受其限；第三，她的住宅（Woodfere Collagen）另作用途，不得由华中大学处理；第四，韦棣华基金的收入应作她所办事业之用，华中大学不得享受。1931 年春天，韦棣华逝世，其继任者沈祖荣始终严守韦棣华的遗嘱，坚决不让华中大学动用她为图书馆学校募集的财物，文华图专正式脱离华中大学，结束了它十年间依附于文华大学和华中大学的历史，而成为一所独立建制的专门学校。

文华公书林印章

华中大学文华公书林印章与私立武昌文华图书馆学专科学校印章

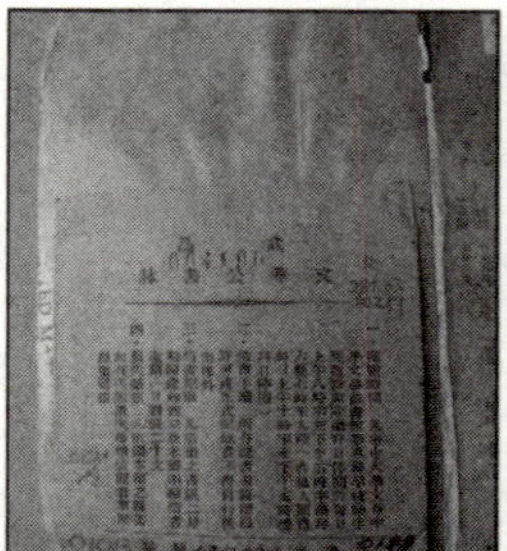

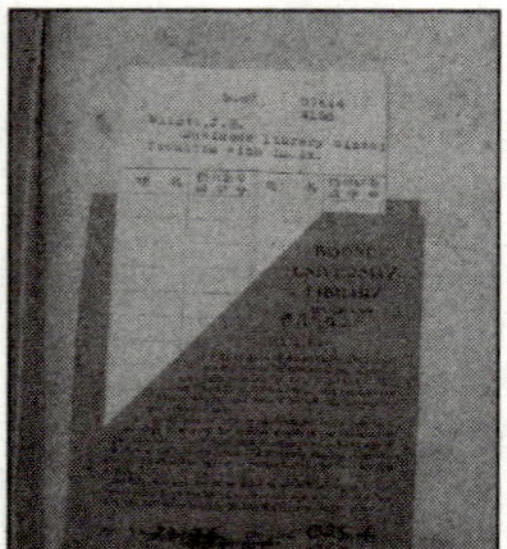

公书林中英文借书规则规定，凡华中大学、文华中学、文华图书馆学专科学校师生阅览时间除礼拜日停阅外，每日上午八时至下午五时半，礼拜六晚七时至九时；普通人阅览每日上午十时半至下午五时，礼拜日停阅。另外，凡借出之书两星期内应归还，逾期不还每日罚钱二十文

文华图专的学生在公书林及附属建筑物里上课，也住在公书林，于是当时在华中大学校园里出现了三个学校：华中大学、文华中学和文华图专，公书林也长期是以华中大学图书馆、文华图专图书馆和公共图书馆三种身份存在着。

1934年夏，沈祖荣又将文华图专宿舍改为西式三层楼房一座，取名华德楼，文华图专才有了自己的学生宿舍，华德楼成为文华图专复校后的主要校舍。

1937—1947年，由于战时办学不易，两校曾为合并之事谈判过，但未成功。抗战胜利后，华中大学先于文华图专6个月回到武昌，而文华图专直到1947年1月才开始返迁。昔日被誉为文华校园最美建筑物的公书林在战争中损毁非常严重，早在1945年11月13日，鄂湘教区主教孟良佐就已致函沈祖荣，告知文华图专的东西在战争中损失很严重，所幸还有房屋。19日，沈祖荣回信给孟良佐，告诉他公书林在战争中被洗劫一空。12月26日，孟良佐致函沈祖荣，认为公书林已不适应办学，建议再换一个地方会更好些[①]。沈祖荣便委托孟良佐（“文华共同体”的共同校董），帮助文华图专寻找新的办学场所。在华中大学迁回武昌后，圣公会将公书林的使用权属给了华中大学（关于文华公书林的权属问题后面章节另有阐述）。其实早在1933年督学钟道赞的《视察湖北教育分报告》中，对文华校园校舍不足就提出视察意见，“校舍精美适用，学生不及百人，如扩充学额，校舍尚感不敷”[②]。因此，1946年4月，同属“文华共同体”的文华中学也搬出文华校园，“本校以现在校址不适学校环境，拟募集钜金另觅优良环境盖造新式合理校舍”[③]。

关于战后文华图专的校舍问题，沈祖荣在圣公会方面获得了两种解决办法：

---

① 基督教圣公会文华图专资料［G］. 武汉市档案馆藏，全宗号：112-1-26.

② 视察湖北教育分报告［G］. 武汉市档案馆藏，全宗号：bG3/13.

③ 伪文华中学［G］. 武汉市档案馆藏，全宗号：101-1278.

一是文华图专再次成为华中大学的一部分。美国圣公会总议会 1946 年 1 月 22 日致函沈祖荣，希望文华图专复员武汉后，与华中大学联合，并且明确告诉沈祖荣“如果文华图专不成为华中大学的一部分，美国圣公会总议会是不会同意它使用老文华校园的任何财产的”①（这里可能暗指公书林）。同时，负责保管韦氏基金的董事格林博士（John N. Glenn），即文华图专在美国的校董，在 1946 年 4 月 18 日至 5 月 28 日期间与沈祖荣书信来往频繁，内容均是关于文华图专战后的重建问题，表示愿意为文华图专提供经济援助，并一再建议图专必须与一所大学或专科学校取得联系，这样才可能更好地培养图书管理专门人才②。孟良佐代表圣公会，表达对两校合并的意愿更为直接、明显。他在 1946 年 2 月 13 日致函沈祖荣，“我一直关心文华图专与华中大学的合作。一方面韦卓民对这事的态度不太乐观，你这方面又拒绝把文华图专成为华中大学的一部分，但我想你的学校除了成为华大的一部分外，别的出路与希望是没有的”③。孟良佐于 1946 年 5 月 22 日致函沈祖荣，“我只听到颜博士说他们准备在北京设一图书馆，但他们没有提到文华图专的事。南京大学常常提到图书馆的事，他们已与联合董事们有过联系，我想文华图专只有成为华中大学的一部分才能得到美国的基金”④。

二是建议换另一个地方办学，因为公书林已被先行迁回武昌的华中大学使用，文华图专显然必须另择他处，在离开重庆前，沈祖荣就已开始着手准备。孟良佐曾于 1946 年 1 月 26 日致函沈祖荣，“李辉祖来信说有关方面答应给你的地仍属于武汉大学，因此还得另选一块地基，我想没有一个比李辉祖更适合的人来代表你去”⑤。而在 1947 年 1 月 8 日的回信里，他又

---

① 基督教圣公会文华图专资料［G］. 武汉市档案馆藏，全宗号：112-1-26.

② 基督教圣公会文华图专资料［G］. 武汉市档案馆藏，全宗号：112-1-26.

③ 基督教圣公会文华图专资料［G］. 武汉市档案馆藏，全宗号：112-1-26.

④ 基督教圣公会文华图专资料［G］. 武汉市档案馆藏，全宗号：112-1-26.

⑤ 基督教圣公会文华图专资料［G］. 武汉市档案馆藏，全宗号：112-1-26.

建议沈祖荣将文华图专迁往南京的郧城，显而易见，圣公会打算通过内外双重压力来劝服沈祖荣，使文华图专重返华中大学。这无疑给想一心维持文华图专独立地位的沈祖荣带来很大压力。尽管沈祖荣曾经十分气愤地写道："我和公书林长达36年的历史使我感到自己就是它的一部分！当我被告诉说，曾由韦棣华女士创办并托付给我掌管的文华公书林、文华图专竟然是无权的了，我岂不是应该感到愤慨吗?"[①] 但迫于文华图专当时严峻的经济状况，"罗氏基金会对本校之第二届补助，适于抗战胜利时期满。嗣后遂亦中断，此举对于本校经济上打击甚为严重"[②]。沈祖荣不得不接受这一客观现实，他采取了折中的办法回应圣公会的建议。1947年2月10日，他给孟良佐的文华图专1946年工作报告中提到，"美国圣公会总议会副主席安德生（Addisson）强迫我们回到华中大学，其他一些愿意将来给予经济援助的美国朋友都提议我们与华中大学合并，我们也倾向于这些建议"[③]。这也说明沈祖荣在考虑学校的未来发展上日趋现实。一方面，由于"文华共同体"的血缘关系，获得圣公会的临时经费支持。沈祖荣于1946年5月18日致函孟良佐，　"从你处很高兴听到圣公会将给我们4 000 000元，其中，3 000 000元为重建费，1 000 000元为迁回武昌的费用"。并且在圣公会的协调下，暂借文华中学二部的校舍开学，另将校址设在离昙华林不远的崇福山街的华德楼宿舍和隔壁一所已停办的教会初级中学内，校址与华中大学分开。另一方面，争取到国内政府及国际团体的多方支助，"民国三十五年复员武昌，一切舟车设备费用皆有赖教育部与美国援华联合会之临时补助，微乎此，不能有今日之蓬勃景象"[④]。

1949年后，由于形势发生变化，两校合并一事又重提起。1949年9月

---

① 沈祖荣于1946年3月3日从重庆文华图专写给孟良佐的信（译文现藏武汉大学档案馆）。

② 基督教圣公会文华图专资料［G］. 武汉市档案馆藏，全宗号：112-1-26.

③ 基督教圣公会文华图专资料［G］. 武汉市档案馆藏，全宗号：112-1-26.

④ 基督教圣公会文华图专资料［G］. 武汉市档案馆藏，全宗号：112-1-26.

27日，华中大学校长韦卓民给美国中国基督教大学联合托事部执行秘书麦默伦的信中写道："如果您允许，我们将郑重考虑文华图专回归华中大学的事情，您只要一作决定请您立马告诉我们。您知道，伍德小姐在中国掀起了图书馆运动并且她是中国图书馆学校的第一个推动者和组织者。相当长时间里文华图专都是中国唯一的一所图书馆学专科学校，它训练了大量专业馆员，并逐渐变成独立院校。如果它能再成为我们的一部分，我们将能够提高教学的标准和质量。这实在是个遗憾，过去一段时间由于经济和其它问题的原因使它成为一个独立的机构。"①

信中所说的经济和其他问题的原因，大概是指前面所述关于韦棣华遗嘱的内容以及校产分配、学校管理方面的争议，此时的华中大学确实非常希望文华图专能重新回归华中，以增强自己的办学力量。紧接着1949年10月4日，韦卓民给麦默伦（Robert J. Memullen）的信中又言及，"文华图专处境不妙，汉口的张海松主教想一切办法使其与华大合并，我对张主教说过，没有托事部的批准是不可能的，张主教可能在与美国圣公会全国委员会的毕特策主教计议此事"②。同年12月21日，麦默伦回信中转达了托事部经费预算委员会对文华图专合并问题的意见："1. 原则上，托事部希望能够建立一个与中国各基督教大学有关的图专（文华图专）。2. 托事部认为图专必须是大学的一部分，即应受这学校领导。3. 目前不是建立新图专或其他学校的时机。4. 华大是图专的比较合适的地址，其所以如此还有他历史上的原因，但在另一方面也还有一些不利的因素。5. 华大须将图专的计划送审，说明需要的人员、设备、经费，并列明可资应用的资产以及各种支助的来源。6. 这个计划送到后，托事部仔细研究当时的形势而后决定之。7. 在适当的时机托事部对建立图专感兴趣以后就应通知各大学。

① 韦卓民致麦默伦函（1949年9月27日）[G]. 华中大学档案，108号案卷，甲084.
② 韦卓民致麦默伦函（1949年10月4日）[G]. 华中大学档案，108号案卷，甲085.

8. 同时托事部应研究怎样建立图专比较合适，以便作为估价来自中国的建议的根据。”①

1950年4月11日，韦卓民在给麦默伦的信中又表明：“让文华图专沈校长给华大协商委员会作必要报告，然后制定计划交托事，花了我们很长的时间，委员会现将报告送上，计划包括图专沈校长的一份报告，有关图专与华大合并的合同，以及合并后经费的建议。整个计划呈请评议会审核，附带条款是：文华图专与华大合并不应影响华大目前预算。如托事部同意你们就应该仔细考虑附上的合同，很多问题将由教育部解决，例如图专与华大合并后的地位，训练博物馆工作人员的发展过程……按照条款第六项‘所有图专之任教职员，服务满一年以上，当在与华大合并后不继续聘者由校长发三个月薪资，本条款仅适用于两校合并时。你们对本条必须仔细考虑，不仅是为了财政上的困难，还得要估计到解聘教员的困难。条款第十五项写着‘华大将介绍现任图专校长获得托事部奖学金’，一切由你们决定。”②

可见，当时文华图专与华中大学的合并之事尽管已有眉目，但仍然困难重重。1950年4月14日，韦卓民给麦默伦秘书长的信中又一再强调：“鉴于文华图专目前在国内图书馆学的较高地位，校董会很希望文华图专成为华中的一个部分，并且作了详细的考虑计划。文华图专的老师普遍担心并入华中得不到正式的安置，这个问题应该在回归华中大学之前得到解决。如果合并方案得到同意，那么这个任务理应该由现任的文华图专的校长在他的学校回归华中大学之前负责完成……对于已经退休和其他文华图专全体在职人员的退休金均不成问题，除了那位正接近退休年龄的校长（沈祖荣当时67岁），无论如何，比起让这位校长在这里这么干，校董会对这个问

① 麦默伦复韦卓民函（1949年12月21日）[G]．华中大学档案，108号案卷，甲097．

② 韦卓民致麦默伦函（1950年4月11日）[G]．华中大学档案，108号案卷，甲085．

题作出个决定要更好些，因为我们有许多捐资人是文华图专的成员，并且您也可以从中国其他基督教大学获得更多诸如此类的信息。”[①] 最后一句话，很明显是想通过共同的校董会成员，来做通文华图专的工作，以达到两校合并之目的。这些校董会成员是“文华共同体”的重要表征之一，是在漫长的西迁岁月里保持彼此联系的关键纽带，也是促使文华图专回归华中大学的主要推力。

在“文华共同体”内，校董成员交叉互任，有着较长的历史渊源。笔者在文华中学的六项立案登记表（1928 年 10 月）中发现，周苍柏、胡庆生、卢春荣等为最初校董成员。时任文华公书林主任、华中大学图书科教授的沈祖荣与华中大学教授、图书科主任胡庆生均为文华中学兼职教师，胡庆生讲授世界史课程[②]。如果细阅华中大学、文华中学、文华图专三校不同时期的校董名单，不难窥见三者的校董组成人员的章程规则基本一致，除了鄂湘教区议会推选人员（通常为主教、副主教）为必定的共同校董外，三者经常有在在商业、行政领域的共同校董，如上海商业银行汉口银行行长周苍柏既担任文华中学校董，也担任过文华图专的校董，上海江南造纸厂董事长孙洪芬既是文华中学也是华中大学的最初的校董，且后来还担任过文华图专的校董，足见三校联系之紧密。即使 1938 年三校各自迁徙流亡，1946 年迁复武昌后，因各自学生人数激增，而原有校舍在战争中损坏很大，故文华图专、文华中学在接受当局教育部补助和圣公会的捐助下搬离文华校园，重新建校，但三者仍有密切往来。另据中华圣公会武昌圣诞堂《1950 年本堂当选堂董名单》记载，13 名当选董事中，来自华中大学的有 5 位，来自文华图专的 2 位，来自文华中学的有 6 位。其中，华中大学理学院长卞彭担任董事长，文华图专校长沈祖荣担任副董事长，曾任文华中学校长李辉祖、卢春荣均为当选董事[③]。不可否认，在三校改造成为公立前，

---

① 麦默伦复韦卓民函（1950 年 4 月 14 日）[G]. 华中大学档案，108 号案卷，甲 085.

② 伪武昌文华中学校董及教职员简历名册 [G]. 武汉市档案馆藏，全宗号 69-5-87.

③ 基督教圣公会中学方面资料 [G]. 武汉市档案馆藏，全宗号：112-1-25.

“文华共同体”始终存在。

从前述来往的书信中不难看出，美国中国基督教大学联合托事部和华中大学对合并一事很有兴趣，也想极力促成，但也强调华中大学在合并过程中的主导作用和文华图专必须服从于华中大学，这一点与韦棣华的遗嘱断不相符，也让雄心勃勃准备再次扩大文华图专的沈祖荣无法接受，所以两校合并一事再次搁浅，随即而来的调整，使得华中大学与文华图专最终没能合并成功。

第三章　庚续弦歌：文华图书馆学专科学校（1930—1949年）

第一节　沈祖荣毕生的办学功绩诠释了“文华精神”

如果说韦棣华是文华图书馆学专科学校的艰难创办者，那么沈祖荣就是使文华图书馆学专科学校由一所藉藉无名的私立学校成为当时中国高等教育界一所颇有特色、声誉卓著的名校的功臣。

沈祖荣，字绍期，湖北宜昌人。英文名 Samuel Tsu-Yung Seng，简名 Samuel T. Y. Seng。他在文华大学图书科任教 9 年，在文华图专任校长、教授 23 年（1929—1952 年），在武汉大学图书馆学系任教授 12 年（1953—1965 年），一生从事图书馆教育事业 43 年。

1930 年毛坤在《华中大学文华图书科十周年纪念》一文中提出：“武昌华中大学文华图书科，成立迄今，已届十年。虽僻处武昌，知者尚鲜，然其精神，有足多者。”[①] 他曾将“文华精神”概括为三点[②]：“一、创办人之精神。创办图书科者，美国韦棣华女士也。女士来华服务已三十年。初十

① 毛坤. 华中大学文华图书科十周年纪念 [J]. 文华图书科季刊，1930，2（2）：137-139.

② 毛坤. 华中大学文华图书科十周年纪念 [J]. 文华图书科季刊，1930，2（2）：137-139.

年任教职于文华大学；十年后创办文华公书林；二十年后创办文华图书科。女士一生志愿，在辅助中国，发扬文华。其首先着力之点，为图书馆事业。欲发展图书馆事业，首在人才之养成；故创办图书科以为根基。对于办理之人，则先期补助沈祖荣、胡庆生两先生留学美国专学图书馆学以便归国办理。对于经费则中外奔走，劝募维持；辛苦备尝，十年一日。其坚韧卓绝，远思长虑之精神，不可及也。

二、维持人之精神。语云创业固难，守成亦不易，诚哉言矣。图书科自创办而后，使无沈祖荣、胡庆生两先生辛苦维持，图书科早已烟消云散矣。二先生皆卒业于美国哥伦比亚大学图书科。学识优良，经验宏富，全国事务教务皆亲任之。口无余暇，手不停批；面命耳提，循循善诱。十五年武昌围城，十六年时局混乱；其他学校皆已停办，独图书科赖二人之力仍得维持。岁寒然后知松柏之后凋，其谓是乎？

三、学生之精神。我国学子，往往心神不定，见异思迁。学工学而人教育，学教育而人政治，比比皆然，习非成是。其紊乱系统，减低效能，莫此为甚。惟文华图书科之毕业学生，对于此点，至足称道。总计各届毕业学生已有五十余人，除业新闻及警务各一人外，全数皆在图书馆服务。而图书馆事务至为繁苦，自朝至暮，饮食而外，无休息之时。且在今日图书馆员者，地位低微，报酬亦啬。见异思迁之士，鲜有能忍受之者。而文华图书科诸同学，安之若素，且益奋发，其忠于所学，为何如哉？”

毛坤在阐述了文华图专“创办人之精神”、“维持人之精神”和“学生之精神”之后总结道：“以上三端，皆文华图书科，赖以巍然存于国中之理由，国家亦以受其福利者，表而数之，用志纪念。”程焕文曾对“文华精神”作过这样的评论：“‘文华精神’并非是一个人的精神，而是集体的精神，是逐渐积累沉淀起来的优秀传统精神，而是中国图书馆学界图书馆精神的集中体现。它代表着一种风气、一种风貌、一种传统，而这种风气是一种主流的、向上的风气，这种风貌是一种旺盛的、奋进的精神风貌，这种传统是一种不朽的、优秀的传统。”①

沈祖荣正是以他的一生体现和展示了这种“文华精神”。他1917年留美回国后，韦棣华因年事渐高，实际上已把公书林和文华图书科的大部分事务交由他和1919年回国的胡庆生打理。1930年胡庆生辞职到上海商业储蓄银行武昌分行工作后，沈祖荣更是独立担起了重担。在他的努力之下，文华图专不仅在时局动荡的岁月维持下来，而且日渐兴盛，成为近代中国图书馆和档案馆教育的重要基地。

沈祖荣出身于一个城市贫民家庭，1901年文华书院在宜昌招收免费生时，在教堂做杂役的17岁的沈祖荣才有了上学的机会，就读于文华中学的英文神学班。1911年，27岁的沈祖荣以优等生身份毕业于文华大学文科，获得文学学士学位后，选择到文华公书林协助韦棣华工作，甚至不被众人理解。他曾回忆道：“当荣之方决定就公书林职事时，亲朋戚友谁都不赞成。当面阿谀，说方今各处需才孔亟，以你大学毕业，何事不可为？乃作此招护书籍之事，岂不是长才短取？背地议论，非就某‘毫无远志’；即说某‘学识平庸，不能充当学校教员，不能做洋行的买办，只有混迹书丛，做书班的事业。这种整理书籍的工作，花费数元，雇一个失业的书贾担任足矣，何以在大学毕业之后，反去做这种工作。真是不可解’。”② 沈祖荣当时选择这份工作除了因身体原因外③，更多的则是出于对韦棣华个人的敬仰。韦棣华曾在文华中学教英语，她的待人接物给沈祖荣留下了深刻印象：“初至中国，任文华教授。其为人勤谨和蔼，教学生循循善诱，训诲不倦。每退讲席，必与学生谆谆谈论，随事指点。一字之谈，一言之讹。反复告语，卒得正确而后已。论文书札，

---

① 程焕文．中国图书馆学教育之父：沈祖荣评传［M］．台北：台湾学生书局，1997：267-268．

② 在文华公书林过去三十九年之传授［J］．文华图书馆学专科学校季刊，1929，1（2）．

③ 据说沈祖荣早年有生理缺陷，是“大舌头”，发音不准，不适合做教员，后韦棣华资助他治好了口疾。

或有舛误，必详为更正。爱学生若子弟，学生亦亲之若慈母。彼此款洽，又如朋友。岁时佳曰，或置茶点，招学生至其家，欢呼谈噱以为乐。并出各种游艺，以助其逸兴。学生或有年假期间不能归家者，即特别招至，温语拊循……借以解其寂寞，慰其愁思。……故文华学生与其他教授分别后，或有忘之者；至于谈及女士，未有不倾心爱戴至终身者。"① 而且公书林的建立对于文华大学来说是一件令人骄傲的事情，楼宇壮观，藏书初具规模，因此当韦棣华急需助手时，沈祖荣便决定欣然前往。然而真正让沈祖荣一生忠诚于图书馆事业，致力于文华图专的办理，仍是他强烈的爱国情结和对图书馆事业的坚定信念。

与近代大多数爱国知识分子一样，沈祖荣也是个"教育救国论者"。他曾感慨道："外国人认为中国是'东亚病夫'、'一盘散沙'，他们才敢欺侮我们、侵略我们，这主要是因为我们内部不团结，科学又落后，所以一定要办教育，图书馆事业正是教育的基础。"② 受韦棣华对图书馆功用推崇备至的影响，沈祖荣认为，"教育救国"要从兴办图书馆入手，图书馆是"研究学术，沟通文化，辅佐教育的机关"③。"图书馆之作用，系补助学校教育所不及，养成人民乐于读书之习惯，提高人民道德和文化素质，进而有利于改良社会；它对于人民，如粟米布帛，不可须臾离也。"④ 正因为图书馆具有改良社会、立国兴邦、普及教育、启迪民智等诸多功能，所以，"如欲立国于世界，则图书事业，实为立国之先导也。夫国家之命脉，基于文化，文化之来源，大部分来源于对图书记录文化之继承与革新"⑤。也就是说，"国家的富强，其表面在政治和经济，而促成政治经济发展的重要条件，实

---

① 沈祖荣. 韦棣华女士略传［J］. 文华图书馆学专科学校季刊，1931，3（3）.

② 沈宝媛. 沈序：永恒的纪念［M］//程焕文. 中国图书馆学教育之父：沈祖荣评传. 台北：台湾学生书局，1997.

③ 沈祖荣. 谈图书馆专业教育［J］. 湖北教育月刊，1935，2（4）.

④ 沈祖荣. 民国十年之图书馆［J］. 新教育，1923，6（2）.

⑤ 沈祖荣. 参加国际图书馆第一次大会及欧洲图书馆概况调查报告［J］. 中华图书馆协会会报，1929，5（3）.

际上在国民具有较高的各种学问水平。图书馆是有助于国民提高各种学问水平的重要机关，是导致国家富强的社会教育机关”[1]。沈祖荣这种通过发展图书馆事业，达到教育民众，实现富国强兵目的的观点，和晏阳初的“平民教育”、陶行知的“生活教育”、梁漱溟的“乡村建设”及俞庆棠的“民众教育”等一样，都是近代中国知识分子对中国前途和出路的一种思考，是他们从各自的人生经历、思想观念和学识才干出发，对中国“何去何从”问题的一种发自内心的关切和忧虑。从当时普及平民教育的代表杂志《现代民众》编后所述可见一斑，“沈祖荣先生是国内圕学专家，现任武昌文华圕专科学校校长，先光的一篇《民众图书馆管理法》讲演词，是先生事后，在溽暑逼人的时候，亲自写给我们的。专家之言，自不用我们多所置喙，然先生热心民教事业之忱，不容我们不深深表示敬意”[2]。

发展中国图书馆事业，离不开献身图书馆事业，受过专门训练的人才，即“最切要者乃是有得力之馆员将此伟大事业推向前进”[3]。如果仅仅靠宣传，“依然不足以发展图书馆之事业。最关键的一步，是要有专门人才起来兴办此种事业”[4]。总之，“图书馆之发展，非一蹴所能致，必先培养图书馆管理人才，研究专门学识，庶能办理得法，有条不紊”[5]。否则再好的物质设备和推广规划都达不到实际效果。有鉴于欧美各国政府和大型图书馆都设有图书馆专门学校来培植人才，沈祖荣大声疾呼：“深望我政府及协会注意及此：或创办新校，或协助旧有者，皆刻不容缓之事也。”[6] 即使在抗战时期，沈祖荣也提醒当局和社会各界：“在战争进行期间，对于原有的图书馆学专校和大学的图书馆学系，要尽力维持，改善扩充；对于在职的未经

---

① 沈祖荣. 中国全国图书馆调查表 [J]. 教育杂志，1918，10 (8).

② 现代民众 [J]. 1935，1 (12)：45.

③ Samuel T. Y. Seng. Lan the American Library System Be Adopted in China [J]. The Library Journal，1916，41 (6)：381-388.

④ 沈祖荣. 在公书林过去十九年之经验 [J]. 文华图书馆学专科学校季刊，1929，1 (2).

⑤ 沈祖荣. 民国十年之图书馆 [J]. 新教育，1923，6 (2).

⑥ 沈祖荣. 参加国际图书馆第一次大会及欧洲图书馆概况调查报告 [J]. 中华图书馆协会会报，1929，5 (3).

专门训练的图书馆员，要举办讲习会，补充他们的知识和技能；对于战区出来的图书馆员或其他社会教育人员，要集中办短期的图书馆员训练班，然后分发到相当的地方工作。”① 在文华图专历史上最关键、最艰难的时刻，沈祖荣始终坚守在学校，殚精竭虑，苦心经营。

第二节　在文华图书科的初创期、植基期、扩展期宜“沈胡并称”

胡庆生（Thomas C. S. Hu）生于1895年，1915年毕业于文华大学，主修医药科生物专业，获理学学士学位。毕业后，胡庆生留校任教，在文华中学部（备科）讲授英语，担任文华教堂唱诗班领唱，由于其文学、外语出类拔萃，加之韦棣华意识到开办图书科必须要有师资力量，便于1917年推荐胡庆生赴美国纽约公共图书馆学校深造，该校于1911年10月正式成立，于1923年8月停办，转为哥伦比亚大学图书馆学校（The School of Library Service at Columbia University），自创办日起与哥伦比亚大学便有密切的办学联系。“该校学制为两年，第一年为专业基础课教学，学成之后颁发毕业证书（certificate）；第二年为高级课程教学，重点是实习和技能培训，毕业后颁发哥伦比亚大学的学位证书（diploma）。”②

沈祖荣

（Samuel Tsu-Yung Seng，1884—1977）

胡庆生

（Thomas C. S. Hu，1895—1968）

① 沈祖荣. 图书馆教育的战时需要与实际［J］. 中华图书馆协会会报，1939，13（4）.

② 程焕文. 中国图书馆学教育之父：沈祖荣评传［M］. 台北：台湾学生书局，1997：28.

沈祖荣与胡庆生二人在纽约公共图书馆学校攻读图书馆学位的情况，至今仍存在一些争议①。而在1920年《文华评论》(*the Boone Review*)② 上刊登的裘开明（文华图书科第一届学生）为庆祝文华公书林成立十周年而撰写的一篇译为《文华大学图书馆过去、现在和将来：图书馆10周年回顾及展望》的文章中，曾这样叙述他的老师沈、胡赴美留学及获得学位的情况："图书馆协理沈先生于1914年去美国公共图书馆学校，他很荣幸地成为第一个来自中国接受这方面学科教育的学生，他还获得了哥伦比亚大学'理学学士学位'"，"文华的毕业生，也是文华教职员的胡先生于1917年，被送往与沈先生同样的机构去接受图书馆学的课程训练，他是第三个来自中国接受这门学科教育的学生，他还在哥伦比亚大学进行了一个研究生课程的学习，并用一年时间获得了文学硕士学位"③。另据1928年《私立武昌文华中学学校立案用表之二——教职员履历表》"出身栏"载，沈祖荣为美国纽约公共图书馆专门学校毕业，哥伦比亚大学理科学士；胡庆生为美国纽约公共图书馆专门学校毕业，哥伦比亚大学师范学院硕士。这两重相互佐证的史料，应可对沈、胡二人的学位争议作一定论。

受韦棣华资助的沈、胡先后于1916年、1919年学成返回武昌后，便开始积极准备并大力奔走，多方呼吁兴办图书馆。沈祖荣于1920年8月1日至22日，应北京高等师范学校第一次图书馆讲习会邀请当讲演员，"沈先生的第一次演讲是'图书馆与我国教育的关系'，他指出了一些我们从前的图书馆的错误之处，以及在将来如何克服。第二次演讲是关于杜威分类法，

---

① 一般对沈祖荣为中国历史上获得图书馆学学位第一人表示认可，而对胡庆生是否获得硕士学位而存疑。

② 1906年，《文华评论》(*the Boone Review*) 正式发行。这份英文季刊是文华大学发展的一个重要标志，它不仅是向外界介绍文华的媒介，也是文华校友会的喉舌，而且还是给在校学生提高英语水平的一种读物。

③ Alfred K. M. Chieo. Boone University Library Past, Present and Future—A Review of the History of the Library up to the Tenth Anniversary and Its Outlook for the Future [J]. The Boone Review, 1920: 330.

以及如何适应中国书籍的分类，这个体系已经被沈先生自己翻译改造出来，并且以小册子的形式出版。这次演讲提出了困扰我国图书馆馆员的重要难题的解决方案。一些受过国外训练的图书馆馆员在分类和编目西文书上是专家，但是他们中很少能在编目方面，用他们自己的语言排除障碍。沈先生已经对这样一个'难以解决的复杂问题'作了尝试。他的工作不只对文华公书林有益，同样有利于全中国的图书馆"①。

沈、胡二人一面着手准备教材（如移植杜威分类法等），一面联合全国基督教青年会，也争取到中华教育改进社等的帮助。在韦棣华的悉心领导及沈、胡的共同努力下，已做好推动中国图书馆建设和共同创建国内首座训练图书馆专门人才基地的准备。"我国图书馆学学校教育始于1920年。当时由美国人韦棣华以及沈祖荣、胡庆生等在武昌创办文华图书科，后改名华中大学文华图书科。"（见谢灼华主编《中国图书和图书馆史》）

当时专业课的教师只有韦、沈、胡三人。学生上课和实习都在公书林内。杜定友先生在《我与图书馆教育》一文中写道："1921年我毕业回国后，全国图书馆专家，只有沈祖荣、胡庆生二人在武昌主办文华图书馆专科学校。"胡庆生对于文华图专的发展亦作出了很大贡献，诚如毛坤所言："语云创业固难，守成亦不易，诚哉言矣。图书科自创办而后，使无沈祖荣、胡庆生两先生辛苦维持，图书科早已烟消云散。学识优良，经验宏富，全校事物教务皆亲任之。口无余暇，手不停批；面命耳提，循循善诱。十五年武昌围城，十六年时局混乱；其他学校皆已停办，独图书科赖二人之力仍得维持。岁寒然后知松柏之后凋，其谓是乎？"②

关于胡庆生舍图书馆事业而从商，在杜定友先生《我与图书馆教育》一文中记载："其后胡氏改业银行。"沈祖荣曾说过："继祖荣回国后，女士（注：指韦棣华）又派遣胡君庆生，继续前往美国学习。胡君学成回国，随

① Lincolu Hsin Tsa. The First Library Training Institute [J]. The Boone Review, 1920: 362.

② 毛坤. 华中大学文华图书科十周年纪念 [J]. 文华图书科季刊, 1930 (2).

时匡我所不逮，此诚祖荣之快心事也。”（见沈祖荣《民国十年之图书馆》，刊于《新教育》1923 年 2 月第 6 卷第 2 期）如果仅以此一句话，认为胡庆生因与沈祖荣先生难以共事，才离开文华图专，投身金融业，显然有失偏颇。因为接下来的几年，胡庆生仍担任文华图专教授的职位。

学校职员为了家庭生计，转行从商，职业多变，在当时是较为普遍的事情。根据 1949 年文华图专所有教职员填写的调查表“经历年表”栏显示，有经商经历的有“彭振华”和“吴鸿志”二人。1939 年 6 月至 1940 年7 月，彭振华在文华平民识字班担任教员，后因识字班解散，于 1941 年 3 月至 1941 年 9 月在汉阳经商；1941 年 10 月至 1944 年 11 月在汉口协和医院从事会计员，1945 年 5 月至 1946 年 12 月，又改行在武昌经商，直到 1947 年 2 月到文华图专担任会计。吴鸿志自 1930 年从文华图专毕业后，先后供职于东北大学图书馆、北京大学图书馆、江苏盐城私立景鲁中学，1938 年因日军进占县城，他便在盐城东乡做生意，1942 年至 1946 年先后在江苏盐城和上海吴淞从事渔业，1946 年 10 月至 1948 年 5 月在汉口经商。也许吴鸿志没有胡庆生那样灵活的生意头脑，或许是运气不佳，每次均经营失败，亏本结束，直至 1948 年 7 月在文华图专担任讲师，生活这才安顿下来①。

胡庆生离去的主因应该说是个人性格所致。1925 年，中华教育改进社为提倡图书馆教育起见，拟先请图书馆最发达之美国派专家来华切实研究并指导进行，在得知鲍士伟约于 4 月 26 日抵沪，该社即委托图书馆教育委员会主办鲍氏莅华事务，安排行程地点有上海、杭州、苏州、南京、汉口、武昌、长沙、开封、太原、北京、天津、济南、青岛、奉天和广州，其中汉口、武昌、长沙三地的译员由沈祖荣担任，开封、太原两地的译员由胡庆生担任。汉口与武昌的接待由文华大学负责②。

---

① 湖北私立文华图书馆学专科学校概况、访问材料、教职员工学生名册、调查表、毕业生历年成绩表［G］. 湖北省档案馆藏，全宗号：GM7-1-96.

② 浙江公立图书馆年报［R］. 1925（10）：3-7.

鲍士伟
（Dr.　Arthur Elmore Bostwick）

1925年4月26日，中华图书馆协会
欢迎鲍士伟博士合影

在担任鲍士伟博士来华的译员的短暂相处期间，沈祖荣与胡庆生二人不同的个性特征给其留下了深刻的印象，“由于沈先生和胡先生致力于中国图书馆事业的决心，他们在20世纪里承担着各自的义务，而沈先生更多地活动于宣传鼓动。美国圣路易斯公共图书馆馆长、美国图书馆协会主席亚瑟·鲍士伟博士特别提到沈先生的热忱：‘湖南省长不会说英语，我和他的交谈都是通过沈先生的，沈先生的癖好是倾向于发表一通过他自己的讲话以代替对我的翻译，天知道他对省长讲了些什么！’沈先生在交际中有为没有反应的观众增加图书馆吸引力的经验。相反，鲍士伟提到胡先生，是作为他去北京之行的同伴。胡先生有一个在开封卷烟公司任重要职位的朋友。这样一个碰巧的话头，引起了胡先生对商业王国的巨大兴趣，或者也正由于此，因为希望有更高的薪金，以及不愿卷入图书科与大学之间可见的纠纷的心愿，胡先生在1930年春天离开图书科，接受了上海商业储蓄银行武昌分行的聘请”①。

胡庆生长期担任文华教堂唱诗班领唱，唱歌的特长也使他一直活跃于文华校园各种庆祝场合，如“十月二十五号，鄂湘辖境妇女传道会。特假

① 白齐茹（Cheryl Boettcher）．沈祖荣与文华图书馆学专科学校［M］//陈传夫．文华情怀——文华图专九十周年纪念文集，何建初，译．武汉：武汉大学出版社，2010：123.

本书林楼上开俱乐大会。会中请有……胡、严、刘三先生三音合唱，颇极一时之盛”（《文华温故集》，第189页，1920年），又如“双十节，普国同庆，本书林特于是日，悬灯结彩，以申庆祝。并于九号晚在本书林楼上由学生扮演爱国新剧，十号晚举行师生同乐大会，其秩序如下……（十一）胡、刘、严三先生合唱”（《文华温故集》，第190页，1920年），再如，“自五四运动后，本校即有学生圑之组织。本学期特行改组，命名曰文华学生协进会，兹已于国庆日在本书林楼上举行正式成立大会矣。其秩序如下……（十二）三呼万岁（胡庆生先生率领）”（《文华温故集》，第189页，1920年）。胡庆生的文体活动兴趣的确较为浓厚，1920年，基督教青年会健身会新选职员中华教员代表为胡庆生（《文华温故集》，第382页，1920年）。“富有开创精神的胡庆生，经上海商业银行汉口分行行长周苍柏先生引荐，赴沪考察面见总行行长程光圃后，创建武昌分行并膺任行长一职。”①胡庆生与周苍柏为文华同门，且均为文华中学立案之初的校董，周苍柏后又曾任文华图专的校董，二人交往甚密。胡庆生弃职从商曾受到周苍柏的影响，这也算因势而动，顺势而为。以往学界对此认为其畏缩避难，有点过于苛责强求他人。一直以来，胡庆生创办的上海银行武昌分行与“文华共同体”内的文华图专、文华中学均有较多业务往来（这一点在“经费”章节会有叙述）。如果再从胡庆生这种活跃的性格出发，看待其后来辞去图书科主任职位，改行经商这一行为，就不足为奇了。

在胡庆生离开文华图书科之前，胡庆生与沈祖荣一直是韦棣华最得力的助手，可以说是韦棣华的左膀右臂。这表现在三个方面：

一是新图书馆运动的推广。1919年胡庆生学成归国后，和沈祖荣一道到全国各地广泛宣传图书馆事业。携带着各种影片、模型、统计图表等奔赴全国各地，猛烈抨击旧藏书楼的陋习，广泛地宣传图书馆的公用，讲解

---

① 汤岩旭，马志立．孤光自照　表里澄澈——胡庆生二三事［J］．图书情报论坛，2008（4）．

创办图书馆的办法，提倡办理具有中国特色的美式图书馆事业，凡湖北、湖南、江西、江苏、浙江、河南、山西、直隶足迹迨遍[①]，在全国掀起了一场前所未有的新图书馆运动。对于这场新图书馆运动的意义不言而喻，然而对掀起这场运动的两位主角的历史评判却相差甚远。沈祖荣由于较早加入这场运动，后来成为韦棣华两肩挑的接班人，一直担任文华图专的校长，桃李遍天下。如金敏甫称："民国六七年沈祖荣氏由美国回国赴各省都演讲图书馆之重要方法，是为提倡图书馆之先声。"[②] 严文郁亦云："民六以后，沈祖荣由美返国，到各省都会演讲图书馆之重要与方法，是为西洋图书馆学流入中国之先声。"[③]

在推广图书馆的立场和原因上，胡庆生与沈祖荣存在共识，甚至一致。"胡庆生硕士于一九一七年至一九一九年在美国哥伦比亚大学研究图书馆专门事业回国已经四年，现任武昌文华大学图书馆科教授。今年他到杭州、上海、苏州、无锡各地参观图书馆顺道来宁，五月二十八日南京青年会请他演讲，记者因为图书馆在现在的中国是一个极重要的问题，所以将他的演说介绍给未听胡硕士演讲的诸位。"[④] 胡庆生的演讲题目为《教育与公共图书馆》，他从"图书馆与教育、图书馆与农业、图书馆与工业、图书馆与商务、图书馆与经济、图书馆与共和国、图书馆与道德、图书馆与娱乐、图书馆与进化"[⑤] 九个方面讲述了在中国兴办公共图书馆的重要性以及如何才能办理。这与前面所述沈祖荣于 1920 年 8 月在北京高等师范学校第一次图书馆讲习会上的第一次演讲《图书馆与我国教育的关系》，演讲主题明显

---

① 沈祖荣. 韦棣华女士略传 [J]. 文华图书科季刊，1931，3 (3)：283-285.

② 金敏甫. 中国现代图书馆概况 [M]. 广州：广州图和宿管协会，1929：29.

③ 严文郁. 中国图书馆发展史 [M]. 台湾：枫城出版社，1983：198.

④ 胡庆生讲演，章颐年笔述. 教育与公共图书馆 [J]. 浙江公立图书馆第八期年报，1923：54.

⑤ 胡庆生讲演，章颐年笔述. 教育与公共图书馆 [J]. 浙江公立图书馆第八期年报，1923：54-56. 也见十二年六月十四日《时事新报》。

一致。

诚然，沈祖荣对于近代中国图书馆事业发展作出的卓越贡献是毋庸置疑的，但胡庆生因离开文华图书科而转行商业，以至于他与沈祖荣一道在文华公书林、文华图书科的十余年间（1917—1930年）的历史功绩却被世人淡忘，逐渐在人们的视线中消失。于是便出现了绝大部分文献资料中所述创办人中没有胡庆生的名字，而只有韦棣华、沈祖荣二人，应该说，这是不公平也是不符合历史事实的。庆幸的是，已有学者对胡庆生遭受历史评价的不公提出了异议，认为“后面所发生的变故，并不能掩盖前面已经发生的事实。所以历史地看，文华图书科的创办人应是韦棣华、沈祖荣、胡庆生三人”①。另外，谢灼华主编的《中国图书和图书馆史》一书中提出，“1920年3月，文华大学图书科（Boone Library School）成立，开始了我国图书馆学学校教育。创办人为美国人韦棣华（Mary Elizabeth Wood，1861—1931)、沈祖荣、胡庆生”②。

二是文华图书科（Boone Library School）的创办。在韦棣华担任公书林的总理（馆长）时，沈祖荣与胡庆生均担任协理（副馆长）。在韦棣华退出行政管理职务后，沈祖荣任文华公书林的总理，胡庆生任图书科主任。韦棣华的这一人事安排，也证明了胡庆生的学识造诣与教育能力得到认可与信任。1920年春，文华图书科开办一学期后，为增强学生的实践能力，因“后来暑假将近，本科主任韦棣华女士及其他教授，恐怕我们在本校读书太久，终难免有坐井观天的观念，所以特将这科八人一齐送往别的地方实地经历一番，其中五人被派往上海商务印书馆的图书馆去，我们一群三人就被派往北京政治学会的图书馆去”（《文华温故集》，1920年，第388～393页）。沈祖荣负责去北京的实习工作，“公书林协理沈祖荣先生应北京图书

① 查启森，赵纪元．所见“文华图专”校史资料中若干异裁的辨析［J］．图书馆情报知识，2008（2）．

② 谢灼华．中国图书和图书馆史（修订本）［M］．武汉：武汉大学出版社，2005：410．

馆研究会之请，于暑假内赴京演讲，随行并协同图书科同学三人至北京政治学会图书馆服务一切”（《文华温故集》，1920年，第382页）。而胡庆生负责去上海的实习工作，“本校图书科开办以来，成绩优美。暑假内由胡庆生先生率领该科生五人至上海商务印书馆藏书室以新法为该馆类别各种书籍，闻结果颇佳，极为该馆人员所赞赏云”（《文华温故集》，1920年，第382页）①。

在一篇名为《文华公书林在商务印书馆图书馆的工作》的文章中，详细记载了胡庆生带领他们在商务印书馆实习的情景：“在与（商务印书馆）领导人和编辑们的简单会谈中，胡先生向他们举例说明，卡片目录和杜威系统将用于他们的英文部的分类，他们继而表示了对这项服务的充分感谢，因为分类能给读者带来极大的便利。学生们在到达上海后很快开始工作，而且由于所需要的供应品，如卡片、标签等能够在这家公司正确地做出来，因此，工作很快被迅速推进。然后进一步提供我们目录表和打字机。胡先生与五个学生在暑假的六周内每天工作六小时，最终三千本书被进行了分类，这个工作能完成的很大原因在于胡先生的指挥能力，他在美国的图书馆学校的两年间拥有了如此丰富的经验。他总是帮助他的学生处理困难问题，并且激励他们做更好、更有用的工作。”②

沈、胡二人为文华图书科发展并肩合作，突出表现在1926—1927年华中大学因排外运动而停办期间，韦棣华在1923—1924年、1926—1927年为争取资助而数次逗留美国，沈祖荣与胡庆生却照常留在图书科为学生上课。胡庆生在教学上也颇受学生欢迎，据文华图专毕业生钱亚新回忆：“我在文华读书的第二学年，功课较少，给了我钻研学问的机会。我最喜欢的功课是外文参考工具书，教这门课的是胡庆生老师，他后来当了文华图书馆学

---

① 关于文华图书科首届学生人数，一般通称“快乐六君子”，而实际图书科创办初始学生人数为8人，后有两名学生退出。

② Hsu Ta-Tsung. The Work of Boone Library in the Commercial Press Library [J]. The Boone Review, 1920: 366.

系主任。这门课他比其他老师教得好，他的办公室满屋里都是工具书，他讲课时不像有些老师那样照本宣读，他善于诱导学生深入思考……在胡先生的启发下，我对索引与索引法产生兴趣，开始研究这个问题。"①

对于文华图书科的创办者问题，已有学者根据现存的档案、报刊的报道、校友的回忆录以及众多学者的论著进行辨析②，毛坤在《华中大学文华图书科十周年纪念》一文中说："一、创办人之精神。创办图书科者，美国韦棣华女士也。女士来华服务已三十年，初十年任教于文华大学，十年后创办文华公书林，二十年后创办文华图书科。女士一生志愿，在辅助中国，发扬文化。其首先着力之点，为图书馆事业。欲发展图书馆事业，首在人才之养成，故创办图书科以为根基。对于办理之人，则先期补助沈祖荣、胡庆生两先生留学美国专学图书馆学以便归国办理。对于经费则中外奔走，劝募维持，辛苦备尝，十年一日。其坚韧卓绝，远思长虑之精神，不可及也。"显然，这一段文字非常明确地认为，"创办图书科者，美国韦棣华女士也"。毛坤同时在该文中讲述："二、维持人之精神。语云创业困难，守成亦不易，诚哉言矣。图书科自创办而后，使无沈祖荣、胡庆生辛苦维持，

---

① 陈传夫. 文华情怀——文华图专九十周年纪念文集［M］. 武汉：武汉大学出版社，2010：429.

② 对文华图专创办人进行辨析的论文包括查启森、赵纪元著的《所见"文华图专"校史资料中若干异载的辨析》一文，文中对文华创办人有三种不同的记载：1. 认为创办人为韦棣华一人；2. 认为其创办人为孟良佐和韦棣华二人；3. 认为其创办人为韦棣华和沈祖荣二人。文中指出，应当说韦棣华也不是唯一的创办人，和她一起创办文华图书科的，还有她所培养的两名得力助手：沈祖荣和胡庆生。在创办文华图书科的过程中，他们都是积极的参与者。文华图书科一开始便以公书林作为基地和依托，按照韦棣华最初的安排，除本人总负责外，沈祖荣主要负责文华公书林方面的事物（兼文华图书科教授），胡庆生主要负责文华图书科方面的事务（兼文华公书林工作）。可见胡庆生之于文华图书科，韦棣华是寄予厚望的。后来由于任职外的原因，胡庆生脱离了文华图书科，而沈祖荣成了韦棣华两肩挑的接班人，胡庆生便逐渐在人们的视线中消逝了（实际上，在任职前的胡庆生在文华图专的办学过程中，还是作出了贡献的）。于是便出现文献中所述的创办人没有胡庆生的名字，而只有韦棣华、沈祖荣二人。这是不公平也是不符合事实的。后面所发生的变故，并不能掩盖前面已经发生的事实。所以历史地看，文华图书科创办人应是韦棣华、沈祖荣、胡庆生三人。

图书科恐怕早已烟云散矣。”毛坤将沈祖荣与胡庆生定位在守业人的角色，而非创办人。当然，也有学者同样认可文华图书科的创办者为韦棣华的观点，如王西梅在《中国图书馆发展史》一书中提出，“中国图书馆学正规的学校教育始于 1920 年。有图书馆学专科的第一所学校是武昌文华大学。这是由美国图书馆专家韦棣华（Mary Elizabeth Wood，1861—1931）女士倡导、协助、创办起来的”[①]。

1928 年 11 月 3 日，胡庆生因故辞去文华图书科主任职务，韦棣华暂时代理文华图书科主任。1929 年 2 月，沈祖荣接替韦棣华担任文华图书科主任。直到 1930 年胡庆生出任武昌上海银行行长时，胡庆生才正式辞去教授职务，完全脱离文华图书科[②]。当然，这也丝毫不影响其对文华公书林和文华图书科前期发展工作所作出的贡献。这一点在《文华图书科季刊》第 2 卷第 2 期的“同门会消息”中就明确写道：“胡庆生先生办理图书科及十年，辛苦备尝，功不可没。后因事变决投身于银行界。现为武昌上海银行行长。先生以治图书馆者治银行，其道不同，其术则一，行将见其发皇光大也。同时亦云不忘图书科，而拟抽时来校担任若干功课，以副全校师生殷殷之企望云。”（《文华图书科季刊》第 2 卷第 2 期，第 298 页）今天，在回顾文华图书科的创办历程时，胡庆生是始终绕不过去，与沈祖荣有着同样重要作用，但却未享有与沈祖荣对等评价的重要历史人物。

过去学者在论述中国图书馆学教育的发展贡献时，往往对历史时段不加区分，对历史人物的评价容易造成笼统、主观、偏颇之论。譬如对沈、胡二人，重沈轻胡，胡只是一笔带过，如“我国图书馆学教育事业的发展，是和沈祖荣先生倾注了毕业的心血分不开。1929 年，沈祖荣担任文华图专校长时，他除讲授多门课程外，还亲自制定校训，组织各项教学计划，出版刊物等。当时，与沈祖荣校长共同办学的有胡庆生、杜定友、李小缘和刘国钧等人。他们为倡导我国图书馆学高等教育，创办图书馆学系（科），

① 王西梅．中国图书馆发展史［M］．长春：吉林教育出版社，1991：296.

② 程焕文．中国图书馆学教育之父：沈祖荣评传［M］．台北：台湾学生书局，1997：55.

传播图书馆学理论和方法做出了巨大贡献”①。其实，客观而言，在文华图书科的初创期、植基期、扩展期中提倡“沈胡并称”是非常有必要的，他们二人都是此时韦棣华的左臂右膀，缺一不可。而在后来文华图专的全盛期、迁徙期、重振期，沈祖荣则独当一面，另有他人辅佐，如1936年，“又因本年开办讲习班，校务增繁，本任并增聘本校老同学汪长炳先生，为图书馆学教授，并担任教务主任之职。汪先生自国立北平图书馆出国，在美国哥伦比亚大学得图书馆学学士硕士后，历在哥伦比亚大学图书馆，及美国国会图书馆任职。对于图书馆学，具有真知灼见。吾校将来之发展，有赖汪先生者甚多也。毛坤先生，除教课之外，将专任研究部及出版部之事，以图分工合作之效云”②。即使在办学条件异常艰苦的抗战期间，文华图专的教师阵容仍然整齐雄厚，超过一般专科院校。当时有一批始终忠诚地追随沈祖荣的文华图专毕业生，如皮高品、汪长炳、徐家麟、毛坤、汪应文诸教授，徐家璧、颜泽湛、李永增诸先生，其中多位均担任过教务主任，协助沈祖荣处理教务工作。

沈祖荣和胡庆生合编的《仿杜威书目十类法》，于1922年由武昌文华公书林、圣教书局出版发行。这是首部仿“杜威法”运用标记符号代表类目的新型分类法，开我国近代图书分类法之先河。类名摆脱四库法束缚，采取了哲学宗教、社会与教育、政治经济等比较科学的、能反映时代特征的名称，且编有方便运用的检字索引。这部分类法是20世纪初图书馆运动的产物，对我国图书馆事业的发展和文献分类学的繁荣具有很大的推动作用，是中国近代分类法的里程碑。由于它有创始之功，因而杜定友认为，“‘十进法’在1909年由顾实从日本翻译的‘图书馆小识’首先介绍到中国来。沈祖荣、胡庆生合编‘仿杜威十进分类法’是第一个为中文图书而编的新型分类法。新型分类法的特点在依书而类，适用于一般图书馆，而并不以

---

① 郑章飞，黎盛荣，王红．中国图书馆学教育概论［M］．长沙：国防科技出版社，2001：23．

② 文华图书馆学专科学校季刊［J］．北京：国家图书馆出版社，2009，8（7）：727．

某一馆现存的藏书为限，并且有一套标记制度以表示类目的次序和从属关系”①。继沈、胡“仿杜”后，当时共编制了20余部“仿杜”、“改杜”、“补杜”十进分类法。

尽管从目前的史料来看，关于胡庆生的记载并不算太多，但从有限的资料中亦可得到在文华图书科创办期“沈胡并称”的佐证。譬如，沈祖荣曾这样高度评价胡庆生：韦棣华女士“派祖荣远赴美洲，学习此种（图书馆学）专科，特恨祖荣资质鲁钝，学问浅薄，不能仰副女士之盛心，每用耿耿，旋又派遣胡君庆生，继续前往，幸胡君学成回国，每时匡我所不逮，此诚祖荣之快心事也”②。1922年，沈祖荣在《中国书目十类法》一书新序中肯定了胡庆生及文华图书科的六名学生对编著该书的贡献，“祖荣恭膺图书馆职，为便于检阅起见，因取杜威之法，参以己见斟酌损益，编为一册。付印二百本，五年之间或赠或售，业已告罄而各处图书馆来相索取者仍络绎不绝，或者以是篇对于图书事业，稍有裨益。今竟无以应付，愧良多矣。虽然草并之册，仍多遗漏，经验既久，觉其更宜稍加损益，以期臻诸完善。幸胡君庆生对于分类之法素有心得，彼此磋商，各抒所见，又与校园图书科第一班诸学生互相研究，取从前至旧章，再行修改，虑其歧出也，则归并之，嫌其支离也，则浑括之，总期统系聊属，阅者了然不必，拘拘专与杜威相吻合，惟期适用而已”③。

1928年胡庆生辞去文华图书科主任职务后，沈祖荣担任代理主任，而胡庆生仍担任图书科教授，且二人均为文华中学兼职教员。沈、胡二人均对学生甚为关爱，师生关系极为融洽。1929年春，“同学们以日日盘桓于故纸堆中，精神颇形沉闷。且郊原春光，不能欣赏，尤为一年只憾事。乃于四月六日邀诸教授同游卓刀泉、东湖等处……乐而忘倦，直至晚六时始归。胡教授更在魁兴园预备丰盛之晚餐……四月十三日又承沈代理主任引导游

① 钱亚新，白国应．杜定友图书馆学论文集［M］．北京：书目文献出版社，1988：221.

② 沈祖荣．民国十年之图书馆［J］．新教育，1922，5（4）：786.

③ 沈祖荣，胡庆生．仿杜威书目十类法［M］．武昌：文华公书林，1922：3.

览洪山、抱冰堂各名胜复享以盛”[①]。在1930年，中华图书馆协会发动了“韦棣华女士来华服务三十周年纪念大会”活动，在一份《韦棣华女士来华服务三十周年纪念募款委员表》中，胡庆生的名字排在沈祖荣之后，地址写着“武昌土司营文华第一别墅”[②]，在发起人名单中亦有胡庆生。沈祖荣在《在文华公书林过去十九年之经验》一文中多处提及胡庆生的作用和贡献[③]。这些都说明了沈祖荣与胡庆生二人关系的实况，两人可能在一些具体问题上有分歧，但那是办学中正常的现象。两人对于文华公书林和文华图书科的发展始终是志同道合的。

三是扩建文华公书林。1920年初在创办文华大学图书科的同时，韦棣华、沈祖荣、胡庆生便已开始酝酿和筹备文华公书林的扩充，他们请文华大学的萧格耻教授设计了扩充改造蓝图，按其图，楼上大厅较原来可多容400余人，演戏台后面增建小房两间，并加辟火梯二具，直达楼下，后面第一层与第二层之间增建特别小楼一座，以为静读之所，其计划较大，且显然是为了文华大学迅速发展和文华图书科将来发展之需要[④]。沈祖荣留美回国不久就恰逢文华图书科筹备之机，沈祖荣成为韦棣华的得力助手，他和胡庆生在全国各地宣传，为文华图书科的建立争取到了社会舆论的支持，扩大了影响。他们两人具体负责在国内政界要人和各地文华校友间，为公书林扩建的筹款事项，公书林扩建所需的5 000元经费中，“沈祖荣直接筹得2 250元，接近文华公书林楼下改造所需费用的一半”[⑤]。公书林顺利扩建后比原来扩大了1/3，为文华图书科的设立略备了必要的办学场所，成为文华图书科的依托和基地。文华公书林的扩充工程在当时的中国具有非常重

---

① 文华图书馆学专科学校季刊［J］．北京：国家图书馆出版社，2009，8（1）：259.

② 中华图书馆协会会报［J］．北京：国家图书馆出版社，2009，5（4）：4.

③ 沈祖荣．在文华公书林过去十九年之经验［J］．文华图书馆学专科学校季刊，1929，1（2）：159-175.

④ 公书林佳音汇志［J］．文华月刊，1921，1（2）：5.

⑤ 程焕文．中国图书馆学教育之父：沈祖荣评传［M］．台北：台湾学生书局，1997：44.

要的开创意义，譬如避火梯的加装。1924 年，韦棣华代表中华教育改进社，向美国图书馆协会接洽，聘请美国图书馆专家圣路易斯市立公共图书馆馆长鲍士伟来华演讲，并调查我国图书馆事业之状况。1925 年鲍士伟在参观济南奉天各图书馆之后，行程结束，作了第二次报告书用于补充第一次报告，提出的几点建议中，认为保存中国善本书为当务之急，“若要保存中国旧有的善本书，势必需建筑避火的书库，及改良装订；其贵重孤本，亟应影印，以广流传。凡此种种并不是完全仿效欧美，乃是研究如何采取各种最合中国情形的改革方法”①。

文华公书林

公书林扩建消息

在文华公书林的扩充改建计划制订以后，韦棣华、沈祖荣和胡庆生三人各司其职，合作默契而富有成效。韦棣华主要负责海外筹款，专为扩充文华公书林楼上之建筑费。但是，公书林改造楼下之款项尚需国币 5 000 元，而这些款项则主要由沈祖荣、胡庆生筹得②。另外，因沈祖荣、胡庆生在美国纽约公共图书馆学校留学时与纽约公共图书馆馆长“感情颇称融洽，课余谈论，藉知本校公书林所办事业，颇关重要，故特捐书前来，以表示对于沈胡二君之情感，亦所以辅助本校公书林之进行也”。遂于 1921 年元

① 中华图书馆协会会报［J］．1925，1（1）：8-10.

② 公书林佳音汇志［J］．文华月刊，1921，1（2）：5.

旦，“寄来书籍一箱共计一百五十册，皆系历史科学、社会学、文学、传记等类佳篇善本”[①]。可见，无论是为文华公书林筹款还是争取获得赠书，都没有缺少胡庆生的身影。

四是参与中外图书馆协会活动。早在20世纪20年代初，胡庆生就发表了图书馆学研究成果。他所撰《教育与公共图书馆》一文刊载于我国最早的图书馆专业期刊《浙江公立图书馆年报》第8期。该《年报》创刊于1915年12月，停刊于1927年1月，共出版11期。1923年8月20日至24日，中华教育改进社第二次年会在北平清华学校举行，文华图书科由韦棣华与胡庆生代表参加。1924年9月，胡庆生与沈祖荣合作，在《新教育》第9卷第1、2期合刊上发表了《中学图书馆几个问题》一文。据文中称，此文系遵戴志骞、陶知行嘱，为全国图书馆专门会议讨论而写就。文章共分五部分，即中学是否需要图书馆；中学图书馆之经济如何维持；馆员选择问题；何人能选择图书馆之书籍，其选择法如何；用何法引导学生利用图书馆。

1925年9月，中华图书馆协会设列5个委员会，其中图书馆学教育委员会正、副主任为洪有丰、胡庆生。1929年1月28日至2月1日，中华图书馆协会在南京金陵大学召开第一次年会，在1月29日晚7时举行的公开演讲中，继胡庆生之后，沈祖荣讲演“文华图书科概况”。文华图书科除沈祖荣、胡庆生、毛坤、白锡瑞四位先生参会外，庚午级同学“以此次年会为推进国内图书馆建设之开始，所讨论各专门问题，又为当今图书馆界所亟须解决者，可供研究之资料”[②]，因而得随赴会。到会200余人，选出包括胡庆生在内的15人为执行委员。1929年6月15日至30日，国际图书馆协会联合会在罗马及威尼斯召开第一次国际图书馆与目录学会议。当时的图书馆协会特请包括胡庆生在内的专家撰写出4篇论文，印成 *Libraries in China* 一书在会场分赠各国代表，极受欢迎。胡庆生的论文题为《中国之图书馆员教育》。事实证明，胡庆生热心图书馆协会活动，对图书馆学教育、

① 公书林佳音汇志［J］. 文华月刊，1921，1（2）：5.

② 文华图书馆学专科学校季刊［J］. 北京：国家图书馆出版社，2009，8（1）：259.

学校和公共图书馆等各类型图书馆的研究均有造诣。

当时，外界对沈、胡二人也是同时并称，如浙江公立图书馆在 1924 年 5 月 15 日回复沈祖荣、胡庆生两人的函文，可见胡庆生在当时推广新图书馆运动中也有一席之地。“皮之不存，毛将焉附”，如果用“皮”、“毛”之辨来看待沈、胡二人在文华图书科初创期的历史作用可能更加合适，这也是我们认为在文华图书科的早期应该提倡“沈胡并称”的又一例证。如下文：

复沈祖荣、胡庆生两君函：

盖吾国图书馆事业之不发达，固由无人亦由无财，即如敝馆为省公立且有分馆一处，而十二年度经费只八千四百六十余元（另有附设印行所经费五千五百余元，专为印行前官书局书籍之用，图书馆无涉），临时费无分文，其明证也，欲求增费则不但省议会难通过，即欲官厅提交议会亦大不易。中华教育改进社谓（望吾国政府维持图书馆绝无成为事实之可能），痛哉言乎！

今得两先生发起联合改进社及国内大名流，请求美政府将退还赔款三之二建立新式公立图书馆洵至当不易之法。兹由敝馆长将呈请书署名盖章寄上即请察收。再查中国年鉴内有各省图书馆调查表注云：据十一年八月新教育杂志，沈祖荣君调查于浙江列公立图书馆、分馆、普通图书馆三馆，其每年经费则公立图书馆下载一万二千六百元，又购书洋一千元，公立图书馆分馆下载同上，普通图书馆下载连附设印行所经费共一万零七百九十九元。按浙江只有公立图书馆即敝馆并无普通图书馆，敝馆虽有分馆一处，但经费向来不分，计十年度两馆共七千一百七十元（购书费在内），另印行所经费五千五百余元，十一年度两馆共六千九百七十元（购书费在内），印行所经费同前调查表所载俱与事实不合，合并附告，此复。[①]

---

① 本馆办理情形并一切章制文牍［J］. 浙江公立图书馆年报，1924（9）：9.

总之，笔者主张，应分时期、分阶段客观地看待历史，看待沈祖荣与胡庆生的关系，不能过于笼统、过于主观、过于偏重。在文华图书科的初创期、植基期、扩展期应该“沈胡并称”，他们二人都是韦棣华的左臂右膀，缺一不可，而在后来文华图专的全盛期、迁徙期、重振期，沈祖荣则独当一面。这一点类似近代中国历史上太平天国的“洪杨”（洪秀全和杨秀清）、戊戌维新的“康梁”（康有为和梁启超）、辛亥时期的“孙黄”（孙中山和黄兴）、新民主主义革命时期的“朱毛”（朱德和毛泽东）等。这实际上反映和体现出近代中国历史进程中别具特色的双元型领袖结构，是中国社会特定历史时期和环境的产物，我们无须否认也否认不了。

第三节　沈祖荣对中国图书馆学教育本土化与专业化的历史贡献

当然，沈祖荣受韦棣华的影响与胡庆生相比要深得多。沈祖荣用自己的工作争取到了韦棣华的信任，韦棣华资助其出国留学，还帮助其疗治了舌疾，待他结业回国时，韦棣华给他安排好了工作，更为他撮合了姻缘。可以说，没有韦棣华就没有文华公书林；没有文华公书林就不可能有投身图书馆事业的沈祖荣，而没有韦棣华和沈祖荣，就不可能有文华图专。历史就在无数个偶然中构成必然，沈祖荣继承了值得他“倾心悦慕爱戴终身”的师长的图书馆服务精神。在艰难的办学条件下，他始终坚持留下，与韦棣华一起固守着他们毕生的事业，沈祖荣还协助韦棣华成功地以“私立武昌文华图书馆学专科学校”的名义向教育部正式立案，为文华图专单独设校创造了条件。韦棣华的逝世对沈祖荣是人生中的沉重打击，但也将沈祖荣与文华图专紧紧地联系在了一起，其后，每当学校身陷困顿，风雨飘零之际，韦棣华的遗愿都成为沈祖荣坚持下去的精神支柱。据严文郁回忆，清华大学图书馆长洪有丰到中央大学就任后，该校曾以优厚待遇礼聘沈祖荣，他考虑后，“仍然不忍置韦师手创的母校不顾，决然婉谢了”①。

沈祖荣对如何办好文华图专有一套比较明确的指导思想。1933年，针对当时图书馆专业教育存在的问题，沈祖荣说：“我国图书馆教育之实况，亦殊多紊乱不景之气象。……近数年来，我国图书馆训练场所，各种略备。意对此一则以喜，一则以惧。按诸现在之需要，图书馆专门教育，因应有各级各项之训练，以满足有志于各级各项图书馆工作人员之要求。惟惜乎泰半流于滥冗，不仅未能实事求是，抑且足以贻害于本事业，致吾人对此，乃喜惧兼而有之。我国图书馆学专门学校，现只有一所。……除只所图书馆学专科学校外，我国近年来图书馆训练机关，更有大学图书馆学系辅系一处，图书馆函授学校一处，初高中程度职业学校及普通中学校图书馆学组两三处，暑期图书馆讲习会两三处，国立、省立大图书馆附近图书馆讲习班、训练班、见习、实习处若干处等等。其所订学程，自相当于大学正式课程，每学期十数学分以上，以至不定内容之多寡，任意拼凑，课程十余门，以至二三门，修习期间，自一年以上，以至半年或三月，或三数星期。其教学办法，自采用课本讲授，兼有实习，以至编订讲义，以至无所谓讲义与实习。其师资与设备，或精疏具备若干，或实一无所有。悉皆无从得有系统之陈述者也。大致情形既如是，故曰，我国图书馆教育现状，不乏紊乱与不景也。”②

因此，沈祖荣根据欧美各国的做法，结合我国的实情，提出对图书馆专门人才的训练：“①先制定各项标准。对入校前的学生报考条件，如学历、成绩、品德、体格等，应作出明确的规定。对学生入校后的收费标准，各学期课程的安排，学习成绩的最低要求，学生品格与体育卫生上的要求，均应严格规定并彻底执行。②学校实施教学与管理过程中，对教员的教学、

① 严文郁. 图书馆教育之父沈祖荣先生——为其百年冥寿纪念而作［M］//辅仁大学图书馆学系. 严文郁先生图书馆学论文集，1983：256.

② 沈祖荣. 中华图书馆协会第二次年会图书馆教育组报告及意见书（自刊本）［R］. 1933.

学生的学习以及他们的生活出处，要提供一个稳定、安全的环境，使之不受意外的干扰。对学生的德、智、体方面，应有经常的观察、审核与测试，以期培养出高质量的人才。③对应届毕业生，应付出必要的精力，加强服务品德的教育。如尊重领导，团结同仁，热情接待读者，注重馆际协作等。"[①] 他认为只有这样才能使图书馆专业教育规范化、制度化，文华图专正是在他的这种指导思想下，日渐兴盛。

首先，文华图专形成了一套我国最完善的图书馆学课程体系。在这个体系中有对欧美先进图书馆学教育模式的借鉴，也有结合中国图书馆具体情况的调整和补充。正如沈祖荣所谈及的，就中国的情形而言，"学科等项，举凡一切深浅虚实古今中外科目，如目录学学科、图书馆技术学科、图书馆管理行政学科、图书馆相关科目、外国语文以及其他经教育部规定必修之课程，似均应设置。其有学生中，于入学前在大学两年所修习课程成绩欠佳者，更须有补充其图书馆学以外普通学识之必要。一则我国图书馆学校绝少，无由分别担任训练；二则我国图书馆工作形质甚复杂，需要甚复杂；三则欲谋我国图书馆新书中外方面之融通，实用人才与研究人才双方之供给，要皆需要有如此种种学程"[②]。这套课程体系使得两年的图书馆学专业课程的教学上能够做到由浅入深，由中到外，循序渐进，培养出合格的专业人才。

其次，文华图专采取了许多教学管理措施来配合课程体系。例如：编制学程时，由于学时、精力有限，"意者在修学之第一、第二学年内，可着重技术方面之训练，第二、第三学年内，可着重理论研究方面之训练；并汰去各学科相互间重复部分，贯串各学科彼此问题通假部分；便于兼授者，则勿拘于先后中外之分，能割弃者，则守宁阙勿滥之义；于可能范围之内，并采选分科之制度；外国语文可习一二门，不必要过多；实习参观随各课

① 沈祖荣．我国图书馆事业之改进［J］．文华图书馆学专科学校季刊，1933，5（3/4）：261-266.

② 沈祖荣．中华图书馆协会第二次年会图书馆教育组报告及意见书［R］．1933.

1921年，文华图书科师生实践课程合影

程随时而有之，不另占学时钟点”。文华图专还鼓励教师编写出“图书馆学教学适用之教本、工具、参考物若干种应用；又除专门某科编纂外，更编制综合式之图书馆学概论及图书馆学术讨论与研究学课程适用之课本”①。在学校教学设施方面，文华图专亦十分注重，因为“图书馆工作实习，不可无规备，庋藏丰富之普通图书馆，以供图书编制、整理、流通等，应用之各种卡片、用品、器械等设备，亦自不待言”②。

为培养文华图专师生的研究能力和提高科研水平，1929年在中华文化基金会董事会的经费支持与学校教员胡庆生、沈祖荣、毛坤等的指导下，文华图专又创办了以学生为主体，教师为辅导的《文华图书科季刊》（后因图书科独立办校，《文华图书科季刊》于1932年改名为《文华图书馆学专科学校季刊》）。1930年1月20日该刊正式出版。据《中华图书馆协会会报》第四卷第五期中“新书介绍”一栏，对《文华图书科季刊》作如此介绍：“内容似拟对现代图书馆学及图书馆事业之理论与实际，作种种论述及创作贡献。取材方面，亦能兼顾中西。其中所见，虽见不无有待商榷之处，但精心结撰，有裨实用之作，亦颇不少。据吾人见到，以为该刊所负有或应有之职责，可约举如下：（一）切实阐发现代图书馆经营之内容与使命，以

① 沈祖荣. 中华图书馆协会第二次年会图书馆教育组报告及意见书［R］. 1933.

② 沈祖荣. 中华图书馆协会第二次年会图书馆教育组报告及意见书［R］. 1933.

增进国人对此新兴事业之了解与兴趣及赞助；(二) 多多介绍并鞫造一切新式图书馆在学理上及技术上之种种事功，俾我富有之书藏，得以尽其用，才智之读者，得以成其学，勤敏之馆员，得以圆满其功业；(三) 对于一切服务于图书馆界及对此有兴趣诸人士，作一种通讯讨论研究之出版物，亦藉此补足一部分人之需要。”① 可见，出版刊物的意图在于：一是对图书馆学上的种种问题进行讨论，作为图书馆学问题研讨交流的平台；二是对国外图书馆学的新知识进行介绍；三是担负宣传图书馆事业的任务，使之促进中国图书馆事业的发展。

沈祖荣在表达对《文华图书科季刊》的希望时说：“自己的不满意，外界的批评，存在足以挫折我们的意志，阻扰我们前进。设若一旦遇此情况，我们务须仰望前途光明，继续坚持最初的热情，抱着决心，不断的出版。”② 在 1929—1937 年 8 年时间内，陆续出版了《文华图书科季刊》、《文华图书馆学专科学校季刊》共 19 本，与《图书馆学季刊》、《中华图书馆协会会报》并称为当时图书馆界风行的三大专业刊物，但《季刊》却没有这二者的全国协会背景，主要依靠本校师生和校友资源，在民国时期刊物普遍存活时间不长的情况下，《季刊》能持续刊印 8 年之久至抗日战争爆发实属不易。

再次，广延四方贤俊，建立一支高水平的教师队伍。1926 年，文华图书科专职教员仅有韦棣华、沈祖荣、胡庆生、周楚蘅（清贡生，日本明治大学法政科毕业）和李登伯夫人（在美国依阿华州立大学图书馆和州立儿童图书馆工作多年）5 人。到 1937 年时，文华图专教职员已有 18 人，其中教授 4 人：沈祖荣、汪长炳、周爱德（美籍，华盛顿大学图书馆学士、华盛顿大学图书馆参考部主任）、毛坤；讲师 6 人：格拉赛（德籍，德国哈勒大学毕业，历任德国林斯德罗克实验学校、武昌方言学堂、高等师范商科大学、中山大学、武汉大学教授）、易忠箓（日本早稻田大学毕业，湖北省立

① 中华图书馆协会会报［J］. 北京：国家图书馆出版社，2009，4 (5)：32.

② 沈祖荣. 我对于文华图书科季刊的几种希望［M］//丁道凡. 中国图书馆界先驱——沈祖荣先生文集（1918—1944 年）. 杭州：杭州大学出版社，1991：58-61.

图书馆馆长）、徐家麟、张春蕙（法国黎尔大学硕士、武昌《光华报》主编）、叶承澍（中华大学商学士）、熊寿农（中文大学文学士、日本东北帝国大学研究进修）；其他教职员8人：早事教官谢复华、国术教员赵子虬、女生看护教员蒋美德（美籍，美国纽布雷埠护士专科学校毕业）、事务主任兼舍监范礼煌、注册主任汪应文、秘书张树滋、事务员骆继驹和崔思孝[①]。为扩大学生知识面，增广学生见闻，激发学生的研究兴趣，文华图专发扬公书林请名家讲演的传统，请国内外知名人士到校作专题演讲，如闻一多、周鲠生、王世杰等。

最后，文华图专提出要培养学生具有坚定的图书馆事业信仰和崇高的牺牲、服务精神。沈祖荣曾对图书馆员的生活作过全面的分析，他认为图书馆员的工作是繁重的，生活是清苦而艰难的，地位又不高，极易让图书馆界的有用之才"灰心失望"，以至"另辟途径"[②]，所以一个中国的图书馆员应具备灵活应变能力（adaptation）、组织能力（administrative genius）、智力（intelligence）、财政能力（financial ability）和牺牲精神（sacrifice），特别是牺牲精神，"在创业伊始，做为一名图书馆员，他就务必劳其心智，苦其筋骨，置甚于他人之辛劳与低于他人之微薄薪金于度外，牺牲个人之荣华享乐，将其毕生之时间与精力贡献于图书馆事业"[③]。也就是树立坚定的图书馆事业信仰，只有这样，才能"补足我们的软弱，坚固我们的自信力"[④]。这种坚定的图书馆事业信仰和崇高的牺牲与服务精神，集中体现在忠诚于图书馆事业。沈祖荣认为，"忠诚合得有勤劳，忠诚合得能忍耐，忠诚为万事成功之母。这是我们图书馆界同人，在每日生活中应该表现出来的；尤其是在中国此时的国难中，忠诚是斩断盘根错节的唯一利器"[⑤]。正

---

① 沈祖荣．中华图书馆协会第二次年会图书馆教育组报告及意见书［R］．1933.

② 沈祖荣．谈图书馆员的生活［J］．文华图书馆学专科学校季刊，1934，6（1）.

③ Tsu-Yung Seng. Difficult Problems of The Librarian in China［J］. The Chinese Student's Monthly，1917，12（1）：19-24；13（2）：161-166.

④ 沈祖荣．谈图书馆员的生活［J］．文华图书馆学专科学校季刊，1934，6（1）.

⑤ 沈祖荣．国难与图书馆［J］．文华图书馆学专科学校季刊，1932，4（2）.

是在这种指导思想下，文华图专的毕业生遍布全国，大部分终身供职于图书馆界，而且裘开明、查修、桂质柏、皮高品、严文郁、徐家麟、汪长炳、钱亚新、毛坤、周连宽、李钟履、吕绍虞、蓝乾章、喻友信、张遵俭、程长源和彭斐等都成为享誉海内外的图书馆学家，为近代中国图书馆事业的发展作出了很大贡献。

在沈祖荣的主持下，文华图专在图书馆学课程体系、教学方式、学制、教学设施、师资建筑等方面都建立了中国最完整的图书馆学教育模式，这个教育模式确立了中国图书馆学教育的基本构架，使得文华图专在中国图书馆教育史上具有突出的地位。1934 年教育部曾两次派员视察学校，第一次督学钟道赞认为，“私立武昌文华图书馆学专科学校，设备完全，学生人数虽属不多，成绩尚优，堪称国内图书馆教育之最高学府”。第二次视察员刘英士等认为，“查该校办理尚觉认真，其所造就人才，颇能适应社会需要，殊堪嘉许：惟中文书尚览缺少，亟应添购图书，或设法扩充实习机会，以利训练”①。

第四节　迁徙期（1938—1945 年）：沈祖荣带领文华图专艰难前进

1937 年 7 月 7 日抗战全面爆发，1938 年 6 月武汉保卫战开始，文华图专经历了校史上的一次重要事件——“西迁”，这也是沈祖荣在韦棣华逝世后，首次独自面对严峻的考验。当时华中大学曾提议两校联合迁往云南西部，沈祖荣拒绝了，决定单独迁往重庆。文华图专由鄂迁渝的颠沛流离经过概况如下：

廿七年暑假该校因战局关系，奉令由武昌迁渝，自六月底起，即准备一切，开始西移。该校沈校长，教务长汪长炳，教授毛坤三人，先到重庆筹划临时办公地点。经多日之努力，始在川东师范大礼堂内

① 文华图书馆学专科学校季刊 [J]. 1934，6 (3).

办公之国立中央图书馆筹备处借得房屋一间。至于寻觅校址一项，进行尤为困难，经各方接洽之结果，始获得求精中学当局之同意，借予一部房屋。求精校址在重庆曾家岩，地位宽敞，风景清幽，环境甚为适宜，只以其他学校，如南京金陵大学、汇文女中、教育部电化人员训练班等校，均假该校上课，房屋颇不敷用。因此，该校又多方设法，于求精中学院内空地，自建旧式单层新屋一座，作为教室、办公室及图书阅览室之用，落成后，命名棣华堂，藉以纪念该校创办人韦棣华女士。而学生之宿舍、餐堂、盥洗室、操场等则借用求精中学。该校教职员除少数兼任教员未予续聘，教员中决定一人留守外，其余均于八九月间陆续抵渝，该项工作，至是乃逐渐恢复矣。①

1938年夏，沈祖荣、教务主任汪长炳和毛坤一行三人，借用重庆曾家岩求精中学②一部分宿舍做教室和男生宿舍，另在校园内建了一座八角亭为办公室、图书馆和教室。同年8、9月，文华图专主要教师与本科第15、16两届学生和重要文卷、图书、档案、仪器等全部抵渝，学校弦歌不绝。1941年5月9日和7月7日，文华图专在求精中学的校舍先后遭日寇敌机轰炸，片瓦无存，损失惨重。

沈祖荣在重庆曾家岩求精中学留影

文华图专师生在重庆曾家岩中学合影

① 中华图书馆协会会报［J］. 北京：国家图书馆出版社，2009，13（5）：121.

② 求精中学当时已疏散，后在校址上另办求精商业专科学校。

沈祖荣四处奔走，多方筹集，先后获行政院、赈济委员、中华教育文化基金董事会紧急援助10余万元，在重庆相国寺廖家花园，开始自建校舍。沈祖荣组织了建设委员会，自兼执行委员，皮高品为监察委员，将廖家花园旧房作为办公室、女生宿舍和教室，建平房三幢做男生宿舍、食堂、礼堂、图书馆和教室，还建一幢楼房名曰“华德楼”，为教工家属宿舍。10月下旬房屋尚未全部竣工，文华图专师生就在露天进餐，在卧房授课，坚持开课教学。为避免图书、档案受损，沈祖荣事先准备了小型手提书箱、书袋，将书籍立排箱内，平时叠在一起当书架，一遇紧急情况，全校师生都本着“爱护图书、档案如生命”的信念，男生迅速将书籍连同书箱搬到防空洞内，女生则提着档案袋尾随其后，所以尽管文华图专校舍被敌机炸毁，但图书、档案保存完全。

1946年12月，文华图专第七届图书馆学专科生在廖家花园旧址办公室前合影

文华图专在重庆曾家岩求精中学内的图书阅览室

在沈祖荣的带领下，文华图专渡过了长达八年的艰难迁徙期，文华图专能在国难之际维持办学的意义，绝非后人给予沈祖荣不同历史光环所能涵盖的。从近代知识分子所走过的追求真理、爱国救亡、知识救国、服务社会的共同道路来看，在迁徙期，沈祖荣展现出的无畏艰辛、百折不挠是对文华图专“智慧与服务”校训的最强的历史回音，如果没有他这种坚韧

执着的精神，很难想象文华图专能坚持到复员，故他本人亦是文华图专的精神领袖，如同一位科学家回忆高校西迁时曾这样说："首先战争时期为保存高等教育而奋斗的主要动机来自于传统对学识的尊重，在以儒家为主的传统中，中国学者被认为是社会中的道德领袖，从某种程度上说，也是精神领袖，那么从这一观点出发，战时大学代表着保存知识，不仅是'书本知识'，而且也是国家道德和精神价值的体现。"①

1946年12月，文华图专师生在重庆廖家花园校址教室前合影，墙上标语为"中国图书馆使命全靠我们的力量贯彻"、"中国图书馆事业需要我们的精神完成"

在西迁重庆的几年里，在沈祖荣的主持下，文华图专在战火纷飞的年代中求得了生存，在生存中求得了发展。正如沈祖荣当时所言："本校自二十七年奉令西迁重庆以来，由于全体教职员的继续努力与政府当局及有关机关之多方协助，不独武昌时代之旧绪仍保持于不坠，而种种新成就亦逐年加多。其荦荦大者，如以前只秋季招生，常年开办两班，现在春秋二季招生，常年开设五六班之多。以前只设图书馆学一科，自二十九年秋季起，增设档案管理一种，为国内研究以科学方法管理档案之唯一学术场所。再如以前图书馆学科新生入学资格，规定至少须在立案大学肄业满二年以上者，三十年春季起，始与档案管理科一律招收立案高中或同等学校之毕业生，以宏造就。又如以前公费之给予并无严格标准，而名额亦不多，现在公费分甲、乙、丙、丁四种等第（甲种年给四百元，乙种三百元，丙种二百元，丁种一百元），新生依录取成绩，旧生依学行成绩而给予之，含有奖学意味，而名额亦较前增加数倍。其余

① 任之恭．一位华裔物理学家的回忆录［M］．太原：山西高教联合出版社，1992：101．

如课目之加多，新增者有社会科学概论、史地概论、史料整理法、文哲概论、自然科学概论、博物馆学通论等，训导工作之前进，如导师制度、小组讨论、劳动服务、社教工作等，均为以前在武昌时所无者。本校每年毕业生均供不应求。如二十七年夏，本校毕业生只有十人，而各图书馆来聘请者有二十余处。二十八年度毕业六人，各方函校聘请者有十七处。二十九年夏毕业七人，来校聘请者又达二十余处。这些成绩，均系本校同仁所辛苦经营之结果。此为吾人差堪引以自慰者。"①

第五节　矛盾再起：战后文华公书林的权属划分

1945 年抗战胜利后，文华图专开始复员工作。1946 年 9 月总务主任沈宝环先行赴武昌。华中大学已先行一步返汉，占据了公书林，文华图专只剩学生宿舍华德楼一幢。在文华公书林的权属上华中大学与文华图专之间自韦棣华时代就已有争论，以至于后世对此评价时，往往对华中大学的责难之声不绝于耳。但事实上，华中大学和文华图专一样都属于美国圣公会控制下的"文华共同体"的组成部分之一，在处理校务上自身权力受到很大限制。在 1938 年以前，文华中学、文华图专、华中大学三校处于同一校园，由于公书林在经费上仍由华中大学保证供给，并以"文华共同体"的总管方圣公会鄂湘教区的名义对公书林的权属作了安排。在湖北省档案馆藏华中大学卷宗中，有一份 1930 年 12 月 30 日华中大学以圣公会鄂湘教区主教和副主教的名义草拟的一个"声明"。全文如下：

圣公会设文华公书林指定为大学图书馆，所有馆员薪俸添置书籍等费用，概由圣公会负担。兹文华大学加入华中大学为其组合体之一，文华公书林所藏书籍估计四分之三系属大学图书馆，应作为大学图书

---

① 沈祖荣. 私立武昌文华图书馆学专科学校近况 [J]. 中华图书馆协会会报，1942，16 (3/4).

馆参考书之用。馆中所涉图书馆专科学校，原系附属性质。恐滋误会，特此声明。

圣公会鄂湘教区主教　　印

副主教　　印

民国十九年十二月三十日

在1946年5月华中大学开始启程迁回武昌之前，华中大学校董会重要成员孟良佐主教提前返回武昌作了前期考察。复员后的华中大学面临着校舍严重不足的问题，“由于战争期间武昌大量房屋被毁，为教职工租用足够的房屋已经没有可能”，加之“华中大学校方希望9月的注册学生人数在120人至150人之间，而且他们都是随华中大学一起从云南迁回的学生。但事实远非如此，武汉有许多学生想进入华中大学学习，这一状况给校方造成了很大的压力。最后，华中大学只好使用政府拨款的一部分修建临时学生宿舍”①。

1947年3月，文华图专复员武汉后，师生在武昌崇福山校址前合影

公书林产权归属的矛盾。由于“文华共同体”形式上的存在——同处于同一校园，图书馆的利用可以相互合作，故而在1938年前并未显现，战争带来的破坏，学生人数的激增，如“文华中学复员后，秋季学期有学生810名，差不多是战前的两倍”②，这导致房屋紧缺。华中大学又早于文华图专抵达武昌，于是就出现了“1946年夏，美圣公会授权华中大学使用文华图书馆学专科学校的全部建筑，同时也授予文华中学使用礼堂二

① ［美］柯约翰. 华中大学［M］. 黄政辉，译. 武汉：华中师范大学出版社，1992：112.

② 基督教圣公会中学方面资料［G］. 武汉市档案馆藏，全宗号：112-1-25.

楼的权利，但只限于某些活动，并且需经华中大学批准。文华图书馆学专科学校后来于 1947 年初从重庆返回武昌，落脚于自己的一幢宿舍（建于 1934 年）和隔壁的一所初级中学。这使得文华校园的学校由原来的三所减为二所，而且使华中大学得到大量教学用房。图书馆也终于完全彻底脱离了文华图专”①。

抗战胜利后，韦卓民向建校委员会提交了华中大学十年发展规划，他们原则上通过了这一计划。“随着十年发展规划的思索，如何修改战前建筑计划以及目前校园面积是否够用的问题提了出来。1946 年 11 月，主教派教会全国委员会所属的一个专门委员会访问了中国并制订了战后计划。他们在武昌一周的访问中，对华中大学和文华中学关心备至，他们的关心结果使上述问题在武昌得以讨论，最后就这一问题拟定一份计划。计划指出文华中学将在城东一英里的地方建立新校址，它迁到那里以后，整个文华校园包括两片教师住宅区全部交付华中大学。该委员会提交的这份计划得了主教派教会的批准。”共同的战争遭遇致使“文华共同体”中的三校迁离共处的文华校园，而战后的重建给“文华共同体”带来了新的发展机遇。至此，“文华共同体”中的三校在形式上，在圣公会这个“家长”的主持下进行“分家”。文华图专的办学相比华中大学、文华中学，长期以来更依赖于政府，而缺少圣公会的同等支持，沈祖荣为文华图专绘制的远景蓝图与韦卓民为华中大学制定的十年发展规划相冲突，华中大学要实现这一计划，必须拥有独立的大学图书馆，在圣公会的干预下，长时间困扰华中大学的校址问题得

华中大学文华公书林印章

① ［美］柯约翰．华中大学［M］．黄政辉，译．武汉：华中师范大学出版社，1992：112.

到了解决，一座专门的大学图书馆开始建设，“伦敦中国基督教大学协会秘书宣布，某大慈善基金保管会已允捐款四万五千镑，供中国私立武昌华中大学建筑图书馆之用”①。

文华图专经多方联系后，圣公会拨划借得高家巷文华中学二部两间房屋作教室。1947 年 1 月，文华图专大部开始返汉，由图专第 9 届学生丁道凡、木工宋泽和教师昌少骞负责押送图书、档案、仪器，3 月才全部运完，“本校迁渝期间及复员以后，无时不积极致力于恢复工作，而美国图书馆协会、英国文化协会、美国图书馆与本校之中西友人等，皆曾热心捐赠，以期恢复圕有书藏”②。文华图专就此复课。复员后的文华图专步入办学史上的重振期，招生情况良好，且师资队伍也逐步稳定，“武昌文华图书馆学专科学校三十六年度秋季在京、沪、渝、汉四区扩大招生，报名人数近千，录取图书馆学专科及档案管理科各一班共一百人。现任教授有桂质柏、邬保良、陈尧成、胡伊默、任松如、达小姐（Madam Noiseless D'Halluin）、熊景芳、李廉、黄连琴等诸先生”③。

第六节　重振期（1945—1949 年）：沈祖荣振兴文华图专的宏大梦想

民国时期的私立大学办学者大都具有为国育才的强烈愿望，建校时邀请久负声望的名士加入董事会或参与建校，以此凭借上层社会中的人际关系，使学校的发展能获得财力和政治上的支持。为了争取湖北籍的在国民政府任职要员的支持，其中包括监察院院长居正、何成濬、贺国光、孔庚、李荐廷、张难先等。沈祖荣带着居正等五人的联名信，何键的信以及曾任汉口特别市市长、时任宣传部次长、文华图专校董会主席吴国桢的信，地

① 中华图书馆协会会报［J］. 1948，21（3/4）：16.

② 基督教圣公会文华图专资料［G］. 武汉市档案馆藏，全宗号：112-1-26.

③ 中华图书馆协会会报［J］. 1948，21（3/4）：16.

方官员王东原不仅接见了沈祖荣，并亲自带领沈祖荣视察了拟拨给文华图专建校的地方，即“平阅路（今武珞路）蛇口之麓，前高师校址，计红砖墙楼房二栋，后面小屋一栋，并短垣所围空地”，并承诺省立图书馆，学生可入学实习①。这给沈祖荣极大鼓舞，感到学校前途一片光明。

沈祖荣返渝后将消息及时告诉了吴国桢，吴国桢分别向王东原与钱云阶写信表示感谢。吴国桢很快也收到了王东原和钱云阶内容相近的回信：“关于武昌文华图书馆学专科学校迁回武汉自当尽力设法拨相当校舍。俾早复课。惟省会战前原有各校之舍，因暴敌盘踞七年，什九遭到摧毁，致现有省立各校复员校舍多未解决。关于武昌高师旧址（即前二女中旧址）上年即经开办武昌临时中学，收容陷区及迁复学生；省立图书馆复员后，现仍旧原馆舍应用；前两湖书院房屋后在沈校长未返省前经拨国立体育师范专科学校及国立湖北师范学院两校。至汉口旧租借日本小学亦早由汉口市政府接收该校，均属为无法空出，故于万分困难之中，拨定武昌抱冰堂侧之十桂堂东北两面空地为该校修建校舍之用……仍祈转致沈校长早日返鄂共商进行为盼。”②

复员后的文华图专一直备受校舍狭小之困扰，沈祖荣为文华图专向政府当局不断请求划拨宅基地，扩建校舍。从以下三组往返电文档案内容，可见沈祖荣作为校长维持办理文华图专之艰辛。

1948年5月11日，沈祖荣向时任湖北省政府主席张笃伦呈送《为本校原有校舍狭小不敷应用电请将本市粮道街昭忠祠拨交本校修建允作校舍及宿舍之用由》代电，全文如下：

查本校创立于民国九年为国内图书馆学教育历史最久之学府，三十年来毕业学生服务社会，推进文化，尚不无相当成绩，自抗战军兴后，随同政府西迁重庆。虽历尽艰辛，但始终维持弦诵，此为钧长所

① 《沈祖荣致王东原书信》，原信藏湖北省档案馆。

② 《王东原复吴国桢函》（1946年3月16日）、《钱云阶复吴国桢函》（1946年3月19日），两信底稿均存湖北省档案馆。

深知者。胜利后东下以组织扩大、员生加多，乃商借文华中学第二部为临时校舍，筹备复课，事先曾函请省政府协助复员拨给房地，承前主席王东原先生指拨武昌抱冰堂原十桂堂左右公地以供建筑校舍，嗣后准武昌市政府三十五年十一月二十一日武市财字第六百五四号公函，以抱冰堂原十桂堂左右属于首义公园范围，未使拨充校址该函中，并声明已呈请省政府改拨左旗东面前无线电台基地，旋又准该府函称该基地属省有公产，嘱迳向湖北省公产清理处接洽云云。本校曾迭向公产清理处函洽租赁手续，公文前后往来历时两载，不仅毫无结果而准备为建筑用之款项亦因法币逐日贬值化为乌有，损失之巨，真堪痛心！刻本校以现有学生人数甚多，原借校舍狭小不敷应用，今秋又招新生，更感无法容纳。然建筑校舍宿舍又因上述之原因无能为力，徒唤奈何！素仰主席关怀桑梓，热心教育，用特电请鉴查，将省有公产本市粮道街昭忠祠拨交本校修建，权作校舍及宿舍之用，以广作育而利教化，倘蒙惠准，则嘉惠士林，将永垂不朽矣！迫切陈词毋任企祷。[①]

从这则电文中可以看出，文华图专复员返回武昌后，校舍问题一直费尽周折，从武昌抱冰堂原十桂堂左右公地到左旗东面前无线电台基地均因各种理由不得划拨成功，加之法币贬值，政府的复员补助费也化为乌有，使文华图专的扩建难上加难。1948 年 3 月 4 日，文华图专房子发生火灾。这场突如其来的灾祸，无疑是雪上加霜，幸运的是很快得到化解。沈祖荣于次日便写信告知了孟良佐火灾的事情，在孟良佐 4 月 19 日的回信中，他向沈祖荣表示“很高兴你已妥善地安排了高家号的财产”[②]。5 月 17 日，沈祖荣就申请将粮道街昭忠祠拨交文华图专扩建校舍一事，也向省教育厅长致函，希望教育厅也能出面帮助协调此事。

---

① 武昌图书馆学专科学校请拨昭忠祠为校舍［G］. 湖北省档案馆藏，案卷号：LS19-4-6059.

② 基督教圣公会文华图专资料［G］. 武汉市档案馆藏，全宗号：112-1-26.

质清吾兄，厅长勋右顷接私立武昌文华图书馆学专科学校沈校长祖荣兄来函，以该校校舍狭小，不敷应用，拟恳省府就近将粮道街昭忠祠拨交该校修建扩充校舍之用，附代电一件，嘱转呈前来查省有公产系属贵厅主管范围，沈君在鄂主办该校十余年，辛苦支撑，成绩卓著。政府为鼓励私人兴学起见，似应切实予以协助，察其代电中所称各节确系实情，用特检附原电函，恳吾兄赐予核办，万一不能拨交，似可准予租用，如何？仍希惠复，俾便转达为荷，此并颂。①

1948年7月5日，湖北省公产经理处根据省政府的要求，回复代电《为昭忠祠为省有公产已经前整委员会分别发租电复鉴核转知由》，全文如下：

案奉钧府本年六月八日，省财二字第41642号训令以据私立武昌文华图书馆学专科学校，请拨粮道街昭忠祠为校舍一案，饬查明呈核等因查昭忠祠为省有公产，其前两进房屋已经前整委会于三十六年元月分别发于刘寿臣等二十七户承租，并据遵章按月缴租，毫无蒂欠，后进则由武昌市雄楚区国民小学使用，值此房荒时期，若将现住户租权撤销，另发与文华图书馆学专科学校，现住各户恐难迁让，势必滋纷扰，无济于事。奉令前因理合将现时情形电复鉴核转知为祷。湖北省公产经理处长陈健、副处长胡时敏叩。②

沈祖荣扩建校园的希望又一次破灭，直到解放前文华图专校园一直很狭小拥挤，入不敷用。学校分两部，校本部在崇福山街（此房屋系向中华圣公会所借），本校教职员及男生宿舍在昙华林街十九号华德楼（以往自建），直到1949年解放后，文华图专校舍情况也未能明显改善，“校本部房

① 武昌图书馆学专科学校请拨昭忠祠为校舍［G］. 湖北省档案馆藏，案卷号：LS19-4-6059.

② 武昌图书馆学专科学校请拨昭忠祠为校舍［G］. 湖北省档案馆藏，案卷号：LS19-4-6059.

屋5栋，计31间：办公室1间可容9人办公，教室4间，每间可容40人，女生寝室4间，每间能容10人，若双人床能容16人，礼堂1间，图书馆1间，会议室1间，学生自治会办公室2间，余系教职员寝室及工友寝室等。教职员及男生宿舍2栋，计14间：自习室1间，男生寝室2间，每间能容12人，若双人床每间可容18人，余系教职员寝室及工友寝室及学生浴室等”①。经费拮据使得校舍维修变得困难，学生对此反映很强烈，“对于学校方面，我认为寝室光线太差，浴室设备太差，四面通风，冬天简直不能洗涤，希望能修整一下”②。由于文华图专校园狭小，缺乏开展文体活动场所和设备，诸多学生对此感到不满，“我校对于健身方面的用品实在太少，如脚踏车、羽毛球之类，并且没有一大的操场，当课余之时，同学无地方玩，设备方面与寝室与浴室应加修理与添置所应加添的物件”③。甚至有的学生抱怨道，“我们学校之行政管理与学生活动互不相连，他们一点也不关心学生需要一些什么活动及学生福利活动”④。

尽管困难重重，让文华图专在自己手里发展壮大始终是沈祖荣的心愿，为了文华图专的生存和发展，他制定了一个《文华图书馆学专科学校战后工作计划》：建立一所韦棣华纪念馆，把文华图专发展成为一所授予学位的图书馆学、档案学和博物馆学学院。为此，沈祖荣将该计划先后寄送美国有关方面及相关人士，并提出“实施本计划的建议方案”，“对美国给予文华以实际帮助给予巨大的希望”。在这种怀着“巨大希望”的想象中，1945年8月10日，沈祖荣在致美国图书馆协会东方和南太平洋委员会主席布朗

① 湖北私立文华图书馆学专科学校概况、访问材料、教职员工学生名册、调查表、毕业生历年成绩表［G］. 湖北省档案馆藏，全宗号：GM7-1-96.

② 湖北私立文华图书馆学专科学校各学科教学情况调查表、学生意见表［G］. 湖北省档案馆藏，全宗号：GM7-1-97.

③ 湖北私立文华图书馆学专科学校各学科教学情况调查表、学生意见表［G］. 湖北省档案馆藏，全宗号：GM7-1-97.

④ 湖北私立文华图书馆学专科学校各学科教学情况调查表、学生意见表［G］. 湖北省档案馆藏，全宗号：GM7-1-97.

(Charles H. Brown) 的信函中，以附录形式首先向布朗提出了一份长达三页的文华图书馆学专科学校计划草案，以征求布朗的意见，并请求予以支持，并于 1945 年 12 月由渝飞沪，到京、汉一带视察，做好准备。计划书部分内容如下①：

文华图书馆学专科学校战后工作计划

致文华图书馆学专科学校的全体支持者和朋友：

为了中国战后教育和文化的发展，我们全体签名者谨代表文华图书馆学专科学校，高兴地向你提交这份呼吁书。我们希望你对文华图书馆学专科学校的兴趣和对文华图书馆学专科学校之壮志的共鸣将使你对下述计划给予巨大的支持，以便能迅速而全面地实现这一计划。

1. 建立韦棣华纪念馆

美国圣公会传教士韦棣华女士在华服务的三十年中建立了文华公书林，并以各种方式展现了现代图书馆的实务。

为了满足中国图书馆的人才需求，她创办了文华图书科。为了促使美国政府将庚款退还中国，她不辞劳苦，四处奔波，最后确保了将庚款的大部分余额用于中国图书馆事业。她对邀请鲍士伟博士来华指导图书馆事业和组织中华图书馆协会颇有帮助。在其最后一次返美期间，她力促废除与中国签订的有关的一切不平等条约。自韦棣华女士于 1931 年逝世以来，文华的全体同仁一直不负韦棣华女士的重托努力经营文华图书馆学专科学校。最为遗憾的是，武昌文华公书林在日寇的蹂躏下已沦为牺牲品。为了永久地纪念韦棣华的功绩，我们相信：一切像韦棣华一样在心中对中国的福利真正关心的人们，一定会携手共建一所更好的图书馆以弥补这一损失。

---

① 程焕文. 中国图书馆学教育之父：沈祖荣评传 [M]. 台北：台湾学生书局，1997：139-144.

韦棣华纪念图书馆应体现如下特点，即：将实现韦棣华女士的多项遗愿，与文华图书馆专科学校的工作协调一致，并与中国图书馆的发展融为一体。这里仅提一下这些基本特点就够了。韦棣华女士是一位名副其实的注重公共服务的美式图书馆倡导者，是一位主张一切形式的知识资源都应同时供学生使用的多才多艺的人。在文华公书林，不仅有韦女士收集的图书，而且还有影片、幻灯片、录音带和古器物。因此，韦棣华纪念图书馆最好应是一所包罗各种博物的免费流通馆。为了给文华图书馆学专科学校的学生提供学习和研究的一个充足设施和一个良好的实习实验室，韦棣华纪念馆应该拥有较好的图书馆学、档案学和博物馆学图书、期刊和工具的馆藏，且其基本馆藏选必须突出各主要研究领域的参考书和基本著作。

毫无疑问，随着和平的到来，文华图书馆学专科学校即将迁返的武汉三镇将会成为一个非常重要的商业、工业和通讯中心。显然，韦棣华纪念图书馆将还会注重商业和技术，以服务于该社区。总之，鉴于内在和外在的各种原因，应该建立韦棣华纪念图书馆，这将成为中美图书馆界之间的一条永久的纽带。回想文华公书林成为中国图书馆运动中心的过去岁月，我们感到由衷的满意。是否可能在汉口或武昌建立一所有点类似匹兹堡的纽瓦克公共图书馆（Newark Public Library）或卡内基理工学院图书馆（Carnegie Institute of Technology Library）模式的图书馆以使韦棣华女士为中国首创的服务事业永垂不朽呢？

2. 实施本计划的建议方案

我们完全明白：在实施上述计划中，所需要费用将是一个很大的数目。当然，文华图书馆学专科学校没有财力启动该计划，更不用说将其进行到底了。无疑，中国的现状是希望有人或由几个财团承担其全部费用。因此，我们不得不对美国给予文华以实际帮助给予巨大的希望。第一次世界大战以后，通过卡内基的捐款，曾重建了卢温大学图书馆（the University of Louvain Library）。东京帝国大学（Tokyo Imperial University）图书馆在1923年的大地震之后通过洛克菲勒基金会的资助而完全复原。美国图书馆协会在巴黎已经建立了所谓的美国图书馆学校（American Library School）。最近由美国国务院或在美国国务院的赞助下在拉丁美洲建立的图书馆组织已发挥了多种效益。诚然，就美国而言，如果这三方或任何一方能够把文华的这个请求看作是真正有价值的，并进而给予大力的支持的话，那么，这将是一个高尚的行为。

我们不敢说因为文华图书馆学专科学校能够得到其美国的支持者和朋友的关照，她就是一所特别重要的学校。但是，我们仍然相信文华图书馆学专科学校必将会得到美国、美国图书馆界和韦女士家乡的这样或那样的帮助。这种来自国外的帮助将比其捐款更有意义，因为它将使文华图书馆学专科学校更易获得国内民众的贡献和捐赠。同时向中国的一些有兴趣的各方提出建议亦是我们计划的一部分。

3. 把文华图书馆学专科学校发展成为一所授予学位的图书馆学、档案学和博物馆学学院

自1920年继文华公书林之后创办文华图书馆学专科学校以来，在其25年的发展历史中，文华图书馆学专科学校已经形成了始终不渝地坚持服务之理想、倡导学术研究、竭力满足中国图书馆之需求、忠诚图书馆教育事业的特点。战后必须从两个方面加强文华图书馆学专科学校的建设，即继续发扬其传统和保证其进一步发展。我们认为：在战后文华图书馆专科学校的规划中，我们应采取立即的步骤将其发展成为一所名实相济的授学位的学院，而不是作为韦棣华纪念图书馆的组成部分。

这个发展计划是一项可行的计划，而且我们有理由规划文华图书馆学专科学校的近期发展，这些已为我们提供了基础。文华图书馆学专科学校对中国图书馆事业的贡献是一个世人皆晓且无需数说的事实。

早在1936年，文华图书馆专科学校因预见到政府档案管理人才的巨大需求而率先开始开设了档案培训课程以提前满足档案管理人才的需要。这个新的专业教育领域的创设已证明完全是正确的。1940年教育部在我校原有的图书馆科的基础上又批准设立了档案管理科。教育部还进一步连续四年拨款在文华图书馆学专科学校开办了四个月的档案管理短期培训班。

遵照中国政府的有关条例，建立授予学位的学院必须要有三个科系。文华图书馆学专科学校已经在组建第三科，即博物馆学科。在文华图书馆专科学校开办博物馆学教育曾是文华图书馆专科学校创办人韦女士的远大抱负。因为去年文华图书馆学专科学校已经开设了两门博物馆学课程，并且目前正在建设一个小规模的博物标本研究专藏，因此，文华图书馆学专科学校多年来自身努力的真正结果就在与在事实上承认文华图书馆专科学校是一所高等学校。这种变化将吸引很多的有志青年选择图书馆、档案馆和博物馆事业作为终身职业。

我们还渴望将来邀请美国和英国的档案学、博物馆学和图书馆学专家在培训中国学生和管理韦棣华纪念图书馆的各部门与我们合作。这份计划和韦棣华纪念图书馆以及文华图书馆学专科学校将因此成为中国的一所真正的国际文化学院。如果能够荣幸地获得资助建立一所与韦棣华的荣誉相称的良好图书馆的话，那么，文华图书馆专科学校就会享有其他学校所不具备的优势。拥有整整25年图书馆学教育经验的文华图书馆学专科学校将能胜任这项工作。25名以上的文华图书馆学专科学校毕业生已在美国接受了进一步的专业培训，其中五位现在仍在从事美国图书馆实际工作，如果将他们召回，那么，他们将会倾尽全力于未来的韦棣华纪念图书馆和文华图书馆学专科学校。所以，在战争胜利后建设一个新中国的过程中，文华图书馆学专科学校将会在这一特定事业中发挥领导作用。中国将会像其在中世纪以前一样在未来为世界作出巨大的贡献。

可以想见，这份计划包括两部分，其一，建立一座韦棣华纪念图书馆，它既是“一所包罗各种博物的免费流通图书馆”，也为“文华图书馆学专科学校的学生提供学习和研究的一个充足设施和一个良好的实习实验室”，还“拥有较好的图书馆学、档案学和博物馆学图书、期刊和工具的馆藏，且基本馆藏还必须突出各主要研究领域的参考书和基本著作”，这个纪念馆将成为武汉三镇的商业、工业和通讯中心。其二，把文华图专发展成为一所授予学位的图书馆学、档案学和博物馆学学院。在文华图专原有的图书馆学科、档案管理学科的基础上，再组建博物馆学科，使文华图专具备授予学位的学院须有三个科系的条件。按照这份规划，文华图专“将因此成为中国的一所真正的国际文化学院”。

沈祖荣将该计划的实施寄希望于美国的援助，他在计划中说：“我们仍然相信文华图书馆学专科学校必将会得到美国、美国图书馆界和韦女士家乡的这样或那样的帮助。”① 为此从1944年初夏起，沈祖荣就与美国图书馆协会东方和南太平洋会主席布朗（Charles H. Brown）保持书信联系，1945年8月、9月又致函美国洛克菲勒基金会远东区域主任巴尔佛博士（Dr. M. C. Balfour）和美国图书馆协会常务秘书长米兰（Carl H. Milam）博士，希望得到支持和帮助，但二人只给予了口头上、道义上的支持。此外，沈祖荣于1949年8月5日致函美国韦氏基金的保管人格林博士，诚挚地向这位美国校董表达了他对学校前途的信心与忧虑，“我们的确不应该将维持学校发展的希望永远寄托在韦氏基金上，我们只希望在复建到正常的时候，我们就有能力独立自强，因此，韦氏基金至多给予文华图专修建经费4 000或6 000美元，就能拯救这个学校于消亡之际”②。同时，为借助教会关系，得到国际图联、美国图书馆协会等机构的更多支持，沈祖荣致函给鄂湘教区主教，将文华图专战前的书籍财产进行详细列表，以说明财产损失金额

① 沈祖荣致布朗（Brown）函（1945年8月10日）［G］. ALA Archives, University of Illinois, Urbana. 7/1/51, Box2.

② 基督教圣公会文华图专资料［G］. 武汉市档案馆藏，全宗号：112-1-26.

高达90 770美元①。但美国方面均认为文华图专要实现此计划的先决条件是与某个正规大学合并，因为“在中国为任何一个完全独立于大学之外的学校筹措基金都将是非常不可能的”②。

按照布朗给国际关系董事会基普夫人（Mrs. Rae Cecilia Kipp）的复函中的说法是：“沈先生拒绝将其学校并入大学，热衷于保持其独立学校的地位。他不接受联合董事会、他的校友们或一个小基金会的董事们关于将其学校并入某所大学的忠告。他已要我帮忙从洛克苏勒基金会争取一笔小拨款。如果我乐意去做的话，我也不会争取到一笔拨款，况且如果他不将其学校与某大学合并的话，要争取到对其学校的财政帮助简直难于上青天。”这只是一方面，另一方面是“共产主义者已将中国一分为二。……现在还不是董事会讨论沈祖荣所提出的所有问题的时候”③。当时在美国看来，中国局势未定，他们不愿为前途未卜的文华图专投入任何经费。而且，从韦棣华逝世后，文华图专实际上已失去了同美国图书界的直接联系，再也没有一个美国人像韦棣华那样全心全意地为文华图专无私地奉献一切了，因此沈祖荣庞大的振兴计划只能胎死腹中，不了了之，尽管“近年本校颇拟扩充博物馆学课程及设备，培植斯业专才，所惜此项设施甚耗赀财，端视今后学校经济情形如何，方能决定”④。由于缺少经济支撑，最终，在文华图专开设博物馆学专业也成了沈祖荣办学生涯的未竟之业。

1948年底，解放战争打响，基督教会在湖南长沙召集两湖教会学校开“应变会”，武汉很多教会学校都派代表参加了会议，唯沈祖荣拒绝前往，他知道复员后的文华图专再也经不起颠沛流离的折腾，最终文华图专得以完整地保存下来，直到1953年的院系调整。

---

① 基督教圣公会文华图专资料［G］．武汉市档案馆藏，全宗号：112-1-26.

② 沈祖荣致布朗（Brown）函（1945年8月10日）［G］．ALA Archives，University of Illinois，Urbana．7/1/51，Box2.

③ Charles H．Brown致Rae Cecilia Kipp函（1947年7月13日）［G］．ALA Archives，University of Illinois，Urbana．7/1/51，Box2.

④ 基督教圣公会文华图专资料［G］．武汉市档案馆藏，全宗号：112-1-26.

第四章　革故鼎新：新中国成立后文华图书馆学专科学校的合并（1949—1953年）

第一节　新中国成立初对私立学校采取的政策

从1948年秋季开始，国民党军队在内战中节节败退，经济崩溃，政治紊乱，呈现出全面溃败的迹象。到了1949年初，辽沈、平津、淮海三大战役结束后，国民党政权的统治中心南京，以及上海、武汉等大城市已处于人民解放军的直接威胁下。国民党政权被迫迁往广州。行政院还下达了“国立院校应变计划”，要求各大专院校拟具应变措施，选定迁移校地址，呈教育部备案。然而各地高校的广大师生不但不予理睬，反而积极投入保护学校、迎接解放的战斗中。1949年4月23日，国民政府教育部由南京市军管会接管。1949年5月16日、17日第四野战军解放华中重镇汉口、汉阳和武昌，同年10月1日，中华人民共和国宣告成立，中国的历史进入了一个新的纪元。同年11月1日，中央人民政府教育部成立。从此，教育部就成为政务院中管理全国教育工作的最高行政机构。中央人民政府教育部的成立，标志着以教育部为中枢的教育管理组织系统开始建立，这也意味着文华图专开始进入了一个新的时代。

1948年至1951年，中国共产党的工作重心放在完成全国解放和恢复战乱期间遭破坏的政治、经济秩序上，对教育的政策也是温和的。在中华人民共和国建立之初，军事管制委员会或人民政府对待旧学校的总方针是：维持原有学校，逐步加以必要和可能的改良。由于外资津贴的学校在民国时期是以私立学校名义登记的，人民政府一般暂时按照中国私人办理的学校一样对待，要求他们遵守人民政府的政策、法令，允许暂时接受外资津贴，但不允许强迫学生信仰宗教，不得以宗教课为必修课或强迫学生参加宗教仪式或活动等。1949 年 3 月 5 日，毛泽东在中共七届二中全会上作出指示，对帝国主义在中国直接经营的经济事业和文化事业要“分别先后缓急，给以正当的解决。不承认国民党时代的任何外国外交机关和外交人员的合法地位，不承认国民党时代一切卖国条约的继续存在，取消一切帝国主义在中国开办的宣传机关，立即统制对外贸易，改革海关制度，这些都是我们进入大城市的时候所必须首先采取的步骤。……剩下的帝国主义的经济事业和文化事业，可以让它们暂时存在，由我们加以监督管制，以待我们全国胜利以后再去解决”①。

第二节 新中国成立前文华图专的艰难处境：透过学生的视角看文华

1949 年全国开展图书馆教育的，除了文华图书馆学专科学校外，并不多见。同年 5 月 16 日武昌解放后，文华图专仍继续办理，沈祖荣仍任校长。6 月 24 日，文华图专向中原临时人民政府教育部填写了一份《武汉市私立武昌文华图书馆学专科学校概况表》②。

武汉解放后，人民政府对私立学校进行了一次全面调查，在一份《湖北私立文华图书馆学专科学校情况调查表、学生意见表》档案中有 35 份文

---

① 毛泽东选集［M］. 北京：人民出版社，1991：1434-1435.

② 原表系湖北省档案馆馆藏，全宗号：GM7-1-96，另见附录。

华图专学生填写的《专科以上学校学生意见调查表》[①]，意见表中包括：对于行政管理的意见；对于课程教材教法的意见；对于课外活动的意见；对于学习制度的意见，四个方面共22个问题。有一份名叫“李茂兰”的学生(图书管理科，二年级，年龄23，性别女，湖北省黄陂县，出身农民家庭)所填写的意见表颇值得分析，因其表中所填写信息之详细，反映了文华图专教学生活细节点滴，为我们站在学生的视角，从下至上深入了解新中国成立初的文华图专提供了重要线索。

第一，对于行政管理的意见。

1. 解放以后，你觉得你校改进了些什么？目前急需改革的是什么？

解放以后，我觉得我校改进了许多。①撤销训育制度。②取消点名制度，但由学生负责点名。③校务会有同学和工友参加了。④教师同学组成学习生活小组。⑤可以随时提出意见，合理的大致采纳，并在逐渐改革。⑥实行劳动生产（种菜喂猪）。⑦师生工友同学习俄文、政治。目前急需改革的：①组织学科研究小组，除了生活小组外，要以课程为中心配合实习。②改变教条式讲理论的教学法，实行讲解、讨论、自学多种配合的学习方法。③师生应该打成一片，不应各成一小圈子，教师应组织教学小组，交换教学经验，辅助同学解决生活上和学习上的困难。

2. 你对你校目前校务委员会的组成、人选及职权有何意见？

我校目前校务委员会由校长、全体教职员代表五人、同学代表二人、工友一人组织之。本委员会之职权：①关于本校对外事项。②学校行政上所属的各处、组、馆之设立、终止及变更事项。③全校团体利益之维护事项。④员生工友建议变革提请讨论，待合法处理之事项。

---

① 湖北私立文华图书馆学专科学校各学科教学情况调查表、学生意见表［G］. 湖北省档案馆藏，全宗号：GM7-1-97.

⑤本校预决算提交校董会审核事项。⑥教职员之聘任、进修或研究事项。⑦学校学术讲演及出版事项。⑧奖学金之设置及给予事项。⑨其他事项。本委员会得设立各种小组，推动有关事务如学术出版组、财务组、课外活动组等。校务会是组成了，但未见积极展开其职务，希望校务会实施其职务，推进教务。

3. 你对于目前的教务工作（课表的安排、缺席检查、成绩统计、讲义印发）有何意见？

我对目前的教务工作意见：①成绩统计，希望期中考占1/5，期终考占2/5，期中考前后小考练习占2/5。②我们的课程繁重，是不能减少的，然而我们希望教务处能多发讲义代替抄写，但教务处往往因为经费的限制而不能达到同学的希望。③学图书馆学主要的是理论与实际配合，希望教务工作改变这一点，有时候我们所学的方法没有运用到实际工作上来，有时竟因经费的限制而不能实习，这有失技术学习的宗旨，希望想法解决经费困难问题。

4. 你觉得训育处撤销后，关于学生的生活管理上，有些什么问题？

训育处撤销后，关于学生的生活管理上没有什么问题产生。好在我们正在学习民主管理，全体师生团结一致来研究这问题。我们生活能够纪律化，可以自觉自活来管理自己，我想这种自我管制是比较适合一个大专的青年人些，不能再像从前那种强迫式的管理。

5. 据你所知道的，对你校目前经费的支配，有何意见？

据校方报告，目前每月需四十石米来开支，分薪俸、杂用、水电、图书馆，因为学校费用太多，而向来又感经费困难，加之解放后各方面经费减少，甚至多方断绝。因经济困难而各项事不能按计划进行，我觉得现在人民政府应该注意到这一点，对于一个历史悠久的专科学校不让之因经济困难就此中断，同时为了建设新中国，弘扬文化，我们应该支持全国唯一的图书馆学专科学校。就今日国家经济不足的时候，固然不容易改成国立，至少也应该发放津贴，使文华图专尽一份力量，荐一份光。

6. 你觉得现在学校，行政管理与学生活动之间有什么问题吗？怎样配合？

现在学校行政管理与学生活动之间没有什么问题。

第二，对于课程教材教法的意见。

1. 你对目前课程的总分量嫌多，还是嫌少？哪些是过多，哪些是过少？哪些学科应取消，哪些学科应增加？

目前课程的总分量嫌多，我们一天要上六堂课。除了六堂课占了我们大半的时间外，课余又有很多的作业和实验图书馆的实习。我每天简直是忙不过来，实在是每样在做，每天在工作，总有做不完的事。尤其是我们的图书选读，仅是教条式的介绍几个文人的私生活，抄了又抄，没有一点意思。我们不如自己看还好得多，且这种死记的方法不适合今日的教育。我们不是为少数资产阶级介绍洋八股的文学系，我们应该为大众、为人民服务，应向这一方面发展。至于我们的西文参考书也是一样的，根本没运用到实习上，等于多读两堂英文课，太浪费时间了。

2. 你最感兴趣的是什么学科，最无兴趣的是什么学科？为什么？

对于图书分类感兴趣，因为分类可以训练我们分析判断的头脑，使我们迅识一本书的内容大要应该属于哪一类。其次是民业，可以训练我们搜集材料和讲话的能力，我最感兴趣的是圕学的实习，对每样课的实习都感到有趣，比上理论有味些。

3. 你对现在政治课的教材、教法，有什么意见？

现在的政治课教材太深，自然是因为我们过去没有这门课的知识，所以初弄起来，不容易懂。我希望教法要大众一点，并且要常引用到日常生活上的各种问题上去，使我们在日常生活上能应用哲学的观点与思想来解释。两个月来，我对这些似有进步，同时比以前较有兴趣，就是没有搞通，还不能完全应用改造过来。

4. 你对于本系（科）现行课程编制（包括各学科的先后排列、选修、必修及教学时数等）有何意见？

没有意见。

5. 你对上课是喜欢多讲授还是多讨论，为什么？

我喜欢讲授与讨论结合起来，因为我们要先学习理论再才实习，如果经过一次讨论，综合大家的意见才能得到正确的观点，才能综合大多数的意见，完成我们的学习课程。

6. 对于实习，实验及课外作业有什么意见？

对于实习我觉得太少，尤其是我们学圕的，应重在技术的实习，我们学了快一年半了，只有一个学期了。我们对于圕的事还不能有个大的概念，我们应该特别注重实习。对于课外作业可以减少，譬如我们的民教事业只要整体学一二个故事就有了，只要知道搜集的原则和讲的技术，不必要太花时间，还有图书选读抄的时间花得太多，没有意思。

7. 对于本系（科）主要课程的教材，教法有什么意见？

对于西文编目和中文编目，希望能多搜集各方面的材料，不能老守旧法。我们不是来为资产阶级服务的，我们要为大众服务。大众化，人民才能普遍利用，否则太深太孤立也不好，中文编目教一种方法时要一致，随时更改并存难知所从。分类的种类太少，且太多不合时代应用。我们应该多学一点各种分类法，再专一研究一种合用的。

8. 你觉得目前最急需增进的是哪一方面的知识？为什么？

我觉得目前最急需增进的是图书出版各方面的新知识，向近几十年来图书馆工业发达的国家学习。苏联式社会主义，我们是在向社会主义路上走，应该多有一点关于他们的圕知识以为建设新圕的基础，为建设新中国时，我们应如何利用圕来推展文化，提高人民知识水平，随时改进。

第三，对于课外活动的意见。

1. 你觉得目前的课外活动是太多，还是太少？

目前的课外活动不多也不太少，当我们忙于作业时似乎嫌多。

2. 对于学联或青年团等号召的群众运动，你觉得有兴趣吗？有何意见？

对于学联或青年团等号召的群众运动不太感兴趣，这也许是领导不得法或是与外界少联络且我校人又少，对于一个运动不能热烈的表现。

3. 你觉得目前课外活动与课内作业是否有不调和的地方？

目前课外活动与课内作业还调和，我们的课外活动主要是实验圕与生活学习小组，这些都是与作业接近的，没有不调和的。

4. 在目前的情形下，如果课外活动与课内作业都是很忙，你是宁愿不参加活动多做作业，还是放松课业多做活动？为什么？

目前的情况下，如果课外活动与课内作业都是很忙，我宁愿参加作业。我认为现在学习时代主要的是充实自己，使自己有充实的准备才可在将来应用，目前的课内作业是将来活动的基础，何若现在不握住少数几个月的技术学习？首先自己不健全，将来也不能对事业有帮助，不过我们还是要支配时间，尽可能的参加课外活动，从这方面也可以学习知识。

第四，对于学习制度的意见。

1. 你觉得你所学的一系（科）照目前规定的年限是嫌长还是嫌短？

两年制很适合，如果我们能加紧学习，充分利用时间，不会少，多了反而懈怠，浪费光阴。

2. 关于讲师讲授、集体讨论及个别自学三者你觉得哪种较重要？怎样配合？

关于以上三者，我觉得集体讨论较重要，不过三者要配合起来才有进步。首先要听讲师讲授一个大概再个别自学找参考，然后再集体讨论，将大家的意见综合而成正确的观点和思想办法。

3. 你觉得学习成绩应不应该严格考查？哪种考查方法较好？为什么？

我觉得学习应该严格考查，不过要以平常的练习小考、讨论和表现的成绩为原则。不然在少数的几次考试是得不到真正成绩的，因为大考易犯临时抱佛脚的毛病，如果重在日常，就不会不注意每日的所学而渐渐懂起来的较好。

4. 你对目前的考试制度和考试方法，有什么意见？

我对目前的考试制度和考试方法有一点小意见，我觉得在没有一种方法来代替考试制度前，考试制度应保留，不过考试要重在日常。月考、中考、期考不过是来一次总复习，既要考试就要严，否则有名无实，不如不要。

对于文华图专解放时，经济上的困窘所带来教学上的各种不便，学生反映最强烈。在“对于目前的教务工作（课表的排列，成绩统计，讲义印发等）有何意见”这个问题的回答，有14名学生（总共35名学生填表）要求多发讲义①，如潘深华填写“希望教务处多发讲义”；程自立填写“要多发讲义”；季春霆填写“我对于目前的教务工作，对讲义印发希望多有”；王郁文填写“各方面的工作很够理想，只是讲义材料需有更多充实”；张修真填写“关于教务工作，课表排列合适，缺席检查得当，讲义印发尚好，不过愈尤详细充实”、“因本校之经济困难，讲义印发不能合学生之要求，讲义皆由先生及同学暇时兼之，而无专于印刷之人”。可见，解放时文华图专经济状况之困窘与办学之艰难。

① 湖北私立文华图书馆学专科学校各学科教学情况调查表、学生意见表［G］. 湖北省档案馆藏，全宗号：GM7-1-97.

第三节　文华图专进行的全面改革

1951 年国内有北京大学图书馆学系、西南师范学院图书博物馆学科（1954 年撤销）等教育单位。为了适应新形势，文华图专进行了一系列的变革。首先改组了董事会，文华图专 1950 年初诚聘查谦、朱裕璧、陈经畲、陈时、张海松、万无咎、曹美成、崔思慕、李辉祖、骆伟芳、桂质柏等 11 位热心图书馆教育又要求进步的知名人士与沈祖荣组成董事会，选张海松为董事会主席，桂质柏为书记，曹美成、骆伟芳和沈祖荣为常务委员主持校政。当年夏天，教育部颁布《专科学校暂行规程》，于是 11 月 20 日文华图专重新组织了由校长、教务主任、总务主任、图书馆主任、各科主任、工会代表 4 人及学生会代表 2 人组成，由校长为主席的校务会，协助校长处理校务①。

文华图专积极推行教学课程改革，逐渐由美式图书馆学教育体系向苏联式图书馆学教育模式转变，在俄文教学尚处初设阶段，又鉴于学生普遍英文程度较差，以至于沈祖荣讲授的典型美式图书馆学教学科目——“西文编目”改为“中文编目”授课。根据沈祖荣在 1949 年填写的一份《湖北私立文华图书馆学专科学校各学科教学情况调查表》② （见表 4-1），由此可略窥渐变情形：

表 4-1　湖北私立文华图书馆学专科学校各学科教学情况调查表

教学目标：西文编目为圕学最重要的学科之一，其类别繁多，教授本科目的一方面在使同学熟悉各种编目格式，加以融会贯通，并能在彻底掌握及活用此种技术，同时训练同学使其成为一个条件具备的编目员——精细——正确——整洁。

① 文华图书馆学专科学校校友总会．文华图书馆学专科学校简讯［J］．1950（1）．

② 湖北私立文华图书馆学专科学校各学科教学情况调查表、学生意见表［G］．湖北省档案馆藏，全宗号：GM7-1-97．

续表

教材内容：所用教材根据下列各书，将其简化成通常教材，边讲边学使同学充分学习各种编目方法。 1. A. L. A. Catalog rules 2. Fellows D. Cataloging rules 3. Akers. S. simple Library cataloging 4. Seans M. List and subject headings for small libraries 5. L. C . List of subject headings
教学步骤及方法：由浅入深，先从著者卡、书名卡、标题卡、书架目录卡及其他等的编目，然后讲到期刊以及机关团体出版之书籍的编目，使学生彻底了解，俾能灵活运用。同时又顾及同学之分类打字以及使用工具书之能力，分别加以补充和加强，因编目与分类打字及使用工具书等均有联系。
参考书目及补充教材： L. C . List of subject headings Seans M. List and subject headings for small libraries 本人所译：美国国会图书馆标题总录 本人所译：西文简易编目法
课外配备实验、实习、调查、参观等与实际联系的一切活动情况：特别注重同学实习情形，每月每人至少编十本书目，每本须应用到各种格式之编法，每周除正式授课外，另外多加二小时督率并实际领导同学实习。
教授对于本科的意见：过去限于体制及教材，未免偏重于英文书籍之编目，且同学英文程度颇差，故今年起改为先授中文编目，个人觉得每周讲授两小时，颇感时间不足。
学生对本科的认识：同学们均认为一个充实的圖管理员和编目员须特别注重此种技术之获得，一致认为欲沟通中西文化，此科是必须学习的。

续表

选课人数及学习的情况：全班学习情绪非常热烈紧张，除教室教授外，同学随时至办公室详问各种疑难问题，教学双方均感兴趣。
备考：个人拟将西文之编目条例，有系统的译成中文，便于讲授而使同学有所益处。

新中国的成立，使文华图专终于摆脱了国民党政权时期强迫的党义教育，学校的社团组织建设日渐生机，文华图专成立了“华大图专工会分会”、共青团支部和校友总会①。同时成立苏中友协支会，“校中员工师生，均列会员，并专辟马列主义研究院室一间，以便集中钻研”②。从1950年2月起文华图专的课程也进行了改革；精简了理论课，节省出的时间上政治课，一年级每星期一与武昌各大专院校一起合班上课，学习社会发展史，二年级星期三去华中大学听政治报告课。注重学生的实习，特别是图书馆事务的实习，每个学生每周最少有两次实习机会，教员们的大部分时间也集中在指导学生实习和编写讲义上。为了锻炼学生图书馆的馆务工作能力，1950年起，文华图专图书馆（称为实验图书馆）、解放路三一小学成立的校外儿童阅览室及第一纱厂、武昌邮局、青年会、青年服务处等书报供应站和巡回书车等工作都由学生负责处理。文华图专还邀请武汉市各机关、学校、省立图书馆资料室的负责人来校座谈、交流经验、交换图书馆学新知，共同商讨工作中的具体问题。

随着全国解放战争的顺利进行，中央政府开始着手全面清理、改进接受外国津贴的学校。1949年底，沪江大学校长凌宪扬因对政府采取敌对态

① 选出7人执行委员，田洪都任主席、张毓林为组织、李廉与张遵俭任秘书、徐家麟与汤成武任学术、吕少骞任会计。

② 湖北私立文华图书馆学专科学校概况、访问材料、教职员工学生名册、调查表、毕业生历年成绩表［G］. 湖北省档案馆藏，全宗号：GM7-1-96.

度被解职，他的职务由校政委员会和行政委员会代替，但大多数教会学校仍保持了完整性，并允许继续接受西方的援助，联合董事会仍继续捐助学校的经常费用。1949—1950年寄往美国的年度报告和信件中都表明学校的正常教学工作仍在进行。1950年以后，政府加快了对教会学校的改造、接收步骤。

1950年6月27日美国派遣第七舰队进驻台湾，朝鲜战争爆发，10月25日，中国人民志愿军参加朝鲜战争，中美关系日益恶化，国内爆发了空前激烈的反美运动。在抗美援朝运动中，新中国开展了强大的“美国文化侵略论”的宣传。12月17日美国政府冻结了中国在美国的全部财产，并规定把资金汇到中国是非法的，接受外国津贴的学校面临经费危机。中国政府对此也迅速做出了反应，于同年12月28日宣布冻结了美国政府在中国的全部财产，并进一步收回教育主权。12月29日，政务院第65次政务会批准《关于处理接受美国津贴的文化教育救济机关及宗教团体的方针的决定》，指出接受美国津贴的文化教育救济机关和宗教团体在政府协助下实行完全自办，接受美国津贴的文化教育医疗机关，或由政府接办，或由中国人自办；政府在经费上将给予适当补助。教育部马叙伦部长在致辅仁大学教会代表芮歌尼的信中重申了政府的态度，即“1. 在一个独立民主的国家里，不允许外国人办学校，除非他们的侨民自己设立而为教育他们的子女的学校，这是世界的通例。2. 外国人在旧中国所办的教会学校，因为它已经办了多年，所以必须在它真实的遵守中国人民政治协商会议共同纲领及教育方针与法令的条件下，可以暂时允许它继续办，但中央人民政府保有根据需要以命令收回自办的权利，更绝对不允许新设这类性质的学校。3. 宗教与学校教育是两回事，必须明确分开，不允许任何曲解与含混，在学校课堂内不允许进行做礼拜、查经等宗教活动。4. 教会设立的高等学校，可以设宗教的课程，但只准是选修，而且不允许任何强迫与利诱学生选修宗教课程。5. 中央人民政府教育部最近颁布的‘高等学校暂行规程’和

'私立高等学校管理暂行办法'，是全国私立高等学校都要遵守的法令"[①]。罗马天主教会因不满辅仁大学宗教色彩的减弱，在1949年10月初开始减少补助经费，1950年8月起停拨经费，中央政府对此给予了有力回击，按期为学校拨付了经费，9月30日，教育部报请政务院批准，明令将辅仁大学收回自办，这是第一所被中国政府明令收回自办，纳入中国教育体制的教会学校。

1951年1月14日，政务院文教委员会通过《接受外国津贴及外资经营之文化教育救济机关及宗教团体登记条例》，要求各地接受外资津贴的学校按当地规定期限登记。1月16日，教育部召集全国接受外国津贴的高等学校代表在京开会，确定教会大学走国有化道路，制定了处理接受外资津贴的高等学校的原则和政策，一般维持学校现状，不迁移，不合并，不调整院系。学校领导权一律由中国人掌握，外籍人员不能担任行政职务，可留任教职。中国籍教职员一律原职留用。会议期间，驻纽约中国基督教学校董事会联合会曾邀请原来接受美国津贴的高校负责人前往香港"商谈汇寄津贴费问题"。各教会大学的中国负责人拒绝了邀请，并发表了联合宣言，表明彻底摆脱对外国经费的依赖。经过1951年一系列调整后，各教会高校的处理方案为：燕京、津沽、华西协和改为公办国立大学。金陵大学与金陵女大合并为国立金陵大学。福建协和与华南女子文理学院联合成立一所国立大学。北京协和医学院改称中国协和医学院，也是国立的。华中大学与中原大学教育学院及中华大学合并成立华中师范学院。山西铭贤学院大学部部分科系改为山西农学院，部分科系与山西大学工学院及西北大学工学院合并。另外，沪江大学、东吴大学、圣约翰大学、之江大学、齐鲁大学、岭南大学、震旦大学和震旦女子文理学院等，则收回由中国人自办，仍维持私立，政府给予补助。

1951年1月，教育部召开了处理接受外国津贴的高等学校会议。参加

---

① 马叙伦致芮歌尼函［G］．1950.

这次会议的包括华东、中南、西南各大行政区教育行政部门负责人以及当时全国20所教会大学中19所院校的董事长、校长、教师和学生代表共85人。马叙伦部长在开幕词中强调，会议的目的是“集中力量，解决接受美国资金援助的高等教育机关的问题，坚决彻底地肃清美帝国主义文化侵略的影响”。对于接受其他外国资金援助的高等教育机关，除了政治上明确反对中华人民共和国的除外，采取一般登记、促使改造，使之符合中国人民利益的方针①。会议确定了处理接受外国津贴学校的原则、办法和具体措施：第一，一切接受外国津贴的高等学校必须登记；第二，1951年内将接受美国津贴的高等学校处理完毕，按学校具体情况，采取政府接管或改为公立或者维持私立、政府补助等不同办法；第三，解除外籍人员的董事及学校行政职务；第四，对中国籍教职员工一般原职留用，待遇照旧。

第四节　划归公立：文华共同体的最终消失

原来学校经费绝大部分来自美国或其他国家津贴，资金来源断绝后，改由中国人私人出资办学的11所学校，由政府接管，改为公立。文华图专在断绝了来自美国的资金来源后，校长沈祖荣和教师、学生代表各一名参加了前面所述1951年1月的教育部会议，文华图专亦属于改为公办的11所高校之列。1951年8月16日，中南军政委员会派员正式接管了文华图专，宣布中原大学教育学院（后与华中大学、中华大学合并成立华中师范学院）院长王自申兼任文华图专校长，沈祖荣、甘莲笙任副校长，日常行政工作由副校长分管。学校名称去掉“私立武昌”四字，改为“文华图书馆学专科学校”，文华图专由一所有教会背景的私立学校变成一所公办学校。原有教师全部留任，图专第13届学生改为第一班，1951年秋招收的学生为第二班，由全国大专院校统一招生考试取录。文华图专的学生也和全国各地学

① 马叙伦．处理接受外国津贴的高等学校会议的开幕词［J］．人民教育，1951（2）．

生一起在新形势的感召上参加政府号召的各项工作和运动，1951 年全校师生除一二人留守校舍外，都在武汉的青山区、洪山区等地参加土改。第一班还因此延期到 1953 年 2 月才毕业。

从时代背景来看，接收和改造教会大学是历史发展的必然。自19 世纪末西方传教士在华办学以来，中国人民要求收回教育主权的努力一直未曾中断过。从某种意义上讲，新中国成立之初接办外资津贴的学校乃是 20 世纪二三十年代收回教育权运动的继续。新中国成立初期，在社会主义改造的大背景下，教会学校也不可能长期存在。文华图专虽然不属于美国圣公会托事部直管的教会学校，但是其资金来源仍旧主要依赖于海外捐助，仍然被定性为教会学校。当时认为，各级各类学校确定无产阶级思想领导，逐步实现办学的国有化是新民主主义教育中的社会主义因素，并认为，社会主义将彻底反对资产阶级思想①。教会大学无论是在意识形态方面，还是在办学体制上，与高等教育社会主义改造运动都是根本对立的。

从教会大学本身来讲，近代中国的教会大学以培养具有基督精神的高级人才为宗旨，办学上多以文理科为重点，注重通识教育和宗教教育，强调学校家庭化，等等。这套教育观念和做法与新时代的要求已明显不符。新中国成立初期，中国共产党和人民政府确立了以重工业为中心，优先发展工业的建设方针，高等教育也以此为指针，优先发展工科教育。苏联的教育模式直接与产业技术联系紧密，因而得到推崇。政府要求大学培养信仰共产主义，掌握专门技能，适应新中国建设需要的人才，而教会大学大多是综合性大学，实施的是“博雅教育”，自然与对亟需专业人才的时代背景显得格格不入。加之，教会大学的生源与财政状况不断恶化，教会大学在很大程度上依赖学生的学费，随着大学生出身阶层的身份变化，具有负担学费能力的学生也在急剧减少，随着外资津贴的减少以致断绝，教会大学失去了赖以生存的根本，它被接管与改造因此就不可避免。

---

① 金一鸣. 中国特色社会主义教育研究［M］. 济南：山东教育出版社，1998：20.

以“文华共同体”内华中大学为例，1949年9月27日，韦卓民给麦默伦的信中讲道：“……昨天旧生开始注册，目前只240人，看来我过去认为有450人，是估计太高了。我们可能有老生240～250，新生12～130，我们报考人数是360人，因为给你打电报时，我不知道武汉大学打算收这么多人。武汉大学和其他国立大学一样，不收学宿费，即他们实行免费教育，要求低标准，因此我们无法在报名人数上与他们竞争，我们也不会去这样做，令人遗憾的是即使我们学费（已由原来的200元降低至100元）很低，好学生也不能来，特别惋惜的是大批教会中学的毕业生，由于经济情况不好，不得不读武汉或北京的国立大学，这首先是学费所致，其次是因为他们想学医、学工、学农，而这些专业我们又没有。在注册的学生中很多人缴不起学费，要求救济的有150多人。”根据华中大学1949—1950年度预算提要（《华中大学档案》，案卷108号），其收入部分，来自美国圣公会11 000.00元、美国圣公会詹斯顿小姐5 000.00元、复初会6 600.00元、伦敦会750.00元、美以美会1 050.00元、奖学金专款900.00元、中国基督教大学协会1 254.00元、联合托事部12 500.00元等西方经费总计45 054.00元，国内经费来源学费8 000.00元加上其他项共10 100.00元。支出部分合计60 208.75元，年度经费差额为5 054.75元。从这组数据可以窥见教会大学在新中国成立初期经费上仍旧严重依赖于海外捐助。在新中国成立初的两年间，文华图专经费匮乏，沈祖荣曾以学校董事长张海松的名义，写了一封信给在美国波斯顿城的韦棣华基金董事会要求获得办学经费，后来文华图专连续两年分别得到该基金利息项下的拨款2 000美金作为学校维持费用①。

1950年7月政务院发出《关于高等学校领导的决定》的指导性文件，明确高等教育唯一合法的目的就是为国家建设培养人才。毕业生要具有科学与技术的技能，有为人民服务的思想和高度的政治觉悟。因此，政府主

① 文华图书馆学专科学校校友总会．文华图书馆学专科学校简讯（新1卷）[J]．1950.

张高校发展高度专业化与范围很狭窄的主修课程、短期课程和科学与技术课程，以便多出专业人才，快出专业人才。1952 年 4 月，华北地区大部分高校开始进行院系调整。8 月 2 日至 5 日，教育部召开会议，为发展专门学校，计划对全国高校做院系调整。在这次院系调整中，教会大学师生一般按专业范围分到几个专门院校中，从此教会大学从形式到内容上便彻底在中国消失了。

在中南地区，“文华共同体”（尽管文华图专不是严格意义上的教会学校，但其与美国圣公会存在天生的血肉关系）作为西方教会在华教育势力的一部分，必然要逐步面临解体与消除的历史命运。正如历史学家马敏所称：“教会教育的失败主要的不是一种教育制度或宗教信仰的失败，而是一种政治的失败，是美国和其他西方国家在中国大陆政策失败的附属品。正是这些更为深刻的历史运动背后，隐藏着教会大学消亡的因果性。”①

首先是华中大学外籍教员陆续离开中国，最后一对传教士柯约翰夫妇便在 1951 年 5 月离开华中大学。虽然韦卓民尝试努力在解放初期去调整华中大学的形象，希望能保持基督教大学在中国土地上的一席之地，但随着华中大学主要从美国教会获得经费的渠道被截断后，华中大学最终只能申请成为公立大学。而新中国 1951 年底便在追随苏联的教育模式下推行新的教育政策。“美国式的文学院和美英大学特有的普通本科教育被取消了。换言之，这种苏联式体系的建立，是为了少培养难以找到工作的文科毕业生，多培养些可以直接投入经济建设所必需的专业技术工作的毕业生。于是中国的高等教育被划分为几种性质截然不同的院校，每种各有专门的功能。”②华中大学先是与中原大学教育学院和中华大学合并改为公立华中大学，华中大学改制委员会成立，学校确定为高等师范性质，继而再改为华中师范

---

① 马敏. 艰难的蜕变——解放前后华中大学与韦卓民［M］//章开沅，等. 中西文化与教会大学. 武汉：湖北教育出版社，1991：337.

② 佩珀. 新秩序下的教育［M］//费正清. 剑桥中华人民共和国史（1949—1965）. 上海：上海人民出版社，1990：210-211.

学院，并由原址昙华林迁至广埠屯桂子山；在原华中大学校址（包括公书林）上后来建立了湖北中医学院（今湖北中医药大学）。

而曾经是“文华共同体”之一的文华中学于1951年7月，由中南教育部接管。1952年秋，学校迁到粮道街原中华大学校址，合并中华大学附中成立“中华中学”。由于华中大学与其他几校合并，改名为“华中高等师范学校”。1953年又改名为“华中师范学院”，作为附中，校名相应变更。1956年，学校划归武汉市领导，名称一度改为武汉市第三十三中学。现已恢复“文华中学”名称。

文华中学全体高中同学合影

1952年5月，教育部进一步公布了关于高等学院1952年的调整设置方案，经过调整，教会大学与原来的公立、私立大学融合到一起，而教会大学原有的校名均被取消。文华图专则在这次全国院系大调整中，未能再次回到母体华中大学的怀抱，而是并入武汉大学，成为该校图书馆学专修科，甘莲笙为科主任，沈祖荣任教授，并迁到珞珈山武汉大学校园内，文华图专结束了长期单独设校的历史。文华图专招收的三、四班是并入武大后才毕业的。1955年改学制为三年。1956年9月，武汉大学图书馆学专修科改为图书馆学系。1984年4月7日，经教育部批准改为图书情报学院。图书情报学院有图书馆学系、情报科学系、出版发行学系、图书馆系情报学研究所和科技信息培训中心，下设图书馆系、情报学、档案学、出版发行管理学4个专业，有图书学基础、文献管理、目录学、档案学、图书发行系、情报理论、情报技术、图书情报现代技术8个教研室，招收专科函授生、本科生、硕士和博士研究生。学院有专业藏书在全国最雄厚的图书资料室、计算机实验室、缩微实验室、声像实验室、复印与维修实验室、文献保护实验室等，并配备了专供学生实习用的文献分编实习室、中外文工具书实习室、目录学和古籍整理实习室、科技文献检查实验室、科技文献管理实习室。该院现已更名武汉大学信息管理学院。

第五章　朦胧色彩：受制于民族主义运动的文华共同体

第一节　设立主体

（一）联合差会与中国教会大学

早期的教会学校曾与西方殖民主义以及所谓“基督教征服中国”（The Christian Occupation of China）的宗教狂热有着不同程度的联系，基督教新教的传教士就曾将教育作为一种宣教手段，明恩溥就曾经说过，传教士在中国的职责，“不仅是招收个别的信徒，而是介绍一种新的道德和精神气候”。我们可以认为，从19世纪到20世纪初，在华基督教文化教育是西方基督教文化对东方传统儒家文化的一次强势宗教洗礼。事实上，由于中国教会和中国教会大学的发展一直受到西方母国差会的控制，中国教会对基督教的信仰以及对现实中遇到的矛盾和冲突，有一种“朦胧的颜色”[①]，这种“朦胧颜色”最终导致了20世纪20年代中期发生的声势浩大的收回教育权运动，教会大学受到极大冲击，这使教会大学的主办者愈来愈感到在中国需要创办新式大学，移植西方的教育制度，但必须从中国的现实和需要

① 教务杂志 [J]. 1927, 58 (7): 1.

出发，而不能完全照搬。为此，教会大学普遍进行了策略性的转轨，力图使自身朝专业化、正规化和世俗化方向发展，以拓展在中国的生存空间。

源于19世纪的北美基督教传教运动，促使当时很多新教传教士响应“中华归主”的号召来到中国，热心从事基督教大学的创建工作。由于行动匆忙，缺乏组织协调性，又没有整体计划，基督教高等院校常常出现资源不足和激烈竞争的情况。中国本土高等院校的迅速崛起和社会条件的变化向基督教高等院校提出严峻挑战，施加巨大压力，迫使在华教会大学走向了联合办学的路子。近代中国的教会大学，其设立主体大多为差会或数个差会的联合会，基督教新教设立的13所教会大学（除岭南大学外）一般都是如此，如之江大学前身崇信义塾和育英书院均为美国北长老会传教士创办，1911年美国南北长老会联合在杭州建立之江学堂，由美籍传教士王令赓（E. L. Mattox）出任校长。1914年改名为之江大学，两年后又请司徒华林（Warren H. Stuart）——司徒雷登之弟任校长。

东吴大学1901年3月由美国监理会在苏州创立，传教士林乐知（D. L. Andereon）任董事长，校长孙乐文也是监理会的传教士。圣约翰大学由美国圣公会1879年在上海培雅书院、度恩书院和神道学校的基础上成立，美国圣公会驻中国代表施若瑟（Samuel Joseph Schewsky）、传教士文惠廉（William Jones）、牧师颜永京、汤森和卜舫济（Francis Lister Hawks Pott）先后主持校务。沪江大学1914年春由上海浸会大学改称而来，由美国南北浸礼会创办，传教士魏馥兰（Francis J. White）任校长。华南女子文理学院由美国美以美会1907年在福州正式创立，女传教士程吕底亚（Miss Lidia Trmble）为第一任校长，继任者为美以美会在中国的教育副秘书卢爱德（Ida Belle Lewis）。燕京大学1916年由汇文大学、华北协和大学、华北女子协和大学、华北协和神学院4所院校合并而成，由美国公理学、北长老会、美以美会和英国圣公会4个教会在北京合办，美长老会传教士司徒雷登是该校的重要创办人和首任校长。齐鲁大学前身是美国北长老会狄考文（Calvin W. Mateer）1864年创立的登州蒙养学堂（登州文会馆），1917年由山东基督教大学改称而来，是美国的南北长老会、公理会，英国浸礼会、伦敦会、循道会，挪威信义会和加拿大长老会等 14 家差会在济南创办的，正副校长、各系主任基本上为清一色的外国人。金陵大学 1910 年由南京宏育书院和汇文书院合并组成，先由美国的基督会、北长老会、美以美会在南京创立，尔后浸礼会和南长老会分别于 1911 年、1917 年加入。首任校长为美以美会教士包文。金陵女子文理学院 1911 年冬由美国浸礼会、基督会、美以美会、监理会、北长老会联合在南京筹办，校董会任命的首任校长是美国的德本康夫人。福建协和大学的设立起因于 1911 年国际布道会在苏格兰爱丁堡召开，会上提出在世界各战略中心建立教会大学，中国的战略中心定为北京、南京、成都和福州，而福州是当时唯一无普通文科大学之地。1915 年由美国的美以美会、公理会、归正教会，英国的圣公会、伦敦会、长老会学 6 个差会联合在福州成立福建协和大学。美以美会传教士庄才伟（Edwin Chester Jones）任校长。

华中大学前身是美国圣公会创办的文华书院，1924 年武昌文华大学和武昌博文书院、汉口博学书院大学部合并组成武昌华中大学，1926 年湖南长沙雅礼大学和岳阳湖滨大学并入。因此，学校由美国圣公会、公理会和英国伦敦会、循道会联合主持，美国圣公会鄂湘教区副主教孟良佐（Dr. Alfred. A. Gilman）和韦卓民先后被推为校长。华西协合大学 1910 年 3 月正式成立，由英国、美国、加拿大等国家的浸礼会、美以美会、圣公会、公谊会和基金会创办，首任校长为美以美会传教士毕启（Doseph Boech）。天主教会办理的大学的设立主体都是天主教会。1903 年 3 月 1 日，震旦大学由天主教耶稣会主持在上海成立，成立之初由爱国天主教徒马相伯任总教习，主持教务。1905 年耶稣会派遣安徽传教士南从周（Perrin）到校任校务长，全面干预学校行政，迫使马相伯愤然辞职。后继校长南从周、孔道明（Dr. Lappront）、姚赞唐（Y. Henry）和帅理蔼（Scellier）等均为法国神父。辅仁大学从一开始就有罗马教皇介入，1912 年 7 月，天主教徒英钦之和马相伯上书罗马教皇庇护十世，首倡在北京创办教会大学，1922 年 12

月，罗马教廷传信部长王劳松转谕委托美国本笃会在华创办公教大学，1924年开始筹备，1927年正式成立，后归德国和美国的圣言会管理，首任校长为奥图尔（George B. Toole)。津沽大学的前身是天津工商学院，由罗马教廷批准由耶稣会1923年在天津成立。

文华书院内景

（二）文华图专与华中大学的名实之辩

文华图专的情况较为特别，它从文华大学图书科到华中大学文华图书科，再到私立武昌文华图书馆学专科学校（简称“文华图专”)。如果按照“名”与“实”关系角度进行考量比较，它历经了与华中大学名实合一、名实逐步分离的两大历史阶段，而在名实逐步分离的过程中又可细化为：从实重于名到名重于实的两个小阶段，但无论“名”与“实”之间的差异性关系如何渐变，它与华中大学、文华中学三者之间构成的“文华共同体”(Boone Community) 联系始终较为紧密，直至1953年全国院系调整，文华图专正式并入武汉大学。

1920—1927年期间是名实合一阶段。1920年3月，在武昌私立文华大学校长孟良佐主教和韦卓民的支持下，沈祖荣和韦棣华、胡庆生在文华大学创办了我国第一所图书馆学教育机关——文华大学图书科。1925年，华中大学“这一年对图书馆工作人员的训练放到了重要位置，规模也越来越大，因为这是中国图书馆人员培训的主要地点。有关方面认识到，随着图书馆专业的发展，最后不得不解决许多问题，尽管当时没有尝试去解决这些问题。这些问题的解决加在一起，形成了华中大学第二阶段第一学年的重要部分”①。1927年夏，由于北伐战争带来的武汉时局紧张，华中大学被迫停办，沈祖荣等竭力维持文华图书科，仍然单独继续办理文华图书科，并担任图书科主任。“在以后的两年里，文华校园里的教育工作被局限在文华学校和文华图书馆学校。前者正逐渐恢复它的地位和实力，后者则希望它本身发展为实力雄厚的实体。”②

1927—1929年期间是实重于名阶段。在华中大学关停期间，为了谋求文华图书科的发展，1929年初，沈祖荣先生以文华图书科基金会代理主任的名义，向国民政府教育部呈交了成立文华图书馆学专科学校的报告。8月,该报告获得教育部批准。在呈报期间，曾一度使用“私立武昌文华图书馆学专科学校”校名，在文华公书林挂上校牌，由沈祖荣代理校长，韦棣华担任教务主任。这是文华图书科第一次脱离华中大学，单独建校。然而这一情况并没有维持多久，1928年1月，孟良佐主教出席了基督教高等教育委员会在上海召开的会议。到政府注册以及与公立大学合作已是必要的，这次会议的目的就是基督教高等教育委员会确定以后有关的事宜。在基督教会的主持下，许多与会代表准备建议不在华中地区开展学院式大学教育。然而孟良佐主教在会议前就提出了保留华中大学的设想，并提出恢复华中大学的理由。结果基督教高等教育委员会在这次会议上建议重办华中大学，并建议在1924年原有的基础上再扩大。这样通过孟良佐主教的努力，华中大学继续列入中国基督教高等教育的规划——被称为联合纲要——是加入中国基督教大学联合体的学校之一③。

同年9月，华中大学宣布复校，当时由于经济上的原因，文华图书科并未马上宣布单独建校，希望图书科仍然是华中大学的一部分，《文华图书科

① ［美］柯约翰. 华中大学［M］. 黄政辉，译. 武汉：华中师范大学出版社，1992：25.

② ［美］柯约翰. 华中大学［M］. 黄政辉，译. 武汉：华中师范大学出版社，1992：36.

③ ［美］柯约翰. 华中大学［M］. 黄政辉，译. 武汉：华中师范大学出版社，1992：38.

季刊》第一卷中的“本科消息”中写道：“本科原为华中大学之一部，华中大学自前年停办后，已历二载。今秋筹备复开就序，已于九月十五日开学矣。华中大学乃长沙雅礼大学，岳州湖滨大学，武昌文华大学，博文书院及汉口博学书院五学校所合办，将来成绩必有客观。”及时回到华中大学是图书科领导人当时迫于现实的客观选择，故1929年复校后的华中大学教学课程计划中有图书科的教学课程安排。但是经过这一番分合之后，互相之间便产生了隔阂，加之相互之间又缺乏沟通，矛盾凸显。

早期的文华书院

文华大学校园

健身室

科学实验馆

1930年华中大学校务委员会根据校长韦卓民的提议，通过了一项决议："兹决定文华图专要么脱离华中大学，在财政和管理方面都自行独立；要么本身必须完全服从大学的各级主管人员。"文华图书科认为这是一个挑战，于是在1930年6月20日的校董会上，其中一项决议专门讨论了文华图专与华中大学之关系。"议决：文华图书馆学专科学校已于国民政府教育部立案，为办事便利起见，应行独立。惟课程方面可与华中大学协作一切。"另根据湖北省档案馆所藏华中大学档案中查得《民国二十年私立华中大学校董会、华中大学立案呈请立案表》中的"校务情况表"（乙）中有一段关于文华图专的记载："文华图书馆学专科学校原系本校学系之一，民国十六年武汉政变本校停顿后，未能复校之先，图书馆学系于民国十六年继续开办，十八年蒙教育部批准立案。兹以教育部颁定大学规程图书馆学不能列为主修学系，故将文华图书馆学专科学校暂与华中大学分开，以符定章。"其中的"暂"字也说明了华中大学仍存有文华图书科日后能回归的想法。实际上，双方也分别在1937年、1950年为文华图专回归华中大学而协商过多次，但均以失败告终。

1931—1937年期间是名重于实阶段。1930年12月，文华图书科正式启用了"私立武昌文华图书馆学专科学校"印章，成为中国第一所独立的图书馆学专门学校，这也说明文华图专尽管已在形式上独立于华中大学，但在实质上，譬如教学地址（文华图专学生上课在公书林，1929年9月，华中大学开学时学生公寓是这样分配的：华中大学的男生住在"思殷堂"，图书馆学校的男生住在"博育室"，图书馆学校的女生和华中大学的女生住在"颜母室"，直至1934年华德楼修建完成，男女生宿舍才搬至其2、3号楼）、教职人员（来自中华教育文化基金会的三个图书馆专业方面的教师，也在华中大学工作了一年。图书馆学校所有的教职员也全部归于华中大学，并有参加华中大学所有会议的资格）、学生生源（重新开学后的第一年，华中大学高年级学生全部来自图书馆学校）仍然与华中大学有着紧密的联系，并非完全脱钩[①]。

1931年，华中大学重新制定了一、二年级的课程并全部付诸实践。在这一年里，根据政府和校方的要求，建立了毕业生需要参加考试并提交论文的制度，华中大学独具特色的中期考试也得到政府的肯定。1931年华中大学注册时，根据制定的华中大学组织章程，学校设文、理、教育三个学院。设注册部、事务部及图书馆，各设主任一人，教职员情况如下：校长兼文学院院长：韦卓民；教务长兼教育学院院长：薛世和（泰勒）；理学院院长：桂质廷；图书馆主任：沈祖荣；注册部主任：雷美佳；会计主任：贺兰德；会计副主任：柯约翰；女生主任：桂德华；英文秘书：吴砚农；中文秘书：王仁载；仪器制造室技师：唐福初。

华中大学的最高议事机构是评议委员会，它由校长、财务主管、人事主管、3个学院院长、图书管理员、2名教授（这2人每年由全体教职员选举一次）和3个由校董会指定的了解各协作教会意向的人组成。评议会的职能如下：审批学生宿舍的规章制度；审查对违纪学生的处罚；审批校长对教职员的聘任；审批它的一个专门委员会制定的学校教职员评级、提升的规章制度；在行政预算提交校董会之前对其进行书面评议，它还曾经在一段较短的时间里处理所有不重要的事务。沈祖荣直至抗战期间，文华图专迁至重庆，他才离开华中大学图书馆管理员的岗位。换一个角度讲，沈祖荣一直参与华中大学评议委员会的事务管理。

由于国民政府审查并实行它对私立院校的管理，韦棣华与大学当局之间的争论加剧了。图书馆教育的持续发展使它成为华中地区最受欢迎的一个热门学科，华中大学当局不愿和政府一道以公开身份冒险维护与韦棣华和平共处，政府曾两度使华中大学从一所“大学”改成一所专业性的“学院”。

---

① 以往囿于史料缺乏，学界一直存在华中大学与文华图专之间“1927年脱钩论”，如高时良在《教育评论》（1993年第5期）发表的《华中大学的发展历程及办学特色》一文中，认为“当1927年华中大学停办时，图书馆专业仍继续开办，并得到发展，才与华中大学脱钩，单独成立武昌文华图书馆学专科学校”。

1929年，仅有的一个班准备毕业的大四学生，是1926—1927年沈祖荣和胡庆生曾教过的图书科学生，华中大学强令他们必须完成全部华中大学规定的课程才能取得学士学位，因华中大学历来在学生培养上要求甚高。“学校遴选学生非常严格，在第二学年级终了，第三学年开始前，须经中期考试考查前二年之成绩，鼓励选课之系统化，第三、四学年实行导师制，换言之前二年功课颇普通，后二年分科颇精，盖为充实基本知识与研究工具也。”① 最终，图书科的10个学生中只有3人取得合格，有2名女生因为没有上体育课而遭到学位否定。由于这一意外，华中大学与文华图书科之间的相互关系紧张起来。在1929年3月《文华图书科季刊》发刊号上，文华图专首次以其有别于华中大学的独立身份发表了宣言。韦棣华随即从1930年9月起，决定把文华图书科坚决从华中大学中分离出来。

韦棣华的健康状况不断恶化，1931年5月1日韦棣华逝世。关于韦棣华遗嘱内容前面章节已有讲述，故此不赘述。值得一提的是，以往学术界不少人将韦棣华的遗嘱内容简单地认为是文华图书科与华中大学的“断绝书”，甚至是其“独立誓言”，并通常引用毛坤“顾今日之势……水乳相融之相”②。事实上，在韦棣华追悼会上，华中大学校长韦卓民高度赞扬了韦棣华的功绩：

> 据个人观察，凡人能在人类社会，造成卓绝不朽之事功，至少必具有下述三条件：（一）有远大眼光；（二）有深纯之学问；（三）有伟大之魄力。韦女士实具有此三种条件，故能造成不朽之事功，以言眼光，当女士来华时，国内尚无所谓图书馆者，女士高瞻远瞩，认定图书馆事业，于中国社会改造及文化发展之贡献，应占首要之位置，彼既觑破此点，即致一生经历尽瘁图书馆事业，其炯眼卓识有足多者；以言学问，女士医生，雅嗜书籍，虽在繁居，不废诵读，盖因其人格

① 视察湖北教育分报告［G］．武汉市档案馆藏，全宗号：bG3/13．

② 毛坤．华中大学文华图书科十周年纪念［J］．文华图书科季刊，1930，2（2）．

之高尚，思想之纯洁，志虑之坚贞，于书籍欣赏，遂具有特殊值兴味与超越之理解，其一生事业之成就，即为其德性与其学问升华而成结晶品；以言魄力，女士于事功，不为则已，为则必要其成，中间无论经若何阻扰，从不稍堕其志，彼创办公书林及图书科，不知经过几许困难，始具有今日之成绩。吾人即谓此等成绩，全由其集合无数困难铸成，亦无不可云云。①

韦卓民个人送帛金银洋10元②，在这次追悼会上，韦卓民演讲完毕后，“次吴主教及文华高中校长卢春荣先生、文华同门会代表张祖绅先生、文华图书馆学专科学校同门会代表桂质柏等相继演讲”③。可见，“文华共同体”的存在使得沈祖荣必须维持共同体内的力量平衡，他按照韦棣华的遗愿在文华公书林挂上了“文华图书馆学专科学校”的新牌子，充分显示了他运用外在形式，“维护与大学之间的关系以有利于两校的政治技巧”④。当年国立北平图书馆馆长袁同礼先生多次许诺，如果沈先生能把文华图专搬往北京，他将提供两倍的薪金和更好的教学设备，但沈祖荣谢绝了，他告诉菲利普斯小姐，如果把文华图专从武昌迁离是对韦棣华的不忠，他也拒绝了1937年华中大学再联合的建议⑤。

在复校后的华中大学，沈祖荣继续担任华中大学图书馆馆长，每个大学学生一年缴纳10元图书费，由图书馆支配。这样，华中大学、文华中学的学生仍为公书林的读者，且取得优先使用的特权，那时馆藏达到中文16 280册，英文30 596册，但对于大学教学有时仍感供不应求，而文华中学、“图书系借用文华公书林，殊属充足，惟适合初中学生程

---

① 文华图书馆学专科学校季刊［J］. 北京：国家图书馆出版社，2009，8（3）：262.

② 文华图书馆学专科学校季刊［J］. 北京：国家图书馆出版社，2009，8（3）：304.

③ 文华图书馆学专科学校季刊［J］. 北京：国家图书馆出版社，2009，8（3）：262.

④ 白齐茹（Cheryl Boettcher）. 沈祖荣与文华图书馆学专科学校［M］//陈传夫. 文华情怀——文华图专九十周年纪念文集，何建初，译. 武汉：武汉大学出版社，2010：125.

⑤ 白齐茹（Cheryl Boettcher）. 沈祖荣与文华图书馆学专科学校［M］//陈传夫. 文华情怀——文华图专九十周年纪念文集，何建初，译. 武汉：武汉大学出版社，2010.

度之杂志不多"①。尽管有一个包括华中大学的图书馆委员会为了教学之利，监督增添图书，公书林着重于公众性的图书，而预算则来自学校。沈祖荣因而在一个"公共图书馆"里，继续分担了"华中大学图书馆馆长"、"文华公书林馆长"和"文华图书馆学专科学校"校长三个不同职位。

1931 年 5 月 2 日，文华图专全体师生和各界人士参加韦棣华女士辞世出殡情景

1931 年 6 月 13 日，韦棣华女士追悼大会在文华公书林司徒厅举行

如果说沈祖荣在此期间一直担任华中大学图书馆馆长的职位，且是华中大学评议委员会的一员，起着文华图专与华中大学保持联系的纽带作用，那么在圣公会鄂湘教区主教组织下，两校共同举办毕业典礼更是直接证明二者之间的密切关系。1932 年 6 月 18 日，"本校第九届毕业同学，于六月十八日举行毕业典礼。华中大学亦于是日举行毕业典礼。此次所用礼节，颇为隆重。上午九时，在文华圣诞堂，共同有一毕业礼拜，由鄂湘辖境吴孟两主教引领。凡有学位之教授，与新毕业生，均穿礼服戴方帽，依次入堂"，"至十时许，又至文华公书林罗瑟厅，专为本校毕业者，举行毕业典礼。吴主教训词，徐亮君答词"②。

① 视察湖北教育分报告 [G]. 武汉市档案馆藏，全宗号：bG3/13.

② 文华图书馆学专科学校季刊 [J]. 北京：国家图书馆出版社，2009，8 (4)：121.

1932 年 5 月 5 日，文华图专全体师生和来宾 200 余人在文华公书林罗瑟室举行韦棣华女士逝世一周年纪念会

1938—1953 年期间，文华图专与华中大学属于名实分离阶段。1937 年 12 月，南京沦陷，武汉告急，同时出于为战后重建国家而培养人才的考虑，当时的国民政府亦号召和催促一些重点学校搬迁，甚至以此来衡量人们是否具有爱国心。据有关资料反映，当时中国 108 所大专院校中，就有 77 所搬家“内徙”，大多数作为“流亡大学”而保存在中国的西部土地上。在如此紧急形势下，华中大学、文华图专、文华中学先后从文华校园搬迁。战事带来的分离导致“文华共同体”形式上赖以依存的载体不复存在，这一切可谓势所必然。

武昌圣诞堂原在文华中学院内，是中华圣公会鄂湘教区最早建立的第一所礼拜堂，该堂设在校园内，所以教友多为前文华中学及前华中大学的教员和同学。文华图专校长沈祖荣也担任其副董事

1938 年 7 月 3 日华中大学从武昌

辗转迁到广西桂林，10 月武汉失守，桂林成了敌机轰炸的目标，华中大学教师和学生宿舍部分被炸，无法正常上课，乃决定再次内迁至大理喜洲镇。华中大学选择喜洲的原因，韦卓民在 1939 年初提交的年度报告中说得十分明白："就战争危险、地方平静、食物供应以及气候和卫生环境等方面比较，云、川两地没有什么供挑选的独到优势，只是云南更易于与海外取得联系，自然这主要是出于购买教学书籍和引进教学设备的考虑，而云南省会昆明对我们的吸引力不大，为了避免遭受空袭的覆辙，我们乐于迁到远离铁路公路等交通线外的较小城镇中去。当然，在战争时期，中国无平静之处，但我们必须寻求一个仍能安心教学和从事教会高等教育实验的处所，所以我们更倾向昆明之西离缅昆线三十公里的地方，那儿最适合我们的理想。"[①] 顺便提及的是，在决定选择云南起过重大作用的因素之中，就是必须考虑到华中大学的教会大学性质。韦卓民在桂林时，与相识颇久且钦佩愈加的香港主教霍尔有过密切的通讯联系，因为云南地方属于霍尔主管大教区的管辖范围，故霍尔表示，如果华中大学迁滇，他将对此行有所赞助，这无疑加重了华中大学决定搬迁的天平倾向云南的砝码。于是，1938 年秋天，"文华图专与华中大学如实的分手了"，因为沈祖荣决定把文华图专迁到重庆，这对文华图专来说是一个明智的选择，因为这里是国民党政权战时力量的中心，同时也是美国图书馆协会战时在华活动的中心，在它们的支持下，尽管 1940 年第一季度日本飞机对这个城市进行了大轰炸，但文华图专仍继续昌盛发展[②]。

（三）国家与教会的双重管理

"文华共同体"内部三校的内迁方向颇为有趣，文华图专孑身独自迁

---

① 韦卓民．武昌文华书院及其身后华中大学［G］//中国人民政协武汉市委员会文史资料委员会．武汉文史资料（第九辑），1982：128.

② 陈传夫．文华情怀——文华图专九十周年纪念文集［M］．武汉：武汉大学出版社，2010：126.

往重庆，而文华中学与华中大学均曾先迁往广西再迁至云南，看似一个历史的偶然之举，但从内迁方向的选择可看出，尽管有圣公会鄂湘教区的负责人作为三校共同的董事，并借此实现差会对学校办学方向的控制，力图保持学校的基督教色彩，但是“文华共同体”内部职权体系崩裂早已出现端倪。美国耶鲁大学和加州大学社会学教授、比较高等教育研究室主任伯顿·克拉克曾提出影响大学的权力可简化为国家权力、市场和学术权威，三者互为关联、彼此博弈。而文华图专属于有教会背景的“文华共同体”成员之一，自然教会（美国圣公会鄂湘教区）也应作为第四方因素来考虑。文华图专也受市场与政府的种种显性或隐性权力因素的影响，主因是图书馆学学科在中国以应用性、实用性为发展倾向。

1920 年文华中学毕业照

文华中学的内迁方向理由与华中大学类似，这也说明了“文华共同体”内部，在华中大学与文华中学学校内部权力主导上，差会的控制性因素较文华图专则明显强烈许多，文华图专则逐渐游离于共同体的边缘。文华中学与同样由美国圣公会主办的私立武昌圣希理达女子中学、私立汉口圣保罗初级中学等组成“鄂湘教区联合中学”，先于 1938 年 10 月迁往广西全县关岳街，后于 1939 年 5 月 15 日迁往云南镇南县，1942 年 10 月迁至贵州清镇。其中，详细的学校内迁细节可通过当时校方给教育厅的三份函文中得知。

文华中学校长李辉祖

其一，私立武昌文华中学校长李辉祖、私立武昌圣希理达女子中学校长彭人丰、私立汉口圣保罗初级中学校长张海松于 1948 年 9 月 27 日呈给时任湖北省政府教育厅陈厅长的公函，其内容为：

案查属校等联合迁校各节，业经呈请钧厅备案在卷。兹各校负责人，觅得广西全县关岳街，租建校舍，筹备一切，现已布置就绪，定名为"鄂湘教区联合中学"师生均已齐集，决于十月三日开学，正式上课，除将学生名册续呈备案外，理合备文呈请鉴核，并请据情转咨广西教育厅查照，实为公便！①

其二，湖北省政府教育厅陈厅长向云南省政府教育厅发的公函，其内容为：

案据鄂湘教区联合中学私立武昌文华中学校长李辉祖二十八年五月十六日是以该校因校董会及设立此议决于五月十五日其陆续迁往云南镇南县云云，实为公便等情按此，除指令外，相应函遣贵厅查照为荷，此致！②

圣公会鄂湘教区联合中学印章

其三，鄂湘教区联合中学兼私立武昌文华中学校长李辉祖于 1939 年 5 月 18 日，以鄂湘教区联合中学名义向湖北省政府教育厅陈厅长的呈文，其内容为：

鱼代电悉据称该校远道学生费用无着，自属实情，鄂籍学生如有

① 私立武昌文华图书馆学校毕业生名册［G］. 湖北省档案馆藏，全宗号：LS10-5-386.
② 私立武昌文华图书馆学校毕业生名册［G］. 湖北省档案馆藏，全宗号：LS10-5-386.

自愿回省就学者，可由该校筹给相当旅费，发给转学证书及成绩单，令其转入本省省立联合中学，各分校肄业，以资救济。等因奉此，理应遵照办理以副钧厅爱护青年之至意，惟经转告鄂籍学生，佥以道远时艰，不愿离校，其在本校所呈鱼电，原冀拨款救济，籍安青年流浪之心，兹钧厅既无款可拨，而在校者又不欲离校转学，本校自未便强制执行，致青年走投无路。仰承大德，徒唤奈何！艰巨支撑，实深惶覆，惟系托帡幪之下，仍时希望格外施仁，奉到前因，理合备文呈复，伏乞鉴原。再本校因校董会及设立者议决，已于五月十五日起，陆续迁往云南镇南县开学上课，约一月后即竣事类校址异动合并呈请，鉴核备案，据情转咨云南省政府教育厅查照，实为公便，谨呈。[①]

“文华共同体”的三校在艰苦卓绝的抗战条件下，仍能坚持办学，并且取得显著的办学成果。先以文华中学为例，详情见表 5-1：

表 5-1　二十八年度各中等学校参加国立各院校统一招生之成绩
（湖北私立武昌文华中学）

应考人数（名）	录取人数（名）	录取人数占应考人数之百分比	录取生平均成绩（经调整后）													
			总平均	公民	国文	英文	本国史地	外国史地	数学（甲）	数学（乙）	数学（丙）	物理	化学	生物	德文	法文
43	26	60.5	45.2	47.3	44.6	38.6	45.2	45.2	38.8		43.0	56.9	44.3	54.7		

① 私立武昌文华图书馆学校毕业生名册［G］. 湖北省档案馆藏，全宗号：LS10-5-386.

从上表可见，湖北私立文华中学应考人数为43名，录取人数为26名，录取人数占应考人数之百分比为60.5%，总成绩次第为3，仅次于北平市立第一中学、国立中央大学实验学校，足见文华中学属于在全国办学质量较高的十所中学的佼佼者之一，文华中学的办学成绩得到了当时国民政府教育部表彰，嘉奖令函文如下：

教育部训令（1940年6月5日）

查该省武昌私立文华中学学生参加二十八年度国立院校统一招生考试录取比例较高，而总成绩在最前列十校以内，经本部明令嘉奖在案。兹抄发该校学生廿八年度各科录取成绩，令仰转饬该校对于各科教学益加改进，以宏造就为要，此令。[1]

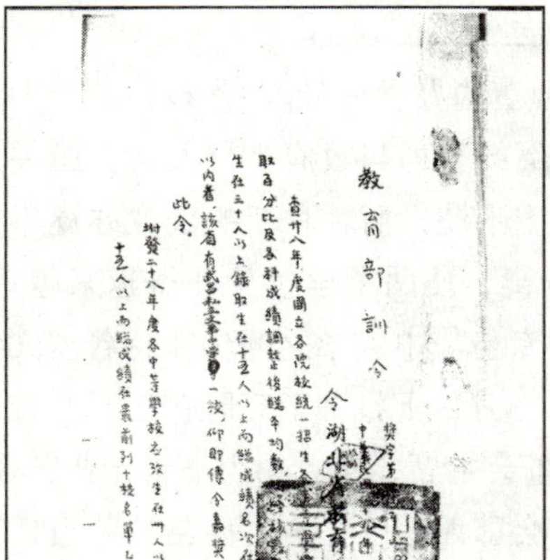
教育部訓令

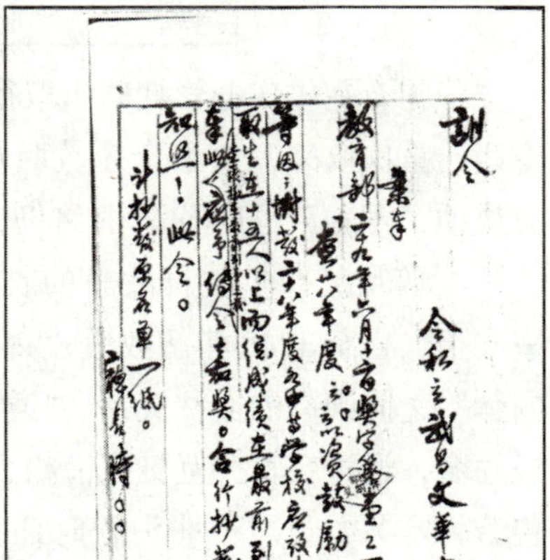
訓令

① 私立武昌文华图书馆学校毕业生名册［G］．湖北省档案馆藏，全宗号：LS10-5-386．

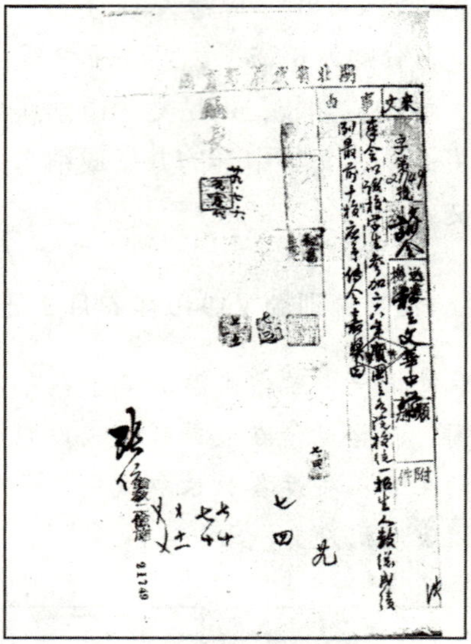

文华图专在重庆办学期间也取得了显著的办学成果。“本校自二十七年奉令西迁重庆以来，由于全体教职员的继续努力与政府当局及有关机关之多方协助，不独武昌时代之旧绪仍保持于不坠，而种种新的成就亦逐年加多。”[①] 尽管历经八年抗日战争的长久分离，使两个学校分开得越来越远，但事实上，直至1949年解放后，文华图专与华中大学之间仍保持着“文华共同体”之间固有的交往关系。“遵于十一月二十日下午二时在校召开校董会成立会，通过会章并互推张海松为校董会主席，桂质柏为书记，曹美成、骆传芳为常务委员。”[②] 张海松时任圣公会鄂湘教区主教，而骆传芳担任华中大学总务处长、文学院院长等职。在新中国成立初期，人民政府对教会学校政策尚未明朗的情形下，华中大学与文华图专的合并事宜在校董会内

① 丁道凡. 中国图书馆界先驱——沈祖荣先生文集（1918—1944年）［M］. 杭州：杭州大学出版社，1991：232.

② 湖北私立文华图书馆学专科学校概况、访问材料、教职员工学生名册、调查表、毕业生历年成绩表［G］. 湖北省档案馆藏，全宗号：GM7-1-96.

部一直在时断时续进行，来自学生的呼声更为明显，“对与华大合并的意见：同学们一致赞同，而且要求迫切，理由是图专规模太小，外界不了解学校性质，图书又少，但如校方不赞许或客观条件不成熟也作罢论”①。

学生团体之间的合作更为密切。由于新中国成立后，文华图专的学生中要求加入共青团的越来越多，先后有10余人被批准入团。根据同学们的要求，文华图专在1950年6月15日正式成立团支部。1950年初，文华图专学校员工在中国教育工会武汉市委员会的指导下与华中大学共同成立了“华大图专工会分会”。11月，才自行组织基层小组，直接与市委员会联系。另外，圣公会鄂湘教区主教张海松也接替吴德施、孟良佐继续在华中大学与文华图专之间不断斡旋，希望两校能再次回到名实合一的历史阶段，这一点前面的章节已有论述，故略述。

从华中大学独立后的文华图专与岭南大学、北京协和医学院一样，其设立主体都不属于任何教派，又保持着基督教教育的某些特征。岭南大学的发起人哈巴安德（Andrew P. Happer）是美国北长老会的传教士，但1885年在纽约成立的大学托事部却并非隶属于长老会海外宣教部，托事部成员有前任外交官2名，法官2名，教育部副部长1名，大学校长1人，宗教报刊编辑7人，信徒领袖12人，著名医学教授4人，容闳也是成员之一②。岭南大学的前身格致书院曾一度与培英书院合并，后两校又分开，原因之一就是培英书院办学注重神学，校董成员全是美北长老会教友，与格致书院的宗旨不符。另外，岭南大学早在1885年就确立由华人自办的目标，宣称“一俟中国人得有办学之经验及能力，便将学校主权归还”③。1900年钟荣光受聘任教时，就开始了华人自办计划。北京协和医学院前身则为北

---

① 湖北私立文华图书馆学专科学校概况、访问材料、教职员工学生名册、调查表、毕业生历年成绩表［G］．湖北省档案馆藏，全宗号：GM7-1-96．

② 李志刚．基督教与近代中国文化论文集（二）［M］．台北：基督教宇宙光传播中心出版社，1993：232-233．

③ 高时良．中国教会学校史［M］．长沙：湖南教育出版社，1994：191．

京协和医学堂，由美国的公证会、长老会、美以美会和英国的圣公会、伦敦教会医学堂和伦敦会共同维持。1915 年 6 月，学校被洛克菲勒基金会以 20 万美元购买接管，设立主体变为洛氏基金下的“中华医学部”，正式定名为北京协和医学院。原 6 个创办差会在新成立的校董会中各有 1 个席位，其余7 人均由洛氏基金会指派。

文华图专有着深厚的教会背景，它的前身是文华大学图书科和华中大学文华图书科，文华大学本身就是美国圣公会设立的教会大学，受美国圣公会鄂湘教区管辖，作为它的附属科系图书科的设立是得到了当时美国圣公会主教伍德和鄂湘教区负责人之一孟良佐首肯的，早在韦棣华创办文华公书林和图书科时，圣公会就将其作为在华传教事业的组成部分。此后独立设校的文华图专在某种意义上仍属于美国圣公会鄂湘教区管理的学校，从文华图专和华中大学成立之初的校董会名单就显而易见，美国圣公会鄂湘教区的吴德施、孟良佐两主教皆为两校共同董事，一直在为两校之关系斡旋。1933 年 6 月 21 日,文华图专的校董会年会在校董会主席周苍柏寓所举行，“武汉方面校董吴德施主教，孟良佐主教，周苍柏先生，陈叔澄先生，卢春荣先生，暨本校校长沈绍期先生，均亲到赴会。省外校董袁守和先生，周寄梅先生，孙洪芬先生，戴志骞先生等，均来电请沈校长代表出席，沈校长于会中报告除报告学校廿一年度种种经过，及四月间赴鲁冀豫江浙等省，代表中华图书馆协会调查各地图书馆情状，并接洽校事，所得结果外”，更是提出讨论“本校与美国差会关系之增进”，“各校董随即讨论一切，结果甚为圆满”①。

可见尽管韦棣华已经逝世，但沈祖荣领导下的文华图专非常在意与美国差会的关系。1926 年，文华图书科专职教员仅有韦棣华、沈祖荣、胡庆生、周楚蘅（清贡生，日本明治大学法政科毕业）和李伯登夫人（曾任美国依阿华州立大学图书馆和州立儿童图书馆馆长多年）5 人。独立后的文华图专，在教师队伍中，尤其是外籍教师明显缺乏。1932 年，“本校为求适应

① 文华图书馆学专科学校季刊［J］. 北京：国家图书馆出版社，2009，8（4）：309.

实际之需要，特添设日文及法文学程。除法文学程，由本校学生到华中大学合班上课外，特聘在日本东京帝国商科大学毕业之高伯勤先生为日文教师”[①]。这也恰恰符合1930年6月20日在文华公书林举行的文华图专校董会年会上通过的文华图专与华中大学之关系的讨论，形成的决议为“本校已于国民政府教育部立案，为办事便利起见，应行独立。惟课程方面仍可与华中大学协作一切”[②]。

再则，它的创始人韦棣华虽然不是受教会指派且肩负传教使命的传教士，但与圣公会关系密切。她的胞弟是圣公会的一名传教士，她探亲抵汉后也是由圣公会出面安排在文华书院兼职任教的，她自己是一位虔诚的基督徒，后又被圣公会任命为世俗传教士。然而文华图专与岭南大学和北京协和医学院一样，其设立主体都不是直接受制于教会，校董会相对独立于当时中国基督教大学各董事会的联合机构“联合托事部”。文华图专校董事会的成员都是图书馆界的知名人士和对图书馆事业怀有浓厚兴趣，与韦棣华关系亲密的朋友。与岭南大学相同，中国人很早就参与了文华图专的事务，韦棣华早期的两位得力助手沈祖荣、胡庆生均是华人，从1931年起，沈祖荣长期担任文华图专的校长一职，文华图专的其他重要职务如教务长一职，也一直由华人担任。

沈祖荣本身是纯正的基督教徒，作为校长他也在通过各种校园活动努力保持着学校的基督色彩，如为韦德生（韦棣华的胞弟）修建六旬桥，“本年三月廿九日为韦德生教父六旬寿诞，武汉圣公会各团体为留永久纪念并谋韦教父修养行走之便，便遂筹资建一走廊由韦教父之住宿直通圣堂曰六旬桥。韦教父系本校创办人韦女士之胞弟，为传圣道，终身不娶。为助于韦女士者甚多，本校师生，借此良机，各献祝仪，加入是项庆祝会。教职员中由沈校长代表致祝词，同学中由于震寰君代表致祝词焉”（《文华图书科季刊》第三卷第四期，第637页）。另外，在毕业典礼上也少不了吴德施、

① 文华图书馆学专科学校季刊［J］. 北京：国家图书馆出版社，2009，8（3）：502.

② 文华图书馆学专科学校季刊［J］. 北京：国家图书馆出版社，2009，8（3）：502.

孟良佐两主教的训词，“首由教务主任徐家麟先生领道全体毕业生列队入礼堂，行礼如仪后，即由李辉祖会长祷告……韦德生教父祝福”①。其与一般教会大学毕业典礼的仪式程序几无二致。

文华图专能够与圣公会保持密切联系的枢纽人物就是吴、孟两主教及韦棣华的胞弟韦德生教父，故而文华图专与这三人的关系如同家人般紧密，《文华图书馆学专科学校季刊》中就多有记载，如吊唁孟主教夫人，“孟良佐主教为本校创办人之一，其夫人对于本校爱护尽力之处亦多。不幸孟夫人于四月廿三日逝世，本校师生全体慰问吊唁。廿五日全礼参加殡葬典礼。五月卅一日，又在汉口保罗座堂参加追悼大会。同时并各捐助款项纪念孟师母，以便发展青山之爱的学园”②。组织全体师生欢送韦德生教父，“韦德生教父，本校创办人韦棣华女士之弟也。自韦女士去世后，对于本校之扶助，较前尤为努力。本校群育讨论会及学生服务团巡回文库等，均由韦教父主持一切，数年以来，显有进步”③，“此次例假回美，为时预计一年，而本校教职员学生，均不忍其遂然离去。特定于三月廿六日在华德楼开会欢送。是日虽风凄雪紧，然到会之来宾及本校毕业同学，仍甚踊跃”④。

文华图专与其他教会所经营的大学相比还有一点特殊之处，即它始终没有向外国政府注册立案过，不属于被教会正式认可的 13 所基督教会大学之一，当然这与其初始为文华大学的一科，尔后华中大学在国内民族主义运动日益高涨、动荡不宁的境况下被迫关闭，方向南京国民政府教育部注册立案有关。而其他的教会大学包括岭南大学和北京协和医学院在向中国政府注册立案前均已向西方各国政府立案注册。尽管文华图专未向外国政府注册立案，仅仅向国内政府注册立案，但是文华图专的学生同其他在外国注册立案的教会大学一样，享有学位认可与出国深造的权利，而这一切

---

① 文华图书馆学专科学校季刊 [J]. 北京：国家图书馆出版社，2009，8 (7)：258.

② 文华图书馆学专科学校季刊 [J]. 北京：国家图书馆出版社，2009，8 (8)：568.

③ 文华图书馆学专科学校季刊 [J]. 北京：国家图书馆出版社，2009，8 (8)：503.

④ 文华图书馆学专科学校季刊 [J]. 北京：国家图书馆出版社，2009，8 (8)：503.

的便利要归功于文华图书科的创始人韦棣华，由于她在创办图书科时，所设计的课程和采用的教材，是按照美国纽约州立公共图书馆学校和哥伦比亚大学图书馆学校的做法，尔后由沈祖荣结合我国实际国情稍加变通，因而文华图书科及后来独立建制的文华图专取得了美国图书馆协会图书馆学院、校管理委员会的认可，承认它的毕业生具有相同于美国图书馆学院、校毕业生的水平，可直接进入美国图书馆研究院校。这也为文华图书科和文华图专学生毕业之后，赴美深造大开方便之门。

（四）文华图专明显的“混合型”设立主体

20世纪20年代收回教育权运动兴起后，中国政府加强了对教会学校的管理，各差会对于政府法令中关于宗教教育的禁令，本能的反应是无法接受，他们不甘心就此丧失在中国领土上自由传播教义的特权，因此在各级各类教会学校向中国政府立案注册的问题上百般阻挠，多方设置障碍。以美以美会为首的全国基督教15个公会联合向中国教育部请愿，要求修改或取消中国政府对宗教课的若干限制，还威胁说，否则学校宁可关门也不申请立案。美国圣公会全国理事会1928年4月25日常会上通过的决议中认为：“教会职务原为从事宣传教主基督于非基督教区域，并非建立一种纯粹通俗教育制度”，“如中国政府以总理纪念周或三民主义教授列为政府必须之条件，受美国教会完全或部分津贴之学校不得向中国政府立案”。所以各教会学校向中国政府立案注册的过程并不是一帆风顺的。

然而随着形势的发展，在中国民众的坚决反对和政府的强硬坚持下，教会权衡利弊后，感到继续对抗下去只能招致中国民众更强烈的反感和仇视，各级各类教会学校才陆续向中国政府立案，承认了中国教育部的管理权。金陵大学1928年立案，1929年立案的有之江大学、东吴大学、沪江大学、辅仁大学。1930年立案的有齐鲁大学、金陵女子大学、岭南大学、北京协和医学院。1931年立案的有燕京大学、华中大学、华西协合大学、福建协和大学。震旦大学1932年立案。津沽大学1933年立案。华南女子文理学院比较保守，直至1936年才立案。其中圣约翰大学的态度最为强硬，一直拒绝立案，直至1947年才完成向中国政府的注册手续。

文华图专既不受教会的直接控制，又从未向西方政府立过案，因此它的立案过程相对其他教会大学来说简单、顺利得多，甚至可以说是其主动申请向政府备案。1927年由于北伐战争的影响，经历了三年试验期的华中大学暂时关闭，华中大学文华图书科在韦棣华、沈祖荣等人的坚持下仍在单独办理。文华图书科本是华中大学（前身为文华大学、文华书院）的一个科系，创办之初是从文华大学二年级以上的学生中招收兼修图书馆学课程的学生，学制两年。本科毕业除了授予文学学士学位外，还另发给图书馆学专科毕业证书。直至1926年文华图书科获得中华教育文化基金董事会的每年补助1万元，才有了正式专修生，但仍依附于华中大学办理，学生毕业时发华中大学文凭。华中大学停办以后，文华图书科学生的身份无法确定，为了方便办学、图谋发展，1929年初，沈祖荣以文华图书科基金会代理主任名义，向南京国民政府呈交成立“私立武昌文华图书馆学专科学校”的报告，同年8月获批准，成为一所独立设置的专科学校。

综上所述，文华图专的设立主体与其他教会大学相比，较为奇特，既有13所在华基督教大学类似的教会色彩，又有一般民国时期私立大学相同的运作体制，属于明显的“混合型”设立主体，这一点从文华图专的国内外两个董事会（设在美国的“韦棣华基金董事会”和国内的校董事会）构成就可看出。首先，文华图专虽然与其他教会大学一样有教会背景，尽管教会对学校的控制没有共同体内的华中大学、文华中学那么直接、深入，但是“在教会方面，以传统关系，仍受中华圣公会鄂湘教区之指导”①。学校本身有很大的自主权，文华图专不是一所纯粹的教会学校；再则，文华图专自始至终只向中国政府立过案，学校又长期由中国人办理，但文华图专的创始人是美籍人士韦棣华，学校在美国还设有董事会，董事会有权参

① 基督教圣公会文华图专资料［G］. 武汉市档案馆藏，全宗号：112-1-26.

与学校的一切事务，文华图专也不是一所真正的国人自办学校。因此文华图专是一所有教会背景的私立学校，其设立主体从理论上讲，属于设在美国的“韦棣华基金董事会”和国内的校董事会，实际上文华图专的所有权属于韦棣华及接替她的校长沈祖荣。这种设立主体导致了文华图专私人经营色彩相当突出。韦棣华和沈祖荣的办学思想、教育理念直接左右着文华图专的发展方向；他们的个人影响力和能量也决定着文华图专的生存状态，可谓一损俱损、一荣俱荣，所幸的是文华图专遇到了两个杰出的舵手。韦棣华和沈祖荣在文华图专多年的办理过程中，一路披荆斩棘，最终奠定了文华图专在近代中国图书馆教育领域不可动摇的地位。然而个人的能力总是有限的，这是文华图专一直无法扩大办学规模的重要原因之一。

当然，文华图专的私人经营性带来了局限，同时也使文华图专避免了因观点不同、志向相异而造成的内耗，这是文华图专在动荡的战乱年代能得以稳步发展的有利因素。私人经营性也使得文华图专的校史上韦棣华、沈祖荣的个人痕迹明显。梁启超尝谓历史代表人物“历史人格者”，他们在历史中不可或缺，“抽出”他们恐局面会变，如佛教史中缺一道安、玄奘；清代思想史中缺一顾炎武、戴震，局面当如何。另一方面，时势及环境如何影响他们，他们的行为又如何使时势及环境变化，这里面有个“历史主眼”的问题。研究彼“人格者”之素性及其临时之冲动断制，而全史迹之筋脉乃活现[①]。在文华图专的创办过程乃至近代中国图书馆事业史中，韦棣华、沈祖荣就是这样的“历史人格者”。

作为世俗传教士的韦棣华和作为美国圣公会受洗的基督教徒的沈祖荣，他们均因个人的经历和信仰而对教会存在深厚的难以割舍的宗教情怀，而美国圣公会是“文华共同体”（包括文华书院、文华中学、文华大学、华中大学等）的前期缔造者以及后期重要协作和资助差会。韦棣华自“1899 年 5 月16 日来华，居武昌，掌教于文华大学并管图书馆阅览室。经其努力经

① 梁启超．中国历史研究法［M］．北京：东方出版社，1996：134-142．

营于1910年创立武昌文华公书林。于1920年创办文华图书科”。韦棣华在文华校园工作生活前后共31年，对文华的感情积淀体现在文华公书林（Boone Library）和文华图书科（Boone Library School）延续了文华书院名称纪念主教文惠廉的意义。沈祖荣1899年进入宜昌圣公会教堂做勤杂工。1901年，他被推荐到武昌思文学校就读。1905年毕业于武昌文华书院，留校任图书馆员。1907年，在完成了中学学业后被学校推荐到文华大学学习。1911年获得文华大学学士学位，并在文华公书林任职。沈祖荣作为文华中学和文华大学的毕业生，深受文华传统的熏陶和浸染，对文华的传统有深刻的理解，而文华大学是华中大学的前身之一，华中大学即建在前文华大学的校园中，后逐渐扩展，文华中学、华中大学一直与文华图专有密切联系，如1948年1月26日，文华中学向上海商业储业银行武昌分行申请短期透支贷款，“以该校寒假期间缺乏经费济用，商请以该校往来户口名义陆续透支一亿元，并邀请华中大学校长韦卓民君担保等云”[①]。即使是1931年12月以后，文华图专独立于华中大学，但它们不仅共处于文华校园，而且分享着部分建筑和图书，同时华中大学也是文华图专重要的生源输送地，在文华图专1930年度专科免费生正取的5名学生中就有2名是华中大学肄业学生[②]。文华公书林一直是文华图专学生的实习基地，直至抗日战争爆发。

1930年5月16日，为纪念韦棣华来华活动30年、创办文华公书林20年和文华图书科10周年，沈祖荣于1929年以文华公书林和文华图专名义发起纪念大会，函请中华图书馆协会协助。沈祖荣计划募捐6万元建韦棣华博物馆，5万元为文华图专讲学基金，并邀全国各界名流132人共同发起，成立以外交部王正廷为主席、汉口上海银行周苍柏为司库、汉口圣保罗教堂座堂黄馥亭为书记、沈祖荣和孔祥熙等43人为委员的“韦棣华女士来华服务三十周年纪念募款委员会”。纪念大会延迟至1931年举行，提名为“三

① 原上海银行鄂行各字来去函［G］. 武汉市档案馆藏，全宗号：68-3-376.

② 文华图书馆学专科学校季刊［J］. 北京：国家图书馆出版社，2009，8（2）：294.

重纪念活动"，并将每年5月1日即韦棣华逝世日定为"韦氏纪念日"，每年举行纪念式，如1935年逝世四周年纪念式和次年逝世五周年纪念式。1934年举行纪念沈祖荣五十寿辰活动，"本年七月二十五日为沈校长五十寿辰。同学有多人提议，筹备纪念。京津平沪及武汉各地同学，对于所提具体募款与庆祝办法，均一致赞成，并愿列名发起"[①]。1944年为纪念沈祖荣六十岁诞辰和从事图书馆工作30年，又征集名人题词，举行"双重纪念活动"。这两次活动都十分隆重，还穿插了"献金"等小项目，以渲染气氛。韦棣华和沈祖荣病愈出院时，校方还组织了全体师生进礼拜堂做"感恩礼拜"，"校长先生自去冬患盲肠炎往同仁医院割治后，直到一月十八日方始出院。是日下午一时左右，先往同仁医院教堂内，做感谢礼拜。参加者处本校全体师生外，还有沈先生的亲朋多人。在出院前，同学在该医院天井中，大叫其 Ra！Ra！Ra！Boone！Bosne！Boore！又放鞭炮三千，以资庆祝"[②]。这在其他学校是很少见的。

在近代中国的特殊历史时期，从1912年中华民国成立到1937年抗日战争全面爆发，是中国社会急剧动荡不安的历史岁月，中国社会也进入了一个新的阶段。一方面，二次革命、护国运动、护法运动显示了辛亥革命的激流余波；另一方面，新文化运动和国民革命又直接开启了社会变革，其间，五卅运动和抗战的爆发将民族主义运动推向了一个前所未有的巅峰。文华图专独特的设立主体是其主动适应时势与社会客观需求的双向选择结果，这也表明给近代中国的教会大学定性不能主观地想当然，套用任何既定的预设框架，应本着尊重历史本来面貌的态度，在承认客观事实的前提下，根据教会学校各自不同的情况，看到不同种类学校为应对时势，不断调适的长期性和复杂性，具体分析，客观评价。

---

① 文华图书馆学专科学校季刊［J］．北京：国家图书馆出版社，2009，8（8）：502.

② 文华图书馆学专科学校季刊［J］．北京：国家图书馆出版社，2009，8（3）：651.

第二节　经费来源

（一）一般教会学校经费来源渠道

教会大学最初筹备时大多是由教会负担有关费用。1905 年沪江大学筹建时由美国南、北浸礼会总部各拨款 3 万美元[①]。华南女子文理学院前身华南女子大学创办初期，美以美会妇女外洋布道会捐赠 15 000 美元，并保证每年按需要给予拨款，以维持学校运转[②]。1919 年辅仁大学筹办时，罗马教皇曾亲自捐意币 10 万元，不仅如此，由于教会大学不断发展，仅靠教会资助已不能平衡学校收支，教会大学还向教会之外的有关机构和个人募捐。如主要依靠教会资助的辅仁大学，罗马教廷和美国本笃会先后向其捐助 30 几万美元作为学校基金，此外又有来自马慕努氏、美国公教徒、美国隐名氏向基金捐赠，美国本笃会承担学费、建设费等办学经费，每年还有利息收入，就是这样，仍感到经费不足。据 1928 年统计，当年学校能使用的经费只有 5 万美元左右（基金利息 24 000 美元，捐款 25 000 美元，学费收入 6 200 中国币[③]），1933 年美国本笃会无力承办后，由美、德两圣言会接管辅仁大学。

另外，教会往往同时办理好几所学校，据统计，20 世纪 20 年代，美国北长老会负担 9 所学校，美国北长老会负担 7 所，伦敦布道会（公理会）负担 6 所，圣公会负担 6 所，美国公理会负担 5 所[④]。教会用于教育的经费总额也许数目庞大，但分摊到每所学校并不多。因此教会大学在继续争取教

---

① 高时良．中国教会学校史［M］．长沙：湖南教育出版社，1994：139，207.

② ［美］华惠德（I. E. Wallace）．华南学院（Hwa Nan College）［J］．教育评论，1990（1）.

③ 高时良．中国教会学校史［M］．长沙：湖南教育出版社，1994：139，207.

④ 章开沅，林蔚．中西文化与教会大学［M］．武汉：湖北教育出版社，1991：146.

会资助的同时，广开渠道，大力筹集办学经费，主要有基金会基金、国内外私人捐款、学费和政府补贴等。1928 年公布的霍尔（C. Hall）基金会的国外教育基金分配计划中有 6 所教会大学得到资助，燕京大学 100 万美元，岭南大学 70 万美元，金陵大学 30 万美元，华西协合大学 30 万美元，山东齐鲁大学 15 万美元，福建协和大学 5 万美元。从 1913 年至 1951 年，洛克菲勒基金会通过“中华医学基金会”（China Medical Board）共向中国投入超过 6 000 万美元，其中 4 400 万元用于北京协和医学院[①]，其中 1928 年拨款 1 200 万美元，1947 年投入 1 000 万元[②]。教会大学在 1929 年西方经济危机后，中国人的捐助比例逐渐增加，据统计，在 1929 年到 1936 年间中国人捐款在大学总收入中的比例由 24%提高到 53%（中国基督教大学校董联合会：《令人感动的服务：中国教会大学专话》(专业版小册)，第 14～15 页)。

岭南大学的发展与它的三个经济支柱的支持分不开：同学基金委员会、华侨基金委员会和美国基金委员会，特别是岭南校友会设立的“同学基金会”为学校的发展募集了大量资金。1940 年在香港曾发起了“同学百万基金”的活动，校友们踊跃捐款。美国的玛丽·E. 约翰小姐和威廉·C. 普罗克特夫人曾捐巨款为华中大学购买地皮与建校舍。为了做到经济独立、政治中立，华东地区一些教会大学还收取高额学费来补充办学经费，如圣约翰大学 20 世纪 30 年代初，每生每年需用银洋 350～400 元，其中学费银洋 150 元，以至于校方在 1940 年的年度报名中也自称为“中国学费最高的学校”。总之，教会大学的经费从来源渠道来看，除少数学校（如金陵女子文理学院）经费仍主要由国外教会提供外，已日益多样化。如福建协和大学除了学费及美以美会、中华圣公会、公理会的常年拨款外，还争取来自中国基督教大学校董联合会、哈佛燕京学社、霍氏文化基金、美国援华会、全英援华联合总会、英国商行、英中基督教大学促进会等团体的捐款，另

---

① ［美］玛丽·布朗·布洛克．洛克菲勒基金会和中国［M］//二十世纪美国与亚太地区国际学术讨论会论文集．北京：现代出版社，1992：420.

② 高时良．中国教会学校史［M］．长沙：湖南教育出版社，1994：196.

外也接受福建省政府、中华教育文化基金董事会的补助。20 世纪 30 年代，燕京大学年度预算为 215 000 美元，其中 55.7%为美国私人捐款，10%左右为中国个人和政府的资助，教会的拨款只占 14%。

（二）文华图专广泛的经费来源渠道

20 世纪 30 年代以后，文华图专是一所私立专科学校，学校规模不大，并以中华教育文华基金董事会资助的公费生为主，在校长沈祖荣的殚精竭虑经营下，它具有财政独立和行政稳定的优点。尽管“私立大学（包括教会学校）的资助十分广泛，从中央政府拨款到私人捐赠和学费、杂费，而以后者最为重要。依赖政府资助的私立学校面临困扰公立大学的同样问题，而那些主要依赖私人来源的学校则受国内外经济状况的影响”[①]。直到 20 世纪 30 年代中期，社会捐助占学校收入的 30%。

文华图书科是伴随着文华大学（华中大学的前身）母体孕育而逐步发展起来的，我们可以说它的发展得益于教会大学，因为文华书院属于教会大学，并且一直隶属于基督教圣公会鄂湘教区，文华公书林、文华图书科与文华大学（华中大学)、文华中学都有非常紧密的关系。

文华公书林与文华图书科及后来的文华图专，也和教会大学有着千丝万缕的联系，三者以同一宗教与教会为信仰纽带和组织纽带，以文华书院为同一起源，以同一校区为平台（华中大学、文华中学、文华图专起初共处于文华校园，直至 1938 年三校内迁)，它们属于以文华书院为共同缘起的“文华共同体”（Boone Community）有机组成部分。如同日本中国学京都学派创始人之一内藤湖南在评价中国文化史发展流变时所言，通观中国文化发展的总体，宛如一棵树，由根生干，而及于叶一样，确实形成为一种文化的自然发展的系统，有如构成一部世界史。同样，“文华共同体”的发展历程概貌也莫不如此，犹如一树多枝聚成荫，在教会教育自成系统的“自

① ［美］费正清，费维恺．剑桥中华民国史（1912—1949）［M］．北京：中国社会科学出版社，1994：445.

在”过程中，以诸多“自为”移植了西方的新学科，通过本土化、专业化、世俗化改造，“文华共同体”内部创造了近代中国首个正规完整的图书馆教育系统，文华图书科是“文华”教育体系里的璀璨明珠之一。

文华图书科独立后，教会学校的资金来源、管理模式、培养制度，对它的影响较大，学校也因为教会性质而有大量来自教会管道的资金支持以及其他捐赠资助。华中大学与文华图专之间继续保持一定合作的原因，可能是由于两校经费的共同短缺的关系。1930—1937 年世界经济危机下，使韦卓民和沈祖荣二人面对他们各自的学校，考虑的不是轻松的支出而是生存。合并后的华中大学，有文学院、理学院、教育学院 3 个学院，共有教职员 24 人，学生 57 人。校舍全部是圣公会的，合作的循道会、伦敦会也拿出一点钱和就近拨出几栋房扩充了校舍。校董事会通过的全校开支预算为 5 000元，全由学生学费收入开支。这时学生学费每人每年两学期 100 元，宿费 40 元，膳费 60 元，是颇为昂贵的，一般家庭负担不起。正如韦卓民所言：“新合并成立的华中大学，渺小的极为可怜！全校教师在文华中学兼职的占过半数。还有的在教会兼职，合零为整，共计只能作十二个教员，大都又是学无专长，不能称职的。以图书计，虽有中、美书籍各三四万册，有用或无用的中外文期刊杂志十多种，却没有添置的经常预算和计划。”①

然而，相比较复校不久的华中大学而言，独立出去的文华图专所付出的经济代价要明显大得多，加之与经济状况也不容乐观的华中大学共享部分基础设施和教学资源。1907 年基督教在华百年大会上，卜舫济等传教士提出建立联合大学的一个重要原因就是出于要减少学校运营成本的考虑。从当时的情况讲，“总的费用比起西方一些规模较大的学校来说，当然不算高，然而按照学生人数、学生的交费能力、资助教会大学的差会数以及可以提供给中国基督教大学的经费来计算的话，教会大学的花费是很昂贵的”②。高等教育机

① 韦卓民．武昌文华书院及其身后华中大学［G］∥中国人民政协武汉市委员会文史资料委员会．武汉文史资料（第九辑），1982：128.

② ［美］杰西·格·卢茨．中国教会大学史（1850—1950）［M］．杭州：浙江教育出版社，1988：183.

构经费开支主要包括日常教师工资，以及高等教育工资开支占各类教育开支的比重两部分，日常成本的计算根据教学资源作为参考基数，即以每个教师所需的教学支出和以此为依据的行政支出所占全部开支的比例，来决定其所需的费用。

文华图书科创办之初，“然而校舍、经费、师资三者缺一不可，真所谓谈何容易。韦女士一则助沈祖荣、胡庆生两先生留美专功图书馆学，以为师资之准备。一则于中美两国劝募文华图书馆科基金另组董事会执掌之，而经费有着。一则与文华大学校长孟良佐先生筹商即于文华大学中设立一科曰图书馆科而校舍解决”①。可见其家底之薄弱，创办之艰难。1926年时，文华图书科专职教员仅有5人，而到1937年时，文华图专的教职员已有18人。各类免费生人数也从1926年的9人增加到1936年的23人，总体来讲，文华图专每届毕业人数一般不超过20人。与一些靠学费维持办学的私立学校不同，譬如东吴大学的比较法学院，“因为学院极其适合中国城市居民的职业需要，它很快吸引了大量学生；学院的经费几乎完全依靠学费来维持，很少或者根本没有各种基金会的资助，连东吴大学也没有给予经费帮助”②。

文华图专为吸引更多的学生报考，其收取的学费一直较低，即便每年招收了不少自费生，但学费占整个学校维持费用的比例几乎微不足道，特别是在重庆办学期间，“在一般的私立学校，收费都是很贵的，就以重庆区一般私立中学来说，本学期所收的学杂费在七八万元以上，但是文华图专所收的费只有二万八千元，这当中有二万五千元还是学生膳费（伙食由学生自办，到学期终了时是多退少补），所以学校所得仅是二千元的学费，一千元的杂费，共计只有三千元罢了，其实在一年以前是什么费都不收的，

① 文华图书馆学专科学校季刊［J］. 1931，3（3）.

② ［美］杰西·格·卢茨. 中国教会大学史（1850—1950）［M］. 杭州：浙江教育出版社，1988：296.

甚至有些贫苦学生的伙食也是由学校设法供给的”[①]。这种情况在复员后发生了改变。

从办学经费讲，由于韦棣华基金对图专的拨款从未达到一年 2.5 万美元的指标，至多也只 2 万美元。中国政府和美国基金会对图专经费支出虽出了力，但总是很不够的，正如曾在文华图专担任三年（1934—1936 年）教职的菲利普斯所讽刺的：“如果你想了解一所图书馆的长期贫乏，只要求来文华公书林看看就够了。”[②]

1947 年，文华图专春季学期班，学生有 70 人，每个人收 10 000 元，学费总收入为 700 000 元。秋季学期班有 65 名学生，学费总收入为 1 300 000 元，平均每个人是 20 000 元。民国时期，战后通货膨胀，物价飞涨，货币购买力不断下降，因此，学费只能根据商品，尤其是日常生活必需品的涨幅来确定。到了新学期，文华图专收取的学费涨至 10 0000 元[③]。然而，相对其他一些教会大学来说，其收取的学费仍较低，甚至要经常要找银行借款周转。如 1948 年 1 月 13 日，文华图专向上海商业储业银行武昌分行申请借款，“兹据文华图书馆学专科学校校长沈祖荣君称，以该校为购买图书、仪器及添置校具需用经费为数甚钜，商请以该校往来户名义借用捌仟万元，本期学费亦托委收，其借款在收费时提前归还等云。查该校成立历史悠久，与教会方面有密切关系，其商借之款，实系为学生经济状况设想，且沈君在教会方面服务有年，对本行与教会往来不无借重之处。已勉为承做按定放科目处理，期限元月十五日起至二月廿九日止，按月息十二分计矣”[④]。文华图专当时的资金状况如下：“本学期学杂费收入约一亿

① 刘一青. 中国唯一的文华图专［J］. 知识，1945（4）：11.

② 陈传夫. 文华情怀——文华图专九十周年纪念文集［M］. 武汉：武汉大学出版社，2010：126.

③ 基督教圣公会文华图专资料［G］. 武汉市档案馆藏，全宗号：112-1-26.

④ 原上海银行鄂行各字来去函［G］. 武汉市档案馆藏，全宗号：68-3-376.

元，教育部补助二亿元，中华教育文化基金董事会五千万元，共计三亿五千万元。”[①] 可见，学费仅占总经费的三分之一。11 月 24 日，文华图专再度向该行借款，“兹以文华图书专科学校商称为该校教职员配购麦粉，需用短期周转资金，拟借用金圆三千元，定期十三天，归还利率从轻计算等云。敝以该校为文化事业机构，理应帮助。已照借，按定放科目处理，期限自十一月廿三日起至十二月六日止。借款人文华图书专科学校，保证人为沈祖荣君。利息酌按日，折十一元计算（先扣）”[②]。

据不完全统计，文华图专董事会成立初期就为学校募集到基金五项[③]：基金 23 000 元；息金每年 1 380 元；美国圣公会补助费每年 8 000 元；美国妇女问题研究会补助费每年 2 000 元；美国庚款补助费每年 13 500 元。

上述资金，第一项基金由韦棣华和沈祖荣各处募捐而来，平日不能擅自动用；第二项息金拨作学校经常费之用；第三项补助费转为学校聘请教授之资金，不得拨作他用；第四项亦为经常费；第五项为中华教育文化教育基金会于 1930 年 6 月继第一次补助文华图书科之后又一次议决继续补助三年之款项。在此之后，中华教育文化基金会一直未中断对文华图书馆学专科学校的补助。总体算来，文华图专每年能自由掌控的稳定经费大概不超过 2 万元（不算零星捐赠）。未独立前的文华图专作为华中大学的一部分，解决了校舍问题，而独立后文华图专的预算中必须要有学生及教职工宿舍等基建费用，这是一笔较为大额的费用。假设引用 1922 年巴顿东方教育考察团的调查报告中的举例（Burton：*Report on Christian Education in China*，Part Ⅶ），运用十大经济原理的第三条：边际成本（marginal cost），即增加一单位的产量（output）随即而产生的成本增加量。同样，边际原理适用于教育领域，教育边际成本是获得每单位教育产出增量所需增加的教育成本，通常表现为每多培养一名学生所增加的教育支出。教育单位产出增

① 原上海银行鄂行各字来去函［G］. 武汉市档案馆藏，全宗号：68-3-376.

② 原上海银行鄂行各字来去函［G］. 武汉市档案馆藏，全宗号：68-3-376.

③ 李继先. 韦棣华女士与我国图书馆事业［J］. 华北日报图书馆学周刊，1931，8：3-4.

量称为教育边际效益。通过比较教育边际成本和效益，可考察教育投资的经济效率。当边际效益小于边际成本时，不应追加教育投资；当边际效益大于边际成本时，则应追加教育投资；当边际效益等于边际成本时，是教育的最佳规模。

通过经济学中的边际理论，可以看出，学校规模越小，学校办学的教育成本越高。从这个角度讲，当时英美教会提出华中大学由五个教会单位合并组建在一定程度上是出于经济方面的考虑，具有一定的合理性和现实意义。文华图专一直维持较小办学规模达33年之久，且保持独立地位20余年确属不易，也许这正是文华图专仅作为专科学校，适合自身发展的最佳规模，但是独立初的边际教学成本之大带来的筹款压力也是显而易见的。

独立经营，保持学校的正常运转始终不是一件容易的事情，沈祖荣深知这一点。“本校经费与其他机关同感困难，一切设备措施，多不易着手。”① 财政上的困窘要求作为校长的沈祖荣必须经常为经费四处奔走，1921年，他利用开会的机会到天津会见前总统黎元洪，为学校募得1 000元大洋，在北京还向徐世昌总统募得500元大洋，此外他还向北洋政府要员梁士诒、叶恭绰、周自齐、张志潭等募捐，以积极谋求学校办学设备和基础设施的“硬件”改善，达到教育部关于专科学校教育设备的种种标准。如不断增加学生实习设备，“为各种实习所添购之机械用品，零星小件，在所不计。至于大件价值较高者，有钢制文件橱，明见式目录箱，吸收图书灰尘机，大切纸刀，有购自国外者，有由上海中国图书馆服务社所购者，各种机件，既在使学生多知利用，又可以作范具以便仿造。最近购英文打字机一架，系恩得乌牌第六号。又购华文打字机一架，系华文打字机公司最新式出品，此机上下左右，均能运用。现共有打字机十架矣”②。另外，建筑新式网球场满足学生文体活动需要，“本校原有操场一所，以供体育运动之用，为建筑殊欠妥善。本学期得湖北省立公共体育场柯南山场长之筹划，即于操场左面，

① 文华图书馆学专科学校季刊［J］. 北京：国家图书馆出版社，2009，8（4）：589.

② 文华图书馆学专科学校季刊［J］. 北京：国家图书馆出版社，2009，8（8）：151.

开新式合乎体育标准网球场一个，铺石铺沙铺灰，极为坚实”[①]。

有了前面为扩建文华公书林的募捐经验与人脉渠道，沈祖荣比以往能更加从容应对这种经济挑战。从一份名为《历年补助文华图专的几个主要团体简介》档案材料中可以发现，文华图专的办学经费来源于国内和国外两个方面。其中，国内的资金包括国家政府、省政府的补助，中国教育文化基金董事会的补助，校友、学生以及友人的捐款，学杂费，出售学校的房地产收入、利息以及杂项收入，如1947年1月，在文华图专迁回武昌前，将其在重庆的校舍卖出7 000 000元。国外的资金包括洛克菲勒基金补助、韦棣华基金补助、中国基督教育协会高等教育理事会补助、大众健康基金会补助、美国联合援华会补助、英国援华救济基金会补助、美国圣公会差会补助等。根据《武昌文华图书科季刊》第1卷第1期记载，1925年以前，文华图书科的经费主要来自美国的各种资助。例如，美国“妇女问题研究会”(Women's Auxiliaries) 每年补助文华图专2 000美元。另外，在韦棣华的多次奔走游说下，教会妇女俱乐部中一些19世纪后期新英格兰船商的后代，对韦棣华的办学产生兴趣，陆续捐赠些小款项，这些小款项“集腋成裘”，逐渐积累到近2万美元，成为“韦棣华基金”，这笔基金储存在美国，每年生成息金1 380美元来补贴文华图专，也包括一些临时性的补助。如1948年5月28日，沈祖荣致函孟良佐，“朱先生和他的妻子现在衡阳，我们已请他们到我们学校来教书，他们二人在丹佛做了很好的工作，他们回汉的旅费，Glenn答应在韦氏基金里给美金500元”[②]。

文华图专的设立主体虽然不直属于任何教会，教会对文华图专的直接补助很少，但其属于“文华共同体”，为此美国圣公会每年补助8 000美元[③]。实际上，沈祖荣作为文华图专的校长，为了学校的生存与发展，

① 文华图书馆学专科学校季刊［J］. 北京：国家图书馆出版社，2009，8（8）：337-338.

② 基督教圣公会文华图专资料［G］. 武汉市档案馆藏，全宗号：112-1-26.

③ 严文郁. 中国图书馆发展史——自清末至抗战胜利［M］. 台湾：枫城出版社，1983：189.

即使在西迁重庆的日子，与“文华共同体”的核心轴——圣公会，仍有一定经济往来。1946 年 3 月 19 日，傅悦齐老会长在重庆北碚逝世需安葬费，向本地建国书店借款二十万元（国币），也经函呈孟主教力予维持。“但未得主教回信以前，先在贵处（文华图专）暂支二十万元以清借款，至主教来信完竟补助若干，再行清算。”① 沈祖荣在重庆中华基督教青年会用笺上亲笔批准，同意了该笔借款。同年 3 月 9 日和 22 日，经孟良佐主教同意，圣公会会计处也通过沈祖荣给朱重华交通费 150 000 元，给彭书城 100 000 元②。1947 年 3 月 6 日，沈祖荣对孟良佐帮助文华图专积极争取到美国教会捐赠的 2 000 000 元设备费，专门致函表示感谢。11 月 26 日孟良佐致函沈祖荣，告知文华图专可以领取救济物资 10 份，但是不能给兼任教员，而此时文华图专的教师有 17 位，其中 2 位为兼职教员，很明显僧多粥少。同样艰难辗转至武昌，同样是“文华共同体”组成部分的文华中学，“由于差会的供给及从学生家长及校友的捐助，我们的学校没有经济上的亏空”③。为何？要知道文华中学的资产资金构成状况为：一、除原有校址校舍外，如须扩充校址、校舍，由美国圣公会津贴全部或一部分；二、所有西教员薪金旅费住宅医药等费均由美国圣公会津贴；三、美国圣公会津贴贫寒学生补助金；美国教会补助金、在华教会捐助者，学费、宿费其他及临时收入④。可见，圣公会为学校的主要出资方，同样华中大学也是如此。另外文华图专得到过少量来自美国洛克菲勒基金会、中英庚款委员会的补助，如 1939 年中英庚款委员会补助文华图专西迁建筑费国币 5 500 元⑤。

---

① 基督教圣公会文华图专资料［G］．武汉市档案馆藏，全宗号：112-1-26．

② 基督教圣公会文华图专资料［G］．武汉市档案馆藏，全宗号：112-1-26．

③ 伪武昌文华中学校董及教职员简历名册［G］．武汉市档案馆藏，全宗号 69-5-87．

④ 伪武昌文华中学校董及教职员简历名册［G］．武汉市档案馆藏，全宗号 69-5-87．

⑤ 宋健成．中华图书馆协会［M］．台湾：育英社文化事业有限公司，1980：147．

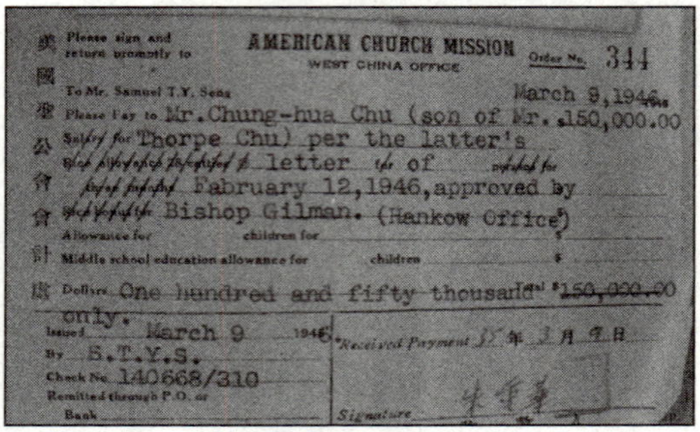
美國聖公會會計處

Please sign and return promptly to

AMERICAN CHURCH MISSION

WEST CHINA OFFICE

Order No. 344

To Mr. Samuel T.Y. Seng March 9,1946

Please Pay to Mr.Chung-hua Chu (son of Mr. Thorpe Chu) per the latter's letter of February 12,1946, approved by Bishop Gilman. (Hankow Office) $150,000.00

Allowance for children for

Middle school education allowance for children

Dollars One hundred and fifty thousand only. Total $150,000.00

Issued March 9 1946

By S.T.Y.S.

Check No. 140668/310

Remitted through P.O. or Bank

Received Payment 35年3月9日

Signature 朱重華

圣公会通过沈祖荣转给朱重华 150 000 元

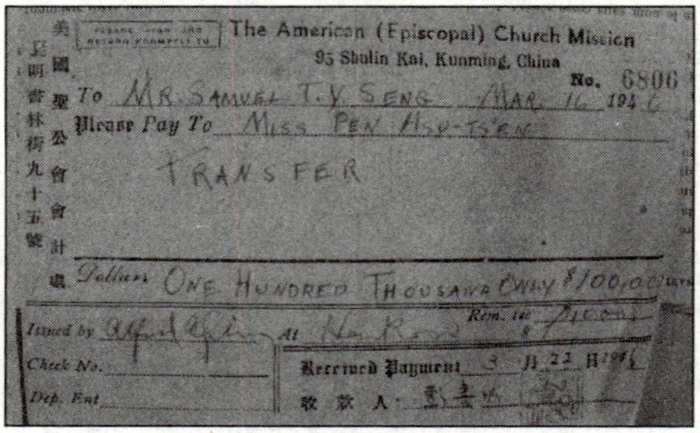
美國聖公會會計處

昆明書林街九十五號

The American (Episcopal) Church Mission

95 Shulin Kai, Kunming, China

No. 6806

To MR. SAMUEL T.Y. SENG MAR. 16 1946

Please Pay To MISS PEN HSU-TS'EN

TRANSFER

Dollars ONE HUNDRED THOUSAND ONLY $100,000

Issued by [illegible] At Hankow Rem. to [illegible]

Check No.

Dep. Ent.

Received Payment 3 月 22 日 1946

收款人：彭書城

圣公会通过沈祖荣转给彭书城 100 000 元

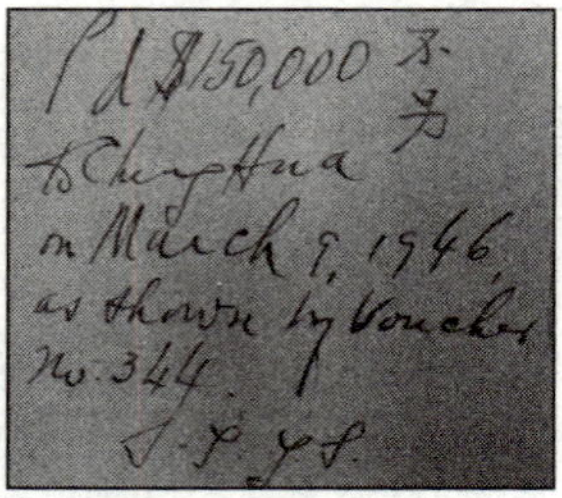
Pd $150,000 不另

to Chung Hua

on March 9, 1946,

as shown by Voucher

No. 344.

S.T.Y.S.

沈祖荣笔迹

文华图专立案后，行政院、教育部、湖北省教育厅、赈济委员会等政府部门也给文华图专拨过款。如1934年教育部补助私立大学及专门学校经费项中，补助文华图专国币5 822元[①]。1935年又补助同样数额，以资奖励。1939年文华图专西迁重庆，教育部补助费用7 000元，另补教席一名(袁志刚)[②]。抗战胜利复员时，教育部在1946年下半年按复员学校中最低等级，发给文华图专复员费国币54万元（包括教职员工家属的复员费)[③]。1935年湖北省教育厅也补助过文华图专国币600元（《文华图书馆学专科学校季刊》第七卷第三、四期合刊)。1941年文华图专在重庆求精中学的校舍被炸，行政院发救济费7万元，赈济委员会拨款1万元，用于修建新校舍。文华图专也积极在国内筹集经费。据《文华图书馆学专科学校季刊》1931年12月第三卷第四期记载，沙筱宇女士曾向文华图专捐建书库一座。巡回文库共收到捐赠银洋166.90元。另外，1932年12月文华图专为建筑韦氏中国美术博物馆，曾向国人（大部分为校友）募集了银洋8 868.58元。1935年初，北平图书馆馆长、文华图专校董袁守仁为纪念令堂韩太夫人，在文华图专内设纪念奖学金名额一名，以培养图专馆专门人才。

（三）最稳定的资助主体：中华教育文化基金董事会

从文华图书科至华中大学文华图书科及后来的文华图专，一直以来最主要的经费来源于管理美国庚款的中华教育文化基金董事会。韦棣华为这笔600万美元的美庚款能顺利退赔，并用于发展中国的图书馆事业立下了汗马功劳，这一点在前面第二章已着重叙述。中基会本着“以有限财力，谋最大最良之效果”的原则，针对请款单位众多，而苦于收回赔款为数有限的客观事实，“本会此次收到各处之请款书，截至开会前为止，共计一百

① 文华图书馆学专科学校季刊［J］. 1934，6（3）.

② 宋健成. 中华图书馆协会［M］. 台湾：育英社文化事业有限公司，1980：141.

③ 梁建洲，梁鳣如. 我国图书馆学、档案学专业教育的摇篮——记武昌文华图书馆学专科学校［J］. 四川图书馆学报，1996（5）.

零七件。就种类而言，自大中小学以至各种教育团体，无不具焉。就性质而言，自学术研究以至宗教美术教育，无不备焉。请款者之种类与性质，既如此不齐，而其所需求之数目，复多至两千万元以上。本会财力既属有限，则于此多数之请款者中，不得不审量缓急，酌定取舍之标准，又出于事势之当然者矣”（中国社会科学院近代史研究所近代史资料编辑部：《近代史资料（总101号）》，中国社会科学出版社，第172～173页）。于是，特别议定了分配款项原则及补充原则各六条。限为以下主要资助对象：教育事业，拟暂以下列各项为范围：科学研究、科学应用、科学教育；文化事业，拟暂以图书馆为限；其他属于教育文化事业，影响及于全国者，亦在考虑之列①。中基会决定将图书馆事业列为重点资助对象，一方面固然与韦棣华在美国方面的斡旋与呼吁有关，如她专程到北京游说美国驻华大使萨契曼（Surchman），对当时的中美社会名流进行说服工作，回国后，联络美国知名人士上书美国国会。韦棣华不但与众、参议院全部453位议员逐个面谈，还拜会了总统柯立芝。此外，她还通过新闻媒体、报刊记者进行广泛宣传等。另一方面也是当时中国图书馆事业兴起的现实需要。图书馆是开启民智、普及教育的最好利器已被不少当局者和文化精英所意识。正如曾任中基会秘书多年的任鸿隽所言：“……中华教育文化基金会董事会成立之始，划分全会事务为二部，一为教育，一为文化，关于教育方面姑置勿论，在文化方面当时决定先设图书馆，其理由如下：第一，文化是实质的，非可托之空言，而图书馆即文化实质之代表，欲保存旧日文化，务须保存旧日图书，否则旧书散佚，旧日文化亦无从保存。第二，文化为继续发展的，须根据旧有文化，创制新的文化，并须以外洋文化为借镜，始克成功，故决办图书馆。”②

中华教育文化基金董事会于1926年1月26日举行的第一次年会上决议：从本年起补助文华图书科教席及学生助学金每年国币1万元，其中

① 中华教育文化基金董事会分配款项之补充原则［G］. 1926：28.

② 任鸿隽. 十年来中基会事业的回顾［J］. 东方杂志，1935，32（7）：25.

5 000元为聘请教席、扩充课程之用；其他 5 000 元为学生助学金，补助学生 25 名，每名每年补助 200 元。从 1926 年至 1929 年共补助国币 3 万元。1930 年 7 月 2 日，中华教育文化基金董事会决议继续补助文华图专 3 年，每年经费增至国币 13 500 元，1930 年至 1932 年三年中，文华图专得到的经费有国币 4 万余元。1933 年 7 月 14 日董事会决议补助文华图专维持费及增加研究设备费共国币 15 000 元。1934 年 6 月 29 日和 1936 年 4 月 18 日，中华教育文化基金董事会都议决当年补助文华图专同样数额的费用，并酌情增加，“本校新宿舍华德楼，于民国二十三年落成后，男女学生，极为称便，但内部厨房，洗澡房，及厕所等，因经费有限，仍为旧式。虽每年加工修理所费不赀，但房屋以年代过久，卒不适用。本年上季，函请中华教育文化基金董事会，将补助本校结余之款，拨一部分，作此改造用途。即蒙允准，拨款一千六百元，于暑假开工，重行改造，至开学时告竣由文华工程师康明德先生设计制造，建于宿舍后园，当中添做走廊一道，无风雨之虞，用洋二千一百余元”①。1939 年文华图专迁渝后，又得中华教育文化基金会补助国币 15 000 元。1941 年行政院拨发救济费 70 000 元，赈济委员会拨发 10 000 元，中华教育文华基金会拨发紧急补助 25 000 元②。

文华图专与美国人开办的中华圣公会（基督教）关系密切。文华图专是在文华公书林的基础上创立的，文华公书林即圣公会开办的文华大学的图书馆。在起源上，文华图专便与美国圣公会有直接联系，即便韦棣华逝世后，沈祖荣仍然在竭力维护这重关系，以利于学校的生存与发展。文华图专在独立前为文华大学图书科、华中大学图书科时，对文华公书林在经费上是予以支持的。圣公会于 1930 年 12 月 30 日发表一则声明，声称“圣

① 文华图书馆学专科学校季刊［J］. 北京：国家图书馆出版社，2009，8（8）：151.

② 宋健成. 中华图书馆协会［M］. 台湾：育英社文化事业有限公司，1980：147；梁建洲，梁鳣如. 我国图书馆学、档案学专业教育的摇篮——记武昌文华图书馆学专科学校［J］. 四川图书馆学报，1996（5）；周玉玲. 文华图书馆专科学校漫笔［J］. 湖北高校图书馆，1988（3）；文华图书馆学专科学校季刊，1934，6（3）；张锦郎，黄渊泉. 中国近六十年来图书馆事业大事记［M］. 台北：“商务印书馆”，1974.

公会设文华公书林指定为大学图书馆，所有馆员薪俸，添置书籍费用概由圣公会担任”(《中华圣公会年鉴》)。可见，图书杂志以及图书馆（即文华公书林）的一切开支，则由圣公会负担，与图书馆学专科学校共同使用。文华图专的学生张遵俭曾回忆道：“我还记得初到文华图专入学的时候，走进文华公书林就感觉十分别致。大厅的主要部分是私立的，全面开架的公共图书馆占去全部面积的十分之七，大学图书馆设在一个角落里，共占面积十分之二强。两校师生也和社会群众一样，享有向公书林借书的权利。这个三分天下的奇特格局，一直维持到一九三八年暑假，日军侵入湖北，武汉即将沦陷，绍期师带领全校迁渝时为止。”①

圣公会对文华图专的资助还体现在外籍教师的聘用上，“美国差会方面，应本校之约，拟于最近期内代聘一女教授来校。闻已与 Miss Francis Walker 女士接洽，并已有相当头绪矣”②。文华图专要聘任一位西方教师，通常先由校长和校董事会提出某一学科的教师的请求；差会在可能范围内总是同意的，并常常指定在国外的传教士或新到中国的传教士担任；然后，再由西方的董事会正式任命。教师的薪金仍由差会支付，这帮助缓解了独立之初文华图专的师资紧张局面，“学校以欧美各国图书馆事业，日新月异，不可企及，如欲本校课程有所改进，本校同学得受适当之造就，非聘有西方图书馆学之硕彦，来此施教，不克有济。爰已向本圣公会鄂湘教区吴孟两主教请得美国差会之允准，派遣图书馆学专家克若维女士于本年九月来校肩此重任。克女士经差会延聘，认为最适当胜任之一位教师”，同时提出“乃在克女士未到校前，复求差会商请殷格荣女士来此暂代”③。尽可能地获得国外捐赠的图书，对于文华图专来讲，应该是一种间接经费，颇受沈祖荣重视，“美国 Church Periodical Club 前去曾赠给本校书籍甚多，兹复赠本校（1）Oxford Loose Leaf Medicine；（2）Oxford Loose Leaf Surgery

---

① 张遵俭．回忆沈绍期师［J］．图书馆学通讯，1982（2）：86.

② 文华图书馆学专科学校季刊［J］．北京：国家图书馆出版社，2009，8（3）：502.

③ 文华图书馆学专科学校季刊［J］．北京：国家图书馆出版社，2009，8（4）：457.

各一部。此两书均为名贵之医学书籍”[①]。

文华图专是一所有教会背景的私立学校，独立后仍自称为圣公会主办，其校舍武昌高家巷崇福山街二号也是向圣公会长期借用的。圣公会对文华图专的资助是多方面的。文华图专1940年的《校务行政计划与工作进度》中称“中华圣公会补助教职员家属米贴，自1941年1月份起按月发放”。它的经费来源既体现了近代教会大学在经费问题上的共性，又有其独特之处。

同近代教会大学一样，文华图专经费来源的渠道也颇为广阔，既有来自美国的捐款，也有国内的各种补助，包括各种基金会的鼎力支持，如洛克菲勒基金会的补助，该基金会是“美孚石油公司”负责人洛克菲勒在1913年创建的，在中国重点资助医学研究和教育。从1913年至1951年，它总共在中国投入6 000万美元以上，主要资助协和医院的建设。文华图专也获得了该基金的一定补助，1941年7月—1942年6月获得3.6万元，1943年获得过5.962 6万元，1945年7月—1946年6月获得334.215万元，1947年获得2 975万元；英国援华救济基金会是抗战期间英国民间成立的一个联合对华的援助救济机构。这个基金会的主席是当时英国财政大臣克里普斯的夫人，故这个基金又称“克里普斯夫人基金”。该基金会在中国还成立了一个以宋美龄为首的“顾问委员会”，中国各机关团体向这个基金会申请补助，主要通过“顾问委员会”进行。该会给文华图专也有过补助，1943年7月—1944年6月补助过6.5万元，1945年7月—1946年6月补助过215.128万元。

综上所述，文华图专的经费来源是多渠道的，但主要是中华教育文化基金董事会和国民政府的补助，其他方面的补助是临时性的。文华图专的经费来源与其他教会大学相比，又有以下不同：首先，教会的直接拨款始终不是学校的主要经济来源，这与学校的设立主体有关。其次，学校最主要、最稳定的经费是来自中华教育文化基金会，文华图专共获得基金会的

---

① 文华图书馆学专科学校季刊［J］．北京：国家图书馆出版社，2009，8（3）：503．

补助为国币 130 500 元。最后，学校因为设立了各种形式的奖学金名额，主要招收免费生，所以学费不是学校的主要收入。

（四）不断寻求国内外永久稳定财政资助办法

中国政府本身的支持是最有希望的经济来源之一。随着注册立案问题争论的消失，一些教会大学在专门领域取得突出成绩，中国政府和社会对教会大学表示了同化和接受。南京国民政府开始把教会学校归于私立学校一类，同样给予资助。司徒雷登说，在 1934—1935 年度教育部分配给私立大学的 720 000 元（中国币）中将近一半是给教会大学的，而且这笔钱主要用于职业和科学教育[①]。政府真正对私立大学给予补助是在 1934 年颁布《设立专科以上学校补助分配大纲》之后。当年政府拿出 76 万元，补助了全国成绩优良而经费困难的 32 所专科以上私立大学，费用的 70%用于补充教学设备，30%用于学科专业建设。以后，此专项补助成为定制，且数额逐年增加。

政府对文华图专的补助早在 1934 年前就开始了。1929—1933 年教育部补助其 2 000 元（1934 年以前为大洋，以后为法币），1934—1935 年度增加到 5 000 元，1935 年“全国私立专科以上学校二十四年度补助费，于本年七月间由教育部呈核公布。计本校核定之数为五八二二元，在比例上本校所受补助实不下于国内其他著名大学，盖最高教育局认定全国专门研究图书馆学者，只本校一处，而上年度补助费所指定之用途（设置档案研究之讲座及其书籍用品）所得成绩亦复认为满意也。最近复奉本省教育厅令知本校本省方面补助费已核定为六百元，专为添置图书仪器之用”[②]。1936—1937 年度达到 7 000 元，另外补教席一名（袁志刚），“教育部每年拨七十万元，作为辅助私立学校之用。本校历年均蒙补助。今年所得补助费七千元，

---

① ［美］杰西·格·卢茨. 中国教会大学史（1850—1950）［M］. 杭州：浙江教育出版社，1988：293-294.

② 文华图书馆学专科学校季刊［J］. 北京：国家图书馆出版社，2009，8（7）：564.

较往年有增加，以便专聘教员，办理讲习班，发展中等学校之图书馆，而完成教育部提高中等教育之目的”①。

抗战时期，因私立学校的学费以及社会捐款的减少，政府还加大了对私立学校的补助，1941年，文华图专获得行政院拨发救济费70 000元，赈济委员会拨10 000元。抗战胜利后，为使大学尽快迁校复员，政府还拨了大量经费，资助私立大学修建校舍，采购设备以及教职工复员。在战后重建的过程中，文华图专的资金来源也异常困难，一方面是沈祖荣寄希望于美国的捐款如同消失的烟雾，无影无踪。如1946年5月10日，美国图书馆协会远东和太平洋委员会主席布朗（Charles Brown）在给沈祖荣的复信中向沈祖荣提出了一系列问题：“文华图书馆学校的未来如何？它是否与中国某个正规的大学联合？如果是，那是什么大学？文华图书馆学专科学校将设在何处？它获得永久财政资助的可能性有哪些？能够从中国政府得到哪些帮助？在这些问题没有答复之前，别指望我们寄给你们任何图书。如果文华图书馆学专科学校与某个私立大学联合的话，那么就有可能得到资助的资金，因为中国的私立大学正在制订财政争取计划，这将使私立大学的各系得到充足的经费支持。我认为：在中国任何一个完全独立于大学之外的学校筹措基金是非常不可能的。”②

布朗又在1947年7月31日给美国图书馆协会国际关系董事会的基普夫人（Mrs. Raecilia Kipp）的信中说：“沈先生拒绝将其学校并入大学，热衷于保持其独立学校的地位。他不接受联合董事会、他的校友们，或一个小基金会（可能指韦棣华基金会——笔者注）的董事们关于将其学校并入某些大学的忠告。他已要我帮忙从洛克菲勒基金会争取一小笔拨款。如果我乐意做的话，我不会争取到一笔拨款，况且如果他不将其学校与某个大学

---

① 文华图书馆学专科学校季刊［J］. 北京：国家图书馆出版社，2009，8（7）：728.

② 程焕文. 中国图书馆学教育之父：沈祖荣评传［M］. 台北：台湾学生书局，1997：149.

合并的话，要争取得对其学校的财政简直难于上青天。”①

另一方面，来自国内政府的补助也很难申请，即便费尽周折也只能拨给极少数额。费孝通先生认为：“西洋社会团体中的成员要具有一定的资格，他们之间不是人情冷暖的关系，而是权利的关系，在西洋社会里争的是权利，而在中国则是攀关系、讲交情……中国社会关系在差序格局中是私人联系的增加，在乡下，家庭可以很小，而一到有钱的地主和官僚阶层，可以大到像个小国。”② 民国时期真正具有独立捐资助学能力的人是较少的官商阶层，在中国也不可能仿效美国私立高校开办时以宗教人士依靠信仰筹款，故而私立高校的创办者一般通过地缘、业缘、宗族或者同学募款。私立高校的办学者一般具有一定的社会名望，通过自己的同乡、亲属和同学筹集资金，而邀请具有社会地位、经济地位和教育经验的董事，便可以借助董事的名望筹款，并与政府打交道。

1948 年 2 月，文华图专向省政府呈送《为函请准予在贵府举办之建教特捐项下一次补助本校十亿元以俾补购置图书设备等项》公函，函文如下：

敝校创办于民国九年，三十年起又添办档案科，为国内唯一训练图书与档案管理之学府，其成绩早在中外人士洞鉴之中，只以战时西迁重庆，历年受法币贬值影响，原有基金用罄。盖去年春季迁返武昌在物价波动尤烈之情形下，又勉力修葺校舍，补置图书仪器，更感入不敷出，兼之本校性质特殊，图书馆事业向属清苦，为奖励来学起见，又不能增加学生担负，因此学校经济状况实感捉襟见肘，惟此一教育事业关系国家学术文化前途至大且设在本省具有三十余年历史，亦为地方荣誉，不但不可任其困顿且须力谋发展以赴事功，良以立国于世崇学为先，欧美各国私立学校特别发达且年代愈久声誉愈隆成绩愈著，固由于欧美社会秩序之安定，而实有赖于政府及社会各方面之奖励与

---

① 程焕文. 中国图书馆学教育之父：沈祖荣评传［M］. 台北：台湾学生书局，1997：151.

② 费孝通. 乡土中国生育制度［M］. 北京：北京大学出版社，1998：27.

协助所致。顷闻贵府举办建教特捐关于教育一项拨有专款补助历史悠久、成绩卓著及经济特别困难之学校，曷胜感奋，特此函请贵府恳于建教特捐项下，准予一次补助十亿元，俾本校能用以补置图书设备修建校舍添聘师资广其作育，无任盼祷至祈，惠允示复为荷！[①]

当时省政府的批示回复是："目前财政奇绌，公产收益对于省校具无法支应，焉有余力再补助私校建筑费，拟暂后缓议。"[②] 显然拨款无望，而后文华图专又经过一番争取，终于在1948年4月23日，教育厅发一封《奉省政府令核准补助文华图书馆学专科学校修建费一亿元等》速件，代电全文如下：

私立武昌文华图书馆学专科学校：奉交贵校公函，请拨款补助修建设备一案，经本省政府省财四特字第七七一七号指令，准予补助修建费一亿元在三十七年度公产收益项下开支等。[③]

然而这一亿元国币，在当时战争的状况下，贬值很快。1948年11月22日，文华图专又向政府呈送了《为本校经费困难函请补助并希查照见复由》公函，函文如下：

敝校上年度以经费困难曾恳准贵府一次核拨补助费一亿元，俾敝校本季得苏涸辙能以继续维持，曷胜感激！兹者敝校本季业已于九月十四日开学且为救济失学青年，故今年暑假招生特从宽录取，学生人数骤增，不但图书及其他一切设备应宜扩充，尤其师资急待增聘。敝校究属范围狭小，所征学费收入总数甚微，在校同人待遇向属清苦，收入仅及最低标准，得免冻馁。在今日经济困难情形下，办理私立教

① 私立武昌文华图书馆学专科学校呈请补助修建设备［G］. 湖北省档案馆藏，全宗号：LS10-6-278.

② 私立武昌文华图书馆学专科学校呈请补助修建设备［G］. 湖北省档案馆藏，全宗号：LS10-6-278.

③ 私立武昌文华图书馆学专科学校呈请补助修建设备［G］. 湖北省档案馆藏，全宗号：LS10-6-278.

育事业，确已达难以维持至绝境，然学术为立国之根基，且教育事业亦非一朝一夕之力所能立致，非集多人精力，积数十年之功夫不能期其有所建树。敝校自创办迄今已具三十余年悠久历史，成绩早为中外人士所共知，为国之唯一训练管理图书及档案人材之专门学校，今若一旦以经济困难停废，实不免有负国家重托，深为可惜！唯一办法只有向社会人士及各级教育行政当局呼吁，恳请为协助。素仰贵府对于本省教育之维护不遗余力，尤其对历史悠久、卓著成绩之学校，尽力予以支持与领导，特此函请贵府恳于棉花特捐及教育基金保管委员会收益等项下，再一次优给补助一千金圆。俾敝校得以添置图书、充实设备、增聘师资、广其作育，无任盼祷至祈，惠允示复为荷！①

1948年11月29日，沈祖荣同时也给时任教育厅长王文俊发文，恳请政府能在棉花特捐及教育基金保管委员会收益等项下一次补助文华图专一千金圆，以缓解学校经费困难。

兹恳者敝校上年度以经费困难曾恳准省府一次补助法币一亿元。俾敝校得苏涸辙能以继续维持，曷胜感激！今年暑季为救济失学青年招生时，特从宽录取，故今年学生人数较往年为多，因之图书以及其他设备均感不敷应用。再敝校范围究属狭小，学费总收入以及其他收入甚微，兼职迩来物价波动剧烈，少数学费早已荡然且私立学校又不能享有政府物资配给，故在校同人生活至为清苦，虽仅欲免于冻馁亦势不可能为此，最近曾再函恳省府于棉花特捐及教育基金保管委员会收益等项下一次补助一千金圆。吾兄主持我省教育对于私立学校之维护与领导向不遗余力，特此函恳吾兄鼎力匡助，便中代为关照，促以玉成是为至感，匆此，顺颂勋绥！②

---

① 私立武昌文华图书馆学专科学校呈请补助修建设备［G］. 湖北省档案馆藏，全宗号：LS10-6-278.

② 私立武昌文华图书馆学专科学校呈请补助修建设备［G］. 湖北省档案馆藏，全宗号：LS10-6-278.

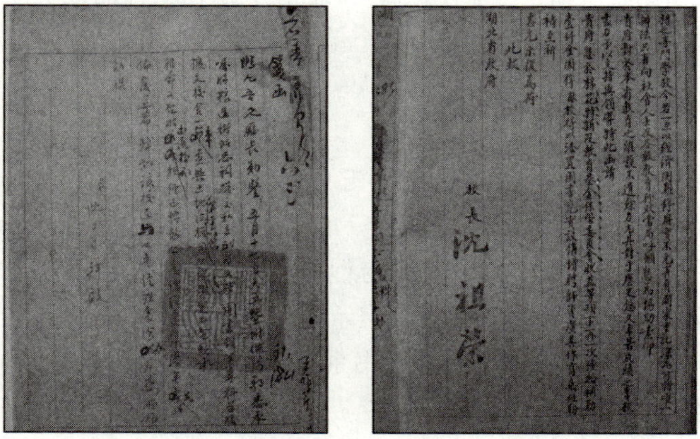
校长
沈祖荣

沈祖荣亲笔函文

在解放战争时期，又一个时局的动荡年代，文华图专办学经费压力异常大，校方称“本校经费收入以学生所缴学杂费为主，中华教育文化基金董事会补助，本校卅八年度补助费美金五百元，但此款至今未收到”①。学生1948—1949年的学费仅为每学期米一石五，“据校方报告，目前每月需四十石米来开支，分薪俸、杂用、水电、图书馆，因为学校费用太多，而向来又感经费困难，加之解放后各方面经费减少，甚至多方断绝”②。对于学校入不敷出的状况，负责打字课教学的教师张毓村曾反映，打字机太少，时间不够，仅有英文打字机，缺乏华文打字机。甚至体育教师曾子忱对于经费影响教学也发出抱怨，他在教学情况调查表的“教授对本科的意见”一栏中填写的是“扩充设备”，并在“备考”栏注明：“每周二小时体育课

① 湖北私立文华图书馆学专科学校概况、访问材料、教职员工学生名册、调查表、毕业生历年成绩表［G］. 湖北省档案藏，全宗号：GM7-1-96.

② 湖北私立文华图书馆学专科学校各学科教学情况调查表、学生意见表［G］. 湖北省档案馆藏，全宗号：GM7-1-97.

无薪给，仅有少数车马费。”[①] 学校经济上的窘迫，学生对此更有细致感触，“本校之经费据我所知：因本校是私立的性质，所以大部的经费开支要用十教师职员的薪俸，除此外，学校之全部电水费、图书费亦有相当的开支，但本校同学只有 35 个，每期学费每人一石五斗米，以此区区之数来应付这么多开支是不够维持一学期的，所以本校之经费来源是非常困难的”[②]。校方报告亦云“经费每月支出约计银币五百元（六月份以前）”[③]，显然很难维持办学，故 1949 年解放后，文华图专希望能改为国立或与其他大学合并，这也就有了几种与大学的合并计划与行动（包括华中大学），“学校对于经费问题从不公开，在现在情形下都表示着相当贫困，因此我们愿意将本校（1）改成国立（2）合并北京大学图书系（3）合并华中大学”[④]。

韦棣华基金的补助也是文华图专资金来源的一部分。1926—1927 年美国图书馆协会为韦棣华在美继续进行文华图书科募款而专门成立了文华图书科基金的临时委员会。其组成人员有查理·F. D. 贝尔登先生（波士顿公共图书馆馆长）、查理·毕德耳夫人（费城）、贝雅德·亨利（费城）、凯瑟琳·P. 罗陵夫人（卜里兹·克洛辛，麻省）、撒母耳·它耳湟夫人（哈里森市，纽约州）、华德女士（波士顿，即汪玛琍小姐，她是文华图专在武昌和重庆建造华德楼所纪念的人）、玛琍·E. 乌莱博士（芒特·霍利约克女子大学）、芙兰茜斯·C. 斯徒吉斯女士（波士顿）。其执行秘书是弗列德里克·鉴宁罕姆夫人（即文华图专在重庆建康宁楼所纪念的人，马撒丘撒兹州，布鲁克林市）。会计为查理·F. 韦德先生（第一国家银行副行长）及

---

① 湖北私立文华图书馆学专科学校各学科教学情况调查表、学生意见表［G］. 湖北省档案馆藏，全宗号：GM7-1-97.

② 湖北私立文华图书馆学专科学校各学科教学情况调查表、学生意见表［G］. 湖北省档案馆藏，全宗号：GM7-1-97.

③ 湖北私立文华图书馆学专科学校概况、访问材料、教职员工学生名册、调查表、毕业生历年成绩表［G］. 湖北省档案馆藏，全宗号：GM7-1-96.

④ 湖北私立文华图书馆学专科学校各学科教学情况调查表、学生意见表［G］. 湖北省档案馆藏，全宗号：GM7-1-97.

韦棣华[①]。这个筹集文华图书科基金会的临时委员会，在韦棣华逝世后改名为韦棣华基金会（Mary Elizabeth Wood Foundation in America），其成员由罗素赛基金会主任格兰（Mr. J. M. Glenn）、蒙特拿州圣路易公共图书馆馆长鲍士伟、哈佛大学比较动物学物理学院主任顾理治（Mr. Harold J. Coolidge）和麻省妇女传道会干事华德（Miss Marian Decward）组成。先后共筹集资金 2 万美元，但款项在美国，一般情况不得动用，“该款用途原限于图专教师出国进修深造和购买图书之用”[②]。在 1949 年和 1950 年，文华图书馆学专科学校曾连续两年分别得到美国韦棣华基金会自基金利息项下拨到的 2 000 元美金作为维持费用[③]。

（五）校董事会成员争取到的资助

独立的文华图专必须要有独立的稳定的经费来源维持学校运转，这是学校发展的重要保障。在文华图书科准备向教育部申请立案时，为应付立案工作程序，筹划成立了私立武昌文华图书馆学专科学校董事会，同时在美国成立了相应的董事会，其英文名为韦棣华女士基金会（Mary Elizabeth Wood Foundation in America），关于文华图专的国内外两个董事会的组成及职能情况在下一章节有专门阐述。文华图专校董事会成员有陈叔澄、周苍柏、孟良佐、卢春荣、韦棣华、沈祖荣、周贻春、袁守和、戴志骞、陈宗良等。从学校的现实发展出发，确保文华图专能争取到更多的有利资助，校董人员根据情况进行变更。如韦棣华去世后，“所遗校董一席，已由本校校董事会公推中华教育文化基金董事会秘书长孙洪芬先生继任。孙先生努力中国教育文化事业有年，于本校之成立及进展，均多所赞襄。兹复继任本校校董，本校前途，实利赖之”（《文华图书科季刊》第三卷第四期，第

① 美国图书馆协会方面于 1926—1927 年间为韦棣华在美继续进行文华图书科（文华图专）筹集资金等活动所印的宣传单（译文藏武汉大学档案馆）。

② 见《沈档主件（中文）》第 21 页之摘录（藏武汉大学档案馆）。

③ 文华图书馆学专科学校校友总会．文华图书馆学专科学校简讯（新 1 卷）[G]．1950．

501 页)。再如校董冯汉骥赴美深造后,“所遗校董一席待补一节,经全体一致推举汉口市市长吴国桢博士充任;随已征得其同意云。按吴市长与文华书院关系甚深,亦深注意图书馆事功,闻正拟在市内建设一图书馆;今乐允为本校校董,对于本校发展事宜,将多所赞助指导也”[①]。不少校董在物资上对文华图专予以帮助,“本校校董戴志骞先生,以本校学生今年人数多,特捐赠特等新式打字机一架,以供实习之用,本校员生极为感谢”[②]。

文华图专学生宿舍华德楼

1931 年韦棣华去世后,她的友人继续资助文华图专,如“美国 Samuel Thorn 博士及其夫人,特捐一千元金洋,为本科购置图书馆学书籍及扩充教室之用”[③]。1932 年,“本校女宿舍,已于本学期开始前,改造完毕,可容女生九人之用。其自修室,由沙筱宇女士捐建书库一座,亦于最近制造成功”(《文华图书科季刊》第三册,第 502 页)。韦氏基金会也一直有自愿者在美国募捐,“前在美国代校募款之 Mrs. Frederick Cunningham 曾为本校致力甚殷,惜已于本年逝世。现有 Miss Marian Decward继志为本校服务,闻已募得美金一万七千元,作为本校基金,现尚在继续勤募云”(《文华图书科季刊》第三册,第 502 页)。到 1933 年达到 1. 8 万美元,“本校前在美国募集基金,近接基金董事会书记汪小姐 Miss Marian Dec Ward 函告,前此所获之数,已达一万八千美金。当此世界经济恐慌之时,有关心本校之友邦人士,对于筹募,如此努力,诚堪感佩”(《文华图书科季刊》第四册,第 458 页)。1948 年时已有 2 万美元。该基金会给文华图专在 1941 年7 月—1942 年 6 月补助过 3. 8 万元,1943 年补助过 2. 5

① 文华图书馆学专科学校季刊 [J]. 北京:国家图书馆出版社,2009,8 (4):587.

② 文华图书馆学专科学校季刊 [J]. 北京:国家图书馆出版社,2009,8 (8):152.

③ 文华图书馆学专科学校季刊 [J]. 北京:国家图书馆出版社,2009,8 (1):372.

万元，1945 年 7 月—1946 年 6 月补助过 16 万元[①]。又如，为了推广图书馆事业，自 1950 年起，文华图专图书馆开始对外开放，馆务由学生负责，教师帮助辅导，等同于以往公书林作为学生的实习场所，因而称之为实验图书馆。为了建设好实验图书馆，沈祖荣负责添购了新知识书籍 3 000 种，后张海松主教捐 300 美元，专攻充实儿童图书与实验图书馆设备之用。1950 年暑假期间，经圣公会主教董事会主席张海松同意，由教会方面拨给 100 美元，补助修葺被日寇破坏的房屋，将文华图专的食堂改建为大礼堂。

（六）来自文华共同体内部的其他捐助

文华图专来自国内的其他收入包括校友、学生、友人的捐款；学杂费，即主要是一部分自费生的学费、资料费、实习费、膳食费等方面的收入；出售校产；银行借款，即以校产作为抵押向银行贷款的一种筹资方式。另外，积极争取零星捐款，聚少成多也是文华图专筹措资金的有效办法。为建筑韦氏中国美术博物馆，文华图专共收到各方捐款一万七千三百五十五元一角（《文华图书科季刊》第三卷第三期，第 301 页），后又陆续收到捐款，“前后共收到银元 8 868.58”（《文华图书科季刊》第四卷第三期，第 316 页）。文华图专凭借学校在图书馆界的名望也曾接受过较少的私人捐赠，“镇江三育实业社，装置国内大图书馆钢质书库者数处。该公司经理，客岁因事来汉，并到本校参观，谈及曾到国内许多图书馆，询及办事人员，多系本校同学，于是慨然捐赠钢质陈列地图橱一架。又汉口运昌公司，与本校交易有年，极为诚实，该公司王经理乐捐一百元，为本校添购实习用品”[②]。

文华图专非常注意在校友中培养对母校的忠诚和支持的情感，在所办的校刊中专门列出“同门会消息”，刊登毕业生就业、留学、升迁情况，甚至结婚生子也表示祝贺等，还在全国各地建立了同学会，在“三重纪念”

---

① 以上经费数额均出自武汉大学档案馆馆藏档案（档案号 L8-1973-1—6）。

② 文华图书馆学专科学校季刊［J］. 北京：国家图书馆出版社，2009，8（8）：337.

活动以及各种学校庆祝活动中，发动校友捐赠了大量经费，为学校维修校舍、配备设备，如“四月十日武汉服务诸同学，在汉阳伯牙台召开例会……今年七月廿五日为沈校长五旬生辰，一致赞成毛坤同学之提议，即由各地同学捐款千元，帮助学校扩充校舍，藉以纪念沈校长。捐款方法以每人月薪一月十分之一为原则，或多或少，仍可自由，并愿全体加入为此事发起人”①。文华图专较为成功地培养了校友忠于母校的感情，“为韦女士纪念室捐款事，同学中努力输将及募捐者，颇不乏人。计目下已收到者，有黄君凤翔自捐五十元。一九二九级自捐的二百七十元，陆女士秀经募的一百余元和沙女士鸥的二百余元”②。文华图专作为“文华共同体”的一部分，还巧妙地利用了它与华中大学之间共有的“文华血脉”，如为建筑韦氏中国美术博物馆，广东文华同学会、北平文华同学会分别捐赠银洋 200 元③。另外，私立文华图书馆学专科学校学生社会服务团（Boone Library School Student Service League）取得了华中大学师生的支持和理解，在文华大学校园里不分彼此相互支持已成共识，这使文华图专学生服务团巡回文库能够得到大量募捐款。“巡回文库的经费，是完全捐助来的……同时华中大学和本校的教授同学们以及其他朋友的热心捐助，使我们感谢不已。”④在 1932 年 11 月 2 日的《巡回文库第二次募捐报告》中还赫然记载韦卓民博士捐赠 2.00 元（银洋）⑤。《文华图书馆学专科学校季刊》中不止一次地表露出在华中大学校园里募捐的喜悦与感激，“华中大学教职员及同学，本校教职员及同学，以及圣公会各友朋输捐最为踊跃”⑥。

也许，这就是“文华共同体”精诚团结的文华精神的延续。如同玛格丽特·H. 温特沃斯在文华大学 50 周年校庆的纪念文章《文华大学的现状》

---

① 文华图书馆学专科学校季刊［J］. 北京：国家图书馆出版社，2009，8（8）：502.
② 文华图书馆学专科学校季刊［J］. 北京：国家图书馆出版社，2009，8（2）：653.
③ 文华图书馆学专科学校季刊［J］. 北京：国家图书馆出版社，2009，8（3）：297.
④ 文华图书馆学专科学校季刊［J］. 北京：国家图书馆出版社，2009，8（7）：279.
⑤ 文华图书馆学专科学校季刊［J］. 北京：国家图书馆出版社，2009，8（4）：313.
⑥ 文华图书馆学专科学校季刊［J］. 北京：国家图书馆出版社，2009，8（6）：328.

中所写的："凡大学都一个现象，那就是每所大学都有的气质和个性，即是人们常说的精神和校风。一个有机体的兴衰与各个组成部分休戚相关，一所大学如果没有内部人员的精诚团结，那么它将逐渐衰败、灭亡。"[①] 尽管文华图书科因为领导人在1929—1930年期间的意见分歧从华中大学分离出去，但这并没有能阻隔它们之间的交流与合作，文华图专开办的群育讨论会基本上每期都少不了华中大学教授的声音，有时候甚至成了华中大学教授主讲的专场，1936年，"截至本刊上报时，计已开五次。第一次敦请华中大学教授胡毅博士主讲，题为《从心理学的立场来讨论图书馆阅览办法》。第二次敦请华中大学理学院院长桂质廷博士主讲，题为《最近游美的感想》。第三次敦请华中大学教授游国恩先生主讲，题为《宋王荆公新法的讨论》"[②]。

---

① ［美］吉尔曼，等. 文华大学［M］. 黄政辉，译. 武汉：华中师范大学出版社，1992：18.

② 文华图书馆学专科学校季刊［J］. 北京：国家图书馆出版社，2009，8（8）：153.

第六章　走向变革：文华共同体内部职权体系

第一节　文华图专亦中亦西的行政管理体制

早期的教会学校并无正式的行政管理人员，一般由传教士全权负责学校事务，学校创办者所隶属的教派在当地的委员会或国内宣教会本部监督学校的办理。教会创立大学或将原有书院升格为大学后，逐渐形成了一套比较正规的行政管理制度。通常是教会大学在西方设立一个大学托事部（Trustee 托管会），在中国设立一个校董会。

托事部是学校创建人的组织，掌握大部分的行政权，包括校长的任命，教职员的聘用，财务预算的制定和审核，校产的所有权、处理权等。以金陵大学为例，托管会有主席、副主席、秘书、司库各一人，下设执行委员会，财政、校产和投资委员会，教育委员会，审计委员会，财政预算委员会及金陵大学委员会 6 个常务委员会。各委员会各司其责，如教育委员会负责教学工作和教师任命，财政、校产和投资委员会按照托管会的总政策利用学校基金制订投资计划。司库只有在该委员会正式批准后才能动用学校基金进行投资，1945 年 6 月基督新教在华设立的 13 所教会大学在纽约成立了联合托事部（United Board for Christian in China），联合托事部有主席和执行秘书，下设执委委员会、财政委员会、发起委员会和基督教性质的人事与课程委员会等常设委员会，在成都（1945年）和上海（1946—1949年）设有办事处，还在伦敦设立“中国基督教大学促进会”，在上海成立“中国基督教教育协会”。联合托事部的设立是为了“在统一和有效的相互关系方面可以制定长期步骤，可以容许为整个事业的最好利益使用一切可以动用的财源，能够容许行政与发起工作上经济效能之实际增加，可以减少董事会和委员会议次数，容许会员们把他们的时间与精力集中到更重要的事情上去，可以为我们寻求更广泛的合作与互助提供一个更健全的基础”①。

（一）教会大学的本土化、世俗化路径

教会大学是近代中国高等教育的先驱，在20世纪20年代以前，教会大学的发展始终游离于中国正规教育体系之外，中国政府视教会大学为享受治外法权的外国机构，并拒绝将教会大学归入私立学校一类。1920年，韦棣华在文华大学创办图书科时，文华图书科的管理权自然归属于文华大学。这时“文华共同体”是一个完整的组成，即文华中学与文华大学，即一个备馆、一个正馆。文华图书科与文华大学（华中大学）之间处于“名实合一”阶段。

“二十世纪20年代对中国的教会大学来说是关键的十年，正如对中国作为一个文明的政治实体来说是关键的十年一样。”② “非基督教”运动在1922年下半年刚刚趋于沉寂，紧接着1924年“收回教育权”运动又狂飙突起，矛头直指教会教育。时任北京大学校长的蔡元培发文表示，“教育事业当完全交与教育家，保有独立的资格，毫不受各派政党或各派教会的影

---

① 联合托事部，又称联合董事会，由中国13所基督新教大学的各董事会联合办事机构演变而来。起初为校董联合会，是一个协调机构。1927年8月司徒雷登曾提议成立联合托事部。1937年校董联合会任命一个“统一的委员会”，1945年6月30日校董联合会举行年会时，正式成立一个单一组织的联合托事会。1953年改名为“亚洲基督教高等教育联合董事会”。

② ［美］杰西·格·卢茨. 中国教会大学史（1850—1950）［M］. 杭州：浙江教育出版社，1988：194.

响”，“以传教事业为业的人，不必参与教育事业”，实际上否定了传教士在教会学校的主导地位。1921 年 4 月，教育部颁布的《教会所设中等学校请求立案办法》(教育部训令第138号) 规定“学校名称应冠以私立字样”，首次明确了教会学校的“私立”性质，强调立案的教会学校必须遵守中国政府的教育法令。随着民族化进程的加快，教会大学的宗教功能逐渐衰弱，教育功能日益增长，而且不断加强与社会的联系并为社会服务，教会大学的发展进入了全面改革和逐渐中国化的时期①。1925 年 11 月，教育部公布了《外人捐资设立学校请求认可办法》，对教会学校的机构、宗旨、课程分别作了明确规定，彻底改变了中国教会大学的组织建构与办学体系，直接导致教会大学的“中国化”与“本土化”。

国民政府成立以后，对教会学校的管理比北洋政府更为系统和严密，并出台了一系列各项管理政策，加上不断掀起的立案风波，迫使教会学校不得不加快“中国化”、“世俗化”步伐。1926 年 7 月，广州国民政府在广州召开“中央教育行政第一次大会”，通过了《外人捐资及教会设立之学校，须呈报主管教育行政机关立案，并不得施行小学教育及师范教育以一国权案》②。同年 10 月，教育行政委员会公布的《私立学校规程》首先规定“凡私人或私法团设立之学校，为私立学校；外国人设立及教会之学校均属之”。这条规定正式将教会学校纳入中国的私立学校体系，使其在法律上不再独立于中国教育体系之外，这也是国民政府对教会学校政策的立足点。其次，还规定了私立学校“须受教育行政机关之监督及指导”；“须由设立者推举董事，组织校董会，负学校经营之全责”；其“对校董会完全负责，执行校务，职教员由校长任免之”；“不得以外国人为校长；如有特别情形者，得另聘外国人为顾问”等，并强调“凡未经立案之私立学校，应于本

---

① 章开沅. 文化传播与教会大学 [M]. 武汉：湖北教育出版社，1996：212.

② 第二次中国教育年鉴（第二编）[M] //张研，孙燕京. 民国史料丛刊（978）. 郑州：大象出版社，2009：96.

规程颁布后，依限呈请立案”。1927 年 12 月，大学院[①]公布的《私立大学及专门学校立案条例》规定“凡私立大学及专门学校须经中华民国大学院立案”，凡私立大学及专门学校呈请立案由“校董会备具呈文”，“试办三年以上”，“校长由中国人充任”；并对立案作了强制性规定：“凡未立案之私立大学或专门学校，其肄业生及毕业生不得与已立案之私立大学及专门学校学生受同等待遇。”[②]

1929 年 8 月，教育部公布了由大学院时期各项条例修正合成的《私立学校规程》，规定“凡私立或私法人设立之学校为私立学校，外国人及宗教团体设立之学校均属之”，“私立学校须经主管教育行政机关之许可方可得设立，其变更及停办亦须经主辖教育行政机关之许可。私立大学、独立学院及专科学校以教育部为主管机关”，“私立学校以校董会为其设立者之代表，负经营学校之全责”，并明确了校董会呈请核准设立、呈请立案的要求及其职权；如文华中学 1931 年被教育部正式批准立案时，其《校董设立呈报事项表》中“校董会之组织及其职权”一栏规定：校董会以本校设立者委任三人，鄂湘圣公会议会选举三人，文华同门会推举旧同学三人，又由本会加选二人组织之。本会有选任校长，筹备经费，审核预算、决算、保管财产、监察财政之权。校长一人为当然委员但无表决权[③]。华中大学、文华图专的校董组成及职权体系的大致规则也莫不如是，圣公会鄂湘教区对“文华共同体”的管控，除通过共有的校董成员增强三者之间的联系，也通过给予办学经费，举办宗教活动，派遣外国教师，协调与国外教育机构、协办组织、基金董事会关系等途径得到实现。

20 世纪 30 年代，随着差会补助经费在教会学校日常经费比例中的减少和中国政府加强对教会学校的管理，中国基督教大学校董联合会和南京国

① 1927 年 10 月，国民政府成立大学院为全国教育主管部门。

② 大学院. 私立大学及专门学校立案条例（1927 年 12 月 20 日公布）[J]. 大学院公报（第 1 期），1927：26-29.

③ 伪武昌文华中学校董及教职员简历名册 [G]. 武汉市档案馆藏，全宗号：69-5-87.

民政府，很大程度上掌握了教会大学的控制权，前者负责募捐经费，协调教会大学与西方的财政和行政管理政策，后者在课程、教学标准、教科书、预算及教育过程诸多方面加强了对教会大学的控制。校董会通常包括校长、大学行政管理人员、地区差会代表、各国外交官中的有关人员、校友代表等。早期校董会几乎全为外国人，《私立学校校董会设立规程》颁布后，规定董事长由中国人充任，校董会成员中中国人超过 2/3。校董会是教会大学在中国的最高决策机构，职责包括：批准建立新的系和新开设课程；决定学费的金额和支出分配；选聘不由托事部支付工资的教职员工；提供校舍和办学设备等。校董会除了是教会大学各项事务的最高决策者外，也是代表大学与社会各界（包括政府）打交道的机构。

校董会早期只是托事部的经纪人，托事部通过控制学校的人事任免权和财政预决算权，将校董会变成托事部的命令执行者。校董会的任何规程必须经托事部批准后才有效，校董会对校产没有所有权，如金陵大学的校产是由创设人会租借给校董会的（名义租金为折合一美元的中国货币）。校董会若有违创设人会的旨意时，创设人会随时有权取消这一租借，仅从抗战胜利后，“文华共同体”的三校分别复员后，圣公会对于华大校园的安排，可以窥见一二。文华公书林的处置问题，以及文华图专通过向圣公会租借崇福山街校区便体现了这一点。校董会能够做的，只是遵照托事部的指示行事，最多通过向托事部的报告来有限地影响托事部的政策制定。

托事部的成员大都代表的是所属的教派，以本教派的利益为重。加之学校校长、校董会成员和学校的传教士教师均是由宣教会指派和任命的，因此真正掌握学校行政大权的是支持各教派的外国宣教会本部。这种管理体制，由于校董会与托事部之间的割裂，逐渐成为影响教会大学继续发展的障碍，也成为民族主义高潮时期，教会大学受到攻击和排斥的根由。因此，司徒雷登在燕京大学主政时，开始努力使美国托事部管理基金化，把校产管理、经费使用、人事任免等实权下放到设立在中国的校董会，建立校董会监督之下的校长负责制。校长虽然需要定期向校董会和托事部汇报工作，但在学校的日常工作管理和具体方针政策的制定方面有较大的权力。这种校董会监督下的校长负责制在后期教会大学比较流行，华中大学、华南女子文理学院、辅仁大学等都采用此制。沪江大学则实行教授治校，最高机构为教授会议，校长严格执行教授会的决定。

文华图专的行政管理类似校董会监督下的校长负责制。文华图专在美国有一个“韦棣华基金董事会”，成员为罗素基金会负责人格兰、圣路易市图书馆馆长鲍士伟及韦棣华的亲密好友华德等人，主要负责管理韦棣华基金，对文华图专并无决策权。文华图专为了向中国教育部立案，1929 年又成立了中国的校董会，校董会成员为：吴德施（中华圣公会鄂湘辖区主教）、孟良佐（前文华大学、华中大学校长，时任圣公会鄂湘辖区副主教）、周诒春（前国立清华大学校长）、吴国桢（湖北省政府委员兼汉口市长）、袁同礼（国立北平图书馆馆长）、孙洪芬（中华教育文化基金董事会执行秘书）、戴志超（前国立清华大学图书馆长、国立中央大学副校长，时任上海中国银行秘书长）、陈宗良（前私立武昌文华中学校长）、周苍柏（上海商业储蓄银行汉口分行行长）、卢春荣（私立武昌文华中学校长）及韦棣华和沈祖荣，除一些充门面的教会人士和政府官员外，大多为图书馆界人士，由周苍柏任董事会主席。而后，对董事会成员有所调整，但大体说来，无外乎包括四部分人：一是官僚政客，二是工商业资本家，三是文化教育界学者名流，四是美国圣公会鄂湘教区主教（副主教）。董事会的成立，推进了文华图专专业性的办学模式，开拓了文华图专的教育与经济、社会联系的渠道，奠定了文华图专的社会基础。校董会所发挥的对办学的指导、评议、咨询作用，成为文华图专进行教育与社会双向参与的桥梁。

在私立大学，校长作为联系校董会与大学的桥梁，是学校管理的核心，集职、权、责于一身，有相当大的办学自主权。相对于私立大学如华中大学来讲，文华图专作为专科学校，其校长的位子远比一般私立大学、公立大学校长的位子稳定得多。因此，校长个人的能力对一所学校的发展有着非常大的影响①。首先，校董会一般不过问学校具体事务，真正全面掌握学校实际情况、深切感受到学校应如何改进以适应社会变化发展的，只有校长自己，所以，校长对学校发展的设计与构思是校董会决策的重要依据。其次，校董会负责筹备本校经费、议决预算和审查预算以及对于本校章程之规定变更或撤废予以同意，但对其通过的决议还是由聘任的校长直接执行。此外，校长还是学校形象的代表，与政府、社会各界的交往需校长身体力行，尤其在资金劝募方面，校长的人格、形象与能力往往是决定性因素之一。文华图专之所以能够取得突出的办学成就，在相当长一段时间里与沈祖荣校长有着直接的关系。校长名义上应由校董会聘任，实际上沈祖荣是当之无愧、无可争议的唯一人选。

由于沈祖荣是文华图专的重要缔造者之一，且一直担任文华公书林的总理一职（直至1938年华大内迁），在图书馆界享有极高威信，并有丰富的办学经验，因此，文华图专的校长与一般的私立学校不同。由于学校规模一直较小，韦棣华时期的文华图书科保留了早期基督教教会学校的家庭化氛围，沈祖荣接手后，继承了这种事必躬亲的管理色彩。文华图专的毕业生张遵俭在回忆沈祖荣时说："沈先生身为校长，几十年来对学生的课业和生活总是全面关怀。他不仅在课堂讲授时认真，在学生实习时要求严格，并且经常亲自查看学生宿舍。有一次我在上课时发现自己把笔记簿忘在寝室了，就跑回去拿，正碰上沈老师查宿舍。我问他：'现在一个学生都不在，您怎么查呢？'他说：'你们的鞋子我都认得，我看看床下面的鞋子，就知道哪张床是哪个同学的。'他平时注意学生的精神面貌，关心学生生活，深入细致到这种程度，真是感人至深。"②

沈祖荣一生致力于献身图书馆学教育事业的崇高精神，在30余年的时

① 金以林．近代中国大学研究（1895—1949）［M］．北京：中央文献出版社，2000：133.

② 张遵俭．昙华忆旧录——回忆沈绍期师［M］∥陈传夫．文华情怀——文华图专九十周年纪念文集．武汉：武汉大学出版社，2010：57.

间里，为文华图专的创立和发展呕心沥血、兢兢业业、不遗余力的作风令人钦佩。1949 年，中原临时人民政府教育部对文华图专进行了学生调查，从这份《图专重点访问记》（访问者为学生会主席），可以对文华图专家长式校务管理办法得到印证，“沈校长肯干，作风艰苦，素以‘智慧和服务’的精神号召同学。目前，虽多少还有些个人英雄、统治思想（限于校内或图书馆学界的残余），但解放以后，政府民主政绩的照彰，提高了他的觉悟，校长的发展和迫切的要求进步的一面也是不可否认的。目前仅有的民运活动几全是他带头，不过在目前校内教员思想的分散和同学们又放任自流的情况下，对学校的前途的坚定信念开始有所动摇”[①]。这里所说的“动摇”情形，大抵与沈祖荣在《专科以上学校教职员调查表》（中原临时人民政府教育部印发）中的“工作情形”一栏填写的内容有关：“本人除总理校务外，并担任西文编目兼中苏友好协会图专支会顾问，但因生性老诚不会讲话，只知脚踏实地苦干，有时过于负责，上自校务之推进，下至同学日常生活细节都不免注意近乎琐屑，自己希望越想办好，越得不到好结果，深感遗憾。”[②]

而实际上，沈祖荣在解放初期，对文华图专的发展前途仍抱有很大期望，并非所谓的“信念开始动摇”，他在“个人意见”和“今后计划”两栏中已明显表露这种心迹：“图书馆事业颇为繁重之事业，并须随时代环境逐渐改进，希望政府能予我们以鼓励和指导。希望能将这唯一的专门学校办好，使它能在我们这个新民主主义国家里强大起来，同时能培植一批干部能实际参加新中国的文化建设。”[③]

如果没有沈祖荣这种锲而不舍的办学态度，那么很可能文华图专在西

---

① 湖北私立文华图书馆学专科学校概况、访问材料、教职员工学生名册、调查表、毕业生历年成绩表［G］. 湖北省档案馆藏，全宗号：GM7-1-96.

② 湖北私立文华图书馆学专科学校概况、访问材料、教职员工学生名册、调查表、毕业生历年成绩表［G］. 湖北省档案馆藏，全宗号：GM7-1-96.

③ 湖北私立文华图书馆学专科学校概况、访问材料、教职员工学生名册、调查表、毕业生历年成绩表［G］. 湖北省档案馆藏，全宗号：GM7-1-96.

迁重庆的艰苦时期就要停办。1941 年 7 月 7 日，在敌机的疯狂轰炸下，文华校舍康宁楼中弹全毁。在艰难困苦中，沈先生与学校同仁筹划，购江北香国寺廖家花园为校址，自建校舍。仅三个月的时间，在 10 月下旬，沈祖荣便率全校师生搬迁过江，继续教学，且“初因房屋一时未及竣工，尝进餐于露天之下，讲授于卧房之间，但全体员生，绝不因此气馁，而精神之振奋，反有加无已”①。在极其艰苦卓绝的条件下，沈祖荣不仅维持了文华图专原有的规模，而且自 1939 年 9 月起，还开办了档案管理讲习班。1940 年秋，又呈请教育部批准正式设立了档案管理科。1941 年春，沈祖荣根据教育部要求，对文华图专招生实行改革，由过去招收大学肄业两年以上者，改为一律招收高中或同等学力毕业生，扩大了生源渠道。因此，文华图专的校长与一般国立大学校长不同，它与校董会的关系也不像一般私立学校那样。沈祖荣既是文华图专的总负责人，又是总设计师。

（二）抹不掉的教会“胎记”：文华图专的学校组织系统

立案风波后，尽管教会学校放松了宗教灌输，但在组织管理方面，教会大学却没有从根本上解决宗教与教育完全分离的问题。外国教会本部实际上仍掌握着学校的行政大权，并控制着一切财产的处理权。如顾颉刚就曾回忆道：“在燕大办事……不但我等无权，即诸西籍教员亦同样无权，每印一书，必向美国请示，得其答复须越半年，幸而批准实行，又须俟下届预算之订入。”② 虽然后来陆续成立了校务委员会、校董会等机构，但大都形同虚设，对校政少有置喙的余地，其参政要求常被西方传教士“不出钱就不给钱”为由予以压制③。1928 年美国圣公会布道部访华考察团就明确宣布，只要教会事务仍由来自美国的经费支持，“按照美国圣公会法规有关

---

① 本会慰问文华图专及西南联大图书馆 [J]. 中华图书馆协会会报，1941，16 (1-6).

② 顾潮. 顾颉刚年谱 [M]. 北京：中国社会科学出版社，1993：232.

③ 徐以骅. 教育与宗教：作为传教媒介的圣约翰大学 [M] //章开沅. 文化传播与教会大学. 武汉：湖北教育出版社，1996：119-120.

传道区管理之规定，适当的管理职责，在与美国布道部协商的情况下，必须留在教区主教以及他们的咨议会手中”①。

在中国立案后的教会大学，也并未取消其原先在外国的立案，所以客观上具有“双重国籍”，在学校行政管理方式及权限上，“在1920年，一般是由西方人决定大学的政策并执行教育计划；到了1930年，大部分学校实行中外双重管理制”②。华中大学便是如此，一方是外国教会，另一方是中国政府。虽然基督教大学按照政府规定完成了注册立案，实现形式上的中国化，但真正中国化的路程是极为漫长的，“文华共同体”始终受美国圣公会掣肘，对于文华中学、华中大学、文华图专三者而言只是程度不一。正如韦卓民所说：“到了一九三二年，除了一个例外，基督教大学都遵照规程完成了立案手续。虽然如此，有几个立了案的基督教大学，对政府讲，校长是中国人，而学校行政权和财政权，照旧操在外国人手里，一直等到抗战胜利，各校复员之后，还是这样。以学校论，是阳奉阴违；以政府论，是明知不问。”③ 需要突出说明的是，由于会计主任一职至关重大，对其任命也是极为重视的，他与校长的任命程序一样，需要校董会在六个月前将提名提交给设立者会，已取得他们的同意。实际上，华中大学的会计主任在1924—1951年间一直由美国圣公会的柯约翰（John L. Coe）担任。

文华图专虽然脱胎于华中大学，但由于其独立办学，仍在很大程度上依赖于美国圣公会鄂湘教区的协助。文华图专类似教会大学衍生出的独立学院，其行政管理体制自然会蒙上差会控制的色彩，但比起由五个协作差会及其差会利益代表众多的华中大学，文华图专由于其学校规模较小，成立之初除了校董会成员中吴德施、孟良佐两主教以及韦棣华的胞弟韦德生

---

① 徐以骅．教育与宗教：作为传教媒介的圣约翰大学［M］//章开沅．文化传播与教会大学．武汉：湖北教育出版社，1996：291．

② ［美］杰西·格·卢茨．中国教会大学史（1850—1950）［M］．杭州：浙江教育出版社，1988：194．

③ 韦卓民．四十年来我国基督教的高等教育［M］//马敏．韦卓民基督教文集．香港：香港汉语基督教文化研究所，2000：174．

教父外，并无差会派遣的传教士等人员，其行政管理内外部的力量博弈要简单得多。沈祖荣成为文华图专前进的舵手，对文华图专的发展方向有很大的自由掌控权，这也是沈祖荣能一直与圣公会方面既对抗又合作，保持文华图专独立的重要因素。

自华中大学决定开始注册起，华中大学的领导者就一直在磋商一个既能协调五个协作教会及其差会的利益，又能使华中大学得到政府认可的行政管理组织章程。根据这个章程，华中大学在组织结构上进行了以下调整：在纽约成立了由五个教会代表参加的设立者会，同时在中国成立了由五个协作差会的代表以及其他有关的中国教会和团体的代表组成的校董事会。设在中国的董事会是根据《私立学校规程》的规定进行组织的，校董中有三分之二的代表是中国人，并选举中国人颜福庆为董事会主席。中国校董会的职责总的说来是经营学校，如选任或改选大学校长和会计主任，监督大学的开支，审核大学的年度预决算，并报设立者会和合作教会批准，议决教职员的聘任和晋升等①。而西方设立者会则掌握了大部分行政权力，一切重要政策的决定均需要得到它的同意。如校长名义上虽由校董会任命，但校董会须在六个月前将校长提名提交给设立者会，以取得它的同意；大学的预决算在校董会审核后也须提交给设立者会批准；在设立者会的年度会议上，校董会要向设立者会详细汇报大学的运行情况，并将其报告与大学校长和学校其他主要负责人的报告一起提交给设立者会。关于设立者会和校董会的关系，华中大学的组织大纲中明确规定，“本大学以校董会为其设立者之代表，负经营及维持本大学之责任”②。既然校董会是代表设立者会经营学校的，它的主要任务自然是根据设立者会的意愿制订大学的发展计划和管理政策，并监督华中大学实施。通过这种改组，华中大学既满足

---

① Constitution of Board of Directors of Hua Chung College [G]. 华中大学档案全宗，案卷号：56；华中大学校董会章程 [G]. 华中大学档案全宗，案卷号：57.

② 华中大学组织大纲，二十二年度私立华中大学一览 [G]. 华中大学档案全宗，案卷号：57；Outline of Constitution of Hua Chung College [G]. 华中大学档案全宗，案卷号：56.

了政府要求基督教大学中国化的规定，又照顾了西方教会的利益，教会通过设立者会，实际上掌控着学校的行政和财政大权。

在美国，文华图专有“韦棣华基金会董事会”（Mary Elizabeth Wood Foundation in America），成员包括罗素基金会主任格兰（Mr. J. M. Glenn, Director of Russell Sage Foundation, New York city）、蒙特拿州圣路易公共图书馆馆长鲍士伟（Dr. Arthur Elmore Bostwick, Librarian of St. Louis Public Library, St. Louis, Mo.）、哈佛大学比较动物学博物院主任顾理治（Mr. Harold J. Collidge, Jr. Curator of Museum of Comparative Zoology, Harvard University, Cambridge, Mass）和麻省妇女传道会干事华德（Miss Marian Decward）① 与其他教会大学海外董事部有较大权力不同，文华图专海外董事会的主要任务就是为学校募集经费和管理基金②，对经费的使用、分配并没有决定权，设在国内的文华图专董事会也只是文华图专名义上的最高决策机构，文华图专的行政大权基本上掌握在校长手中，即韦棣华和沈祖荣手中。

其他教会大学的校长之下都设有校务委员会，岭南大学称为“行政委员会”。校务委员会成员主要由校长、教务长、各系主任及教师代表等组成，如华中大学校务委员会由校长、副校长、教务长、总务长、图书馆长、女生主任、各院院长、各系主任、工会代表四人和学生会代表二人组成。校务委员会设常务委员会及各种专门委员会，如华南女子文理学院设有图书馆、宗教、招生、体育、奖学金、经济、编辑、课程和临时 9 个委员会。辅仁大学设有财政、行政和学务委员会等。燕京大会成立有校委会、执行委员会、教职员行政委员会和学生自治会等。这些委员会协助校长参与管理，也起到监督校长行使职责的作用。如岭南大学行政委员会的职责

---

① 以 1937 年名单为准，不包括初期武汉的陈叔澄和杭州的冯汉骥、周寄梅等。

② 《文华图书馆学专科学校季刊》1931 年第三卷第四期“校闻”一栏中曾记载，“前本校美国代本校募款之 Mrs. Frde Erick Cunningham 逝世后，由 Miss Marian Decward 继任此职，当时已募得美金一万七千元，作为本校基金”。

有编制全校预算；处理各学院与学校的事务；聘任或罢免各学院、学系的主任。华南女子文理学院的校务会负责制定学校的各种规则，审查各系课程，处理学生升级、退学、惩戒事宜，还负责管理各种常设委员会和办公室，有权聘任教务长、各系主任及教职员等。文华图专由于其专业单一，学校规模小，没有校务会议，学校所有的行政大权都集中在校长一人手中，校长之下设立教务处主任一职，负责具体的教学工作，徐家麟、毛坤、桂质柏等均担任过此职。文华图专学校组织系统如表 6-1 所示①：

表 6-1　文华图专组织系统

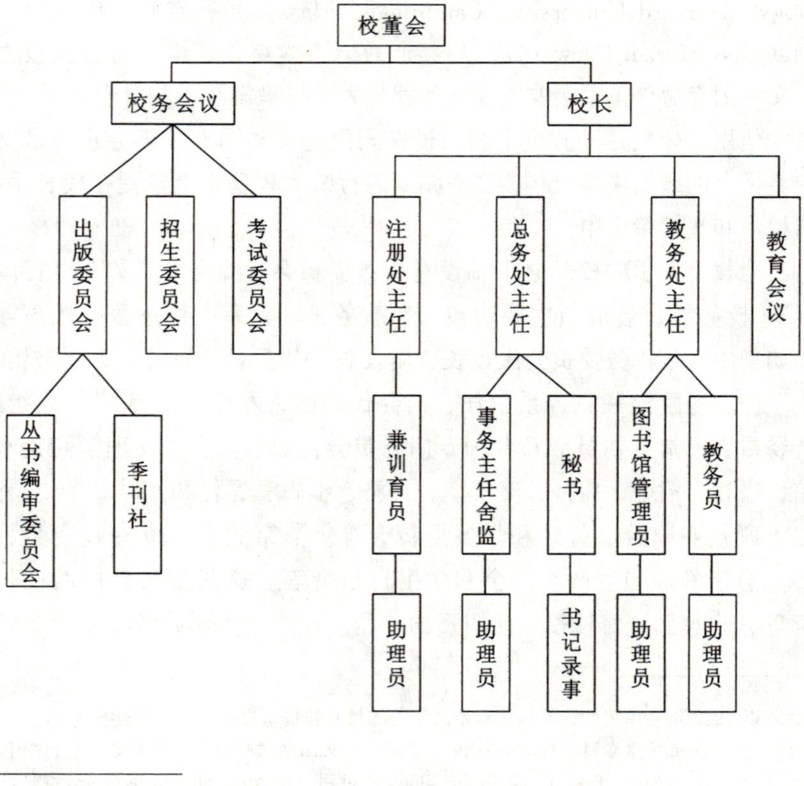

① 私立武昌文华图书馆学专科学校一览（二十六年度）[G]. 1937.

各部门职责、权利明确，有分工也有合作。文华图专还制定了一系列的规章制度，如《本校组织大纲》、《校董会章程》、《本校学则》、《校务会议章程》、《本校各处办公总则》、《教务会议规程》、《出版委员会章程》、《本校丛书出版规程》、《本校季刊社章程》、《刊物交换简章》、《刊物代售简章》、《图书馆借阅书籍规则》、《宿舍规则》、《考查操行规程》、《考查操行细则》、《学生实习规则》、《毕业论文规则》、《本校群育讨论会章程》、《中华教育文化基金会图书馆学免费学额简章》、《袁母韩太夫人图书馆学奖学金简章》、《武昌文华图书馆学专科学校生平同学会纪念韦棣华女士奖学金暂行简章》、《招生简章》、《本校附设图书馆学讲习班章程》、《讲习班课程大纲》等 24 项，使得学校在管理上有章可循，更加制度化、规范化。

（三）文华共同体的构建与重造计划破灭

我们在前面的章节中对基督教教会学校办学从分散走向联合转变过程已有讲述，“各个学校竞相争取不充足的经费。差会则觉得用于教育的经费已经太多了，难怪教会大学难以获得为提高学术水平所必须的经费，也难怪要求联合的呼声一再出现”①。因此，圣公会自然会致力于“文华共同体”的构建与重造，着重考虑加强其整体实力。与一心保持独立地位的文华图专相比，能彼此构成教会完整教育体系的华中大学与文华中学在圣公会那里显得重要得多，“就两年来的主观上的判断和最近几次（继王老师之后，我又去过两次）多方面的了解，我认识了图专是在一种极其紧凑的条件下成长起来的。反动统治时期，虽依偎在美教会羽翼下，奈何同伙的排斥作祟，使主教和当权者对它不加以一般的爱戴和照顾，甚或给以无理的压迫(如文华公书林被并于华中)，而今客观事实的发展虽促成了它发展前途有利的条件，但发展的过程却是漫长而迂曲，而且又将困苦、经费艰难固一

① ［美］杰西·格·卢茨. 中国教会大学史（1850—1950）［M］. 杭州：浙江教育出版社，1988：184.

事实，而内在的人事间的矛盾都是障碍”①。圣公会也希望能借此文华图专复员后经济窘困之机，由孟良佐主教伸出橄榄枝，使文华图专能在真正意义上归属于“文华共同体”，与华中大学重返名实合一的历史时期，以增强圣公会在华中的教育力量，更好地实现传教布道之目的。

通过直接的教育熏染力量，可以扫除在华传教的诸多障碍，在校园里温和顺利地播撒教会因子，是差会实现“中华归主”的重要途径。因而，师生成为受洗基督徒人数的多少，往往是差会考察其所属学校校长工作业绩的重要参照。1947年文华中学校长李辉祖在向孟良佐主教的年度报告中提出，“我们希望差会能给予我们更多的经济支援，使我们减少学生的疑问而给以良好的宗教教育，并使师生之间有更多的私人接触。我坚信差会对我们学校的支持是有价值的，而学校是最好的传播福音的地方，在战时和现在学生们也更倾向于基督教。确实，我们施洗了更多的学生，而去年(1946年）有40多个学生受洗”②。可以说，教会作为完全投资方，其“收益”是直接明显的。据1949年的《私立汉口圣罗以女子中学教职员调查表》(该校与文华中学、希理达女中一样，同为圣公会创办）显示，25名教职员中，除1名为非基督徒外，有11名受洗基督徒（其中仅1名为复初会教友，其余均为圣公会教友)，有13名已受坚振礼③。而文华中学校长李辉祖在给张海松主教的年报（1949年）中提到，文华中学教职员部52人，基督徒40人，学生部623人，基督徒237人④。可见，圣公会作为主要投资方而创办的学校，其教职员工的基督徒比例与学生基督徒人数均很高，又如希理达女中校长沈祖英（沈祖荣的妹妹）在1947年给鄂湘教区主教的工作年报中提到，“本学期有十一个班，共有学生375人，其中有60人为基督徒。我们

① 湖北私立文华图书馆学专科学校概况、访问材料、教职员工学生名册、调查表、毕业生历年成绩表［G］. 湖北省档案馆藏，全宗号：GM7-1-96.

② 基督教圣公会中学方面资料［G］. 武汉市档案馆藏，全宗号：112-1-25.

③ 基督教圣公会中学方面资料［G］. 武汉市档案馆藏，全宗号：112-1-25.

④ 基督教圣公会中学方面资料［G］. 武汉市档案馆藏，全宗号：112-1-25.

有宗教课，但政府当局要我们取消宗教课而要上精神训话”①。

在“文华共同体”内部，华中大学、文华中学的基督徒比例比文华图专高出许多，尤其是文华中学。尽管早在1934年国民政府教育部颁发的《修正私立学校规程》第八条第二节就已规定：宗教团体设立之学校内，如有宗教仪式，不得强迫或劝诱学生参加②。但是文华等圣公会设立的中学的课程中更有“道课”一门，因此学校同学受洗加入教会者很多。固然，有不少同学热诚爱主加入教会，也有些另有企图而加入教会者（如受洗入教，以便在校申请助学金等）③。文华图专的奖学金名额设置主要依赖中华教育文化基金董事会，来自教会的直接设立的奖学金很少，且美式图书馆学科训练模式强调实用性，要求在两年学制内完成所有技能与知识的掌握，时间之紧凑可想而知，加之学校规模较小，后又搬离充满浓厚宗教氛围的文华校园，缺少了文华圣诞堂的熏染以及基督教的学生团体组织的活动联系，文华图专的教会色彩，比圣公会开办的其他教育机构，自然要淡许多，但这种教会“胎记”却依然存在。

伯顿·克拉克在分析大学权力时，曾将影响大学的各种显性或隐性权力简化为三种，即国家权力、市场和学术权威，三者互为关联、彼此博弈，并提出了著名的三角协调图（见图6-1）：

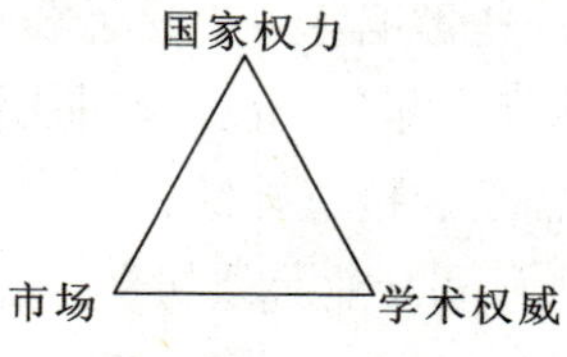

图6-1 伯顿·克拉克的三角协调图

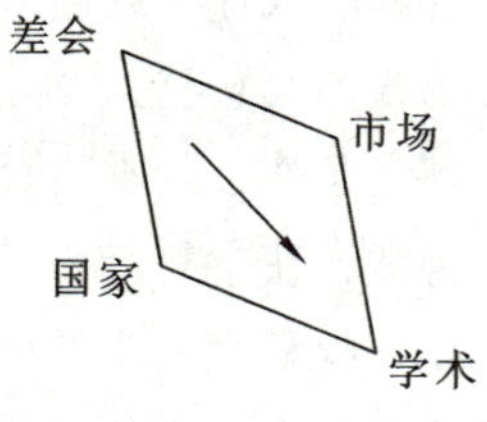

图6-2 华中大学内部职权四边图

---

① 基督教圣公会中学方面资料［G］. 武汉市档案馆藏，全宗号：112-1-25.

② 外国人及宗教团体设立学校办法［G］. 武汉市档案馆藏，全宗号：9-31-183.

③ 基督教圣公会中学方面资料［G］. 武汉市档案馆藏，全宗号：112-1-25.

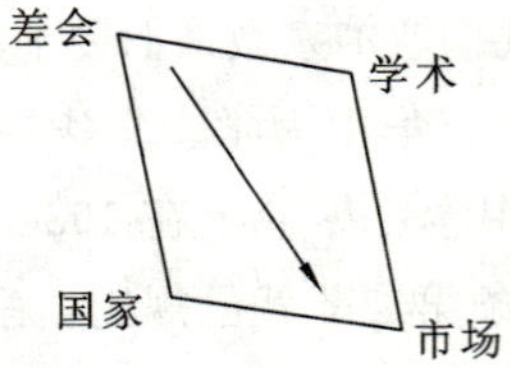

图 6-3　文华图专内部职权四边图

如图 6-3 所示，文华图专是仿照美国图书馆学校设立的，所以内部管理体制类似美国大学，但因中国的文化传统仍受政府影响，与华中大学（见图 6-2）比起来，同样重视学术，但受市场的影响较华大明显。在抗战爆发后以及复员时期，亦将政府、市场和学术视作影响私立大学内部职权的三支重要力量，由此将伯顿·克拉克的三角协调图略加变化后用以分析沈祖荣时期的文华图专内部职权体系。这一时期，在影响文华图专内部职权系统的各权力因素中，市场权力影响最大，政府权力影响次之，学术权力影响则相对要小得多（文华图专的教授一半以上来自本校毕业生，与沈祖荣之感情颇深，其余的多为临时聘用之，且学校规模小，教师队伍流动性很大，故文华图专很难出现在校内掌握绝对话语权的“学阀”或“学霸”式的教授群体）。不同的办学驱动因素，不同的办学走向，最终导致“文华共同体”内部职权体系逐渐解体。

市场权力对私立大学学术机构设置也有一些影响。由于缺乏公立大学优惠的办学条件，为求生存，私立大学“争人所不争”，充分利用社会环境与地域特征，在学科与专业设置上注意市场需要、拾遗补缺，形成自身办学特色，何况私立大学要以校养校，所办的系科和专业必须切合社会需要，这样才容易获得社会捐助。为扩大社会声誉和增加学校收入，私立大学还采取多种办学形式，进一步扩大生源，为学校的生存和发展奠定坚实的基础。市场权力与政府权力并非处于绝对不同的向度，这一时期私立大学的普遍趋势是开设一些应用性学科和新兴专业，以培养社会亟需的专业人才。如文华图专在教育部的支持下开设档案管理科，既符合市场要求，也得到政府权力的支持。

有着长期宗法专制传统的中国，政府的权力对各项社会事业发展往往起着决定性作用。在北洋军阀统治时期，教师在政治上、生活上都很不安定，国立大学的经费也经常没有保障，欠薪十分严重。但文华图专因处于特殊历史时期以及办学者的见识和勇气，较少受政治干扰。虽然经费困难，教师的薪俸却绝无拖欠，也未受到政府的较大约束。总体说来，作为私立专科学校，文华图专享有充分的办学自主权，官方的干扰较少，可以自行决定经费的筹集和使用；自行决定招生、专业与课程设置、人员聘任，包括职称、待遇、福利和晋级等。

文华图专脱胎于典型的教会学校——文华大学（后为华中大学），因学校创办的历史原因及其专业特性，受到中华教育文化基金董事会、中华图书馆协会的支持很大，而这两个机构都有明显的政府背景，其主要领导成员不少为教育部等的官方人员。显然，从文华公书林到文华大学图书科再到华中大学文华图书科，最后独立成为私立武昌文华图书馆学专科学校，"文华"的每一次历史转变，使其受到教会的制约愈来愈弱，而政府的影响则越来越强。文华图专也在不断谋求与政府的良好关系，如1937年，沈祖荣校长率全体师生向国民政府林主席、蒋院长发贺年电。《私立学校规程》规定："教育部对于校董会所选的校长不称职时，可以令校董会重选，如果还不称职，则由教育部暂行遴选，校董会发生纠纷以致停顿时，教育部可以令其限期改组，有必要时教育部也可以改组校董会。"因此，教育部对于校董会不仅具有指导其建立和明确职责的作用，甚至可以决定校董会的存在与废除，显示出政府的强力渗透与中国集权化管理的特点。私立大学建立之初，董事会成员的捐助或通过人脉获得的捐助构成了学校发展的重要资本，成员以宗教人士为主。

然而，文华图专与圣公会之关系并没因其独立而断绝，在圣公会将公书林划归华中大学之前，圣公会鄂湘教区主教、前华中大学校长孟良佐曾经明确地告诉沈祖荣："当然，你知道我向来倾向于把图书馆（指公书林）

作为大学（指华中大学）的一个组成部分，而同时也认为图书馆学校（指文华图专），应当绝对享有公正的待遇。”① 他所指的“公正待遇”就是让文华图专重新归并于华中大学。一周以后，他更明确地告诉沈祖荣：“这些年来，我一直在说，美国圣公会不可能把图书馆学校作为一个独立的机构负担起来，并且我认为这是事实；韦卓民博士费了很大的劲力争才使华中大学成为美国在华的联合大学组织当中的一员的。美国可以说有大宗的款项，但我们当中没有谁能够不费力地得到它们”②。

孟良佐则十分明确地告诉沈祖荣：“你能够把学校维持办下去是做了一件了不起的工作。但是，我认为当你精力充沛和成功的管理结束之后，可以十分肯定地说，除非它成为华中大学的一个组成部分，这个学校的前途是不会有什么希望的。”③ 他甚至说：“如你所知道的，金陵大学经常说要办一所图书馆学校，并且显然他已经得到了美国教会联合托事部的默契。除非文华图专是华中大学不可分割的一部分，你们过去从美国图书馆协会、洛克菲勒基金董事会和中华教育文化基金董事会所得到的补助都会转给金陵。但是，如果文华图专是华中的一部分，联合托事部将继续他们的支持。”④

1946 年 4 月 24 日，韦棣华基金董事会主席格朗（J. M. Glenn）在写给孟良佐的信中提出让沈祖荣退休，企图把沈祖荣置之事外。信中说：“然而令人感到糟透了的是：他竟然采取这样坚决的立场来反对（文华图专与华中大学的合并问题），凡是懂得现时代图书馆学校的理论和实践应当是怎样的人们的意见。我和我的其他的（韦氏基金会）董事们认为，如果沈先生愿意退休下来，我们应当作出某种安排，给他退休金。我认为从韦氏基

① 《孟良佐于 1946 年 4 月 11 日写给沈祖荣的信》（原信藏武汉市档案馆，译文摘录藏武汉大学档案馆）。

② 《孟良佐于 1946 年 4 月 18 日写给沈祖荣的信》（原信藏武汉市档案馆，译文摘录藏武汉大学档案馆）。

③ 《孟良佐于 1946 年 2 月 13 日致沈祖荣函》（译文摘录现藏武汉大学图书馆）。

④ 《孟良佐于 1946 年 5 月 22 日致沈祖荣函》（译文摘录现藏武汉大学图书馆）。

金会的进项中可以拨款作为此用。这款的数额每年约为七百五十美金。”①

美国教会在中国办了好多所大学，并且成立了设在纽约的在华基督教联合托事部来控制这些学校。华中大学是它的成员之一，而文华图专不是，而恰恰这个托事部需要在一所大学里办理图书馆教育，“因为这项工作曾是我们教会在中国的一项突出的工作”。而文华图专又曾经是华中大学的一个部分，因文华图专声誉日隆，影响日著，当然他们认为其应当是首选目标，所以，他们不遗余力地促成其再度联合，加入其管控的行列。

从张海松给彭德兰的信中可了解到：“从文华图专迁回武汉并设法重新恢复以来，它为能得到先前的补助者的支持遇到了困难。与此同时，华中大学曾表示出要求文华图专重新回去的愿望，而教会大学联合托事部也正在考虑在某一个中国大学里赞助图书馆学校的设立。”张海松在信中建议：“由这个学校（文华图专）在美国的友人和在中国的教友联合组成一个委员会来对它的复兴尽力……使其成为华中大学的一部分。”“我曾同韦卓民博士谈这件事，他对我所提议的步骤大体上是同意的，但他对采取的任何步骤之前必须等待在华基督教大学联合托事部的同意。”并对彭德兰说，“如果你赞成我们的建议的话，是否可请你代我们把这个问题向联合托事部的行政秘书麦默伦（Robert J. Mcmullen）进行商议，我们希望这个问题能够通过……”“我希望1950年，可以见到文华图专的复兴，它能再次成为华中大学的一部分。请你对这件事感兴趣，并得到你的帮助。”② 后来我们在“华中大学校董会1949年2月5日会议录”中了解到：“关于这个问题，麦默伦博士在他最近写来的一封信里提出了各种问题，认为重新合并并不是那么必要的，这由于联合托事部的想法是：在中国的基督教大学的安排中，或者是应当办一所图书馆学校，而这样的安排，可能同另一所大学结合起

① 《格朗于1946年4月24日致孟良佐函》（中文摘译现藏武汉大学档案馆）。

② 《张海松致彭德兰的信》（张海松是中国人，是圣公会鄂湘教区最后一任主教，彭德兰是美国圣公会海外部主任，中文摘译自武汉大学档案馆，估计时间为1948年）。

来，是能够得到更有效的结果。”①

沈祖荣为了文华图专的发展做了两手准备，除了委托在美国留学的儿子沈宝环代表其与美国的布朗商谈合并问题外，他还亲自与华中大学所指派的小组（组长是骆传芳博士，成员有华德先生和柯约翰）进行协商，并取得了一些进展，正在草拟一个申述必要的情况和具体建议的备忘录，准备交华中大学校董会和文华图专校董会以及联合托事部。所以华中大学校长办公室和华中大学小组组长骆传芳博士曾回复麦默伦博士，都同样着重申述了重新合并是值得促进的事，请求联合托事部在草拟中的备忘录没有完成并交呈联合托事部研究之前，暂行推迟作出议案。正在这种“合并”有些进展的时候，武汉解放了。

（四）自上而下的校务管理应变改革

1949 年新中国成立后，文华图专处于变革时期，其校董会成员相应发生了很大变化。先是根据中原临时人民政府教育部要求，文华图专重新组织了校董会。

> 钧部函示为明了私立各校最近情况、今后计划，嘱将本校校董事会组织及本校校董详细履历，教职员名单，本学期所设院系等呈部备查等，因奉此自应遵办穷查。（一）本校校董近年多已星散，未能行使职权，最近拟即重新组织。……（三）兹除本校校董现正在商聘中，一俟征得同意即开具详细履历专案呈报外，谨先缮具将来拟提出校董会第一次会议讨论之校董会章程草案及本学期全部教职员名单呈。②

接着，1949 年 11 月 25 日，文华图专还将校董会成立过程及开会情况

---

① 原文为英文打印本，中文摘译自武汉大学档案馆，英文原件藏武汉市公安局档案馆，其为圣公会张海松档案中的一件。

② 湖北私立文华图书馆学专科学校概况、访问材料、教职员工学生名册、调查表、毕业生历年成绩表［G］. 湖北省档案馆藏，全宗号：GM7-1-96.

予以呈报，这也标志着文华图专开始步入人民政权领导下的新时期。《为呈报校董会成立大会开会经过由》函文如下：

同意本校约聘查谦等十一人为校董会董事，遵于十一月二十日下午二时在校召开校董会成立会，通过会章并互推张海松为校董会主席，桂质柏为书记，曹美成、骆传芳为常务委员，记录在卷。谨此申叙经过情形，检同会议记录一份，校董会章程一份。①

从这份校董会名单来看，文华图专与教会的关系仍保持密切，董事会的构成阶层并没发生实质变化。张海松时为圣公会鄂湘教区主教，桂质柏时为武汉大学图书馆馆长兼教授，曹美成为武昌"曹祥泰"商号的第三代掌门人，1946 年 1 月任"曹祥泰"商号经理，1949 年任武汉市工商业联合会副主委。文学院的教授骆传芳，是文华大学文学士、美国芝加哥大学哲学博士，曾经担任过华中大学心理学教授、总务处长、文学院院长等职。文华图专过去作为"文华共同体"组成之一，在人民政权建立初期，由于美国教会在华的活动仍有开展，"1949—1950 年行政人员的改变一般来说没有造成多大的混乱，不过在上层的人事安排上却有了重大的改变，而且在行政管理的总的气氛方面也有了重大的变化"②。

学校积极配合新民主主义革命，在校务管理方面进行了多方面改革，以适应要求，但似乎与学生高涨的革命热情仍有一定差距。"从解放后，学校有些地方是改进了不少，如学校当局的一切会议都有同学参加，师生之间也采取了民主的批评制，但是我们卅几个同学好像永远是生活在这小圈子似的，图书馆事业是清苦的，我们愿坚守着岗位为人民服务，因图书馆是沟通文化与保存文化的源泉，但目前这种事业并不能引起人们的重视，为了要提高人民的知识水平与普及教育文化，希望政府当局能关心到我们

---

① 湖北私立文华图书馆学专科学校概况、访问材料、教职员工学生名册、调查表、毕业生历年成绩表［G］. 湖北省档案馆藏，全宗号：GM7-1-96.

② ［美］杰西·格·卢茨. 中国教会大学史（1850—1950）［M］. 杭州：浙江教育出版社，1988：430.

这小小的圈子，而对中国的图书馆事业发展加以培植。”[①]

文华图专内部原来国民政府时期要求设立的管理部门被撤销了，“被学生所诅咒的训导处被撤销了，因为它被国民党用作提供学生情况的机构，它的职责由校政委员会，或者在多数情况下由学生指导委员会来承担”[②]。同时，在其他方面也进行了不少改革，“已改进之点：1. 撤销训育制度。2. 组有校务会议，同学、工友都有代表参加。3. 废除点名制度，由同学自己点名。4. 实行劳动生产（种菜）。5. 教师参加同学生活小组，能与同学打成一片”[③]。尽管如此，学生仍希望校方能进一步改革，并提出了自己的意见，“急需改革之点：1. 宜建立正确的批评制度，使全体师生于批评中求得进步。2. 改革教条式、填鸭式的教学方法，组织以正课为中心的学习小组，实行自学辅导。3. 教师们宜组织教学小组，研究并改进教学方法。4. 多注意同学生活之困难——如热水、浴室、寝室等”[④]。

解放后，“文华共同体”步入翻天覆地的变革时代，文华中学亦发生重要变更[⑤]：①训育处撤销了；②军训、童子军训练、公民从课程表内撤销了；③课毕后学生准许离开校园；④校规由学生会在老师的指导下有所修改；⑤英语教学钟点从每周 6 节减为 3 节；⑥课程中增加了三节政治理论课。

校政委员会是学校的最高决策机构，解放后，“教会大学的领导不久就发现要参加决策的中国人不仅包括教员和行政领导，也包括学生，甚至还包括学校所雇用的工人和职员。和共产党保持联系的教授组织的成员所提

---

① 湖北私立文华图书馆学专科学校概况、访问材料、教职员工学生名册、调查表、毕业生历年成绩表［G］. 湖北省档案馆藏，全宗号：GM7-1-96.

② ［美］杰西·格·卢茨. 中国教会大学史（1850—1950）［M］. 杭州：浙江教育出版社，1987：429.

③ 湖北私立文华图书馆学专科学校概况、访问材料、教职员工学生名册、调查表、毕业生历年成绩表［G］. 湖北省档案馆藏，全宗号：GM7-1-96.

④ 湖北私立文华图书馆学专科学校概况、访问材料、教职员工学生名册、调查表、毕业生历年成绩表［G］. 湖北省档案馆藏，全宗号：GM7-1-96.

⑤ 基督教圣公会中学方面资料［G］. 武汉市档案馆藏，全宗号：112-1-25.

出的第一批改革要求，其中一项就是由上述所有团体的代表建立一个校政委员会"[①]。例如，文华图专借此组建了校务委员会，校务委员会的组成情况，我们在一份1949年中原临时人民政府对文华图专学生进行的调查问卷中，一位学生对"你对你校目前校务委员会的组成，人选及职权有何意见?"的问题回答中发现，"本校校务委员会由先生代表二人、学生代表二人、工友一人、校长、教务主任、总务主任、图书馆主任等九人组成。并通过各小组讨论，本人对此无意见"[②]。

应该说，真正意义上的改变，发生于1951年8月16日文华图专由政府接办改为公立，1949—1953年，这是文华图专的革故鼎新期，两年后进行院系调整，教育部将文华图专并入武汉大学成为图书馆学专修科，文华图专进入了一个崭新的发展时代。

第二节　不断嬗变的学制轨迹

（一）教会大学学制演变趋势：从"专科制"到"本科制"

在华传教士在教会办学的问题上曾有几种不同意见，有反对办学，坚持教堂布道的；有主张只办初级学校，吸收异教徒男女孩童进入课堂的；有倾向于办理高等学校，以培养控制中国社会和前途的领袖的。随着维新变法运动的兴起、第二次全国基督教传教士代表大会的举行以及义和团运动的爆发，发展高等教育，培养在社会上有影响的领导者的观点，逐渐被多数传教士接受。正如狄考文所强调的："不论哪个社会，凡是受过高等教育的人都是有影响的人。他们会控制社会的情感和意见。……一个受过教

① ［美］杰西·格·卢茨．中国教会大学史（1850—1950）［M］．杭州：浙江教育出版社，1988：429.

② 湖北私立文华图书馆学专科学校概况、访问材料、教职员工学生名册、调查表、毕业生历年成绩表［G］．湖北省档案馆藏，全宗号：GM7-1-96.

育的人是一支点燃的蜡烛，未受过教育的人将跟着他的光走，比起绝大多数其他异教国家来，中国的情况更是如此。”①

19 世纪末 20 世纪初，涌现了一些规模不等的教会大学，这些教会大学大多是由原来的书院升格形成，或是几所学校合并而成的。从学制上看，首先，教会大学都是逐渐发展为本科制的。如华南女子文理学院创办伊始，只设预科班（指导部），1914 年 2 月开设大学一、二年级课程，鼓励学生读完后到其他学校完成三、四年级课程。1916 年第一批专科制 5 名学生毕业。1917 年学校开设大学四年制全部课程，1921 年 1 月有 3 名学生修完大学本科课程毕业。岭南大学 1916 年将中学的四年级改称为“大学预科”，即“先修班”，五年级改为大学一年级，这两级学生均划归大学管理，一年级学生可拾级升入大学二年级。1917 年预科学生超过 60 人，1918 年夏第一届大学毕业生 3 人获得了文学士学位。圣约翰大学初期设正馆（正科）和备馆（预科），规模不大，到 1906 年才发展为有文、理、医、神 4 个学院的四年制大学。津沽大学 1921 年先成立二年制预科，后再成立四年制工商本科。

首先，各校升格为本科后，也同时开设一些专修科，如齐鲁大学 1933 年增设无线电专修科（两年制），东吴大学曾与中华基督教青年会全国协会合办体育专修科，但总体上仍以四年制本科为主。其次，由于全国各地中学程度不一，高中教育体制尚不健全，为配合本科制，很多教会大学都设置了相应的预科制。预科是培养中学程度以上的人才，并预备入大学；本科则是造就高级专门人才。如 1917 年齐鲁大学分为文、神、医三科，各科皆有二年预科，文科另有附班一年，程度介于中学与大学预科第一年之间，授中学第四学年课程。之江大学预科和本科各三年，华西协合大学也是预科和正科总计六年。该校起初因学生中学程度不一，实行大学预科、正科各三年，后文、理科预科为两年，正科为四年，医牙预、正科共八至九年；至高中教育健全后，才真正实行文、理科四年制，医牙科七年制。震旦大

① 陈学恂．中国近代教育史教学参考资料（下册）［M］．曾钜生，译．北京：人民教育出版社，1998：15．

学初期学制分为两年（已通西文者）、三年（未通西文者）两种，三年制预科一年，本科为两年；后改为四年制和六年制时，本科、预科时间各占一半。最后，各学校根据专业要求和培养目标的需要，给各科规定的修业年限并不一样。如福建协和大学的理科附设的医学先修科，分为四年、三年两种学制，修完四年者，获得学士学位；修完三年课程者，可转入国内外著名大学之医学院或医学专门学校，但无学士学位。北京协和医学院规定医学本科为五年制，招收在指定大学修毕三年制医学预科课程或大学毕业后考入医学本科的学生，毕业后授予医学博士学位，护士学制则为四年。齐鲁大学规定文学本科和神学本科修业三年，医学本科五年毕业。

（二）文华图专反其道而行之：从“本科制”到“专科制”

文华在多年的办学过程中，前后实施过三种学制：1920—1940 年的本科制，1940—1951 年的专科制和 1930—1938 年间办理的讲习班。1934 年在中华图书馆协会第三年年会上设立的图书馆教育组，曾提出呈请教育部让文华图专增设图书馆学函授部的议案，可惜因战事未能实行。和其他教会大学相比，文华图专因为是单科学校，不是综合性大学，因此只有为图书馆学这一门专业设计的学制。与其他教会大学从“专科制”到“本科制”的发展顺序相反，文华图专是从“本科制”到“专科制”，这与图书馆学的专业特点有关。美国的图书馆界认为要成为图书馆专家有两种途径：一是已有某种专业知识的人再来进修图书馆学；二是图书馆员进入大学的研究生院，专修某门学科。在欧美，图书馆员被视为某种学科的学者兼图书馆学专家。基于上述观点，文华图专 1941 年以前，仿照美国纽约公共图书馆学校学制，招收在大学修满两年以上的学生（包括大学毕业生），再学习两年的图书馆学专业课程。东吴大学法学院的学制与文华图专的相同，也是招收大学二年以上、懂英语的学生，用三年时间学习中国、罗马、英、美法律后，可获法学学士学位。

文华图书科时期对于符合学位授予要求的学生，两年后由学校推荐给有学位授予权的学校，授予学位。其中第一届至第六届（1920—1927年），学生都是文华大学内修业期满两年以上的文科生，所以实行的是兼读选修学制，类似双学位。即所招收的学生除继续完成原学专业课程外，同时在两年中修满所兼读选修的图书科的专业课程。毕业时，文华大学发给学生原学专业的毕业证书，授予学位；同时又发给图书科毕业证书。沈祖荣在《谈图书馆专业教育》一文中认为，“这样的图书馆学训练，是比较高深完整的。这个办法，是在大学课程或学系里面，设一个图书馆学系或科，占大学全体修习课业的若干学分，修毕大学课程的时候，得领受大学毕业证书或学位；同时也得预受（或不能领受）图书馆学系修完的凭照。在美国大学里设有此项图书馆学系的，有十余处”①。1926年中华教育文化基金董事会拨给文华大学图书科免费生的名额，因此文华图书科从第七届开始公开面向全国各大学招收免费生，报考资格仍为大学二年级修满以上的学生，同时从第七届起学制由兼读选修改为专修，仍学习两年毕业，故第七届又称为新制第二届。文华图书科和图专的管理者计划培养两种类型的图书馆工作者：一种修满全部课程，四年结束时合格者获得学位；另一种学两年后分至图书馆工作，这两年学习将使他们适合图书馆助理工作。前六届大致相当于第一种图书馆工作者，第七届可看成第二种图书馆助理工作者，但如何使这类学生纳入华中大学的教学计划中，一直没有得到妥善的解决。

1927年华中大学停办期间，文华图书科图书馆专业继续办理，1928年还招收了第八届12名中华教育文化基金会的免费生。1929年9月华中大学重新开学时，在1929年华中大学的学程框架里设计并列入图书馆培训大纲，图书馆学专业培训管理者们计划培养两种类型的图书馆工作者：一种修满全部课程，四年结束时合格者获得学位；另一种学两年后分至图书馆工作，这两年学习将使他们适合图书馆助理工作。1929年9月，图书馆专业许多学生中一部分学两年，另一部分学四年，10名学生尝试性进入高年级。图

① 湖北教育月刊［J］. 1935，2（4）.

书馆专业就读的学生有第八、第九届学生共 19 名。其中一部分学两年，另一部分学四年。华中大学开学后，有 10 名学生进入华中大学高年级学习，其他学生身份未予确定。华中大学停办期间，图书馆专业将 10 名按华中大学要求完成了学业的毕业生推荐给华中大学，最后华中大学只授予其中 3 名毕业生学位（两名女生体育不及格，至 1949 年才由华中大学补授学位）。华中大学在重新开办的第一年，所特有的一些传统与习惯逐渐形成。1930 年 6 月 30 日，华中大学举行了自 1927 年以来的首批学位授予仪式，给华中大学 11 名学生授予学士学位，其中 8 名学生是 1928 届学生，1927 年学校被迫关闭时，他们在其他学校学习并完成了学业；另外 3 名是 1930 届的学生，他们不仅完成了图书馆专科学校的学业，而且达到了华中大学的标准，就这样华中大学圆满地结束了它的第一个学年。可以说图书馆专业的学生如何与华中大学的学制协调问题，是文华图书科与华中大学的分歧之一。

（三）为广育人才多种学制并存

1929 年文华图书科脱离华中大学，单独设校后，仍坚持招收大学修满两年以上的学生，其中不乏燕京、齐鲁等大学的毕业生。因此，1941 年以前的文华图专，名为专科学校，在某种程度上也相当于研究所，与欧美图书馆界对于图书馆从业人员的素质要求是一致的。1940 年因教育部规定专科学校学时为 5 年，前 3 年为高中程度，后 2 年为专科层次。同年秋，文华图专仍招收修满大学二年级以上课程的学生入学，教育部认为文华图专学制与当时专科学制不符，勒令文华图专招收高中毕业生入学，做到名实相符。于是，从 1941 年春季起，文华图专改招高中毕业生入学，学制仍为两年，1947 年秋又改学制为三年。1941 年以后招收的文华图专毕业生可以报考国立社会教育学院图书博物馆学系等大学的插班生。

同时为了以示区别，文华图专才正式将 1941 年以前招收修满大学二年级以上课程的学生入学的图书馆学专科，改称为图书馆学本科，本科从 1920 年至 1942 年共毕业十七届 130 名学生。1941 年春季起招收高中毕业生，才称为图书馆学专科。因图书馆专业人才供不应求，当时教育部部长陈立夫曾面示沈祖荣："图书与档案管理人员之训练，极需扩充，以供应抗战时所需。"因此文华图专由以往本科只每年秋季招生，到1936年，"本年秋季仍招新生一班。招生简章已印矣。本年除仍在北平、上海、南京及本校四地招生外，并增添广州岭南大学图书馆及成都四川大学图书馆二处，共六处举行。自七月二十七日报名，八月三、四日考试，六招考处同时举行。此时索简章者已甚多，预料将来投考者必定踊跃云"①。常年开办两班，改为专科招生增为春秋两季，常年开设五六班之多，总计专科从1941—1953年共毕业十四届180名学生。

教会大学因对学生英语要求程度较高，一般中学毕业生难以合格，所以都设有预科，以保证生源质量。文华图专没有设立预科与它特殊的学制有关。当时各地中学良莠不齐，高中教育尚不完善，文华图专招收的学生都是已修完大学两年以上课程的学生。在文华图专1941年成为真正的专科学校时，高中教育已有相当发展，文华图专作为一所袖珍型的大学直接招收高中毕业生。因此文华图专不需要再设立预料。

图书馆学专业教育应重在养成图书馆人才，图书馆事业的发展，图书馆的建立，第一重要因素是人才，这也是中国图书馆先驱杜定友多次论述的观点。他认为，"讲习所，养成通俗或小学图书馆人才；实习班，辅助现任馆员；师范科，养成教员兼图书馆馆员；专门科，养成实用图书馆人才；大学科，养成专门图书馆人才；研究科，养成图书馆学师资及领袖人才"②。随着教育程度的由浅入深，图书馆人才的培养也分不同层次。在20世纪二三十年代，哪些人才是培养的当务之急呢？杜定友说："我国如果欲推展图书馆事业，首在培养高级图书馆干部，作为中坚人物。然后，推广各地，办理短期训练，方为有效。"③ 他的这种观点体现了当时整个图书馆界的办

---

① 文华图书馆学专科学校季刊［J］．北京：国家图书馆出版社，2009，8（7）：569.

② 杜定友．图书馆学概论［M］．上海：上海商务印书馆，1927：60.

③ 杜定友．百城生活［J］．图书馆园地，1988（3）.

学思路。除了正科之外，为适应当时社会对图书馆专业人才的需求，文华图专还受中华图书馆协会的委托，从1931年秋开始办理图书讲习班，每期由文华图专函请各省政府选送中等学校毕业生，经考试入学，学习一年结业。1936年，文华图专获得了教育部的补助用于举办讲习班，“教育部每年提拨七十二万元，作为补助私立学校之用。本校历年均蒙补助。今年所得补助费七千元，较往年颇有增加，以便专聘教员，办理讲习班，发展中等学校之图书馆，而完成教育部提高中等教育之目的”[①]。至1938年，先后办了四期，共毕业学生61名。其中开办第三届讲习班的情形如下：

> 本年在鄂湘川陕甘豫皖苏浙闽十省，招收公费生十名，以便促进中等图书馆教育，造就管理中等学校图书馆之适当人才。其办法系函请各省教育厅于该省省立高级中学或师范学校，择其毕业生之成绩优良或兴趣浓厚者一名，报送前来肄业。此时除较边远之一二省外，均已照章报送学生前来肄业矣。……又除各省政府保送学生之外，尚有广州培正中学保送林君恩光，上海中西女塾保送阙女士培珍，成都青年会保送艾君俊芝，北平崇慈女中保送高韵琇女士，武汉大学图书馆田君清濂自费入学云。[②]

可见，文华图专讲习班的生源极为广泛，除了与政府教育部门定向培养的模式外，还有来自基督教教会学校的保送生及武汉大学的自费生，这说明了文华图专作为“文华共同体”的组成部分，在招生工作方面的灵活性，其自由裁度范围较大，这也是文华图专作为一所私立的专科学校能长期生存下来的重要因素。

除文华图专外，当时还有其他大学办理的图书馆学系，这些图书馆学系多是附设在大学内，所以与文华图专相比，学制上有所不同。一般都招收高中毕业生，学制四年，毕业时由本校授予学位，而且只要修习图书馆

① 文华图书馆学专科学校季刊［J］. 北京：国家图书馆出版社，2009，8（7）：728.
② 文华图书馆学专科学校季刊［J］. 北京：国家图书馆出版社，2009，8（7）：729.

学系课程，达到一定程度的，都发修业证书，如上海国民大学图书馆学系规定：凡修毕图书馆必修课程者就发给该系修业证书，凡学分修满160者即授予学士学位。国立社会教育学院图书博物馆学系学制也为四年，修满132～148学分的，授予教育学士学位。北京大学文学院附设图书馆专修科，规定各院系学生均可加修图书馆学课程，修满72学分，总平均成绩在70分以上者，可加发图书馆科毕业文凭。金陵大学图书馆学系最早将图书馆学课程列为全校学生的选修课。

讲习班毕业生合影

第七章　适者生存：美式图书馆学教育模式在中国的移植与改造

第一节　平民教育热潮下的课程设置

传教士建立教会大学的目的，是培养有基督精神的高级人才，并使之引领实现中国“基督化”。因此，教会大学普遍重视宗教课程，注重灌输教理教义，培养信徒。其宗教课分量重，用时多且强迫必修。此外，因西方大学素有注意语言、数学和自然科学的传统，教会大学也普遍注重这三门课程的教学①。许多教会大学都是以能为出国留学和在通商口岸谋职提供高质量的英语和自然科学教育，来作为吸引学生入学的条件。由于教会大学的学生不仅要修习西式课程、中国经典和基督教课程，还要攻读英语。因此教会大学的课程从一开始就过重。与中国传统教育的教学内容相比，教会大学的课程有其先进的一面，但由于其多系由西方移植而来，毕竟有些内容不符合中国国情。特别是有些传教士把自己熟悉的小教派学院的课程

---

①　如金陵大学课程表中规定，圣经为 1 至 4 年级的学生的首要课程，周学时为 3 小时。燕京大学神科（后为宗教院）与文理科并称，文理科内在立案前都设有宗教必修课程。1925—1926 年，教会大学这几门学科的教学平均占学时数为三分之一。其中齐鲁大学、福建协和、金陵大学、东吴大学和岭南大学这几门学科的教学占全部学时的 40%以上。［美］杰西·格·卢茨．中国教会大学史［M］．曾钜生，译．杭州：浙江教育出版社，1987：174.

移植到中国来，因疏忽改编课程以适应中国学生的需要而出现了不少缺点。在20世纪20年代以后，教会教育学就开始研究如何使西方的课程内容更适应中国的需要。尤其是在中国国立大学体系建立与发展之后，为了与国立大学竞争，教会大学的课程体系日益本土化、世俗化、专业化。

1919年美国哲学家、教育家约翰·杜威（John Dewey）关于实用主义和生活教育民主的一系列演说，在中国产生了深远影响，“实用主义”和“生活教育”成为1922年新学制的理论依据，杜威的门徒胡适等人还据此制定了新学制的七项标准：适应社会进化之需要；发挥平民教育精神；谋个性之发展；注意国民经济力；注意生活教育；使教育易于普及；多留各地方伸缩余地。受此影响，实用主义教育、职业教育成为教育界的流行话题，并被政府大力提倡。一些国立大学也纷纷开设农科、医科、商科等应用学科。20世纪二三十年代以后，在民族主义的冲击下，教会大学为了自身的生存与发展，逐渐调整自己的办学目标，开设对中国社会发展直接有益的实用性课程，将学生的民族忠诚与宗教热情结合起来，通过为中国社会服务来达到为基督教服务的目的。金陵大学是这方面的先驱。金陵大学的农林学院起源于斐义理所领导的1911年受灾农民的救荒工作。农林学院培育研制出小麦、棉花、水稻、大豆、高粱、玉米近40个优良品种，开设棉花栽培、养蚕等短期课程，指导农民种植新品种，为农村教师开办暑期学校和为期两年的合作社管理人员与农业人员的进修班等。

1915年东吴大学创办的中国比较法律学院，因适合中国城市居民的职业需要，也深受欢迎。学院的经费几乎完全可以依靠学费来维持，如1930年招生594名，而东吴大学只招到学生450名，而且其中的186名是法律预科生，学习两年以后便入法学院学习①。学院大多数教师为职业律师兼任，学生中多数为兼学法律，定期在法庭实习，三年后获法学士学位。燕京大学开设了一系列职业和专业领域的学科，如新闻系和公共事务学院。新闻

① 统计报告——中国大学和中国的专科学校（1930—1931年）[J]. 中华基督教教育会公报，1931：28.

系的毕业生大多成为有影响的编辑或记者，公共事务学院为中国培养了一批从事社会服务工作的杰出人才。

1923 年燕京大学还开设了家政专业，培养社会工作者、教师和家庭主妇。除了这些课程外，燕大还设有工业预科、速写书记等科，1927—1928 年燕大的职业技术类课程容纳了全校 26%的学生。之江大学 1920 年开设建筑系，学生帮助教会设计建筑、监督建造。此外沪江大学、岭南大学、圣约翰大学和华中大学开设的商学，在中国学生中也很受欢迎。沪江大学根据上海经商人数众多的实情，在圆明园路成立了城中区商学院，1932 年该学院正式开学，设本科、专修科、银行及会计专修科、新闻学、建筑学和外国语科。

20 世纪的非基督教运动与收回教育权运动对中国的教学大学的课程设置发生了深刻影响，除了宗教科目不得列为必修科目外，基督教教育工作者开始重新组织课程，以符合中国教育部规定的标准。"教会大学开始谈论用实际行动来表现基督教精神，如补充中国的教育制度，向自己的学生灌输社会服务的思想以及为建设中国农村作出贡献等。"[①] 韦棣华作为美国圣公会任命的世俗传教士，在文华大学内创办文华公书林与文华图书科，得益于当时中国基督教派中自由派一直在教会大学中占统治地位。时任文华大学校长孟良佐作为传教士教育工作者，认为宗教不应当是脱离现实的理论，宗教必须同现实有密切关系，即"如果不建设一个新社会。基督教不在建设与支持新社会的活动中发挥任何作用的话，就不可能使中国基督教化"[②]。而我国封建藏书楼向近代图书馆的转变于清末开始，在辛亥革命前夕，国家图书馆以及绝大部分省级图书馆均已建立。进入民国以后，随着"新文化运动"的展开，图书馆事业进入一个普及化的阶段，图书馆是教育机构的重要补充，已逐步成为社会共识。

---

① ［美］杰西·格·卢茨．中国教会大学史（1850—1950）［M］．杭州：浙江教育出版社，1988：266.

② ［美］杰西·格·卢茨．中国教会大学史（1850—1950）［M］．杭州：浙江教育出版社，1988：267.

> 我国近年来，也颇感觉图书馆人才的缺乏。据教育部的调查，全国公共图书馆有400余所，其余学校图书馆、私立图书馆还很多，并没有确实数目可查。但是在全国图书馆界中，曾留学受过专门图书馆训练在一二年以上的，只有下列9人。（中国向有的目录学者，并非专门。其富有经验者，亦因没有受过专门训练，故未列入。）沈祖荣，武昌文华大学；杜定友，上海南洋大学；李小缘，南京金陵大学；李长春，开封中州大学；袁同礼，北京北京大学；洪有丰，南京东南大学；胡庆生，武昌文华大学；刘国钧，南京金陵大学；戴志骞，北京清华大学。可见我国图书馆人才，异常缺乏！但是外国的图书馆学未必能适应中国的情况，这一层，他们都感觉到。而且我们照中国情形看来，我们所需要的，并不是完全很专门、很高深的人，而在乎普通的图书馆人才，以应一般通俗图书馆、学校图书馆之用。所以他们回国以后，一方面尽力宣传图书馆事业，一方面尽己所能，教授他人，以求图书馆学术的普及。①

文华大学图书科就是在这种背景下开设的，一方面图书科依附于文华大学内部，另一方面又依托公书林为办学载体，所以在最初的课程设计上，具有美式大学图书馆学研究院与公共图书馆学校“中间物”的特征，但由于中国当时对图书馆员的实际需求，加之创办者韦棣华个人所受图书馆学教育背景的因素，如她曾就读于波士顿西蒙斯（女子）学院（Simmons College）的图书馆学专科，该学院图书科“创办伊始，本校两种课程并驾齐驱。其后普通课程渐获重视，至一九二五年至一九二六年普通课程遂规定于前三年讲授，图书馆学课程则于第四年讲授。此种改变，乃符合美国图书馆协会图书馆教育委员会之条件也”②。1907年，韦棣华到纽约布鲁克林

① 钱亚新，白国应．杜定友图书馆学论文选集［M］．北京：书目文献出版社，1988：13.

② 文华图书馆学专科学校季刊［J］．1937，9（3/4）：398.

的拉特学院（Pratt Institute Library School in Brooklyn，New York）学习一学期的图书馆学课程，而“Pratt Institute 的图书馆大都是流通性质，所以附设的图书馆学校的功课和方法，与其他各图书馆学校有些不同。因为他们对于参考书和专门书籍，不像大学图书馆那样丰富，所以专重流通方面，但学生对于流通方面与公共的接洽，却较为切实”①。自然，图书科的课程设计会更偏重于后者。“图书馆学的课程——图书馆学的内容——也至不一律，每因时因地而异。大学附设的图书馆学校，往往偏重参考与研究方面；公共图书馆本偏重流通方面，所以它附设的图书馆学校，大多偏重技能而轻理论。”②

（一）创办之初简单的课程设置

文华图书科的课程设置有明显的职业教育、专门训练的特点。起初因图书科学生也要求学文科的全部课程，所以图书科课程较简单，包括“分类（Classification）、编目（Cataloging）、主题词（Subject headings）、图书选读（Book selection）、图书评论（Book reviews）和参考工作（Reference work）”③。文华图书科在创办初期，主要由沈祖荣与胡庆生两人负责 8 名学生的教学工作，并且非常注重学生的实习。1920 年，“经过一个学期的训练，学生懂得了一些这门学科的基本原理，但是缺乏实践。学生进入这样一个课程不能忽视实践的一面，如同其他学科一样，图书馆学的实践性要超过理论性。为了充实学生的实践经历，校方计划送学生们去两个曾告知需要图书馆员的图书馆实习。在这学期临将结束之前，在这些机构与校方、学生之间达成了一致协议。在暑假的六个星期里，五名学生在胡庆生的带

---

① 钱亚新，白国应. 杜定友图书馆学论文选集［M］. 北京：书目文献出版社，1988：11.

② 钱亚新，白国应. 杜定友图书馆学论文选集［M］. 北京：书目文献出版社，1988：25.

③ William Hwang. The First Library School in China［J］. The Boone Review，1920：364.

领下为商务印书馆图书馆工作，这个机构令学生感到受益匪浅，实习经历对学生的益处是不可估量的。在北京政治学会的图书馆的服务工作由沈祖荣负责，由于铁路交通的中断，整个服务时间相比要短一些。尽管如此，这次实习证明是最有利的：两名学生短期内占据了前面所述的图书馆的两个位置，直到另两个毕业生能代替他们”①。

表 7-1 反映的是文华大学学生 1920—1921 年前后课程的成绩单。

表 7-1　1920—1921 年选修图书科的文华大学学生成绩单

Hua Chung College Record

Mark H S. Tseng Date of entry 1919 Course of study Arts and library science

	1919-20 Fall	1919-20 Spring	1920-21 Fall	1920-21 Spring	1923-24 Fall	1923-24 Spring
Religious knowledge	70 /2	70 /2	40/2	65/2	B/2	B/2
English literature	86 /3	60 /3	60/3	60/3	C/3	B/3
History	65 /3	65 /3			A/3	A/3
Logic					B/4	
Psychology						B/4
Education I and II					C/3	D/3
French	60 /3	50 /3	68/3	72/3		
Composition (English)	70 /2					
Geometry	30 /3	40 /3				
Physics	65 /5	48 /5	61/5	55/5		
Book select. & review			65/2	40/2		
Chemistry			55/5			
Cataloging			74/2	70/2		
Classification			80/2	70/2		
Reference work			80/2	65/2		
Business English					85/4	

该成绩单记载了文华图书科初创期的部分课程及学分情况：1920—1921 这一学年中，上下学期分别有：Book select&review（图书选读，2 学分）；Cataloging（编目，2 学分）；Classification（分类，2 学分）；Reference

① William Hwang. The First Library School in China [J]. The Boone Review，1920：364-365.

work（参考工作，2 学分），四门课共 16 学分。而其他基础课程和专业课为 2 学分到 5 学分不等。当时的图书馆学为二年级以上大学生开设选修科目，并发放结业证书，有点类似今天的第二学位，学分占该生所有学分的 13.7%（16/117），其他学分的比例为 15.8%（16/101）。这也充分反映了文华图专在文华图书科的初创期处于模仿美国图书馆学教育模式办学的初步探索阶段①。

（二）逐步建立完整的图书馆学教学体系

经过在办学实际过程中的逐步摸索，1928 年文华图书科初步建立了自己的学科体系，为建设“中国的图书馆学”作出了表率，为“养成管理图书馆人才”② 作出了贡献。文华图专正科一、二学年的课程安排情况见表 7-2③：

表 7-2　文华图专课程表

课程类型	学时（小时）	第一学年		第二学年	
		课程名称	学时	课程名称	学时
图书馆管理技术	1 040	中国目录学	120	中国目录学	80
		中文参考书举要	80	中文参考书举要	80
		西文参考书举要	80	西文参考书举要	80
		西文书籍编目学（含实习）	200	中文书籍编目录	40
				中文书籍分类法	40
		西文书籍分类法	40	图书馆经济学	80
		图书馆经济学	80	图书馆行政学	20
				图书馆建筑学	20

① 彭斐章，彭敏惠．文华图专目录学教育与目录学思想现代化［J］．图书馆论坛，2009（6）：9-10.

② 1925 年 6 月 2 日，梁启超在中国图书馆协会成立会演说辞中，提出建设“中国的图书馆学”和“养成管理图书馆人才”两种责任的口号。

③ 图书馆学季刊［J］．1926，1（2）：231-234.

续表

课程类型	学时（小时）	第一学年		第二学年	
应用图书馆学	40			各种图书馆之研究	40
专业技能	120	西文打字法 各种字体书写法	80 40		
实践	400	实习	200	实习	200
社会学科	220	西文书籍选读 现代史料	100 40	中文书籍选读 现代史料	40 40
图书馆学研究	40			中国图书馆史略 西洋图书馆史略	20 20
其他	40	特别演讲	20	特别演讲	20
总计	1 900		1 080		820

另外，文华图专开设有党义和体育课，语言课程方面有国文、英文和德语。文华图专语言课均编有专门教材，以适合图书的选购分类编目及读者咨询等教学内容为目的。此后各届讲授课程略有变动和增减，如1930年，“学校以本级修业在即，而各门功课，均须按时习完。故特于本学期开始时增添圕行政学、中文书选读、中国版本学、特别圕、索引法等五科，每科每周授课一小时，故合计其他学科，每周共为二十二小时，亦可谓忙碌矣”①。1931年，“增设索引与索引法、儿童图书馆、日文和法文等课程”②。1933—1935年度又增加了中文档案管理、西文档案管理、法国图书馆术语、民众教育大义、金石学、簿记大意、英文与英文文学选读等课程。1934—1936年度增加了毕业论文写作，减去了版本学课。1931年为适应抗战需要又增设军训一课。西迁重庆时期，还开设了社会科学概论、史地概论、史

① 文华图书馆学专科学校季刊［J］. 1930，2（1）：137.

② 文华图书馆学专科学校季刊［J］. 1931，3（4）.

料整理法、文哲概论、自然科学概论、博物馆学通论等课程[①]。

1937年文华图专课程安排见表7-3：

表7-3　私立武昌文华图书馆学专科学校一览（二十六年度）

学年	学科		学时
第一学年	图书馆经营法	（上学期）为书籍之购求保管应用	2学时
		（下学期）为图书馆组织行政与建筑	2学时
	图书馆分类法	（上学期）为分类法通论	2学时
		（下学期）为分类法专论和西方分类法	2学时
	图书馆编目法	两文编目法	4学时
	图书馆史	（上学期）西洋图书馆史	2学时
		（下学期）中国图书馆史	1学时
	目录学	中国目录学	4学时
	参考书	西文参考书	4学时
	打字与习字	上学期	2学时
	索引与检字	（上学期）索引法、检字法	2学时
		（下学期）序列法	2学时
	书籍选择	（下学期）书选通论	1学时
	博物馆学	古器物学	4学时
	簿记与会计		2学时
	外国语（日、法、德）		6学时
	军事训练		4学时
	实习		8学时

① 沈祖荣．私立武昌文华图书馆学专科学校近况［J］．中华图书馆协会会报，1942，16(3/4)．

续表

学年	学科		学时
第二学年	图书馆经营法	（上学期）图书馆宣传及推广事业	2学时
		（下学期）特种图书馆研究	2学时
	图书分类法	（上学期）分类法专论和西方分类法	2学时
		（下学期）分类法专论和中国分类法	2学时
	图书编目法	（上学期）西书编目法	2学时
		（下学期）中书编目法	2学时
	儿童图书馆学	上学期	2学时
	目录学	（上学期）西洋目录学	2学时
		（下学期）西洋书籍史	2学时
	参考书	（上学期）中文参考书	2学时
	书籍选择	（上学期）西洋各科名著选要	2学时
		（下学期）中文各部名著选要	2学时
	档案管理法		4学时
	外国语		6学时
	国术		2学时
	实习		6学时
	毕业论文		1学时

1947 届图书馆学课程见表 7-4[①]：

表 7-4　图书馆学课程

学年	学科	学分
第一学年（1947 年 9 月至 1948 年 7 月）	中国目录学	4 学分
	图书分类	4 学分
	参考书（下学期）	2 学分
	西文编目法（下学期）	4 学分
	图书馆经营法（下学期）	2 学分
	打字	2 学分
	实习	4 学分
	文史概论（下学期）	2 学分
	国文	4 学分
	英文	4 学分
	外国语（日、法）	4 学分
	检字法（上学期）	2 学分
	索引法（下学期）	2 学分
	社会科学概论（下学期）	2 学分
	图书馆学通论（上学期）	2 学分
	教育学（上学期）	2 学分
	自然科学概论（上学期）	2 学分
	（体育成绩和操行成绩附在学业总平均成绩之后。上学期实得 21 学分，下学期实得 27 学分，全年累计 48 学分）	

① 湖北私立文华图书馆学专科学校概况、访问材料、教职员工学生名册、调查表、毕业生历年成绩表［G］. 湖北省档案馆藏，全宗号：GM7-1-96.

续表

学年	学科	学分
第二学年（1948 年 9 月至 1949 年 7 月）	西洋目录学	4 学分
	各种分类法	4 学分
	参考书	4 学分
	西文编目法	4 学分
	图书馆行政	4 学分
	索引法（上学期）	2 学分
	中文编目法	4 学分
	图书选读	4 学分
	史地概论（下学期）	2 学分
	外国语（日、法）	5（3+2）学分
	英文	6 学分
	博物馆学（下学期）	2 学分
	档案经营法	4 学分
	（体育成绩附在学业总平均成绩之后，第二学年无操行成绩。上学期实得 26 学分，下学期实得 27 学分，两年累计 101 学分）	

新中国成立后，为适应建设新中国的要求，文华图专对课程进行了较大的调整改革，“部鉴核备查至关于本校本学期之兴革事项，计有下列诸端便此一并陈明：(一）有关于课程者，废除社会科学概论、文哲概论、史地概论及自然科学概论、德文、法文诸课。另外改设图书馆选读辩证唯物论、社会发展史及政治常识、俄文及图书馆民教事业诸课”①。

① 湖北私立文华图书馆学专科学校概况、访问材料、教职员工学生名册、调查表、毕业生历年成绩表［G］. 湖北省档案馆藏，全宗号：GM7-1-96.

1948届图书馆学科科目见表7-5[①]：

表7-5　图书馆学科科目

学年	学科	学分
第一学年（1948年9月至1949年7月）	参考书	4学分
	西文编目法	4学分
	圕经营法	4学分
	实习	2学分
	目录学	4学分
	图书分类	4学分
	打字	1学分
	汉字排检	2学分
	英文	6学分
	外国语（日、法、德）	4学分
	国文	4学分
	实得学分累计	39分
第二学年（1949年9月至1950年7月）	西文参考书	4学分
	中文编目法	4学分
	西文编目法	4学分
	图书选读	2学分
	图书分类	4学分

① 私立武昌文华图书馆学专科学校图书馆学、档案管理科毕业生证书存根［G］. 湖北省档案馆藏，全宗号：ZN9-1-345.

续表

学年	学科	学分
第二学年 （1949 年 9 月至 1950 年 7 月）	圕行政	4 学分
	圕民教事业	2 学分
	档案经营法	4 学分
	辩证唯物论	2 学分
	政治课	3 学分
	博物馆学	2 学分
	实习	3 学分
	俄文	6 学分
	资料整理	2 学分
	音乐	无学分
	实得学分累计	51

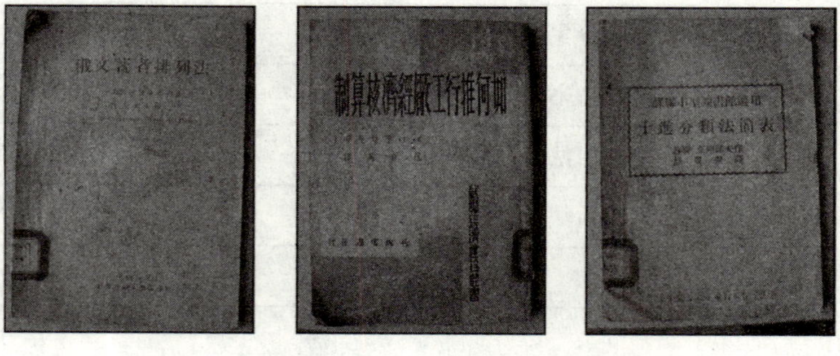

解放后，文华图专由“美”转“苏”所使用的教学课本

综合不同时期的课程表，文华图专课程体系的核心课程主要是：中西文参考学、编目学、分类学和目录学、排检法、索引法、图书馆经营法、图书馆行政、中西图书馆史、各种图书馆研究等，“所有图书馆课程方面注重专门学识，如分类法、编目法、中西文参考学、中西文目录学、实习等”①。各核心课程的内容为：“中国目录法”讲述目录学的源流、派别、历代图书分类的异同与得失、部类次序及隶书方法与拟设之图书分类法及说明。“中西文参考书举要”讲述参考中西文书籍的方法及使用目录、字典、丛书、类书等类似参考书和杂志、字典、百科全书等类西文参考书，还讲述中西文之文学、史地、哲学、科学、宗教、美术、社会学、传记等类参考书。“西方编目学”包括编目的原则、种类、形式及各种目录的编制方法。“中文编目学”包括编目的历史、批评及中文书籍的编目法。“西方书籍分类法”叙述分类的原理、种类、批评及杜威十进分类法的应用。“中文书籍分类法”讲述中国书分类法之大概，并加以评价及新分类法之组合与应用。“排检法”概述图书排列的一般原则和方法，介绍各种排列法，各类型出版物排列法。“索引法”包括基本理论与方法，介绍书目、索引、文摘等检索工具和分类、主题、人名、地名、序号等检索途径等。“图书馆经济学”讲述图书馆内书籍的收藏、登记、出纳、流通、装订、印刷及图书馆的组织、发展、宣传和社会服务。“图书馆行政学”讲授图书馆之组织、管理、经费及规章等。“各种图书馆之研究”包括各种专门图书馆的组织、管理、经费及规章等。“中国图书馆史略”内容有：中国历代官私藏书之地点及藏书之数；历代书籍之分类、编目、收藏之概况；历代社会之变迁及藏书之影响。“西洋图书馆史略”包括欧美图书馆之起源、发展及近况。

（三）西学为主、中学为辅的课程体系

文华图专的课程体系最大的特点是中西合璧和以图书馆经营技术为主

---

① 中华图书馆协会会报［J］．北京：国家图书馆出版社，2009，4（3）：24.

要内容。近代关于图书馆学的理论研究源于西方，最新的图书馆学基础理论研究成果，最先进的图书馆经营技术和最发达的图书馆事业都在欧美各国，而且文华图专是对美国纽约州立大学图书馆的本土化移植。因此，文华图专的课程设置参考美国模式，注重介绍西方图书馆学的分类、编目、参考和历史等“专门学识”的课程，如西文参考书举要（80 小时）、西文书籍编目学（200 小时）、西文书籍分类法（40 小时）和西洋图书馆史略（20 小时）等，总计 340 小时。连学生所用的课本、工具书和实习用品也是从美国购买，长期储备下来给每届学生使用。同时，文华图专的主持人认识到本校是为中国社会培养图书馆学人才，中文图书在分类、编目等许多方面有自己的特点，中国藏书历史悠久，积累了不少关于图书收藏和分类整理的经验，所以文华图专也设置了一些相应中国图书馆的工作内容，如中国目录学（120 小时）、中文参考书举要（80 小时）、中文书籍编目学（40 小时）、中文书籍分类学（40 小时）和中国图书馆史略（20 小时）等课程，总计 300 小时。

这种中西合璧的课程体系既保证了学生掌握西方先进的技术和理论知识，又结合了中国实际，是一种变通而实用的做法。但文华图专的课程体系仍是以西学为主，中学为辅，中文书籍编目学、中文书籍分类法等课程是冠以“中文”二字，实际上课程内容是根据当时的研究成果，按照西方图书馆学关于编目和分类的原理，探讨如何对中文书籍进行分类和编目。如中文书籍的分类法并不是中国传统的四部分类法，而是在杜威法的基础上进行增补、改动和仿效，按照十进分类法的基本原则，对中文书籍进行分类。中文书籍的编目学引进西方主题、拼音著者号码等方法，结合中文书籍传统的编目法，对中文书籍进行编目。纯粹研究中国的只是中国目录学、中文参考书举要和中国图书馆史略。这种重“西学”而轻“中学”的倾向在后期得到改善，文华图专陆续开设了中国版本学、金石学等继承中国文化传统的学科。

文华图专是仿照纽约州立大学图书馆建立的，其课程体系也基本应用纽约州立大学图书馆的课程体系。欧洲和美国在图书馆学教育以经营技术为主还是以文献研究为主有不同看法。1821 年法国建立了旨在培养古文献专家的“古典学校”，该校是讲授学术课目的机构，专注收藏古文献资料，不教授图书馆技术。这种观点对德国、意大利、西班牙等国有相当大的影响。特别是以德国的格廷根大学为代表的大学，认为图书馆学教育是以培养科学研究图书馆学的馆员为主，多从书志学的角度安排教学内容，开设目录学、印刷史、抄本史、文本学、图书馆管理法等文献研究类课程。美国以哥伦比亚大学图书馆学校（后期以纽约州立大学图书馆为中心）为代表，则认为图书馆学教育是以培养经营、管理图书馆的馆员为主，多从图书馆经营技术入手，开设图书馆经营法、图书典藏法、图书分类法、目录学、参考工作等关于图书整理经营和图书馆经营的课程。文华图专承袭的是美国纽约州立图书馆学校的衣钵，因此课程内容主要为图书馆经营技术方面。如技术图书馆学方面有：中国目录学、中西参考书举要、中西文书籍编目学、中西文书籍分类法、图书馆经济学、图书馆行政学、图书馆建筑学等，共 1 080 学时。应用图书馆学方面有各种图书馆之研究（40 小时）。关于理论图书馆学，即图书馆学文献研究方面的，只有中国图书馆史略和西洋图书馆史料，共 40 小时。直到 1951 年文华图专才增加图书馆学概论、中国目录学史、书籍的发展与传播学等文献研究类课程。基本上与哥伦比亚大学图书馆学校初期开设的课程相同，只是增加了符合中国实情的内容。

文华图专的实用主义影响和注重职业技术培训，还表现在开设专业技能课和将实习列入课程表。文华图专在正科一年级开设两门专业技能训练课：西文打字法和各种字体书写法。西文打字法讲习机器构造及打字方法。各种字体书写法主要是练习西文各种字体和各国家字体。正科一、二年级均有实习课，每年有 200 小时，让学生在具体工作中充分掌握图书馆经营技术的方法和技巧。撰写毕业论文也是学校教学的重要任务，在文华图专未改变学制前期，为学生毕业的必经环节，“本年暑假，为专科第十届学程修了，毕业出学之期，毕业成绩之一部分，为毕业论文撰述。此次毕业生撰

文华图专学生课本

论文，仍照前例多由研究部指导，计研究题目有圕建筑家具用品，圕使用法，四库书标题，藏书配事诗索引，圕主任人员之任职，军营中国服务，中文分类法，清代辑书之刊行，美国与英国协会订定编目条例，等等。毕业考试，亦一依往例严格举办。评核成绩结果，准予毕业者”[①]。

图书馆经营技术课程也是当时开展图书馆教育的学校公认的重要内容，但因各自主持人关于图书馆学教育思想和培养目标不同，各校在课程设置上又有差别。金陵大学文学院图书馆学系主任李小缘曾留学美国纽约州立图书馆学校和哥伦比亚师范大学，因此该校的课程体系与文华图专一样是标准的哥伦比亚大学图书馆学校的翻版，开设参考书使用法、目录学、分类法、编目法、流通法、图书选择之原理、特点图书馆等技术应用图书馆学课程，以及杂志报纸、政府公文等实用课程，理论图书馆学课程只有图书馆学大纲和书史学两门。上海国民大学图书馆学系主任杜定友，对图书馆学教育有自己的理论，他认为，“服务于图书馆的人，非但对于本身所学！有所研究，而且对于旁的科目，亦不可置之度外”[②]。因此该系课程中，有图书馆行政学、图书选择法、分类学、目录学、参考法等经营技术性课程，也有图书馆概论、图书馆原理大纲

① 文华图书馆学专科学校季刊［J］. 北京：国家图书馆出版社，2009，8（4）：588.

② 吴仲强. 中国图书馆学史［M］. 长沙：湖南出版社，1991：316.

等图书馆学理论课程，还有学术研究法、古书校读法、国学概论等其他门类的课程。

李小缘（1897—1959）

国立社会教育学院图书博物学系因为服务对象是图书馆和博物馆两个机关，而且直接授予教育学士学位，所以要求较高，图书馆学必修课程为：一般性的，如图书馆通论、图书馆学通论、图书馆行政与设计、博物馆行政与设计、图书馆史、博物馆史、特种图书馆学、特种博物馆学、教育博物馆学。技术性的，如图书编目法、分类法、选择与订购、资料整理法、图书馆经营法、图书馆推广、古物迹鉴别法、博物馆物品整理法、博物馆经营法、标本采集与制作、博物馆使用法、档案经营法。学术性的，如目录学、各科名著介绍、版本学、金石学参考书及参考工作、考古学、古物概论、美术史、史料研究、自然科学、工艺科学、阅览调查与报告等。辅导性的，如检字索引法、问题研究法、外语（英、日、德、法）10门选修课等。各种短期培训、讲习班及各大学、师范和中学开设的图书馆学课程则多为有关图书馆经营技术方面的有针对性的课程，如1920年夏北京高师暑期图书馆学讲习会，讲习内容为分类法、编目法、改组法、图书馆组织及管理法、图书馆教育和图书馆事业等。东南大学4期暑期图书馆讲习科课程为：分类法、编目法、图书馆学术辑要、图书馆行政、学校图书馆和儿童图书馆等。商务印书馆的图书馆学短期培训则请专人讲授检字法、编卷法、中外图书统一分类法学等对出版社很实用的课程。

（四）以固定科目制为主的课程设置方式

与其他教会大学的课程体系相比，文华图专的固定科目制和注重拓宽学生的知识面是另外两个鲜明的特点。1915年以后，很多教会大学实行了主、辅修制和选课学分制，以代替固定科目制。主、辅修制是指学生在校除了主修本系专业外，还可在校内选择一个辅修专业。选课制是指学生在学校统一规定下，对所读的课程有一定的自由。学分制是配合选课制的制度，计算学习任务、学习时间的单位，用来规定学生毕业需要学习多少时间，完成多少学习任务。如金陵大学 1925 年《普通规则》中规定，凡修毕本科 160 学分者准予毕业。燕京大学规定学生在本科四年中必须修满 141～146 学分的课才能毕业。之江大学在实行学分制的同时还采用“积点制”，规定学生各科成绩在 70～79 分之间者得 1 个积点，80～89 分之间者得 2 个积点，90 分以上者得 3 个积点，成绩不及格者倒扣 1 个积点。学生只有获得规定学分总数和积点总数后，才能毕业。学生在校期间对所选课程的自主权，必须是在遵守学校对选课严格而详尽的规定的前提下。如燕京大学将全校课程分为三大类：公共必修课、专业必修课和选修课。公共必修课主要有汉语和英语①，所有学生必须学习，也可参加鉴别考试，及格后获得免修资格。专业必修课是指每一学系所规定主修生必修的课程。

在燕大规定毕业的 140～146 学分中，公共必修课和专业必修课一般有 95～99 学分，剩下的才是选修课学分。燕京大学每年出版《课程一览》，介绍每门课程的内容、上课时数和学分数，还列出选读高级课程所需的预修课内容。学生根据《课程一览》初步选定所学课程后，面见系主任，由系主任审查批准签字：金陵大学 1915 年就规定学生毕业时 115～120 学分中，主修课和选修课学分分别不得低于 65 和 50，而且选修课程中要有 10 个学分在同一门科目中选读。1924 年又规定，在一系内读毕本科一年以上课程有 30～40 学分者，该系即为其主系；有 15～20 学分者，该系即为其辅系。华南女子文理学院规定新生一年级可根据爱好任修文、理科，第二年就必须向教务主任和系主任申请选择主、辅修系，每个学生主修课至少 30 个学分，辅修课程至少 15 个学分，转科和转系，须经教务主任及系主任批准。辅仁大学也实行必修与选修结合制度，必修科又分为

① 最初有三门公共必修课：汉语、英语和现代文化。现代文化介绍当代各门主要科学的基本内容，20 世纪 30 年代列为公共必修课，后取消。

普通科和专门科两种，普通科是各院学生共同必修的科目，约占总课时量的四分之一，专门科为各系学生专业必修科目，约占总课时量的一半，另外选修科约占总量的四分之一。主、辅修制和选课学分制有助于因材施教，发挥学生的主动性，学生可根据自身特点，在一定范围内选择课程，安排哪门课在哪一学年学习。对于一所综合性的、有多个专业的大学来说，不失为一种好方法。

文华图专没有采用流行于教会大学之中的主、辅修和选课学分制，而是实行固定科目制。具体来讲，“本校采取学分兼学年制，学生在校两年期内，除修习规定之必修科目外，尚得选修若干种，共为八十八学分，方得毕业。一学年为两学期，每学期定为十八周，凡每周授课二小时，一学期授毕之课程为二学分。凡每周授课二小时，二学期授毕之课程为四学分。一学分相当教师全学期内每周一小时之口授时间。本校所设科目分为五类：(一) 行政科目；(二) 技术科目；(三) 目录科目；(四) 语言科目；(五) 其他科目。讲授之主旨在使学生对于现代图书馆内部之行政、组织及管理技术与编目法及分类法之理论与实习，参考书之种类及用法，图书之选举与购置，等等，达到完全了解与纯熟运用之境地”①。这与文华图专的学校性质和培养目标有关。文华图专是一所袖珍学校，是从文华大学的图书科发展而来的，当时对图书馆馆员普遍认为，“服务于图书馆的人，非但对于本身所学，有所研究，而且对于旁的科目，亦不可置之度外。所以现在图书馆学校入学程度，大半都要有学士学位，就是这个原故”②。学校培养的就是从事图书馆工作的专业人员，图书馆专业是学校唯一的专业，加上1941年以前文华图专正科招收的都是修满大学两年以上课程的有相当文化基础的学生，因此固定科目制更适合学校的情况，固定科目制能保证学生在两年时间内达到从事图书馆工作所必需的专业水准和知识结构。1941年

① 基督教圣公会文华图专资料［G］. 武汉市档案馆藏，全宗号：112-1-26.

② 钱亚新，白国应. 杜定友图书馆学论文选集［M］. 北京：书目文献出版社，1988：35.

以后，文华图专开始招收高中毕业生后，这种单一的固定科目制必然使得学生的知识面过于狭窄，文华图专基于本校规模太小的原因，自身无法解决这个问题。从这个意义上而言，文华图专就是一所从事图书馆职业教育的专科学校，对图书馆从业人员进行职业培训。

（五）灵活实用的讲习班课程

文华图专的讲习班课程较专科班课程少许多，且集中在实用性课程上，讲习班的教学管理、课程设置、毕业证发放与专科班一样均有章可循，“案查本校第五届讲习班学生裘珩、郭培端等十二名应于本年六月毕业，前经造具本年度该班应毕业学生一览表呈奉。钧厅廿九年五月十七日第一七九九三号指令准予备案以后，又由本校将该班毕业考试委员名单暨考试科目间表呈送。钧厅备案各在卷查，此项考试业已如期举行，并将试卷评阅完竣，除宋玺、朱守森两名会计学一课未能及格，应予补修，俟明年暑假补考及格后，再发给证书外”[①]。

根据12份《私立武昌文华图书馆学专科学校廿九年讲习班毕业学生姓名及成绩一览表》[②] 的内容显示，12名讲习班学生中有9名男生，3名女生。生源地有广东中山、安徽庐江、福建闽侯、江西萍乡、陕西长安、湖北汉川、湖南衡山、四川巴县、四川资阳、河南洛阳、河北宛平，其中汉川籍学生有2名，生源地较为分散，这与当时重庆作为战时陪都有关，高校内迁使重庆成为抗战期间教育文化中心，吸引了全国各地青年学子就读。讲习班学生的年龄最小的为19岁，最大的为29岁，年龄悬殊较大，但基本集中在20岁左右。讲习班的修业时间为一个学年（入学时间为1939年10月，毕业时间为1940年6月），分为第一、第二两个学期。讲习班所修科目及学分情况见表7-6：

---

① 私立武昌文华图书馆学校毕业生名册［G］. 湖北省档案馆藏，全宗号：LS10-5-386.

② 私立武昌文华图书馆学校毕业生名册［G］. 湖北省档案馆藏，全宗号：LS10-5-386.

表 7-6 讲习班所修科目及学分情况

学年	学科	学分
第一学期	1. 档案编目法	2
	2. 档案分类法	2
	3. 索引与检字	1
	4. 档案管理（甲）	2
	5. 打字与习字	1
	6. 实习	2
	7. 图书馆学概论	3
	8. 档案管理	2
	9. 英文/德文（选修一门）	1
	10. 军事训练	
	11. 小组训练	
第二学期	1. 图书编目法（中文）	2
	2. 档案分类法	2
	3. 档案管理（甲）	2
	4. 打字与习字	1
	5. 实习	2
	6. 图书馆学概论	2
	7. 档案管理（乙）	2
	8. 英文/德文（选修一门）	1
	9. 文书管理	1
	10. 簿记与会计	1
	11. 军事训练	
	12. 小组训练	

可见，文华图专办理的讲习班除了军事训练、小组训练不纳入学分计算，其余课程均计算学分。每学期修完全部课程共计 16 学分，总共可修学分 32 分，但并非必须修满 32 学分才准许结业，因为有些科目在学业管理中的重要性不一样。通过下面四份学生成绩表可以证实这一结论。表 7-7 中唐翘浦的“实习”一科为 50 分，在百分制中应属于不及格，但是这并没影响其毕业。表 7-8 中朱守森的“簿记与会计”为 50 分，表 7-10 中宋玺的“簿记与会计”为 41 分，两人该门课程均不及格，尽管其学分总数分别为 31、30，均超过了表 7-11 中的李葆箴（学分总数为 29），且李葆箴的“档案管理(甲)”为 59 分，英文为 54 分，两科不及格，但他仍能顺利毕业。相反，朱守森与宋玺二人由于“簿记与会计”不及格，在成绩表的“备考”记下了“俟簿记与会计补考及格再准毕业”字样。另外，从表 7-8 中发现朱守森的“文书管理”成绩为 74.5 分，获得 2 个学分，而从表 7-9 中发现何孚的“文书管理”成绩为 63.5 分，获得 1 个学分。这也说明，与前面因“簿记与会计”不合格便不能毕业的严格性相比，文华图专开办的讲习班采取了较为灵活、富有弹性的学分量化办法。

表 7-7

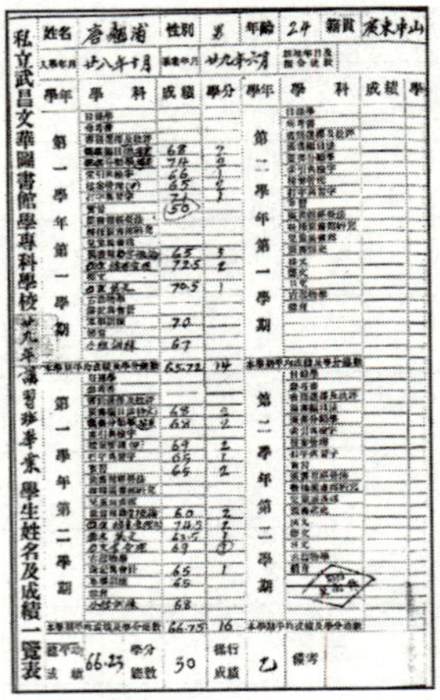
私立武昌文華圖書館學專科學校廿九年講習班畢業學生姓名及成績一覽表
姓名 唐翘浦 性別 男 年齡 24 籍貫 廣東中山
入學年月 廿八年十月 畢業年月 廿九年六月
學年 學科 成績 學分
第一學年第一學期：68 2；74 2；66 1；65 2；71 1；50；65 1；72.5 2；70.5 1；70；67
本學期平均成績及學分總數 65.72 14
第一學年第二學期：68 2；68 2；69 2；65 1；65 2；60 2；74.5 2；63.5 1；69 1；65 1；65；68
本學期平均成績及學分總數 66.75 16
總平均成績 66.25 學分總數 30 操行成績 乙 備考

表 7-8

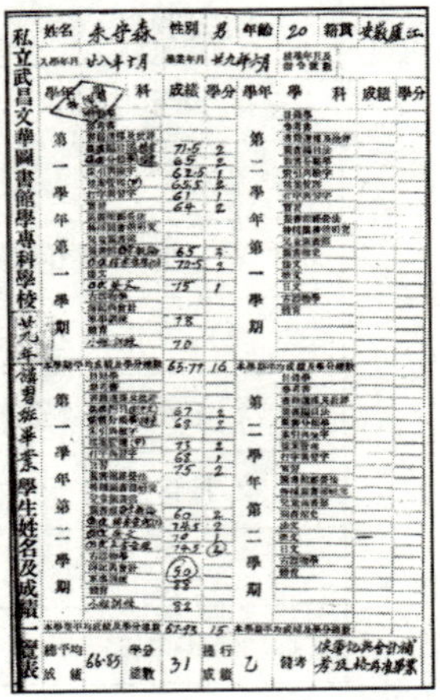
私立武昌文華圖書館學專科學校廿九年講習班畢業學生姓名及成績一覽表
姓名 朱守森 性別 男 年齡 20 籍貫 安徽廬江
入學年月 廿八年十月 畢業年月 廿九年六月
學年 學科 成績 學分
第一學年第一學期：71.5 2；65 2；62.5 1；65.5 2；61 1；64 2；65 2；72.5 2；75 1；78；70
本學期平均成績及學分總數 65.77 16
第一學年第二學期：67 2；68 2；73 2；68 1；75 2；60 2；74.5 2；70 1；74.5 2；50；88；82
本學期平均成績及學分總數 67.93 15
總平均成績 66.85 學分總數 31 操行成績 乙 備考 俟簿記與會計補考及格再准畢業

表 7-9

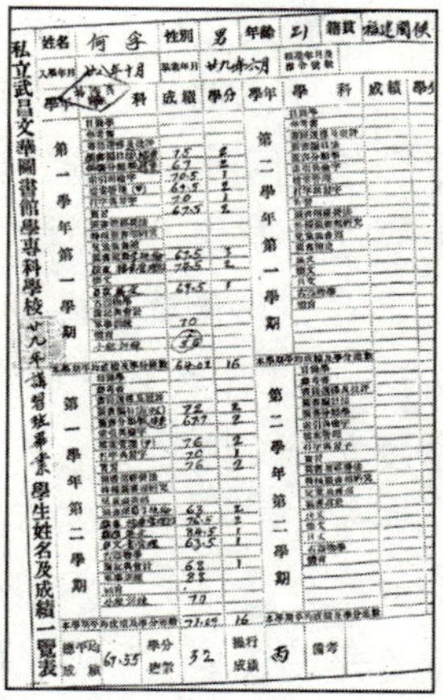
私立武昌文華圖書館學專科學校十九年講習班畢業學生姓名及成績一覽表

表 7-10

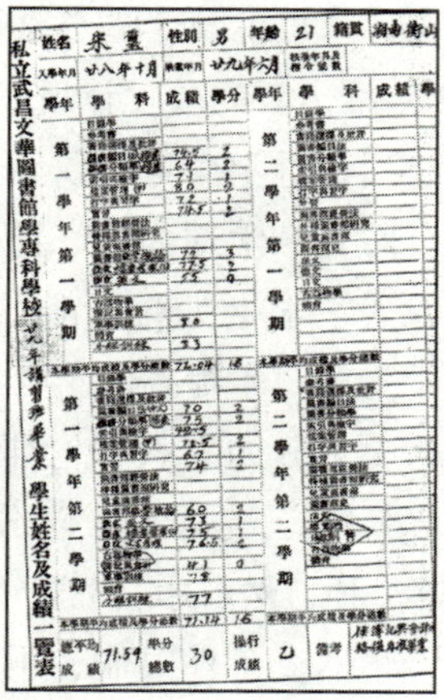
私立武昌文華圖書館學專科學校十九年講習班畢業學生姓名及成績一覽表

表 7-11

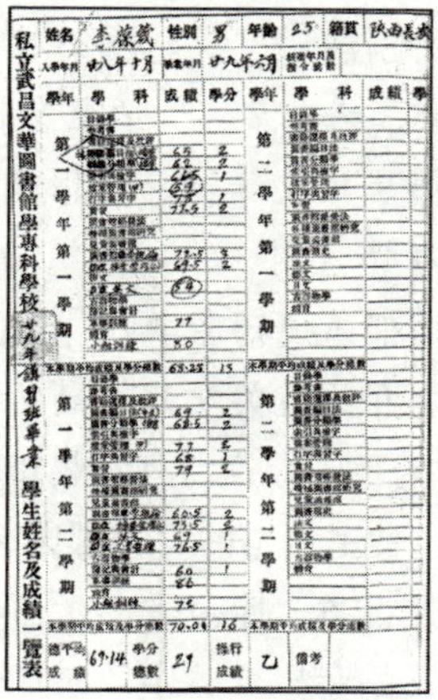
私立武昌文華圖書館學專科學校十九年講習班畢業學生姓名及成績一覽表

（六）从“特别演讲”到“群育讨论会”

教会大学为了在教学中贯彻培养目标的广博与专一相结合的原则，在人文、自然、社会科学等基础性学科的修读上，对学生都有要求。燕京大学将课程按学科性质分为人文科学、自然科学和社会科学三大类，学社会科学的学生至少要读人文和自然科学的入门课程各一门，并且可选别门科学的高级课程。学自然科学的学生也要读社会和人文科学的有关课程。金陵大学 1933 年推出新的教学计划，将 4 学年 8 个学期分为两个阶段，第一阶段为前三学期，对学生进行汉语和英语训练，同时学生选修自然和社会科学的课程。后五个学期为第二阶段，主要进行专业训练，学习主修和选修课。圣约翰大学学生头两年都必修中文、英文和体育，共 48 学分。文、理、工学院学生第一年都必修 6 学分的数学，第二年都必修 6 学分的历史，每学期还必修 1 学分的宗教和伦理课。金陵女子文理学院全体学生必修课有：国文（6 学分)、英语（14 学分)、中国通史（6 学分)、第一种社会学(6 学分)、第一种自然科学（8 学分)，共 40 学分。

文华图专虽然受条件限制，不能给学生开设众多选修课，但为了扩大学生的知识面，拓宽学生的视野，提高学术研究的兴趣，文华图专特别开设了中、西文书籍选读和特别演讲三课。西文书籍选读主要是选读英美两国著名的文学家、历史学家、艺术家、科学家等的著作，学时为 100 小时。中文书籍选读主要选读中国历代文学家、思想家、史学家、艺术家、考证学家等的代表著作，学时为 40 小时。

另外，文华图专每学期都邀请知名学者、社会名流以专题形式在文华图专开讲座、演讲，向学生介绍有关学科的最新动向，名为“特别演讲”，学时每年为 20 小时。演讲的范围很广，有专业知识方面的，如 1932 年文华图专校友、清华大学图书馆长王文山的“美国国会图书馆近况”，详细介绍了美国国会图书馆的沿革、设备、库藏及参考工作和发展规划。同年，曾任国立北平图书馆编目组长的蒋慰堂，留德学成归来后，在文华图专发表演讲“德国图书馆情形与目录事业之进步”等。有人文学科方面的，如 1930 年当时任武汉大学文学院院长的闻一多题为“唐代文学”的演讲，曾定夫教授讲的“公共卫生及书目”，1929 年燕树棠讲的“法学之分类”，陈西滢讲的“近代文学之趋势”等；有时事方面的，如 1929 年周鲠生的“国际联盟及研究书目”和“民族主义”，武大校长王世杰的“私立大学在中国教育界之地位”等。

1931 年，“该校接受韦德生教父（韦棣华女士介弟）之美意组织一群育讨论会，于每星期二下午在校长沈绍期先生住宅举行，所讨论问题，除关于道德及宗教者外，兼及于文艺及科学”①。1933 年“特别演讲”发展成注重发问及自由讨论百科性的“群育讨论会”，每隔两星期在星期三下午，请学术界名流与学生们一起讨论、研究，旨在“利用课外休闲时间讨论图书馆学以外，或与图书馆学相关之其他学科问题，藉以联络校内师生间、与同学彼此间以及校外人士之感情”，聘请的都是专科以上学校的讲师、教授，中外著名学者、专家，在文化教育机关团体中任重要职务者。例如，1933 年下半年举行了六次“群育讨论会”，第一次华中大学蔡尚思讲“中国文哲学之直接研究及客观批评”，主要说明直接研究和客观批评二者性质的重要。第二次为文华图专查修讲“国际航空公法之新趋势”，介绍欧美各国航空公法的变迁和发展。第三次为武大理学院院长查啸仙讲“我国科学之过去与未来”，剖析中国历来科学不进步的原因，将中国科学之所以不发达归纳为好古无怀疑创进的精神；无继续及有系统的研究；社会工不表同情；无艺术家“为科学而研究科学”之态度等。第四次为各项重要发明及其原理，比较现代科学家怀疑态度与 19 世纪科学家自信过甚的不同。第六次由文华图专法文教师讲“圣诞节的意义”②。

1934 年上半年，文华图专共举行了七次“群育讨论会”，第二次请武大吴其昌教授讲“殷墟契文发现之历史与对于中国文化上之影响”，归纳出殷墟发现在文化上的四大贡献：发现商周民族之各异；证明殷为游牧民族；缩短本国正史年代；有助于了解古代文物制度等。第三次在 4 月 19 日，请吴主教讲“基督教能救中国么”，提倡诚实、圣洁、不自私及爱人等美德，鼓励学生注重私德修养。第四次在 4 月 25 日，请武大历史教授郭斌佺讲“历史为科学么”，内容包括目的、范围、材料、方法及西洋历史发展的过

① 中华图书馆协会会报 [J]. 1931，7 (3)：49.

② 文华图书馆学专科学校季刊 [J]. 1933，5 (3/4).

程。第五次在5月8日，请韦卓民讲圣公会的历史。第六次在5月12日，请华中大学政治学教授吴子彬讲“九一八事件之回顾”，详略介绍了“九一八”事件发生的社会背景、经过及日本的外交政策，最后明确指出西方各国实行绥靖政策，纵容迁就日本的侵略行径，中国要想收复失地，雪耻报仇，不能指望于欧美各国良心发现，唯有依靠自己的力量，并勉励同学们勿忘国耻。第七次请收藏家徐行可讲“四库提要类目”①。

1934年下半年举行了三次“群育讨论会”，第一次为10月3日，文华圣诞堂李辉祖讲“图书馆员与人格教育”，第二次为10月25日，武大生物系主任张镜澄讲“细菌与人生”，第三次为11月14日，华中大学代理校长黄秋圃讲“中国现代教育应注意的几点”②。1935年上半年文华图专举行的“群育讨论会”有：华中大学包鹭宾教授讲“文心付源”，历述中国文章体制渊源。武汉大学胡稼贻教授讲“从哲学观点来探讨青年精神上的出路”，历举重要哲学家思想，举出“真、善、美”三字以相勉励③。

在此后，还请严文郁讲“德国图书馆事业之现势”、王宠佑博士讲“工程学书之分类及其管理”、林澄海教授讲“现代社会问题及其英意文学”、杜钢石教授讲“古书辨伪”、武大教授时召瀛讲“中国外文关系书目”、武大学校陈祖源教授讲“中国史籍节略”、黄溥教授讲“教育意义”、陈淑元教授讲“如何研究中国文化”、桂质廷教授讲“近代物理学研究什么”和“最近游英的感想”、韩德霖教授讲“圣诞节的意义”、韦德生教父讲“圣公会之历史”、湖北省图书馆馆长谈锡恩讲“宇宙讲人生之意义与价值”、武大教授吴其昌讲“十世纪来中国私家藏书之沿革及所培养的学风”、湖北省立民众教育馆长王音之讲“广西省民团及乡教情形考察记”、陈序庠教授讲“工业化学及与国防之关系”、华中大学胡毅教授讲“从心理学的立场来讨论图书馆阅览办法”、华中大学游国恩教授讲“宋王荆公新法的检讨”、武

① 文华图书馆学专科学校季刊［J］. 1934，6（2）.

② 文华图书馆学专科学校季刊［J］. 1934，6（4）.

③ 文华图书馆学专科学校季刊［J］. 1935，7（1）.

大教授刘迺诚讲“科学管理与图书馆管理”、吴施德主教讲“交友之道”等。

这些演讲启迪了学生的思维，增长了学生的见识，如吴其昌讲殷墟契文时专门携带了龟甲文书籍数册，供学生观摩。徐行可讲四库提要类目时，也带来许多珍本让学生欣赏。而且很多学者在演讲中特别辟出专门时间，供学生讨论、发问，现场解答学生提出的若干问题。学生对此类形式的讨论会、讲演会非常欢迎，学校研究气氛也很浓厚。抗战期间，文华图专将“群育讨论会”保持了下去，曾请作家舒舍予（老舍）讲“解放区见闻”等。

（七）解放后的课程改革

不同时期，文华图专的课程设置都有变动。以往学校对学生的训育及课外活动规定较为完备和严格，“本校由校长，训导主任等共同组织训育委员会，负责考查学生操行，分别登记加以奖惩，用期完成良好觉行，并培养学生自治能力。凡学校内团体生活所应具备之各种活动，如实行导师制，管理膳食，课堂寝室之清洁，体育活动与实验图书馆之经营管理诸端。各生皆得分别参加。凡学生之品行学业两均优良者，或对公益事项热心者，均随时予以奖励，又凡触犯校章之学生，亦酌情予以惩戒；凡学生缺课时间超过全学期上课时数三分之一者，不准参加期考，旷课三次者记一小过，三小过为一大过，经记大过三次之学生开除学籍”①。直到 1948 年秋，学校调整了原有计算成绩的办法，取消了操行成绩。

1949 年解放后，中原临时人民政府教育部进行了一次学生意见调查，调查内容中包括：目前课程的总分量嫌多，还是嫌少？哪些是过多，哪些是过少？哪些学科应取消，哪些学科应增加？学生普遍反映课业负担较重，实习机会不够，如“目前课程之分量实在不少，有时候作功课分不开时间，如打字

---

①　基督教圣公会文华图专资料［G］. 武汉市档案馆藏，全宗号：112-1-26.

解放后文华图专民教事业课本

为本科所必须学的课程，但是我们的打字学习的时间太少，每星期每人只有两个钟头的练习，有时还为开会或别的事情所阻，所以很难练的精熟，我觉得对于本科重要的学科应该多学”①。

文华图专一直非常重视英文教育，课程安排上较为偏重，“课程的总分量太多，每天上五六节课，还有课外作业，几乎占据了整天时间，尤其是英文。在我们学校是副科，但每周还有三节，其它主科都只有两节，我以为可以减少一节，还有图书选读，看名字似乎还很需要，可是实际上只是教条式的介绍西洋人的名著及名作家，这似乎与我们的主科无多大帮助，并且仅仅介绍一个作者的生平及其代表作，这些我们自己也可看懂，所以在时间特别宝贵的现在，这门功课是可以取消的。我们现在的政治课就只有辩证唯物论，很感不够，我们还应该增加一些社会科学的功课，如社会发展史、近代史等”②。

根据 1949 年 11 月，学校向中南教育部所发的函文中，可以看出其教学课程调整幅度很大。

窃查本校一九四九年上学期图书馆学籍档案管理二科毕业生二年全部成绩业已核算完竣，兹造具清册一份呈请核示，其中关于核算方法应加说明者如下：

（一）上学期毕业考试时，本校学生为响应本市拒用银元运动，参加宣传工作，毕业考试遵照六月二十二日武汉市各校校长教务主任、学生代表会上之指示，停止举行。该期成绩即以中期考试成绩代替。

① 湖北私立文华图书馆学专科学校各学科教学情况调查表、学生意见表［G］. 湖北省档案馆藏，全宗号：GM7-1-97.

② 湖北私立文华图书馆学专科学校各学科教学情况调查表、学生意见表［G］. 湖北省档案馆藏，全宗号：GM7-1-97.

（二）成绩计算在一九四八年秋季以前以主课、辅课及操行三项合并计算，计主课占百分之五十，辅课占百分之二十，操行占百分之三十。自一九四八年秋季起，取消操行成绩一项改为主课百分之六十，辅课百分之四十核算之。

（三）除国文、英文、自然科学概论、社会科学概论、史地概论、伦理学、公文研究、政府组织法、法文、日文、德文等为辅课，其余为主课。

以上三点系关于本校学生成绩核算之说明，至本校课程本年秋季起异有变更，具中有关图书管理技术课程大致无变动。自然科学、社会科学、文哲史地等四种概论，伦理学、公文研究、政府组织法、法文、日文、德文等均取消，新增设者有辩证唯物论、历史唯物论、近代革命史、政治经济学、俄文、图书馆民教事业等，为更进一步改进本校课程、编制及教学内容，现由教务会议组织课程研究小组进行研究，如钧部有关辩证唯物论、历史唯物论、政治经济学、近代革命史、国文、俄文、民教事业（或民众教育）等课程指导教材，恳予随时检发以资遵循再关于学生毕业证式样及办法之手续不悉，钧部有否规定，敬祈一并核实，只遵为祷。[①]

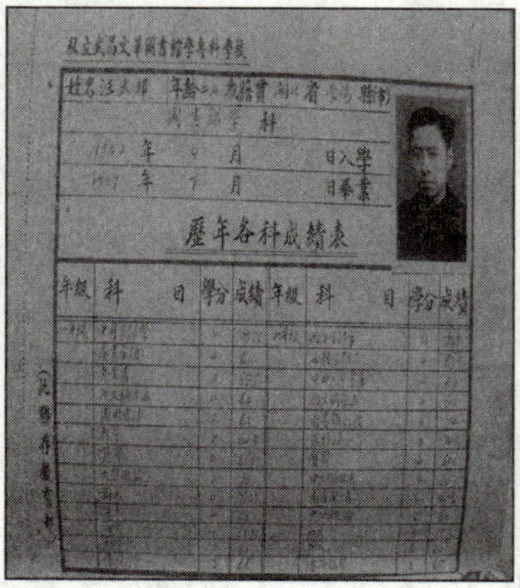

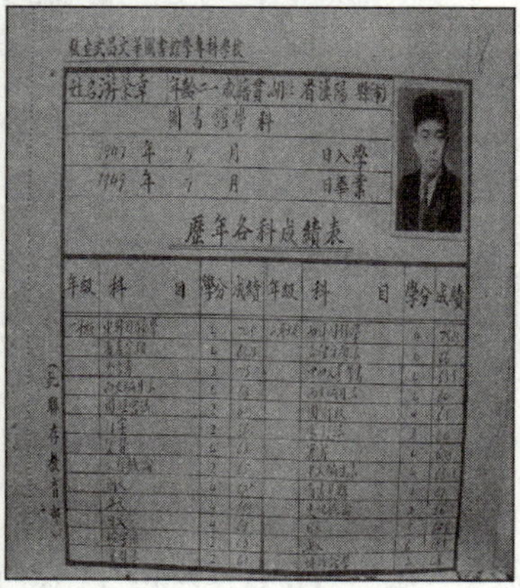

① 湖北私立文华图书馆学专科学校概况、访问材料、教职员工学生名册、调查表、毕业生历年成绩表［G］. 湖北省档案馆藏，全宗号：GM7-1-96.

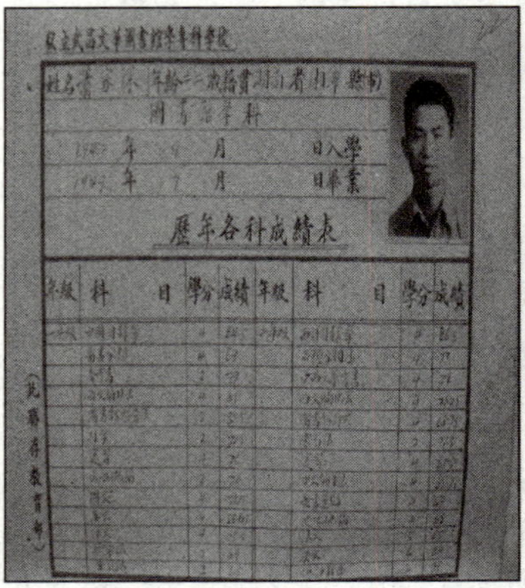

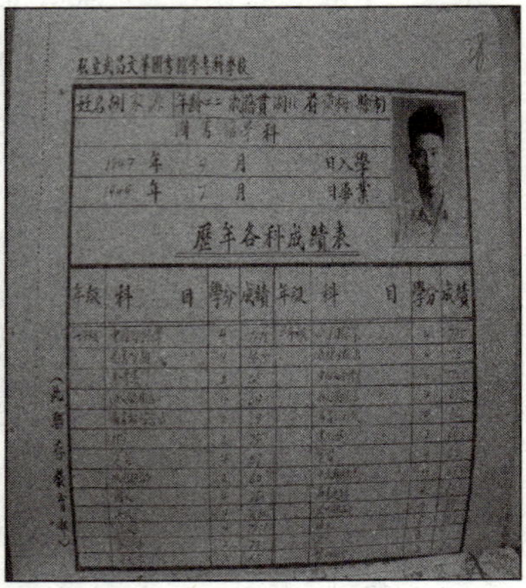

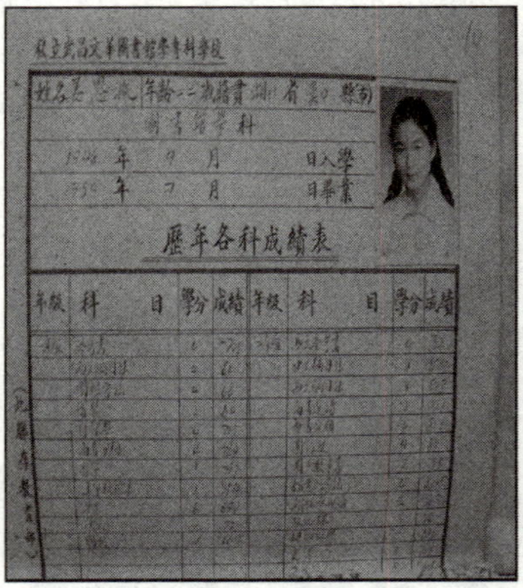

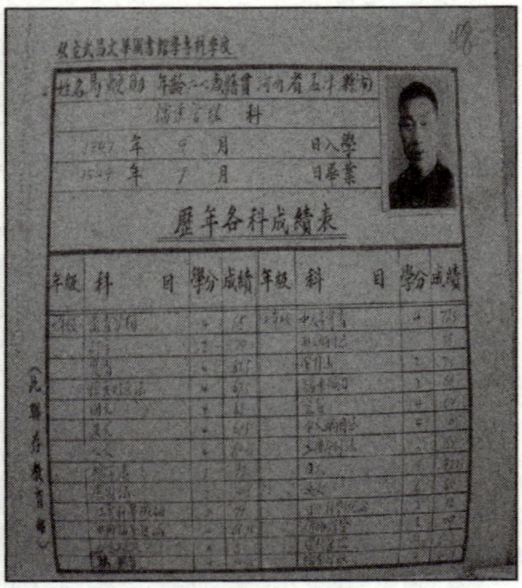

文华图专学生毕业证存根

第二节　民族主义与实用主义碰撞下的教学方式

从 20 世纪 20 年代起，在中国民族主义运动的冲击下，为了更好地适应中国的国情，与国立大学开展竞争，教会大学开始强调发展实用性专业和课程，在教学上注重实证、实验和实际动手能力的培养。如燕京大学自然科学各系都有较完善的实验室和各种为教学服务的仪器设备，要求学生人人亲自动手做实验、写报告。燕京大学社会学系的学生深入社会，进行参观、访问和实地调查，已成为定制，学生经常到北平的慈善性粥厂、贫民窟、监狱和妓院进行调查，将这些社会现象提高到理论上来分析。1928 年在美国洛氏基金资助下，社会学系学生在北平郊区清河镇建立了乡村服务实习基地，1930 年成立了清河实验区，这个试验区的目的是“使校内研究社会科学的师生们不单从书本里寻死学问，更能从人群生活中求真知识”[①]。学生每年到“实验区”实习一个月，考察研究和尝试解决各种社会问题。

燕京大学新闻系为了锻炼学生的独立工作能力，创办了一份中英文各占一半版面的《平西报》，一周发行三次，全部采访和编辑工作皆由学生担任。东吴大学的法学院在教学上率先采用美国流行的“研究判例”教学方法（Case Method），在充分了解案件的情况之后，加以分析，引用判例论断是非。一般学生课前先写出研究摘要，再由教师讲解和提问，这样有助于学生从社会实践中推演和掌握法律概念与原理。法学院最后一年有一项必修课为“模拟法庭”（Moot Court）诉讼实习，一切诉讼程序都按租界会审公廨的程序来展开，举行毕业典礼前，学校还要举行“模拟法庭”的公开表演。这种教学环节有助于法学专业学生熟悉法律程序，极大地缩短了从学生到律师所需的时限。华中大学的物理系有中国第一个电离层实验室和中国第一个地磁测量站，生物系则有鸟类室和鱼类标本室。在华西协合大学和北京协和医学院的教学过程中，临床实习是一个重要的教学环节。华西协合大学医科刚创办时，就要求学生在医院和药房起码要见习 6 个月，解剖 3 具尸体，进行 20 次预防接种，操作两次麻醉，做内、外科病案报告

① 张鸿钧．燕京大学社会学系清河镇社会实验区工作［M］//章元善，许仕廉．乡村建设实验：第一集．

10个，接生5人。医学院成立后，继承了严格实习训练的传统，要求学生能种牛痘，接生6人，进行12次尸体解剖，辅助手术，施放麻醉药等。北京协和医学院1925年与北京市政府警察局合办“内一区”和“第一卫生事务所”，负责该区5万人口的卫生服务。学生在服务中掌握了工厂、学校、妇幼所等的环境卫生和传染病管理方面的知识。1932年起，医学院学生分批到定县实习一个月，了解农村的医疗卫生状况，加深学生对医学与社会关系的认识。

（一）注重学生实习

文华图书科与许多教会大学一样，十分注重培养学生的实践动手能力。如为了使学生熟练掌握西文打字技术，西文打字机几乎是人手一部。文华图书科关于图书馆经营技术的课程大多是在公书林讲授，学生也是在公书林的工具书参考室完成老师布置的咨询作业。学生们西文编目课的作业就是在公书林，依编目条例制作卡片，然后各自将编目卡用卡片纸盒按序排列好，到毕业时，每人都有一套卡片目录。教师向学生介绍完消毒图书的消毒箱后，要求每位学生动手制作一个。在讲述完图书装订的技巧后，每位学生都要动手装订一本精装图书。文华图书科历届毕业论文都由学生装订成册，按年排列上架，供学生参观借鉴。

除了教学中的动手训练外，文华图书科还安排了大量的实习课时间，每年高达200小时。学生实习既可在集中性时间内进行，也可在分散性时间内安排。公书林是学生实习图书馆，公书林许多工作都委托给学生负责。1935年文华图专与武汉大学图书馆和湖北省立图书馆达成协议，将西文书籍的实习课安排在武大图书馆，中文书籍的实习安排在湖北省立图书馆，让学生尽快熟悉各类大型图书馆的工作内容。文华图专一学年的实习课时相当于二至三门专业课课时。文华图专还将每年级学生分成书目组、编目组、行政组和经营组，尽可能多地为学生提供实践机会。1929年秋在学生中成立的编目股，负责整理公书林40余箱中文书籍，每星期工作4小时，

武昌文华公书林正厅

股中一切事务由学生自行处理，股长由学生轮流担任。编目股每星期还召开一次会议，专门探讨解决中文书籍编目过程中出现的问题。1930 年又成立了由学生负责的参考室询问处，每日下午 1：30—5：30 为办公时间，轮流由一名同学值日，为学生毕业后从事图书馆参考部工作提供经验准备。“圕中最活动而成绩最显著者，莫如参考部之询问处。故本期实习工作，专重此点。现公书林韦氏参考室已设立询问处。每日下午一时半至五时半，均有本级同学一人负责管理。如能常此练习，则将来作圕参考部馆员时，当不致茫无所措矣。”①

实际上公书林的很多工作都是由学生直接参与的，学生在实践工作中，巩固了所学知识，培养了工作能力。文华图书科不仅组织学生在校内参加实践工作，还组织学生到校外进行实践。1921 年 12 月，沈祖荣曾亲自带学生到北京清华学校，帮助该校图书馆清理、编排所购图书。1933 年文华图专每星期六都分派学生到武昌圣希理达女中图书馆，帮助整理 1 千册中西文书籍，学生们在教师指导下对书籍进行编目、分类、登记和装订。

① 文华图书馆学专科学校季刊［J］. 北京：国家图书馆出版社，2009，8（2）：138.

1930 年 6 月，文华组织毕业生东下参观，即将走上工作岗位的学生对中国图书馆发展状况有了更加实际的了解，开阔了学生的眼界，并根据参观考察情况在《文华图书科季刊》第 2 卷第 3、4 期上发表调研报告《图书馆参观记略》。“本校教授白锡瑞先生领导学生于六月十五日东下参观江浙各地圕。计南京参观中央党部，国民政府外交部、铁道部、中央大学、金陵大学、中央政治军事学校、国学圕等圕。上海参观东方、圣约翰大学、复旦大学、沪江大学、光华大学、徐家汇天主堂藏书楼等圕。杭州参观浙江大学文理学院、工学院、浙江省立圕等，苏州东吴大学、吴县、江苏省第二等圕。所至皆招待隆重，指示详明，其爱护圕人才之至意，诚可钦佩也。”①

文华图专非常注重毕业班学生的校外实习，这种毕业实习的时间不长，且实习地点往往在文华图专毕业生任职的图书馆。1936 年，“自五月十一日起，毕业班学生九人由教员率领赴武昌城外路珈山国立武汉大学图书馆实习。第一日实习编制官书，第二日实习参考工作，第三日实习中文书籍及杂志编目，第四日实习西文杂志管理及订购书籍方法。该馆规模宏大，收藏丰富，加以馆长皮皓白先生及主任皮高品先生从中殷勤指导，为时虽不甚久，但所得知识却甚多云。服务于该馆之同学，皮高品、吴克昌、戴镏龄诸君又复盛意招待，尤可感佩。武大实习后于五月十五日起又到湖北省立图书馆实习，第一日实习中国志书之分类编目，第二日实习金石古物编目管理之法。承该管谈馆长、杨股长及其他同事帮助，获益不少云”②。

1932 年秋，文华图专组织学生参观了湖北省立图书馆、汉口英文楚报馆（Central China Post Printing Plant）、汉口西商俱乐部图书馆、汉口王宠佑博士藏书楼和湖北官书局等地，1934 年秋又参观了武大图书馆，外出参观游历增长了学生的见识。注重实践教习也是当时其他开展图书馆教育的学校的共同特点，上海国民大学图书馆学系、金陵大学图书馆学系、国立

① 文华图书馆学专科学校季刊［J］. 北京：国家图书馆出版社，2009，8（2）：290.

② 文华图书馆学专科学校季刊［J］. 北京：国家图书馆出版社，2009，8（7）：568.

社会教育学院图书博物馆学系和北京大学图书馆专修馆均有实习课，其中国立社会教育学院图书博物馆学系规定学生自第 2 年开始传授专业课，第 3 年分图书、馆物两组教学，第 4 年上学期分派学生到各大图书、博物馆实习，下学期回校写论文。讲习班和培训班也把课堂教学与课外实习结合起来进行，广东图书馆管理员养成所在 24 天学习中，一半时间用于实习。东南大学暑期图书馆讲习科有课外分组实习课，学生在孟芳图书馆实习。四川省教育厅举办的中学学校图书馆员讲习班在金陵大学图书馆实习。

博物馆学实习展览图

（二）“智慧与服务”的校训精神

在民族主义盛行的年代，基督教作为一种逃避现实的宗教，受到猛烈抨击。到了 20 世纪 30 年代中期，教会人士认为如果不建设一个新社会，基督教不在建设新社会的活动中发挥作用，就不可能使中国基督教化。教会大学开始大力向学生灌输社会服务的思想。组织各种公益性的社会服务工作，通过服务社会的实际行动来表现基督精神，证明基督教有助于中国社会。沪江大学 1913 年在上海杨树浦区创建了沪东公社，由副校长董景安主持。沪东公社是一个有医院、图书馆、全日制小学、初中、夜校以及托儿所的庞大的社会服务体系，沪江的学生在沪东公社里为农民免费看病，为儿童开设日夜班，举办职工夜校，建立阅览室，组织妇女识字班等社会服务工作。华南女子文理学院要求学生星期日到周围农村的全日学校担任义务教员。抗战时期，学校专门成立“社教推广委员会”。以妇女和儿童为服务对象，要求全体学生都要参加这项活动。华中大学全校师生合办有民众服务团，下设民众壁报编辑组、成人俱乐部、妇女训练班及儿童训练班。华西协合大学认为学生要树立服务社会的思想，如果学生不能主动到华西地区的乡村、城镇工作，就是教育的失败。学校设立了一批社会服务机构，鼓励毕业生到基层、偏远地区当教师和医生。金陵女大将社会服务视为正式教育的延续，抗战前就为失学儿童开办小学。1939 年春，在四川仁寿设立乡村服务处，下辖为妇女和婴儿治病的妇婴组为幼儿提供义务教育的幼儿教育组及绣花组、鸡种改良组等。1944 年春，在华西坝设立儿童福利实验所，与华西协合大学合办儿童行为指导所。抗战胜利后，还在南京附近的江宁县淳化镇成立乡村服务处，训练乡村女孩。另设幼儿园，办妇女班等。

文华图专本着服务社会，协助平民教育的宗旨，也提倡图书馆事业应服务社会、深入民众。文华图专的校训为“智慧与服务”（Wisdom and Service），校歌为：“浩浩天宇，莽莽神州，人类进化悠悠。经籍辉煌，典章博大，圣贤教化永留。文华图专，循循善诱，知识诸宝是求。博我以文，约我以礼，智慧服务群俦。愿同学，勤研究，立功立言不朽。亲爱精诚团结，为国为民奋斗。”

校训与校歌体现了文华图专追求的爱国、求学和服务社会的精神。沈祖荣曾说过：“办理图书馆的人，有一件首先要觉得的，就是已立立人。那个意思，就是我们素来的造就、熏陶、锻炼、培植所求的学问，所得到的学位，不是为自己做招牌，乃是要为社会服务。”[①] 在“智慧”与“服务”

---

① 沈祖荣. 国难与图书馆 [J]. 文华图书馆学专科学校季刊，1932，4 (2).

的关系上，认为“智慧”是“服务”的基础，而“服务”是“智慧”的立足点，尤其强调服务精神，“图书馆虽然渐次设立多了，然管理若不得人，设施不从其道，将仍与无图书馆等。所谓得人者，不仅指管理员须曾受图书馆学专门教育与训练也，尤须具有极热烈的为群众服务之感情，与艰苦奋斗之精神。此种感精与奋斗精神，不可不于今日养成之”[①]。沈祖荣的这种观点与文华图专另一位重要负责人韦棣华的观点一脉相承，沈祖荣在韦棣华葬礼上的悼词中曾评价道：“韦女士在‘生命的源泉中’蕴蓄着两大力量：1. 她有坚强的宗教信仰，所以有纯洁的高尚的修养；2. 她的思想中充满着‘世界大同’的人生观，所以有乐于为人群服务，抱着满腔热诚来发展中国文化事业为己务的大无畏的精神，女士常说：‘服务人群，即是谋世界大同。”[②] 韦棣华在生前也被时人这样评价，“韦棣华女士是文华图书科的创办者——一个智慧的、敏锐的、富有洞察力和爱心的女士。她的一个基本愿望，就是希望通过图书馆来帮助中国及提高民众的智识”[③]。

（三）课外教学重点：巡回文库

文华图专根据学校特点主要开展的社会服务工作有：巡回文库和儿童主日学。1931 年 4 月 17 日，文华图专开始儿童主日学工作，具体内容为：星期日下午，由文华图专二三名女生教招集来的三四十位儿童千字课、唱歌，陪他们做游戏，给他们讲故事，同时将一些儿童书籍借给他们看。文华图专学生还特意为儿童主日学的孩子们制作了小桌和小凳。文华中学一直到解放初期都开展儿童主日学活动。文华图专组织巡回文库是因为当时武昌虽有民众教育馆和图书馆，但普通百姓忙于生计，无暇前往。巡回文库就是将图书送到百姓家门，让更多的人读到更多的书，提高国民的整体

① 沈祖荣. 我对于文华图书科季刊的几种希望 [J]. 文华图书馆学专科学校季刊，1929，3 (3).

② 邓衍林. 火葬 [J]. 文华图书馆学专科学校季刊，1931，3 (3).

③ Kwei，J. C. B. Boone Library School [J]. 英文杂志，1926，12 (3)：273-274.

素质。文华公书林是仿照美式公共图书馆的理念创设的，而巡回文库是近代西方公共图书馆的一项十分重要的社区图书馆服务，公书林自然会为民众开设这一服务。胡道静的《上海图书馆史》记载显示，工部局公众图书馆（前上海图书馆）是我国最早采用巡回文库的图书馆。早在“1891年（光绪十七年），工部局预算案付于纳税人年会讨论时，下列的修正案由波唐的提议和华尼莱脱的附议经通过，‘预算表中上海图书馆的补助费应增至六百两’。在建议这修正案时，波唐就提出，假如这增款通过赠给，他建议该图书馆应在各个警务署举办‘免费的巡回文库’”①。之后，纳税人年会通过了工部局的预算案，“上海图书馆”便开始了巡回文库服务。1893年2月7日，上海图书馆名誉秘书德罗蒙（W. H. Drummond）致书工部局秘书韬朋（R. F. Thorburn），报告该馆一年间工作的进展时说：“其三，主要之警务署三处，即中央、虹口与老闸，已经常免费供给图书阅览，117册曾送至中央警务署，46册至虹口，又30册至老闸，总数为193册。”②

文华中学校歌

其校训为“礼义廉耻”

尽管文华公书林不是最早成立巡回文库的图书馆，但是其在当时之武汉影响力却不容小觑。公书林作为文华图书科（后为文华图专）的实习载体，必然所有学生都需参加这项活动，每星期日下午1时起，学生们轮流在

① 李希泌，张椒华．中国古代藏书与近代图书馆史料（春秋至五四前后）［M］．北京：中华书局，1996：515.

② 李希泌，张椒华．中国古代藏书与近代图书馆史料（春秋至五四前后）［M］．北京：中华书局，1996：516.

各处巡回借、还图书，此举十分受武昌各界群众的欢迎，每次流通的书都在百本上下，1931 年时已有长期借户六七十家。1933 年文华图专又成立了"私立文华图书馆学专科学校学生服务团"（Boone Library School Students Service League）专职办理巡回文库，团员为全校学生，团长为华中大学校长韦卓民，书记戴镏龄；会计沈祖荣、张鸿书；经费组委员刘子钦、李永安、邬学通；保管组委员程长源、李肖友、徐世俊；流通组委员余炳元、熊应文、丁磐。从巡回文库的组成成员看，更加凸显了"文华共同体"以基督教"奉献服务"精神为教育归旨。

巡回文库就像个小小的图书库，书籍的整理都由学生完成，学生们根据市民的需要和喜爱，选购巡回文库的图书。据 1932 年 6 月《文华图书馆学专科学校季刊》第四卷第二期记载，巡回文库图书的分类目次为：普通丛书、哲学、党义、宗教、一般社会科学、攻治经、婚姻风俗、自然科学、应用技术、医药卫生、农学、家政、交通、工业制造、美术音乐、语言文学、新小说、旧小说、地理游记、传记、本国史、外国史，共 22 类。巡回文库的书目中不仅有书籍名称、作者、出版社、价目，还有内容提要和适合阅读的读者年龄层次、文化程度，一目了然。以普通丛书为例，《一角丛书》（36 册，赵家璧主编，良友书局）、《一角丛书》（23 册，广学会，每册一角）和《儿童古今通》（9 册，中华书局，每册一角五）被归为一类，它们的提要为"合乎十岁以外儿童高小初中程度之用，载古书故事，寓言，社会科自然科等知识"。《儿童常识丛书》（8 册，黎锦耀，中华书局，每册一角）的提要为"述自然科学与人类日常生活之关系等，辞句浅显极富兴趣"。另外还有《儿童课余服务丛书》（9 册，张九和，中华书局）和《基督教家庭丛书》（青年协会，每册二角）两本书籍。根据《文华圕学专科学校学生服务组巡回文库统计表》（1932 年 4 月 17 日至 1933 年 5 月 28 日），除暑假及 5 次"落雨未出发"外，巡回文库共外借书籍 1 794 册①。学生服务

① 文华图书馆学专科学校季刊［J］. 北京：国家图书馆出版社，2009，8（4）：591-597.

组对照巡回文库借户表，分析借户类别及每类借出册数统计表，可见文华图专通过巡回文库培养学生进行圕服务工作之认真、细致、精准态度。

1933 年文华图专学生服务组

巡回文库购书所需资金基本上都是由华中大学和文华图专师生募捐来的，这也充分印证了“文华共同体”的教会性质决定了文华图专的校训——“智慧和服务”从圣经而来，渗透博爱精神。文华图专的校训校歌昭示了“文华共同体”强大的凝聚力的源泉，它实际上就是基督教提倡平等博爱、无私奉献精神的形象化语言凝聚而成的“文华精神”的最大体现。《文华图书馆学专科学校季刊》第四卷第三、四期合刊的《文华图书馆学专科学校学生服务组工作报告》（赵福来）全文如下：

我们本着服务的精神，尽一点辅助社会平民教育的宗旨，来提倡圕的事业与民众们接近。因此我们同学自动的组织起来两种小工作：一是巡回文库，一是儿童主日学。这两种工作，已由去年四月十七日起实行，直到现在，可说成绩还算好。同学们亦非常热心，也很有兴趣。当然我们的功夫很有限。一方面要读书，一方面不愿远离了社会，尤其是那些需要人们帮助的民众，所以我们于每个星期日的下午，儿童主日学要召集三四十位可爱的小朋友，由女同学强佩芳、吴元清二位女士教他们千字课、唱歌、游戏、卫生、故事等，同事也可以将儿童的书籍借给他们看，并且特制的小桌小凳为他们使用。至于巡回文库也是在每星期日下午一时出发，巡回武昌城内各商店及团体机关，长期的借户，已有六七十家，想以后还要增加的。每次流通的书，约百本上下。由此可见商人和民众们是很喜欢看书的，只要作工的人肯去干。至于详细的统计，何种书他们最喜欢看，要在六月暑假前，作个精细的报告。我们所买的关于民众和儿童的书籍，尚属不少，因为我们于去年四月和十一月间，曾举行两次的募款；再加上借公书林的书，可以说足足够用。深蒙华中大学教职员和同学，以及本校教职员和学生等，热心公益捐款捐书的，颇不乏人，兹将捐款数目报告于后，并致谢忱龙永信君及华中大学张泽华女士的帮忙尤多，谨合附志于此，以表谢意。①

巡回文库 1932 年 4 月 20 日第一次收到沈祖荣、朱瑛、赵福来、吴元清、张佩芬、韦德生、张树滋、徐亮、李蓉盛等个人和文华公书林的捐款共 41.00 元。同年 11 月 2 日，第二次收到韦卓民、桂质廷、毛坤、徐家麟、沈祖荣、吕绍虞等中外籍教师和文华公书林的捐款 125.90 元。1934 年 11 月，在学生服务团年会上，又决定由经费委员组织募捐，其中以华中大学和文华图专师生及圣公会成员捐款最积极。巡回文库越来越受到民众的欢迎，原有的星期日出巡之期改为星期六，“据巡回文库负责人云，近时因国事日急，民众极端需要读书，一直阅户陡增。幸喜工作人员热心忍耐，故一般读者均觉满意，每逢礼拜六，出巡之期，阅户之成人与幼童，莫不抛弃一切外出之机会，在家渴望，下年度拟大家扩充，以应需要”②。

1935 年，巡回文库的发展情况在《文华图书馆学专科学校季刊》第七卷第三、第四期上刊登。

---

① 文华图书馆学专科学校季刊 [J]. 北京：国家图书馆出版社，2009，8 (4)：312.
② 文华图书馆学专科学校季刊 [J]. 北京：国家图书馆出版社，2009，8 (7)：569.

巡回文库概况

纯粹学生所组织的巡回文库服务团，已经有四年的历史了。在这四年之中，我们总是继续努力干下去。以我们课余的时间来服务社会，增进民众的知识，培养他们的品行。虽然因经济和时间的关系，不能扩充全城商店和住户，但是我们可以自夸，一部分的民众，的确是受到了很大的实惠。

截至现在为止，我们总共有一千二百余册的书。各类都有相当而平均的数目。尤其关于儿童书籍，今年是特别的增加了。我们服务的情形是每三人一组。每星期六下午是整个出发巡回的时间，各人都背上了布袋，袋里都装满了书，一家一家的讯问和调换。今年的路线扩充了一些，连武胜门外粮道街都包括在内了。遇到星期六下雨，那星期日也得牺牲了休息出去的。我们很满意，因为每个学生都很高兴很忠实的在服务。我们以后的方针是想买一辆车，这样每次可以多装些书推出去，而市民也有较大的选择机会了。并且在经济宽裕时，想多多添些关于商业知识和儿童的书籍。路线在相当可能范围内也想扩充些。

巡回文库的经费，是完全捐助来的。这次承张学良先生的资助，使我们购买幼童文库的愿望实现了。同时华中大学和本校的教授同学们以及其他朋友的热心捐助，使我们感谢不已。①

从以上两个内容可知，巡回文库创办以来受到民众的欢迎，有了多年的办理经验，即使在西迁重庆战火纷飞的岁月里，文华图专始终坚持办理巡回文库，并且千方百计扩大巡回文库服务范围，以适应战时需要。“上年教育部通令专科以上学校，应就所习学科相近者兼办社会教育。实则该校早已注意及此，学生巡回文库成立迄今，已历八载有余。自八一三全面抗

① 文华图书馆学专科学校季刊［J］. 北京：国家图书馆出版社，2009，8（7）：279.

战开始后，该校学生文库之活动范围，遂由一般商店住户而移至伤兵医院，工作较平时尤为积极，颇蒙当局之好评。自该校迁渝后，又在重庆歌乐山第一儿童保育员内，筹设难童图书馆阅览室一所，由该校出资购书，并雇员常住院内工作。同时巡回文库，该校亦亟谋恢复，现正募集书籍及捐款以谋添购，颇蒙社会人士之赞助，已收到之书籍及捐款，业有多起云。”①

武昌文华图书馆学专科学校学生服务圕巡回文库征募书报捐款启事

本校前在武昌办理之巡回文库，其目的盖欲启发民智，服务社会。其间屡经热心人士之鼓励赞助及本校师生之努力推行，七八年来，颇有相当成绩。迨杭战发生，本校服务社会之目标扩大，除办理巡回文库外兼伤病官兵服务，如代写书信，供阅书报等，举凡有利于抗战工作之进行，莫不悉力以赴。不幸夫岁武汉沦陷，本校迁移来渝，虽于万分艰苦环境之中，尤不敢一日或忘其服务社会之素志。爰于本市郊外歌乐山儿童保育院，先设阅览室一所，专供该处数百难童阅览之用。惟尚不敢以此自满，复思在市内继续办理巡回文库，及服务伤兵等之工作，无如本校因迁移仓促，携来书报无多，又因限于财力，未能大量添购，为此公开征求，尚望热心人士，寄以同情，或慨赐捐款，或代募书报，俾其早底于成，则禅益抗战，嘉惠市民，岂能浅鲜哉？（如蒙惠捐款或书籍书报恳于二十八年×月×日以前交重庆曾家岩求精中学本校办公处沈祖荣先生代收）②

1948年，为支持民教事业，文华图专向民众开放内部所设实验圕，“武昌文华图书馆学专科学校，前为供应学生实习研究，便利市民阅读书物，已将新设之实验圕公开开放”③。在1949年以后，文华图专又创办了学生自

---

① 中华图书馆协会会报［J］. 北京：国家图书馆出版社，2009，13（5）：121.

② 中华图书馆协会会报［J］. 北京：国家图书馆出版社，2009，13（5）：121.

③ 浙江民众教育［J］. 1948，1（2）：35.

管的实验图书馆，并在经济拮据的情形下，竭尽所能为实验图书馆添购了以新民主主义政治知识为主的书籍近三千种。为了弥补实验图书馆地点偏僻的不足，文华图专与解放路三一堂（公书林创立之初，韦棣华曾在该教堂开辟阅览室）商定，在三一小学内专门辟室一间，于1950年11月间开设校外儿童阅览室。为了照顾路远的读者，实验图书馆特举办了巡回书库，学生对这项自主管理的对外服务工作很认可，“目前课外活动是小组讨论及实验圕工作，每天下午一时开馆到五时闭馆，招待外界人。他们可以自由阅览书籍，每日由同学两人，一人负责出纳工作（借书、还书手续），一人负责来宾签名。并且每星期日有书车出校，在街头流动，无论谁都可以参看书籍，书之内容，多半是政治方面常识，我觉得这样很好，可以提高人民对政治的认识及学识的水准提高，这种活动很恰当，不多也不少”①。

文华图专在不同的历史时期，都始终办有为民众服务的图书馆或流动书库，只是称呼名称与服务形式不同而已。沈祖荣将之归结为重要的工作心得：“个人从事圕事业逾卅年，自愧无多大成绩，但注意到有三点：(1) 理论须舆实际配合，因此领导学生办理实验圕，学用兼顾，真正做到为人民服务地步。(2) 对于圕的管理，要同学中西兼顾，不偏重某一方面，俾能融合贯通。(3) 圕是静止的，必须加强推广而积极活动，特设巡回车，经常流通和普遍供应图书。”②

在解放初期，因各种客观条件的制约，文华图专的外出参观及实习等未能全面开展，由于经费困难，学校的教材明显不足，很多要靠学生抄写，加之课业任务较重，故而占用不少时间，很难安排足够时间实习，因此，不少学生对此有意见，特列举如下③：

---

① 湖北私立文华图书馆学专科学校各学科教学情况调查表、学生意见表［G］. 湖北省档案馆藏，全宗号：GM7-1-97.

② 湖北私立文华图书馆学专科学校概况、访问材料、教职员工学生名册、调查表、毕业生历年成绩表［G］. 湖北省档案馆藏，全宗号：GM7-1-96.

③ 湖北私立文华图书馆学专科学校各学科教学情况调查表、学生意见表［G］. 湖北省档案馆藏，全宗号：GM7-1-97.

其一，“实验及实习机会太少，因为学校太小，希望有机会去各处参观，以提高兴趣，并有学习之机会”。

其二，“对于实习的时间似乎不太充足，课外的作业有时候太多，有些课程必须自己找材料去抄，抄的太多，实在有些累手”。

其三，“本校之实习及课外作业多于图书馆，但本校因经费的拮据无法购置实习时的用品，因此我们失去了一些实习的机会，如：书籍的精装、印刷等”。

其四，“对于各科的实习没有多大意见，只是功课表上格外注明了那每周两节的实习课有点不大满意，所谓实习应该是实实在在的做，真正的完成理论与实践配合的原则，但我们上学习课时很少切实的事做，还是坐在教室里听理论，两年将完了，许多应该学会做的事情都没有学会，所以我希望在实习课时多注重做，少说话，课外作业太多了，同时每门功课的教师只注重自己所教的功课，恨不得将所有时间都花在他的功课上，因此交给我们许多课外作业，每个先生都如此做，结果加在我们身上的负担太重，时间支配不来，希望各科先生共同商量酌量给予课外作业”。

其五，“对于实习方面，我们的实习事项，是临时决定的，而事先一项并无统筹计划和步骤，使同学在实习前无所准备，实习是糊涂的来而以糊涂的过去，其课外作业太多而乱，如抄笔记太费时”。

其六，“本校为经费、条件限制不能购买昂贵的实验仪器，比如实习装订术，没有装订的机器，仅凭口头讲授，可能的话，希望有这一类的东西时，实地的带我们去参观”。

第八章　一枝独秀：近代图书馆学知识生产与“文华集团”图景

第一节　师　资

传教士是早期教会大学的主要师资来源，通常是学校向差会申请要聘用某一学科的教师，差会在可能的范围内指定传教士到大学任职。这些传教士对宗教怀有虔诚的信仰，但并不一定是受过专门训练的教育工作者。卜舫济最初被安排到圣约翰工作时，也曾流露出无奈和不满足，他说：“当然，你们知道我是被安置在圣约翰从事大学工作的，我不能说我不喜欢我的新工作，因为那是不真实的；但是我要说我应该有条件在另一部门继续工作。在目前的情况下，我毫无办法。”[①] 这也成为教会大学20世纪二三十年代遭到攻击的原因之一，胡适曾言：“来传教的都不用经过严格的天然淘汰”，“有不能在本国吃饭而来中国教书的，有来养病的，有来休息的，有来玩的”，“今日教会选择传教士，还不如美孚公司或英美烟草公司选择内地经纪人严格”[②]。而且，除了雇佣旧式的中国教师讲授儒家经典学说外，学校里中国教师很少，差会不愿意出钱支付中国教师的薪金。

---

① ［美］兰伯顿．上海圣约翰大学［M］//［美］杰西·格·卢茨．中国教会大学史（1850—1950）．杭州：浙江教育出版社，1988：53．

② 胡适．今日教会教育的难点［J］．中华基督教教育季刊．

后来为了提高教学质量，加强学校同国立自办大学竞争的需要，教会大学才竞相聘用高水准的非神职人员任教，中国教师的比例也逐渐增加。据统计，1925—1926 年，各教会大学有教师 465 人，其中中国教师有 181 人。东吴大学、齐鲁大学和圣约翰大学的中国教师最多，已超过教师总数的一半，最少的华西大学、福建协和大学，中国教师也有近三分之一。其他学校的中国教师约占 35%～45%[①]。这些中国教师主要包括三部分人：教会大学毕业生、归国留学生和旧式科举才子。在近代中国合格的中国教师与合格的传教士教师一样稀少，旧式才子只能讲授经学，归国留学生多半在燕京、圣约翰、岭南等沿海有名的教会大学，且人数有限，因此教会大学的毕业生成为教会大学教师队伍的骨干，这些毕业生既受过西式教育的熏陶，又有中文优势，而且对教会和母校有责任感，是十分理想的教师人选。

教会大学教职人员配置较精简，往往一人身兼数职。据 1925—1926 年统计，教师最多的燕京大学有教师 84 人。齐鲁、华西、岭南和东部各校（东吴、圣约翰、金陵）等大学有教师 27～30 人。华中、之江、福建协和大学等校的教师人数在 14～21 人之间[②]。1936 年圣约翰再次统计时只有教职人员 11 人，校长卜舫济兼管附中和文理学院；秘书和会计也兼授社会学课[③]。可见教会大学教师数量一直不多。这一方面是因为学校难以聘到既受过专门训练，又有着虔诚信仰的教师；另一方面是由于教会大学的规模多数较小，就读学生人数有限；更重要的是经费问题，教会大学教师的薪金主要由所属差会负担，少部分由校董事会筹集的特别补助支付。差会在中国的传教经费虽然数额庞大，但分摊到每所学校的教育经费有限，教会大学不得不精打细算。而海关、商行、银行等能提供更为优厚的待遇，也吸

① ［美］杰西·格·卢茨．中国教会大学史（1850—1950）［M］．杭州：浙江教育出版社，1988：181．另高时良著的《中国教会学校史》（湖南教育出版社，1994 年，第 113 页）认为，20 世纪 20 年代初，教会大学外籍与中籍教师之比约为 6∶4。

② ［美］杰西·格·卢茨．中国教会大学史（1850—1950）［M］．杭州：浙江教育出版社，1988：182．

③ 高时良．中国教会学校史［M］．长沙：湖南教育出版社，1994：136．

引了不少优秀毕业生。多数教会大学后期虽然不限制雇佣非基督徒，但在相同条件下，学校还是倾向于雇佣基督徒教师。1925 年时，除了金陵大学外，多数教会大学的中国教师起码有一半是基督徒。

各教会大学之间虽然有竞争，但因为教会大学各自有强项也有弱项，为了提高办学水准，一些教会大学在教学中也实行合作。燕京大学办理之初在自然科学教育方面水平不高，20 世纪 20 年代初曾与北京协和医学院达成协议，燕大的生物学、化学和物理学系的学生可以到协和医学院预科学校选课，并利用那里的实验室做实验。1926 年北京协和医学院正式把预科交给燕大来办理，此举不仅使燕大得到了先进的自然科学实验设备，而且获得了洛氏基金的大力资助，到 20 年代末，燕大的自然科学教育已处于领先地位。之江大学 1938 年 1 月曾与沪江、圣约翰、东吴等大学在上海租界内联合办学，迁到福建邵武后，借用福建大学校舍上课，还同协和大学共上部分课程。1942 年 12 月迁至重庆时，又与在重庆的东吴大学法学院、沪江大学商学院联合办学，之江大学在几次联合办学时，吸取了他校办学的长处，增强了学校的实力。抗战时期，在华西坝的金陵、金陵女大、华西协合、燕京等 5 所大学曾允许学生互相选读，各校承认学生所读学分。

文华图专前身为文华大学和华中大学图书科，1929 年独立之前，所有由华中大学颁发学位的学生，必须按华中大学的规定修完所学课目，图书馆学的毕业生可以说是由华中大学与图书科共同培养的。这种合作教学的方式在 1929 年文华图书科独立后基本上就中止了，虽然如此，文华图专受场地和师资条件的限制，有些课程文华图专的学生是与华中大学学生合班上课的。如 1931 年文华图专添设的日文课程，就是到华中大学合班上课，特聘日本东京帝国商科大学毕业的高伯勋讲授。

（一）流动性较大的教师群体

文华的教师从数量上来看一直都不多，特别是早期专业课基本上由韦棣华、沈祖荣、胡庆生师徒 3 人全部承担，而这 3 人还要同时负责公书林的工作。究其原因，一是当时文华的规模不大，攻读图书馆专业的学生生源有限，如文华大学图书科1922年首届毕业生只有6人，到1929年向南京国民政府呈请立案时，毕业生只有46人，每届毕业生不超过10人；二是文华图专当时招收的是大学肄业2年以上已有一定文化基础的大学生，专事传授图书馆专业知识，加之学校附设于华中大学内，因此只需要一定数量专业课教师即可；三是中国正规的图书馆教育是从1920年文华大学设立图书科才开始的，在当时“为新兴的一种事功”，师资严重不足。1935年沈祖荣在论及图书馆教育的师资问题时曾感叹道：“我们对于图书馆学校的师资，又大感困难了。这实际情由不必多说，现只提及如下几点：在图书馆学校任教职员的，所得待遇，不及在一般大学的优厚，此其一；此类专材，须同时对图书馆有研究，对学校教育与教学法有素养，此其二；国内外能适应这种师资需要的人员不多，此其三。由于这类原因，结果使图书馆学校，对于师资问题，便经常感到没办法解决好了。”①

近代中国的教会大学一般规模都不大，师资数量有限，作为单一专业性质的文华图专更是如此，后期教师的绝对人数虽有所增加，但仍属于微型学校。文华图专教师不但数量少，而且流动性较大，前前后后真正在文华呆了一辈子的只有韦棣华和沈祖荣师徒二人。其次是毛坤，他在文华任教18年（从1928年至1946年），由于毛坤对学校的贡献，1944年学校曾给予他休假一年的特殊享受。毛坤因身体原因未能随校复员武昌，留在四川后被四川大学聘为教授。

一般来说，教师队伍保持一定的流动性，对于防止学校固步自封、知识老化、教学僵硬是有好处的。文华图专的师资从国籍来看是中外教师相结合，中国教师居多。文华校方认为，“学校以欧美各国图书馆事业，日新月异，不可企及。如欲本校课程有所改进，本校同学得受适当的造就，作聘有西国图书馆学之硕彦，来此施教，不克有济”②。外籍教师中以北美和德国教师最多，盖因当时美国和德国均为图书馆事业发达国家，韦棣华本

① 沈祖荣. 谈图书馆专业教育［J］. 湖北教育月刊，1935，2（4）.

② 沈祖荣. 谈图书馆专业教育［J］. 湖北教育月刊，1935，2（4）.

人即是美国人。据《文华图书科季刊》记载，1934 年 2 月 21 日，加拿大的华玛丽女士（Miss Mary Hamiliton Watts of Vernon）来校任教[①]。1935 年美国差会派华爱莲女士（Miss E. E. Booth）来校继任华玛丽的教职[②]。在 1932 年文华图专巡回文库第二次募捐名单中，有 16 名外籍教师（《文华图书科季刊》6 卷 1 期，7 卷 1 期，4 卷 3、4 期）。1933 年至 1934 年，在文华图专任教的美籍和德籍教师有华玛丽、裴锡恩、克若维、殷格荣、盈格兰[③]、格拉基、韩德霖、毕爱达、郝露斯。外籍教师讲授外语和图书馆学专科课程，然而在数量上仍是中国籍教师占绝对优势，特别是抗战爆发前后外籍教师回国，文华图专所有课程均由中国籍教师担任。

在重庆期间，先后担任过专职教师的有：汪长炳、徐家麟、毛坤、汪应文、皮高品、李永增、沈宝环、沈培凤、黄彝仲、何德全、孙德安、李涌泉、何建初、昌少骞及梁建洲。兼课教师有：陆华琛、姜文锦、徐家璧、颜译、毛宗荫、许学源、林祥光、叶祖灏、夏之秋等。1947 年文华图专复员回武昌后，有外籍教师达丽安女士来校任教，其余的都为中国籍教师，除毛坤、徐家麟、李永增和梁建洲等因种种原因另谋他就外，汪应文、沈宝环、孙德安、何建初、昌少骞等随校回武昌。学校又另聘桂质柏、李廉、邬保良、胡伊默、熊景芳、陈尧成、任如松、黄连琴、沈培凤等。1947 年至 1949 年，沈宝环、何建初、汪应文、黄连琴、桂质柏、胡伊默、昌少骞等因故离校，文华图专又先后聘请了田洪都、吴鸿志、汤成武、张遵俭、吕绍虞[④]。1949 年秋季文华图专职员名册详细情况见表 8-1[⑤]：

---

① 黄宗忠. 武汉大学图书馆学系六十年 [J]. 武汉大学学报（哲社版），1980（6）.

② 华玛丽，加拿大温哥华英属哥伦比亚大学教育学士、美国纽约哥伦比亚大学图书馆学校学士，曾在温哥华公立图书馆任职，1935 年嫁与文华中学教员马休林，后辞去教职。

③ 盈格兰，1932 年来校任英文教师，由于已 73 岁高龄，加之患牙病，1933 年 11 月中旬辞教前往北京治病休养。

④ 梁建洲，梁鳣如. 我国图书馆学、档案学专业教育的摇篮——记武昌文华图书馆学专科学校 [J]. 四川图书馆学报，1996（5）.

⑤ 湖北私立文华图书馆学专科学校概况、访问材料、教职员工学生名册、调查表、毕业生历年成绩表 [G]. 湖北省档案馆藏，全宗号：GM7-1-96.

表 8-1　私立武昌文华图书馆学专科学校一九四九年秋季教职员名册

职别	姓名	性别	年龄	籍贯	学历	经历	到校年月	备考
校长	沈祖荣	男	65 岁	湖北武昌	美国哥伦比亚大学理学士，纽约市立图书馆专科学校毕业	曾任武昌华中大学教授及文华公书林馆长	1920 年 1 月	
教务主任	李廉	男	34 岁	湖北罗田	本校本科及清华毕业	曾任科员、助教等职	1947 年 1 月	
教授	田洪都	男	49 岁	山东	武昌华中大学文学士，美国哈佛大学及哥伦比亚大学肄业	曾任图书馆主任专员、副院长、教授等职	1948 年 7 月	
教授	王震寰	男	48 岁	湖北武昌	德国柏林大学化学博士	曾任国立重庆大学、河南大学教授，中华大学校长，国立湖北师范学院院长等职	1949 年 9 月	
教授	张文焕	男	57 岁	湖北黄梅	湖北方言学堂及俄国东方大学毕业	驻西伯利亚总领事及国立湖北师范学院俄文教授	1949 年 9 月	
讲师	吴鸿志	男	42 岁	江苏盐城	本校本科毕业	曾任图书馆股长主任、档案整理员、理事长、总经理	1948 年 7 月	

续表

职别	姓名	性别	年龄	籍贯	学历	经历	到校年月	备考
讲师兼秘书	张遵俭	男	35 岁	河北南皮	本校本科毕业	国立北平图书馆员，中央圕编目股长，南开大学圕编目主任	1949 年 2 月	
讲师	沈培凤	女	36 岁	湖北武昌	国立武汉大学外文系毕业	曾任求精中学富顺县中教员；中大师范学院教员	1942 年 1 月	
讲师兼图书馆主任	孙德安	男	31 岁	江苏江都	本校本科毕业	曾任国立音乐学院圕主任	1944 年 8 月	
讲师	汤成武	男	29 岁	湖北孝感	本校本科毕业	曾任善后救济总署湖北分署档案管理员，汉口市立图书馆编目主任	1949 年 9 月	
助教兼图书馆馆员	张毓村	男	24 岁	湖北云梦	本校本科毕业		1949 年 8 月	
体育教授	曾子忱	男	45 岁	湖北大冶	上海中国体专毕业	曾任芜湖萃文中学、湖北省立中乡师武昌高中教员、农事讲师；省立农学院讲师、副教授、教授；私立江汉纺专教授等职	1949 年 9 月	

续表

职别	姓名	性别	年龄	籍贯	学历	经历	到校年月	备考
会计	彭振华	男	30 岁	湖南新化	湖北省立汉阳高级中学毕业	曾任汉口协和医院会计	1947 年 2 月	
书记	张柏如	男	49 岁	湖北云梦	安陆崇文中学毕业	曾任书记、小学教员、校长	1948 年 2 月	

从上表可以看出，文华图专内部教师队伍的流动性极大，除校长沈祖荣外，教员中仅沈培凤（沈祖荣的女儿）、孙德安（本校本科毕业）的任职时间分别为 7 年、5 年，其他教师任职时间均不超过 2 年，一半以上教师属于 1949 年新聘人员。在中原临时人民政府教育部统计的《专科以上学校教职员调查表》中①，“社会活动”一栏分“政治”、“宗教”、“学术”及“其他”项，据文华图专的 14 份调查表显示，除沈祖荣外，13 名教师有 7 名均是文华图专的毕业生：田洪都 1923 年毕业于文华大学图书科，李廉 1940 年毕业于文华图专，张遵俭 1938 年毕业于文华图专，汤成武 1935 年毕业于文华图专（重庆），吴鸿志 1930 年毕业于文华图专，孙德安 1943 年毕业于文华图专（重庆），张毓村 1949 年 7 月毕业于文华图专图书馆学科，1949 年 8 月留校担任助教兼图书馆馆员。

教师的“宗教背景”一栏，仅有沈祖荣、张柏如、吴鸿志三人写有“中华圣公会基督教”，这与华中大学教职员中大部分是基督教徒形成很大反差，这也是文华图专处于“文华共同体”最边缘的表征之一。吴鸿志、孙德安、张遵俭、田洪都、沈祖荣五人是中华图书馆协会成员。沈祖荣为中华图书馆协会理事，兼中国科学会会员、美国图书馆协会会员（1914—1916 年）。文华图专培养出了大量的图书馆事业人才，其毕业生一直是中华

① 湖北私立文华图书馆学专科学校概况、访问材料、教职员工学生名册、调查表、毕业生历年成绩表［G］. 湖北省档案馆藏，全宗号：GM7-1-96.

图书馆协会的重要组成会员。1936年，“本年七月廿日，中华图书馆协会开第三次年会于青岛，与吾校同学以团聚之机会。协会全体会员一百三十一人，本校同学有二十六人之多，适占全数五分之一”[①]。这也造就了文华图专在近代中国图书馆事业史上的崇高地位，甚至被称为“文华集团”。

中华图书馆协会是政府教育部门所主导的行业组织，中华教育文化基金董事会与之一样，构成了文华图专对外活动和业务往来的主渠道。在西迁重庆期间，建筑新校舍经费多来源于政府机关，“原先购置廖家花园斜坡校址时，购进一栋旧平房，仅可作办公室及一部分教室之用。为坚持抗战到底，乃建造男女宿舍二层楼木结构简易楼房各一栋……值此百物腾贵之际，仅此已成未成几栋房屋，总造价已达十万元以上。此款多在行政院径拨救济费七万元，赈济委员会所拨救济费一万元，中华教育文化基金董事会所给紧急补助费二万五千元项下开支”[②]。这也决定了文华图专内部职权从文华图书科时期由教会到政府的让渡，政府的权力不断渗透到文华图专，其受差会权力的影响逐渐弱化。

相反，华中大学在1938年夏至1946年抗战迁徙期，“教育部补助费几等于零”，“湖北省政府及中华教育文化基金董事会的补助费也完全中止”[③]。长期以来，华中大学“最大的财政支持来自基督教联合会，它不仅资助华中大学西迁云南和以后返回武昌，而且在战争年代里还给了华大决定性的援助”[④]。华大依赖于教会经费来源的状况，与校长韦卓民对基督教大学经费来源问题的看法有很大关联，当然这也可谓“文华共同体”的传统所在。韦卓民认为，“学校的决策控制在那些握着钱袋者的手里。世界上不会有哪些人或团体，平白无故地给我们钱财而不告诉我们怎么去花”。因此，只有

---

① 文华图书馆学专科学校季刊［J］．北京：国家图书馆出版社，2009，8（7）：730．

② 丁道凡．中国图书馆界先驱——沈祖荣先生文集（1918—1944年）［M］．杭州：杭州大学出版社，1991：233．

③ 私立武昌华中大学概况［G］．华中大学档案全宗，案卷号54．

④ ［美］柯约翰．华中大学［M］．黄政辉，译．武汉：华中师范大学出版社，1992：119．

基督教大学的财政资助来自教会机构，才能充分保证基督教大学的“基督教特色”。韦卓民曾著《使徒信经十讲》(青年协会书局发行，1948 年)，书面印章有“华中大学宗教研究小型图书馆”字样，该书系武昌华中大学校长韦卓民博士在校内早祷会之系统演讲，时在民国三十三年十一月廿八日至十二月十三日。这说明在华中大学除了存在大学图书馆外，还为师生信徒开设专门的宗教研究场所，可见华中大学致力于营造学校浓厚的宗教氛围。因为韦卓民深信，“假使有一天，教会大学要靠非基督教圈子来维持，那就岌岌可危了。它们会逐渐脱离基督教的影响，变得同其他高校一样”[①]。抗战期间，两校资金来源渠道的不同成为“文华共同体”在抗战结束后无法实现形式上合一的重要历史潜因。

文华图专的师资从酬金来看可分三类，即国外差会负担、特设教席和本校负担。大部分教师是由文华图专负担酬金的，外籍教师一般由国外的差会支付其薪金；所谓特设教席是由中华文化教育基金董事会出资 3 600 元为文华图专聘请专家开讲座、上课，如 1931 年聘桂质柏教授讲授西文目录学和西文书籍选读，并兼教务处主任。1932 年他转任国立中央大学图书馆馆长后由查修补任。“本校圕学讲座一席，因桂质柏先生暑假中转任国立中央大学圕长，当即函请滞留美国之老同门查修先生继任，查先生已允于九月底可以到校，不意临时发生变故，遂致一时不能返国。”[②] 教师的工资虽然由不同的机构负责，但他们都是为文华图专工作，文华图专是最大的受益者。这种灵活的方式，为文华图专争取到了不少知名学者前来任教，为学校课程的改进注入了活力。“几年以来，本校曾积极物色富有圕学识与经验之留学生为专任教授，现幸已聘得查修博士于本学期开学时到校，担任此席。查修博士为本校第一届毕业同学，在清华圕服务有年，后在美深造五年余，即得圕学士、硕士及博士等学位，现在校任研究暨编撰部主任并

---

① 韦卓民．基督教差会在中国的制度化工作［M］∥马敏．韦卓民基督教文集．香港：香港汉语基督教文化研究所，2000：152．

② 文华图书馆学专科学校季刊［J］．北京：国家图书馆出版社，2009，8 (4)：309．

担任西洋目录学等课程。自兹已往，学校课程之改进，当如旭日东升也。”①

（二）文华图专的师资来源

文华图专的师资来源主要有三部分：

一是由国外差会派遣热心宗教又有一定专业知识的专职教师，如华玛丽、裴锡恩等。文华大家庭即“文华共同体”里拥有一支人数可观的以英语教课的外籍教师队伍。文华图专作为圣公会创办“文华共同体”的一部分，在1949年前，它与差会的联系始终甚为密切，鄂湘教区的主教孟良佐也在文华图专校董的协助下得到差会师资帮助，这是其作为“文华共同体”一部分的重要体现。一般的教会大学“要聘任一位西方教师，通常先由学院院长和中国的管理委员会提出某一学科的教师的请求；差会在可能范围内总是同意的，并常常指定在国外的传教士或新到中国的传教士担任；然后，再由西方的董事会正式任命。教师的薪金仍由差会支付。如果教师不能胜任，那么学校将尽可能地将按照各个教师的能力重新分配教学任务，以使全部课程都能开出。对国内差会来说，教会大学的主要目的仍是传播福音，并不像传教士那样感到有迫切提高教师专业水平的必要，同时差会也指出满足这一要求的困难”②。可见，在华教会大学里，能真正高质量满足教学需求的外派教师不易聘到，学校与差会之间保持了一种互相妥协的关系。文华图专对于外籍教师的聘请也遭遇类似情况，“本校早有利用前韦棣华女士基金预算添聘美籍教授之意，惟前约二人，一因体弱医生禁远行，一则年龄过大，圣公会差会碍难委派。现又聘定柯小姐（Miss Croswell）及殷小姐（Miss Ingram）二人”③。白齐茹的《沈祖荣与文华图书馆学专科学校》一文对外籍教师作了如下阐述：

---

① 文华图书馆学专科学校季刊［J］. 北京：国家图书馆出版社，2009，8（4）：457.

② ［美］杰西·格·卢茨. 中国教会大学史（1850—1950）［M］. 杭州：浙江教育出版社，1988：176.

③ 文华图书馆学专科学校季刊［J］. 北京：国家图书馆出版社，2009，8（4）：309.

在记录里第一位教师是加拿大籍的瓦茨小姐（Mary H. Watts），接替她的布思小姐（E. Eeanor Booth）是一位传教士的后代，她在美国西北大学接受大学教育，并在伊利诺斯大学取得图书馆学位，1934年申请来到文华公书林工作，同样来自伊利诺斯的菲利浦斯（Grace Darling Phllips）在经历了一个较长阶段，包括设立芝加哥 Davinity School 图书馆工作之后来到文华，她作为基督教信徒中任圣职的牧师，常常乐意教会的传教工作，1934 年她在文华图专授课。布思小姐虽不是一位十分好的图书馆学生，但却教授参考工作（是她学习中最厌烦的一种课目），书籍选择，目录学，图书馆史，法语和英语，她从未在一所图书馆工作过，她以菲利浦斯小姐多年的专业经验为指导，尽管她并不教授她向往的课程，她在到校的第二天就开始上课：“沈先生冷静地告诉我教什么，他用一份‘每个课程包含什么，那上面都有说明书’，指示我各个班的教学进程，他对我在瞬息间决定能教的课程似乎没有一点怀疑，我也无心要他知道事情。”沈先生总是要求像他自己一样不知疲倦地为中国图书馆事业努力工作。[①]

文华图专也聘得不少学识、经验均很出色的优秀外籍教师，如1936年，“本校美籍教员裴锡恩女士，因病回国。本校改聘为美国郝露斯女士（Miss Ruth A. Hill）代替其位置。郝女士为华盛顿大学图书馆学学士，并在纽约公立图书馆、西班牙山洛利塔图书馆及巴黎图书馆等处担任重要职务多年。学识经验，两均丰富”[②]。尽管有不少外籍教师，但是文华图专始终以中国籍教师为教学的主力，这削弱了学校对于外籍教师的依赖性，也削弱了差会对学校的控制。从这一点可以看出，文华图专从其立案之日起就越来越本土化、世俗化和专业化。

二是外聘名师。文华图专也聘请一些博学之士到校兼课，如 1930

---

① 陈传夫. 文华情怀——文华图专九十周年纪念文集［M］. 武汉：武汉大学出版社，2010：127.

② 文华图书馆学专科学校季刊［J］. 北京：国家图书馆出版社，2009，8（7）：727.

年，“本期所添科目，除由沈祖荣先生、毛坤先生、徐家麟先生兼任圕行政学，中文书选读，特别圕外，其他两门，均特聘专门教授。中国版本学由武汉著名藏书家徐行可先生担任，而索引法则由罗晓峰先生担任之”①。1931 年，“本校为求适应国际之需要，特添设日文及法文课程。除法文学程，由本校学生到华中大学合办上课外，特聘在日本东京帝国商科大学毕业之高伯勋先生为日文讲师”②。1932 年，“本校校务本学期益呈振作之象，课程方面大加扩充。学生除同时须学三种应用外国语外，又添设版本学及金石学，为以前所无”。同时，为适应社会对圕学人才逐渐细化的要求，“学校鉴于收藏古物善本，有关文化，迩来各大圕多有金石部、善本部等之设立，提倡专设博物馆、古物馆者亦大有人在，而此项专门人才甚感缺乏，爰于上学年度将终时，即聘湖北金石学专家易均室担任金石学及版本学课程，意在同学将来服务圕界时，或可收藏古物鉴别版刻之一助。易先生收藏古物，极为丰富，对于鉴审考据，尤为精邃。其继室万灵蕤女士尤工金石拓墨，故积年所见古物，皆有拓本，以是较他人以财力购得者，尤为赅博。万女士为清季金石家瑞安黄绍箕学使之甥，传古之术，甚有渊源，时亦来传授拓法。易先生前在日本早稻田政治经济科毕业，曾任湖北省立圕馆长，故既谙习日文，而于圕事业，亦深有兴趣云”③。特聘请湖北金石学专家易均室与其擅长于金石拓墨的夫人讲课。1935 年，“本校法文教员原系瑞典韩德霖先生。本年暑假韩先生返国。现本校已聘请张春蕙先生担任该课矣。张先生系法国黎耳大学硕士，留法数年，学识经验俱丰富，学校诚庆得人。张先生现供职武昌天主堂，并兼任武昌光华报主编云”④。

1939 年，文华图专西迁重庆后，沈祖荣校长恐因学生生活感觉枯燥，

① 文华图书馆学专科学校季刊 [J]. 北京：国家图书馆出版社，2009，8 (2)：137.
② 文华图书馆学专科学校季刊 [J]. 北京：国家图书馆出版社，2009，8 (3)：502.
③ 文华图书馆学专科学校季刊 [J]. 1932，4 (3/4).
④ 文华图书馆学专科学校季刊 [J]. 1935，7 (3/4).

爰聘请各专家担任临时讲席，讲题由沈祖荣先生根据学生有关之课程，自为拟定，藉资启迪，先后被请讲演者有：“一、陈东原讲《书院藏书之沿革与图书馆之使命》、《省立图书馆与地方文献》，二、洪范五讲《大学图书馆行政》，三、蒋慰堂讲《中央图书馆之使命》，四、岳良木讲《战时图书馆工作实施计划》，五、王文山讲《人事制度》，六、彭道真讲《英国图书馆概况及图书馆训练》，七、边燮衡讲《战时出版事业情况》，八、萧一山讲《海外图书馆所藏中籍概况》，九、杜刚白讲《经书研究图书馆分类编目问题》，十、黄汲清讲《地质文献》。”（《文华图书馆学专科学校消息四则》，《中华图书馆协会会报》14 卷 5 期，第 15 页）

三是文华图专的历届毕业生。文华的优秀毕业生留校后承担了大部分专业课的教学。当时毕业于文华图专的图书馆界知名学者，大多在母校执过教鞭。1926 年 7 月毕业的陈普炎[①]、1928 年秋毕业的毛坤、1935 年 7 月本科第 11 届毕业生汪应文[②]和 1950 年毕业的汪柏年、张毓村等都是毕业后随即留校任教。另有许多毕业生离校数年后又回校任教，如 1928 年的白锡瑞[③]、1930 年的徐家麟和钱亚新[④]，1932 年至 1933 年皮高品回校任研究部编辑，完成《中国图书分类法》，1935 年又再度回校任教。据 1930 年 3 月的文华图专同学录记载，当时 55 名文华图专校友中就有 14 名正在文华任职，他们是：罗基焜、白锡瑞、徐家麟、毛坤、陈颂、刘华锦、曾宪文、李继先、周廷宽、耿靖民、徐家璧、陶述先、吴鸿志和房兆楹，其中罗基焜、白锡瑞、徐家麟和毛坤除任文华图专教员外，还分别兼任文华公书林的流通部、西文部、参考部和中文部的主任[⑤]。来自不同渠道的教师通力合作，共同为文华图专的发展作出了贡献。

---

① 陈普炎，1930 年离校。广东人，历任文华公书林、国立武昌大学、广州中山大学、广州岭南大学图书馆编目主任，1935 年病逝。

② 汪应文，1948 年另就《华申日报》主编，仅在校兼课，1949 年离校。

③ 白锡瑞 1932 年离校。

④ 徐家麟 1947 年离校。

⑤ 文华图书馆学专科学校季刊 [J]. 1930，2 (1).

文华图专的师资从资历上看水准较高，特别是专业课教师或是留美回国的学生，或是在图书馆界有相当知名度的学者。早期的沈祖荣和胡庆生都是留学美国者（1914 年沈祖荣、1917 年胡庆生分别赴美在纽约公共图书馆学校攻读图书馆学），后期文华图专相当多教师也到美国深造过，如查修 1933 年 2 月在美国获博士学位，汪长炳 1936 年在美国获硕士学位。文华图专也鼓励本校青年教师出国留学，1935 年曾出资送徐家麟赴美入哈佛大学留学。文华图专建立之初就力图仿效纽约州立图书馆学校来办理。这些在美国学成后回校任教的教师使得文华图专在办学风格上更加接近美国，他们从国外也带回了有关图书馆教育、图书馆学和图书馆事业的最新发展动态和科研成果，让文华图专始终紧跟国际图书馆界的发展步伐，以在国内图书馆界始终保持领先地位。

文华图专的很多教师都是图书馆学领域的专家，专业水准高。例如，沈祖荣在近代中国率先将杜威十进分类法引入中国，并第一个编制了中文新型分类法。1917 年他与胡庆生合撰出版了《仿杜威十类法》一书。此后出现的“补杜法”、“改杜法”均为文华图专教师的成果，如查修曾出版《杜威书目十类法补修》。皮高品 1934 年写的《中国十进分类法》影响颇大。毛坤是研究目录学的专家，对西文目录与中文目录均有研究，并力图以中西结合的方式研究目录学。钱亚新专攻索引和拼音著者编制法。另外，文华图专的教师在图书馆应用和管理、图书订购、采编和排例以及参考、书目等方面均有相当研究。20 世纪 20 年代在图书馆界涌现出来的图书馆学名家，很多都是文华图专的教师，如沈祖荣、胡庆生、裘开明、蒋复璁、皮高品、吕绍虞、汪长炳、查修、桂质柏等。高水准的文华图专教师当时多被其他开展图书馆教育的学校所邀请，或长期执教，或临时讲学。如上海国民大学图书馆学系主任杜定友，曾特请沈祖荣、李小缘和洪有丰等讲学。国立社会教育学院图书博物馆学系主任汪长炳，曾聘徐家麟、严文郁、皮高品和岳良木等任教授。

第二节　学　生

为了保持基督教的性质和特征，教会大学的学生大多来自教会中学。但越到后期学生来源越广，越不限于此。这从一个侧面反映出中国民族主义的冲击和国立大学的增长给教会大学带来的影响。尽管如此，各教会大学的生源情况仍有所不同。相较而言，燕京、金陵、齐鲁等规模较大的教会大学，学生主要来自全国各地，而福建协和、之江、华中、岭南、华西协合等规模较小的教会大学，则主要以当地学生为招生对象。为鼓励教徒子女学习，教会大学对于出身基督徒家庭的学生有优惠政策，如圣约翰、东吴、金陵和沪江等教会大学对基督教牧师和其他宗教工作者的子弟及预备做牧师的学生提供贷款和奖学金，以保证学校有20％～25％的学生来自基督教徒家庭[①]。岭南大学校章中明确规定：“凡在基督教团体服务者，其儿女来学均免收学费(膳宿等费仍照缴)。其他学生之必需经济援助，而成绩优异或操行良好者，则酌予助学金，此为一种借款性质，订明于毕业后偿还半数或全数，或另订服务条件。”[②]

教会大学对于学生的入学条件均有严格规定，一般都要参加入学考试。如震旦大学规定：“如由他校来求入高等科者，须按本院预科各科目，一一考验。须证其于各科学初级，具有门径。”[③] 圣约翰大学有专门的“报考及录取之程序”章程，要入该校正馆读书，“须于备馆之第四年各项功课考得均中数七十分，如有一项在六十分内，须经复试，将此项分数补足，方为合格”[④]。

---

① ［美］杰西·格·卢茨．中国教会大学史（1850—1950）［M］．杭州：浙江教育出版社，1988：157.

② 岭南我岭南［J］．岭南通讯，1958（16）.

③ 震旦学院章程［M］//朱有瓛，高时良．中国近代学制史料（第四辑）．上海：华东师范大学出版社，1993：49.

④ 圣约翰书院章程［M］//朱有瓛，高时良．中国近代学制史料（第四辑）．上海：华东师范大学出版社，1993：439.

（一）招生章程的渐变

文华在1941年以前招收的正科学生，多为华中、燕京、金陵、辅仁、齐鲁等教会大学以及在东北大学、四川大学等国立大学肄业两年以上的学生，受教育程度相当高。1934年文华图专录取的12名正科学生中，来自江苏的有4人，河北的3人，安徽的2人，山东、湖南、湖北的各一人。其中5人为大学毕业生，7人为大学肄业二年级生。而出身私立大学的8人，官立学校的4人[①]。1928年，文华图专“因资格及程度限制甚严，且考试认真，故录取者仅十二名。学生等均来自国内有名之大学，如北平之清华大学、燕京大学及师范大学，武昌之华中大学，长沙之雅礼大学，上海之复旦大学及沪江大学，广州之中山大学等处。现已到校受课者，有徐家璧（湖北）、曾宪文（湖北）、刘华锦（湖北）、耿靖民（湖南）、陈颂（湖南）、陶述先（江苏）、吴鸿志（江苏）、李继先（浙江）、周连宽（广东）九人”[②]。

1935年文华图专正科的9名学生，有辅仁大学西洋语文系、东北大学英文系和河北省立女子师范学院英文系的毕业生各1人，其余6人为齐鲁、金陵女子、之江、东吴、华中和川大等大学肄业二年级生。其中来自国立大学的有3人（东北大学、四川大学、河北省立女子师院），私立学校的6人。男女生比例为6∶3，3名女生分别来自之江大学、金陵女大和河北省立女子师院[③]。

1938年文华图专迁渝后招收学生9人，“该校廿七年度专科一年级新生入学试验，因筹备不及，延至十月廿四五两日举行，招考处设重庆、成都、昆明、汉口四处。除汉口因时局突变未能举行外，其余三处均有学生投考，计录取蒋观瀛等九人（到校注册者七人）。同时国立中央图书馆函送馆员李

① 文华图书馆学专科学校季刊［J］. 1934，67（3）.

② 中华图书馆协会会报［J］. 北京：国家图书馆出版社，2009，4（3）：24.

③ 文华图书馆学专科学校季刊［J］. 1935，77（3/4）.

鼎芳、钟静夫二人到该校选修课目。现新生中计有大学毕业者五人，大学肄业二年以上四人”[①]。

文华的学生从学费来源上分为自费生和免费生两大类。所谓自费生指自己承担 3 年学费及生活费用的学生；免费生指由政府、社团、单位或私人提供费用，资助完成学业的学生。文华的免费生由于经费来源的渠道和选送的资格不同又分为助学生、公费生、保送生、资送生、特别生和私人资助生数种。助学生指中华教育文化基金董事会资助的图书馆学学生，多为文华正科学生。中华教育文化基金董事会鉴于中国图书馆学专门人才缺乏，于 1926 年 2 月决议自同年 8 月起每年设图书馆学助学金 25 名，每名资助国币 200 元（其中 170 元为学膳宿费，另 30 元分四期发给充杂费），委托文华图书科办理。助学生成为每届文华图书科和图专学生人数最多的一类学生。助学生的招收有严格的考试制度，1926 年 6 月 8 日中华教育文化基金会董事会函请中华图书馆协会会同文华图书科办理招生事宜，共同制定《中华教育文化基金董事会图书馆学助学金规程》和《招考图书馆学免费生规程》（全文如下）。中华图书馆协会推荐戴志骞、刘国钧与文华图书科教师组成考试委员会，在北京、南京、上海、武昌、广州五地公开面向全国各大学招收学生。文华图专立案后，考试科目从 1930 年起增考党义。

中华教育文化基金董事会图书馆学助学金规程

中华教育文化基金董事会启　六月八日

第一条　本会为提倡图书馆学起见，自民国十五年八月起，每年设图书馆学助学金额二十五名，每名国币二百元，至十八年六月止，由本会委托武昌华中文华图书科给予之。

第二条　凡欲得助学金者，须具有下列各项之资格：

---

① 中华图书馆协会会报［J］. 北京：国家图书馆出版社，2009，13（5）：121.

（一）有关于图书馆事务之经验或兴趣者。

（二）至少大学本科二年级程度肄业期满成绩及格者。

凡具上项资格者，皆得报名应入学考试，考试地点在北京、南京、武昌、上海、广州五处。

第三条　入学考试，由本会委托中华图书馆协会与武昌华中大学文华图书科合组考试委员会执行之。

第四条　凡试验及格者，须按照武昌华中大学文华图书科所定课程，在该校选习，并须填具志愿书，声明毕业后愿服务于图书馆事业。

第五条　每年给予之助学金，应按照投考者省籍，略采均用输递。

第六条　助学金额如本年不得相当之人，则宁缺毋滥，此项学额所存之款项，应留为下学年之助学金额。

招考图书馆学免费生规程

中华图书馆协会　武昌华中大学文华图书科

（甲）学额

中华教育文化基金董事会为提倡图书馆学起见，本年在武昌华中大学文华图书科设图书馆学助学金额二十五名，委托本会、科合组考试委员会执行招考事宜，被取录者照给助学金。（此项助学金每人每年二百元，其中一百七十元为学膳宿费，余三十元分四期发给充杂费。）

（乙）资格及程度

凡欲得助学金者，须具下列各项资格。

（一）有关于图书馆事务之经验或兴趣者。

（二）至少在大学本科二年级肄业期满成绩及格者。

（三）须身体强健，品行端正者。

（丙）凡具有上项资格者须经入学试验，试验科目列下：

（一）国文

（二）英文

（三）历史（本国史及西洋史）

（四）物理、化学

（丁）课程

凡试验及格者须按照武昌华中大学文华图书科所定课程在校肄业两年，肄业期满考试成绩及格者给予图书科证书。（注：大学毕业生在一年内能将图书科课程习毕者，经考试委员会核准得于一年内毕业给予图书科证书。）

（戊）报名须知

（一）考生须向武昌华中大学文华图书科报名。其报名各项格式须函附邮票十分，就近向北京石虎胡同中华图书馆协会及南京东南大学、上海南洋大学、武昌华中大学、广州广东大学及各图书馆索取之。

（二）考生须将各项证书样式详细填注并请其原肄业所在学校之校长或教务长签字证明。

（三）考生须将修业或毕业证书或转学成绩证书寄来备验。

（四）考生须缴费二元由所在邮局汇至武昌文华图书科。

（五）各项证书及考费至迟必于七月五日以前一并挂号寄到武昌华中大学文华图书科以便审查。

（六）审查后认为所填不符或程序不合不能准考者，当即函告并将考费及证书一并退还，但履历书概不退还。

（七）审查后认为合格者即寄与准考证一纸，以为届时应试之凭证。凡准考以后无论应考与否、取录与否，考费、履历书及相片概不退还。

（八）考生应交本年所照四寸半身照片二张，一粘履历书，一粘履历书副张。

（己）试期及地点

本年考试定于七月二十日起在北京、南京、上海、武昌、广州五处同时举行，考生须于报名时认定一处，认定后不得更改考试地址，当于寄与准考证时同时通知。

（庚）入学须知

（一）考生于考取后须请著名西医检查身体并在所备之体质证书内详细填注签字，医生出身一并注明，于到校前缴纳。

（二）新生入校前应填写志愿书并请在武昌或投考地，觅取能负一切责任二人为正、副保证人出具保证书。

（三）各生须自备书籍文具及由投考地至武昌之舟车等旅费。

1933 年，中华教育文化基金会资助的专科班和各省资助的民众班联合招考。其中，“招考专科班新生 15 名，两年毕业，凡在立案大学修业二年期满，持有合格之成绩证书，而身体健全，具有图书馆学兴趣者，皆可投考；招考民众班新生十五名，一年毕业，凡在立案高级中学毕业，且在图书馆服务二年以上者，皆可投考；惟本年只在山西、陕西、甘肃、四川、云南、贵州、广西及本校八处举行入学考试”①。专科、民众两班自费新生只在武昌本校举行考试。考试共同科目为党义、国文、英文三科以及口试，专科班另外在物理、化学或社会学、经济学中任选一组应试；民众班考中国文化史。还规定各科平均分数在 70 分以上方有资格享受助学金，60 分至 70 分之间的只能自付学费。

为保证受助学生投身于图书馆事业，录取者均要填写志愿书，声明毕业后志愿服务于图书馆事业。1926 年最后录取了钱亚新、王慕尊、沈晋升、李哲昶、汪缉熙、郑铭勋、于熙俊、李先言、毛坤 9 名正科学生。钱亚新在《投身图书馆界第一步——回忆我的老师杜定友先生》一文中回忆道：“1926 年 5 月我看见校内布告栏里武昌华中大学图书科招生广告。广告中除说明该科的沿革和招生宗旨外，提出的报考条件，要在大学肄业二年以上，考试科目有六门，要五门用英语回答。考取后学习期限为两年，待遇则免缴学、膳、宿、书籍学费。”② 1928 年再次招生时，助学金额提高为每名资助国币 250 元。该年录取了

① 中华图书馆协会会报［J］. 北京：国家图书馆出版社，2009，8（6）：25.

② 文教资料简报［J］. 1984（5）.

12名学生，最终报到的有9人：徐家璧、曾宪文、刘华锦、耿靖民、陈颂、陶述先、吴鸿志、李继先、周连宽。文华图专立案后，1930年录取了钱存训、徐亮、朱瑛、朱用彝、张葆箴5人。1931年录取了于震寰、吕绍虞、吴光清、陈季杰、陈鸿飞、童世纲、张佩芬、赵福来8人。1933年录取了汪应文、李永安、戴镏龄、黄元福、熊毓华、李景新、张鸿书、彭明江8人。1934年录取了王铭悌、杨漪如、蒋元、唐月萱、胡文同、李永增、顾家杰、顾泽、胡延钧等11人。1935年，有28人报考，录取了14人，实际到校的只有9人：刘济华、廖维祐、吴尔中、杨承禄、杨桂籍、黄作平、张行义、黄慕龄、彭道襄。1936年实际到校学生为陈友潜、程时学、蓝乾章、王溶、李启寿、熊飞江、任宗炎、姜文锦、张遵俭、张正鹄10人。除了1927年、1932年因战事停招外，从1926—1936年的十年间，文华图书科和图专共招收由中华教育文化基金会董事会资助的学生91人。

公费生指由政府部门出资在文华就读的学生，公费生抗战前多就读于文华图专的讲习班。1930年，文华图专举办了第一期讲习班，其中公费生有14人（总数16人，有2人为自费生）。学生有李絜珍、喻友信、邓衍林等人。1933年文华图专在晋、陕、甘、蜀、云、贵、广、鄂等处招收10名公费生就读二期讲习班（也叫民众班），他们是：蔡国铭、李尚友、刘子钦、李仲甲、余炳元、曹钟瑜、丁濬、程美源、于子强、袁仲灿。1936年在鄂、湘、陕、甘、豫、皖、苏、浙、闽等省招收10名公费生就读三期讲习班，计有韩宗唐、胡寿宝、邱亦高、雷甲荣、张鉴、章作人、刘铨远、章达夫等。1939年又招收了12名公费生就读四期讲习班。抗战时，文华图专公费生的名额增加为图书馆专科和档案管理科各20名，公费分为甲、乙、丙三种，由100元至300元不等，后又分为“甲、乙、丙、丁四种等第。(甲种每年四百元，乙种三百元，丙种二百元，丁种一百元）新生依录取成绩，旧生依学行成绩而给予之，含有奖学意味”①。1937年秋季，文华图专

① 沈祖荣. 私立武昌文华图书馆学专科学校近况［J］. 中华图书馆协会会报，1942，16(3/4).

招生简章全文如下①：

私立武昌文华图书馆学专科学校招生简章

一、免费新生

（甲）宗旨

本年度中华教育文化基金董事会委托中华图书馆协会及本校招考专科班免费新生十名。国立北平图书馆馆长袁守和先生委托本校招考免费新生一名，共十一名，以促进中国图书馆学教育及造就管理图书馆之适当人才为宗旨。

（乙）学额及资格

本年招考免费新生十一名，两年毕业，凡在立案大学毕业或修业二年期满，持有合格之成绩证书而具有图书馆学兴趣者皆可投考。

（丙）报名日期及手续

(1) 报名日期自七月二十六日起至七月三十一日止，各招考处分别同时举行。

(2) 报名者武昌向昙华林街本校教务处；北平向中海增福堂中华图书馆协会；南京向国立中央图书馆筹备处；上海向中心区上海市图书馆；广州向国立中山大学图书馆；成都向国立四川大学图书馆各招考处报名。

(3) 招考生须将以下各项交就近之招考处备验。

A. 大学毕业证书或大学肄业二年以上成绩证书

B. 本校规定之体格检查表（先向招考处领取再至招考处指定之医生处检验）

C. 最近四寸半身相片三张

D. 报名费一元、检查身体费一元

---

① 中华图书馆协会会报［J］. 1937，12（6）：54-55.

(4) 凡检验身体而未准考，准考而未来应考及应考而未经取录者，除证书外概不退还。

(丁) 试验科目及时间

(1) 科目。

大学已毕业者只考国文、英文及口试；大学未毕业者考国文、英文、中外史地、各科常识及口试。

(2) 时间。

八月二日上午九时至十二时考试国文（包括中国文学史），下午一时至四时考试英文（包括英国文学史），四时至五时大学已毕业之投考生口试。八月三日上午九时至十二时考试中外史地，下午一时至四时考试各科常识，四时至五时大学未毕业之投考生口试。各招考处分别同时举行，考生于报名时选定一处应考，选定后不得更改试场，地点临时通知。

(戊) 取录入学与费用

(1) 入学考试各科平均分数须在七十分以上者方能及格，七十分以下六十分以上者得自费入学，凡七十分以下六十分以上愿自费入学者报名时须注明之。

(2) 凡曾应试者无论录取与否，本校当一律于八月底分别专函通知之。

(3) 凡经取录者务于本校开学前一日来教务处办理入学手续，填写入学志愿书，缴纳费用，并在武汉觅取能负一切责任之保证人一人出具保证书方准入学，迟到者每日罚洋一元，但以一星期为限，过此不得入学。

(4) 凡经取录者入学时须缴其立案高中毕业证书备验，但在立案大学毕业领有毕业证书者，其高中毕业证书可以不缴。

(5) 各生除自备来校之旅费及在校之各项费用外，每学期开学时须缴纳学费五十元，食宿费五十元，杂费五元，租书费五元，又制服费五元（入学时缴纳多退少补），免费生由补助者每名每年给洋二百元以供上项费用之需，不足者由学生自己补足之。

(6) 凡免费生在校之学年总成绩平均分数在七十分以下者取消其享受免费之权利。

二、自费新生

（甲）自费新生名额暂不规定

（乙）入学考试各科平均分数以在六十分以上者为及格

（丙）一切费用须自行缴纳

（丁）遇免费生因成绩不良遣出有免费额时，得以自费生之成绩优良者提补之

（戊）自费生第一年读毕后，有依照章程请求本校北平同学会奖金之权利

（己）其余一切与投考免费生同

从以上招生章程之规定，可以发现文华图专在公费生与自费生上，采取了较为“能上能下”的变通管理办法，通过入学考试成绩来初步决定学生为免费生还是自费生，在入学后对免费生采取更为严格的考核办法，如“凡免费生在校之学年总成绩平均分数在七十分以下者取消其享受免费之权利”，目的在于敦促其勤奋学习。对于自费生也有相应的激励办法，如“遇免费生因成绩不良遣出有免费额时，得以自费生之成绩优良者提补之”，以及“自费生第一年读毕后，有依照章程请求本校北平同学会奖金之权利”。文华图专因学校学生人数相对较少，在奖学金发放上更具有普惠性质和照顾意味，“文华图专的奖学金也是值得一提的，在一般的学校，能够得到奖学金的，除了成绩做好的甲等一、二、三名外，其他大多数的同学们就没有了，但在文华图专却不同，除了考试不及格或退学的以外，凡是考得六十分的丙等也是有奖学金，只不过少一点罢了。以上学期（1945 年）来说，甲种奖学金是一万元，乙种奖学金是八千元，丙种奖学金是六千元，同时

这种奖学金的数目，也是随着物价的涨落来增减的”[①]。

1925年中华图书馆协会成立，标志着新图书馆运动达到了高潮，从此中国进入了图书馆建设的黄金期。各类型图书馆的普遍设立刺激了对图书馆员专门人才的需求。1933年，中华图书馆协会为推广图书馆教育，加大了对图书馆学教育免费生的培养力度，“本会执行委员会前曾根据年会会议决案，呈请教育部指拨的款于北平设立圕学专科学校，并再令各国立大学添设圕学专科，嗣又函请江苏省立国学圕、河南圕、国立北平圕、山西公立圕、湖南省立中山圕、广西省立第一圕、江西省立圕附设圕学讲习所，通函各省教育厅、各市教育局、社会局或管理公署，每年考选圕学官费生，以期广育专门人才。案查吾国圕事业日趋竞进，而圕专门人才殊感缺乏。国内如武昌文华圕学专科学校，南京金陵大学圕学科，历年毕业者分布于各地，仍有供不应求之势，推其原因，前往就学者为数甚少，欲期人才辈出，非由官厅特予奖诱不为功。顷本会举行第二次年会于北平，决议函请各省市教育厅自二十二年度起，每年考选二人，分送国内各圕学校读书，其学膳宿费由省教育费中指拨，以期广育人才”[②]。这种公费培养模式反过来也极大地促进了包括文华图专在内的图书馆学教育机构的发展。

在这种背景下，文华图专作为国内最早开办图书馆学的专门教育机构，自然吸引了大量由各地大学或图书馆派送来学习图书馆学课程的学生，其费用或由中华教育文化基金会出资，或由政府补助，或由选派单位全部负担，他们通常被称为特别生、保送生和资送生。1932年7月，华西协合大学派送其毕业生邓光禄来文华图专学习，因1932年文华图专停招学生，所以破例允许他为“特别生”，在文华图专学习一年。1933年广州协和神学校利用中华教育文化基金会名额，选送李景新就读文华图专正科，国立北平图书馆由政府出资选送丁濬在文华图专二期讲习班就读。同年，由政府出资，浙江省立图书馆保送程长源、于子强也在二期讲习班就读。而云南省立昆华图书馆保送的秦建中则就读于文华图专的正科，主要是因为1933年

① 刘一青. 中国唯一的文华图专 [J]. 知识，1945 (4).

② 中华图书馆协会会报 [J]. 北京：国家图书馆出版社，2009，9 (3)：18-19.

国立北平图书馆袁守和馆长为纪念其母①，特在文华图专设免费学额一名，以志孝恩，并订立了《袁母韩太夫人免费学额简则》，1933 年和 1936 年各招了1 名学生。上海国民大学图书馆学系也招收过 10 名特别生，为方便他们上课，还特别将专门课程完全安排在周六和周日晚上。1933 年文华图专北平同学会还出资设立了一名免费生名额。

1926—1936 年，文华图专各类免费生的情况见表 8-2：

表 8-2 文华图专各类免费生情况

名称	出资方	就读形式	1926年	1928年	1930年	1931年	1932年	1933年	1934年	1935年	1936年	合计
助学生	中华教育文化基金会	正科	9名	9名	5名	8名		9名	11名	9名	12名	72名②
公费生	鄂湘川陕甘渝皖苏浙闽	讲习班			14名			10名			10名	34名③
特别生	四川华西大学	进修					1名					1名
私人资班	文华图书馆北平同学会	正科					1名				1名	2名
	北平图书馆袁同礼	正科					1名					1名
总计			9名	9名	19名	8名	3名	19名	11名	9名	23名	110名

---

① 袁同礼（1895—1965），字守和，河北徐水县人。著名图书馆学专家，1927 年毕业于美国哥伦比亚大学，1945 年获美国匹兹堡大学法学博士；曾任北平图书馆馆长 20 年之久，长于文献学、目录学；编辑有《永乐大典》现存卷目、《西方文献中的中国》（1958 年）、《美国图书馆馆藏关于中国的俄文著作：1918—1960》（1961 年）、《1905—1960 年中国留美学生博士论文目录》（1961 年）等。

② 包括 1933 年广州协和神学校资送生李景新，云南省立昆华图书馆保送生秦建中。

③ 包括 1933 年国立图书馆资送生丁濬、浙江省立图书馆保送生程长源和于子强。

资料来源：宋建成．中国图书馆协会［M］．台湾：育英社文化事业有限公司，1980：143-146.

表中包括蓝乾章、张正鹄、张遵俭、陈友潜、程时学、胡宝康、李启寿、王溶、张桂森、任宗炎、熊飞、陶维勋12人。

（二）毕业生主要流向

教会大学在20世纪20年代中期以前一般规模都不大，学生人数也有限。据记载，1900年以前，所有教会大学每年入学总人数不到200人，直到1926年，教会大学入学总人数才超过3 500人①。而在毕业生方面，1900年以前，所有教会大学毕业生总数不过233人。1921—1924年四年间，教会大学人数有所增加，其毕业学生有935人②。教会大学虽然后期扩大招生，但总体而言培养出来的人相对来说还是不多。早期教会大学毕业生多从事宗教工作，如牧师、传教士助手和基督学校的教师。后期教会大学的毕业生因精通外语，受过新式教育，很容易在商界、政府机构和各类学校谋到职位，进入教会大学读书成为许多中国学生家长为其子弟日后顺利升迁的一种投资。事实上很多非基督徒家庭出身的学生往往一旦学到足以谋职的知识，不等毕业便辍学到银行、海关、邮政等处任职。教会大学的毕业生除齐鲁、之江和华中外，毕业生当牧师和从事宗教工作的并不多，大多数学生因受到较严格的专业训练，大多从事专业技术工作，如教师、医生、工程师和律师等，进入政府部门和从商的比例也不少。如华西协合大学、齐鲁大学医学院和北京协和医学院的毕业生，在医学界表现出色。金陵大学农学院毕业生在农林界出类拔萃，1947年北京大学农学院一半以上的教员毕业于该校农学院。1983年出版的《中国现代农学家传》共收录了54位农学家，其中有18位是金陵大学历届毕业生。燕京大学新闻系毕业生很多已成为各类报纸杂志主笔和国际通讯处、西方报社驻中国办事处的负责人。在

---

① ［美］杰西·格·卢茨．中国教会大学史（1850—1950）［M］．杭州：浙江教育出版社，1988：468-469.

② 徐文台．关于收回教育权［J］．民铎，1926，7（3）.

通商口岸的工商界也有很多教会大学毕业生身居要职，特别是圣约翰、东吴等教会大学的毕业生。此外，教会大学的毕业生还在教育界发挥了重要作用①。教会大学的毕业生不仅在教会学校教书，而且成为国人自办各类学校的一个重要师资来源。其中圣约翰大学、金陵大学等校毕业生在公立学校任教职尤多。

教会大学的学生由于运用英语的良好能力而在庚子赔款奖学金选拔中长期处于优势地位。初期庚款留学生大多数在教会学校学习过。1919 年在上海举行的留学考试中，共录取了 31 名考生，其中 26 名是圣约翰大学的学生。同年在广州举行的考试，6 个奖学金名额中 5 个为岭南大学学生，5 名候补者中有 3 名为教会大学生。1917 年清华出版的《留美归国学生人名录》中，401 名学生中有 132 名在教会大学受过全部或部分高等教育，24 名以上在教会中学学习过②。文华图专是一所袖珍型的学校，其前身文华大学图书科第一届毕业生仅 6 人，除了 1949 年 7 月毕业生有 29 人，1953 年 2 月毕业生有 27 人外，其他每届毕业人数都不超过 20 人。文华历届本科、专科和讲习班毕业生人数统计情况见表 8-3、表 8-4、表 8-5。

表 8-3　本科毕业生人数

毕业年份	届别	男（人）	女（人）	小计（人）
1922	1	6		6
1923	2	7		7
1924	3	5		5
1925	4	7		7
1926	5	8		8
1927	6	4		4

① 狄考文早在 1911 年给美国差会总部提交的大会馆升格为大学的报告中，就坦言：“教育的重要性是为教会提供较为可靠的教师，为教会提供教师，通过他们把西方的优良教育介绍给中国。”

② 梁建洲，梁鳣如. 我国图书馆学、档案学专业教育的摇篮——记武昌文华图书馆学专科学校 [J]. 四川图书馆学报，1996 (5).

续表

毕业年份	届别	男（人）	女（人）	小计（人）
1928	7	8	1	9
1930	8	7	4	11
1931	9	5	3	8
1933	10	6	3	9
1935	11	9		9
1936	12	4	5	9
1937	13	4	3	7
1938	14	9	1	10
1939	15	2	4	6
1940	16	4	3	7
1942	17	4	4	8
共计	17	99	31	130

表 8-4　专科毕业生人数

毕业年份	届别	男（人）	女（人）	小计（人）
1943	1		7	7
1943	2	1	5	6
1944	3	5	6	11
1945	4	3	1	4
1945	5	5	3	8
1946	6	4	4	8
1947	7	6	10	16
1947	8	5	10	15

续表

毕业年份	届别	男（人）	女（人）	小计（人）
1948	9	6	8	14
1949	10	12	17	29
1950	11		10	10
1951	12	2	11	13
1953	一班		12	12
1953	二班	15	12	27
合计	14	64	116	180

表 8-5　讲习班毕业生人数

结业年份	1931	1934	1937	1938	1940	合计（人）
期别	1	2	3	4	5	5
男（人）	13	10	10	6	8	47
女（人）	3		3	4	4	14
小计（人）	16	10	13	10	12	61

文华每届都要举行隆重的毕业典礼，按惯例往往是先和华中大学毕业生在文华圣诞堂一同举行毕业礼拜，再转入公书林罗瑟厅举行单独的毕业典礼，这是展现“文华共同体”存在的重要形式。20 世纪 30 年代中期以来，文华图专毕业典礼开始单独举行，如 1935 年 6 月 20 日，第 11 届毕业典礼下午 3 时开始，先由教务主任徐家麟领毕业生入礼堂举行毕业礼拜，礼拜时由李辉祖祷告。再由校长沈祖荣讲话，还请教育厅长程其源的代表任和声、汉口市长吴国桢和国立武大校长代表张同桐讲话。最后由毕业生代表汪应文答辩，韦德生教父祝福。仪式到下午 5：30 才完结。讲习班的毕业典礼较为简单，如 1934 年 6 月 15 日，第 2 届讲习班毕业典礼，沈祖荣、徐家麟、程其源、陈时（中华大学校长）和

孟良佐先后讲话后，再由同学代表丁濬致谢，礼毕。

1930 年文华图书科毕业生合影

文华图专上海同学会

文华图专的毕业生在各地建有校友会组织。如 1934 年，“武昌文华毕业同学在上海各圕暨各机关服务者逐年增多，近由吕绍虞、翁玄修、喻友信、林斯德等发起组织文华圕学专科学校上海同学会，业于三月十八日在圣约翰大学翁君寓内举行筹备会，复于廿五日在东吴法律学院圕开成立会，到会人数甚为踊跃，当场通过简章十条，讨论提案多起”①。上海同学会“以联络感情砥砺学行，本互助精神谋问事业之发展为宗旨”。随着各地同学会的纷纷建立，1936 年，“赴会同学谈话会之要点，以为各地同学会之组织，但会与会之间尚少联络，拟组织一同学总会。当就赴会同学当中推举田洪都、严文郁、董明道、钱亚新、皮高品、汪应文、毛坤等七人，为筹备委员，筹备一切。并指定毛坤负责召集开会云”②。

校友会组织增加了文华图专的凝聚力，培养了学生对文华的深厚情感。同年 7 月，中华图书馆协会在山东青岛召开第三次年会，“沈校长沈师母及

① 中华图书馆协会会报［J］. 北京：国家图书馆出版社，2009，9（5）：25.

② 文华图书馆学专科学校季刊［J］. 北京：国家图书馆出版社，2009，8（7）：730.

其男女公子在青岛开会后，略住数日，即起程由津转平开会。到津后，津地同学闻讯，立即全体出动，引领沈校长沈师母等各处游玩。……除诸同学请公宴外，各同学及其夫人每日分别赴沈校长沈师母住处，引领出外游玩。迟到者即不得见。至有同学‘大说拐话’，当面谓某某等同学‘包办’。此可见诸同学对沈校长之热诚，及期望母校发展之殷切云”①。

1936 年 7 月，文华图专参会的校友与沈祖荣校长一家人合影

其他开展图书馆学正规教育的学校，毕业生也不算多，最多的国立社会教育学院图书博物馆系，1942—1947 年毕业 4 届学生，共 62 人（男生 27 人，女生 35 人）。金陵大学文学院图书馆专科共毕业学生 16 人。北京大学文学院添设了图书馆学课程，由该校图书馆主任严文郁担任讲师，选修此课者有 20 余人。图书馆学函授学校毕业生人数也通常在每届 20 人左右，“沪西门内白漾一弄七十六号上海图书馆函授学校，最近第八届毕业者有李瑞华等十四人，证书经市教育局验印发出，并已由各地先后聘请”②。上海国民大学图书馆学系也只办了两年。各种短期培训班参加的人员稍多，1930 年商务印书馆附设的东方图书馆第 2 期暑期讲习班和 1924 年河南开封

① 文华图书馆学专科学校季刊［J］．北京：国家图书馆出版社，2009，8（7）：731．

② 中华图书馆协会会报［J］．北京：国家图书馆出版社，2009，10（5）：26．

小学校教员讲习会，听众达200余人。

文华从其文华大学图书科1920年创办至1953年并入武汉大学前后33年时间，毕业的本科生有130人，专科生有180人，讲习班结业人数为61人，共约371人（不含档案专业毕业生、档案管理短期职业训练班和档案资料管理训练班结业生）。这些学生大多供职于各类高校图书馆（其中在教会大学图书馆工作的比例尤大），或隶属于政府部门、外贸机构和图书馆工作，很受用人单位欢迎。据记载，在时局十分动荡的1935年，文华图专当年毕业的9名学生仍供不应求，而且就业情况十分理想。例如，黄元福去北平燕京大学图书馆，戴镏龄去国立武汉大学图书馆，李景新去广州岭南大学图书馆，邬学通去汉口博学中学图书馆，熊毓文去汉口市政府图书馆，张鸿书去天津河北工学院图书馆，汪应文则留校任助教，另外定向生李永安和彭明江仍分别回原单位国立北平图书馆和上海国立同济大学图书馆①。甚至在抗战爆发后，文华图专毕业生的就业状况仍然较为良好，“该校二十七年六月新毕业两班，计专科十一人，讲习班九人，其时各主要省市多已失陷，初以为将无法安插，但今除少数人外，余均已就业，颇堪庆慰”②。

中国近代培养图书馆专门人才的正式教育机构，除了文华外，尚有上海国民大学图书馆学系、金陵大学图书馆学系、四川图书馆专科学校、国立社会教育学院图书馆博物馆学系等，但它们大都或者办理时间不长，如上海国民大学图书馆学系1925年创办，1926年即停办，1927年创办的金陵大学图书馆学系只办了两期；或者规模很小，如金陵大学图书馆学系两期只有16人。办理时间最长、规模最大的国立社会教育学院图书馆博物馆学系，从1942年至1947年，共毕业三期学生62人。因此，可以说中国近代接受过正规图书馆训练的专门人才大都出身于文华。据统计，到1930年，文华图专共毕业57名学生（其中女生5名）③。

---

① 文华图书馆学专科学校季刊［J］．1935，3（3、4）．

② 中华图书馆协会会报［J］．北京：国家图书馆出版社，2009，13（5）：121．

③ 据统计，1922—1930年历届毕业生人数为：6名（1922年）、7名（1923年）、5名（1924年）、7名（1925年）、8名（1926年）、4名（1927年）、9名（1928年）、11名（1930年）。

而同年文华同学录记载的55名文华毕业生中，任职于国内各图书馆的有30人（不含在文华图专留校的14人），比例为55%，另有7人出国深造，1人在南洋新闻报当编辑，1人在天津公安局做秘书，1人为南昌豫章中学教员，1人情况不明。在国内图书馆任职者具体情况见表8-6①。

表8-6　国内图书馆任职者情况（1930年）

姓名	图书馆供职
孙述万	厦门大学图书馆主任
杨开殿	厦门大学图书馆参考部主任
冯汉骥	浙江大学文理学院图书馆主任
陆　秀	浙江大学工学院图书馆主任
杨希章	武汉大学图书馆编目主任
范礼煌	武汉大学图书馆编目员
陈普炎	国立广东中山大学图书馆编目主任
蔡声洪	南京中央政治军事学校图书馆主任
钱亚新	上海交通大学图书馆西文编目主任
于熙俭	国立南京中央大学图书馆英文编目主任
沈缙绅	天津北洋大学图书馆主任
汪缉熙	武昌中华大学图书馆主任
陆华琛	天津南开大学图书馆主任
黄星辉	江苏东吴大学图书馆主任
杨先得	四川成都华西中学图书馆主任
刘廷藩	北平清华大学图书馆分类股员
章新民	北平协和医学院图书馆中文部主任

① 文华图书馆学专科学校季刊［J］. 1930（1）.

续表

姓名	图书馆供职
皮高品	北平燕京大学图书馆代理主任
曾宪兰	北平图书馆西文编目员
严文郁	北平图书馆西文部编目主任
汪长炳	北平图书馆参考部主任
李汉元	北平图书馆秘书
岳良木	北平图书馆购订部主任
何国贵	北平图书馆编目股股员
董垂照	安徽省立图书馆编目主任
李哲昶	湖北省立图书馆图书股股长
陈宗登	北平政治学会图书馆主任
陈　汲	上海中央研究院社会科学图书馆编目主任
杨作平	上海基督教青年会全国协会图书馆主任
文　汇	上海基督教协进会图书馆主任

从表中可以看出，文华的毕业生1930年有17名在各类大学图书馆任职(其中国立大学12人，国人自办私立大学2人，教会大学3人)；有6名在国立北平图书馆任职；2名在省立图书馆任职；4名在各类协会、机构图书馆中任职；1名在中学图书馆任职。不仅任职的图书馆层次高，而且任职的职位也高。30人中，有11人任馆长，任次一级主任和股长的有15人，两者合计共26人，占总数的87%。

文华的毕业生在中国近代图书馆界占有举足轻重的地位，这也是“文华集团”蜚声海内外的重要原因。中国近代其他很多规模大、规格高的图书馆大都曾有过文华毕业生任馆长或主要负责人的历史。如严文郁曾任国立北平图书馆馆长、桂郁柏曾任国立中央大学和四川大学图书馆馆长、皮

1931 年文华图书科季刊全体职员合影

高品曾任北平燕京大学图书馆馆长、王文山曾任国立清华大学图书馆馆长、周连宽曾任南京内政部图书馆主任、张葆箴曾任上海青年协会图书馆主任等。而国立社会教育学院图书馆博物馆学系原系主任汪长炳，任教的徐家麟、钱亚新、岳良木、周连宽和黄元福等教师也都出身于文华，在中华图书馆协会中文华的教师也发挥着重要作用，1925 年韦棣华在成立大会上作专题演讲，沈祖荣被选为该协会编目会成员，胡庆生为图书馆教育委员会副主任。在 1929 年的第一次年会上，协会机构扩编后，沈祖荣任检索委员会主席，范希曾为编目委员会书记，钱亚新和严文郁分别进入索引委员会和季刊编辑部，基本上每个部门都有文华的毕业生，以至于有人认为认识文华的校友也就等于认识了中国近代图书馆界的头面人物。

文华的毕业生大多数将毕生精力献给图书馆事业，“图专毕业同学大部门分散于国内外各大学和公市立图书馆，也有因不堪卑行事业之庋苦，或以志趣做官、经商，改换职业者不乏其数”①。但总体看，毕业生不少位居要职，影响颇大，形成集团力量，故业内称为“文华集团”。文华的学生多为鄂籍，尤其以来自汉川的居多。据 1937 年出版的《文华图书馆学专科学校一览》记载，自开办到 1937 年，有学生 99 人，其中 38 人为湖北人，而

① 湖北私立文华图书馆学专科学校概况、访问材料、教职员工学生名册、调查表、毕业生历年成绩表 [G]. 湖北省档案馆藏，全宗号：GM7-1-96.

来自汉川县的有8人。中国近代图书馆界的大家严文郁、王文山、汪长炳、岳良木、童世纲、吴元清、蔡声洪、熊景芳等都是汉川人，他们中以严文郁的名声最大，成就最高。文华的这些学生在中国近代图书馆界甚为引人注目，有人称他们为“文华集团”或“汉川帮”[①]。最早提出“汉川帮”的是沈祖荣的长子沈宝环，他提出该看法的依据如下：

> 早期文华校友都在图书馆界担任重要职务，因此认识文华校友也等于认得多数图书馆界巨头。文华图专的发源地是湖北武昌，地理的因素，自然而然的使得湖北籍贯的学生在全校学生中占有极重的比例（根据1937年的《文华图书馆学专科学校一览》，自开办至1937年止学生共98名，其中38名籍贯为湖北省），而汉川县的学员更是湖北省的主力（湖北省籍38名学员中8名来自汉川县）；王文山、熊景芳、汪长炳、岳良木、童世纲、吴元清、蔡声洪等先生都是来自汉川的大名鼎鼎人物。而我们所景仰的绍诚先生也是汉川人。我曾开玩笑的说，卡特做美国总统时，白宫的重要幕僚都是和总统同州的人，大家成为乔治亚帮 Georgia Mafia。雷根总统的白宫主要份子被称为加利佛里亚帮 California Mafia。如果我们中国图书馆界也讲“帮”的话，最重要的非汉川 Mafia 莫属。绍诚先生当仁不让应该是这一个 Mafia 的“龙头”。[②]

（三）“文华集团”群星闪耀

中国近现代图书馆事业肇始于清末民初，在1925—1936年间，即从1925年中华图书馆协会（英文简称CLA）成立到1937年抗日战争爆发前夕，获得了巨大发展，这是中国图书馆事业兴盛的第一个“黄金十年”。遍设的图书馆加大了对图书馆专门人才的需求，也使社会读书氛围日益变得

---

① 沈宝环为严文郁著《中国图书馆发展史——自清末至抗战胜利》（中国图书馆学会，1983年）所作序中，曾戏称之为“汉川帮”，并戏称严文郁为“汉川帮龙头老大”。

② 严文郁. 中国图书馆发展史——自清末至抗战胜利［M］. 台湾：枫城出版社，1983：16.

浓厚起来，“中国文化建设学会自三月廿五日举办读书竞进会以鼓励读书，造成好学风气，提高文化水准为宗旨，凡志愿读书者俱得向该会报名参加，会员分大学程度、中学程度两种。但不限于学校学生”①。除此之外，还举行了声势浩大的全国读书运动大会，“中国文化建设协会于四月八日至廿一日举办全国读书运动大会，在此两周内，各圕开图书展览会，全国各大中小学校，在此两周期内，特举行读书运动纪念周，讨论读书问题，开演讲会，指导学生读书方法，各大报发表读书运动评论，并发行读书运动专刊，全国各大出版机关一律廉价，发售半价书籍”②。严文郁认为这期间，图书馆事业迅速发展有赖于以下数端：美国模式图书馆观念的输入；图书馆教育的展开；图书馆团体的组成；图书馆学研究的蓬勃；图书馆法令的颁布；国际关系的增进③。

这一时期文华图专也处于其发展周期中的鼎盛期，虽然学校规模不大，但却人才辈出，颇有群星现象。以下是文华毕业生的杰出代表：

裘开明

裘开明（Chiu，Alfred Kaiming）（1898—1977），1898年生于浙江镇海，1918年考入武昌文华大学文科。1920年3月攻读文华大学图书科，为文华大学图书科第一届学子，1922年1月毕业。毕业后任厦门大学图书馆馆长。1924年赴美深造，攻读图书馆学和经济学。1925年毕业于纽约公共图书馆学院，获图书馆学学士学位。1927年获哈佛大学经济学硕士学位。在进修课程期间，兼在哈佛大学图书馆中文部工作。毕业后留校任中文系讲师兼图书馆

① 中华图书馆协会会报［J］. 北京：国家图书馆出版社，2009，10（5）：23-24.

② 中华图书馆协会会报［J］. 北京：国家图书馆出版社，2009，10（5）：25.

③ 严文郁. 中国图书馆发展史——自清末至抗战胜利［M］. 台湾：枫城出版社，1983：21-23.

中文图书编目员。1928年哈佛燕京图书馆成立，他出任第一任馆长至1965年。在任馆长期间，曾于1930年回国，任中央研究院北平科学研究所研究员。1931年回哈佛燕京图书馆工作。1933年考取哈佛大学经济学博士学位。1936年曾回国任北京大学教授，1937年任清华大学教授。1938年再回哈佛燕京图书馆。1940年至1963年曾任美国波士顿美术博物馆中国文学顾问，1954年至1964年曾任美国图书馆协会远东图书馆编目顾问，1965年至1970年担任美国明尼苏达大学东亚图书馆和香港大学图书馆顾问。1970年以后任哈佛燕京图书馆中文善本图书研究顾问，对哈佛燕京图书馆的发展和事业的建设作出了贡献。

他一生从事图书馆实践与研究工作，在图书编目、分类及中文善本书等方面有深入的研究，对中国文献编目、分类、收集和善本版本之研究方面成绩卓著。曾发表过专著和专论、书目等共五十多种。其主要编著为《中国图书编目法》、《汉和图书分类法》、《哈佛燕京图书馆中文书籍分类目录》和《中日文图书分类法》等。《汉和图书分类法》集四库分类和现代分类的特点于一身，比较适用于中国和日本古典文献分类，北美东亚图书馆沿用至今。

钱亚新（1903—1990），1922年从江苏省立第一师范学校毕业后，先后就读于上海大夏大学、国民大学。1925年钱亚新在上海国民大学巧遇启蒙老师，也是终身导师的杜定友先生，在杜定友的鼓励下，于1926年考入华中大学文华图书科。1928年毕业后，一度去广州中山大学和上海交通大学图书馆工作。1930年回武昌母校工作。1932年后，曾任上海大夏大学图书馆编目组长、天津河北省立女子师范学院图书馆主任、湖南大学图书馆主任、苏州社会教育学

钱亚新

院教授。中华人民共和国成立后，历任南京图书馆阅览部、采编部主任，代理馆长、研究员、研究馆员，南京大学、安徽大学图书馆学系兼职教授，中国图书馆学会第一届学术委员会委员，第二届、第三届名誉理事，《江苏图书馆学报》主编。钱亚新在图书馆学、目录学、文献分类学、索引法、汉字排检法、校勘学等方面都有研究，尤其着重于中国目录学研究，著述颇丰，著有《索引和索引法》（1930 年）、《类分图书的要诀》（1933 年）、《郑樵〈校雠略〉研究》（1948 年）、《浙东三祁藏书和学术研究》（1981 年），译有《图书分类法》（1942 年），编有《太平御览索引》（1934 年），发表学术论文 100 余篇。

徐家麟（1904—1975），又名徐行、徐徐行，湖北沙市人。幼年在沙市读私塾，1914 年到长沙读小学，1919 年升入武昌文华中学，1922 年升入武昌文华大学图书科。1926 年毕业后任北平中华教育改进社图书馆主任、清华大学图书馆中文编目员、燕京大学图书馆中文编目主任。1929 年，沈祖荣亲函邀徐家麟来校任教，讲授图书分类法、图书经营法、英文参考书等课程。1930 年被聘为公书林参考部主任，1932 年再被聘为文华图书馆学专科学校研究部主任和教务主任，成为沈祖荣的得力助手之一。1935 年9 月赴美国哈佛大学、哥伦比亚大学留学。1937 年 8 月获硕士学位后在哈佛大学中日文图书馆任职。1939 年 9 月回国，先后在已迁至重庆的文华图书馆学专科学校和璧山的苏州社会教育学院图书馆博物馆学系任教授。1950 年任武昌华中大学（后为华中师范学院）图书馆馆长。1955 年后一直在武汉大学图书馆学系任教授兼系主任。发表的主要著作和论文有《中文编目论略之论略》和《显微摄影制书术的器材与影法图书》等。

皮高品（1900—1998），湖北嘉鱼人，教授。1921 年入武昌文华大学文科学习（1922 年开始兼学图书科），1925 年获文科学士学位和图书科毕业证书。此后历任齐鲁大学图书馆主任，燕京大学图书馆编目部主任，青岛大学和武汉大学图书馆主任，重庆文华图书馆学专科学校教授，浙江大学图书馆馆长兼教授，英士大学教授。中华人民共和国建立后，历任武昌文华图书馆学专科学校、武汉大学图书馆学系（今武汉大学图书情报学院）教授。

皮高品

他多年从事图书分类学的教学与研究工作。1934 年出版的中英对照《中国十进分类法及索引》，是一部根据中国学术特点而编成的著作，结构较完整，便于类分中外图书的分类法，为中国图书馆界所欢迎。他还发表对中外重要图书分类法的评述论文 40 多篇，其中 12 篇于 1983 年汇编为《图书分类法评论选集》，还著有《中国历代名著名家评介》。

桂质柏（1900—1979），湖北江夏（今武昌）人。1922 年毕业于武昌文华大学图书科。1928 年获美国哥伦比亚大学图书馆学硕士学位。1931 年获美国芝加哥大学图书馆博士学位。曾任江北大学、中央大学、四川大学教授兼图书馆主任，武昌文华图书馆学专科学校教授。新中国成立后，历任武汉大学教授兼图书馆馆长、中国科学院武汉图书馆馆长。著有《中国图书经营法》，编有《中文图书编目规则》。1922 年桂质柏以文科学士学位和图书馆学学士学位从文华大学图书科毕业后，经韦棣华和沈祖荣的推荐，他去了北平协和医学院图书馆就任馆长，1923 年他离开北平去了山东齐鲁大学就任馆长。1925 年中华图书馆协会成立，他任理事和济南图书馆协会会长。1926 年他去美国和加拿大留学，攻读图书馆学硕士和博士学位。1931 年回国，他先后在沈阳东北大学、武昌文华图专、南京中央大学、成都

桂质柏

四川大学、武汉大学医学院、中科院武汉分院图书馆等十多所国内外知名大学或机构担任图书馆馆长和图书馆学兼职教授长达五十多年。1956 年，桂质柏受命主持筹建中国科学院武汉分院图书馆。

严文郁

严文郁（1903—?），湖北汉川人，教授。1925 年毕业于武昌华中大学文华图书科。美国哥伦比亚大学图书馆学研究所硕士，德国柏林大学图书馆学研究所研究生。1926 年至 1930 年任北海图书馆（现北京图书馆）组长，1930 年至 1933 年先后任美国哥伦比亚大学图书馆馆员、德国普鲁士邦立图书馆交换馆员。1933 年起先后任北平图书馆主任、北京大学图书馆馆长、西南联大图书馆馆长。1944 年至 1949 年任社会教育学院教授、教育部英美捐赠图书接收整理专员、罗斯福图书馆筹备主任，其间应美国国务院聘请，访问并考察图书馆。1949 年起任联合国图书馆科长。1964 年至 1981 年先后任美国俄亥俄州立大学图书馆行政教授并主持东亚图书馆，辅仁大学教授、讲座教授。1986 年 7 月获旅美华人图书馆协会 1986 年最杰出图书馆员奖。发表有关图书馆学、目录学、文学评论等文章 50 余篇。著有《中国图书馆发展史》，1983 年受到台湾地区图书馆界专家、学者的肯定和重视。

汪长炳

汪长炳，字文焕，湖北汉川人。1926 年毕业于武昌华中大学文华图书科。1934 年获美国哥伦比亚大学图书馆学硕士学位。曾任武昌文华图书馆学专科学校教务主任、苏州社会教育学院教授兼图书馆博物馆学系系主任。新中国成立后，历任无锡文教学院图书馆主任、苏州图书馆副馆长、南京图书馆副馆长、中国图书馆学会第一届副理事长、江苏省图书馆学会理事长。

岳良木（1905—?），湖北汉川人。1927 年毕业于武昌华中大学文华图书科，1936 年毕业于美国哥伦比亚大学图书馆学院，获硕士学位。曾任美国哥伦比亚大学汉文图书馆主任、南京工程参考图书馆主任、南京中央图书馆主任、中央设计局设计委员兼图书馆主任、教育部专门委员、国立社会教育学院图书馆学系教授，历任国立社会教育学院教授，上海图书馆阅览室主任，上海大学图书馆学系、华东师范大学图书馆学系兼职教授。

冯汉骥（1899—1977），字伯良，湖北宜昌人。1919 年入武昌文华大学文科，1921 年攻读文华大学图书科，1923 年毕业后任厦门大学图书馆襄理、主任。1931 年赴美留学，入哈佛大学研究院人类学系，后转入费城宾夕法尼亚大学人类学系，1936 年获人类学哲学博士学位。1941 年任四川省博物馆筹备主任，1943 年任成都四川省立博物馆馆长。1949 年后任西南博物院副院长、四川大学历史系考古教研室主任兼四川省博物馆馆长。主要著作有《中国亲属制》、《岷江上游的石棺葬文化》、《王建墓的发现和发掘》、《云南晋宁出土铜鼓研究》、《前蜀王建墓发掘报告》等，主编《四川古代的船棺葬》，重译摩尔根的《古代社会》。

冯汉骥

毛坤（1890—1960），生于宜宾县漆树乡江湾，后居漆树乡锅巴塘（今属孔滩乡地）。1922 年，毛坤考入北京大学文科预科，1924 年入北大哲学系。1926 年转入武昌华中大学文华图书科学习，1928 年毕业后留校做助教。后得校长沈祖荣允许，带薪复学于北大哲学系。1931 年秋毕业，仍回文华图专，历任助教、讲师、副教授、教务长兼教授。抗日战争期间该校迁重庆，毛坤随之返川。他此时在文华图专主持开设了我国最早的档案管理专科。1944 年，他休假回乡，与同窗在白花镇筹办了宜东初级中学并担

毛坤

任教职。1945 年假满，返原校执教。1947 年，文华图专迁回武昌，他因病未能随往，受聘于四川大学，任教授兼图书馆馆长。毛坤一生著述甚丰，已出版的有《中国目录学》、《中外目录学与目录学家》、《图书馆趋势》、《建国教育中之图书馆事业》、《中国人名之研究》、《大学图书馆问题》、《著录西洋古印本书应注意的几点》、《图书馆与博物馆》、《西洋图书馆史略》（美国萨费基著，毛坤译）、《图书馆的中国化问题》、《西文史部目录学》、《书目答问补正批注》、《版本溯源》等数十册，备受学术界推崇。

周连宽（1905—1998），中山大学资讯管理系教授和创办人之一。1928 年 9 月考入华中大学文华图书科。1930 年 6 月学成毕业。1930 年 7 月，应聘赴广州任岭南大学图书馆中文部主任。1931 年 9 月，考入华中大学社会学系，再次返回武昌深造，1932 年 6 月毕业，8 月应聘赴南京任国民政府内政部图书馆主任。1935 年 2 月被调往武昌，到国民党军事委员会武昌行营第五处负责文书档案整理工作，直到 1935 年 9 月，周连宽整理了当时武昌县的全部文书和档案，并在总结其工作经验的基础上撰写和发表了我国档案学发展历史上具有划时代意义的两部学术著作：《县政府档案处理法》和《县政府文书处理法》（国民党军事委员会武昌行营第五处印行，1935 年）。抗战胜利后，周连宽以专员身份自重庆赴上海，出任上海市立图书馆馆长，并于 1947 年创办了《上海市立图书馆馆刊》。1949 年 7 月，又应岭南大学之聘转任岭南大学图书馆采编部主任。1952 年 10 月，岭南大学并入中山大学后，遂转入中山大学图书馆工作。

于镜宇

于镜宇（又名于震寰），1933 年文华图专毕业生，曾任职于中华图书馆协会、国立北平图书馆、美国哈佛大学燕京图书馆馆长。

陈鸿飞

陈鸿飞，1933年文华图专毕业生，曾任济南齐鲁大学图书馆主任、上海市立图书馆中文编目主任、福建省立图书馆馆长。

吕绍虞（1907—1979），浙江新昌人。我国著名的图书馆学家、目录学家。1933年毕业于文华图书馆学专科学校，曾任上海大夏大学讲师、教授、校图书馆主任，上海鸿英图书馆、英士大学图书馆主任，国立中央图书馆编纂兼编目组主任。新中国成立后，任文华图书馆学专科学校、武汉大学图书馆学系教授。著有《大学图书馆建筑》、《图书馆学论丛》、《中国目录学史稿》等。

彭斐章，1930年9月出生于湖南省汨罗市。1953年毕业于文华图书馆学专科学校，为文华图专最后一届毕业生。1961年3月毕业于莫斯科图书馆学院（今莫斯科文化大学）研究生部，获教育学副博士学位，曾于1972年5月至1984年9月任武汉大学图书馆学系副主任，1984年10月至1992年12月任武汉大学图书情报学院（现武汉大学信息管理学院）院长。曾兼任国务院学位委员会第二、第三、第四届学科评议组成员、召集人，中国图书馆学会常务理事，湖北省图书馆学会第一、第二届副理事长，中国大百科全书图书馆学编辑委员会副主任兼目录学分支主编。现任武汉大学信息管理学院教授、博士生导师，国家人文社会科学重点研究基地武汉大学信息资源研究中心顾问。2004年被遴选为武汉大学人文社会科学资深教授，兼任中华人民共和国人事部博士后管委会第五届专家组成员。从事图书馆学教育、教学、研究及教学管理工作50余年。主要致力于目录学、社会科学情报理论与方法的研究，出版专著、主编、参编、译著20余部，发表学术论文100余篇，主持国家级、省部级以上课题7项。

彭斐章

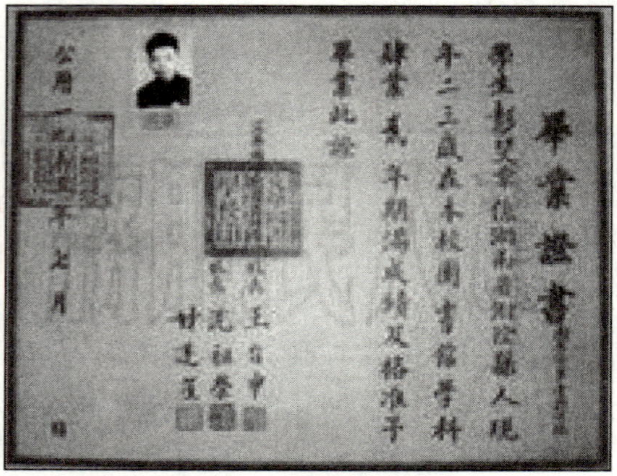

彭斐章毕业证

文华的毕业生对于1949年后我国图书馆事业的发展，也发挥了极大的作用。各大学的图书馆学系基本上由文华的毕业生担当重任，如周连宽、李峻玲任教于中山大学图书馆学系；汪应文、孙述万任教于西南师范学院图书馆博物专修科；黄彝仲任教于西南师范大学图书情报系；邓衍林任教于北京大学图书馆学系；岳良木任教于华东师范大学图书馆学系；钱亚新、万培悌任教于安徽大学图书馆学系；黄元福任教于江苏师范学院；毛坤任教于四川大学；梁鳣如任教于兰州大学图书馆学系。他们为新中国的图书馆事业培养了大批专业人才，特别是彭斐章主持的武汉大学图书情报学系更成为我国最大的图书馆学教育基地。

1949年后，国内很多图书馆馆长也都由文华的毕业生担任，如南京图书馆馆长为汪长炳，副馆长为钱亚新；上海图书馆馆长为李芳馥，副馆长为陈石铭；上海复旦大学图书馆馆长为焦宗德；上海机械专科学校图书馆副馆长为何建初；江苏师范学院图书馆馆长及武汉大学图书馆馆长为黄元福；湖北省图书馆副馆长为张遵俭；武汉同济医学院图书馆馆长为彭明江；武汉师范学院图书馆副馆长为孙德安；中科院图书馆副馆长为顾家杰；北京师范大学图书馆馆长为陈宪章；西南师范学院图书馆馆长及重庆图书馆馆长为杨作平；西南师范大学图书馆馆长为孙述万；南充师范学院图书馆馆长为汪应文；四川大学图书馆馆长为毛坤；四川医学院图书馆馆长为李永增；成都电子科技大学图书馆馆长为邓光禄；滨洲医学院图书馆馆长为李树品；中科院兰州图书馆副馆长为梁鳣如。陈天楼任外交部国际关系研究所图书馆资料室主任时，曾以丰富的专业知识和熟练的专业技能，在配合外交斗争和调研工作方面取得显著成绩，受到周恩来的好评。文华图专的毕业生出国深造的比例很高。教育部举办的出国留学考试中，一般没有图书馆学名额，只在 1946 年有公费 1 名和自费 1 名。

（四）文华毕业生出国深造情况

文华的毕业生出国主要是利用教会学校对外联系广泛的优势，并依托图书馆机构出国。一般而言，渠道有三条：其一，到国外半工半读，如美国哥伦比亚大学图书馆学研究所准许文华毕业生插入该所二年级攻读，文华毕业生在该所深造的较多；其二，获得国外大学或洛氏基金董事会等组织的奖学金；其三，由先期出国的文华校友代为联系出国。例如，1926 年桂质柏赴美国哥伦比亚大学深造，1930 年获哥伦比亚大学博士学位，是中国第一个在国外研究图书馆学并获博士学位者。1930 年查修在伊利斯州立大学图书馆学系（Library School，Illinos University，Ann Arbor U. S. A）深造。同年，严文郁在纽约哥伦比亚大学图书馆（Columbia University Library，New York）半工半读。1932 年汪长炳到纽约接替严文郁，并在 1934 年获得硕士学位。1934 年 8 月赴美留学的有：李芳馥由罗氏基金资助前往哥伦比亚大学图书馆；岳良木由北平图书馆资助赴哥伦比亚大学；黄星辉在哈佛大学图书馆留学时在图书馆担任中文编目部工作；1941 年文华图专资助徐家麟进入哥伦比亚图书馆研究院进修，1942 年获硕士学位；1946 年沈宝环参加教育部举办的留学人员考试被采取，1948 年赴美入丹佛大学图书馆。继桂质柏之后，裘开明、查修、冯汉骥、沈宝环先后在美国获博士学位；1956 年 11 月，彭斐章入苏联莫斯科图书馆学院（后改为文化学院），师从苏联著名目录学家亚历山大·维多维奇·艾亨戈列茨，1961年3月获教育学副博士学位，开新中国成立后我国学者在国外研究图书馆学获副博士学位之先声。据不完全记载，文华先后出国留学深造的人员见表8-7①：

表8-7 出国留学深造情况

届别	姓名	小计（人）	毕业人数（人）	占比例
本科一届	裘开明、桂质柏、查修	3	6	50%
本科二届	冯汉骥、黄星辉、王文山	3	7	43%
本科三届	刘廷潘、田洪都	2	5	40%
本科四届	曾宪兰	1	7	14%
本科五届	严文郁、徐家麟、陆华琛、汪长炳、陈普炎、葛受元	6	8	75%
本科六届	李芳馥、曹柏年、岳良木、黄风翔	4	4	100%
本科七届	陆秀	1	9	11%
本科八届	徐家璧、房兆楹、耿靖民、曾宪文	4	11	36%
本科九届	徐亮、张葆箴	2	8	25%
本科十届	邓光禄、童世纲、于镜宇、吴元清	4	9	44%
本科十一届	戴镏龄	1	9	11%
本科十二届	胡延钧、顾家杰	2	9	22%
本科十三届	黄作平	1	7	14%
本科十四届	蓝乾章	1	10	10%
本科十五届	陶维勋	1	6	17%
本科十六届	孙雁征	1	7	14%

① 梁建洲，梁鳣如. 我国图书馆学、档案学专业教育的摇篮——记武昌文华图书馆学专科学校［J］. 四川图书馆学报，1996（5）.

续表

届　别	姓　　名	小计（人）	毕业人数（人）	占比例
本科十七届	沈宝环	1	8	12%
合计（1—17届）		38	130	29%
图专四届	陈本林	1	4	25%
图专办后一班	李爱深	1	12	8%
图专办后二班合计 （1—2届及办后一、二班）	彭斐章	1 3	27 180	3.7% 1.7%
总计		44	353	12.5%

文华的本科毕业生出国留学的比例相当高，特别是二至十届的学生很多都赴美深造。1935年以后，由于受抗战的影响，文华图专学生出国人数减少，复员后也未恢复旧观。

1931年3月文华图专全体师生合影

1931年5月文华图专全体师生合影

文华留学的学生奠定了美国一些著名大学东亚图书馆的基础，在世界图书馆史上也有一定影响。美国一些大学的东亚图书馆多是由文华的学生开创的，如哈佛大学的裘开明、冯汉骥、陆秀、黄星辉、于震寰、任简之；

芝加哥大学的桂质柏；哥伦比亚大学的严文郁、汪长炳、岳良木、徐家璧；美国国会图书馆的王文山、曾宪文、李芳馥、房兆颖、徐亮、张葆箴、沈宝环、陶维勋、吴宝深；普林斯顿大学的聂锡恩等。另外查修、徐家麟、姜文锦、黄慕龄、舒纪维、沈宝环、黄作平、曾宪文、杨漪如、富兰英等先后在美国图书馆服务过，这些人在美国成绩显著，声名远扬。严文郁曾在美国联合国图书馆主持编目工作，后又在俄亥俄州大学讲授中国目录学，主持该校图书馆事务，因贡献突出，获得过美国华人图书馆协会“杰出服务奖”。童世纲将普林斯顿大学葛恩德东亚图书馆（Guest Oriental Library）10多万册罕见的善本书整理出来，并在10年间把该馆中日方书籍增至4万余册。

台湾东海大学《图书馆学报》曾报道过严文郁、童世纲的事绩。影响最大的是裘开明，他主持哈佛大学燕京图书馆工作30年，使之发展成为西方大学图书馆中规模最大、质量最高和管理最完善的东亚图书馆。裘开明编的哈佛大学燕京图书馆之《中国图书分类法》和《中国图书编目法》被美国各大学东亚图书馆广为采用。威廉·汪含在《艾·裘开明和华裔美国人的图书馆学》一文中曾言：“凡是熟悉华裔美籍图书馆员在美国所做出贡献的人都一致认为，裘博士通过自己的辛勤劳动，在华裔美籍图书馆员中赢得了特别的荣誉”，“如果说裘博士在1927年建立哈佛——燕京研究所图书馆是他单独一人在这个领域做出的贡献，光是这件事，就使得他成为华裔美国人图书馆学领域的主要先行者”，“他在图书馆学领域的漫长生涯中和他对美国图书馆学所做的种种贡献，似乎是他的同事们难以媲美的”①。

文华毕业生对于我国台湾地区图书馆事业的发展，也作出了重要贡献。蓝乾章、周骏富和沈宝环在台大、师大、辅仁、淡江、世新5所大学开设图书馆学系，前后共造就专门人才数千人。特别是沈宝环，他在台湾地区率先提倡开架式、图书馆自动化及资源共享，曾获得台湾地区教育行政部门

---

① 梁建洲，梁鳣如．我国图书馆学、档案学专业教育的摇篮——记武昌文华图书馆学专科学校［J］．四川图书馆学报，1996（5）．

“最优教授奖”、“华美图书馆协会（CALA）”杰出服务奖、“台湾图书馆学会”杰出服务奖、“美国资讯学会（ASIA）”杰出服务奖等。

（五）解放前文华图专学生构成分析

文华招收的学生前中期女生很少，“第一所正式图书馆学校一九二零年在武昌文华大学（现为华中大学）开办。韦棣华女士居是校之首，而以她的曾在美国受过训练的两位学生为教授……到1931年底，该校有毕业生七十人，其中六人为女生”[①]，到1936年，女生人数仍很少，“此次专科招考新生，分在北平、上海、南京、广州、成都及本校六处招考。投考学生，较往年加倍踊跃。业已于八月卅日揭晓。计籍官费生十三人，自费生二人，其中女生二人，男生十三人”[②]。

进入20世纪40年代以来，文华图专招收学生中女生比例逐渐增大。要解释图书馆专业的女性化，首先，我们应从世界范围来了解，直到19世纪，妇女才大量地进入这个专业。西德尼·L. 杰克逊（Sidney L. Jackson）对这种现象作了如下的解释：妇女长期以来一直受雇于农场、纺织厂，甚至受雇于矿井。克里米亚战争和内战促使妇女迅速地进入正在扩大的护理领域。之后，她们很快在学校教师里占有优势。随着图书馆事业得到公共资金资助之后（特别是在联合王国和美国）以及不论何种工作，妇女工资总是低于男性工资，妇女就进入了图书馆事业[③]。

根据一份《私立武昌文华图书馆学专科学校一九四九年秋季学生名册》[④]（见表8-8）显示，除去转入交通学院的两名学生，实有学生37人，其中女生33人，男生4人，女生约占89.2%。女生基本上绝大部分毕业于省内

① 文华图书馆学专科学校季刊［J］. 北京：国家图书馆出版社，2009，8（5）：480-481.

② 文华图书馆学专科学校季刊［J］. 北京：国家图书馆出版社，2009，8（7）：728.

③ ［美］理查德·克尔齐斯，加斯顿·利顿. 世界图书馆事业——比较研究［M］. 徐俊，译. 北京：书目文献出版社，1990：233.

④ 湖北私立文华图书馆学专科学校概况、访问材料、教职员工学生名册、调查表、毕业生历年成绩表［G］. 湖北省档案馆藏，全宗号：GM7-1-96.

乃至全国著名的女子中学，其中，毕业于私立武昌圣希理达女子中学、私立湖南周南女子中学的学生8人。从生源省份看，湖北籍学生16人，湖南籍学生14人，这两省学生数约占总生员的88.2%。在《私立武昌文华图书馆学专科学校一九四九年毕业生名册》[①]（见表8-9）中，合计学生47人，图书馆学科男生10人、女生16人；档案管理学科男生6人、女生15人，女生人数明显多于男生。这与20世纪30年代能考入文华图专的女生凤毛麟角形成鲜明对比。造成这种男女生比例急速改变的原因，一方面与图书馆职业女性化趋势有关，继而导致图书馆学专科招收女生普遍较多。如1929年，"又广州市立职业学校，鉴于图书馆业之适合于女子，有特设专科施教之必要，已经请准教育局增办图书馆管理科，惟经费预算尚待市政会议审查通过云"[②]。另一方面，从晚清至五四新文化运动高潮中，女权主义与民族主义相互纠缠，使得伸张女权即强国几乎成了知识界的共识，在这一思想成为主导的新政治观念时，中国出现了高涨的女权运动[③]，继而衍生出男女教育平等运动，"中学男女同校"、"女子中学"被认为是五四时期男女教育平等的界标[④]。加之在1920年前后，美国教育家杜威、孟禄来华讲学，宣传美国先进的教育思想，北洋政府教育部于1922年9月主动召集学制会议，尔后以大总统黎元洪的名义公布"学制系统改革草案"，这就是"壬戌学制"（又称"新学制"），新学制最大的贡献在于将女子教育纳入学制管理，使男女受同等教育的权利首次在学制系统中得到确立。新学制的颁布和实施，女子教育发展速度明显加快，各地兴办女子中学蔚为风气，1941年春季文华图专应教育部要求，改为招收高中毕业生入学，这也加大了女生入学的比例。

---

① 湖北私立文华图书馆学专科学校概况、访问材料、教职员工学生名册、调查表、毕业生历年成绩表［G］. 湖北省档案馆藏，全宗号：GM7-1-96.

② 中华图书馆协会会报［J］. 北京：国家图书馆出版社，2009，5（1/2）：62.

③ 王政. 评柯临清著《从社会性别角度看中国革命》［J］. 近代中国妇女史研究，1996(4).

④ 万琼华. 近代女子教育思潮与女性主体身份建构——以周南女校（1905—1938）为中心的考察［M］. 北京：中国社会科学出版社，2010：144.

表 8-8　私立武昌文华图书馆学专科学校一九四九年秋季学生名册

姓名	性别	年龄	籍贯	科级	备考
李茂兰	女	22	湖北黄陂	图书馆学第二年级	私立福湘女子中学毕业
李爱珠	女	20	湖北蕲春	同上	湖北省立武昌第二女子中学毕业
张用芳	女	21	湖北鄂城	同上	汉口市立第一女子中学毕业
魏儒芳	女	19	湖北武昌	同上	私立武昌圣希理达女子中学毕业
陈美如	女	25	江苏南京	同上	上海明德女子中学毕业
卢云侣	女	25	江苏南京	同上	私立苏州景海女子师范学校毕业
杨怡萱	女	21	湖北汉口	同上	汉口市立第一女子中学毕业
姜恩溉	女	20	同上	同上	私立武昌圣希理达女子中学毕业
李芳姿	女	21	湖南新化	同上	国立师范学院附中毕业
江碧玉	女	19	湖北黄陂	同上	私立汉阳训女中学毕业
孔宪凯	男	25	湖北汉阳	图书馆学科第一年级	私立汉口上智中学毕业
王郁文	女	21	湖北安陆	同上	私立汉阳训女中学毕业
林焕保	女	20	湖北黄陂	同上	私立汉口武汉中学高中毕业
邓　玉	女	21	湖北黄陂	同上	省立武昌第二女子中学毕业
季春霆	女	18	湖北钟祥	同上	江西九江儒励女子中学毕业
魏需芳	女	23	湖北武昌	同上	私立武昌大公中学毕业
盛衍俊	女	20	湖北汉口	同上	私立武昌圣希理达女子中学毕业
萧纯	女	20	湖南长沙	同上	私立湖南周南女子中学毕业
方蓉华	女	24	湖南平江	同上	同上
程自立	女	19	湖南长沙	同上	私立湖南明宪女子中学毕业

续表

姓名	性别	年龄	籍贯	科级	备考
张明	女	19	同上	同上	同上
黄炯秋	女	19	同上	同上	同上
汤友菊	女	19	湖北鄂城	同上	省立武昌第一女子中学毕业
喻名武	男	19	湖南宁乡	同上	私立湖南信义中学毕业
梅永生	女	21	湖南临湘	同上	同等学力（私立圣希理达女子中学高三上肄业）
李勇为	男	19	湖南益阳	同上	私立湖南信义中学
陈培安	女	19	湖南宁乡	同上	私立湖南福湘女子中学毕业
潘深华	女	20	湖南浏阳	同上	私立含光中学毕业
潘淑祥	女	20	湖南浏阳	同上	国立社教院附中毕业
李楚琪	女	20	湖南长沙	同上	私立湖南周南女子中学毕业
王松明	女	20	河北天津	同上	同等学力（开封豫中中学高三上肄业）
黄甫颖	男	23	河南睢阳	同上	河南两河中学毕业
梅兴华	女	19	湖北黄陂	同上	省立武昌第二女子中学毕业
李慧芳	女	20	湖南长沙	同上	湖南艺芳女子中学毕业
贺淑怀	女	19	湖南益阳	同上	私立湖南周南女子中学毕业
朱德玉	女	20	湖北黄陂	同上	私立汉口武汉中学高中毕业
张修真	女	19	河南方城	同上	私立汉口武汉中学高中毕业
武季华	男	17	湖北汉川	同上	十月二十四日转入交通学院
严国先	女	20	湖北鄂城	同上	十月二十七日转入交通学院
实有学生合计 39 名，男生 5 名，女生 34 名					

表 8-9　私立武昌文华图书馆学专科学校一九四九年毕业生名册

姓名	性别	年龄	籍贯	科级	入校年月	毕业年月	备考
张毓村	男	22	湖北云梦	图书馆学科	一九四七年九月	一九四九年六月	
吴思华	男	26	湖北黄梅	同上	同上	同上	
龚本俊	女	23	湖北汉阳	同上	同上	同上	
萧家琛	男	22	湖南湘潭	同上	同上	同上	
杨明嗣	女	20	湖北武昌	同上	同上	同上	
王肖琴	女	21	湖北枝江	同上	同上	同上	
李保生	男	23	湖北黄陂	同上	同上	同上	
余家琪	女	22	湖北汉口	同上	同上	同上	
王惠华	女	21	湖北宜昌	同上	同上	同上	
吴桂香	女	23	湖北汉阳	同上	同上	同上	
胡家源	男	23	湖北黄梅	同上	同上	同上	
王英兰	女	21	湖北宜昌	同上	同上	同上	
刘兆远	男	24	湖南石门	同上	同上	同上	
袁咏秋	女	22	湖北黄陂	同上	同上	同上	
易可安	女	23	湖南长沙	同上	同上	同上	
黄培琴	女	22	湖南津市	同上	同上	同上	
徐永强	女	24	湖北汉口	同上	同上	同上	
腾留寅	男	25	江苏宝山	同上	同上	同上	
张华仙	女	22	湖北广济	同上	同上	同上	
游荣章	男	21	湖北汉阳	同上	同上	同上	
毛鸿滔	男	24	河南桐柏	同上	同上	同上	

续表

姓名	性别	年龄	籍贯	科级	入校年月	毕业年月	备考
周裕如	女	23	湖北黄陂	同上	同上	同上	
陈孰难	女	24	湖南湘潭	同上	同上	同上	
汪大邦	男	22	湖北崇阳	同上	同上	同上	
覃事长	女	23	湖南石门	同上	同上	同上	
彭先滇	女	23	湖南安化	档案管理学科	同上	同上	
刘庆德	男	21	南京	同上	同上	同上	
杨丽萱	女	22	湖北汉口	同上	同上	同上	
熊谟英	女	24	湖南凤凰	同上	同上	同上	
杨美荣	女	21	湖北孝感	同上	同上	同上	
马鲠勋	男	25	河南孟津	同上	同上	同上	
俞从周	男	22	南京	同上	同上	同上	
邬正宜	女	22	湖北钟祥	同上	同上	同上	
吴念贞	女	23	湖北建始	同上	同上	同上	
魏隽永	女	22	湖北孝感	同上	同上	同上	
余多加	女	22	湖北孝感	同上	同上	同上	
刘重清	女	22	四川南充	同上	同上	同上	
李正惠	女	23	湖北武昌	同上	同上	同上	
沈度浩	男	23	湖北崇阳	同上	同上	同上	
萧国粹	男	25	湖北沔阳	同上	同上	同上	
张琴笙	女	23	湖北黄冈	同上	同上	同上	
胡昌宁	女	22	湖北汉川	同上	同上	同上	
萧亚夫	男	25	湖北汉川	同上	同上	同上	

续表

姓名	性别	年龄	籍贯	科级	入校年月	毕业年月	备考
程贤友	女	23	湖北阳新	同上	同上	同上	
张季友	女	22	湖北房县	同上	同上	同上	
廖咏庠	女	22	湖南宁乡	同上	同上	同上	
合计46名，图书馆学科男10名、女15名；档案管理学科男6名、女15名							

第九章　再添星辉：文华图书馆学专科学校的档案管理专业

第一节　档案教育与档案理论研究的产生

所谓“档案”，即是国家机构、社会组织和个人在社会活动中形成的保存备查的文字、图像、声音及其他各种形式的原始记录①，也就是说，档案是原始的历史记录。档案是有史以来最早的文字信息记录，是社会发展中的第一代文献，档案的起源是与文字的起源同步的。古埃及最古老的年代纪石刻巴勒摩石碑和古巴比伦第一部最完备的成文法典《汉谟拉比法典》(亦称《石柱法》) 以及在埃及、两河流域出土的象形文字、楔形文字的泥板、石刻档案，都是记载人类文明最早的文字档案记录。中国最早的文字记录可以上溯到《周易·系辞》所载的“上古结绳而治，后世圣人易之以书契”。晋人皇甫谧所著《帝王世纪》中记有“黄帝史官仓颉，取象鸟迹，始作文字，记其言动，策而藏之，名曰书契”。西安半坡村陶器上的刻记符号、殷商刻在龟甲兽骨上的文字、西周“毛公鼎”上的铭文、东周“石鼓文”(又名“猪碣”) 上的记录、春秋时期的邢鼎和秦始皇巡游所刻的石碑

① 吴宝康. 档案学概论 [M]. 北京：中国人民大学出版社，1988：32.

等，这些甲骨文、钟鼎文、石刻以及此后的简牍、帛书、铁券、金册等都是关于我国古代社会的早期历史档案。

“档案”一词见诸文字材料始于清代，康熙十九年（1680 年）的《起居注》中谈及该年十月披阅秋审众犯册时，“上问：‘马哈喇之父与叔皆没于阵，本身亦有功牌，其罪如何?’大学士明珠奏曰：‘马哈喇之父、叔阵没，皆系松山等处事，部中无档案，故控告时部议不准’”[①]。成书于康熙四十六年（1707 年）杨宾的《柳边纪略》中对“档案”一词作了说明：“边外文字，多书于本，往来传递者曰牌子，以削本若牌故也；存贮年久者曰档案，曰档子，以积累多贯皮条挂壁若档故也。然今文字之书于纸者，亦呼为牌子、档子矣。”《康熙字典》中“档”释为“横木框档”，即木架框格；“案”在《说文解字》里称作“几属”，即小桌子。因此，处理一桩事件的相关文书叫作“一案”，收存的官方文书称为“案”、“卷案”、“案卷”。“档”、“案”二字连用，指存入档架里收贮起来的文书案卷，放置档案的架子叫作“档架”，一格为一档。

档案被誉为“插入鞘中的剑”，是当政者治理国家、驾御民众的利器。历代君主都十分重视对档案的记录和保存工作，考古发现古希腊时就有雏形的档案清点制度，罗马帝国时已有规模较大的皇帝档案馆，中国的各朝各代也积累有一些档案工作的经验，并形成了一套完整的档案文书管理制度。早在商朝，地位显赫的史官职责之一就是掌管档案，春秋战国时期文书档案工作逐渐从史官中分离出来，出现了一批专掌文书档案的官员，秦王朝建立了与高度集权的君主专制相一致的加强王权的档案管理制度、尊君抑臣的文书体式和注重政务效率的文书运行制，大大推进了文书档案工作的发展。

从两汉至隋唐，均设有主管文书档案的各级官员，下设大量从事文书收发、抄录、存档和保管事务的专职人员，高级的文书档案官员参与政务

① 康熙起居注（第 1 册）[M]. 北京：中华书局，1984：630.

活动决策，拥有很大的权力。中央档案库也开始建立，如汉代的石渠阁、兰白、东观；唐朝专门保管官员甲历档案的甲库等。两宋时建立了收藏各朝皇帝档案的典籍库，又设有中央档案库——金耀门文书库，最重要的是在各级官府机关中普设架阁库，开创了广大范围内普遍保存文书档案的途径，架阁库被历朝沿袭，也是近现代机关档案室的前身。明朝健全的文书制度和皇家、官府各机构档案库的发展是清朝档案文书管理制度的基础。清朝中央最高行政机关内阁、军机处均建立起较为严密的中央两大文书档案工作系统，下属各级机关设档房和清档房管理档案文书工作，文书体例多承明制。雍正时建立了文书档案副本制度、文件的稽察汇奏制和上缴朱批奏折制等，加强了对文书档案工作的管理。关于档案的保存和整理，清初的做法是：采用一案一卷制来立卷存贮，再按文种分类，然后按时序（或问题）排列；还备有档案编目登记制、汇抄制和清查、缮修制。清重档案汇编，如设实录馆记有13部《满洲实录》，曾先后5次修《会典》等。清内阁下设许多利用档案修史的机构，同时地方编修志书的活动也很盛行。

可以说，中国历朝历代在长期的实践中，形成了一套中国式的档案文书管理制度，这套制度加强了对文书档案的管理，也累积了一些流弊。清末随着社会形势的变革、“新政”的实施和洋务运动的兴起，陈旧的文书档案制度已经不能适应现实需要。在一些外人控制的机构中，档案管理方法沿用完全不同于中国的西方各国通行的方法，欧美各国相对先进的档案管理模式开始传入中国。早期的资产阶级革命团体为了开展革命活动，宣传革命思想，均设有专门负责文书档案工作的人员，重视档案文件的保护、搜集和利用，成为资产阶级社团的传统。辛亥革命后，湖北军政府和南京临时政府的各级政府机关都有负责文书档案的机构。

1912年北洋政府设立了专职的文书档案机构，如总统府、国务院的秘书厅、机要局，各机关也有保存、清理档案文件的档案房、文件保管室和陈案清理室等，并开始参照欧美各国的体例，确立关于编档、归档、编纂、保管年限等方面较为系统的近代管理方法，如司法部的《文件保存细则》。

1912年11月，《公文程式令》公布，废除了沿用千年的“诰、敕、诏、奏”等公文名称，规定了带有近代色彩的“令、咨、呈、示、状”等5种公文名称。自此一套不同于旧式模式的文书档案管理制度开始建立，30年代中期，近代档案事业的发展进入了一个高峰期。1928年至1932年间，国民政府中央各部陆续建立起一大批专门档案机构，这些机构多隶属于总务处或秘书科、文书科，采取“集中制”保管本机关档案，还制定有较为完善的档案管理制度，如1928年内政部的《档案室办事规则》、1930年考试院的《文卷管理规则》和同年行政院的《保存机关旧有档案令》、交通部的《文卷管理规则》等，对档案的立卷、分类、登记和索引等方面归纳出一系列规则和经验。1933年国民政府认为“行政效率”问题是导致军事失利的重要原因，于是在国家机关内部发起“行政效率运动”，文书档案改革是主要内容。为改变文书手续繁琐、运转速度迟缓和保存管理不力的局面，在内政部次长甘乃光主持下，开展了声势浩大的“文书档案改革运动”，推行文书档案连锁法，将文书和档案合二为一，实行统一分类、统一编号和统一登记的方式，使机关档案管理规范化，加速了文件的运转速度。

新式文书档案管理制度的建立，对档案管理从业人员的文化、业务素质均有很高的要求，而民初档案管理的工作人员，特别是县一级的管卷人员，基本上是延用清朝的幕友、书吏制。幕友是地方各级官府长官自聘顾问，书吏是官府正式雇佣从事文书处理和收贮档案的役员，幕友一般协助主官管束书吏。书吏多为师徒相承、子继父业、世代相传，他们为了保住世袭垄断的职位，往往局守门户，各行其是，甚至把持案卷，垄断要挟，营私舞弊，被世人称为“卷阀”。这种“卷阀”作风已严重妨碍了政令的上传下达，成为影响行政效率的一大祸害，新式的文书档案制度迫切需要受过档案管理专业训练的新型从业人员来取代他们。同时，国外档案教育的开展也为中国档案教育的实施提供了参照模式，1821年法国的巴黎大学设立了档案学院，此后，奥地利、德国、荷兰和英国等国家纷纷派人到该学院学习，回国后效仿法国先后设立了档案教育机构。19世纪30年代末美国一些图书馆学学校如哥伦比亚大学、华盛顿美利坚大学开始开设“档案馆和历史手稿”、“行政管理与档案历史”等课程，深受美国影响的中国图书馆学各学校紧随其后也开始出现了档案学课程。

第二节 文华图专档案管理专业的设立

文华图书馆学专科学校是我国第一个开办档案管理教育，培养档案专门人才的学校，在近代中国档案教育史上占有重要地位，具有深远影响。1934 年文华图专开设中西文档案管理二课，从第二学年开始，每周各授课 2 小时。“本校自前年秋季起增设‘中西文档案管理’二课以来，对于是项研究，积极进行，不遗余力。现除大量扩充设备外，并于本年二月起，将本校所有档案施以科学管理，藉作教学上之试验。办理此项工作者为程长源君。程君乃本校毕业同学之一；曾任浙江兰溪试验县政府管卷室主任科员，并以其两年来所得之经验，著为《县政府档案管理法》一书，版权已由上海商务印书馆购去，不日即可出版云。”[①] 1939 年文华图专设立档案管理专科，这是我国正规档案教育的开始，是近代中国档案教育的摇篮。

除文华图专外，1946 年 3 月，殷钟麟在重庆创办私立崇实档案函授学校，设档案、文书和公牍 3 个专业，各设初级、高级两班，直至 1948 年 12 月停办，共计招生 294 人，其中档案高级班 208 人，文书高级班 70 人。再有，上海设有学期 3 个月的中国档案函授学校，其他如四川档案职业所、江苏学院行政管理系、四川国立社会教育学院图书博物馆系、中华职业教育社文书班、中华工商专科学校等学校，均开设档案专业课程，开展档案教育。国民政府为提高办事效率，也开办有一些短期的档案培训班，如 1941 年 6 月，国民党中央训练委员会与内政部制定了《县管理档案人员训练班业务训练课程讲授要点及时数分配标准》，1943 年四川省训练团 11 期

① 文华图书馆学专科学校季刊 [J]. 北京：国家图书馆出版社，2009，8 (7)：427.

举办了有90人参加的档案培训班，1948年9月，国防部在南京中央训练团开办了有40余人参加、为期1个月的文书讲习班一期。同年11月，国防部还在副官学校开办有30余人参加的档案管理训练班一期。

（一）文华档案管理专科的办学情况

1934年文华图专由教育部补助设立档案管理特种教席，从第二学年开始，增设“档案管理法”一课，每周授课2小时，4学分，分中英两个方面介绍，课程两学期授完。西文档案管理课由裴锡恩主讲美国机关团体、企事业单位实行的文书档案管理方法，按主题排列，辅以目录索引，中文档案管理课由毛坤主讲。“档案管理法”课程的主要内容有：通论，包括档案意义、性质、功用及中外档案概况等；公文，包括制作、上行、平行、下行等新式公文各项规则以及处理、收示、登记、拟稿、具答、缮写、校对、用印、封发等操作程序；现档，包括收发、分类、编目、储藏、出纳和销毁等；旧档，包括接收、保管、清查、排比、修补、印刷和展览等；官书，包括官书的获得、分类、编目和收运等；馆务，包括档案室或馆之建筑、设备、用览、组织和人员等（《私立武昌文华图书馆学专科学校一览》，1937年）。

从以上内容来看，这门课包括文书学、档案学、理论档案学和应用档案学等内容，授课强调“理论与实习兼顾，尤注意此项新兴科目材料之搜求与研究兴趣之提高”（《私立武昌文华图书馆学专科学校一览》，1937年）。在文华图专系统学习过档案管理课程的学生，适应了国民政府文书档案改革运动对档案专业人员的需要，深受用人单位的欢迎，不断有机关向文华索要档案管理人员。因此，1939年秋，文华图专积累5年讲授档案管理课的经验，面向高中毕业生，开办了学制为一年的、专业以档案管理为主，以图书管理为辅的讲习班，“现该校因应各机关之需要，自本季起，又开办档案管理讲习班一班，由新进留美归国专门研究图书馆学及档案管理之该校前教务主任徐家麟及教授毛体六先生等担任主讲云。兹将该校所附设档案管理讲习班招生章程录后：（一）名额：廿人，男女兼收。（二）资格：高中毕业或具有高中毕业之同等学力，而年在二十二岁以下者。（三）报名：九月十二日起至十五日止，在求精中学内本校，报名时除验证件外，并缴纳相片二张，报名费五角。（四）考试日期及科目：九月十六日上午八时起，考试国文、英文、文史地、口试。（五）待遇：每生年给公费二百元，修业期限一年毕业后，由校介绍工作”①。此班于1940年7月结业。

1940年春季，文华正式举办第一期档案管理训练班，同年秋季又举办第二期档案管理训练班。因感到一年时间太短，无法完成教学任务，达到教学目的，1940年9月26日，学校呈文教育部：“为求不断供应此项技术人材，决非短期开班或附带于其他学科中研究所能为功，必须设科专门训练以宏造就”，设立专科“不仅在吸引人们致力于此种新兴学科，而最大目的尤在使档案管理之理想，容易见诸实行”。因此，“拟请于本年度起，于图书科之外，添设档案管理科”，并申请“将原有二十九年度（1940年）春季所招训练班旧生（已肄业半年）准其在该专科一年级下学期继续肄业，二十九年度秋季所招训练班新生准其开始入该专科一年级上学期肄业”。10月17日，教育部部长陈立夫签发34635号指示批文：“令私立武昌文华图书馆学专科学校，二十九年九月二十六日呈一件，为拟设立档案管理科，并将现有档案训练班学生改入该科肄业，祈鉴核照准由。呈件均悉，所请应予照准。件存，此令。”②

于是，档案管理训练班第一期改为档案管理专科第一届，档案管理训练班第二期改为档案管理专科第二届。自此文华图专将一年制的档案管理训练班改为档案管理专科（简称档专），招收高中毕业生，学制两年。1947年档专学制由2年延长为3年。

文华图专设有档案管理专科主任一职，专门负责档案管理科事务，毛

---

① 中华图书馆协会会报［J］. 北京：国家图书馆出版社，2009，14（2/3）：17.

② 梁建洲，梁鳣如. 我国图书馆学、档案学专业教育的摇篮——记武昌文华图书馆学专科学校［J］. 四川图书馆学报，1996（5）.

坤、汪应文、梁建洲、汤成武 4 人先后担任过档案管理专科主任。档案管理专科最初专职教师是裴锡恩，但她是学图书馆学出身，对档案管理并无深入研究。30 年代文华图专一批教师开始关注档案管理这一领域，广泛搜集国内外有关档案管理的资料来进行研究，探索适合中国实际的科学的档案管理方法。1937 年裴锡恩因抗战爆发回国后，文华图专一些对档案管理有研究心得的教师承担起了档案管理专科的业务课程教学工作，如沈祖荣、毛坤、徐家麟、汪应文、李永桢、沈宝环、叶祖灏、黄彝仲、孙德安、梁建洲、汤成武等教师[①]。当时关于档案管理的书籍较少，而且内容简单，体系不成熟，很多任课教师都是自行编写讲义作为教材来教学，这些讲义直接体现了教师个人对于档案管理的理论观点和研究成果，是了解当时档案管理整体水准的感性材料，很有研究价值，如毛坤吸收国外档案管理的精华，结合我国实际情况编写的《档案经营法》等。

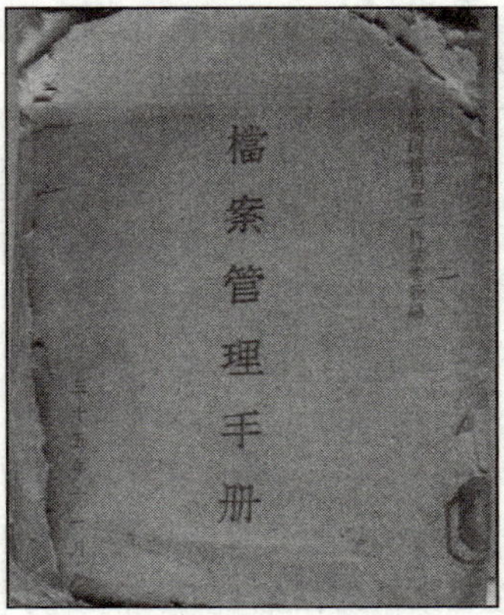

文华图专档案管理专业所用教材

文华图专开办的档案管理专业教育，在我国当时尚属创举，在档专开设何种课程的问题上，当时的教务主任毛坤认为，“档案家用以驾驭档案之学识即可称之曰档案学。档案学与其称之为纯粹科学，毋宁称之为应用科学。与医学相仿佛，乃混合其他科学之一部及从实际经验中得到之原理、原则与方法技术而之科学”[②]。他参考欧美等国培养档案管理人员所开设的课程，结合中国实际需要，考虑到所开课程既以“专”为主，又照顾到“博”，便于学生胜任管理各种不同类型的档案，在这种指导思想下，档专的课程分为专

① 梁建洲．我国解放前档案管理教育状况 [J]．档案学通讯，1992 (1)．

② 梁建洲，梁鳣如．我国图书馆学、档案学专业教育的摇篮——记武昌文华图书馆学专科学校 [J]．四川图书馆学报，1996 (5)．

业课程与非专业课程两大类，又有必修课和选修课之分，共72学分。非专业课程主要是文化基础课，如国文、英文、书法、中英文打字、文哲概论、自然科学概论、社会科学概论、史地概论、政府组织概要、伦理学、人事纪录英文等。这是因为当时档案学者认为档案人才须“具有才学识三长”，即“对于史学，有相当之素养；对于编辑，有相当之经验”①，有丰富之常识，能胜任各类档案的分类、整理工作，所以必须加强自身文化素养和知识积累。另外非专业课程中还有图书馆学的一些基础课，如图书馆学概论、分类、检字索引、索引法、参考书目、序列法、史料整理、资料管理、博物馆学。这样开课的原因是，档专是从文华图专派生出来的一项专业分支，图书馆学是学校的主项；加之受美国影响，一度试图将图书分类管理的若干方法应用于档案管理。档案专业课程主要包括：档案管理法、经营法、行政、分类法、编目法和中国档案学、中国档案通论、西洋档案学、公文研究、公文管理等。主要科目的具体教学内容见表9-1②：

表9-1　档案专业课程教学内容表

课程名称	教学内容大纲
档案经营法	①通论，包括档案的意义、范围和功用等；②行政，包括档案机关之组织系统及其内部之行政人事等；③出纳和典藏，包括档案室的设备及档案的装订、上架、抽移、销毁、调卷、归还等；④旧档处理，包括旧档的典收、清理、还原、编目、提要等
档案行政	①概论档案行政的意义、原则和对象；②组织，包括欧美国家档案的收藏、公立档案馆行政系统以及独立档案馆的任务和组织；③人事行政；④建筑设备，包括档案馆建筑特点、类型以及档案馆建筑的原则与设计

① 吴宝康．档案学概论［M］．北京：中国人民大学出版社，1988：335．

② 王德俊．我国近代档案教育历史简述［J］．档案工作，1992（5）．

续表

课程名称	教学内容大纲
档案分类法	①档案分类释义；②分类的理论学基础；③档案分类和各种排列法的比较（如时间、空间、地名、机关名、人名、标题、数码、类别、编卷号码等）；④分类的重要性；⑤分类的普通、特殊原则；⑥分类的类目、等级和名称；⑦分类符号以及各种助记性符号；⑧分类注意事项；⑨机关组织机构变动和档案分类之间的关系及其执行尊重档案群原则中的缺点；⑩同类序别号码；⑪类分档案的步骤；⑫类分档案的注意要点
档案编目法	①编目原则；②编号；③目录种类；④分类目录及要项索引
中国档案通论	①档案的解释；②档案一词的来源；③档案的功用；④档案的类别，即我国公文变化 4 个阶段：第一阶段秦以前；第二阶段秦至清以前；第三阶段清以后至中华民国前；第四阶段中华民国后
西洋档案学	①档案的发展和种类；②官书（美国）的种类；③西洋档案发展史，包括起源，中世纪档案工作特点，13—14 世纪法国、英国、意大利开始设立档案库、18 世纪前欧洲的档案集中保管趋势，法国大革命（1789 年）——档案管理新时代的开始及其思想特点等
公文研究	①通论，包括公文的界说、公文的种类、公文的用语以及最近公文改良的要点等；②分论，包括令、训令、指示、布告、呈或报告、函、通知、批、杂项公文以及军用公文等；③余论，包括公文的撰写方法及其标点符号、公文用纸、公文处理程序等

从上表可知，属于基础理论档案学的是中国档案通论、西洋档案学；属于应用档案学的是档案经营法、档案行政、公文研究；属于技术档案学的是档案分类法、档案编目法。专业课程中十分注重向学生讲授有关档案点收、登记、分类和编目环节的技术管理方法，并且对于如何有效地运用人力、物力、财力、工具、程序和设备的档案经营、行政等方面也开设专门课程讲授。中国近代档案事业的发展深受欧美各国影响，西洋档案发展

史就是专门介绍欧美各国关于档案事业的新理论、新动向。文书和文书工作是中国近代档案事业的一项重要组成部分，因此开设有公文研究课。中国档案通论则上溯中国档案事业发展的历史。学生们通过上述课程的学习，既掌握了有关档案管理的专业技术，也对档案学的基础理论、原理有所了解，还接触到了中外关于档案事业的一些情况。另外秉承文华图专注重实习的传统，档案管理专科的学生也有实习课，实习如何将课堂上学得到的理论知识运用到实践工作中去。

文华图专到1949年共办了6届档案管理专科，前五届均是西迁重庆时招收的，第一至第四届在重庆毕业，第五届学校复原回武汉后才毕业。第六届1947年秋在武汉招收。入学人数83人，毕业人数51人。除第六届有25名学生外，其余各届每届学生都在10人以内。所有毕业生都被聘往全国各地担任档案管理工作，成为各部门档案管理的骨干力量。

（二）档案管理短期职业训练班和档案资料管理训练班

除了档案管理专科的正科外，文华图专还办理了档案管理短期职业训练班和档案资料管理训练班，“养成管理档案之中级技术人才，以适应各机关增进效率之需要”（《私立武昌文华图书馆学专科学校附设教育部指办档案管理短期职业训练班第一期招生简章》）。

1941年春，教育部督学钟遗视察文华图专，文华图专说服他同意由文华办理教育部指定的档案管理短期职业训练班。同年6月，沈祖荣争取到了教育部部长陈立夫对此事的支持。于是7月23日，文华将档案短期职业训练班开办计划、招生简章及开办经费、日常费用预算书草案呈报教育部请予批准。12月20日，教育部中学49729号训令批准同意，全文为：“查本部前以后方极需各项技术员工，乃于二十七年起，历年拨款指定学校机关举办各种短期职业训练班。所有二十九年度举办各班，现在大部将次结业，并本部拟定三十年度继续举办短期职业训练班办法，呈奉行政院核定照准。兹指定该校办理三十年度档案管理短期职业训练班一年，共计三期，每期时间三个月。规定经费共25 000元。兹随颁发短期职业训练班暂行办法，三十年度举办各项短期职业训练班各一份。本年并发经费半数计 12 500 元，由国库径进拨支该校具领，仰即迅予举办，并拟具计划三份，经费分配表五份呈部备核。并将办理进行情况，随时具报。"①

这种训练班由教育部承担该班的所有经费，包括学生的学杂费、伙食费，名额定为 20 人左右。1942 年春开始招生，招收初中毕业生及各单位保送的在职档案管理人员，保送人数各期不等，多时达全班人数一半以上。学期为 3 个月，一年办两期。因学生入学程度太低，学习时间又短，达不到预期的教学目的，1944 年 1 月，第五期开始招收高中毕业生，学期为 4 个月，到 1945 年 7 月，教育部停止供给经费为止，先后共举办了 7 期，结业学生 200 余人。该班由沈祖荣亲自任班主任，另设负责实际工作的级任导师一人，黄彝仲（第一、二期）、何德全（第五、六期）、梁建洲（第三、四、七期）3 人先后为该班级教师，其课程均由讲授档案管理专业的教师兼任。课程的设置与档案管理专科相比，侧重于档案管理实用技术的讲授，如档案之典藏与出纳（18 学时）、档案分类法（48 学时）、档案编目法（72 学时）、档案行政学（6 学时）、资料管理（60 学时）、旧档处理法（18 学时）、人事行政与人事档案管理等，还有涉及图书管理技术的学科，如排列法（72 学时）、检字法（36 学时）、索引（18 学时）、图书馆学概论、档案通论（6 学时）等；社会文化基础课程只开设与档案管理技术密切相关的政府组织、公文研究（48 学时）和国文等。各课程难度也浅于档案管理专科，这些都充分反映了该班短期性、实用性、应急性等特点。各期结业学员除系单位保送的基本回原单位效力外，其余的大都供职于各档案管理机构。短期培训班的设立也反映了当时档案界要求档案从业人员专业化、规范化的趋势。

另外，文华图专还开办了档案资料管理训练班，共有 48 人结业。文华图专的档案专业是当时中国培养档案管理专业人员的重要基地。所培养的人才既有高等教育层次的档专正科毕业生，也有中等、初等层次的短期训练班的结业生，很好地适应了当时各级政府机关、组织团体对各级档案管

① 梁建洲，梁鳣如．我国图书馆学、档案学专业教育的摇篮——记武昌文华图书馆学专科学校［J］．四川图书馆学报，1996（5）．

理专业人才的需要。如1945年3月3日，文华图专致函永利银行总管理处，"为报送巫宝成君入本校档案训练班受训，嘱将开课日期及一切入学手续一并覆，一切自应照办。本校档案训练班定于本月六日开课，希请查照转嘱巫君于本月六日携带学历证书来校甄试入学为荷"①。这批学生成为当时档案界的骨干分子。

1942—1949年，文华档专正科及短期训练班共毕业、结业学生311人，其中男生235人，女生79人，具体情况见表9-2②。

表9-2 档案管理专业毕业（结业）学生情况

类型	毕业（结业）年月	（期别）届别	男	女	小计
档案管理专科	1942年1月	1	5	2	7
	1942年7月	2	3	2	5
	1944年1月	3	2	6	8
	1946年7月	4	2		2
	1947年7月	5	2	2	4
	1949年7月	6	9	16	25
	合计		23	28	51
档案管理短期职业训练班	1942年6月	1	18	10	28
	1942年12月	2	29		29
	1943年6月	3	30	3	33
	1943年12月	4	23		23
	1944年6月	5	38	1	39
	1944年12月	6	28	2	30
	1945年6月	7	24	6	30
	合计		190	22	212

① 永利银行总管理处同政府机关团体来往函件［G］. 武汉市档案馆藏，全宗号：68-1-70.

② 梁建洲，梁鳣如. 我国图书馆学、档案学专业教育的摇篮——记武昌文华图书馆学专科学校［J］. 四川图书馆学报，1996（5）.

续表

类型	毕业（结业）年月	（期别）届别	男	女	小计
档案资料管理训练班	合计		22	26	48
总计			235	76	311

新中国成立初期，文华图专为了适应武汉各级政府机关管理档案资料工作的需要，也办理了一些档案资料管理短期培训班。1950 年 8 月 10 日，文华图专呈文中南军政委员会教育部："最近，武汉各级人民政府负责管理资料档案的同志经常来我校参观，并约请本校教员前往讲演，解决资料档案管理的一些技术问题，证明在各机关走向正轨化中资料档案管理的专业化是必要的，本校当然根据各界的要求体量协助提供改进意见。但是，资料档案的管理技术还是需要一个相当时间的训练才能熟悉的。因此，本校拟在下学期办一期档案资料短期训练班。人数当以三十人为限，时间定为四个月，一方面招收高中毕业或高中程度的学生，一方面钧部保送曾在中原大学毕业的同学或现在职干部作短期专业的学习。……其次，关于训练班的课程则以档案管理，档案分类，资料管理，检字，索引，图书管理及实习为主。"① 8 月 24 日，中南军政委员会教育部批准了文华图专的申请，档案资料管理短期训练班于 9 月 14 日正式开学，学员由机关选送，中南军政委员会教育部、武汉市委、市总工会、市青委会、市妇联及民众乐园等单位都送干部参加学习，共 45 人。该班由中南人事局派一名干部驻校领导学员的政治学习。教学方面，以文华图专档案管理科主任为主席组成一个教学委员会，由汤成武等讲授档案管理、档案分类、资料管理、检字索引、图书管理、实习等业务课程，仍侧重于档案资料的管理技术和方法。学期为 4 个月，1951 年 1 月结业，学员仍回原单位工作。1952 年 12 月 1 日，文华图专又举办了一次档

① 钱德芳，程晓端．文华图书馆学专科学校开办档案教育始末 [J]．图书情报知识，1984 (2)．

案管理讲座，所有听讲人员都是各机关现职档案管理人员，共讲了三讲：第一讲于12月1日下午举行，讲“档案分类”；第二讲于4日下午举行，讲“档案编目与索引”；第三讲于8日下午举行，讲“档案典藏与设备用品”。1953年文华图专并入武大后，档案管理专科没有继续开办。

（三）近代档案学的发轫

“档案学”概念的形成是从研究档案馆事业开始的。18世纪末标志着近代国家档案馆事业开始的法国国家档案馆虽然建立，但关于国家档案馆的发展方向、性质、地位和作用等问题，仍不明确。以德国为代表的西欧各国档案学者针对这些问题展开了学术讨论。1804年德国档案学家约瑟夫·奥格尔在《一种档案学理论思想》一书中，第一次将“档案学”作为一个学科概念明确提出。此后，德国1806年创办的“档案馆学和登记室学”及1834年创办的“档案学古文书学·历史”，先后首次以刊物名称肯定了“档案馆学”和“档案学”这两个学科概念。法国档案部门在19世纪40年代提出的对档案整理和分类应“尊重全宗原则”是档案学理论发展上的一个重大飞跃，这个原则体现了档案整体的思想，要求全宗级别以上的一切类别的划分，都必须以全宗为基本单元，从而与图书的分类划清了界限，使档案学有了自己的核心理论，为独立的档案学学科的形成奠定了基础。在尊重全宗原则的基础上，德国档案学家冯·西格尔任普鲁士国家机密档案馆馆长时，于1874年提出“来源原则”，按档案来源进行整理、分类。从19世纪末到20世纪30年代，西欧各国出现了一批专门研究档案学的学者，先后撰写和出版了大量档案学专著，其中最具代表性的有：《档案的整理与编目》（荷兰缪勒和福罗英合著，1898年荷兰海牙出版），《档案管理手册》（英国谢拉里·詹金逊著，1922年英国牛津出版），《关于档案整理与编目和关于书面历史文献出版的实际建议》（法国弗尼埃著，1924年出版），《档案学》（意大利埃卡萨诺瓦著，1928年都灵出版），《档案总论》（法国查里萨·马兰著，1938年出版）等，这些著作极大地推动了欧洲档案学的研究工作。欧洲档案学理论在20世纪初传入美国，美国档案管理逐渐仿照欧洲各国的做法，将早期采用的事由原则（图书馆分类法）改为来源原则。1934年美国国家档案馆正式按照来源原则，对档案以文件组合的形式进行管理，以代替与图书管理相同的单个处理方式。另外，苏联在19世纪30年代末也形成了档案学理论体系，即把全宗作为一个整体概念——国家全部档案的总和来进行研究。

我国清代在档案文献的编纂过程中产生了档案学思想的萌芽，与西方档案学理论相比，清代的档案学主要是对具体档案管理方法和经验上的总结，理论研究很少，也没有形成体系。我国真正意义上的档案学产生在20世纪30年代，与当时文书档案改革运动和史学界整理研究明清档案密切相关，并深受西方各国档案学理论的影响。一般认为，我国近代档案学产生有两个主要标志：一是“档案学”作为专有名词，1935年在月泰固《档案整理处的任务及其初步工作》中正式问世，书中指出：“用科学方法处理档案，有叫作档案学的学问，在欧洲也是近百年来发达的事。”[①] 1940年龙兆佛在《档案管理法》一书中也言：“目前关于此问题（指档案学——引者注）之学理虽然尚是空乏，但我相信至多十年之后，此问题之学理必可发展成为一种专门学问，档案学名词必可成为与图书馆学相对等之名词。”[②]一是涌现了一批研究档案工作的学者，二是一批档案学著作问世，中国档案学已初步形成体系。从周连宽的《县政府档案处理法》（1935年）、《档案管理法》、《公文处理法》（1945年），程长源的《县政府档案管理法》（1936年），何鲁成的《档案管理与整理》（1938年），龙兆佛的《档案管理法》（1940年），梁上燕的《县政府公文处理与档案管理》（1942年），傅振伦的《公文档案管理法》（1946年），陈国琛的《文书之简化与管理》（1946年），黄彝仲的《档案管理之理论与实际》（1947年），秦翰才的《档案科学管理法》（1947年），殷钟麒的《中国档案管理新论》（1949年）等著作看，20世纪

① 吴宝康. 档案学概论［M］. 北京：中国人民大学出版社，1988：318.

② 吴宝康. 档案学概论［M］. 北京：中国人民大学出版社，1988：318.

30年代中国档案学研究的范围已涉及档案学的一般概念、管理的原则和方法、行政组织、工作人员的选拔等关于档案的定义、性质、种类、作用、范围、分类、编目、编卷、鉴定、庋藏等各方面内容，比较客观地反映了当时中国档案学的发展水平。

中国近代档案学与同时期其他国家的档案学相比，有以下明显的特点：

首先是以机关档案室工作为主要研究对象。中国近代档案学之所以产生的一个重要原因就是当时政府各部门、机关档案室设置比较普遍，在实践中迫切需要研究解决机关档案文件的登记、分类、立卷以及索引编制等问题。所以对档案学一系列问题的研究都是以机关档案室工作为出发点。

其次是以机关档案室的文书处理和档案管理为重要研究内容。近代档案学产生时，学界还不能将文书和档案、文书工作和档案工作真正区分开。又因为当时全国范围的档案事业尚未建立，档案工作基本上就处在机关档案室工作阶段。据统计，20世纪30年代出版的36种档案学著作中，有88.8%约32种是研究文书和文书工作的，研究档案和档案工作的仅有4种，占11.2%，即周连宽的《县政府档案处理法》、毛坤的《档案处理中的重要问题》、程长源的《县政府档案管理法》和何鲁成的《档案管理与整理》。到了20世纪40年代，46种档案学著作中，有73.9%约34种专门研究文书和文书工作；另有3种，占6.5%，以文书工作和档案及档案工作为研究内容；只有9种，占19.5%，完全以档案和档案工作为研究内容①。

最后是引进欧美图书分类体系。中国近代档案学受欧美档案学影响很大，档案界十分注重学习、引进欧美各国档案学的理论、原则和方法，如何鲁成的《档案管理与整理》中，大量引用国外档案学著中的理论，书末所列的参考书目中外国专著达28种之多。王重民在《美国国立档案馆印象记》一文中，介绍了当时档案保护技术最发达的美国的先进方法。特别是欧美图书分类法对中国近代档案分类法的影响很大。美国国会图书馆分类法（Library of Congress Classification）和杜威十进图书分类法（Dewey Decimal Classification）是当时档案界主要使用的分类方法。

---

① 吴宝康．档案学概论［M］．北京：中国人民大学出版社，1988：318.

第三节　文华图专对档案馆学建设的历史贡献

在中国近代档案学的发展史上，文华图专的档案管理专科对于中国近代档案学作为独立学科的建立、体系的完善、特点的形成和进一步发展，起了重要的作用。

其一，明确了档案学作为独立学科的性质。文华图专是国内最早开设档案管理课程的学校，档案管理最初只是图书馆专业学生所上的一门课程，由文华1934年设立的特种教席教授。1934年12月15日出版的《文华图书馆学专科学校季刊》中刊登了蔡国铭的《档案研究之对象与途径》，文中提出“档案管理方法本只是图书馆学之一友”，还是将档案学视为图书馆学的附属。1940年文华图专给教育部的呈文中则指出，档案管理这项研究“日渐由试验而发展为独立学科”，根据学校五六年来试验之结果，文华图专意识到“档案管理之内容并不简单，而许多有关科目，如行政组织、公务管理及文书之制作及处理等，必须循序研究，始能组成一完备知识。故档案管理不能再以图书馆学之附庸视之而实有独立成科之必要”①，明确提出档案管理已是一门独立的新兴学科。加之当时社会大量需要档案管理专业人才，于是文华图专1939年先开办了一个以图书馆教育为本，档案管理教育为主的一年制讲习班，随即在1940年开设二年制档案管理专科班。可以说，在中国高等教育领域内，档案学首先在文华图专被定义为一门学科，形成一门独立的专业。中国近代档案学大多以文书和文书工作为研究内容，在20世纪30年代，36种著作里唯一以档案和档案工作为研究内容的4种著作中，有3种是出身文华图专的学者编著的，即周连宽的《县政府档案处理法》、毛坤的《档案处理中的重要问题》、程长源的《县政府档案管理法》，这些著作明确了档案学是一门独立学科，它的研究对象应该是档案事业，其研究内容应该是档案和档案工作，

① 钱德芳，程晓端. 文华图书馆学专科学校开办档案教育始末 [J]. 图书情报知识，1984 (2).

档案学作为一门独立学科的内涵和外延基本被确立下来。

其二，推动了档案学体系的建立。文华图专的档案管理专科所开设的课程，初步建立了这一学科的体系。档案学体系分为三大门类，即基础（理论）档案学、技术档案学和应用档案学[①]。这三大门类为档案学体系结构的第一层次；各门分支学科为第二层次；档案学知识元素为第三层次。这三大门类的若干分支学科知识和知识元素，按一定方式组合、排列构成档案学的体系。

文华图专所开设的课程构建了档案学的基本体系，如图 9-1 如示。

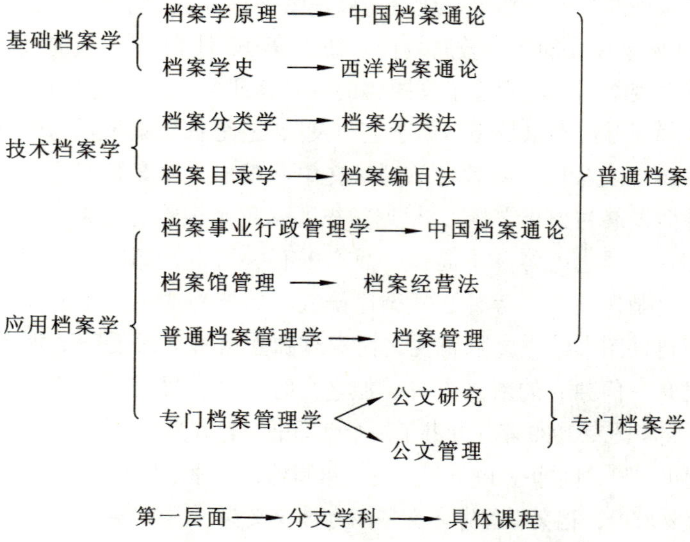

图 9-1　文华图专建立的档案学体系结构

① 档案学体系结构有五种划分法：二分法：理论档案学、应用档案学；三分法：基本理论（理论档案学）、技术科学（应用档案学）和应用技术（工程技术），或档案事业管理科学、档案管理科学及基础理论；四分法：理论档案学、应用档案学、叙述档案学和辅助档案学；五分法：理论档案学、应用档案学、技术档案学、管理档案学、教育档案学；七分法：基础理论、档案与档案事业、档案学的发展史、档案事业管理学或档案行政管理学、档案人才学、档案利用与效益学、外国档案工作和档案学研究。本书采用三分法第一种。

其中中国档案通论、档案经营法、档案分类法和西洋档案通论等，在档案学科体系建设中有特别重要意义。中国档案通论从宏观上讲述了档案的意义、范围和功用以及中国档案的历史。这是档案学科体系的主导学科，是档案学科的基石，对其他分支学科和档案工作实践起指导作用，可以提高学生对档案的整体认识。西洋档案学史介绍欧美档案工作史和档案学史，包括档案学思想、理论的产生、形成、发展和规律，以及档案学发展各个历史时期的主要代表人物的主要观点，为档案学发展提供理论、经验和教训。档案经营法突破了档案学局限于研究现行机关档案的小圈子，提出建设国家档案网的设想，认为全国档案机关“可分为独立之档案管理处和附属机关档案管理处两类。独立之档案管理处又可分为全国档案管理处、全县档案管理处、全省档案管理处三级”。另外还提出建立国家档案学校的主张。档案分类法系统介绍西方各国档案学理论，主张档案分类必须采用法国档案学尊重档案群的原则即全宗原则，明确“‘档案群’指某一完整独立、不受外力支配，而能正式接收处理各方面事务之行政机构，于其政务进行时所产生之一群档案也”。

文华图专开设的这些课程基本构建了学科体系，吴宝康在《档案学理论与历史初探》中认为这些课程“集中了当时中外档案学的研究成果，并进一步发展了我国档案学的整个体系”。

其三，促进了档案学研究的开展。文华刚开始开设档案管理专科时，由于没有现成的教材，有关档案管理专业的全部课程都由任课教师自行编写讲义作教材，如毛坤吸取国外档案管理经验，结合中国实际编写了《档案经营法》为教材，书中对档案学的理论与实践，都有精辟的阐述。在《文华图书专科学校季刊》上不时刊有文华师生研究档案学的文章，如蔡国铭在第六卷第三期上发表了《内政部档案室巡礼记》，接着在第四期上又发表了《档案研究之对象与诠释》。毛坤在第七卷第一期著有《档案序说》一文。20 世纪 30 年代涌现的一批致力于档案学研究的学者，有很多都是文华的教师，或出身于文华，如周连宽、程长源、傅振伦、毛坤、黄彝仲等，在档案史研究上独树一帜。这些学者出版了大量有关档案学研究的著作，如周连宽的《县政府档案处理法》(1935年)、《县政府公文处理法》(1935年)、《公文管理法》(1945年6月)、《档案管理法》(1945年11月)，程长源的《县政府档案管理法》(1936年，商务印书馆)，傅振伦的《公文档案管理法》(1946年)，黄彝仲的《档案管理的理论与实际》(1947年，南京德新印务书局)等，这些著作是我国档案学形成时期的奠基之作，即使在今天看来也不乏学术价值。1992年档案出版社出版的邓绍兴等著的《中国档案分类的演变与发展》一书中对这些著作给予了较高的评价。

如果说早期周连宽的《县政府档案处理法》和程长源的《县政府档案管理法》还分别是对当时湖北武昌县文书档案改革运动和浙江兰溪县政府整理档案的具体经验总结，那么到了毛坤的《档案经营法》和《档案行政学》，关于档案学研究的学术价值就高多了。毛坤在书中坚持"尊重档案群"原则，提出建立全国国家档案馆网的设想，并制定了国家档案馆规程，还详细论述了国家档案馆如何开展日常工作。在他所撰的《档案处理的行政系统》一文中，主张行政系统要分为独立的和附属于机关的两种档案管理处，两处再分为全国、省和县三级，认为三级所属机关的老档案应送交中央、省、县总保管。这些观点和理论影响深远。邓绍兴在《中国档案分类的演变与发展》一书中认为，"文华档案专科突出了当时档案学局限于现行机关档案集中管理的小圈子，提出了国家档案馆网的设想意见，主张建立独立的档案管理处和附属于机关的档案管理处，相当于国家档案馆和机关档案室，以使档案的宏观管理趋向专业化和科学化"。新中国的《国家档案馆规程草案》就是由当时在四川大学任教的毛坤拟定的。严文郁认为，"大陆成立的全国、省及县各级档案馆体系，实际上就是以毛坤的构想为参照"①。

学术界对毛坤最先提出的"尊重档案群"原则评价很高。冯惠玲在

① 严文郁．文华图专的三位教务主任［J］．高校图书情报学刊，1989（2）．

《论档案整理理论的演变与发展》中指出："特别是1940年文华图书馆学专科学校的档案管理科的教材中还明确提出了档案分类中必须采用法国档案学的尊重档案群的原则，认为档案分类的基本原则是'须能表明原来制档机关之目的'。他们将档案群解释为'某一完整独立，不受外力支配，而能正式接受处理各方面事务之行政机构，于其政务进行时所产生之一群档案也'。这些思想比起原有的理论显然前进了一步，由于受当时档案工作水平的限制，没有广泛实践，因而还不能构成民国时期档案管理的主流，但它作为一种颇有生命力的理论倾向，在我国档案整理理论的发展过程中所产生的影响都不可忽视。"①

其四，档案学研究深受欧美档案学和图书分类体系的影响。文华因为其教会学校的身份，很多教师对欧美档案学了解更全面、更深入，这些教师积极向国内介绍欧美各国档案学理论。毛坤在《档案序说》一文中大量论及欧美的档案学、档案和档案机构，引用近10本外国参考资料，如《大英百科全书》、《韦氏字典》、《伦敦图书馆指南》、《英国官档局保存档案法规》、英国全肯生的《档案管理法》、《大美百科全书》、英国贾士比的《官档局藏档指南》、美国的《联邦政府档案指南》、《美国历史学会档案委员会十三、十四各次报告》(《经济档案指南》)。文华图专还开设有"西洋档案学"课程，这是我国研究外国档案工作历史和档案史的开始。文华的主体是图书馆专科，档案管理专科是由图专馆专业的一门课程发展而来的。李廉在文华图专讲授档案经营法课程，该课程属于图书馆学科二年级必修课程，每周2小时，全年4学分。

从他在1949年的一份教学情况调查表②（见表9-3），可以对文华档案管理学讲授情况窥见一二。

---

① 冯惠玲. 论档案整理理论的演变与发展［M］//吴宝康. 当代中国档案学论. 北京：档案出版社，1988.

② 湖北私立文华图书馆学专科学校各学科教学情况调查表、学生意见表［G］. 湖北省档案馆藏，全宗号：GM7-1-973.

表 9-3　教学情况调查

教学目标：本课在使学生熟悉档案整理与管理的方法，注意实际工作，理论较少
教材内容：本课就档案整理步骤，从点收、登记、分类、编目、索引，以至出纳、典藏为止。每一个步骤详细说明，使学生学习一年后，能全部了解档案管理过程，以为应用
教学步骤及方法：①每个步骤先作一个有系统说明，次述大作法；②以实际档案作为实习材料，依照所述方法逐步整理；③以同一实习材料为对象，经过各种不同整理步骤，即可了解档案整理全部过程
参考书目及补充教材：①何鲁成《档案管理与整理》；②黄彝仲《档案管理之理论与实际》；③毛坤《档案经营法讲义》
课外配备实验、实习、调查、参观等与实际联系的一切活动情况：①本校前由于伪湖北省政府接收武汉沦陷时期湖北省政府警务要一部分废档用作实习材料；②本校印制了一些卷夹及应用表格；③平放档案卷柜四个
教授对本科的意见：一个行政机关的公文案件是与日俱增的，如果整理得好，不但保存捡取方便，而且参考的人，也可以从材料中得到较系统的了解，因之档案管理是各机关所先需的。所以我们应当对学生对于档案管理与整理技术深切了解，将来才可以把工作做好
学生对本科的认识：圖学科的学生知道这也是一种专门的技术，无论将来去管理档案与否，是应当把它弄清楚
选课人数及学习情况：二年级十人，两个月已讲完阅检点收、登记等项，现在实习中

1947年档案管理科科目见表9-4①：

表9-4　1947年档案管理科科目

学年	科目	学分
第一学年（1947年9月至1948年7月）	图书分类	4学分
	打字	2学分
	实习	4学分
	档案经营法（下学期）	4学分
	国文	4学分
	英文	4学分
	外国语（日、法）	4学分
	检字法（上学期）	2学分
	索引法（下学期）	2学分
	社会科学概论（上学期）	2学分
	中国档案通论	4学分
	公文研究（下学期）	2学分
	伦理学	4学分
	政府组织（下学期）	2学分
	图书馆学通论	4学分
	史地概论	4学分
	体育成绩与操行成绩附在学业总平均成绩之后。上学期实得学分23，下学期实得学分29，累计学分52分	

① 湖北私立文华图书馆学专科学校概况、访谈目录、教职员工学生手册、毕业生历年成绩表［G］. 湖北省档案馆藏，全宗号：GM7-1-16.

续表

学年	科目	学分
第二学年（1948年9月至1949年7月）	参考书	4学分
	索引法（上学期）	2学分
	实习	4学分
	中文编目法	4学分
	档案编目（下学期）	2学分
	文哲概论（上学期）	2学分
	外国语（日、法）	4学分
	英文	6学分
	自然科学概论（下学期）	2学分
	博物馆学（下学期）	2学分
	立排序列法（上学期）	2学分
	资料管理	4学分
	档案行文	4学分
	档案分类（上学期）	2学分
	西洋档案学（上学期）	2学分
	史料整理（上学期）	2学分
	上学期实得学分28分，下学期实得学分23分。 第二年结束时，累计学分101分。体育成绩附在学业总平均成绩之后，无操行成绩计算在内	

从上表可见，在图专讲授的课程中有一些档案管理学的内容，而档专所授的课程中也有一部分就是图书馆学的内容，两学科的界限并不十分明显，甚至有的叠加交错。图书馆学科与档案管理科共修课程有：①技术科目：打字、汉字捡排法、博物馆学、公文研究；②其他科目：语言科目

(国文、英文，法语、德语、日语三课任选修一种)；补充科目（自然科学概论、史地概论、社会科学概论、文哲概论）[①]。加上我国原有的档案按文件名称、按字形分类管理法过于简单，无法适应近代档案大量增加的需要。因此，在很长一段时间内档案界包括文华图专是借鉴欧美图书分类法来对档案进行分类、编目，对档案类的研究也来源于欧美图书分类法，这是我国近代档案学的特点之一。

① 基督教圣公会文华图专资料［G］．武汉市档案馆藏，全宗号：112-1-26.

第十章　硕果满枝：谱写“建设中国的图书馆学”历史篇章

第一节　研　究

（一）图书馆学研究概况

图书馆学是研究图书收集、整理、保藏和利用及其规律的科学。它的体系结构大致可分为：理论图书馆学（含导论、图书馆和图书学历史、方法论、未来学、比较学），技术图书馆学（含图书的采访、藏书、分类、目录、文献、检索及图书馆的管理、读者、建筑、自动化等），应用图书馆学（含各类专门图书馆学）。

“图书馆学”这一名词是由德国著名图书馆学家施莱廷格（M. W. Schrettinger，1772—1851）在1807年首次提出的。他在次年《试用图书馆学教科书大全》一书中，开始尝试建立图书馆学体系。德国人艾伯特（1791—1834）和丹麦人莫尔贝希（1783—1857）构建的“艾伯特—莫尔贝希体系”，使图书馆学结构系统化。1846年佐勒（1822—1902）所著的《图书馆学概要》一书，则使该体系趋于完善。1859年英国的爱德华兹（1812—1886）出版的《图书馆论文集》，对19世纪中叶的图书馆管理学进行了概括，他所阐明的图书馆管理学的思想在英国和德国都产生了巨大影响。1876年麦维尔·杜威（M. Dewey）创办了美国第一个图书馆协会“美国图书馆协会”（The American Library Association，ALA）和美国第一个图书馆学刊物《美国图书馆杂志》（*American Library Journal*），并出版《杜威十进分类法》（*The Dewey Decimal Classification*），同年卡特(Charles Ammi Cutter，1837—1903）的《字典学目录规则》（*Rules for a Printed Dictionary Catalogue*）也正式出版。1887年第一所图书馆学专门教育机构在哥伦比亚大学建立，麦维尔·杜威倡导的经验图书馆学产生了世界性的影响。19世纪下半叶，公共图书馆在世界范围内普遍建立，对图书馆学的研究提出了更高的要求。

19世纪，欧美图书馆学发展迅速，图书馆学作为一门科学真正确立起来。图书馆学走向成熟的标志是1933年巴特勒在芝加哥大学出版的《图书馆学导论》，自此图书馆学研究不仅将图书馆本身作为一个研究对象，而且将它放到更大的社会系统中作全面的考察，研究图书馆学的理论基础问题，并将这门学科的知识组成一个完整的有机体。在图书馆学体系结构上，米考尔（F. Mikau）主编的《图书馆大全》被称为“德国图书馆学的金字塔”。在图书馆学教育方面，英国、法国、德国都先后出现图书馆学校。1926年美国芝加哥大学图书馆学院首次设立图书馆学博士学位。图书馆学的研究对象——图书馆机构的发展也很快，出现了国家图书馆（美国的国会图书馆、英国的不列颠博物馆、法国的国家图书馆、德国的普鲁士国家图书馆）、大学图书馆、公共图书馆、专业图书馆和捐赠图书馆等多种形式。图书馆的各类国际协会也广泛建立，1927年国际“图书馆协会联合会”即“国际图联”（International Federation of Library Association and Institutions，IFLA）成立，出版《国际图联杂志》（*IFLA Journal*）、《国际图联指南》（*IFLA Directory*）和《国际图联年报》（*IFLA Annual*）等刊物。此外，还有“国际文献工作联合会”（International Federation for Documentation，FID）、“国际标准化组织”（International Organization for Standardization, ISO) 和联合国教科文组织（United Nations Educational, Scientific and Cultural Organization）下设的文献工作、图书馆和档案馆咨询委员会（Advisory Committee on Documentation, Libraries and Archives）等，对图书馆学的研究逐渐走向成熟和规范。

从现代学科体系分类的角度来看，中国古代研究图书的目录学、校勘学、版本学等均属于图书馆学的研究范畴。早在孔子编订六经时，便按诗、书、礼、易、乐、春秋六类分编图书。东晋的李充编成的《晋元帝四部书目》，以经、史、子、集四部分类法为次序，确定了沿用一千多年的图书分类法。北宋的郑樵（1103—1162）在《通志》的《校雠略》中，提出“即类以求”、“旁类以求”、“因地以求”、“因家以求”、“求之公”、“求之私”、“因人以求”、“因代以求”8种书籍访求的方法。他不但指出了图书的分类中“类例既分、学术自明”，“类例不明，图书失纪”，在《艺文略》中还提出了具体的分类方法和原则，将历代图书分为12大类100家422种，这是中国图书分类中第一次使用了三级类目，因此，现代图书馆学家钱亚新称他为“我国图书馆学的奠基人”。另外，明代祁承㸁在“澹生堂书目”中子部里列有丛书部；清代孙庆增著的《藏书纪要》全面总结了历代私人藏书的技术经验；曹溶的《流通古书约》是我国第一部论及图书流通的专著；章学诚（1738—1801）在《校雠通义》中提出了“辨章学术，考镜源流”，“互著”（参见）、“别裁”（分析）和“索引”等现代意义的图书目录著录方法。

近代随着西方书籍的大量传入，经、史、子、集的四部分类法已不能适应新内容图书的需要。同时，作为“教育救国”的具体形式之一的新式图书馆，被郑观应、康有为和梁启超等维新人士当作宣传维新变法的工具而大受重视，《时务报》上将“书籍馆”称为“兴国”的三大“盛举”之一。1920年建立的武昌文华大学图书科和1917—1927年兴起的“新图书馆运动”，均为图书馆学理论在近代中国的发展奠定了基础，当时主要是宣传图书馆设立之必要及其职能。图书馆学的专论出现于辛亥革命前后，最初主要是翻译介绍国外图书馆学论著，1907年孙毓修综合各方材料，写成《图书馆》一文，在《教育杂志》第1、2期上连续刊出，共约2万字，系统地阐述新式图书馆经营管理的方法。这是近代中国系统论述图书馆学的开始。1908年谢荫昌翻译了日本户野周二郎的《图书馆教育》，1917年北京通俗教育研究会翻译了日本图书馆协会编印的《图书馆小识》，1918年顾实的《图书馆指南》出版。

此期最完备的是1923年杨昭编译的《图书馆学》（全2册），由上海商务印书馆出版。自此，“图书馆学”开始流行于图书馆界，杜定友还创造了圕这一新字，以代替“图书馆”三字。中国人自己撰著的图书馆学论著，最早的是1912年《东方杂志》登载的《近代图书馆制度》和谢荫昌的《巡回书库普及方法议》。1913年王懋镕著的《图书管理法》，概述了图书管理数种方法。1926年洪有丰著的《图书馆组织与管理》，论述了图书馆的作用及图书馆发展史，并论及图书馆各项工作，内容详尽。马宗荣提出了“经营论”、“事务论”和“教育论”等图书馆学主张，对图书馆学的发展起了积极的推动作用。在20世纪二三十年代，涌现出一批著名的图书馆学家，如沈祖荣、马宗荣、李小缘、袁同礼、王重民、蒋复璁、刘国钧、杜定友、朱永治、朱希祖、洪有丰、胡庆生、裘开明、戴志骞、皮高品、吕绍虞、汪长炳、查修、桂质柏等。这批学者使图书馆学研究有了较大的发展，仅图书馆学理论方面就有杨昭的《图书馆学指南》（1920年）和《图书馆学》（1923年），戴志骞的《图书馆学术讲稿》（1923年），马宗荣的《现代图书馆序说》（1928年），沈学恒的《图书馆学ABC》（1928年），刘国钧的《图书馆学要旨》（1934年），程伯群的《比较图书馆学》（1935年），俞爽迷的《图书馆学通论》（1936年），喻友信的《实用图书馆学》（1937年），陈训慈的《图书馆学函授讲义》（1937年），钱亚新的《图书馆学讲义》（1945年）等。杜定友、刘国钧等人是这时期图书馆学的代表人物。杜定友早年毕业于菲律宾大学图书馆学系，1925年和1927年分别出版《图书馆通论》和

《图书馆学概论》两部著作。1932年他提出图书馆事业的理论基础为“三位一体”，三位，即一为“书”，包括图书馆等一切文化记载，二为“人”，阅览者，三为“法”，图书馆之一切设备、管理方法等，三者相合，乃成整个图书馆。在不同时期，图书馆此“三位”的重点各不相同，第一时期以书为重；第二时期以法为重；第三时期重于人。1934年出版的《图书馆学概论》，明确以三大要素为中心展开图书馆学体系。同年，刘国钧的《图书馆学要旨》提出四要素[①]，1936年俞爽迷出版了以“三要素”为中心的《图书馆学通论》，这些图书馆学理论在充分吸收当时国外研究成果的基础上，努力建立完整的图书馆学体系，是近代中国图书馆学逐渐成熟的标志。

在图书馆学术组织方面，1918年12月，北方图书馆界在北京成立了中国最早的图书馆学术组织，李大钊为协会的中文书记，由于无经费，不久便停止了活动。1921年12月23日成立的中华教育改进社，鉴于当时“新图书馆运动”的兴起，下设“图书馆教育组”，每次年会邀图书馆界人士讨论有关改进图书馆的问题，这是一个全国性的图书馆界的联络组织。1922年该社在济南召开第一次年会，出席者有戴志骞、洪有丰、杜定友和沈祖荣等，会上决定成立图书馆教育研究委员会，下设图书馆行政与管理、征集中国图书、分类编目研究、图书审查四组，这是最早的图书馆学研究组织。次年第二次年会上又决定“组织各地图书馆协会”，以促进各地图书馆的合作和对图书馆学的研究。1924年3月，戴志骞发起成立北京图书馆协会。此后浙江、开封、南阳、天津、上海、南京、江苏、广州、苏州、济南等省市都成立了图书馆协会。

1925年4月25日在上海召开了有14省代表参加的“中华图书馆协会”成立大会，6月2日在北京举行正式成立仪式。梁启超出席大会，作“建设中国的图书馆学”的演说。《中华图书馆协会组织大纲》中确立该协会的宗

① 此后，刘国钧将四要素发展成五要素，即图书、读者、领导干部、建筑与设备、工作方法。

旨是“研究图书馆学术，发展图书馆事业，并谋图书馆之协助”。协会设董事部和执行部负责会务，下设分类、编目、索引、出版和图书馆教育五个委员会。1929 年在南京召开的第一次年会上又将董事部改为监察委员会，执行部改为委员会，下设分类、编目、索引、编纂、建筑、宋元善本书调查、版片调查等 8 个委员会和季刊、会报 2 个编辑部。协会吸收了当时学术界一些著名人士为名誉会员，如罗振玉、徐世昌、傅增湘、严修、王国维、张元济、陈垣、叶恭绰、叶德辉、李盛铎、董康等。蔡元培、梁启超、胡适都任过该协会董事，梁启超还是第一任董事部长。协会主要领导各地图书馆协会开展图书馆学术研究，举行各种学术报告。协会对全国图书馆、书店、新出版图书期刊、善本图书、本刻版片等都进行过调查，其中关于图书馆方面就先后发表了 5 次调查报告。协会还编辑出版了图书馆学专业研究刊物《图书馆学季刊》及通讯刊物《中华图书馆协会全报》，并出版有目录学丛书和图书馆学丛书。中华图书馆协会先后召开过 6 次年会，在图书馆经费、教育、学术研究、书籍期刊出版等方面都提出过许多良好的建议，极大地推进了中国近现代图书馆事业的发展。

中华图书馆协会还主动接待促成外国专家学者来华讲学考察，积极参加国际图书馆学术活动，加强国际学术交流。如 1924 年 4 月，美国图书馆学专家鲍士伟来华演讲，1945 年 4 月美国图书馆专家诺伦堡（Bernhard Knollenbery）来华考察，1947 年 10 月代表中国教会大学在美联合托事部的美籍图书馆学专家沙本（Charles Shaw）来华调查各地教会大学图书馆现状，以及 1948 年 1 月美国图书馆协会远东委员会主席、爱荷华州立大学图书馆馆长白郎（Charles Brown）和美国国会图书馆副馆长克莱普（Rerner Clapp）来华商讨合作事宜，都是由中华图书馆协会出面接待和协助开展工作的。协会还派代表出席了 1926 年美国图书馆协会 50 周年纪念大会，1927 年在爱丁堡举行的英国图书馆协会 50 周年纪念大会和 1929 年、1935 年召开的第一、二次国际图书馆协会大会等。协会还派人考察了英、法、德、意、美等国的图书馆事业，与各国图书馆界保持了友好往来。例如，1926年7月，杜定友应日本图书馆界之邀，赴日本考察图书馆事业。1929年牛津大学委员会赠送各大学图书馆价值1万英镑的图书，1942年英国大使馆赠给中央图书馆英文书1 000册，各专科以上学校各50册。1926年法国派图书馆专家莱尼爱女士来华考察，1935年法国国立图书馆派杜立昂女士（R. Dolleans）到北平图书馆实习3年。1932年国立北平图书馆与普邦图书馆订定交换馆员的约定，德国的西蒙（John Siman）来华，中国的王重民、严文郁、陆华深也先后赴德。德国的学术互助会不仅向各图书馆捐赠书籍，而且与中国各地图书馆界都有密切联系。这些国际交往，加强了中国图书馆界与外界的联系，有利于图书馆学研究的发展。

（二）文华图专在分类、目录和索引方面的巨大贡献

蒋復璁所著《图书室管理法》为文华图专学生课本

文华图专是近代中国图书馆学的研究重镇。文华鼓励师生进行图书馆学研究，办有《文华图书馆学专科学校季刊》，出版《文华图书科丛书》和《文华图书馆学专科学校小丛书》，专门刊登、出版文华师生的研究论文和专著。文华图专师生对于图书馆学的研究，既涉及以图书馆学微观个体为研究对象的分类、编目、索引、目录、参考、设备、行政等技术图书馆学和应用图书馆学，也涉及以图书馆宏观整体为研究对象的历史、基础理论、国外图书馆先进经验、图书馆教育等理论图书馆学的内容。此外，文华图专一直保有师生通过相互探讨，促进学术研究的良好传统，如1930年3月，“编目讨论会——中文书籍之编目法，现各处犹在试

行期中，非有深切之经验与研究，则难臻完善。本级自去年以来，即有中文编目股之组织，意在实地练习，以知各种方法之利弊而求改良。本期更增设编目讨论会，每星期开会一次，将吾人实习时所遇之困难及意见，共同探讨，以求解决。其结果虽不能尽如人意，然研究所得，将来或可供圕界人之参考耳”①。直到 1949 年仍在开展此类活动，“我校是每星期二各小组讨论，如遇难解决的问题交于学联后订于星期五集体讨论一次，将所学不能解决的题目提出大家共同讨论，我们每小组都是师生合组的，所以集体讨论或小组讨论中，师生与我们解答的不少”②。

1936 年中华图书馆协会为使世界各国了解我国图书馆状况，特请袁同礼主编《中国之图书馆》(*Libraries in China*) 一书，邀请当时图书馆界名家用英文撰写论文 9 篇，其中 6 篇均为文华师生所著：裘开明的《近代中国图书馆运动》、吴光清的《中国图书馆十年来之分类与编目法》、沈祖荣的《中国图书馆员专门教育》、查修的《中国图书馆与立法》、严文郁的《中国图书馆间之合作》、蒋復璁的《中国国立图书馆》。另外三篇为：柳诒徵的《中国省立图书馆》、戴罗瑜丽的《中国医学图书馆》、杜定友的《中国公共图书馆与成人教育》③，可见当时文华图专在图书馆界的学术地位。严文郁将 1945 年以前有关图书馆学的5 262篇文章和著作加以整理，挑选出最有影响和价值的部分，其中大多数为文华图专师生或校友所著，具体情况如表 10-1④。

---

① 文华图书馆学专科学校季刊［J］. 北京：国家图书馆出版社，2009，8（2）：137.

② 湖北私立文华图书馆学专科学校各学科教学情况调查表、学生意见表［G］. 湖北省档案馆藏，全宗号：GM7-1-97.

③ 严文郁. 中国图书馆发展史——自清末至抗战胜利［M］. 台湾：枫城出版社，1983：203.

④ 严文郁. 中国图书馆发展史——自清末至抗战胜利［M］. 台湾：枫城出版社，1983：199-203. 1945 年以前著作 5 262 篇（部），其中图书馆学（394）、目录学（161）、索引（295）、图书馆行政（266）、图书馆教育（127）、推广（183）、分类与编目（503）、典藏流通（291）、参考（156）、公共图书馆（906）、学校图书馆（190）、国家图书馆（110）、图书馆史（267）、专业组织（209）、专门图书馆（113）、探访（178）等。

表 10-1　1945 年前图书馆学重要著作

著作分类	书名	作者	时间	出版单位
图书分类	仿杜威十类法	沈祖荣 胡庆生	1917 年	武昌文华公书林
	杜威书目十类法补编	查修	1924 年	北京清华学院图书馆
	杜威书目十类法	桂质柏	1925 年	《图书馆学季刊》3 卷 4 期，第 509－538 页
	美国国会图书馆及其分类法	严文郁	1929 年 12 月	
	中国十进分类法	皮高品	1934 年	武昌文华图书馆
	汉和图书馆分类法	裘开明	1946 年	美国哈佛大学图书馆
	三民主义化的图书分类标准	沈宝环	1946 年	武昌文华图专
	洪氏图书分类法	洪有丰	1919 年	
	杜威图书分类法	杜定友	1925	上海图书馆协会
	中外图书统一分类法	王云五	1928 年	上海商务印书馆
	中国十进图书分类法	刘国钧	1929 年	南京金陵大学
编目的理论与方法	编制中文书籍目录的几个方法	查修	1923 年 1 月	《东方杂志》20 卷 22－23 期
	中文书籍编目问题	查修	1932 年 1 月	《新教育》9 卷 1－2 期
	中文图书目录应 采用书本式或卡片式	沈祖荣	1930 年 9 月	《图书馆学季刊》1 卷 3 期
	中文编目论略	徐家麟	1929 年 6 月	《图书馆学季刊》3 卷 1－2 期
	中国图书编目法	裘开明	1931 年	上海商务印书馆
	普通图书编目法	黄星辉	1934 年	武昌文华图专
	中文编目中之标题问题	黄星辉	1929 年 6 月	《图书馆学季刊》3 卷 1－2 期，第 91－108 页
	类名标题目录	钱亚新	1934 年	天津河北女师学报
	标题总录	沈祖荣	1938 年	武昌文华图专
	拼音著者号码编制法	钱亚新	1928 年	武昌文华图专
	善本图书编目法	于震寰	1933 年	撰者自刊
	中文图书编目条例草案		1929 年	北平中华图书馆协会
	国立中央图书馆中文图书编目规则		1946 年	该馆
	著者号码编制法	杜定友	1925 年	上海图书馆协会
	中外著者统一排列法	王云五	1928 年	上海商务印书馆

续表

著作分类	书名	作者	时间	出版单位
索引	索引和索引法	钱亚新	1928年	上海商务印书馆
	从索引法来谈谈排字法和检字法	钱亚新	1929年6月	《图书馆学季刊》3卷，1－2期，第123－130页
	中国索引论著汇编初稿	钱亚新	1937年6月	《文华图专季刊》9卷2期
	创设汉字索引制议	林语堂	1917年10月	《科学》3卷10期，第1128－1135页
	名家新检字法述评	万国鼎	1918年6月	《图书馆学季刊》9卷2期
	汉字检字法沿革专略及近代77种新法表	蒋一前	1933年12月	《图书馆学刊》3卷1－2期，第549－579页
	汉字排检问题	万国鼎	1929年	《图书馆学季刊》1－2期，第100－122页
参考	图书馆参考论	李钟履	1931年6月	《图书馆学季刊》5卷2期，6卷2期
	中文参考书目选录	邓嗣禹	1936年	英文本
	中文参考书举要	邓衍林	1936年	北平
	自然科学参考提要	许云昆	1937年	《图书展望》2卷9－10期
目录学	书目答问补正	范希曾	1931年	南京江苏国学图书馆
	整理中国最古书籍之方法论	朱希祖	1919年3月	《北京大学月刊》1卷3期，第33－47页
	中国史部目录学	郑鹤声	1928年	成者尚友书塾
	续校雠通义	刘　咸	1928年	
	别录阐征	罗根泽	1928年	《图书馆学季刊》3卷3期
	校雠新义	杜定友	1929年9月	上海中华书局
	版本通义	钱基博	1930年	上海商务印书馆
	校雠学史	蒋元卿	1933年	上海商务印书馆
	目录学研究	汪辟疆	1935年	上海商务印书馆
	校勘学之旨趣	李　笠	1934年	《文阁学报》创刊号
	中国目录学史	姚名达	1935年1月	长沙商务印书馆
	中国目录学年表	姚名达	1938年	长沙商务印书馆
	目录学发微	余嘉锡	1942年	北京大学
	目录学概论	刘纪泽	1930年	上海中华书局

从上表可知，在分类、编目、索引、参考及目录学等技术层面上，文华图专的师生皆有研究，之所以偏重于技术层面，盖因当时图书馆学的整体研究水平多停留在技术层面和应用层面，对更深层的理论图书馆学研究不多。从技术图书馆学的角度来看，文华图专在分类、目录和索引三方面有突出的贡献。

图书分类法在中国有悠久历史，西汉的《七略》是我国第一部分类目录，全书分为六大类，即六艺略、诸子略、诗赋略、兵书略、术数略和方技略，外加全书分类说明“辑略”，共七略。“略”下分“种”，“种”下分“家”。这是最早运用学术性质上的差异来作为分类标准的分类法。东汉的《艺文志》保存了此书的大概。西晋荀勖将《七略》改为甲、乙、丙、丁四部，东晋时李充改四部内容为甲部经籍、乙部史记、丙部诸子和丁部文集，自此经史子集四部分类法成为中国千余年来公私书目的分类准则。清乾隆修《四库全书》，在原四部分类法的基础上形成四“部”，四十四“类”，又有十五“类”分为“属”，以此为标准分类法。近代传统的四部分类法无法容纳不断涌入的新书，康有为、梁启超、黄遵宪在编制新译图书目录时也自编了新的分类法，但没有触及旧书的分类问题。也有模仿日本分类法来处理中国国有书籍的，但大多各行其是，相当混乱。1904 年孙毓修曾在《教育杂志》上介绍过美国杜威的“十进分类法”[①]（见表 10-2），可惜没有引起注意。

表 10-2　杜威十进分类法（接要）

大类	类	小类
000 总论	300 社会科学	370 教育
100 哲学	310 统计学	371 教员、教法、训练
200 宗教	320 政治学	372 初等教育
300 社会科学	330 经济学	373 中等教育

① 杜威的十进分类法：把人类知识分成十大类，每一大类再分为十个类，得一百个类，每一类又分为十小类，得一千个类。用阿拉伯数字 0～9 代表类目，如此层层递分，简明、易懂，富于等级性和助记性。

续表

大类	类	小类
400 语言	340 法律	374 家庭教育、成人教育
500 纯粹科学	350 公共行政学	375 课程
600 应用科学	360 社团与各种机关	376 妇女教育
700 艺术	370 教育	377 宗教及伦理教育
800 文学	380 商业	378 高等教育
900 史地	390 风俗习惯	379 公立学校

资料来源：杨威理．西方图书馆史［M］．北京：商务印书馆，1988：235.

真正将杜威十进分类法引入中国，并引发了中文图书新式分类法的建立，此功劳当属文华图专师生。1917 年沈祖荣从美国学成回国后，与胡庆生一起根据杜威法的原则和方法，编制了一部统一中文新旧图书的《仿杜威书目十类法》，此书的分类如下①：

000 经部、类书，下分：经解类、图书科、百科全书、丛书、类书、杂志、抄本、善本、目录、统计学。

100 哲学、宗教，下分：哲学总论、东方哲学、泰西哲学、哲学类别、哲学派别、宗教总论、礼教、基督教、佛教、其他宗教。

200 社会学、教育，下分：社会学、家庭、风俗及礼教、教育、教育行政、教授法、管理法、教员、学校教育、校外教育、课程及教科书、学校卫生建筑。

300 政治、经济，下分：政治学、立法、司法、行政、法律、军政、经济、财政、商业学、交通。

400 医学，下分：医学总论、中国医学、组织学（解剖学）、胎生学、心理学、病理学、外科、妇科、产科、小儿科、卫生学、药类、制药学。

500 科学，下分：科学总论、数学、天文学、物理学、化学、地质学、博物学、农林学、牧畜、水产。

---

① 卢震京．图书馆学辞典［M］．北京：商务印书馆，1958：247-249.

600 工艺，下分：工艺、机械工程、电学工程、采矿工程、陆海军建筑工程、卫生工程、化学工程、制造（工厂制造）、手工、空中工学、轮车制造、土木工程。

700 美术，下分：美术、书画、瓷器、雕刻、篆刻、印玺、布置、油漆画、图案、印刷、照相、幻灯、音乐、游戏、运动。

800 文字、语言学，下分：文学、文派及文体、诗文、词赋、戏曲、诏令及会议、小说、公文、尺牍、幼年文学及读本、语言、外国语。

900 历史，下分：历史、泰西史、东洋史、中国史、年表、年谱、姓氏、传记、地理、游记、省府县志、地图、考古学。

此分类法的大部分类目直接借用杜威的《十进分类法》，也有部分类目取自《四库分类法》，是第一次将中文新旧图书按统一标准，一一建立类目，统一分类。这种新式分类法突破了沿用千年的《四库分类法》标准，第一次运用许多新技术编制中国图书的分类法，使我国图书分类法步入近代行列。例如，“以图书的内容性质为分类的主要标准”，“采用阿拉伯数字为标记符号”，“采用等级列举式，使类目等级分明，井然而序”，“编制类目索引，方便查检”等①，这些新技术多被后人效法。此外，这部分类法兼顾一般图书馆的需要，使用方便，因此被誉为“开山之书”，“我国采用西方新分类法之开始”。杜定友称此分类法为：“第一个为中文书而编的新型分类法”②。继《仿杜威十类法》之后，文华图专在图书分类的研究上又有新突破，又出现各种仿杜法的新式分类法，如 1924 年查修出版的《杜威书目十类法补编》，次年桂质柏著的《杜威书目十类法》，1934 年皮高品著的《中国千进分类法》。另外，严文郁 1929 年发表《美国国会图书馆及其分类法》一文，裘开明 1946 年出版《汉和图书分类法》一书。

---

① 白国应．沈祖荣先生是我国近代图书分类学的先驱者［J］．图书馆通讯，1981（3）．

② 杜定友．图书分类法史略［J］．图书馆工作，1957（8/9）．

杜定友与刘国钧所著分类法书籍

刘国钧认为中国近代的中文图书分类法有五派[①]：

其一，新旧并制，沿袭清末办法的守旧派。

其二，修改旧分类法（四部法）以容纳新书。这在清末已开其端，到1936年江苏省立国学图书馆目录的出版即达到顶峰。

其三，增补杜威法以容纳中国旧书，这以1924年查修的《杜威书目十类法补编》、1925年桂质柏的《杜威书目十类法》、1928年王云五的《中外图书统一分类法》为代表。这些都是在杜威原法上增补一些适用于中文旧书的类目。

其四，改动杜威法子目以容纳中文的新书和旧书，体系仍是杜威法去旧。何日章、袁涌进的《中国的图书十进分类法》（1934年）及皮高品的《中国十进分类法》(1934年）都可归入这一版。

其五，根据杜威法的原则但不用他的体系，而自创一种体系以统一中文新旧书的分类。这以1917年沈祖荣、胡庆生的《仿杜威十类法》开始，此后有洪有丰的《孟芳图书馆书目》（1924年）、王云五的《中外图书统一分类法》（1928年）、杜定友的《世界图书分类法》（1925年，1933年再版改名为《杜氏分类法》）、刘国钧的《中国书分类法》（1929年）、洪有丰和

① 刘国钧．中国图书分类法的发展［J］．图书馆学通讯，1981（2）．

施廷镛的《清华大学图书馆中文书目》(1937 年)、裘开明的《哈佛大学中国图书分类法》(1932 年)等。

这五派中除第一派外都企图打破民初的新旧并行制，建立中文新旧图书统一的标准，其中对杜威分类法的增补、改动和效仿是主要的手段。而无论是增补杜威法派、改动杜威法派还是效仿杜威法派和自创一体派，文华图专的师生对此均有深入研究，并成为其中的代表人物。这些众多的分类法在解放后仍被许多图书馆继承衣钵的只有杜定友、刘国钧、王云五、皮高品四家。皮高品亦是文华出身，他发表的有关图书分类法的论文达 50 万字，成为对近代中国图书分类很有影响的大家。

文华在目录学研究方面的代表人物是毛坤。毛坤 (1899—1960)，字体六，晚号铁炉，四川宜宾人。早年考入成都师范学堂，受业于经学大师廖平门下，在文史方面造诣甚深。1920 年考入北京大学预科，两年后升入本科哲学系。大三时 (1926 年) 考入华中大学文华图书科，1928 年毕业后，留校任助教，历任文华图专教授、教务长等职。毛坤毕生致力于目录学研究，著有《中国目录法》、《目录谈概》、《中外目录学与目录学家》等著作。他认为目录学为治学的工具，而中国目录学，普遍而不精深。他曾言："乾嘉以降，凡为学者无不研究目录学，一般人只认目录乃治学之一种工具，略识藩篱者多，研深细究者少，故中国目录之学，普遍而不精深。今后为斯学者宜以为毕生专门之学。"又曰："中国目录学者，既少以目录中某一部门作窄而深之研究，故约千年来，中国目录学的研究在普遍概论状况之下进行，而精究中国图书印刷者，精研中国藏书转变者，精究著录中条规、排比之方法者寥寥也。"① 因此，他主张要系统而精深地研究目录学，是"中学为体"而融贯中西的道路。20 世纪 30 年代曾有文华图专学生向他问及西洋目录学与中国目录学之间的短长时，毛坤说："我讲中国目录学，我也研究西洋目录学。中国目录学里面好的东西很多，我都讲。"② 西洋目录

① 严文郁. 文华图专的三位教务主任 [J]. 高校图书情报学刊，1989 (2).

② 张遵俭. 昙华忆旧录——毛体六学记 [J]. 图书馆学通讯，1982 (1).

学里面好的东西，我也要，凡是好的，“我都要，都讲”。

毛坤对于近代中国图书馆界争论不休的书目(Bibliography）和目录（Catalogue）的异同问题上有自己的见解。近代中国图书馆界对这两个外来名词使用很谨慎，唯恐混淆。当时普遍认为，目录指各图书馆陈列供读者使用的卡片目录，或指一地一时的实际藏书；书目指各科书本或目录，不限一地一时的收藏，无所不包。而毛坤认为，“……余个人之意，书目亦目录也，目录亦书目也。书目只限于书，目录所录，国不只限于书。且目录之名，由来已久，故予不用书目而用目录。刘国钧、洪有丰于Bibliography亦译作目录学。杜定友《校雠新义》必将二字分用，乃名词之争，非内容之争……《汉书·艺文志》目录也，宋史、元史、明史艺文志不尽为目录矣。《海源阁书目》，目录也。《海源阁宋元钞本书目》，自海源阁言，目录也。自宋元钞本而言，书目也，必欲将书目、目录截然分为二事，既同一书亦将离而为二矣”[①]。毛坤在30年代做出的这一论断，直至1981年出版的《目录学概论》问世才被目录学工作者广泛接受。

王云五著《中外图书统一分类法》

毛坤认为，“目录学之意义今昔不同，中外各异，以时地之限，见解之殊，各抒所是，理固然也”。关于目录学的定义，他说：“‘条篇目，撮旨意’，子政对目录学之见解也。‘类例既分，学术自明’，渔仲对目录学之见解也’，‘辨章学术，考镜源流’，实斋对目录学之见解也。”毛坤特举唐朝僧人智升的见解：“……惟唐释智升《开元释教录》谓：‘夫目录之兴也，盖所以别真伪，明是非，记年代之古今，标卷部之多少，摭拾遗漏，删夷骈赘，欲使正教论理，金言有绪，提纲举要，历然可观也。’可谓异军突起，别开生面之说。”[②] 从中可以看出，毛坤倾向于目录学应该有两个主要

① 张遵俭．昙华忆旧录——毛体六学记［J］．图书馆学通讯，1982（1）．

② 张遵俭．昙华忆旧录——毛体六学记［J］．图书馆学通讯，1982（1）．

任务，一是编著簿录，所谓“别真伪，明是非，记年代之古今，标卷之多少”，“一是学术史方面要正教论理，金言有绪，提纲举要，历然可观”。

毛坤计划写一部完整的目录学著作，内容除通论外，分为上下篇，上篇为中国，下篇为外国，具体为：通论、著述、刻印、装潢、收藏、部勒、目录、校读、结论等九个部分。毛坤在《通论》中对于目录学研究的范围作了进一步阐释：

“本书所拟定研究之范围约有七端：一曰著述。凡著述之源流、工具、方法、著作权等是。二曰刻印。凡刊刻之历史、方法、种类、处所等是。三曰装潢。凡书籍之装订、潢饰、修补、抄配等是。四曰收藏。凡历代官私藏书之机关与夫搜罗之法，藏护之方等是。五曰部勒。凡历代书籍分类、编目、管理之沿革变迁等是。六曰目录，要籍解题。凡各家对于目录之论述与夫藏书之重要目录等是。七曰校读。凡校勘、句读、辨伪、评介诸法均是。”

毛坤将书史学、校雠学、编目法、分类法、版本学、藏书史都包罗进目录学的研究范围中，这是传统目录学家对这门学问的最后概括。乔好勤在《略论1911—1949年我国目录学》一文中称毛坤为：“综合古今之说，自成一家之言。”目录学家李小缘将中国近代目录学界分为“史的目录学家，版本学家，校雠学家，界于三者之间新旧俱全者”四派，毛坤是“新旧俱全者”的代表之一。毛坤计划的这部宏篇巨作，因他晚年缠绵病榻，除了第一章《通论》之外，其他始终未能脱稿，更未出版。其后文华在目录学研究方面又有后起之秀，如彭斐章主编的《目录学概论》获国家教委优秀教材一等奖。袁泳秋对目录学研究也颇有心得，其中《建国35年图书馆事业发展概况》一文为日本图书馆学会年报转载，《中国图书馆事业的不列颠年鉴》(1958年) 引用。

钱亚新是文华研究索引的专家，他在索引方面的著述颇丰，其中1928年出版的《拼音著者号码编制法》(文华图专出版)、1930年出版的《索引和索引法》(上海商务印书馆出版)，在图书馆界广为流传，影响很大。《拼音著者号码编制法》一书分为三编，“上编述著者号码之定义、功用、各家方法比较、编制规则等。中篇为拼音著者号码表。下编乃国音字母与国音罗马字母拼音对照表及笔划检查表”[①]，这部书是钱亚新在实践中对于中国著者号码中各种问题解决方法的总括，且易学易用，很受图书馆界欢迎。《索引和索引法》是我国出版界第一本研究索引及索引法的著作，共有十二章。前半部论索引，后半部谈索引法，解决索引的定义、使用索引之法、编制索引之法等问题，被称为不仅是图书馆学的参考书，也是个人研习的钥匙。

钱亚新著《索引和索引法》

除了分类、目录和索引之外，文华对于技术和应用图书馆学的其他方面也有所研究。沈祖荣编的《中国图书馆应用标题总录》是我国第一部系统的主题法，全面系统地向当时的图书馆界介绍标题法标引用语，从而增加了检索语言的类型。文华还将杜威的卡片编目法及西方英文编目规则，改进后运用在中国图书编目上，改变了中国传统字典或目录法。另外，李钟履在图书馆经营方面，吕绍虞在图书馆使用方面，喻友信在图书利用方面，邢云林在图书订购方面，吴鸿志在图书体系方面等均有专门论著，甚至在图书馆建筑与设备方面，文华出身的赵福来也作了专门研究。

在理论图书馆学方面，文华的代表人物有徐家麟等。徐家麟，字徐行，1904 年生，湖北江陵人。1918 年秋考入武昌文华中学，1922 年入文华大学专攻图书馆学，四年后获文学学士学位。1930 年回文华图专任教兼教务长一职。后赴美入哥伦比亚大学图书馆研究院进修。1935 年文华图专的学生在《武昌文华图书馆学专科学校季刊》第七卷第二期上发表《图书馆学能成为一独立的科学吗?》一文，在图书馆学界引起反响。文中认为，“图书

① 文华图书馆学专科学校季刊 [J]. 1932，4 (3/4).

馆学是人类学问中的一部分。是以有系统的科学方法，专研究人类知识学问及一切动态的记载的产生、保存与应用；使它成为教育化，学术化，社会化，科学化的一种科学。简单的说：图书馆学就是以科学方法研究关于图书馆的一切事项的学问”。徐家麟亦十分注重图书馆学的科学化与学术化问题，1933年发表《论图书馆作业之学术化与专门化》一文（《文华图专季刊》第五卷第二期），1945年在璧山社教学院图博尔组织的中国图书馆学社的《图书馆学报》创刊号上发表一篇2万字的文章，题为《关于图书馆学认识的几点观察》，也是讨论图书馆学的。文章分为上、下两篇，上篇分三节，分析科学的意义、图书馆学的意义、现行图书馆学课程。同时引用美国芝加哥大学图书馆学研究院白特勒（Pierce Butler）、德国的目录学权威翟乃德（George Sehneider）、哥伦比亚大学芮斯（R. J. Reece）等人对这些问题的意见。下篇表明徐家麟对图书馆学认识的观察，即对图书馆业务的认识和对图书馆学的认识，并提出如何解放与改造传统观念的意见，这篇文章是他数十年治学的心得。

黄家忠认为中国的图书馆学与中国其他领域的理论一样，“是一种处于经验和理论之间的半理论状态的学问”①。中国的图书馆学理论基础是带有思辨色彩的原则，这些原则和以实用为目的的图书馆经验之间缺乏必然的中介、联系，这个根本缺陷导致中国的图书馆学直到19世纪末都没有产生完整的、有明确对象的图书馆学。图书馆学要从经验科学向理论科学的方向转化，必须引入哲学思想。从这个意义上而言，徐家麟以哲学的高度研究图书馆学，在图书馆学理论上是一大突破，台湾《图书馆哲学之研究》一书称他为“我国以哲学高度研究图书馆学的第一人”。

文华图书科在促进中国与世界图书馆界的交流方面也功不可没。1925年鲍士伟来华访问是韦棣华一手促成的，鲍士伟来华考察，对于加强中美两国图书馆界的联系，以及运用庚款发展中国图书馆事业等方面，起到了

---

① 黄家忠．图书馆学导论［M］．武汉：武汉大学出版社，1988：91.

推动作用。1924 年 6 月，美国图协第二十九届年会上，韦棣华作了题为《中国最近图书馆的发展》的发言。1926 年美国图书馆协会 50 周年大会，由韦棣华、桂质伯、裘开明等 5 人代表中华图书馆协会参加。韦棣华宣读了《中国图书馆事业之进展及其对中国文化之影响和中国的图书馆》等两篇论文，展示了当时图书馆学学术研究的成果。次年韦棣华参加英国图书馆协会50 周年纪念大会，并代表中国协会在国际图书馆协会联盟宪章上签字。1933 年 10 月，国际图书馆协会第六次年会在芝加哥举行，适逢美国图书馆协会第五十五届年会，当时哈佛大学和图书馆馆长裘开明代表中华图书馆协会参加，他提交了《中国之国立图书馆》和《世界之民众图书馆》两篇论文，并附有中国图书馆情形的报告及中国图书馆与出版之统计两篇资料。1935 年 8 月国际图书馆协会第八次年会及第二次国际图书馆及目录学大会同时召开，在美考察的汪长炳出席了会议，报告了中华图书馆协会工作梗概，提交了名为“Libraries in China”的论文，并正式邀请该联盟之国际图书馆委员会（International Library Committee）下次在我国举行年会。

特别值得一提的是，1929 年 6 月，沈祖荣代表中华图书馆协会参加了国际图书馆协会第一次国际图书馆及目录学会议。他负责将反映中国图书馆界学术水准的 6 篇文章在大会上发表，其中有 4 篇为华中大学文华图书科师生所著，如沈祖荣的《中国文字索引法》、胡庆生的《中国之图书馆教育》，裘开明的英文论文“A Brief Survey of Bibliography in China”和桂质柏的英文论文“A Outline of Libraries in China”，另外两篇为戴志骞的《中国现代图书馆之发展》、顾之刚的《中国图书制度之变迁》。沈祖荣还携带了许多展示中国古代图书印刷收藏水准的资料，其中包括汉晋简牍；印本书籍；钞本、刻本；拓本，如古器物拓本；书籍装订之样本，如卷子、旋风叶、蝴蝶装、缝腋装、包背装；书籍内外之附品，如目录片、图书馆建筑与设备图；印刷和装订、刻书的工具，如活字盘、活字全份、刀刷等，这些展品在国际上引起轰动，扩大了中国图书馆界在国际上的影响。沈祖荣在会上与普鲁士邦立图书馆长顾柔司及德国库馆长乌南德接触频繁，他们均表示，欢迎中国图书馆学者前往德国考察或研究，自此中国图书馆界开始了与欧洲大陆图书馆人员的交流，有力地促进了我国图书馆学研究和图书馆事业的发展。沈祖荣在参会完毕回国后，曾应邀在汉口保罗大教堂讲演《国际图书馆大会述略》，开宗明义地向听众道出了开会的原因，“为什么要开这个国际图书馆大会呢？我们要想明白这个会的必要，先要问世界为什么要有图书馆？图书馆的公用，各位都晓得，就是搜集古今中外各种图书，把它们编制起来，供给各等的人阅览和研究，所以图书馆以宣传文化和培养文化为本位，但是世界的文化不一致，各国有各国的文化，各民族有各民族的文化，因这缘故，所以有关心世界文化和研究世界文化的人，想把各国各民族的文化，打成一片，这必须要从一个文化的团体着手，得有一个彼此交换和互助的方法，所以才集中于图书馆，这一次大会，就是把世界的图书，联合起来，以为沟通文化的一个关键”①。可见，文华图书科自创办伊始，便致力于促使中国的图书馆事业融入世界浩荡的文化潮流中。

第二节 出 版

（一）近现代中国图书馆学著作出版概况

在《中国民国图书馆年鉴》第4章蓝乾章所写的《图书馆学研究》一文中，将1873—1968年图书馆学的70年分为播种时期（1873—1911年）；萌芽时期（1912—1927年）；茁壮时期（1928—1937年）；晦暗时期（1938—1945年）；振兴时期（1948—1968年）。严文郁认为前4个时期的著作情况可分为16种，详情见表10-3②。

---

① 文华图书馆学专科学校季刊［J］. 北京：国家图书馆出版社，2009，8（1）：496.

② 严文郁. 中国图书馆发展史——自清末至抗战胜利［M］. 台湾：枫城出版社，1983：199-200.

表 10-3 1873—1945 年图书馆学著作情况表

类别	播种时期(1873—1911 年)	萌芽时期(1912—1927 年)	茁壮时期(1928—1937 年)	晦暗时期(1938—1945 年)	总计
图书馆学	5	72	291	26	394
目录学	2	15	127	17	161
索引	/	31	255	9	295
图书馆行政	5	35	199	27	266
图书馆教育	1	19	81	26	127
分类与编目	/	50	421	32	503
典籍与流通	3	32	230	26	291
参考	/	12	130	14	156
公共图书馆	6	98	716	86	906
学校图书馆	6	73	82	29	190
国家图书馆	2	13	80	15	110
图书馆史	10	49	194	14	267
专业组织	1	41	159	8	209
专门图书馆	6	12	82	13	113
采访	/	26	114	38	178
推广	1	16	159	7	183
总计	48	594	3 320	387	4 349

在 1911 年以前有关图书馆学的著作仅为 48 篇，其中以图书馆史最多，有 10 篇，论公共图书馆、学校图书馆和专门图书馆的次之，各 6 篇。1912 年至 1919 年为西方图书馆学传入中国的时期，代表作是沈祖荣的

《仿杜威书目十类法》。1920 年至 1927 年是近代中国图书馆学发轫时期，戴志骞、刘国钧、杜定友等发表了大批图书馆学的论文。1928 年至 1937 年图书馆学论文成倍增长，蓝乾章认为，“自民国 17 年以迄 26 年……仅就近 10 年发表的图书馆学文字看来，竟高达 4 065 件（包括单行本和期刊论文），究其原因，一是国事底定，政府已能从事文化建设；其二乃是由于私立武昌文华图书馆学专科学校季刊于 18 年元月创刊，此一国内当时唯一的图书馆专业人员培育机构，从此有了刊载师生和同道发表心声的园地，当然图书馆等专著的文字就大量增加了”[①]。的确，《文华图书馆学专科学校季刊》和《图书馆学研究》这 2 种重要刊物，使得图书馆学者有了发表意见、介绍外来新说的园地。1938 年以后，由于战事频起，百业不兴，图书馆学的著述也相应大减。从 1945 年以前图书馆学的总体情况来看，仍是侧重于技术和应用图书馆学方面。其中，有关公共图书馆的最多，有 906 篇，学校图书馆有190 篇，国家图书馆有 110 篇，专门图书馆有 113 篇，合计应用图书馆学有 1 319 篇。论及技术图书馆学的则高达 2 369篇，如目录学 161 篇、索引295 篇、图书馆行政 266 篇、图书馆教育 127 篇、分类与编目 503 篇、典藏流通 291 篇、参考 156 篇、专业组织 209 篇、采访 178 篇和推广 183 篇。而理论图书馆学只有 661 篇，即图书馆学 394 篇，图书馆史 267 篇。

由于西方图书馆学的传入，一批留学国外专事图书馆学的学者相继回国，加之 1920 年前后图书馆教育的兴起，因此 1919 年至 1927 年 8 年间图书馆学研究发展尤其快，论著达 582 篇。按年度统计，以 1926 年发表最多，高达 160 篇。1927 年因政局动荡，论文骤减为 69 篇。按类统计，8 年中论述公共图书馆的文章最多，为 86 篇，次为学校图书馆 68 篇，图

---

① 蓝乾章. 图书馆学研究［M］//台北“中央图书馆”. 台湾图书馆年鉴（第四章），1981.

书馆学65篇。关于图书馆业务工作研究的论文，以分类编目数量最多，有48篇。以往只有一二篇有关图书馆学教育的，这一时期也有17篇①。这段时期有关图书馆学的论著出版也很多，据统计，到1925年，共出版图书馆学专著约20种②。上海图书馆协会1925年开始编辑丛书，并出版杜定友的《图书分类法》、《图书目录学》、《汉字排字法》、《著者号码编制法》等。次年出版了第一本总结中国图书馆工作经验及教授心得的专著——洪有丰的《图书馆组织与篇理》。与论文的情况一样，书籍也集中在技术和应用图书馆学研究上。例如，在图书分类上，有杜定友1922年写成的《世界图书分类法》，1925年以《图书分类法》为名出版，除分类表外，详细论述了有关分类法的历史、原理等，还有王云五按东方图书馆图书分类写成的《中外图书馆统一分类法》，1926年陈伯逵（天鸿）写成的《中外一贯实用图书馆分类法》等。在著作号码表的编制上，杜定友1922年首先建议增补百家姓，按汉字检字法依次排列，每姓均有固定号码。1925年杜定友将这一编制法写成专著《著者号码编制法》出版。中文书目编目法以杜定友的《图书目录学》论述最为详细。值得注意的是，日本图书馆协会出版的《图书馆小识》，1917年由通俗教育研究会译成中文，影响很大。1918年顾实的《图书馆指南》对日本图书馆学的介绍也来自该书，这是日本图书馆学的传入。

近代中国最早的图书馆学期刊是1915年的杭州浙江公立图书馆主办的《浙江公立图书馆年报》。此后相继有1922年的《河南第一学生图书馆报》，1925年的《上海通信图书馆月刊》和《中华图书馆协会会报》，1926年四川成都草堂图书馆主办的《图书馆周刊》，次年北平中华图书馆协会主办的《图书馆学季刊》，1937年浙江省立图书馆创办的《浙江省立图书馆报年刊》等，详情见表10-4③。

---

① 谢灼华. 中国图书和图书馆史［M］. 武汉：武汉大学出版社，1987：258-259.

② 谢灼华. 中国图书和图书馆史［M］. 武汉：武汉大学出版社，1987：258-259.

③ 严文郁. 中国图书馆发展史——自清末至抗战胜利［M］. 台湾：枫城出版社，1983：204-209.

表 10-4 图书馆学期刊情况

期刊名称	出版单位	出版时间	出刊情况
浙江公立图书馆年报	杭州该馆	1915—1926 年	1—11 卷
北平图书馆协会会刊①	北平该会	1924.8—1933.5	1—5 期
中华图书馆协会会报②	北平该会	1925.6—1948.5	1—20：1—6：21：1—4
图书馆周刊	成都四川草堂图书馆	1926—1928 年	1—7
图书馆学报季刊③	北平中华图书馆协会	1926.3—1927.6	1—10：1—4，11：1—2
浙江省立图书馆年刊	杭州该馆	1927.12—1931.2	1—6 卷
(国立) 中山大学图书馆报④	广州该馆	1928.3—1929.7	1：1—6—7：1—6
(国立) 北平图书馆馆刊⑤	北平该馆	1928.5—1937.1	1：1—6—11：1
江苏省立国学图书馆年刊⑥	南京该馆	1928.11—1937.10	1—10 刊
文华图书馆学专科学校季刊	武昌该校		1：1—4—9：1—4
上海图书馆协会会报	上海该会	1929.1—1930.4	1：1—12；2：1—4
安徽省立图书馆季刊⑦	安庆该馆	1929.4—7	1：1—2

① 第一期名为《北京图书馆协会会刊》。

② 原为双月刊，抗战时为不定期出版，北平沦陷后在昆明出版。

③ 刘国钧主编，每卷 4 期，11 卷只出 2 期。

④ 原为周刊，自 6 月 1 日起改为月刊；自 7 月 1 日起改此名。

⑤ 原名《北京图书馆月刊》，自 1 月 5 日起改为《北平北海图书馆月刊》，自 3 月 1 日改为《国立北平图书馆月刊》，自 4 月 1 日改为此名并改为双月刊。

⑥ 原名《中央大学图书馆年刊》，自第 4 年起改名。

⑦ 1 卷 2 期后改名为《学风》。

续表

期刊名称	出版单位	出版时间	出刊情况
(国立）北京大学图书月刊	北平该校	1929.10—1930.3	1：1—2—2：1—2
江苏省立苏州图书馆馆刊	苏州该馆	1929.11—1932.4	1：1—2
图书馆双周刊	天津南开大学图书馆	1930.10—1931.5	1—13
学文①	北平国立北平图书馆	1930.11—1932.5	1：1—5
学风	安庆安徽省立图书馆	1930.12—1937.1	1：1—12；2—6：1—10；7：1—5 月刊
燕京大学图书馆报	北平该馆	1931.1—1939.8	1—134
山东省立图书馆季刊	济南该馆	1931.3—1936.12	
浙江省立第2学区图书馆协会会刊②	嘉兴该会	1931.4—1933.1	1—4 年刊
读书月刊	北平国立北平图书馆	1931.10—1933.9	1—2：1—12
浙江省图书馆协会会刊	杭州该馆	1932.1—1935.1	1—2 年刊
厦门图书馆声月刊	厦门市立图书馆	1932.1—1937.3	1：1—12—4：1—6
浙江省立图书馆馆刊③	杭州该馆	1932.3—1935.12	1.1—10—4：1—6
图书馆月刊	成都图书馆月刊社	1932.4—8	1：1—5

① 由该馆编纂，王重民、谢国桢、孙楷第主编。原为季刊，后改为年刊。

② 原为季刊，后改为年刊。

③ 原为年刊，自2月1日起改为季刊。

续表

期刊名称	出版单位	出版时间	出刊情况
中国出版月刊	杭州浙江流通图书馆	1932.10—1936.9	1—6：1—6
(国立) 中山大学图书馆季刊①	广州该馆	1933—1936	1：1—4—2：1—3
中央军校图书馆月报②	南京该校	1933.3—1937.7	1—33期
河南图书馆馆刊	开封该馆	1933.5—1935	1—5期，双月刊
广州大学图书馆季刊	广州该校	1933.6—1937.3	1—2：1—4
《图书馆》年刊	西安陕西省立图书馆	1933.11—1934.5	1：1—5
图书季刊③	北平国立北平图书馆	1934.3—1948.12	1—4；1—2 (1934.3—1937.12) 新1—7：1—4，8—9：1—2 (1939.3—1948.12，1：1—3：4)
培正中学图书馆馆刊	广州该校	1934.4—1939.6	1：1—3：1—2
浙江省立第1学区图书馆协会会刊	杭州该会	1934.4—11	1—2，半年刊
天津市立通俗图书馆月刊	天津该馆	1934.5—1937.4	1：1—12—2：1—9
河北省立女子师范学院图书馆月报	天津该馆	1934.10—1935.1	1：1—4

① 前身为《国立中山大学图书馆报》，卷期另起。

② 原名为《中央军校图书馆报》，自6期起改为月报。

③ 原名为《浙江省立图书馆月刊》，自2卷起改名，并改为双月刊。

续表

期刊名称	出版单位	出版时间	出刊情况
江西省立图书馆馆刊年刊	南昌该馆	1934.11—1935.7	
四川省立图书馆集刊	成都该馆	1934.11—1935.7	1—2期
文澜学报[1]（年刊）	杭州浙江省立图书馆	1935.1—1937.6	1：1—2—3：1—2
大厦图书馆馆报	上海大夏大学	1935.4—1937.6	1：1—3：4
图书季刊（英文本）(Quarterly Bulletin of Chinese Bibliography)	北平国立图书馆	1934.3—1948.12	1—4：1—2 (1934.3—1937.12) N.S.1—7：1—4，8—9：12 (1939.12—1948.12)
厦大图书馆报	厦门大学	1935.9—1936.5	1：1—8
图书展望月刊[2]	杭州浙江省立图书馆	1935.10—1949.1	1：1—12—2：1—10 (1935.10—1937.10) 复刊1—10期（1945.10—1949.1）
学觚（月刊）	南京国立中央图书馆等各处	1936.2—1937.6	1：1—12—2：1—4
（北平私立）木齐图书馆季刊	北平该馆	1937.2—5	1—2期
书林半月刊	广州市立中心图书馆	1937.3—6	1：1—8—2：1—4
图书月刊	重庆国立中央图书馆	1941.1—1945.12	1—3：1—8

① 原为年刊，自2月1日起改为季刊。

② 原为月刊，1937年8月停刊，1946年10月复刊，改为季刊。

续表

期刊名称	出版单位	出版时间	出刊情况
广东省立图书馆馆刊(半月刊)	曲江该馆	1942—1945	1—46
图书集刊	成都四川省立图书馆	1942.3—1949.11	1—9 期
中法汉学研究所图书馆馆刊（年刊)	北平该馆	1945.3—1946.10	1—2 期
图书馆学报（创刊号)①	四川璧山国立社会教育学院中国图书馆学社	1945.6	
书林专刊（英文本)(Philobiblon, a Quarterly Review of Chinese Publications)	南京国立中央图书馆	1946.6—1947.9	1：1—4—2：1—2
图书月刊	台北图书馆	1946.8—1947.12	1：1—6—7.1—12
上海市立图书馆馆刊(季刊)	该馆	1947.10—1948.12	1—6 期
(国立）中央图书馆馆刊	南京该馆	1947.12—1948.12	1：1—4

如上表所示，这些期刊从地域分布而言，大多集中在大城市和省会城市，其中北京有 10 种，如《中华图书馆协会会报》、《北平图书馆协会会刊》、《北平图书馆馆刊》、《北京大学图书部月刊》、《图书季刊》（中、英文本)、《图书馆学刊》、《燕京大学图书馆报》、《读书月刊》、《中法汉学研究所图书馆馆刊》、《文学》；南京有 6 种，如《中央军校图书馆月报》、《中央

① 抗战胜利复员到位。

图书馆馆刊》、《江苏省立国学图书馆年刊》、《书林专刊》、《学觚》；杭州有8种，如《浙江分立图书馆年报》、《浙江省立图书馆馆刊》、《浙江省立图书馆报年刊》、《浙江省图书馆协会会报》、《浙江省立第1学区图书馆协会会刊》、《中国出版月刊》、《文澜学报》、《图书展望月刊》；上海有3种，如《大厦图书馆馆报》、《上海市立图书馆馆刊》、《上海图书馆协会会报》；四川有6种，如成都的《四川省立图书馆集刊》、《图书集刊》、《图书馆月刊》、《图书馆周刊》，重庆的《图书月刊》和璧山的《图书馆学报》；天津有3种，如《天津市立通俗图书馆月刊》、《河北省立女子师范学院图书馆月报》、《图书馆双周刊》；广州有3种，如《（国立）中山大学图书馆报》、《（国立）中山大学图书馆季刊》、《广州大学图书馆季刊》。这是因为这些城市是当时政治、经济和文化的中心，是各种学校、大型图书馆和主要协会的所在地，也是西方图书馆学传入中国的第一站，因此图书馆学期刊多集中在这些地区。地处西南边陲的四川省因为抗战西迁的缘故，是抗战时期中国政治和文化的中心，所以也办有几种重要的期刊。

这些期刊的主办单位，一般都是各类公共图书馆、学校图书馆和图书馆协会。各类公共图书馆所办的刊物有35种，例如，（国立）北平图书馆办有《馆刊》、《图书季刊》（中、英文本）、《学文》、《读书月刊》等5种刊物；浙江省立图书馆办有《文澜学报》、《馆刊》、《馆刊年报》3种刊物；（国立）中央图书馆办有《馆刊》、《书林专刊》、《学觚》3种刊物；四川省立图书馆办有《季刊》、《图书集刊》2种刊物，安徽省立图书馆也有《馆刊》和《学风》2种刊物。此外上海市立图书馆、山东省立图书馆、天津市立通俗图书馆、中法汉学研究所图书馆、浙江流通图书馆、浙江公立图书馆、浙江省立第1、2学区图书馆、四川成都草堂图书馆、江西省立图书馆、江苏省立苏州图书馆、河南图书馆、广州市立中山图书馆、厦门市立图书馆、重庆国立中央图书馆、台湾省立台北图书馆、陕西省立图书馆、广东省立图书馆等都办有刊物，甚至北平私立木齐图书馆也有刊物出版。一些大学的图书馆也办有刊物，如（国立）中山大学图书馆办有《馆刊》和《季刊》2种刊物。北京大学、燕京大学、上海大夏大学、中央军校、厦门大学、天津南开大学、广州大学、河北省立女子师范学院、文华图专的图书馆均办有刊物。广州的培州中学图书馆也有出版馆刊。当时各地的图书馆协会也是期刊的积极创办者，中华图书馆协会办有《图书馆学季刊》、《会报》和《会刊》；浙江省立图书馆协会、上海图书馆协会、浙江省立第 1、2 学区图书馆协会等都有会刊。

这些刊物的诞生时间多集中在 1927 年至 1937 年，1927 年以前只有5 种刊物创刊，1937 年以后有 9 种刊物创办，其余全是在这 10 年时间内创刊的。这是因为 1927 年以后，近代中国图书馆事业发展迅速，对图书馆学的研究开始深入和系统化的缘故。1937 年以后，由于抗战的影响，刊物创办很少，1941 年至 1942 年间，只有 2 种刊物创立，直至 1945 年抗战胜利后才陆续又有 7 种刊物创刊。这些刊物办刊的时间最长的是《中华图书馆协会会报》(1925 年 6 月—1948 年 5 月)，长达 23 年，共出刊 21 期。其次是国立北平图书馆办的《图书季刊》(中、英文本)，1934 年 3 月—1948 年 12 月，有 14 年历史。再次是《浙江公立图书馆年报》，也有 11 年历史 (1915—1926 年)；《北平图书馆协会会刊》(1924 年 8 月—1933 年 5 月) 和《北平图书馆馆刊》(1928 年 5 月—1937 年 1 月) 有 9 年历史；《文华图书馆学专科学校季刊》(1929 年 1 月—1937 年 12 月) 和《燕京大学图书馆报》(1931 年 1 月—1939 年 8 月) 有 8 年历史；《学报》(1930 年 11 月—1937 年 5 月) 和《图书集刊》(1941 年 3 月—1947 年 11 月) 有 7 年历史。办刊时间最短的是《图书馆学报》，只出了一期创刊号，大部分刊物办刊的时间都不长，从几个月到三四年不等。1927 年至 1937 年 10 年间创刊的刊物，大多因为战乱很快就停办了。刊物的类型有月刊、月报、季刊、双月刊、半月刊、年刊、半年刊、周刊和不定期刊等多种形式，其中以月刊、月报、季刊、年刊、双月刊最为普遍。

(二) 文华图专的出版基本情况

文华图专重视开展图书馆学的学术研究，组织出版了许多图书馆学的专著，并成立专门编纂委员会开展此项工作，“学校鉴于本专业急需之工具，莫如编制适当之标题。编目法与分类等项，现已成立一编纂委员会，即着手编制此类工作，拟在秋季前出一二种书籍，以应此需要”①。文华图专作为当时国内图书馆学的研究重镇，形成了自己的“学术权势网络”，《文华图书科丛书》和《文华图书馆学专科学校小丛书》便是专门收集文华图专师生（校友）所撰专著的系列丛书，前者以钱亚新1930年在商务印书馆出版的《索引和索引法》为代表，后者包括戴镏龄1933年译的《图书馆的财政问题》等。

另外，开创性编辑图书集成索引。1930年，“我国图书集成一书，实可称为世界最大的百科全书。可惜内容浩如烟海，检查异常艰难，使我国一般普通和专门学者，均未能使用自如，臻于便捷，以致其中许多有用的材料，如矿藏的埋没地中，未能采掘，以供应用。此书于一九一一年曾由英人Lionel Giles编制索引一册，但他所编的索引，有许多地方未能完善，并因用英文为各条索引登录，对于我国人使用上既觉不便，又感难于普通。本校师生有鉴于此，故别计划，重行编辑此书的索引。所有编制此书索引的条例，现已拟就，并由今年讲习班同学请毛坤和钱亚新二位先生为指导，全体动员编辑”②。又如四库全书著者书名索引的编制，“四库全书总简目录在我圕学术界的地位是盖大所知的。可是在使用上却缺少一个完备的索引。本校师生有鉴于此，特由邓君衍林，董君铸仁，吴君立邦，舒君纪维私人编制一套著者和书名的混合索引。此书共有二万五千余条登录，都三十余万言。现已脱稿付印，在暑假内或可与图书集成索引，同时出版，以供我国学术界和圕界的参考”③。

根据平心编的，上海生活书店出版发行的《全国总书目（1911—1935）》，文华图专在这24年间的出版情况见表10-5：

---

① 文华图书馆学专科学校季刊［J］．北京：国家图书馆出版社，2009，8（4）：457.

② 文华图书馆学专科学校季刊［J］．北京：国家图书馆出版社，2009，8（2）：504.

③ 文华图书馆学专科学校季刊［J］．北京：国家图书馆出版社，2009，8（2）：651.

表 10-5　文华图专出版情况

图书种类	书名	作者	时间
图书馆学通论	/	/	
特种图书馆	乡村图书馆经营法之研究	李钟履	1931.6
图书馆行政	民众图书馆行政（Public Library Administration） 图书馆的财政问题（Current Problems in Public Library）	[美] 骆约翰（J. A. Low）著，章新民译 [美] 卫迟（Vitz）著，戴镏龄译	1934 1934.11
图书馆管理通论	/	/	/
图书馆设备	图书馆建筑与设备	赵福来	1935
著者号码编制	拼音著者号码编制法	钱亚新	1928
图书处理	/	/	/
图书选择	/	/	/
图书流通	/	/	/
图书分类	分类之理论与实际 仿杜威书目十类法 图书分类指南 中国十进分类法及索引	刘子钦 沈祖荣，胡庆生 [美] 美利尔（W. S. Merivll）著，张鸿书译 皮高品	1934.12 1917.12 1934 1934
图书编目	简明编目法（Simple Library Cataloguing） 普通图书馆编目法 标题目录要论 图书之体系	[美] 爱克斯（S. G. Akers）著，沈祖荣译 李尚友 [日] 加藤忠厚著，黄星辉译 吴鸿志译	1929.12 1934 1934.12 1934

续表

图书种类	书名	作者	时间
图书馆参考	/	/	/
图书馆利用法	图书馆使用法的指导（Guide to Use the of Library）	［美］哈勒斯（M. Hutchins）著，喻友信译	1934
图书馆藏书史	西洋图书馆史略（The Story of Library and Book Collecting）	［英］E. A. Saraga著，毛坤译	1934
图书馆状况	世界民众图书馆概况（Popular Libraries of the World）	［美］鲍士伟（A. E. Bostwick）著，徐家麟译	1934
图书馆学名词	/	/	/
目录学	目录学概论（Some Aspects on Bibliography）	［美］福开奔（J. Ferguson）著，耿靖民编	1934
图书目录	中国教育书目丛编	吕绍虞	1933
图书学	图书之体系	吴鸿志	1934. 10
索引	/	/	/

上面所列的专著仍是集中在技术和应用图书馆学方面，理论图书馆学方面只有毛坤译的《西洋图书馆史略》。值得一提的是，文华图专的师生(师友) 同时也在国内其他地方出版有图书馆学研究的专著或译著，根据《民国时期总书目》(北京图书馆编：《全国总书目》(1911—1935)，上海生活书店) 的统计，这些著作包括：

图书馆学：喻友信《实用图书馆学》(中国图书馆服务社，1937 年 6 月)，吕绍虞《图书馆学论丛续集》(南京大学书店，1947年11月)。

图书馆管理：吕绍虞《简明图书馆管理》(商务印书馆，1935年1月)。图书馆利用法：吕绍虞《图书馆使用法》(教育编译馆，1934年)、《怎样利用图书馆》(中国图书服务社，1938年10月),《图书馆利用法》(［美］白朗(I. Brown)著，商务印书馆，1935年5月)。

参考咨询：李钟履《图书馆参考论》(中华图书馆协会，1933年9月，据J. Kwyer/Reference Work编)。

藏书：钱亚新《御书术》(河北省立女子师范学院图书馆出版课，1933年)，邢云林《图书馆图书求购术法》(正中书局，1936年10月)，吕绍虞《图书之选购与购订》(大夏大学)。

文献标引与编目：吕绍虞《图书之分类与编目》(大夏大学学报社，1933年7月)。

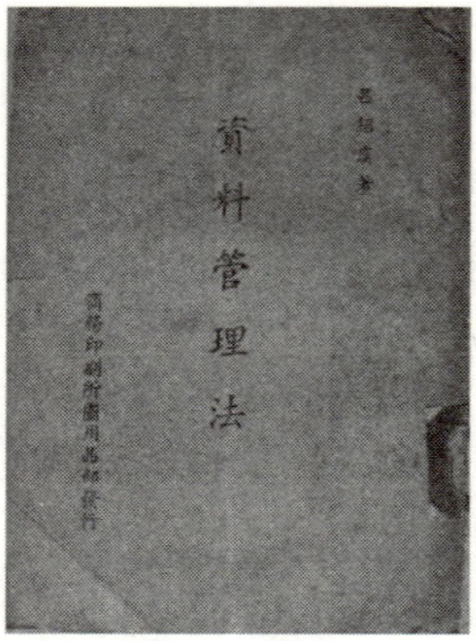

吕绍虞著《资料管理法》

分类法：查修《中文书籍分类法商榷》(清华学校，1925年6月)，桂质柏《分类大全》(中山大学图书馆)、《杜威书目十类法》(齐鲁大学，1925年)，吕绍虞《图书分类的原理与方法》(大夏大学，1935年2月)，喻友信译《美国图书分类法评论》(［美］H. E. Bliss著，1936年2月)，钱亚新译《图书分类法》(［美］G. O. Kelley著，文道书局，1942年5月)。

专业分类表：沈宝环《三民主义化的图书分类标准》(三民主义青年团文华图专分团部，1946年7月)。

主题法：吕绍虞《中文标题总录》(中国图书馆服务社，1937年)。

文献编目：裘开明《中国图书编目法》(商务印书馆，1931年2月)，钱亚新《分类目录》(河北省立女师图书馆出版课)，桂质柏《中文图书编目规则》、《西文图书编目规则》(图书馆务出版社)。

文献工作：于震寰《善本图书编目法》(1933年)。

校勘学：钱亚新《郑樵校雠略研究》(商务印书馆，1948年12月)。

目录学：邢云林《簿式目录中著录评略之研究》(中华图书馆协会，1933年6月)，钱亚新《索引和索引法》(商务印书馆，1930年4月)。

各类图书馆：桂质柏《大学图书馆使用法》(国立四川大学图书馆，1936年9月)，徐亮译《大学图书馆行政》([美]蓝登(Randall)、戈德利(Goodrich)著，商务印书馆，1941年10月)，丁濬《有关儿童图书馆问题之杂志论文目录》(《图书馆学季刊》第十卷第一期)。

世界图书馆事业史：吕绍虞《世界图书馆史话》(1936年7月)。

图书馆建筑设备：吕绍虞译《大学图书馆建筑》([美]吉罗德(J. F. Gerould)著，中华图书馆协会，1936年)。

这些图书大多也是关于技术和应用图书馆学的理论，有关图书馆学的较少。文华图专出版的许多著作在图书馆学研究领域很有影响。例如，沈祖荣、胡庆生的《仿杜威十类法》，桂质柏的《杜威书目分类经》，查修的《杜威书目十类法补修》和皮高品的《中国十进分类法》之于图书分类法；裘开明的《中国图书编目法》、黄星辉的《普通图书编目法》、钱亚新的《拼音著者号码编制法》和沈祖荣的《简明编目法》之于图书编目理论；钱亚新的《索引和索引法》之于索引法；耿靖民的《目录学概论》之于目录学等。文华图专出版的书籍内容丰富，基本上涉及图书馆学的各个方面。如，《简明编目法》是专为未受过专门训练和缺乏专门指导的图书馆员译著的西文目录工具书。《乡村图书馆经营法之研究》是配合中华图书馆协会南京年会决议设立乡村图书馆以为社会中心一案，为各地推行、经营乡村图书馆提供指南。全书分为三章，第一章，先决事项；第二章，组织设备管理行政；第三章，事业推进法。出身工程建筑专业的赵福来所著的《图书馆建筑与设备》一书，在建筑图书馆之历史、方法和各部分之分配及图书馆应用家具等方面皆有精到的论述。《图书馆的财政问题》介绍美国图书馆协会为解决图书馆经济问题所采取的种种措施，希望给经费紧张的中国图书馆界一些启示。《民众图书馆行政》的译者章新民认为，“在普及方面及管理方面，世界各国的民众图书馆，没有赶得上北美合众国的”，“以董事会为图书馆的最高管辖机关而以行政管理的职务交付于受过训练的馆长及其馆员，经费的来源有地方的专税可靠，因而不受政潮党派的动摇，以及经费断绝的窘迫，尤是彼邦民众图书馆制度所演化出的特点；这虽然不是我国最近所能办到的，但可作我们努力的目标”。(《民众图书馆的行政》译者序，《文华图专小丛书》，1934 年) 沈祖荣认为，“我们若是把这本书来看，就知道图书馆应怎样去管，图书馆的工作应怎样去经营才能有效，经费才不致于虚费了”(《民众图书馆的行政》译者序，《文华图专小丛书》，1934 年)。

1935 年以后，文华图专又陆续出版了包括沈祖荣的《中国图书馆应用标题总录》(1938 年)、毛坤的《中国书籍编目法》等专著和教材。在《文华图书馆学专科学校季刊》第六卷第一期（1934 年 3 月）上曾公布邢云林的《图书购订法》、钱亚新的《分类与编目》和章新民的《图书馆中知识之组织论》等，不日即可出版。其中章新民系翻译亨利、爱维林、布里士的著作，此书由美国纽约威尔逊图书公司 1933 年出版，分三部，第一部讨论分类的原理原则，如原理、符号、表系和专门图书馆的分类等。第二部讨论实际应用，如分类技术、方法与编目之关系，目录与分类等。第三部概述各种分类法，如十分法、展开法、国会法、欧洲各法及分类法之展望等。毛坤称之为一部分类学的力作。

在中国近代图书馆学研究史上，《文华图书馆学专科学校季刊》（后简称《季刊》）与《图书馆学季刊》和《中华图书馆协会会报》被誉为中国近代图书馆史上最著名的“图书馆学期刊三杰”。1929 年 1 月 20 日，《文华图书科季刊》创刊，该《季刊》出版了第一卷第一期后，文华图书科改名为文华图书馆学专科学校，于是当年 6 月出版第一卷第二期时，改名为《文华图书馆学专科学校季刊》。同年 9 月文华图书馆学专科学校并入华中大学，《季刊》再从第一卷第三期复原名为《文华图书科季刊》，至 1932 年 3 月文华图书科正式脱离华中大学单独建校后，《季刊》从 1932 年第四卷第一期又称为《文华图书馆学专科学校季刊》。该《季刊》是我国创办较早的图书馆学专业期刊之一。创办之初毛坤为社长，1930 年 9 月增设副社长，由钱亚新担任（1933 年 6 月离任）。下设编辑股、出版股、发行股，社内杂务由在校学生利用课余时间兼任。《季刊》每期目录都是中英文对照，从第七卷第二期开始，《季刊》又辟有“英文之部”，刊登英文撰写的论文。如第七卷第二期“英文之部”中，一篇为沈祖荣的“发刊词”，另一篇为裴锡恩的《外人眼中之文华图书馆学校》。第一卷第三、四合期有三篇英文论文，即华爱莲的《权益与进步》，裴锡恩的《国立北平图书馆之内部情形》和戴镏龄的《佛教目录在中国目录学上影响》。除了学术论文外，也刊载有校闻和校友近讯专栏。《季刊》共出版了九卷，1937 年第九卷第二期出版后，因抗战爆发，遂停刊。

《季刊》从创刊到停刊 9 年时间中，许多图书馆学者、专家及文华图专师生（校友）在《季刊》上发表了较高水平的论著。有西方图书馆学研究论著的译文，如章新民译的《图书馆分类法之理论》（第一卷第四期），徐家璧译的《英文参考书百种选》（第一卷第一、二期），钱亚新的《布鲁塞尔和分类法》（第一卷第三期）等。有对中国藏书法的研究，如毛坤的《观四库全书记》（第一卷第四期）、董铸仁的《古今伪书考述评》（第三卷第四期）等。也有对当时中国图书状况的探讨和介绍，如吴鸿志的《中国图书馆事业今后建设进程中之先决问题》（第一卷第二期）、吕绍虞的《我国教育前途与图书馆》（第四卷第一期）、周连宽的《中国图书馆事业与地方图书馆事业指导团》（第一卷第一期）、陈颂的《图书馆之任务与其在中国的地位》（第一卷第一期）、喻友信的《东吴大学法律学院图书馆概况》（第四卷第三、四期合刊）等。还有对西方图书馆情况的介绍，如裘开明的《哈佛大

文华图书馆学专科学校季刊

学中国图书馆分类法凡例》（第一卷第三期）、邢云霖的《多伦多修理书籍法》（第三卷第四期）。第七卷第三、四期合刊为《世界各国国立图书馆概况专号》，由严文郁等组织编译的英国爱士德尔的原著，介绍21国国立图书馆状况。具体情况为：陈宗登、章新民合译《英国国立图书馆》，严文郁译《德国国立图书馆》，徐家璧译《法国国立图书馆》，王文山译《美国国立图书馆》，皮高品译《俄国国立图书馆》，曾宪文译《奥国国立图书馆》，孙述万译《捷克国立图书馆》，曾宪文译《瑞士国立图书馆》，田洪都译《意大利国立图书馆》，董明道译《西班牙国立图书馆》，于熙俭译《比利时国立图书馆》，查修译《荷兰国立图书馆》，余炳元译《丹麦国立图书馆》，朱瑛译《瑞典国立图书馆》，陈颂译《挪威国立图书馆》，陈鸿飞译《芬兰国立图书馆》和《巴西国立图书馆》，毛坤译《墨西哥国立图书馆》，吴鸿志译《阿根廷国立图书馆》，邓衍林译《中华民国国立图书馆》，于震寰译《日本国立图书馆》。

《季刊》除了刊登反映国内外图书馆界动向的文章外，更多的是刊登关于图书馆管理、技术和应用方面的研究论文。有关于编目的，如毛坤的《译书编目法》（第一卷第三期）和《经书之编目》（第六卷第一期）、曾宪文的《儿童图书之分类与编目》（第一卷第四期）等。有关于分类的，如张鸿书的《图书馆分类指南》（第七卷第一、二期）、钱亚新的《补充杜威制之革命文库分类法》（第一卷第四期）、童世纲的《法律图书之分类与编目》（第四卷第三、四期合刊）、陈普炎的《增修杜威化十进分类法——部分之商榷》（第三卷第四期）、戴镏龄的《西洋分类法沿革略说》（第六卷第一期）、汪应文的《子部分类管窥》（第六卷第一、三期）、陈鸿飞的《中文书籍分类法比较》（第六卷第一期）、徐家麟的《分类之原理与实施》（第六卷第一期）、刘子钦的《分类之理论与实际》（第六卷第三、四期）等。有关于索引与排列的，如钱亚新的《排检法的规则》（第三卷第四期）、《排检法的原理》（第四卷第一期）和《杂志和索引》（第一卷第二期）等。有关于目录的，如熊毓文的《西洋目录学要籍及名辞述略》（第七卷第二期）、耿靖民的《目录学论略》（第一卷第四期）和《目录之各方面》（第六卷第一期）、毛坤的《著录西洋古印本书应注意的几点》（第四卷第三、四期合刊）、沈培凤的《初尝标题须知》（第六卷第四期）、李尚发的《标题目录要论》（第六卷第三、四期）等。有关于参考的，如耿靖民的《丛书的研究》（第一卷第一、二期）、戴镏龄的《字典简论》（第七卷第一、二期）、毛坤的《编目时所要用的几种参考书》（第一卷第四期）、吕绍虞的《百科全书之用法》（第五卷第二期）等。有关于书目的，如陈光的《中国古今民众文艺书目提要》（第三卷第四期）、周连宽的《中国美术书举要》（第一卷第二期）、赵福来的《民众图书馆与巡回文库应备书目录初稿》（第四卷第二期）、易忠的《译日本两书目志》（第四卷第三、四期合刊）、吕绍虞的《中国教育书目丛编》（第四卷第三、四期合刊）等。有关于杂志的，如陶述先的《杂志论略》（第一卷第一期）、李钟履的《美国杂志精选》（第三卷第四期）等。有关于流通利用的，如严文郁的《何以阅览人不满意图书馆》（第六卷第四期）、陈颂的《如何引导民众到图书馆来》（第一卷第四期）、董铸仁的《图书馆与谈众》（第三卷第四期）、龙永信的《图书馆开架式流通制度研究》（第三卷第四期）等。有关于行政管理的，如李容盛的《中国图书馆之立法之研究》（第四卷第二期）、李继先的《图书馆杂件与小册》（第一卷第一期）、徐家璧的《理想的图书馆流通部职员》（第一卷第四期）、沈祖荣的《图书馆员的生活谈》（第六卷第一期）等。有关于图书的采编、订购和整理的，如陈颂的《图书馆之书籍选择法》（第一卷第二期）、董铸仁的《清点书籍之前前后后》（第四卷第一期）、徐亮的《图书选择法》（第四卷第二期）、邢云霖的《购订部的困难》（第五卷第二期）等。有关于各类专门图书馆的，如曾宪文的《儿童图书馆之研究》（第一卷第一、二、三期）、马盛楷的《组织大学各科图书馆之问题》（第四卷第三、四期合刊）、吴鸿志的《大学图书馆集中制与分科制之比较观》（第一卷第四期）、熊毓文的《商业与工业图书馆》（第七卷第一期）、房兆颖的《工艺图书馆之馆员》（第三卷第四期）、黄连琴的《幼稚园与图书馆》（第四卷第一期）、童世纲的《战时之随营图书馆》(第五卷第二期)、张传书的《监狱图书馆之研究》(第六卷第一期)。

《季刊》上还有一些关于理论图书馆学的文章，如李继先的《学校与图书馆》(第一卷第四期)、马盛楷的《何谓图书馆职业》(第三卷第四期)、沈祖荣的《图书馆所希望于出版界的》(第五卷第二期)、徐家麟的《论图书馆作业之学术化与事业化》(第五卷第二期)、毛坤的《西洋图书馆史略》(第五卷第二期，第六卷第一期) 和《图书馆与博物院》(第五卷第二期)、李景新的《图书馆释义》(第六卷第三期) 和《图书馆能成独立科学吗?》(第七卷第二期)、马家荣的《日本图书事业史的研究》(第四卷第二期)、张鸿书的《比较图书馆》(第七卷第一期) 等。根据李钟履编的《图书馆学论文索引》(商务印务馆 1959 年) 统计，《季刊》共载论著 304 篇，其中，图书馆学总论 37 篇，各类图书馆专论 13 篇，图书补充 15 篇，图书分类、编目 52 篇，图书典藏与借阅 14 篇，参考咨询 7 篇，图书馆宣传与推广工作 10 篇，书目索引 4 篇，图书馆行政 13 篇，特种资料管理 5 篇，图书馆学教育 9 篇，人物传记 8 篇，图书馆史 (含各国图书馆概况) 108 篇，其他 (图书馆法规、图书馆建筑等) 9 篇。可以看出图书馆学总论、图书分类和编目及图书馆史三方面内容最多，分别占 12.17%、17.11% 及 35.52%，说明《季刊》侧重于技术和应用图书馆学，在理论图书馆学方面重点在历史和各国图书馆的情况介绍。

《季刊》为文华图专师生提供了交流研究心得的阵地和开展学术交流的场所，文华图专出版的耿靖民译《目录学论记》、毛坤的《西洋图书馆史略》和吕绍虞的《中国教育书目丛编》等书籍最初都是以连载形式在季刊上首先发表的。李小缘在《中国图书馆事业十年之进步》一文中认为，“图书馆书籍，则由浅近幼稚渐能赅指一切图书馆学术技能，其杂志之能以介绍图书馆技能者，当首推《图书馆学季刊》及武昌图书馆专科学校校刊。二者最注意介绍图书馆专门学术技能，兼及其他图书馆事业附属学校”①。

① 李小缘. 中国图书馆事业十年之进步 [J]. 文华图书馆学专科学校季刊，1936，10 (3).

结　语

文华是一部传奇，一部不朽的传奇，这部传奇的背后有许多曲折复杂而又动人心魄的故事，让人感慨万千，回味无穷。

从 1910 年文华公书林成立，到 1920 年文华大学图书科创设，1924 年华中大学文华图书科兴办，再到 1953 年文华图书馆学专科学校（简称“文华图专”）并入武汉大学，经历了 43 个风雨春秋。这段时间、空间界限清晰的 43 年历史，大致可划分为三个大的时段以及七个具体时期：

一是 1910—1930 年的创立阶段（含初创期、植基期、扩展期）。从文华公书林、文华大学图书科和华中大学文华图书科的艰难创办，到与中华教育文化基金董事会联合招生，有了稳定的经费和生源渠道，羽翼渐丰，并成为国内图书馆教育翘楚。这一时期，在学制上，重新规范了新的入学资格条件，转收大学二年级肄业的学生，入学后再受两年专门图书馆学训练，在完成规定课程与学分后可获得相应学位，改变了文华大学图书科时代兼修图书馆学，获结业证书（certificate）的制度，使中国图书馆学教育朝着更加专门化，更加纵深化方向发展。

二是 1930—1949 年的发展阶段（含全盛期、迁徙期、重振期）。1930 年后，文华图书科在管理形式上初步脱离母体华中大学，正式开始文华图书馆学专科学校的独立办学时期。从中华教育文化基金会与中华图书馆协会协议办学到抗日战争时期内迁，再到战后复员返回武昌继续办学，文华图专在流离迁徙中仍能克服危难，开拓前行。它的成长历程表明，中国图书馆教育从蓬勃发展到处境艰危，均受制于那个特定的历史环境和条件。

三是1949—1953年的变革阶段（含革故鼎新期）。中华人民共和国成立后，为了适应新形势，文华图专进行了包括行政领导、课程设置、社团组织等一系列改革，并由一所私立学校转变为共和国的一所公立学校，尔后再也没有回到曾经孕育了它但又与之恩怨不断的母体文华大学及其后继者华中大学怀抱，而是并入了当年既合作又竞争的另一所同城高校武汉大学，改名为武汉大学图书馆学专修科，并成为武汉大学最好的学科专业之一。这种结局恐怕是当初千方百计想保持其独立性，而不被任何学校所合并的基督徒创办人韦棣华等人怎样都不会想到的，也是与之恩怨不断的母体文华大学及其后继者华中大学办学者所无法设想的。这真是历史的吊诡！同属“文华共同体”信奉上帝但又彼此矛盾重重的两校基督徒办学者们这次再也没有看见奇迹的产生。新时代来临之际，在华教会连同信奉的上帝连自己都没有保住，更何况其他？该消失的、不该消失的最后都消失了，教育权和办学权总算彻底回到了国家手中。不过，客观而言，“文华共同体”（包括文华大学及其后继者华中大学、文华图专）的消失，并不是教育自身的原因，而是20世纪四五十年代全球和中国政治格局改变所致。在急剧变化的大时代里，文华图专的历史结束了，但中国的教育文化事业（包括图书馆事业、档案馆事业等）进入了一个全新的时代。

这是一段兴起、发展、挫折、重振、繁荣的坎坷历程，其间经历了无数艰辛与困苦。但是，它所开创的中国图书馆事业和图书馆学教育事业（包括档案管理学）一直弦歌不绝，从未中断，如同长江东逝水滚滚向前。文华图专既能在顺境中破浪猛进，也能在逆境中奋发前行，其根本原因在于其“文华精神”，即文化为公的博大胸襟、乐于奉献的服务理念、炽烈真诚的创业激情、不屈不挠的刚毅品质、求真务实的工作作风、开拓创新的豪迈胆魄。这是一笔宝贵的精神财富。这种精神的养成并非是美式图书馆学教育模式简单植入的结果，而是巧妙地引进并结合中国的实际情形加以改造而成。这种无处不弥漫的精神是文华发展的内在动力和源泉。因此，今天我们追溯文华百年办学历程，缅怀文华先辈们的光辉业绩，总结内涵丰富的“文华精神”，对于弘扬我国优秀文化传统，发展我国教育文化事业，无疑具有重要的历史意义和现实意义。

《左传·襄公十四年》中载：“太上有立德，其次有立功，其次有立言，虽久不废，此之谓三不朽。”以此观之文华，卓然有成，确可谓之不朽：

一、在“立功”方面，文华的不朽，首先体现在文华图专对中国图书馆事业和档案事业所做出的开创性的历史贡献。如同彗星划过，照亮了许多奥域。“文华共同体”内部产生了中国最早的公共图书馆之一——文华公书林（1910 年创办），最早派遣学生赴美深造图书馆学专业，最早开办了正式的图书馆学教育机构——文华大学图书科（1920 年开设），最早开办档案专业的教学点——档案管理科（1934 年开办），后来又开设了博物馆学专业。

今天，我们阐释“不朽的文华”的内涵，应从历史的“整体观”出发，将文华公书林与文华图专置于“文华共同体”的客观历史场域进行分析。

文华是中国最早创办的图书馆学、档案学教育机构，将美式图书馆学教育体系在国内成功移植与改造，开创了我国图书馆学教育之先河，培养了裘开明、房兆楹、桂质柏、查修、王文山、冯汉骥、田洪都、皮高品、严文郁、徐家麟、汪长炳、钱亚新、毛坤、邓衍林、程长源、沈宝环等一大批图书馆学、档案学人才，对我国图书馆事业、档案事业乃至教育文化事业的发展产生了重要影响。文华在 20 世纪上半叶学术地位甚高，成立于 1925 年的中华图书馆协会，是图书馆界重要的协作组织，当时文华的师生（已毕业的校友）在协会中担任委员者甚多；20 世纪初期，一般学校毕业生就业非常困难，文华学生毕业后却供不应求，美国一些大学和学院也纷纷接受文华的学生，这都充分说明了文华教师和毕业生在图书馆界的影响①。正如有学者所说的那样：“文华图专作为我国第一所独立的图书馆专门教育

① 梁建洲. 文华图书馆学专科学校毕业生就业的优越条件［J］. 图书情报知识，2007(6).

机构，在全方位上取得了显著的成绩，在中国图书馆学教育上起着举足轻重的作用，在图书馆学研究上具有带头领先的地位。……由于文华图专办学时间长、质量高，自20世纪上半叶至1949年以后，在国内省市级图书馆、高校图书馆、科学图书馆和高等学校图书馆教育单位中，文华图专校友从事着各项工作，成为推动我国图书馆事业前进的一股重要动力。”①

从“文华共同体”的角度看，在大的文华共同体内部，一方面，文华公书林、文华大学图书科、华中大学文华图书科、私立武昌文华图书馆学专科学校构成了整个文华图书馆学教育系统；另一方面，文华书院、文华中学、文华大学、华中大学、文华图专构成了整个文华教育系统。每个系统内部机构尽管不断发生变迁，譬如文华书院演变为文华中学与文华大学，而文华大学内又孕育出文华公书林与文华大学图书科，文华大学图书科又因文华大学改组成为华中大学而改称为华中大学文华图书科，而后又逐步独立成为私立武昌文华图书馆学专科学校，但是“文华中学、文华大学(华中大学)、文华图书科（文华图专)”三校组成的“小文华共同体”，由于它们均以文华书院为起源，在非基督教运动、收回教育权运动等民族主义革命风起云卷的激进时代，带有教会的“朦胧色彩”必然面临着共同的政治挑战，华中大学被迫关闭，文华图书科得以坚持办下去。历史总是向前不断推进，无论文华图专与文华大学及其后继者华中大学之间的名实关系如何更迭，图书馆学的教育研究在文华共同体内部，体现了学与术合一的学术真义。正如梁启超所讲的那样：“学者术之体，术者学之用，二者如辅车相依而不可离。学而不足以应用于术者，无益之学也；术而不以科学上之真理为基础者，欺世误人之术也。”探索有益之学，寻求有用之术，将学术责任与社会责任紧密结合起来是中国近代知识分子必修之课。文华人的知识探索路程切合了学术的本义，切准了时代的脉动，与社会需求血气相通，他们担当了近代中国图书馆学成为一门独立的、实用性学科建设的

① 谢灼华．特点和影响：20世纪上半叶的文华图书馆学专科学校［J］．图书情报知识，2007（6）．

重任，回应了“建设中国的图书馆学”的历史吁求。

如果淡化公书林权属争议给时人遗留的这些烦恼，客观来说，“文华共同体”的全体师生都是“文华共同体”的参与者和建设者。尽管在1929—1930年间，文华图书科与华中大学双方产生不少矛盾，以致于文华图书科脱离了母体华中大学，但是公书林仍为“文华共同体”的全体师生服务，“文华共同体”的三校——华中大学、文华中学、文华图专对彼此师生的借阅一直优待，同样文华图专也得到了来自共同体内部的帮扶，如为办理巡回文库而举行募捐，常常少不了母体华中大学师生的捐赠等，这种相互交流与扶助在解放初期仍在继续。

毋庸置疑，就个人而言，韦棣华为公书林的创办立下了头功，对应历史贡献应予以尊重。同时也要指出，后继者沈祖荣、胡庆生，以及裘开明等众多师生很好地继承了韦棣华开创的事业，把文华图书科的发展推向了更高的阶段。在初创期，沈祖荣、胡庆生二人秉持“文化乃天下之公器”的理念，合力发动“新图书馆运动”，抨击中国古代藏书楼“重藏轻用”、难以向普通民众开放的陋习，助使公共图书馆面向社会开放的风气渐开，为中国教育文化事业的现代化作出了重要贡献。早期的创办者与后继者构成的“文华群体”，开拓了新学科领域，尤其是中国档案馆学的建设。此外，协助成立中华图书馆协会，并积极参加国内外图书馆界的学术交流活动，使中国的图书馆事业从一开始便与世界图书馆事业的发展紧密相连，也提升了文华图专在图书馆学教育与图书馆事业中的地位，留下了中国近现代教育文化史的袅袅余音。文华图专推行导师制，师生相互探讨研究，实现教学相长，取得了骄人的办学业绩，得到了时人的嘉许。私立武昌文华图书馆学专科学校，学生人数虽不多，成绩尚优，堪称国内图书馆教育之最高学府。这些都是文华“立功”的内在表现。

二、在“立言”方面，从事图书馆和图书馆教育事业的先驱者沈祖荣、胡庆生在“盗取”西方图书馆学知识的“火种”后，在一个急需图书馆、图书馆专业人才的时代里，努力探索新图书馆学知识在中国“另起炉灶”

的办法，并在实践的基础上提出了一套比较完整的具有中国特色的图书馆学、档案馆学理论。令后人仰承的是，他们既有迎合潮流的宏观见解（即普及公共图书馆理由及办法等），也有技术层次的深入研究（从图书的借阅卡制作到分类编目等），并且成功跳出中国古代文献学知识的窠臼，使管理藏书工作系列化、规范化、科学化，为图书采访、登记、分类、编目、排架、借阅、读者服务和参考咨询等工作制订了相应的条例和规则。基于"学术乃天下之公器"，文华非常注重学术研究，始终坚持中西合璧、西为中用的办学方式，从"西方参考书"到"中国目录学"，从"西文编目"到"中文与俄文编目"，从"西洋图书馆史"到"中国图书馆史"，探索了一条高效务实，符合国情的图书馆学、档案学专业教育模式。

哲学家冯友兰曾把人生成功的原因归结于"才、命、力"，即天资、命运、努力三个方面。以沈祖荣、胡庆生等人为代表的"文华群体"在中国图书馆事业史上具有举足轻重的地位，取得了沉甸甸的学术成就，也与之"才、命、力"有密切关系。沈祖荣、胡庆生成功移植了杜威分类法，编制了仿杜威分类法及标题总目。为了繁荣学术，文华图专在编辑出版专业刊物《文华图书馆学专科学校季刊》的同时，还组织师生联合编辑了《文华图书馆学专科学校小丛书》与《文华图书馆丛书》18 种，个人文集 28 种，这些丛书的出版不仅丰富了我国图书馆学术文献宝库，而且从学术研究与学术成果方面显示了文华图专的重要价值。一些文集的学术价值很高，且影响深远。如沈祖荣编著的《中国图书馆应用标题总录》是我国第一步系统的主题法；钱亚新撰写的《索引及索引法》与《拼音著作号码编著法》在图书馆界流传很广，至今仍是专业领域的参考用书；皮高品编著的《中国图书分类法》在当时图书馆界颇受欢迎；程长源的《县政府档案管理法》、毛坤编辑的《档案经营法》和《档案行政学》讲义，对现代档案学建设仍然具有重要参考价值，等等。这些理论、方法乃至技术，都显示了文华的"立言"。

三、在"立德"方面，《孟子·公孙丑上》中说："我知言，我善养吾浩然之气。”认为浩然之气“难言也。其为气，至大至刚，以直养而无害，则塞于天地之间”。修养这种“浩然之气”不是一蹴而就，而是必须持之以恒。“文华共同体”作为教会学校的自成系统，其经历的“本土化、专业化、世俗化”的历史变迁过程，即教会教育在中国逐步走向自在自为的过程，客观上有力助推了中国现代化教育大门。其中，文华的创办者和后继者（包括全部杰出师生）具有这种“气”的人，经受住了时局动荡的磨难考验，勇担了“建设中国图书馆学”的历史大任，书写了“立功”与“立言”的不朽篇章，撼人心魄地呈示了“浩然之气”所具有的内在魅力，形成了独有的“文华精神”，这种精神前已提及，即文化为公的博大胸襟、乐于奉献的服务理念、炽烈真诚的创业激情、不屈不饶的刚毅品质、求真务实的工作作风、开拓创新的豪迈胆魄。这种文华精神就是文华人的“立德”所在。

文华精神中，尤其值得重视的是乐于奉献的服务理念。文华公书林在教会大学——文华大学母体内孕育而生，而“服务社会”既是基督教精神本身所提倡的，又是中国知识分子固有的“经世济用”情怀。在民族主义运动、反基督教运动的外在挑战下，教会学校在办学时，不得不更加凸显其服务的宗旨与属性。自 1930 年起，沈祖荣便正式把“研究图书馆学术，服务社会”确定为文华图书馆学专科学校的宗旨，并亲自制定了“智慧与服务”的校训。“智慧”是指学生的能力和素质，“服务”即学习的目的。文华所有的教学活动都体现着这两个方面的要求。如办理巡回文库，定期到武汉三镇的工厂、学校、医院、孤儿院、商户等地送书上门，方便读者。一直到解放初，文华图专仍然在经济条件极其困窘的情形下，办理学生实验圃，增添时政书籍，满足民众阅读需要。同时，沈祖荣作为校长要求学生“品行端正、任事忠诚、学问优越、态度温和”。这种奉献理念和精神，也是文华图专注重培养学生面向社会，为公众服务的精神与职业道德的具体体现。据不完全统计，自 1920 年至 1953 年，学校先后开办了图书馆学专科班 30 余个，短期成人讲习班 4 个，档案学班 6 个。其中有 15 个班是抗日战争之后开办的，共培养学生600多人，为百废待兴的新中国培养了大批能力强、素质高、忠诚服务于中国教育文化事业的高级专门人才，他们中的90%以上投身于新中国图书馆及教育事业的建设岗位。他们为今天的图书馆人树立了不倒的标杆，为今天中国人实现中国梦提供了重要的精神动力之源，是我们应大力继承与弘扬的。

“文华”的不朽，既体现在为争取美国返还庚款用于中国教育文化事业的曲折奔波里，更凸显于抗战爆发后文华图专办学的辗转流离中。共同体昔日“温馨的”、“和睦的”文华校园在日军的空袭下惨遭破坏，三校共同面临西迁的安排，文华中学与华中大学的西迁步履相似，先广西而后云南（文华中学为鄂湘教区联合中学组成单位之一，后又从云南迁往贵州）。文华图专则迁往了国民政府教育文化事业活动重心的战时陪都重庆。抗战复员三校均返回武昌继续办学，直至解放战争结束。新中国成立后，三校均先后改造成为公立学校，华中大学、文华图专分别与他校合并而结束独立的办学历史。华中大学与私立中华大学（爱国人士陈宣恺、陈时父子所办）、公立中原大学（共产党人邓小平、刘伯承、陈毅等人所办）合并，转制成为华中高等师范学校（后来又易名为华中师范学院和华中师范大学），成为一所融西方文化传统、中国本土文化传统和共产党人革命传统于一体的特色鲜明的百年高等学府。文华图专则被并入武汉大学成为其一个独立的科系，得到新的发展，两校都在新中国人民政权领导下“涅槃重生”。

“文华共同体”有着共同的精神纽带。文华是圣公会创办之学校，一直受圣公会鄂湘教区管控，其基督教的博爱、奉献、服务等信念与中国传统文化中“仁爱爱人”、“先天下之忧而忧，后天下之乐而乐”、“天下兴亡，匹夫有责”、“经世济用”等理念精神融为一体，已然沁入“文华共同体”之魄。“文华共同体”中的历史人格者所具有的“浩然之气”，展现了近代知识分子群体追求真理、爱国救亡、知识救国、服务社会的普遍价值理念。这是“文华共同体”保持知识之灯长明的最大、最核心的精神动力之源。

历史是一面镜子，也是一部教科书。文华人百余年的探索与奋斗、苦难与辉煌，向世人昭示，教育是民族振兴的重要基石，文化是国家昌盛的深层本源。“少年智则国智，少年富则国富，少年强则国强。”“国民之智愚贤否，关国家之强弱盛衰。”教育文化事业是开化人、造就人的崇高伟业，是提高全民素质的千秋基业。我国是世界上人口最多的国家，也是世界上劳动力资源最丰富的国家。充分开发人力资源、普遍提高全民教育文化水平，是增强综合国力的必经之路，也是立足我国基本国情，建设人力资源强国的必然抉择。未来十年是我国现代化建设的重大战略机遇期，也是教育文化大发展大繁荣与人力资源开发至关重要的战略机遇期。在实现梦想的过程中，我们靠什么提供强大动力？在教育、文化与国家现代化的关系中，教育文化机构是国家现代化的重要推动器、助力器、加速器。中国梦的核心是实现国家富强、民族振兴、人民幸福。教育作为人类社会发展的重要推动力量，是促进人自身全面发展的必然途径，在现代化事业中具有基础性、先导性和全局性的重要战略地位。

从这个意义上说，教育文化的强盛是一个国家健康发展经久不衰的力量源泉，在未来中华民族复兴、实现中国梦的过程中扮演重要角色。我们唯有通过优先发展教育文化事业，为教育文化事业发展创造更多有利条件，把我国建设成为世界上最大的学习型社会和创新型国家，通过教育文化事业的优先快速发展，推动我国由人力资源大国迈向人力资源强国，为加快我国现代化建设提供强大的人才和智力支持，这也是实现中华民族复兴的根本所在。

不朽的文华啊，“一千次轮回足不足够，一万里漂泊又算什么？这人海辽阔，爱总被蹉跎，总该留一篇传说。还好我有你，幸好你有我，一起写一篇传说”！

附　　录

一、文华共同体大事记

·1871 年 10 月 2 日　美国圣公会国内外差会的威廉斯主教（Williams，中文名韦廉臣）为纪念其兄长、美国圣公会首位来华主教文惠廉（Boone，Williams Jones），在牧师颜永京（Yen Yun Kiung）的协助下，于武昌横街头创立了“The Boone Memorial School”，即“文氏纪念学堂”或“文氏学堂”。

·1873 年　文氏学堂有了中文名称“文华书院”，名字暗含中文“文章华国”的意思，但当地百姓一般称其为“大义学堂”。

·1896 年 4 月 28 日　文华学校首次颁发招生简章。

·1899 年 12 月　韦棣华女士来华探视其弟，抵达武昌后担任文华书院的英文教师。

·1902 年　韦棣华女士向美国妇女援助会（Women’s Auxiliaries）和教会期刊俱乐部（Church Periodical Club）募集新旧书籍和款项，将文华书院校园东区内的八角亭改造为阅览室。

·1903 年　有着 9 名学生的文华学校大学部正式成立。

·1904 年　韦棣华因工作出色被圣公会任命为世俗传教士。

·1906 年　韦棣华利用返美休假期间，到纽约、费城、波士顿、巴尔的摩等地教会和知名人士中募捐、演讲，为文华公书林筹集资金，整个筹资过程耗时一年半。

·1906 年 1 月 16 日　文华大学首届大专班学生毕业，在毕业典礼上，七名毕业生聚集在一起成立了文华大学校友会，它的宗旨是“忠于母校，团结所有文华的儿子”。

·1907 年　韦棣华在《差会精神》（*The Spirit of Mission*）上发表《华中所需的一座基督教图书馆》（“A Christian Library for Central China”）等。

·1907 年 5 月 23 日至 29 日　韦棣华参加了美国图书馆协会（American Library Association，ALA）第 29 届年会，并在 27 日的第 3 次全体大会上宣读了论文《中国城市的图书馆工作》（“Library Work in a Chinese City”）。

·1909 年　文华书院在校长翟雅各（James Jackson）的活动下，获得美国纽约州立大学董事会的特许，并在哥伦比亚特区注册，正式综合神学、文学、理学各科，组升大学，改名为文华大学（Boone University），文华大学依然分正馆和备馆，即大学和中学两部分。

·1910 年 5 月 16 日　在武昌昙华林，造价号称“十万美元”的文华公书林新舍落成开放，实行开架借书，韦棣华任馆长，沈祖荣任协理（副馆长）。

·1910 年 10 月 10 日　武昌爆发辛亥革命。三天后大部分师生离开武昌，文华大学被迫关闭，一部分师生来到上海，他们在那里成立了文华会社（Boone Club），并在上海青年基督教联谊会开办了一个夜校。

·1911 年 2 月 25 日，文华大学创建了中国第一支童子军。

·1911 年 3 月 25 日　韦棣华为扩大文华公书林影响，邀请武汉的著名人士于每周六晚上在图书馆的礼堂——司徒克斯厅（Stokes Hall）开始轮流进行公开演讲。

·1912 年 3 月 7 日　文华大学复校，毕业典礼由原来在冬季举行改至在夏季举行。

·1914 年　文华公书林开设巡回文库。

·1914 年　沈祖荣受韦棣华派遣赴美国纽约公共图书馆学校学习。

·1915 年 1 月 29 日　文华大学首次颁授硕士学位。

·1916 年　沈祖荣先生回国后，在国内进行巡回演讲，宣传新图书馆学思想。

·1917 年　胡庆生同沈祖荣一样，在韦棣华的派遣下赴美国纽约公共图书馆学校学习。

·1917 年　汉口主教见瞿雅各博士年事已高，文华的事务对他来说过于繁重，便把他委派至九江从事轻松的教会工作，其文华大学校长的职位则由吉尔曼博士（孟良佐）接任。

·1918 年　韦棣华开始申请创办文华大学图书科，并得到美国圣公会和文华大学校长孟良佐（Alfred Alonzo Gilman）的支持。

·1918 年　文华大学毕业典礼仪式改至夏季，从 1922 年开始，文华大学就不再有冬季的毕业典礼。

·1918 年　韦棣华返美，入西蒙斯大学图书馆学院（Simmons College Library School）进修一年，1919 年回到文华公书林。

·1919 年　胡庆生学成回国后，也加入了巡回演讲的行列。

·1920 年 1 月　韦棣华带领沈祖荣和胡庆生在文华大学正式创办图书科，开创了中国正规的高校图书馆学教育的先河。创办之初，教师仅有韦棣华和沈祖荣、胡庆生三位，学生原本 8 名，后 2 名学生退出，故第一班学生有陈宗登、裘开明、黄伟楞、许达聪、查修和桂质柏六人，被称为“快乐六君子”。

·1920 年 6 月 26 日　韦棣华被文华大学授予名誉文学硕士学位，这个荣誉学位的特殊意义在于：这是由大学（文华大学）授予的第一个荣誉学位，第一个授予女士的学位，第一个授予西方人的学位，并且她是全体教职员工中第一个获得大学（文华大学）荣誉学位的人。

·1920年8月1日至22日　沈祖荣应北京高等师范学校第一次图书馆讲习会邀请当讲演员。

·1921年　文华公书林为了适应教学用途而进行扩建。

·1921年12月23日　中华教育改进社在北京正式成立，从第一届年会就设立了“图书馆教育组”。在召开的四届年会中，图书馆教育组一共提出提案42项，本组文华图书科韦棣华、沈祖荣、胡庆生、裘开明等人就有18项；四届年会有据可考的正式代表总共33人，文华大学图书科毕业的学生有6位，占正式代表人数的18%。

·1922年1月18日　文华公书林扩充工程竣工，扩建后比原来扩大了1/3，为文华大学图书科的设立准备了必要的办学场所，成为文华大学图书科的依托和基地。文华大学重新正式启用文华公书林，并于下午两点在文华公书林举行毕业典礼。文华大学图书科有陈宗登、裘开明、黄伟楞3人毕业。陈宗登受聘于北京政治与社会学图书馆，裘开明受聘于厦门大学图书馆，黄伟楞受聘于上海商务印书馆。

·1922年　沈祖荣和胡庆生合编的《仿杜威书目十类法》由武昌文华公书林出版，这是首部仿“杜威法”运用标记符号代表类目的新型分类法，开我国近代图书分类法之先河。

·1922年7月3日　沈祖荣出席中华教育改进社第一次年会开幕典礼，图书馆教育组共有13件议案，其中沈祖荣提出了7件议案。

·1923年8月20日至24日　中华教育改进社第二次年会在北京清华学校举行，韦棣华与胡庆生代表文华大学图书科参会。会上韦棣华提出“呈请中华教育改进社转请政府及美国政府以美国将要退还之庚子赔款三分之一作为扩充中国图书馆案”。该议案中第一次提出了“中国图书馆协会”这个名称。

·1923年　韦棣华接受余日章的建议，为中国图书馆事业争取庚款支持。韦棣华将150名中国著名人士和65名有影响力的在华美侨的两份联名请愿书，提交美国政府，为将美国第二次退还庚款用于发展图书馆事业竭力争取美国国会议员的支持。

·1923 年 5 月 28 日　南京青年会请胡庆生演讲，胡庆生的演讲题目为《教育与公共图书馆》。

·1924 年 5 月 21 日　美国国会联合决议通过授权将这笔资金用于“发展科学知识，并通过促进科研、试验和技术培训以及科学教育培训，将科学知识应用于中国的社会，以推动永久性文化事业（如图书馆等）的发展”。

·1924 年 7 月 1 日　在美国图书馆协会（简称 ALA）第 46 届年会上，韦棣华宣读了论文《中国图书馆近来的发展》，建议美国同行委派一名图书馆学专家到中国，以证实优先考虑发展公共图书馆事业的必要性，并倡导将两个国家的图书馆界通过行业组织联系起来。

·1924 年 9 月 8 日　由五个差会（美国雅礼会、英国循道会、美国复初会、英国伦敦会、美国圣公会）联合组建的华中大学开始了它的第一个学年，文华大学图书科亦相应改名为华中大学文华图书科，而中学部则完全由圣公会独立开办，校名改为“文华高级中学”。

·1924 年 12 月　华中大学举行了纪念韦棣华来华 25 周年纪念活动。

·1925 年 4 月 25 日　中华图书馆协会正式成立，华中大学文华图书科有诸多师生校友参加。

·1925 年 4 月 26 日　美国圣路易斯公共图书馆馆长、美国图书馆协会主席亚瑟·鲍士伟博士抵沪访华。这次访华之旅由中华教育改进社负责，韦棣华配合接待。鲍士伟参观了上海、杭州、苏州、南京等 14 个城市的 50 个图书馆，其中汉口、武昌、长沙三地的译员由沈祖荣担任，开封、太原两地的译员由胡庆生担任，汉口与武昌的接待由华中大学负责。回国后鲍士伟向 ALA 汇报了此行的考察结果。专门成立以处理庚款事务的“中华教育文化基金董事会”（China Foundation for the Promotion of Education and Culture）参考他的报告，决议资助中国文化事业，“暂以图书馆为限”，拨款建设北海图书馆（后并入国家图书馆）和资助图书馆学教育。

·1926年2月　中华教育文化基金董事会第一次常会决议，筹办及补助图书馆事业中，有“在武昌华中大学文华图书科设置图书馆学教席及助学金”一条，在文华图书科设置图书馆学教席以及助学金名额。

·1926年6月8日　中华教育文化基金会董事会函请中华图书馆协会会同华中大学文华图书科办理招生事宜，共同制定《中华教育文化基金董事会图书馆学助学金规程》和《招考图书馆学免费生规程》。

·1926年　华中大学文华图书科招收中华教育文化基金会董事会免费生9名。

·1926年10月5日　韦棣华、桂质伯、裘开明参加美国图书馆协会五十周年纪念大会。在第二次全体大会上，韦棣华在全体大会上“略述韦女士在中国所经营之图书馆事业及其成就。到会者皆鼓掌向韦女士道贺，盖以女士为美国在华创办图书馆之第一也”。裘开明则代表中国“国家图书馆，谨谢贵会之邀请，并恭贺贵国图书馆协会五十年之伟大成功”。

·1927年5月　华中大学因受时局影响，呈准国民政府宣告停办，图书科也暂时陷入停顿状态。

·1927年9月　韦棣华代表中华图书馆协会与英美等15国图书馆代表联合倡议并签署协议，宣告“国际图书馆和书目委员会”正式成立。韦棣华代表中华图书馆协会参加了在英国爱丁堡举行的英国图书馆协会50周年大会。

·1927年9月　政治局势趋向稳定，文华中学继续开办，图书馆专业培训工作也以“文华图书馆学校”的名义继续开办。在以后的两年里，文华校园的教育工作被局限在文华中学和文华图书馆学校。

·1928年　华中大学文华图书科招收中华教育文化基金会董事会免费生12名。

·1928年11月3日　胡庆生因故辞去华中大学文华图书科主任职务但仍兼任文华图书科的教授职务。韦棣华暂时代理文华图书科主任。

·1928年12月　韦棣华和孟良佐主教均已返汉，政局开始逐步稳定，于是组织董事会，以“私立武昌文华图书馆学专门学校校董会”名义向教育部申请立案，在国外亦相应成立了基金会以筹措和管理办学资金。

· 1929 年 1 月 28 日至 2 月 1 日　中华图书馆协会第一次年会在南京金陵大学召开。1 月 29 日晚 7 时举行公开演讲，继莱斯米与胡庆生之后，沈祖荣讲演“文华图书科概况”。

· 1929 年 1 月　文华图书科庚午级（1930 年毕业）学生在学校教师的帮助下，创办了名为《文华图书科季刊》的刊物，1932 年改名为《文华图书馆学专科学校季刊》，英文刊名不变，直至 1937 年停刊。

· 1929 年 2 月　沈祖荣接替韦棣华担任华中大学文华图书科主任。直到 1930 年胡庆生出任武昌上海银行行长时，才正式辞去教授职务，完全脱离文华图书科。

· 1929 年　文华图书科单独立案的申请得到教育部批准，华中大学文华图书科更名为“私立武昌文华图书馆学专科学校”。

· 1929 年 6 月　沈祖荣参加罗马召开的第一届国际图联大会。沈祖荣在会议上宣读了中华图书馆协会选送的 5 篇论文，其中包括自撰的《中国文字索引法》和胡庆生撰写的《中国之图书馆员教育》。

· 1929 年 8 月　南京国民政府教育部核准，颁布一〇四三号令，准予私立武昌文华图书馆学专门学校立案，文华图书科从华中大学独立出来，成立“私立武昌文华图书馆学专科学校”，简称“文华图专”。

· 1929 年秋　沈祖荣组织文华图书科学生成立编目股，将文华公书林旧有中文书籍四十余箱分类整理。

· 1930 年 5 月　预备在文华公书林举行的韦棣华来华 30 周年、文华公书林成立 20 周年、文华图书科创办 10 周年“三重纪念”大会因故延期，后延期至 1931 年 5 月 16 日。

· 1930 年 6 月 20 日　文华图专校董事会在文华公书林举行，到会董事有陈叔澄、周苍柏、孟良佐主教、卢春荣、韦棣华、沈祖荣 6 人。讨论了文华图专与华中大学之关系。议决文华图专已于国民政府教育部立案，为办事便利起见，应行独立。唯课程方面可与华中大学协作一切。

·1930年6月30日　文华校园内举行了1927年以来的首次学位授予仪式，由文华大学授予华中大学11名学生学位。秋，有关合作差会通过了《建校委员会章程》、《建校委员会与校董会达成的协议》、《校董董事会章程》及《华中大学章程》4份文件，赞成华中大学尽快申请政府注册。

·1930年9月　文华图专图书馆学讲习班开设。

·1930年12月1日　自11月29日至12月5日为文华图专纪念周。本日沈祖荣校长即席讲演文华图书馆学专科学校之历史，同时启用教育部颁发给文华图书馆学专科学校的钤记（印章）。

·1930年　文华图专增设编目讨论会，每星期开会一次，将实习时所遇之困难及意见共同探讨，以求解决。

·1930年　文华图专成立参考室询问处。

·1931年4月17日　文华图专开展儿童主日学工作，每周日下午召集三四十位可爱的小朋友，由学生教他们千字课、唱歌、游戏、卫生、故事等，同时也可以将儿童书籍给他们看，并且特制了小桌小凳供儿童使用。

·1931年5月1日　韦棣华逝世。

·1931年5月2日　沈祖荣校长率全体师生及来宾在文华圣诞堂举行韦棣华来华服务中国谢世殡礼。

·1931年5月　文华中学立案获准，颁发学校钤记，校名改为“私立武昌文华中学”。

·1931年6月18日　文华图专和华中大学于上午9时在文华圣诞堂共同举行毕业典礼，由鄂湘辖境吴德施、孟良佐两主教引领，凡有学位之教授与新毕业学生，均穿礼服戴方帽，依次入室，所用礼节，颇为隆重。

·1931年10月24日　教育部复函批准华中大学校董会正式注册，在圣诞节前下发了华中大学注册批文，批准拥有文学院、理学院和教育学院的华中大学以“大学”级别注册。校名为“华中大学”，英文名为“Hua-chung College”，韦卓民任校长兼文学院院长。

·1931 年　中华教育文化基金董事会接受中华图书馆协会之请求，特允每年增加文华图书补助费 3 600 元，其款以一部分聘置教席，余款将作为该校基本急需补助费。又文华图专为适应实际的需要，特添设日文及法文课程。法文课程，由学生到华中大学合班上课。

·1932 年　文华图专设立研究部，负责收集关于图书馆学之著作以供本校师生研究，策划编译与出版事宜。

·1932 年　在鲍士伟博士的支持和帮助下，文华图专得到认许，将来本校毕业生即可直接入美国图书馆学研究院校。

·1933 年 10 月　裘开明参加国际图书馆协会第 6 次年会及美国图书馆协会第 55 届年会。

·1933 年　“私立文华图书馆学专科学校学生服务团”成立。

·1933 年　在韦德生教父的建议下，文华图专开展“群育讨论会”。

·1933 年　文华图专学生每星期天到圣希理达中学图书馆整理图书。

·1934 年秋　文华图专设立特别教席，在图书馆学专科及图书讲习班分别开设中英文档案管理课程。西文档案管理由美籍费锡恩女士（Miss Grace P. Philips）任教，中文档案管理由毛坤讲授。

·1934 年 10 月 20 日　文华图专新建三层西式楼房作为学生宿舍已落成，取名华德楼，本日下午 4 时举行落成典礼。

·1935 年 6 月 20 日　文华图专于下午 3 时举行 1935 级毕业典礼。

·1935 年 8 月 25 日　文华图专教务主任徐家麟经校资助拟自武汉动身赴哈佛大学深造，武汉同学发起共同在武昌青年会设宴饯行，沈祖荣校长参加。徐家麟之职位则由沈祖荣另聘毛坤暂行代理。

·1935 年　文华图专增加袁守和免费生名额 1 名。

·1935 年　汪长炳参加第 2 次国际图书馆协会大会及目录学大会。

·1936 年 2 月　程长源将文华图专所有档案施以科学管理，借作教学上之试验，配合了文华图专所开设的档案管理课程。自 1934 年档案管理课程开设以来，文华图专得到了社会更多的关注。1936 年教育部和教育厅派员视察后，又发给补助，供学校添聘讲师，购备图书馆学及档案学书籍和大批仪器。同年，中华教育文化基金董事会秘书视察文华图专，对本校档案管理法特感兴趣，对于其他各事亦表示满意，故本年该基金会又通过文华图专补助15 000元。

·1936年6月20日　文华图专于下午3时举行1936级毕业典礼。

·1936年6月30日　文华图专校董会在汉口特三区中华圣公会举行校董会，主席周苍柏，议决要案多起，如加办讲习班、改造学生宿舍、下年度预算、改订校董会集会时期、改选任满校董及职员等。

·1936年7月20日　中华图书馆协会第三次年会暨中国博物馆协会年会联合年会于上午9时在山东大学礼堂举行开幕典礼，文华图专师生和校友代表占到会会员总数的五分之一（除沈祖荣、沈祖荣夫人及其男女公子外，共有26人）。

·1938年　武汉遭日军袭击，文华图专奉令西迁重庆，借曾家岩求精中学校舍办学。6月，校长沈祖荣、教务长汪长炳和教授毛坤先前往重庆筹划迁渝事宜。最初于川东师范大礼堂内办公的国立中央图书馆筹备处借得房屋一间，作为办公处。后借得曾家岩求精中学房屋一间作为校舍。因房舍紧张，于空地自建西式单层新屋一座，作为教室、办公室及图书阅览室之用，命名为韦棣华堂。学生的宿舍、餐厅、盥洗室、操场等设施均借用求精中学的场所。教职员除一人留守外，其余均于八九月陆续抵渝。这年招考新生推迟至十月下旬举行，考场设在重庆、成都、昆明和汉口四处，除汉口因时局突变未能举行外，其余各处均有学生投考。

·1938年10月　文华图专迁渝后，在重庆歌乐山第一儿童保育院内，设阅览室一所，专供该处数百难童阅览之用，文华图专出资购书，并雇员在院内工作。为继续办理巡回文库，文华图专本月散发《武昌文华图书馆学专科学校学生服务團巡回文库征募书报捐款启事》。

·1938年11月27日　中国教育学术团体联合会暨中华图书馆协会第四次年会于上午10时在重庆新市区川东联立师范学校礼堂召开，沈祖荣代表中华图书馆协会作会务报告。

·1939 年　中英庚款委员会补助文华图专国币 5 500 元。

·1939 年 9 月　文华图专为适应战时各机关需要，将第五届图书馆学讲习班改为“档案讲习班”，招收高中毕业或具有高中毕业之同等学力，22 岁以下学生入学，由留美归国前教务主任徐家麟和教授毛坤等担任主讲，修业期限为一年，1940 年 7 月结业，毕业后由学校负责介绍工作。

·1940 年春　文华图专正式开设档案管理训练班，学制一年，招收高中毕业生入学，即以后的档案管理专科第一届。

·1940 年秋　文华图专在图书馆学招生的同时招收第二期档案管理训练班，并于 9 月 26 日呈请教育部，设立档案管理专科，将现有档案管理训练班学生改入该科毕业。呈文于同年 10 月 17 日获教育部批准，办理学制两年的档案管理专科，招收高中毕业学生入学。档案训练班第一期、第二期改为档案管理专科第一届、第二届。档案管理科先后办理 6 届，毕业学生 51 人，是我国最早的档案管理专业。

·1941 年春　文华图专应国民政府对专科学校学制要求，改为招收高中毕业生，并增为春、秋季招生。

·1941 年 5 月 9 日和 7 月 7 日　文华图专在求精中学的校舍先后遭日寇敌机轰炸，片瓦无存，损失惨重。后经沈祖荣等多方募款，购置江北相国寺廖家花园为校址，自建校舍。

·1941 年 7 月 23 日　文华图专向教育部呈文办理档案管理职业训练班，12 月 20 日获准，办理学期 4 个月（开始为 3 个月），面向高中生（开始为初中生）的档案管理职业训练班。

·1941 年 10 月下旬　文华图专全体师生搬迁过江，继续开学讲课。

·1941 年　行政院救济文华图专 7 万元，赈济委员会拨款 1 万元，中华教育文化基金董事会给紧急补助费 2.5 万元。

·1942 年 3 月　档案管理短期职业训练班开办。1941 年上半年，文华图专得到教育部同意，由教育部指定办理档案管理短期职业训练班，12 月短训班开办计划得到教育部批准。从1942年春季开始招生，主要由各机关择优保送现职档案管理人员，也面向社会招考，学历均要求初中毕业或高中肄业水平，修业期限为3个月。此后，分别于1942年秋、1943年春、秋各招一班新生；1944年春第五期改招高中毕业学生，修业期限延长至4个月，前后共7期。

·1943年春　文华图专发起募捐修建礼堂，承社会人士热心赞助，捐得国币近20万元。

·1943年12月25日　文华图专举行新建礼堂落成典礼。

·1944年5月20日　美国副总统华莱士访问重庆，随机运来的图书设备中有ALA赠送给文华图专的4种图书。

·1945年7月　文华图专档案管理职业训练班停办，共办7期，结业学生212人。

·1946年4月3日　沈祖荣致函美国图书馆协会东方及西南太平洋委员会主席布朗先生（Charles H. Brown），请求美国图书馆协会对文华图专提供捐书支持。

·1946年5月　文华图专将华德楼换得崇福山街2号作为校址。

·1946年　教育部发给文华图专复员费国币5 000万元。

·1947年3月　文华图专战后复员，迁返武昌继续办学。校舍仅余华德楼一座，只能将其全部作为宿舍，另由教会拨借高家巷文华中学二部为教室，3月开学授课，另聘桂质柏博士、汪缉熙、汪应文、汤成武诸校友返校担任专门课程，又聘鲁润玖、任松如、胡伊默诸教授来校执教，阵容为之一新。

·1947年秋　文华图专在京沪渝汉四地扩大招生，报名人数近千人，录取图书馆学专科及档案管理科各一班共近百人。

·1947年　文华图专改学制为三年。

·1949年5月16日　武昌解放，文华图专继续办理。

·1949年6月24日　文华图专向中南教育部填写并提交了《武汉市私

立武昌文华图书馆学专科学校概况表》。

·1950 年夏　在本年暑假期间，经在上学期余存经费项下拨款修葺，又得圣公会主教张海松同意，由教会方面拨给美金 100 元，补足不足部分，将大门左侧食堂改建为大礼堂。

·1950 年 8 月 10 日　文华图专呈文中南军政委员会教育部，请准继续办理档案资料管理训练班。

·1950 年 8 月 24 日　中南军政委员会教育部批准文华图专举办短期档案资料培训班。

·1950 年 10 月　文华图专在中南军政委员会人事局和中南教育部的指示下，开办了为期四个月的档案资料管理训练班。

·1950 年 11 月 20 日　文华图专根据教育部颁发的《专科学校暂行规程》第 19 条所规定之组织形成，重新组织校务委员会，协助校长处理校务。

·1950 年 12 月 15 日　文华图专校友总会编印《文华图书馆学专科学校简讯》（新 1 卷）出版。

·1950 年　文华图专开办实验图书馆，在教师的指导下，由学生负责业务，向公众开放。

·1951 年 1 月　文华图专参加教育部“全国接受外国津贴的高校代表会议”。

·1951 年 8 月 16 日　政府接办私立武昌文华图书馆学专科学校，暂委托中南军政委员会教育部领导，改任原中原大学教育学院院长王自申为校长，原中原大学图书馆主任甘莲笙和原文华图专校长沈祖荣为副校长。文华图专从此成为一所公立学校。

·1953 年 9 月 1 日　根据全国高等学校院系大调整的决定，武昌文华图书馆学专科学校并入武汉大学成为图书馆学专修科，学制改两年为三年。甘莲笙担任专修科主任，沈祖荣任教授，讲授编目法等课程，原文华图专师生与设备迁入武昌珞珈山武汉大学校园内。

二、有关沈祖荣、胡庆生的重要文献

我们何以要提倡图书馆呢？

（沈祖荣在北京高师图书馆讲习会上的演说）

我们何以要提倡图书馆呢？这个答案很多，简单些说，就是要实行平民教育。因为图书馆的性质是公开的，不是秘密的；是普遍的，不是部分的，小而言之，可以增加人民的知识；大而言之，可以促进国家的文化。美国的大文学家高耐尔有言，图书馆乃国民的大学，这句话是很有经验的。所以看一国的教育怎么样，不必调查它的学校多少，先当调查它的图书馆多少。就美国举一个例，仅纽约一埠，一个公共图书馆里面，有七百五十个座位，有一千二百多办事员。每日到馆看报的人，几如山阴道上应接不暇。它有四十三处支馆，两百多巡回文库。美国不但通都大邑都是这样，就是穷乡僻壤，凡是我所到过的，无不遍设图书馆。即或人民不多，不便设立。而图书馆馆员，用各种方法，或在轮船，或在车上，或在商店，或在旅馆，俱设有图书分派处。如陆道较远，不便来馆阅书，则设巡回文库，将书用船、用车运到那里，以便就地人民阅览。他们并为儿童（开）阅览室，管理员讲故事助他们的兴会。美国像这样苦心孤诣惨淡经营的设备图书馆事业，所以它的文化很优美很普及。

有人说，图书馆我国不是没有的，如从前的石渠金匮，也可谓包罗万象，但考察它的性质，不过是一种保存古籍的机关，论它的功效，也不过造就一二学者的高学问，至于一般平民，不但不能得着它的丝毫利益，连它的门也不敢轻易进去。现在风气渐开，也有仿照西式设立图书馆的，但考其内容，非简陋即腐败。我改日当专论中国图书馆的现状，兹不多述。总之，我国图书馆亟待建设，亟待改造，但建设改造的方法，则宜以平民教育为标准。

我对于提倡图书馆的意见，约有四种如下：一对个人；二对社会；三对教育；四对国故。

（一）图书馆对于个人

世界上无论何人，想造大事业，非有大学问不可；想造就大学问，非有充足的图书不可，但凭一个人的钱财，决不能买全世界的书籍；但凭一个人的眼光，决不能选择良好适用的图书，供其参考研究。这样讲来，岂不是人生一大缺恨吗？这个缺恨惟于图书馆可以补足。世界电学发明家爱迪生，是各位知道的，他幼年家贫，未受高尚的教育，怎能发明电学呢？我们读他的历史，才知道他的学问是从克利扶输（Clevelaud）图书馆得来的。钢铁大王康内基，因家贫的缘故，未受相当的教育，他怎样造出这伟大的事业呢？是由于他从朋友家中，借书阅览得来的学问，他自己深受了图书馆的利益的，由是推己及人，恐怕后来的人，有志向学而无力买书，所以独出美金数万万，建筑图书馆二百万余所。

（二）图书馆对于社会

今日我国的社会堕落可谓已极，普通人民终日不是因于茶楼酒肆，就是赌局娼寮，浪费金钱，抛荒岁月，卑污品格，败坏风俗，这种现象，外国人看见，动辄讥笑，岂是国民情愿这样堕落吗？俗语说，近朱者赤，近墨者黑，习俗移人，贤者不免。倘若社会上多设有图书馆，不但可以补助人民的学识，并可改良风俗。况人类不齐，有家贫无力就学的，若有图书馆供给应用的书籍，使这各种的人，自行研究，增加学识，图谋生活，就不至于成为无业游民，为社会的害。现在，一般讲新文化运动的人，动辄曰改造社会，改造社会又不知从何处入手。我敢大胆说，多设立图书馆，实为改造社会的利器。

（三）图书馆对于教育

有人说，教育事业只有办学校一途。这句话视真而实非，试问全国的人民，都能使之入学校吗？即令竭全国财力，使人人都入学校，受教育，然学校教育有一定课程，有一定年限。数年毕业后，离开学校，远离教师，又无别种教育机关继续造就之，恐怕把在学校所学，渐归消减了，况且教师所讲授的，限于一定课程，不能参观互证，触类旁通，所得必很有限，惟有设立图书馆以补教育之不足，是最好的方法。因为图书馆的教育是无限制的，是纯属自动的，所以办一个学校，教育数十个国民还不足。办一个图书馆，教育千万国民而有余。西国名人称赞图书馆的功用，不一而足，未必人人都是圣品；学校的教育有限，未必人人实受教育。惟有图书馆的范围顶广，利益顶大，远近的人，都能亲近，老少的人，一律欢迎。况且，对于无论何人，都施以相当教育，愚昧的人来，它又不嫌弃，贤知的人来，它也能教导。是能合贤愚老少、贫富男女于一炉而后冶之。讲教育的人，请不要忽略这一层。

（四）图书馆对于国故

我国素号声名文物之邦，有五千年的历史，不特我国，外国亦以此相许。惟因储存书籍，迄无妥善办法，以致损失散乱，不可胜数。兼之近百年来，皙构突兴，一日千里，我国乃闭关自守，夜郎自大，试相比较，愈见其拙。即如我国固有的书籍经史，累次变乱，不知损失了多少，残缺了多少。即民间私藏善本，只知希图变卖，外人又不惜重价收买。诸君有到了外国的，见它国图书馆所藏的我国书籍，比我国收藏的尤为完备，这是一个极大的耻辱。论到新书一层，尤为减色。虽近年来杂志勃兴，新出版物亦不一而足，俱乎我国古籍虽然损失，新书却逐渐增加，弃旧谋新，正是一番好气象，是又不然，这种见地，仍不说自大的积习。诸位！这不是一个小事，文野关头，就是存亡关头。挽救的方法，惟有速设图书馆，一面保存旧书以供参考，则新书自层出不穷。如此，则天下图书有所归，而文化精神亦有所寄。

以上四端，不过略表自己对于提倡图书馆的意见和理由。诸君都教育界中坚分子，负有整理我国教育的责任，盼望诸君后此服务社会，务必双管齐下，同时提倡图书馆事业。那么，将来中国教育，也一定大有可观了。

（原载《民国日报·觉悟》1920年第8卷第27期，第1～2页）

公共图书室之需要

（胡庆生讲演　浙江教育会笔述）

我国国土占世界陆地五分之一，我国国民占全世界人口之四分之一，以富力与世界各国比较亦占第二位置，然而国家基础极不巩固，此不巩固之原因何在？即教育不普及，换言之，国家未能尽量设施青年的教育，试调查各国受教育之人数每百人中德占九十强；英占九十；美占九十二强；日占九十六；法占八十。我国每百人中仅四五人受过教育，其相差奚若，并用图表比较各国学生数及我国近年来学校数目教员人数，而学生数与人口比较在从前四百人中占一人，今则占八十之一，似不无进步矣，但是普及教育不能专恃学校而图书馆亦极切，要兹举其大端而说明之。(1)图书馆与教育之关系，我国输入欧化以来，关于教育只知模仿其学校，而未常顾及图书馆，不知学校教育有期限年龄与身体种种限制，为时暂而大半为课本的教育。图书馆绝无是种限制，故无论学生非学生苟得有基本之知识者，常常可以在图书馆以增益其知识，故图书馆是补助学校教育的继续学校教育的。(2)图书馆与农业之关系，我国本以农业立国，而农业却不发达，虽有广土，不能尽利；虽有众民，不能尽力。此无他，农乏教育故也！查我国人以农业为生活者十之七人，可见农业实为我国主要之生活，而现在农民尤无农业上之学识，则农业教育不容或缓是项教育设施，除学校与讲演而外当以图书馆为最要。(3)图书馆与工业之关系，我国地大物博，工业所需之原料至为丰富，宜其可以发达矣！然与各国比较工厂则英有二万九千所，美有二万一千所，日有六千九百所，我国仅有一千三百所，工人则英有三百七十五万，美有一百五十万，日有五十万，我国仅有九万二千，工业之不发达可想而知。欲求工业之发达，并非注意工业教育不可，且工人缺乏智识。吾人又应如何施以教育供给其知识之上需要。(4) 图书馆与商务之关系，我国富力实居世界第二，而国家财政几至破产，何也？商务之不振兴实为一原因，试就各国比较之，则美为三百兆元；英为二百四十一兆元；德为一百八十四兆元；日为一百五十二兆元，我国仅三十一兆元。我国本以产丝著名而丝之输出额已不及日本，茶亦我国之物产，而印度茶有凌驾而上之势。盖我国不明世界之商情，外人之嗜好，以致着着失败。今欲于商务上求发展以谋增进知识，则图书馆为最妥当之供给场所。(5) 图书馆与经济之关系，今日为经济竞争时代，我国经济状况紊乱已极，应如何改？改革经济之上组织以谋整理则又需要经济之上知识，此种知识亦有待乎？图书馆以供给之。(6) 图书馆与生计之关系，生计问题至为重要。无论国体个人，谁不欲保持其永久或圆满的境域，苟缺乏生计之上知能则生计状况能否保持却不可必，但吾人谋生计不可不有生计上需要之知识，供给是项知识则图书馆最为妥当。(7) 图书馆与共和国民之关系，发达国民之共和知识养成国民共和之精神，学校而外，首推图书馆。盖图书馆既备有种种工具可以增进吾人之知识，而又不加限制任人浏览何等便利，故图书馆教育在今日之中国甚为重要。藉此可以巩固国家之基础。(8) 图书馆与道德之关系，图书馆不仅可增长吾人之知识，并可促进吾人之道德，据西人调查之结果，图书馆发达地方作奸犯科之人比较的减少，因为社会上多一个图书馆即吾人多一个修养场所，不至流入恶浊社会。(9) 图书馆与娱乐之关系，图书馆有种种设备可以陶养性情，消遣岁月，较之在歌舞场所，以图娱乐胜万倍也。(10) 图书馆与进化的关系，图书馆庋藏国内外之典籍，世界文明萃集一堂，大可为人类进化之枢纽，故世界各国对于图书馆力谋扩充，美有九千九百所；德有一千九百所；英有一千二百所；法有一千一百所；日有八百五十所。以言经费，美为一千七百万元；英为一千万元；德为九百万元；法为八百万元；日为二百万元。以言阅览者人数，美为七千七百万人；德为三千五百万人；英为一千七百万人；法为一千万人；日为六百七十万人，而返观中国则如何？或谓制办图书馆经费不易筹集，斯论虽是，其实非也！查外洋烟草输入我国每年计五千六百万元，南洋兄弟烟草公司亦有一千三百万元之营业。平均计算我国民消耗烟草者每十二小时须四十万元，以此款设图书馆如东南大学图书馆之规模者，可以创办两所而尚有余。东南大学图书馆系江苏齐督军捐建，凡私人捐建之图书馆在欧美甚多，如美国钢铁大王康内基能以独立创建大规模之图书馆，鄙人亦甚愿我国有康内基其人也。

(原载 1923 年 5 月 18 日《之江日报》)

教育与公共图书馆

(胡庆生讲演　章颐年笔述)

胡庆生硕士于一九一七年至一九一九年在美国哥伦比亚大学研究图书馆专门事业回国已经四年，现任武昌文华大学图书馆科教授。今年他到杭州、上海、苏州、无锡各地参观图书馆顺道来宁，五月二十八日南京青年会请他演讲，记者因为图书馆在现在的中国是一个极重要的问题，所以将他的演说介绍给未听胡硕士演讲的诸位。

诸位，今日鄙人能有这个机会和诸位讨论图书馆的问题，觉得是非常荣幸。图书馆的重要大概人人都已知道，不必鄙人多讲，但是鄙人却还有几件事要提醒诸君。诸位都晓得我国是地大物博、人口稠密的国度，我国人口占全球四分之一，我国土地占全国五分之一，而且我国富源实在又在世界上占一重要的位置，但因这些富源都藏在地下没有发掘出来，所以现在便觉得我国是个很穷的国家，以前有一个日本人曾经调查各国矿产的价值列成一表：美一千一百亿、英七百亿、德六百亿、法五百亿、中国五百亿。看这个表中国十八省矿产的价值已经值五百亿，东三省热河等还不在内，所以中国全国的富利与列强比较至少可排在第二，中国既然有这样多的人口土地天然财源，照理应该是一个极强大稳固的国家，但是看现在的情势却极衰弱动摇，这是什么原故？这是因为我国没有稳固的基础，何以会不稳固？这是因为受教育的太少。现在我们将各国受教育的人数比较一下，便知道受教育的人数在全世界是占什么位置。德国百分之九九零五、英国百分之九九、美国百分之九三、日本百分之九十、中国百分之十。我国受教育的人数恰恰和日本未受教育的人数相等。诸位试想这不是我国衰弱的一个大原因么？总之，要基础稳固非使文化发展不可，要文化发展非使受教育的人数增加不可。学校固然是一个给吾们受教育的地方，但是学校教育恒是有限制的，因此我们不得不更求一个无限制的教育机关，这无限制的教育机关是什么呢？便是图书馆。

现在还有几个图书馆调查表要诸位注意一下。(1) 各国学生人数百分表。美百分之二十三，德法英日次之，中国不及百分之一（此表系欧战时调查的，我国近年来教育发展很快，所以这个数目不能作准)。(2) 中国历年学校总数一览表。一九一〇年四万一千所，一九一四年六万所，一九一九年十三万所。(3) 中国官立学校历年学生总数一览表，一九一〇年一百六十万人（占四百分之一)，一九一九年四百五十万人（占十分之一)。

更加上教会学校私立学校的学生，大概我国学生总数可占全国人民百分之二，换句话讲就是一百人之中有两个是学生，那其余的九十八人又到哪里去求教育呢？而且要使人人都进学校或是因为经济的关系或是因为职业的关系，总是一件不可能的事，那么那般不能进学校的人，便要靠着图书馆来受教育了。图书馆与一国的国家也是极有关系，现在且分讲在后面。

（一）图书馆与教育

我国讲教育的人现在很多。他们模仿欧美的教育制度也是极有成绩。可是他们仅模仿欧美的学校教育而忘了模仿欧美的图书馆教育。学校教育是有限制的，譬如一个人大学毕业了，便没有再有学校给他进了。这时候，学校的大门向他一关，试问他以后便可不再求学么？要晓得学问是终身的事业，不能说有学完的时候。图书馆便是一个继续我们终身教育的机关。

又譬如有一个人从外国学了技术回国，做了教师他便用了他从前在外国做学生时候的讲义，来教给他的学生。年年如此，其实他的环境早已进步得很高，可是他还是死抱着他老旧的讲义，一些不知改良。试问这是个有益的么？假使有了图书馆，便可随时去参考新出的书籍，所以图书馆又可补学校教育之不及。教育是终身事业，我已经讲过小学校不过是第一步，中学、大学不过是个基础。等到大学毕业才是终身教育的开始，所以英文中“毕业”这个词叫做 commencement，是开始的意思，这是极不错的。要之，图书馆是一个继续学校教育，补足学校教育的机关。

（二）图书馆与农业

我国能兀立站在地球上一直到现在，实在是因本。我国向来是“以农立国”的缘故，但是我国农夫都是缺少农业智识的人，所以农艺物不能有大进步、大发展。要救此弊，非将农业智识灌输给一般农夫不可。进学校固然是一个方法，但是试问农夫是否都能进学校，那当然是件不可能的事。图书馆备了浅近的农学书籍，等他们有空的时候来看，假使他们没空，图书馆又可组织巡回文库，将书籍轮流的送到他们家里去，让他们看，而且要造成专门人才，尤非书籍不可。个人哪有钱来买许多书呢？唯有图书馆才可能满足这个欲望呀！

（三）图书馆与工业

我国的国货要买的人很少，这是因为国货不及洋货好。换句话讲，就是我国的工人缺少工业常识，诸君都晓得现在是钢铁时代，因为凡是汽机等物都要钢铁才能做成。我国所产的钢铁总额占世界极高的位置，有了钢铁就须煤炭，而我国所产的煤炭额竟占世界第一。我国有这样多的原料，而工业不能发达，这也是工人缺少工业常识的缘故啊！单以纺织厂而论，我国自以为是很多了，但是和外国一比较还是小巫见大巫，少得很啦！

厂数	工人	价值
英三万所	三百七十五万人	九兆七千万元
美二万一千所	一百五十万人	八兆七千万元
日六千三百所	五十万人	一兆八千万元
中一千三百所	十九万人	五千六百万元

这样一比较才晓得我国的工业实在是太不发达。要发达工业，首先要灌输工业智识，图书馆备无数最近出版的工业杂志，使工人可以参考，而且工人有了工业智识，他的工价当然必定加多，所以要谋工人生计的发展亦非图书馆不为功也。

（四）图书馆与商务

我国的商务可说是不发达极了。我国著名的出产一向是丝、茶两种，但是现在日本丝的出产额早已超过我国。譬如，我开了一店很赚钱，后来又有一人开了一店夺取了我的生意，那我岂不恨他呢？你想我们出产的丝、茶竟被日本夺取，岂不是桩可恨的事么？但是专是恨不中用，要改良我们商务才行。改良商务也全靠图书馆供给的商业书籍。

（五）图书馆与经济

经济两个字已经变为很重要的名词，各国的人都很注意。我国现在的经济组织都极陈旧紊乱，不亡罢了。假使万一果然亡了，那主因便是亡于经济，绝不是亡于它种原因，这是我敢断言的，所以我国必须有极新的经济组织，才可免于祸。那关于经济的书籍不靠着图书馆来宣传又靠谁呢？

（六）图书馆与共和国

要提高国民的智识，第一就是要靠着书报，但因普通一般人民无力买书报，所以便要靠图书馆去购置，因此，图书馆就是个公开的机关，来看书的不论职业、不论宗教、不论贫富、不论嗜好、不论男女、不论贤肖都一视同仁，一律欢迎，所以图书馆最足表显共和的真精神。学校是专门研究一种的，图书馆则可供任何方面的研究，历代最有学识，最高明的专门学者都在图书馆里，而世界上最著名的先圣先贤如孔子、亚里士多德等也都在图书馆里静候人去询问。一切了解的事情，不要一钱而且又作极诚恳的答复，所以共和国家有图书馆实在是一件极荣幸的事件啊！

（七）图书馆与道德

我们空的时候往往到戏馆游艺场去消遣，耗费金钱已伤害身体。假使有了图书馆，这种弊病都可免去，到图书馆去消遣不但不要一分钱，而且有益身心，所以图书馆实在是我们一个最有益处的消遣的地方。亚伦曾经说我们的心和田一样，撒好种开好花，假使不撒种便不能开花，否则也必是生满了荆棘野草仍是无用。从此看来，我们须先下好种子，但是好种子又到哪里去寻呢？可以到图书馆里去找，因为古圣先贤的格言成语都是好种子，都在图书馆里等候我们去拿来撒在心里呢！大凡一个有图书馆的城池，它罪犯的人数必定比那没有图书馆的城池的罪犯的人数要少，因为有了图书馆，人人都有良好的消遣地，不去做那有害的消遣而犯罪了。这一层尤其可以证明图书馆与道德是有密切的关系。

（八）图书馆与娱乐

图书馆里有博物院，有有趣的书籍，有美丽的花卉，有新鲜的空气，使人怡悦神经快乐性情，所以图书馆又可算是个最高尚娱乐的地方。

（九）图书馆与进化

我国现在的图书馆实在都还带着藏书楼的性质，不能称为图书馆，换一句话讲就是富保守性。虽然如此，但是我国每年还有许多古书卖给外国人，流到外国去，这实在是件很可惜的事体。古书在现在没什么大用处，然而也总是我国的国粹，不能任意让它流到外国去。图书馆不但要保存一国的国粹，而且要保存世界的精华，不但仅仅保存就算了事，并且还要将所保存的东西都变为能生产，因生产而能使社会逐渐进化。

上而九种是图书馆和它种的关系，现在更将各国图书馆的比较列成一个表。

各国图书馆比较表

总馆馆数	经费	阅览人数
美二五七所	一千七百万元	七千五百万人
德一四一所	一千万元	三千五百万人
英一〇七所	九百万元	一千七百万人
法一〇一所	八百五十万元	一千万人
日二十五所	三十五万元	六百七十万人
中甚少	甚少	甚少

美国特别图书馆：中学图书馆三百五十所，师范图书馆三百〇二所，医学图书馆八十八所，法学图书馆三百五十二所，专门图书馆二百五十所。至于大学图书馆因为凡是大学都有，所以数目不列入表内。美国专门备法学书籍的图书馆竟有三百五十所之多，无怪乎美国法学的精神广博了。美国纽约城有图书馆四十二所，连本馆四十三所。南京市著名的大城，连一个好的正式图书馆都没有，还好不赶紧的积极的追上去么？我已经讲了许多时候，大概诸位都已经知道图书馆和国家社会的关系，但是我晓得诸位心里还有三个大疑问。

第一疑问：我国现在要解决的事体很多，要兴办的事体也很多，若是专办图书馆，那其余的事体又拿什么钱来兴办呢？不错，这是一个疑问，但是要晓得图书馆是根本的问题，譬如有两座山对峙，此山顶到彼山顶的人必须从山脚下翻过去，但是在两山的顶上架一座桥，岂不要便当得多呢？但是我们讲“我们翻山还来不及，那有空工夫来造桥”，这岂不是一个极愚笨的答案，造桥便是根本问题，根本打好以后便看得着利益了。

第二疑问：假使我们花了许多钱办了图书馆，但没有人来看书，那又怎么办呢？岂不是将所有的金钱都白花了么？这可不必愁，你看每天街头巷尾茶坊酒肆都站着无数的阅人，假使有了图书馆，还愁没人来看么？我曾看到某处一个图书馆，它的建筑规模很大，但是他们门口却挂着一块“游人止步”的牌子。我看到了觉得奇怪得很，便对馆里人说：“这块牌似乎不是图书馆应有的罢?”他答说：“不然，这里有许多人是进来游玩，不是看书的，所以要挂这块牌。”图书馆有人来，原是一个极好的事，就是进来游玩又有什么妨碍呢？而且第一次进来游玩的人，他晓得这是图书馆，第二次便会来看书了。门口挂着“游人止步”的牌使得一般人还当作是衙门，谁还敢进来看书呢？

第三疑问：中国政府内债所欠极多，都没有钱偿还。哪还有钱来开图书馆呢？我国藏在地下的财产很多可以开掘且我国每年花在消耗品的闲钱为数实在很大，即以纸烟一种而论，据海关调查，每年由国外输入者六千伍百万元，国内南洋烟草公司所售纸烟的数值还不在内，平均每日由国外输入之纸烟总在四十五万元之多，而东南大学由齐督军新捐建的一所极大的图书馆只不过十六万元，所以假使拿一天购纸烟的钱却可造两个这样大的图书馆而有余了，假使拿一年购纸烟的钱来造图书馆，那全国便有无数华丽的大图书馆了。我国固然有许多矿产，但是专要靠政府的钱就自己办，那恐怕再过十年、二十年还是没有希望的。我们要电灯，公家不办，我们就自己办。我们要自来水，公家不办，我们就自己办。我们要学校医院，公家不办，我们就自己办。我们要图书馆，公家不办，我们国民难道就不能自办么？苏州新开一个图书馆，馆屋也极宏大，却只花了五万块钱。我们假使能省了消耗的闲钱来开办图书馆，那不但我们个人得益，就是全国的人民也都因此得到无数的益处啊！美国钢铁大王康内基说国家的保险最好是提高人民程度，提高人民程度，最好是靠图书馆，所以他曾花了许多钱在美国开办了无数图书馆。我不信我们中国，难道便没有一个像康内基的人么？照我国现在的情势，非以图书教育两者为强国的根基不可。我希望在座诸君尤其是女同胞都能从事研究图书馆专门事业，万一不能实行研究，我希望你能竭力的鼓吹提倡，使得将来中国的图书馆和美国一样的多或更超过它。到那时候，我们中国才可说是有希望，所以这种提倡的责任都在你我的身上，诸君如肯赐教或指正，欢迎得很！

(原载 1923 年 6 月 14 日《时事新报》)

中学图书馆几个问题

(沈祖荣　胡庆生)

鄙人等承戴君志骞、陶君知行，谬予推重，嘱令于此次会议时对图书馆教育组，提出关系中学图书馆问题与诸君共同讨论。同时须想出一种适宜办法，要中学校可以实行者。鄙人等素乏经验，再四坚辞；既不获命，只得勉强效劳。若所贡献不负所望，乞努原谅！但有一言不得不预先申明。今鄙人等所提出与诸君商筹者，系办理中学图书馆几个问题；既欲研究此问题，则全国中学校之数目，共有多少，亦术前不先言之。

据前数年教育部第五次统计表所载如左：

中学　三百五十所

师范　一百九十五所

农业　四十一所

工业　二十一所

商业　二十二所

其他　三百六十三所

共九百九十二所

男生　十万零三千零七十三人

女生　八千零五人

共十一万一千零七十八人

教员　八千六百三十八人

常年经费银洋　八百五十七万五年零九元

以上所述中学既如此之多，而中学图书馆数目又有几许？似此情形，应当到各处调查现时中学图书馆实际情形，方能陈述。奈我国向来无此种统计；纵然有之，所有报告事项恐亦不甚真确。兹之所述，乃就平日旅行数省得诸传闻，或目所亲见。其已经有之图书馆，数量不多。这是必须提出讨论的。

中学是否需要图书馆

今之中学教育何以要办图书馆，因学生之住中学者，其目的有二：一在升学，一在自谋生计。即办理中学者，亦当抱定此目的，方不辜负学生来学之意愿。试问今之中学校，果能达到此目的否？鄙人等不敢断定如据外人所批评我国中学教育，不外三种现象。其现象如何？试述之如下：

（1）中学所施之教育，乃课堂教育。此种教育，除却黑板无学问，一下课堂无功修。在校一日，即照例上课一日。有时离开课室，即荒废学业，前功尽弃矣，此等中学教育，只是夭亡的教育。

（2）课本教育。此种教育不论课本之新旧，亦不问课本之优劣，依样画葫芦，照本宣科；凡课本以外之学问，皆茫然不知。此等中学教育，只是井蛙的教育。

（3）但凭师授，不自研究。此种教育，先入之言为主，自修之功全无；不问师说之是非，而一味盲从。教师之于学生，犹养娘之于孺子；饥固饲之，即不饥亦饲之，哺则食之，苟不哺即不能得食。此等中学教育，只是喂饭的教育。

以上三种教育，只算是片面的，非完全的。既非完全教育，奠若长此以往，中学学生将来出学校后，可必其能升学乎？可必其能自谋生计乎？如果不能升学，不能自谋生计，其所学果何所用乎？况学生当中学时代。正值青年时期，易生危险者，在此时期；而最有进步者，亦在此时期。何以故？记忆力强，理想力富；苟能于课本师说之外，更为中学生辟一座闲暇读书之所，使伊等优游其中，养成嗜学之习惯，提起自觉读书之兴趣就好了。这如何解决呢？赖有图书馆也。然则图书馆之对于中学，其不可不设也，章章明矣。

大凡中学学生之求学贵自动，不贵被动。如有图书馆，则学生便于参考阅览，即引起其自动矣。学生自动浏览书刊，可自动寻得入学之门径，从而探源问津，亦可自动开辟求学之正路。学生自动去图书馆阅览，久之对工具书之使用法，亦可熟悉，求得的书本知识，基础亦将坚实，即大有利于将来的升学，亦有利于自谋生计。此种教育，真能继续坚持下去，不仅不至干扰课堂教育，除大量学得课外知识而外，更有利于将课本知识学深学透。固然有时亦须教师指导，由于自有心得，对教师指导更易于理解，自己会消化，即不致有喂饭的流弊矣。

由上所述观之，图书馆非办不可。然而办理中学者，居然不办，抑又何也？料想其理由如下：

(1) 教育的当道，虽知其紧要，然对于图书馆与教育之真关系，尚不十分明了。是以偏重别项教育，而轻视图书馆教育，以为比较上图书馆似可从缓办理。此种教育家虽不甚多，然亦复不少。

(2) 学校当局，迫于潮流之趋势与新文化之影响，明知图书馆是一种应有的设施，居然因循退缩，并不打算如何进行。由是笼耳盗铃，仅悬挂一块图书馆空招牌，以饰外观，作为适应潮流之点缀。自欺欺人，纯是敷衍。

(3) 或因困于财力，而不明了适当办法。夫图书馆规模之大小，可视金钱之多少为转移。不明乎此，故亦不能积极进行。仅予学校之内，另置一阅报室，备几种杂志，几种报纸而已。校中并未筹措一定数额的购置图书之经费。以上三种人，第二种系完全敷衍，固难望其施行。至于第一种与第三种，是涉及人才与经济之实际问题。由是对经济一节，亦当加以讨论。

中学图书馆之经济如何维持

窃念创办一事，非财力不行，是经济实关重要，故当在经济上作切实之计划。现时一般质问者，谓办中学图书馆须筹若干款项方可开办。盖图书馆之开办规模本无一定，如欲办得应有尽有的程度，则房屋宜高大，房内光线宜明朗，书刊宜宏富，设备宜完备整齐，管理人员宜完全。此种图书馆至少需经费数万元。由此言之，令人望而生畏，束手无策。然而天下事不可一概而论也。九仞之山，基于一篑。大则大为，小财小为。必欲先筹数万元始开办中学图书馆，恐终无办理之一日。鄙人等反长远计划，务须实际可以施行者。一般的要求，可按学生名额规定经费。如学生数量由一百六十至二百名者，约略计之，开办费至少需洋六百元。兹将用途分配，列之如下：(1) 设备费，一百三十五元；(2) 书籍费，二百六十元；(3) 薪资，一百八十元；(4) 杂费，二十五元。以上是开办费总目共银洋六百元。至于常年经费暂定三百元，不在此内。

开办费纲目

（一）设备

(1) 出纳台一张，十二元；(2) 阅书桌四张（每张供六人用），三十二元；(3) 椅凳各十五把（共三十把），共二十一元；(4) 书架一乘（可贮书六百本），十五元；(5) 馆员办公桌一张，八元；(6) 目录片盒子一具，八元；(7) 借书券盒暨掌书架子等，共五元；(8) 目录卡片（一千张），四元；(9) 书架目录片（五百张），二元；(10) 借书券（五百张），三元；(11) 信筒书片借书日期纸条等（各五百张），共五元；(12) 二千册图书总登记簿，三元五角；(13) 橡皮图章，一元；(14) 笔墨暨日期图章标目纸条卡片等，共八元；(15) 信纸信封邮票等，共四元。

以上所列设备费，计二百三十四元五角。若第一至第五所需各件属校中原有，可以借用，更可省减设备费八九十元，临时酌定可也。

（二）书籍

参考书：康熙字典或中华大字典，四元；词源（丙种），十四元；韦氏英汉词典，二十四元；汉英辞典，二元；英文成语辞典，一元五角；中国人名大辞典，八元；白话辞典，九角；国语字典，五角；新文化辞典，四元；英文字典，六元；中等国文典，一元；家用百科全书，四元；科学大纲，十二元；中国年鉴，三元；中国地图世界地图，六元；健身游戏运动游戏规则等，五元；中学所用几种教授法，十元；中学所用参考书，二十五元；小说类，二十元；文存类，八元；英文书，五十元；杂志共九种(教育二种，学生一种，普通一种，小说二种，英文二种)，三十元；日报一种，二十四元。以上共计二百六十二元九角。

（三）馆员薪资

馆员薪资，在馆员人才选择问题内，尚须加以讨论。馆员须用人兼理(每月十五元)，共一百八十元。

（四）常年经费

(1) 添购书籍，每年一百元；(2) 装订暨杂费，每年二十元；(3) 馆员薪资，每年一百八十元。以上三项共三百元。

以上所列开办费，至少须六百元；又以后常年经费至少须三百元。此种经费如何筹措，既办理中学校，对于此种款项应设法提出。万一做不到，即采用如下之方法：(1) 列入学校预算案照学生数目每学期每人摊派银洋一元；(2) 应规定为学校的例费（如健身费、理化室费之类）；(3) 学生公费购书；(4) 学生乐捐购书；(5) 学生毕业纪念捐；(6) 学生开游艺会筹捐；(7) 旧生或其友人纪念捐；(8) 学校特别纪念时筹捐。

馆员选择问题

中学图书馆既已设备，非同藏书楼仅事保存，乃所以供学生之研究，使学生利用书籍，领略其中之趣味。此种图书馆，范围虽然较小，而其中之职务与普通图书馆无所区别，只是服务之对象有不同。简单言之，如指导用书的方法，规定借书的手续，选择主要的书籍，编制适当的书目，考察学校的情形，俱关重要，实缺一不可也。

以上种种职务果何人能充当乎？（1）专门人才已受图书馆教育训练，而富于经验者。如欲图书馆收绝大的效果，当然须用此种人才。无奈经费有限，恐难罗致。（2）校中教务处主任，或热心图书馆之教员有愿稍尽义务者，使兼任之。（3）师范学生或中学毕业生，稍有图书馆教育之训练者，亦可充当之。（4）学生助手，学生中有与此种性质相近者，亦可充当此职，但须由主任或教员指导之。

以上四种，除第一种不计外，其余三种，或系兼理或系学生充当，故每月津贴或薪资十五元。其数虽微，实因图书馆初办，职务简单，阅览时间又短，故暂时如此规定而已。上言学生助手，须选择学生中品学较优者为之，或再送入邻近规模较好之图书馆，实地练习一二月，或至暑期所开之夏令图书馆研究所学习，就学生助手本人来讲，亦是一种课外学习的好机会。如因财力及其他事故之障碍，上列计划都做不到，或可请邻近专门图书馆人才来指导。这样做去，逐渐可成熟手，业务水平亦可逐渐提高。

何人能选择图书馆之书籍，其选择法如何

中学图书馆已有设备，亦有经费，苟无书籍，仍不能称为图书馆。盖图书馆所最宝贵者即是书籍。惟书籍品种复杂，中学图书馆经费有限，对书籍只能选择购买，不能搜罗。不然徒花金钱，而且多费手续，故选书要精确。至于选书所要求的人，若是专家当然应负选书之责；不然，或教务主任暨各科负责之教员等均可。总之无论何人，其选择书籍，不外以下之几

种原则：

(1) 依学校性质为转移。例如农业工业商业各学校，其所选书籍必合乎农工商之作用与要求。至于普通学校，其选书方法，须对于学校课程特别有关以为标准。

(2) 视学生程度为取舍原则。中学书籍的内容，理想不宜过高，要考虑学生能否领会。文理不宜太深，要学生能够看懂。凡背弃人伦道德，或描写下流社会之伤风败俗，诲盗诲淫小说之类，不可购置。总以能引导学生树立高尚心志，提高学生自觉向上者为原则。

选购图书一事，言之甚易，行之甚难。我国又缺乏选择书籍之工具(外国有精选书目供各种图书馆使用，例如中学校图书目录，或小学图书目录，分门别类，加以评论，界线明了，我国还没有)。至于书坊刻本，其目录未经选择，总以图利为目的，未经评论者，选择时宜特别审慎；因其书虽有名目，但不知其内容实质，务须从头观览，方知其主题所在。想同业诸君，皆经历过此种困难；深望本组编制有价值之评论目录，以贡献于国人，作为选择书籍之指南。

用何法引导学生利用图书馆

因图书馆之书籍是阅览品，非陈列品。务须想出方法，使学生乐于观览，提高其好学的兴趣。

(1) 标明新书名目。例如图书馆新购到特别书籍，即标明于图书馆之揭示处。或开列书单发送至各教员处，令其注意。并将此书陈列案上，便于浏览。

(2) 关于时事问题。例如家庭问题，婚姻问题，妇女解放问题等。图书馆对于此类问题的资料，或得诸报纸，或见诸杂志，或取诸书籍，亦写下揭出，使学生感触，引发其研究之兴趣。

(3) 关于功课。例如学生预备课程或作文时，馆员可询问各教员，对于此种问题所需书籍，或参考资料，预先检出。待学生来馆时，供其应用，以免耽搁时间。

(4) 利用学生会社作图书馆施行教育之机会。因学生喜欢组织会社，或开演讲会及辩论会，往往缺乏材料；馆员此时宜搜集此种材料，供其应用。

(5) 馆员引导学生使用图书馆所编制之目录及参考书的方法。学生一入图书馆，眼觅五花八门的书刊，不知所择，阅览之兴趣，往往见难思退。此皆因不善用目录所产生的一种偏向。是以馆员每日须费点时间，指导学生查检目录与使用参考书之方法。

以上所述是否有当，尚望同会诸君，匡其不逮，是鄙人等所厚望也。

（原载 1924 年 9 月《新教育》第 9 卷第 1、2 期合刊）

三、有关文华图专的重要文献

私立武昌文华图书馆学专科学校近况

（沈祖荣）

本校自二十七年奉令西迁重庆以来，由于全体教职员的继续努力与政府当局及有关机关之多方协助，不独武昌时代之旧绪仍保持于不坠，而种种新的成就亦逐年加多。其荦荦大者，如以前只秋季招生，常年开办两班，现在春秋二季招生，常年开设五六班之多。以前只设图书馆学一科，自二十九年秋季起，增设档案管理一科，为国内研究以科学方法管理档案之唯一学术场所。再如以前图书馆学科新生入学资格，规定至少须在立案大学肄业满二年以上者，三十年春季起，始与档案管理科一律招收立案高中或同等学校之毕业生，以宏造就。又如以前公费之给予并无严格标准，而名额亦不多，现在公费分甲乙丙丁四种等第（甲种年给四百元，乙种三百元，丙种二百元，丁种一百元)，新生依录取成绩，旧生依学行成绩而给予之，含有奖学意味，而名额亦较前增加数倍。其余如课目之加多，新增者有社会科学概论、史地概论、史料整理法、文哲概论、自然科学概论、博物馆学通论等。训导工作之推进，如导师制度、小组讨论、劳动服务、社教工作等，均为以前在武昌时所无者。本校每年毕业生供不应求。如二十七年夏，本校毕业生只有十人，而各图书馆来校聘请者有二十余处。二十八年度毕业六人，各方函校聘请者有十七处。二十九年夏毕业七人，来校聘请者又达二十余处。这些成绩，均系本校同仁所辛苦经营之结果。此为吾人差堪引以自慰者。

凡此种种改进，当早蒙关心本校之人士所洞察。唯过去一年即民国三十年，实为本校最艰苦之一年。盖由重庆曾家岩急迁江北香国寺廖家花园，其间又不知历尽多少艰辛。爰将其经过及一切新的措施胪述如左，以为关心本校前途之人士告：

（一）校舍遭炸与搬迁

三十九年五月九日，在曾家岩求精院内，本校办公处后面侧面附近，落弹多枚，房屋全被震坏，鸠工修葺，勉可居住。七月七日，主要校舍康宁楼中弹，房屋全毁，片瓦无存，损失之重，不堪言状。幸重要图书与实习用具大部分早经疏散，尚未全罹浩劫。然校舍破坏，已无法收拾。迫不得已，乃价购江北香国寺廖家花园一块坡度较缓的斜坡地为校址，再次重建校舍。十月下旬，全校师生搬迁过江，赓续行课。此地景物幽雅，无城嚣气，读书环境尚佳。初因重新建房未及竣工，尝进餐于露天之下，讲授于卧棚之间。面对此种情景，全体员生无一人因此气馁，而精神之振奋，反而有加无已。

（二）包工建筑新校舍

原先购置廖家花园斜坡校址时，购进之一栋旧平房，仅可作办公室及一部分教室之用。为坚持抗战到底，乃包工建造男女生宿舍二层楼木结构简易楼房各一栋，校长小住宅平房一栋，厨房厕所各若干间，刻已大体完工。正在建筑中者，尚有教职员宿舍一栋。值兹百物腾贵之际，仅此已成未成几栋房屋，总造价已达十万元以上。此款多在行政院径拨救济费七万元，赈济委员会所拨救济费一万元，中华教育文化基金董事会所给紧急补助费二万五千元项下开支。痛定思痛，本校固不得不感谢以上各机关之热心赞助也。

（三）招生与开办训练班

教育部一再明令，陈部长并面谕本校校长，以图书与档案人员之训练亟须扩充，以供应抗战中所需专材之用。除三十年春季秋季各添招图书科一班，三十一年春季招收档案科一班外，并奉令于三十年度举办档案人员短期训练班，以应急需。现在图书科三班，档案科两班，在校学生计三十九人。此种数字，仍与所预定之名额相差甚远。揆其原因，盖以国立学校给予学生种种之优待，而私立学校之学生，机会未能均等。丁此时艰，战区逃至后方的学生较多，即有倾向图书馆界之清高志愿，其经济条件亦难许可。此问题颇为严重，尚冀各方面关心图书档案与教育之人士一为注意。

（四）教职员之调查

本校为充实课程与推动工作计，教职员自应酌为加聘或调入。新聘者，计有国文教授许学源先生，日文讲师林荥光先生，均兼任。图书馆学教授皮高品先生，专任。博物馆学教席尚在物色中。本季毛坤先生长教务，汪应文先生主训导，徐家麟先生分担图书档案课程。已就国立社会教育学院教职之前教务主任汪长炳先生，则仍任本校教授。此外军事教官姜文锦先生，音乐讲师夏之秋先生，中西文打字骆继驹先生等，仍照旧供职。以上教席多系社会知名人士，又能与校长沈祖荣先生和衷共济，力谋图书馆事业之发展，故各事皆履险如夷云。

（五）员生劳作与服务

最近两年，在劳作方面有深感兴趣之事：(1) 清洁运动——学生轮流打扫教室及校方各公共场所。如布置庭园，修治道路，则员生全体出动，荷锄负筐，各尽其力。(2) 空袭措置——为图书档案安全计，特作手提书箱书袋两种。平时列成书架，便于取阅；一遇空袭警报，则男生提箱，女生背袋，转运至防空洞内。至于学生服务，亦有二事足述者。(3) 暑期实习——二十九年度终了，学生多经派赴各机关实习。如国立中央图书馆、妇女新运总会图书馆、陆军大学图书馆，与教育部档案室、战时公债劝募委员会等，一时均有本校学生之足迹。事后各机关均来函深加称许。(4) 社教工作——本校办理巡回文库，历有年所。上季曾办平民夜校，本季则拟添办壁报一种云。

(原载 1942 年 2 月《中华图书馆协会会报》第 16 卷第 3、4 期合刊)

中国唯一的文华图专

(刘一青)

文华图专，它的完全名称是私立武昌文华图书馆学专科学校，这是现时国内唯一的图书馆学专科学校。

她的诞生实在民国九年五月一日，由美国韦棣华女士与现校长沈祖荣先生，胡庆生先生等，在当时的武昌文华大学内创办文华图书科，训练专门的管理图书馆的人才，民国十四年文华大学改组，文华图专也改称为华中大学文华图书科，民国十六年华中大学停办，于是文华图专单独进行继续办理，民国十八年才正式立案，并定名为私立武昌文华图书馆学专科学校，一直到现在，算起她的历史也可说是不短了。

内部的情形：在民国二十二年的时候，校内附设图书管理讲习班，定为一年毕业，先后曾办四班，民国二十七年，由湖北搬到重庆后，除图书本科班仍旧照常办理外，曾办档案讲习班一班，也是一年毕业，二十九年的春天为了各方面的建议和需要，于是便开办档案管理科，现已毕业了三班，在三十一年春天教育部制定办理档案管理职业培训班，现已毕业七期，自抗战胜利以后，因忙于复员工作，档案管理职业培训班于是呈请教育部准予暂时缓办，所以校内现在只有图书科和档案科了。

学校的宗旨是“智慧”、“服务”四个大字，因为立定了这个目标，在平日训练学生的时候，处处都是以为他人服务着想，也就是用如何方法才能把图书管理得更好，让旁人借阅方便，使其多求些知识，如何才能把档案管理得更科学化，让军政机关（其他公司行号等也在内）的办事人员们调案卷方便，提高行政效率，所以，“智慧”和“服务”这四个大字也就是文华的精神。

在一般的私立学校，收费都是很贵的，就以重庆区一般私立中学来说，本学期所收的学杂费在七八万元以上，但是文华图专所收的费只有二万八千元，这当中有二万五千元还是学生膳费（伙食由学生自办，到学期终了时是多退少补），所以学校所得仅是二千元的学费，一千元的杂费，共计只有三千元罢了，其实在一年以前是什么费都不收的，甚至有些贫苦学生的伙食也是由学校设法供给的。

文华图专的奖学金也是值得一提的，在一般的学校，能够得到奖学金的，除了成绩最好的甲等一、二、三名外，其他大多数的同学们就没有了，但在文华图专却不同，除了考试不及格或退学的以外，凡是考得六十分的丙等也是有奖学金，只不过少一点罢了。以上学期来说，甲种奖学金是一万元，乙种奖学金是八千元，丙种奖学金是六千元，同时这种奖学金的数目，也是随着物价的涨落来增减的。

学校的校址原来是在武昌，抗战军兴以后，于是由武昌搬迁到重庆。先是在曾家岩求精中学内，二十九年求精中学被炸，便迁到江北相国寺廖家花园内。这个花园也是搬来以后才重新建设的，学校的四周，有高大的树木，也有美丽的花草，春天的时候，到处都是青绿的树叶，红白的花朵，走到校园内，就好像到了一个全是美丽的花的世界去了似的。现在秋天来了，桂花又在四周放射着芳馥的香气，就是到了冬天的时候，寒梅的开放点缀，也是别具雅致的。所以这倒也是一个清幽的环境，读书的环境。

抗战胜利以后，各学校都在忙于复员，忙于迁移，文华图专当然也不能例外。据学校负责人表示，大概在明年暑假的时候，仍旧迁回武昌去，明年暑假的招生也许是不在重庆而在武昌了。

图书馆学因为是一种专门的新兴的学问，教育部规定的专科学校两年的修学期限，这当然是不够的，所以校董会和学校当局正在筹划改建为文华学院，并添设博物馆学系，已呈请教育部核示中。

最后需提出注意的，就是一般的青年同学们，过去在中学的时候，因为没有图书馆学这门功课，对它的认识也就不很清楚，所以在每学期招生的时候，投考的人数，与一般的大学或专科学校比较起来，那也是很少的，学生不够多，造就的人才有限，这也是一件缺憾的事情，因此特以此文作为介绍，让青年同学们对它有一个相当的认识，使图书馆事业能在中国慢慢的培植起来，强大起来！

(资料来源：《知识（上海 1945)》1945 年第 4 期，第 11 页)

私立武昌文华图书馆学专科学校概况

校 史

图书馆在中国本称藏书楼，意若曰：书籍之储藏所，伊时收藏之图书，不能充分利用，自不待言。鼎革以还，政治刷新，教育文化事业随之步入一新方向，往时图书庋藏之所，一变而为社会活动中心，国人于是逐渐认识图书馆在教育设施中之重要地位。图书馆员职业训练之需要乃应运而生。

本校经美国韦棣华女士（Miss Mary Elizabeth Wood，1862—1931）于民国九年元月创办于武昌，遂为我国首创且系唯一健全发展之图书馆员专业训练机构，此实适应当时教育界与图书馆从业者之迫切需要者也。开办之初，附设文华大学（后称华中大学）内，称文华图书科。自大学二年级起修习图书馆学课程，至四年级与其他科系同时修满毕业。民国十五年华中大学因故停办，本校仍单独进行，并经董事会决议与圣公会鄂湘教区主教孟良佐博士之认可，于民国十八年呈经政府备案，始改令名为私立专科学校，与各私立大学地位对等，其毕业生除不授予学位外，亦享有各大学毕业生应享之各项权利。在教会方面，以传统关系，本校乃受中华圣公会鄂湘教区主教之指导。

本校三十年来，一向在我国图书馆事业中发生主导作用，特于文华公书林领先提倡图书馆界各种活动之时期为然。诸凡以创建各地图书馆为目的之全国性旅行演讲、个人访问、通信辅导等等，可云无役不与。韦棣华女士且曾亲诣美国，力争美国庚子赔款之退还，并邀请鲍士伟博士代表美国图书馆协会来华，考察图书馆事业发展情况。基于上述种种努力，中华教育文化基金董事会、中华图书馆协会、国立北平图书馆等得以次第成立焉。

本校对于我国图书馆界之主要贡献厥有两端：一为图书馆人才之训练，一为图书馆学书之流布。自创建以来，无论环境如何艰难，曾无一时一刻之停顿。

民国二十六年，抗战发生，本校师生于二十七年全体迁川复校，经中英文教基金董事会资助，在重庆求精中学内兴建校舍两楹，其一曰康宁楼，系西式二层楼房，充作礼堂，教职员宿舍并女生寝室，另平房一栋，充作办公室与教室。惜民国二十九年敌机滥施轰炸，康宁楼竟遭炸毁，师生痛愤之余，再接再厉，襄助校董会倡导募捐，得款择购江北廖家花园地基，内建新校舍四所，另承毕业校友在校同学慷慨解囊，完成礼堂与图书馆之建筑，规模于焉初具，其时又蒙罗氏基金会驻远东代表鲍尔福博士（Dr. M. C. Balfour）惠然协助，第一个三年内，捐助美金五千元，复以一万五千元充作第二个三年期间之经费。两年以后，美国援华联合会复列本校为该会受助机关之一。所惜上述捐款复员以后，均以期满停止。环顾本校建校三十年间，几历难关，幸赖中西友人惠然臂助，始有今日，此实不能已于言者也。

宗　旨

本校以培植学校图书馆与公共图书馆之管理人才为宗旨，技术训练与事务训练两均重视。课程编订之目标，亦在养成图书馆内各部门负责人员，对于科学管理方法之谙习，同时并为图书馆学目录学之高深研究，辟一门径，中西兼顾，以为毕业后专修深造之始基。本校历届卒业学生游学欧美修习图书馆学者已逾三十人，分别在芝加哥、哥伦比亚、密西根、丹佛、华盛顿、意利诺等大学得有博士、硕士学位，并多有美国国会图书馆、哈佛大学图书馆、哥伦比亚大学图书馆、加拿大麦琪尔大学图书馆工作者，皆为有给职，胜任愉快，可为本校教学训练成绩之佐证。

入学资格

本校兼收男女生，凡曾经立案之高级中学毕业学生，持有正式证书者，及其有高中毕业同等学力之学生皆得投考。入学试验于每年七八月间举行，考生于考试终了后，皆须应校长或教务主任之口试。笔试成绩及格，并对献身图书馆事业之旨趣有坚定表示者，方获录取。投考学生倘已娴熟中西文打字，入校后自更能感到若干便利。

注　册

学生仅能在第一学期时注册，须呈缴高中毕业证书，并向教务处领取空白表格证件，遵照指示如式填写，随缴本人半身相片，方为手续完备。在特殊情形下，凡在图书馆界服务有年，著有劳绩，并具向学旨趣者，得由各图书馆馆长报送入校攻读，与其他学生一律待遇。

缴　费

本校一向认为培植图书馆事业人才，为本校之应尽义务。惟际兹困难时期，捐款来源断绝，任何私立学校，皆赖学生缴费维持，本校自亦不能例外，惟有比照一般情形酌收学宿杂费，藉供各项开支。学生中途退学，其已缴各费，照章概不退还。住宿生膳食由学生自理，每期经众推举七人为膳食委员管理一切。

公费学额

本校设有公费学额若干名，凡品学兼优之学生，得申请给予公费均须视个别情形，由校当局斟酌减免学费或学宿费。每学期内领受公费学额之学生，如品学不佳则其已享有之权利当予停止。

学　程

本校采取学分兼学年制，学生在校两年期内，除修习规定之必修科目外，尚得选修若干种，共为八十八学分，方得毕业。一学年为两学期，每学期定为十八周，凡每周授课二小时，一学期授毕之课程为二学分。凡每周授课二小时，二学期授毕之课程为四学分。一学分相当教师全学期内每周一小时之口授时间。本校所设科目分为五类：（一）行政科目；（二）技术科目；（三）目录科目；（四）语言科目；（五）其他科目。讲授之主旨在使学生对于现代图书馆内部之行政、组织及管理技术与编目法及分类法之理论与实习，参考书之种类及用法，图书之选举与购置等等，达到完全了解与纯熟运用之境地。

现设科系

本校现设两科，即图书馆学科与档案管理科。档案管理科设立于民国二十九年，伊时政府各机关及后方各大企业组织，需要档案管理人才孔亟，本校因此设科训练专才。另奉教育部令指办档案职业班、短期训练班，学生受短期训练四个月，对于现代档案管理学必具之技术知识得悉梗概，然后分发各机关工作，此项训练班共有七期结业，毕业生近二百人，成绩圆满。近年本校颇拟扩充博物馆学课程及设备，培植斯业专才，所惜此项设施甚耗赀财，端视今后学校经济情形如何，方能决定。

考试与成绩

各学科本时考试，由各科教员随时行之。此外，每学期举行期考及中期考试各一次，在校学生皆须参加，考试成绩以六十分（及丙等）为及格。学生学期成绩不及格之科目未超过两门者得请求补考，补考仍不及格者留级。不及格之科目在三门以上者，勒令退学。功课及格，操行不及格者不得毕业。

训育及课外活动

本校由校长、训导主任等共同组织训育委员会，负责考查学生操行，分别登记加以奖惩，用期完成良好觉行，并培养学生自治能力。凡学校内团体生活所应具备之各种活动，如实行导师制，管理膳食，课堂寝室之清洁，体育活动与实验图书馆之经营管理诸端，各生皆得分别参加。凡学生之品行学业两均优良者，或对公益事项热心者，均随时予以奖励，又凡触犯校章之学生，亦酌情予以惩戒；凡学生缺课时间超过全学期上课时数三分之一者，不准参加期考，旷课三次者记一小过，三小过为一大过，经记大过三次之学生开除学籍。

教学设备

抗战以前，本校收藏中西文图书馆学书籍至为完备，各种著名图书馆学期刊概均入藏全套，洵足珍贵。并曾置有示范性质之钢质书架，各式卡片、图表、器具、模型等设备，藉供学生修习时之参考，所惜上项设备均于抗战时期损失。本校迁渝期间及复员以后，无时不积极致力于恢复工作，而美国图书馆协会、英国文化协会、美国国会图书馆与本校之中西友人等，皆曾热心捐赠，以期恢复固有书藏。

经费现况

韦棣华女士毕生致力于图书馆事业之倡导，来华之前，即曾主持美国纽约州之巴塔维亚公立图书馆。迨至逊清光绪二十六年，女士以圣公会之推荐，初履华土，以迄民国二十年逝世之日为止，主持文华公书林及本校事务曾无一日之间歇。民国二十年以后，本校由我国留美学生修习图书馆学术之第一人，襄助韦女士创办本校之现任校长沈祖荣先生，继起主持，至于今日。

本校经费开支，大部分仰仗中西各社会团体与私人间之友谊乐捐。韦女士逝世以后，美国方面此项捐款即告停止，所幸自民国十五年起，本校自中华教育文化基金董事会常年获得补助，迄今未缀。罗氏基金会对本校之第二届补助，适于抗战胜利时期满。嗣后遂亦中断，此举对于本校经济上打击甚为严重。民国三十五年复员武昌，一切舟车设备费用皆有赖教育部与美国援华联合会之临时补助，微乎此，不能有今日之蓬勃景象。

本校另有少额基金，英文名称为韦棣华女士基金，由在美之基金会董事保管，现任董事为格林博士、顾理治博士与波士顿之狄思先生。本校之最高权力机构为校董会，现任校董九人，皆为社会知名人士。

课程内容说明

系列课程讲授之目的，在训练未来中国之图书馆员与档案管理员，使其对于现代大学与公立图书馆之科学管理与设施之目标得一清晰之轮廓，并对于现代档案公文之运用保管出纳诸端，体察其处理程序。

1. 图书馆学科课程

LS101 图书馆经营法　四学分

对图书馆业务作总括之讨论，图书馆内各部门事务处理之步骤、方法与各种纪录之编制等均皆涉及。至若编目法与分类法等之另开专课者，于此则不详加研究。

LS102 图书馆行政　四学分

与上述 LS101 课程连续讲授，包括图书馆组织之原则、人事之支配管理、经费之筹措、各部门之分合去取与推广事业之涉及等。

LS103 图书选购　四学分

讲述书籍选择之原则，与订购图书之方法与程式，又对图书馆员应具之会计簿记知识，亦均稍涉及。

LS104 图书分类法　四学分

先就图书分类之原则与应用及中国书籍与学术分类之源流作一析述。另择杜威十进位分类法为教本，详细研究，以期学生对之有娴熟运用之能力。

LS105 比较分类法　四学分

对西洋各家，如杜威法，美国国会图书馆分类法，国际图书馆协会分类法，克特法与中国各家分类法作一比较研究。于西洋分类系统如何适用于中国图书馆问题，特加详尽之讨论。

LS106 中文编目法　四学分

按照本校自订之编目条例，讲授卡片式与书本式目录之编制方法，对于新书旧籍之目录等重视。诸凡旧籍编目之难题如笔名、假名、佚名及疑伪书籍之处理方式，中文著者号码编制等，均细加研讨。对于中文编目之参考书，亦择要宗以梗括。

LS107 西文编目法　八学分

按照英美图书馆协会编目规则，授以一般英文书籍之编目知识。特别提出加以研讨之课题主片并各种目录片之编制方法，美国国会图书馆目录片之用法及订购法、书码、标题与片法等。每一学生须制作示范性质之卡片目录一套。

LS108 目录学　四学分

本课范围为中国版本目录学，内容包括：中国书史、中国书籍收藏史、中国公私藏书目录、文版本学、中国目录编制之沿革与体例等，分别作专题之讲述。

LS109 西洋目录学　四学分

对西洋目录学作一点实用的、列举的、历史的叙述，特别着重与中国目录学之比较研究，铨得失以观其汇通。

LS110 参考书　八学分

对于中西文参考书之内容作一普通的叙述，一般性与专门性之书籍，皆在讨论之列，并注重使用之方法，同时指导学生对各书之序跋体例加以研读，以期于其作书宗旨，叙述专选充分认识来运用时，庶几取拾自如。

LS111 档案经营法　四学分

关于政府机关档案管理方法之梗然的叙述，以期图书馆学科学生获得档案学之一般知识。

LS112 实习　四学分

对图书馆各部门业务作一有系统的实际见习。所涉及之科目为：设计与组织、章则与规程、建设与设备、各种表报纪录之订定与选写、书库之排架与整理、出纳之程序、期刊小册处理之方法等。

2. 档案管理科课程

AS101 档案经营法　四学分

概论处理公文档案之技术原则，以如改良现行档案管理方法，藉以增进行政事务之工作效率为讲授之重心。

AS102 档案行政学　四学分

与上述 AS101 课程连续，叙述欧美各国档案管理之实况，藉为解决我国档案行政诸问题之借鉴，对于档案馆之建筑，行政与组织，人事支配，人才训练等作一比较研究。

AS103 档案通论　四学分

档案学在中国一向未曾成立为专门学术，本课之目的在对于我国历代公文之演变及档案之收藏作一有系统之说明，进而研究档案整理与历史之编纂及学术研究之关系，完全着重建立档案学之理论的基础。

AS104 档案分类及编目　四学分

对于我国公私机关所藏档案之分类系统，编排方法，加以个别的剖析，然后参酌实际情形，完成一能普通实施之档案分类目系统，以为共同遵循之法则。

AS105 立排序列法　二学分

泛论各家排检法之得失。关于西洋立排序列法之介绍，注重如何适用之于中国文件之序列，以求解决最困难之文字结构问题。

AS106 人事登记　二学分

述析人事管理之原则，与有关资料之排比保存的方法。

AS107 西洋档案学　四学分

欧美国家经营档案有较为悠久之历史，故无论新档及老档，在其管理与整理上，均已具有规模。本课之目的在于介绍西洋人所建立之档案体系，作有系统的认识，以为翌日作学术研究之基础。

AS108 资料管理　二学分

讲授并训练学生阅检小册、报纸、散页等之处理方法。

AS109 史料整理　二学分

研讨史料之来源性质及价值与其重要性。

AS110 政府组织　二学分

剖析现代中国政府组织与行政之沿革，着重其与档案行政之联系，及档案行政在政务处理过程中之地位。

AS111 图书馆经营法　四学分

教授档案管理科学生关于图书馆业务之要旨，俾得一窥门。

AS112 图书分类法　四学分

讲述图书馆分类法之原理与技术，及其应用于档案分类时应注意之各要点，俾得融会贯通相辅而行。

AS113 实习　二学分

对于档案管理之步骤作一有系统之实际见习，所涉及之科目为查检、登记、摘由、分类、编目、装订、排比、储藏、出纳、销毁等。

3. 图书馆学科与档案管理科共修课程

(1) 技术科目

LA101 打字　二学分

各生未实习打字者皆遵照教师指导，对于英文打字勤加练习，图书馆学科学生练习此种技术并保持相当之速度。中文打字机制之用法，亦在讲述之列。

LA102 汉字排检法　四学分

我国以文字构造关系，检字方法多至七十余种，本课择取其中流行最广者教授之。如王云五君之四角号码检字法等均是。中文书籍与期刊子目索引之编制法，亦在修习之列。

LA103 博物馆学　四学分

本课涉及博物馆学领域内初步知识，诸如展览品之安排，馆舍及设备、陈列品之收集等均稍述及。

LA104 公文研究　二学分

使档案管理科学生对于现行公文程式运用之奥秘得一清楚之概念。

(2) 其他科目

(甲) 语言科目

LA201 国文　四学分

选授古文，藉明古今文体之流变，每月练习作文一次。

LA202 英文　十二学分

本课分两部分讲授，其目的在增进学生阅读应用之能力，使能灵活运用英国语文，实图书馆工作者不可缺少之条件。

LA203 法文　八学分

本课目的在使学生获得浅近之法语知识，并对法文图书馆学用语稍加讲解。

LA204 德文　八学分

本课目的在使学生粗通日语，并对日文图书馆学用语与中文术语作一对照解释，观其异同。

(上列三课任学生选修一种)

(乙) 补充科目

LA301 自然科学概论　四学分

讲解现代自然科学发展概况，并介绍自然科学方面之权威著作。

LA302 史地概论　四学分

讲解中国与西洋史地学名著之内容及其撰者之时代背景与作书之旨趣等，使学生得知斯学梗概。

LA303 社会科学概论　四学分

介绍中国西洋各派哲学与文学之名著，析述其流变，以明将来之趋向。

教职员姓名录

姓名	职务	性别	年龄	籍贯	学历	经历	到校年月
沈祖荣	校长	男	65	湖北武昌	美国哥伦比亚大学理学学士，纽约市立图书馆学专科学校毕业	曾任武昌华中大学教授级公书林馆长	1920年1月
汪应文	教务主任	男	42	湖北汉阳	文华图书馆学专科学校本科毕业	本校助教、讲师、副教共历十五年等职	1935年7月
田洪都	训导主任	男	40	山东	华中大学文学院，美国哥伦比亚大学肄业	曾任图书馆主任专员、副院长、教授等职	1948年7月
李廉	教务主任（代理）	男	34	湖北罗田	文华图书馆学专科学校本科及清华大学毕业	曾任助教股长等职	1947年7月
沈宝环	总务主任（在假）	男	31	湖北武昌	文华图书馆学专科学校本科毕业	本校助教科长等职	1945年7月
任启珊	教授	男	61	湖北黄陂	日本早稻田大学政治经济学学士	教授、教务长、训导长、政治总教官等职	1947年3月
桂质柏	教授	男	50	湖北武昌	美国芝加哥大学哲学博士	中央、东北、四川各大学教职兼图书馆主任	1947年3月

续表

姓名	职务	性别	年龄	籍贯	学历	经历	到校年月
陈尧成	教授	男	49	湖北汉阳	日本东京帝国大学文学部毕业	曾任武汉大学教授	1947年7月
骆少墨	教授	男	48	湖北枣阳	德国柏林商业大学毕业	中央大学教授，陆军大学、中央军校教官，湖北省立医学院德文教授	1948年12月
王治卓	教授	男	50	湖北黄陂	北京大学理学学士、德国柏林大学研究院毕业	中华大学教授、教务长、理学院长，国立湖北师范学院教授	1949年2月
吴鸿志	讲师	男	42	江苏盐城	文华图书馆学专科学校本科毕业	图书馆股长、主任、档案整理员、理事长、总经理等职	1948年7月
张遵俭	讲师兼秘书	男	35	河北南皮	文华图书馆学专科学校本科毕业	国立北平图书馆馆员、中英图书馆编目股长、南开大学图书馆编目主任	1949年2月
白广文	讲师	男	58	河北河间	河北深县法文学校及两湖神哲学院毕业	曾任北平京师法文学校校长	1948年7月

续表

姓名	职务	性别	年龄	籍贯	学历	经历	到校年月
沈培凤	讲师	女	36	湖北武昌	国立武汉大学外文系毕业	曾任求精中学、富顺县中、中大师范学院教员	1942年1月
孙德安	讲师	男	31	江苏江都	文华图书馆学专科学校毕业	曾任国立音乐学院图书馆主任	1944年8月
王　德	讲师	男	40	湖北武昌	中央陆军军官学校十三期肄业、军官学校毕业	曾任文华汉光中学、童军师范学校体育童训公民教员	1948年7月
彭德	会计	男	30	湖北汉阳	湖北省立汉阳高级中学毕业	曾任会计及业务股长等职	1947年2月
张柏如	书记	男	49	湖北云梦	安陆崇文中学毕业	曾任军需书记、乡长等职	1948年2月
贾鸿辉	图书馆员	男	23	江苏江都	重庆私立东方高级中学毕业	曾任重庆人报社校对、贵州赤水县政府文牍等职	1946年9月

资料来源：基督教圣公会文华图专资料［G］. 武汉市档案馆藏，全宗号：112-1-26.

武汉市私立武昌文华图书馆学专科学校概况表

1949 年 6 月 24 日填

<table>
<tr><td>名称</td><td colspan="2">私立武昌文华图书馆学专科学校</td><td>所在地</td><td>武昌崇福山街二号</td><td>主管人姓名</td><td colspan="3">沈祖荣</td></tr>
<tr><td>沿革</td><td colspan="8">本校创办于民国九年，在文华大学内名为私立文华大学图书馆学科，民国十八年经呈准立案改称私立武昌文华图书馆学专科学校，迄至现在</td></tr>
<tr><td>立案备案情形</td><td colspan="8">民国十八年经呈准伪教育部立案</td></tr>
<tr><td rowspan="5">现在概况</td><td rowspan="2">教职员人数</td><td>男
16</td><td rowspan="2">合计
17</td><td rowspan="2">所设科系名称或班数</td><td rowspan="2">图书馆学科档案管理科（共三班）</td><td rowspan="2">学生人数</td><td>男
17</td><td rowspan="2">合计 57（请阅附注 3）</td></tr>
<tr><td>女
1</td><td>女
40</td></tr>
<tr><td rowspan="2">经费</td><td colspan="3">来源：本校经费收入以学生所缴学杂费为主，中华教育文化基金董事会补助，本校卅八年度补助费美金五百元，但此款至今未收到</td><td rowspan="2">校舍</td><td colspan="3" rowspan="2">本校分两部，校本部在崇福山街，此房屋系向中华圣公会所借，本校教职员及男生宿舍在昙华林街十九号</td></tr>
<tr><td colspan="3">月额：经费每月支出约计银币五百元（六月份以前）（请阅附注 2）</td></tr>
<tr><td>设备</td><td colspan="7">本校设有图书馆，内藏中文书籍 5 029 册，西方书籍 1 162 册，英文打字机 5 架</td></tr>
</table>

续表

附注	1. 本校教职员共计 17 人，内校长 1 人，教务主任委员人，专任教授 1 人，兼任教授 5 人，专任讲师 4 人，兼任讲师 2 人，职员 3 人。教授 1 人原兼训导主任现已停职，专任讲师 1 人兼女生指导现已停职。 2. 在月额项内所列系本校每月支出数，至关于本校收入除教育文化机关补助费外，每学期学杂费系于开学时一次收齐，家庭经济困难之学生由可分期缴付。 3. 本学期原有学生 73 名，后因事请假返籍者共 14 名（内男生 4 名，女生 10 名），参军女生 2 名，故现有学生如上数。 4. 校舍——校本部房屋 5 栋，计 31 间：办公室 1 间可容 9 人办公，教室 4 间，每间可容 40 人，女生寝室 4 间，每间能容 10 人，双人床能容 16 人，礼堂 1 间，图书馆 1 间，会议室 1 间，学生自治会办公室 2 间，余系教职员寝室及工友寝室等。教职员及男生宿舍 2 栋，计 14 间：自习室 1 间，男生寝室 2 间，每间能容 12 人，若双人床每间可容 18 人，余系教职员寝室及工友寝室及学生浴室等

注：各校校董及主管人名册，随同本表送来，名册内须列具姓名、性别、年龄、籍贯、学历、经历、备注各项。

资料来源：湖北私立文华图书馆学专科学校概况、访问材料、教职员工学生名册、调查表、毕业生历年成绩表［G］. 湖北省档案馆藏，全宗号：GM7-1-96.

文华图专重点访问记

（访谈者——学生会主席）

解放前的图专

（一）学校简史

一八九九年美国图书馆学家，巴达维亚图书馆主持人韦棣华女士初度访华。

一九一〇年遂由其亲自返美募经费，在武昌昙华林建文华公书林（今并于华中大学）内设置一切，颇具近代规模。如举办讲演会，放映电影及巡回文库的推行等社教工作。

一九一九年于文华大学（今华中大学）附设图书科，仿美制。学生须在普通大学肄业两年后方可进修专科，后称大学时期。

一九二五年至一九二七年文华大学因故停办，而图书科仍旧进行，时韦棣华与沈校长曾分途赴美国、北平募捐兴学。韦并谒美总统呈意见书，退回庚子赔款于该校颇多济助。

一九二六年，文华图书科在伪教育部立案获准。

一九二九年华中（文华大学改称）、文华双方主持人因处理校务意见冲突，后演为私人间纠葛，经伪教育部核准，两校正式宣告分裂，文华斯后即今称。唯自一九二九年至一九三七年间，制度各有异于今，即入学资格仍限在大学肄业两年后进修本科，称为本科时期，共一十七班（至一九四零年为止）。

一九三一年，韦女士去世迄后，校务即由沈祖荣（今校长）一人经理。

一九三八年遵伪教部令，改今专科（限高中毕业入学）修业两年。

一九三九年增办档案管理一科，先后计共十三班（中有一九四一至一九四五年以一年为限的短期培训班六班）。

（二）解放前学校情况

1. 主要经费来源

图专自由华中大学分开后，主要经费来自中华教育文化基金董事会（常年二万元）。抗日战争期间，有罗氏基金津贴（胜利后终止）。一九四五年，自渝复员，所有舟车修建费用，多由伪教部和美援华联合临时添筹，外有少额韦棣华女士基金，拟为增开博物馆学科时动用的，今由美基金会董事格林保管。

2. 学、教双方情况

图专向以培植图书馆学之研究和管理之专门人才为目的，故只重课程的灌输和业务的学习，所以很少也不必要与外界联系。后以社会发展的形势日趋明朗，同学们的需要也逐步不同。对于一周近卅点钟西方发酵知识（图专以西文编目为主科之主）硬性的接受，同学们难免不无负担之苦。

近年来，我国社教事业比较轩兴，图书馆之普遍建立。历届毕业学生有供不应求现象丛生，复而更增长了校方的职业技术观，也更孤立了学生自己。图专毕业同学大部门分散于国内外各大学和公市立图书馆，也有因不堪卑行事业之庋苦，或以志趣做官、经商，改换职业者不乏其数。

（三）解放后学校情况

1. 主要经费来源

图专与美教会先天存在着血肉关系，所以校长也不要有其他的活动即可自足。今教会自己不保，图专寿命也自己奄息，本期开学所收学费每人一石五斗米（共三七人）闻仅供全校教员一个半月薪资。目前校中一切缴用，据由校长私人保证，向韦氏基金会借得两千美元，暂且维持，具体问题尚待解决。

2. 校政的转变

(1) 课程方面：取消文哲、史地、自然、社会科学四种概论和日、法、德三种国际语言，增开俄文、政治常识及民众教育事业等四课程。

(2) 组织方面：成立校务委员会，分全校学术出版、福利、财务及课外生活四个小组，各组群众普选负责人。

(3) 学习方面

a. 政治学习：每周有专题学习，每一单元结束，由学术组负责总结、综合报告，出有黑板报。

b. 业务学习：实验图书馆为图专自始之一合理创设，为理论与实践结合。一切馆务由历届同学分别充任之。照例每周对外开放一次，又要时并可借出、阅读，自备小型巡回车一辆，同学们每于课余事后载应时刊物，推往街头巷尾，方便群众阅读。

c. 新书添置：图书添购占经常费用一定额，今如联共布党史、干部必读已有收藏。

(4) 政治活动方面：已成立苏中友协支会。校中员工二师生，均列会员，并专辟马列主义研究院室一间，以便集中钻研。

(5) 生活方面：由各行政分组酝酿制定生活公例一则，员生共守，取消点名查堂制。

(6) 生产方面：全校发动开荒，辟得荒地数块，种有蔬菜，并利用残余食物喂猪一头，春节时大家享用。

（四）我所知道的图专

就两年来的主观上的判断和最近几次（继王老之后，我又去过两次）多方面的了解，我认识了图专是在一种极其紧凑的条件下成长起来的。反动统治时期，虽依偎在美教会羽翼下，奈何同伙的排斥作祟，使主教和当权者对它不加以一般的爱戴和照顾，甚或给以无理的压迫（如文华公书林被并于华中），而今客观事实的发展虽促成了它发展前途有利的条件，但发展的过程却是漫长而迂曲，而且又将困苦、经费艰难固一事实，而内在的人事间的矛盾都是障碍。进步原因的主导面，即如学生当今革命最高潮仍不远千里而来此一缺师资又无设备的学校念书，这在落后的一面说来，正反映出他们的革命性。较差的一件事实，张、李、孙、吴虽倾向进步，但有限度。在图专那一泓止水中，不能起积极作用，其中尤以吴鸿志本人知识分子的两面性表现得最突出。解放前他一人的反宣传最多，群众信仰恶劣，有时甚或因其私人作风不正派，阻碍了全校的进步空气。

沈校长肯干，作风艰苦，素以“智慧和服务”的精神号召同学。目前，虽多少还有些个人英雄、统治思想（限于校内或图书馆学界的残余），但解放以后，政府民主政绩的照彰，提高了他的觉悟，校长的发展和迫切的要求进步的一面也是不可否认的。目前仅有的民运活动几全是他带头，不过在目前校内教员思想的分散和同学们又放任自流的情况下，对学校的前途的坚定信念开始有所动摇。

（五）对于今后着手改进的几点建议

在新中国胜利诞生，中央教育方案已确定“准备建设”号召下的今天，历经三十年惨淡岁月的图专，政府自不忍其自生自灭，也不允其放任自流，针对目前严重的偏向，我有三点关于改进图专的建议：

(1) 初步整顿：师资如王震寰、田洪都之流，在其还未交待清白之前，教部可协同校方加以选定或去取。校内设备一切可指示加以必要的修建和补充。

(2) 补助经费：学校行政开支，希政府予以适当补助，学生方面也希设少数助学金额，以资鼓励。

(3) 加强领导：解放后，图专一直处于摸索途中，要求进步。每有不得其门而入之苦（我曾亲历其苦），如上月廿六日之冬防宣传运动，员生虽早有思想准备，也有动的热情，但怎样组织，如何布置，连扭秧歌都须临时邀请中华大学青委来校领头指示基本动作。

对与华大合并的意见：同学们一致赞同，而且要求迫切，理由是图专规模太小，外界不了解学校性质，图书又少，但如校方不赞许或客观条件不成熟也作罢论。

对新董事成立的意见：希望新董事会成立能与学校经费有所帮助，唯其成立未久，无显著成绩。

对政治课程及教授的意见：以唯物辩证法多玄奥哲理，提不起兴趣，但学俄文的情绪很高。

对国文课教材教法及教师本人的意见：国文无正式课本，多教以公文呈式一套，王震寰本人除在校代两小时国文和图书选读外，很少过问行政，较无多认识。

对学校改进的意见：学校经费不足、设备不够，规模小且无生气，同学生活苦闷，要求进步，但无人开导，希速与华中合并，解决目前问题。

对张、李、孙、吴四人的意见：四人各守本位，接触面不广，与学生会联系不够。

资料来源：湖北私立文华图书馆学专科学校概况、访问材料、教职员工学生名册、调查表、毕业生历年成绩表［G］. 湖北省档案馆藏，全宗号：GM7-1-96.

四、有关文华图专的重要英文文献

Boone University Library Past, Present and Future —A review of the history of the Library up to the Tenth Anniversary and its Outlook for the Future

Alfred K. M. Chieo

The words of Dr. W. A. P. Martin, running thus "If the public library can be started in China, it will be introducing a new force which, like radium, will shine in the dark and not be exhausted," have become a fact by the work of the Boone University Library, which now stands in the city of Wuchang in one of the centers of the Republic as a light shining brightly into dark corners. The Tenth Anniversary of this Light, the Boone University Library, was celebrated on the 16th of May, 1920. Now to celebrate the anniversary of an institution, or of any marked event, it is natural to let one's memories go back over the period covered.

The history of the Boone University Library really covers more than ten years. It dates way back to the year 1894, when the Eightangle Pavilion now used as the Boone Glee Club Hall served the purpose of a reading room, which was called the Octagon Library by those who used it. Most of the books were catalogued under the subject of "Religion," with a few exceptions which were classified as miscellaneous. The foreign missionaries and the handful of theological students alone had access to this library.

In the year 1901 the late Rey. Dr. Jackson took over the government of Boone school. He realized the need of a school library, and a room was at once set aside for this purpose. Later, with the establishment of the collegiate department, in 1903, the need of a library was much more imperative. Fortunately the need created a librarian who whole-heartedly and enthusiastically answered the call. That librarian was Miss M. E. Wood, the originator and the founder of the present Boone University Library. Coming out to China as a visitor to see her brother, Mr. R. E. Wood, Miss Wood was at once impressed by the urgent need of a library to satisfy the craving for knowledge among the Chinese students. First, she was on the Boone teaching staff of which she is still now a member, and later, she began to work towards the founding of a modern library. As early as 1902 she started to write letters to the Women's Auxiliaries, the Church Periodical Club and other friends in the United States for help in the shape of books and funds. In a short time gifts of books and contributions began to come from our generous friends in the States. These gifts have continued to come from year to year so that gradually an English library was built. The text-books and certain duplicates were sold at auction to the students and the money realized with that contributed by the friends on the other side of the world was used in buying those books which were most needed. This was the humble beginning of the Boone University Library.

Then the reading room was moved into a larger room, and a juvenile department was started in a small room just opposite the bigger one. It was in 1906 that the plan for erecting a building and making this library public, as a means of reaching large numbers of students in Wuchang, was first put before the Church friends in the States by Miss Wood when on furlough. During the absence of Miss Wood, a library association was formed with Dr. Jackson, the president of Boone College, as Chairman, to look after the interests of the library. During the stay of a year and half in the States, Miss Wood took a special course in Library Science in Pratt Institute, Brooklyn, and through her efforts during these eighteen months many friends became interested in the plan, and the greater part of the fund for the library building was contributed. Among those who gave generously when this work was first proposed was Dr. A. Seth. Low, former President of Columbia University.

A very nice piece of land near the present Ingle Hall was bought in the latter half 1908, the contract was given, and work commenced in the beginning of 1909. The Cornerstone was laid by Bishop Roots on June 2, 1909, and the library was formally opened, ten years ago, on May 16, 1910. The library then consisted of about three thousand English books, and just the nucleus of a Chinese Department.

Though the library was formally opened on May 16, 1910 yet owing to certain unavoidable delays, the privilege of using the library was not extended to the outside students until a later time. But the Boone Library did not want to conceal its treasures on dusty shelves, like the old Chinese idea of the word "library" as a place for hiding books. So the Library was opened to the public in consistence with its name, "The Public Forestry of Books" by the starting of the University Extension Public Lecture Course on March 25, 1911 in Stokes Hall, the Library Auditorium. Since that time a series of public lectures by prominent men in Wuhan have been given on alternate Saturday evenings during certain periods of the year. These lectures are religious, scientific and on general subjects and questions of the day. Tickets are sent to the different government schools in Wuchang. Every time the attendance is very encouraging.

With the beginning of the public lectures an attempt was soon made for the students of the government schools to make use of the books and periodicals in the Boone Library. Personal visits were made by the two librarians to all the leading educational institutions in the city to ascertain the courses of study, the hours for classes and for recreation and so forth, in order to work more effectively with the students. It was found out through these personal visits that most courses in the government schools were in Chinese, and that the knowledge of the students in English, with the exception of certain classes where English was the medium of teaching, was very rudimentary, so that a library without a strong Chinese department would not be of much use to them. Therefore the great need for a Chinese department was more urgently realized than ever before. Efforts were soon made to secure money and books for the Chinese department, until it is now pretty well equipped with 11 500 volumes in the original, together with translations of the great Western books extending over a wide field of knowledge. Meanwhile the English department has been growing also, keeping pace with the Chinese department by gifts of books and money from friends in the homeland. Many books were purchased from Library and University funds.

In the year 1914 a most significant feature of the library work was introduced. This was the development of the Travelling Libraries. For the convenience of the outside students, small libraries of books, both Chinese and English were taken to the different government schools in the city. Two reading rooms were started as the result of the one of the librarians taking these books in person to these schools. Later these small travelling libraries were sent to other places than Wuchang. Small libraries of books were dispatched to the Mission schools, clubs, and other institutions and organizations in places where needed. Wherever a group of Boone graduates and old students go, there goes with them a Boone travelling library of books for recreation and advancement, so that they can keep up their studies while in business.

Three public reading rooms have been opened in connection with the Boone University Library. One is at St. Michael's, the other side of the city. This branch reading room was started early in the year 1914, and has been of special service to the parishioners and residents of that section of the city. And in the past when Wuchang was more of a military center, soldiers and students of the Military Academy used to come to read. The second branch reading room is at the Boone University Library, upstairs in the building. This was opened in the spring of 1917, when Rev. Dr. Gilman became President of Boone University in spite of the fact that Boone Library lies somewhat on the outskirts of the city, the reading room has been drawing quite a good number of readers every day. The average attendance is about fifty a day. The readers have access to the whole Chinese department through the Chinese card catalogue in the room. The readers are mostly students. The last reading room which Boom, Library has opened is at Trinity Church in the most populous part of the city, being the center of the city and also a center of business. The attendance is larger than in the two other places, and is about 600 each week. The readers are mostly busy merchants and shop keepers. In summing up, we can say that the three public reading rooms of the Boone University Library reach the three most important classes of people in the city. They are the merchants, the soldiers and the students. Through this avenue of reading rooms, the Boone Library is able to do not only educational work, but also evangelistic: work among these leading classes of people. And if the Church expects fruit from its educational work in China, the Boone University Library must he one of the means by which men are brought to Christ.

One of the most important and significant steps taken in the history of the Boone University Library since its opening, was the sending of Mr. Samuel T.

Y. Seng, the associate librarian, in 1914 to the New York Public Library School for a course in library science. He had the honor of being the first student from China to take this course. He also received B. S. in education from Columbia University. Upon his return in 1916, Mr. Seng began at once to put his knowledge to practical use. He prepared a lecture on "The Need for Public Libraries in China" which was demonstrated with different kinds of wonderful suggestive apparatus. Under the auspices of the Y. M. C. A. he gave this lecture in five of the largest cities in China, before large audiences aggregating over 10 000. His lecture has awakened the interest of the Chinese people in an entirely new movement, that is, the whole library movement as a means of public education in the Republic of China. Mr. Seng has also translated and adapted the Dewey System of Classification to Chinese books. Another thing Mr. Seng did for the interests of the library movement is the compiling of a record of all the different libraries in the Country. So he has made good use of all the advantages and privileges of his training, and is worth having the honor of being the first student from this Great Land to take this course in Library Science in the United States.

The need for public libraries in China is great; but the need for properly trained librarians, who will lead the Community to make an intelligent use of libraries, also is great. Realizing this need, the founder of the Boone University Library, Miss M. E. Wood has long cherished the purpose of starting a Library Training School for librarians. For this end Mr. Thomas C. S. Hu, one of Boone's leading graduates, and a member of the Boone staff, was sent in 1917 to take a course in Library Science in the same institution to which Mr. Seng went Mr. Hu was the third student from China to study this course. He also took a graduate course in education in Columbia University, and won his M. A. degree within a year. With the return of Mr. Hu the long cherished purpose of opening a Library Training School could now be realized. Meanwhile Miss Wood, on her furlough, had also taken a special course in Library Science at Simmons College, and in addition courses in literature, history and science in Harvard University and Wellesley, so that she would be better equipped for this new work. In March of this year, the Library Training School was formally opened with a group of eight students. This is the first library school in China, and a full account will be found elsewhere in the Review. The writer has also the privilege of being a student of the first class of the first library school in the Country. This term we have admitted another class of seven in our library school.

The above is an incomplete sketch of the history of the Boone University Library up to the Tenth Anniversary. This occasion has been celebrated and marked by a variety of significant events, accounts of which will be found in the pages of the Review. But one thing should be mentioned here. This is the conferring of the Honorary Degree of Master of Arts upon Miss M. E. Wood by the University Authorities in commemoration of her twenty years of enthusiastic and whole-hearted work in China and also of the Tenth Anniversary of the Library.

Seeing the progress of the Boone University Library for the last ten years, we are hoping to make it of much more service to the public for the days to come. The library building, we hope, is going to be extended and enlarged. The generous benefactor, Miss Olivia E. Phelps Stokes, who gave Stokes Hall, the Library Auditorium, as a memorial to her sister, in which so many public lectures have been held, has again promised a contribution for the extension and enlargement of this Memorial Hall. It is hoped also that the Boone Alumni will enlarge the first story of the Library building. Mrs. Low has made a gift of one thousand dollars for an Alcove to be composed of books on China and the East as a memorial to her husband, the late Dr. A. Seth

Low. This Alcove will be in the first floor of the new addition. The Boone Library School is going to train more librarians each year for service in the country. The travelling libraries, we trust, are going to be increased both in number and in size, and that they will travel to additional places. The public reading rooms of the Boone University Library, we wish, may grow in size and that there may be others opened so that they can exert a greater influence upon the people in the city.

We have seen in this short history of the Boone University Library, how many years its work was confined within the walls of Boone, how it gradually extended its "spheres of influence" afield, and now we have confidence that in the future the Boone University Library may do its part in helping forward an "Enlarged Programme" for China, such as is being carried on by libraries in the United States to-day.

A Great Surprise on Last Boone Commencement Day

T. C. S. Hu

When the programme was well nigh half through at the last University Commencement Exercises, held on June 26th, in Stokes Hall. The announcement of all inserted item by the president took all the students, guests and the whole of the faculty with the exception of a few by surprise. It was a complete surprise, but a surprise that filled the audience with overwhelming joy as manifested by the smile of delight which gleamed forth upon every face in the hall, and the unceasing clapping of hands which was only reluctantly stopped by the president after a few minutes' suspension of the programme.

It will not be fair for us to keep this glad news from the Alumni and friends of the university, who had not been able to witness the memorable Occasion personally. Therefore I have sought to be given some space to convey to you this happy information.

On June 26th, 1920 the first Honorary degree of Master of Arts was conferred on Miss Mary Elizabeth Wood, "our very good friend and teacher" by the President of the University in recognition of her valuable and successful career in China. What is of special significance in this honorary degree is that this is the First Honorary degree ever conferred by the University, the First degree ever conferred on a Lady, and the First degree ever conferred on a Westerner, and she is the first member of the staff who ever received an Honorary degree from the University. It is a degree which commemorates her twentieth year of service to the Chinese, at Boone, and the tenth anniversary of the opening of the Boone University Library, the fruit of her persevering toil and untiring labor. What an honor! Yes, an honor indeed, and well deserved; for she earned it, aye, she more than earned, she won it.

As the work which Miss Wood has done for our Library is given in detail elsewhere in the Review, here only a brief sketch will be outlined.

Twenty years ago now, in 1900, Miss Wood came to China to visit her brother, a missionary at Boone. As a result of her trip she determined to stay on as a teacher, as she at once became interested in Chinese students. Seeing the need of a Library at Boone School, she began at once to get books from friends at home. Later, she had started to think of introducing a public library in the great educational center where Boone is located. But it was then only a vague dream, and nothing more than a hope. By virtue of her undaunted resolution and unyielding perseverance, she worked and labored to interest friends at home and in China, secured contributions and enlisted hearts and the good wishes of all with whom she came Boone Commencement Day in contact. Thus she was able to carry forward her plan for a Public Library, the first of its kind to be run on modern lines, for Central China.

The Boone University Library, later introduced travelling libraries, which have circulated books to many different government schools, and institutions. Furthermore, a public reading room was opened at Boone and two branch reading rooms in the "down town" of the city, where the books and the Boone Library can better reach the general public.

To enlighten the great body of students in the various schools in the city, a series of University Extension lectures were held each fall and spring. In addition to these, evangelistic gatherings, Y. M. C. A. meetings, Church conferences, fine concerts, and dramatic performances were held. Stokes Hall in the Boone University Library became a kind of city auditorium. Just recently, a moving picture machine has been added and educational films will be screened from time to time.

In order to make sure that the public library institution would be a permanent one, two students were sent to the Library School of the New York Public Library to get special training in library science. These two were the first and the third Chinese students who have ever taken the course. With a staff of three, the Library took a further step, and started the first Library Training School in China. Up to now two classes have already been formed.

This seemed a climax, but another one followed, when the Boone Library sent out in two groups its Training School under two of its staff, to carry out our "Enlarged program" of being of service to two other libraries in China—the Political and Social Science Club Library in Peking and The Commercial Press Library in Shanghai.

Well says the Chinese proverb: "Think of the source of the stream when you enjoy the refreshing draught" and so, as we enjoy the privileges of the Boone University Library, we should remember the effort that was made to start that stream flowing. Nothing would make the heart of our loved "teacher and friend" happier than to feel that she had been an inspiration to us sons of China to be up and doing. The Honorary degree was conferred on her in appreciation of her service to us, and shall we not also show deep appreciation and demonstrate our willingness to support the work she has so earnestly helped to start? Therefore, friends and all say with one accord God bless her and the work of the Boone University Library.

Welcome to the Christian General in Stokes Hall, Boone Library

Li Hwei-Tso

After the retreat of General Chang Chi-Yao from Hunan, and the breaking up of the civil war between Chi (直) and Kwan (皖), General Feng Yu-chan led his troops leaving Songtei (常德) for the north. On his way to the north, he passed the Wuhan cities. His arrival did not mean an alarm to the people. Instead, it was good news to them. He and his soldiers were welcomed heartily. This was due to his best records in Songtei and his personal reputation as an upright and kind Christian general. The reverence of the people to him was expressed by the welcome meetings held in the different institutions in Wuhan such as the commercial union, the Y. M. C. A. the military and civil governor's offices and many others. Since he is a Christian, the Wuhan Christians planned to welcome him in a special meeting. The different missions worked together. Finally it was determined that the day of welcome should be the 11th of August and the meeting place should be the Boone University Library in the Memorial Hall, called Stokes Hall.

The days preceding were extremely hot. But the appointed day was fine and cool. There were about one thousand people present, among whom most were Christians, and one fourth of this number were females. Before the coming of the general, the Boone Boy Scouts went down to the river bank to meet him. After getting on shore he rode in a carriage to the Boone Library. Several of his officers and about thirty soldiers were with him. These soldiers conducted themselves as choir in the meeting. All the guests sat down patiently and quietly in the Library auditorium, waiting for his coming. All were anxious to have a look at him. What do you think that the general will look like? Don't you think that he is severe and puts on gorgeous dress? He is not severe at all. He is simple as an ordinary soldier, He put on the same straw hat, uniform and shoes as the soldiers did. On his entering, hauds applauded like thunder for a long time until it was stopped by the order of the Chairman.

The programme of the day ran as follows: The meeting began with prayer at 2: 30 P. M. The next item was the welcome address given by the Rev. C. T. Hwang. The general meaning of his speech was such, "A Christian welcomed by Christians is very like a family welcome meeting. Since we belong to one family, so this meeting will not be too formal. We welcome our Christian general for several reasons, firstly for his being a soldier, not a soldier of General Chang Chi-yao as we have in our mind, but a true soldier who understands his duty well; Secondly for his being a Christian, a zealous, pious and honest Christian, who acts and thinks according to Christian doctrines; thirdly for his good characteristics, simplicity, honesty and kindness to others; lastly for his good deeds in Human. He instead of robbing the people as other generals do, treats his citizens as brothers and sisters. He loves them and corrects their evil deeds. By his influence Songtei is said to be a paradise. Besides welcoming him we must take him and his soldiers as an example of good behavior. His soldiers do not gamble, drink or smoke. How hard it is to persuade a regiment composed of thousands of people to behave properly. I hope we may manage our little families as our general manages his regiment. If that can be done, society will be greatly improved. God, we thank Thee for thy grace in giving this General to China！”

After the deliverance of the welcome address the General was asked to speak to the guests. To the surprise and joy of everybody, the General is a modern speaker unlike other militarists in China. His speech is simple and interesting. I think I may better quote his words in brief: “It is my greatest pleasure to be with you my brothers and sisters. Thank you very much for your hearty welcome. I understand well that I am not qualified to be welcomed by anybody at all. Yet I will take this chance to have a friendly talk with you. It will be your pleasure to hear the story of my conversion. Before the downfall of the Manchus I was a zealous antichristian. I took every chance of speaking against the preachers. One day when the preacher was preaching the gospel that ‘Whosoever smiteth thee on thy right cheek, turn to him the other also,’ I took his preaching table and went away. The preacher asked me the reason for that action. I answered him that according to his sermon he is bound to give me everything of his. In the time when I went too far in fighting against Christianity, I happened to be in the Christian hospitals twice. The doctors treated me kindly and politely. They received no pay from me but said ‘remember that there is a God.’” I thought over their words again and again. My mind was not at ease all the time. It was in the first year of our Republic, I was present to hear the lecture of Dr. 艾迪 in Peking. It was in that time I was moved by the Holy Ghost, and I began to have faith in Christianity. After the lecture I was put in the Bible class under Bishop Norris. He answered all my doubts in connection with the Bible. Soon after I was baptised, and I became a follower of Christ.

“Since my conversion, what have I learned from Christianity? What advantages have I got from it? In short Christianity benefits me in three things. Firstly it gives me knowledge. Formerly I was an unlettered man. Being stimulated by the English phrase 'knowledge is power' I began to acquire learning. But no chance can be found. Now Christianity gives me this opportunity. I was told that Bible reading is essential to Christians, so I used to read it every day. By reading the Bible I was helped mentally and spiritually. Thus my knowledge is greatly improved. Secondly Christianity helps me to handle my soldiers in a right way. Before my conversion I used to beat my soldiers when they were mistaken. I took little pains in instructing them. But now I love them as Christ loved his people. Indeed this made them obey me better and behave better. Thirdly Christianity makes my family harmonious. Once my brother was very angry at me, so that he was going to kill me with a pistol. But I still show love to him, for remembering Jesus' words of loving thy enemy and thy brother. I gave him what he needed to support his family. Finally my brother was turned over to be friendly to me. If not for Christianity there would be no possible peace in my family, and probably I would have died long ago. It is Christianity that makes me love my soldiers and my brother. Now I am glad and proud of being a Christian."

In addition, the general spoke on the social evils in China, namely the inequality between men and women, the ill treatment of the female sex as commodities for buying and selling, and the increase of luxury in every class of people etc. He said that the reading of the Bible would help us in avoiding evils, and in forcing us to act as we speak according to what has been written down on it. It acts like a hammer hitting at our back head and warns us to behave rightly. In conclusion he asked us to be responsible for the welfare of China. It is not only the duty of soldiers but of every citizen.

In answer to the General's speech, Dr. Yen, the manager of the Canton-Hankow railway, encouraged us to learn from our Christian general. During the intervals between each item in the programme, fine music was given by the representatives of the Boone brass band, vocal songs by the representatives of St. Hilda's girl school, and hymn by the general's soldiers. It was about four P. M. that the guests left the library, A Photo was taken beside lngle Hall. After photo taking, the guests assembled in front of the Boone Chapel. There we had the social gathering and the Scouts' exhibition. The general was very much pleased with the scout's work. He shook hands with them to express his respect, sympathy, and admiration. The welcome meeting was not finished until half past five. From this meeting the writer has several remarks on the General and his soldiers. The Chinese phrase "no good citizen will be a soldier nor good iron be used to make nails" is untrue. General Feng's soldiers are good citizens of China. They are well educated, physically and mentally. They have good discipline. They are kind to the people. Indeed they are worthy to be called soldiers whose duty is to protect the state and the people.

General Feng's soldiers each has a profession from which they can earn their living if disbanded. They are self dependent. They make their own straw bats, stockings etc. Besides supplying their own need they can get extra money to support their families. The general said "If one is not doing good, one will do wrong." That sentence is perfectly true. His soldiers are always engaged in proper work. They are not idlers. This is why his soldiers do not gamble, smoke or drink.

Men are liable to get excited. When we are out of temper, we forget ourselves and do everything in an extraordinary way. General Feng knows this matter very well. He is afraid that his soldiers may get excited outside of his Camp and thus get into trouble with the people, so when his soldiers ask leave to go out to buy something on the streets, he will arrange to have a higher officer with them so that they may not have any trouble with the people. This is a very good arrangement for oftentimes the soldiers get into trouble with the people owing to misunderstanding.

Men can speak of good ideas but can hardly act according to them. This is not so with General Feng. He said that the Wuhan people are too luxurious in clothing, food and in the ways of amusement. Luxury is a bad sign to the economy and morals of the people. Is the general luxurious? Not so, he is very simple. He acts as he speaks.

Another essential thing in his regiment is that they have a social body to be serviceable to society. They take good care of public hygiene. They arrange themselves in groups to go out to clean the streets. If any house is not well cleansed, they just give the master a notice that if it is not swept well the next day, a punishment will be given such as to sweep the streets for two days. They are very helpful to society in avoiding any disease.

From these few facts it is not a matter for surprise that the general and his soldiers are welcomed, loved and admired by the people. Now they are stationed near Seng-kia-ge (谌家矶), and Sieh-kow (滠口) along the Kin-Hart railway. When the trains pass by these places, the passengers will get near the windows to have a look at them. The writer had been on the train, and he will tell the conversation of the passengers about them. Some said, "These are the Christian general's soldiers. They are the model of soldiers in China." Others said, "What a great difference there is between these soldiers and those of General Chang Chi-yao." The character of the soldiers will depend upon the general's training and character. Still some said, "China is hopeful if all the educationists, merchants and officers conduct their business honestly and orderly as General Feng conducts his soldiers." Their remarks in the conversation make me realize the importance of leadership, good leaders will save China, and will be highly honoured by the people. We students are now educated to be leaders on different lines. Should we not take the Christian General as an example ?

Present Outlook for Libraries in China

by Samuel T. Y. Seng

The attitude of our people toward libraries during the past decade has been changed. Not only has the change been made in their attitude, but the desire for adequate libraries and also for trained librarians can be clearly shown by examples given in the following article.

Hon. Liang Chi-chao, ex-Minister of the Board of Justice and of Finance, immediately, after the unexpected and sad death of General Tsai Ao, who did so much to overthrow the government of the late President Yuan Shih-kai in his monarchical movement, sought to raise a fund sufficient for a large public library to be built in Shanghai in memory of that national hero. But with deep regret one records that the whole scheme, though it met with the approval of every Chinese citizen at the time, has been abandoned. Although the project failed, yet the impression made, and the interest aroused among the people, has been far reaching.

Hon. Yuan Shi-tao, ex-Vice Minister of the Board, and ex-librarian of the Chinese National Library in Peking, is one of the library promotors. The collection of Chinese rare books and manuscripts in this library is unsurpassed in both China and abroad. He has long felt the need, so he stated—when on a visit to this library, for a suitable building for the national library. The present building, situated in a secluded and isolated spot in one corner of Peking, is not adapted to the use of any library, not to say the National Library. Moreover, it is adjacent to the residences, and if any fire happens in that part of the city, this library maybe the one to suffer, and its wonderful collection of fine editions and rare books and manuscripts be destroyed. Consequently he has approached the central government several times for a sum of $ 100 000 for an adequate building for this national library to be built in the commercial center, but he failed. Largely through this librarian several branch libraries in Peking have been opened for the public, of which the notable ones are the first and the second branch libraries, the popular library in the Central Park, and the one for children. He has selected a woman librarian for the Children's library. Though not a trained librarian herself, she has tried her very best to make this library worthy of its name. At present Mr. Yuan is making an educational tour in America and European countries. Upon his return from abroad he will surely introduce many new reforms and reorganize this library.

Of the many district libraries that have done good work for the public, may be mentioned the name of the Wusih District Library. It was started by Mr. Hou Hung-chien, a Chinese scholar and a member of the gentry of that place, about eight years ago. It is the only public library in China, where the librarian devotes his full time to nothing but the library work alone. The librarian has not been changed even once since its first existence. So far as the knowledge of this subject goes, it is the only public library where the card system for Chinese books is in use. This library has made a great effort to make a good collection of books by, and about, writers of that locality. It was first started by a few persons, and gradually the local government has appropriated a few thousand dollars, until now the annual appropriation has reached some $ 20 000. Unlike other libraries, this library has grown rapidly in the number of volumes and also the number of readers in a course of eight years. It has also started a travelling library system.

In connection with the library movement, and one of the very few who have caught the spirit is Dr. Hwang Yen-pei, President of the Kiang-soo Educational Association, and Director of the Vocational School in Shanghai.

After hearing the lecture on the Need for Public Libraries in China which the writer gave and demonstrated to the members of the Association, Mr. Hwang fully realized the need for trained librarians, and at once proposed to have a training institute for librarians for a period of four weeks, and formally asked the writer to return to Shanghai to hold the institute that summer at their expense. Unfortunately, on account of internal troubles in the various parts of the country, that constructive plan was indefinitely postponed.

There is no other library in China that can equal Tsing Hua College in its grandeur and equipment. The building alone has cost the college some \$250 000 gold. It has a staff of eight members. The librarian, who has received his degree of B. L. S. from the Albany Library School, is a third student to the States from China to take a course in library science. Those who have visited this library may not agree with the executive head of the college to spend so much money for a college library, because its usefulness in limited to the members of the staff and the students only the number does not exceed three hundred. To them it seems a luxury.

Dr. P. W. Kuo, President of the Nanking Government Normal College, is another sympathiser of the library movement in China. Realizing the need for trained librarians, he has sent a young man to America, specializing in library work. He is also thinking of introducing a new department of library science at his College.

In addition to the above may be mentioned President Y. T. Tong of the Government Institute of Technology. Though a scholar of the old Chinese school, he has many new ideas and has introduced many new reforms for this institute whenever possible. When celebrating the 25th Anniversary of the founding of that institution, he led a very successful campaign to raise a fund of \$60 000 for a school library building, in memory of that notable event. As a result of his untiring effort and also through the help of the alumni, the required sum of $60 000 has been realized and collected, and within a year a splendid building of three stories was put up. Realizing the importance of trained librarians for the newly built library for his school, he has sent a young man to the Phillipine Islands to study the modern library methods there. The writer had the privilege of giving his first public demonstrated lecture on "the Need for Public Libraries in China" in this Institute, on the very day when they celebrated the Anniversary and when the campaign was first launched.

Mr. Tsen Teo-Hsiao, formerly dean of the Peking Government University, now one of China's most active social and literary reformers, was planning to spend $200 000 for a city public library in connection with the Southwestern University. He has even gone so far as to ask Boone Library to train a library student for that library, and also stated that he expected to send a young man to the United States to take a course in library science, when the building was started. But, owing to the splitting of the military government and the subsequent trouble at Canton, this scheme cannot be carried out at present as expected. The plan will not be put through, until the Country is quieted down.

Mr. S. C. Tsen, President of Peking Government Normal College, is thinking of putting aside $40 000 for a library building. He has got the plans drawn, and the site chosen, and he is only waiting for a favorable opportunity of erecting the building. He has recently conducted a successful summer training institute for librarians for a period of three weeks, with an enrollment of 84 students.

Dr. Chang Po-lin, Principal of that well-known Middle School in Tientsin, where the number of students has reached over a thousand, is now working for a library building for his school. He has recently put a woman librarian, who has had some practical training in a public library in California, at the head of the library.

Dr. Hu Suh, Prof. of Philosophy in the Peking Government University, has said that the authorities will before long ask for private contributions toward the fund of ＄200 000 for a library building for the University. He had also made the remark that they will look to Boone for its trained librarians.

There are several other government educational institutions, where the same zeal and desire for libraries, and for trained librarians, is very strong. It would fill a few more pages if they are all given.

This article would be most incomplete if the leading Christian colleges and universities, were not included where libraries have been regarded as an integral part of the institution, and where education would not be considered complete without the aid of libraries.

Boone, our University, is proud of being the pioneer in the library movement in China, and has laid much stress on the library. The writer will not enter deeply into the subject, because this work is outlined in other parts of this magazine.

St. John's University Library is most efficiently administered. It is a memorial to Dr. Seth Low, father of Hon. Seth Low, Mayor of New York, who gave part of the money for the building. The rest of the money was given and raised by the alumni. Dr. Pott has made a yearly appropriation of ＄2 000 for the purchase of new books for the University Library. There are few colleges and universities that have so large an annual appropriation of 2 000 for the buying of new books for libraries.

The University of Nanking is also working hard for a college library building. Mr. Harry Clemons, formerly the reference librarian of Princeton University, is now giving his full time to the library as its librarian.

Shangtung Christian University has the money for a library building, and is writing to the different places for details before the building is put up. This progressive institution will have a library in keeping with its growth.

Yale College in Changsha also has the plans for a library building. And it is only a question of time, when it will be erected.

From the information gleaned, as shown in the above, one can see that there is a great prospect for work in the library field, and there is an outlook—though not as yet on a large scale—for libraries in China.

An additional gift for Stokes Hall

(Plans for Enlarging the Boone Library)

All friends and students of Boone past and present, know how in 1910, when the Library was built, Miss Olivia E. Phelps Stokes gave the Auditorium in memory of her sister Caroline Phelps Stokes. Now, in 1920 in commemoration of the Tenth Anniversary, and in honour, also, of the coming fiftieth anniversary of the founding of Boone, which takes place next year in 1921, Miss Stokes has promised another generous gift, that Stokes Hall may be enlarged.

The Hall has been the center of our work in the University Extension lectures, which has been given during the past decade to the great student body in this center. Many times we have been unable to accommodate all those who have desired to come to those lectures and have had to close the entrance gates. Now this difficulty will be overcome. In Mr. Howe's new plan, which he has so artistically and carefully drawn, there will be room for an additional number, of at least four hundred.

Some of the old boys of Boone, who have come to love the Library, when here as students, have expressed their willingnees to help in raising the funds to make the enlarging of the first floor possible that it may correspond with

Stokes Hall above. This will give the much needed room for books; for the Boone Library is fast out growing its present capacity.

Included in Mr. Howe's plan there will be built an attractive alcove, which is to contain a special collection of books on China and the East, given in memory of the late Dr. A. Seth Low, by his widow. Dr. Low, early in the history of the Boone Library, had confidence in the plan, and was among the first to contribute toward the building.

These memorial gifts, and the gifts which will be made by our old students, make the Library a dearer possession to Boone University, and to the people who share in its privileges.

The First Library Training Institute

(Peking, August 1st. —22nd. 1920)

Lincolu Hsin Tsa

The fact of the need of modern public education for China has been gradually focussed to the point of conception of every present Chinese citizen. Free schools, night schools, and public lectures have been initiated, in many places. People are now aware that libraries are educational institutions for all people. By libraries, we imply means for carrying on public education. China is justly proud of her civilization of 4 000 years. As a matter of fact her field of literature, covering such a long period is too vast to be estimated. Yet her libraries have meant little to her people, for they have kept the books locked and stored from readers. Appeals for library reform are constantly heard from all sides.

In order to cope with this situation, the Peking Higher Normal College conducted the First Library Training Institute during the late summer. Its purpose was to give further training to those already holding positions as librarians and to encourage others to enter this field of work. Although it was a serious time of internal troubles, yet 84 enthusiastic members assembled. They came from Kwantung, Fukien, Kiangsu, Kiangsi, Kansu, Manchuria, Shangtung, Shansi, Honan, Hunan, Hupeh; and from such leading cities as Peking, Tientsin, and Wuchang. Seven among the members present were women librarians. It is beyond any doubt that the women librarians will feel the responsibility of doing their part, as they are the first Chinese women to take up this vocation. It is also very evident that all the members will surely do something for library reform in China.

Our Alma Mater did not fail in sending her representations to this First Library Training Institute. The chief delegate was Mr. Samuel T. S. Seng, the first Chinese to take library training in the U. S. A. The importance of Mr. Seng as a delegate was also made significant because of his being on the staff of Boone Library Training School, which is the first of its kind in China. He was invited to give certain lectures in this Institute. The other two representatives were two students of the first class of Boone Library Training School, viz, Mr. Hung-Tu Tien and the writer. These two students, and Mr. Henry Chen, who followed later, came to Pelting for work in the Social and Political Science Association Library, and it was fortunate that the Institute was being held at the same time.

Mr. Seng's first lecture was on "The Library and its Relation to Education in China." He pointed out some of the mistakes of our former libraries, and how to overcome them in the future. The second lecture was on the Dewey classification, and how it can be adapted to the cataloging of Chinese books. This system has all been worked out by Mr. Seng himself, and the outline has been published in pamphlet form. This lecture presented a solution of the great difficulties which confronts all of our Chinese librarians.

Some of our foreign-trained librarians are experienced experts in classifying and cataloging Western books, but few of them have been able to remove the obstacles in the way of cataloging books in their own language. Mr. Seng has made a beginning in an attempt to unravel these Gordian knots. His work is not simply a matter of benefit to the Boone Library, but rather to all Chinese librarians.

It is largely due to the energy and enthusiasm of Mr. T. C. Tai, a graduate of Albany Library School, in the U. S. A., and now librarian of the Tsinghua College Library, that this Peking Library Training Institute was such a success. It was a great undertaking and beset with many difficulties on account its being held at a time of great internal troubles, when the Capital was in a state of disturbance. During this Institute, a National Chinese Library Association was proposed, and promptly a committee of seven members was elected among those present, to draw up a plan of procedure to be discussed when another Institute is held. It is now easy to see that before long, there will be a "C. L. A." (Chinese Library Association) corresponding to the "A. L. A." (American Library Association) on the other side of the globe. With the forming of such an association the modern library movement for China will surely go forward most rapidly.

A Play on the Tenth Anniversary of the Boone University Library

John C. B. Kwei

The sixteenth of May, of this year 1920, marked the tenth Anniversary of the opening of the Boone Library. Instead of following the old traditional custom, when keeping some special days, of decorating the different rooms with evergreens, flags, and so forth, the Library School staff proposed to have a play, which might not only celebrate the Event, but also be a means of obtaining funds to carry on the two public reading rooms, already founded in Wuchang, and also to purchase new Chinese translations for the circulating libraries.

In the afternoon of the day we kept the Anniversary, Stokes Hall of the Library was crowded with spectators, who were anticipating with much pleasure, seeing a play in which foreigners and Chinese together were to take part. The title of the play was "An American Hustler in China." The "hustler" was a new figure on the stage to most of the Chinese who attended the play. This enterprising American was introducing a marvellous invention into this country. This part was very admirably taken by Prof. R. A. Kemp of the Boone Staff. His wife, a most fashionable and fascinating American lady, was impersonated by Prof. E. P. Miller, also of the Boone Staff. The period of the play was the time during the Ching Dynasty, and there were many spectacular scenes in which the ceremonial customs of the Manchus were represented. Mr. Hsu Ding was a typical dignified Chinese Viceroy of the best type. The other officials, and various other characters in the play, were all exceptionally represented.

When in China, this energetic American in this comedy was greatly welcomed by all classes of people, and thus gained an enormous sum of money by the sale of his patent machine. His fortune was even twice that of Mr. Rockefeller. This public-spirited American spent his great wealth generously for charitable work in China, and for the founding of public libraries. Boone University Library, being included among these, received a large endowment for the advancement of work. For these gifts to the country, the Chinese Imperial government honored this American inventor with the highest degree, granted to benefactors.

The whole management of the play was conducted by the Library School students, and it is through their efforts and energy, that three hundred dollars was realized, as proceeds. In addition to this sum, the ex-civil governor of Hupeh, Mr. Ho Pal Yung, who sent his representative to attend the play, contributed one hundred dollars.

Thus, through the cooperation of the professors and students, the play proved a great blessing to the work of the Boone University Library and made the Tenth Anniversary a memorable one.

The First Library School in China

William Hwano

Chinese educators and students have awakened to the fact that the library is one of the factors in education and they have been forced to realize that the libraries in China are so poorly administered that they are of very little value to society. During recent years the demand for trained librarians has been increasing, but it has not been met yet. In a few special institutions, certain students have been sent abroad to take the course in library science but the number is very small and the cost is large. Last summer there was opened in Peking, an Institute for Library Training—a summer school so to speak, which gave a series of lectures tot a period of three weeks. The great number of members, including men and women, and the five provinces from whence they came is evidence to show that there is a demand for librarians in China and that the demand is not confined to one or two educational centers. Seeing the need for such vocational training to help forward public education, the Boone Library School, the first in China, was opened last spring.

As such a school is of a special nature, and is quite new to the Chinese, a brief account of its development may prove interesting. Miss M. E. Wood, before coming to China had several years experience in library work besides special courses in this science in two training schools in U. S. Boone Library was the first to send a student from China to U. S. to be trained in library science. Mr. S. T. Y. Seng took his course at the New York Public Library from 1914 to 1916. Later, from 1917 to 1919, Mr. T. C. S. Hu completed the same course in the same training school. With a staff of three, Boone was equipped to open the new department of the University.

Previous to taking this step, three applications had come to Boone asking for trained librarians—Mr. Roger S. Greene of the China Medical Board wrote in behalf of the Chinese Social and Political Science Library, in Peking, Dr. Fong F. Sec in regard to the Commercial Press Library in Shanghai, and Dr. de Vargas as concerning the Y. M. C. A. Library in the same city. These applications showed that the time was ripe for opening a training school.

The course was begun in the spring term. The first enrollment was eight students. Courses in classification, cataloguing, subject headings, book selection, book reviews and reference work, were given. Both teachers and students started off in full sympathy, and with deep interest. This new science, that is going to help in the foundation and administering of libraries as a factor in education in China, was cordially welcomed. After a term's training, the students gradually acquired some of the general principles of the science, but they had little practice. Students who enter such a course cannot afford to neglect the practical side; like many other sciences, it is more practical than theoretical. In order to furnish some practical experience to the students, plans wet-e drawn by the School authorities to send the students to two of the libraries which formerly had asked for librarians. Before the expiration of the term, agreement was reached between those institutions, the school authorities, and the students. For six weeks during the Summer vacation, five students worked under Mr. Hu in the Commercial Press Library.

This institution was much benefitted and the experience to the students was invaluable. In the Social and Political Science Library in Peking the term of service working under Mr. Seng's superintendence was shorter, owing to the fact that railroad communication was cut off. Still the experience proved most beneficial. Two students are holding the two positions in the above libraries temporarily, until two graduates can take them.

With the opening of the fall term, a new class in library training has been formed. Seven students have enrolled. Later, it is hoped to offer a one year's special course in library training, but as yet plans are not completed in regard to this course.

Training for librarianship, we believe, will increase in importance in China in the near future. No education is sufficient without the aid of libraries—whether public or school libraries; for the school and the library are twin-born, supplementing each other. No library can be of great service, unless it is properly administered. To administer a library efficiently, needs trained librarians. In the establishing of a school, young men are made ready for this work as needed in China.

The Work of Boone Library in the Commercial Press Library

Hsu Ta-Tsung

Last spring, Dr. Fong F. Sec, Editor-in-chief of the English Department of the Commercial Press, wrote to Boone Library in regard to cataloguing the Library of this firm. After some correspondence, it was arranged that Mr. Thomas C. S. Hu, a graduate of the New York Public Library School and a member of the Boone University Staff, should go down to Shanghai and superintend the work of cataloguing. It was further arranged that five students of Boone Library School should accompany him. All were willing to be of service.

As soon as the group reached the Commercial Press, a thorough inspection of their Library was made. It was found to contain a fine collection of about 7 000 books and 3 000 magazines on different subjects in the English Department. Most of these volumes belong to History, Philosophy, Education, Sociology, Literature and collected works. In addition, the Library has an especially valuable collection of books on China, written by the most famous authors. The need for an up-to-date catalogue seemed most urgent and necessary, because there are many translators engaged by this company in translating books from Western Learning into Chinese, for the reading public, and for the use of schools and colleges throughout the Country.

At a brief interview with the leading men and editors of the Commercial Press, Mr. Hu explained to them, by examples, the card catalogue and the Dewey system which we were going to use for cataloguing their English Department, and they appreciated the service that such a catalogue would prove to be the great convenience to readers. The students began to work shortly after their arrival in Shanghai and the work was pushed forward more rapidly, because all supplies, like book cards, labels etc. could be made right in the firm. Then to further our cataloguing, typewriters were provided. Mr. Hu and the five students worked six hours a day during the six weeks of summer, and as a result, three thousand books were catalogued. The reason so much was accomplished was because of the able superintendence of Mr. Hu, who had so much practice during his two years in the Library School in the United States. He was always helping the students with the difficult problem, and inspiring them to do better and more serviceable work.

While at the Commercial Press, much interest was taken in the wonderful Chinese Department of this Library. It contains books on Philosophy, Classics, History, Science and Collected worlds of renowned Chinese Scholars.

There is also a beautiful collection of the famous "Four Libraries"(四库全书). This Library has more than 100 000 Chinese books. All ancient and rare volumes are preserved in a special room, and most of them have been gradually reproduced through lithographic process. This firm is trying to publish the ancient literary treasures in convenient size and uniform binding, and at a price within the reach of Chinese scholars. Such an undertaking is the first of the kind in the Country.

The Commercial Press is rendering great service to our Country in the production of educational literature and supplies and the introduction of Western Learning. The company has more than forty branches in all the important cities throughout China. All the original founders of this company, and most of the leading men in the firm today, are Christians, and they are helping forward the spread of Christianity in China. This firm is constantly working for the betterment of social and political conditions of the Country. Dr. Fong F. Sec is one of the leading men. For sixteen years, he lived in the United States and received his degree from one of the most famous American Universities. He has the true American democratic spirit.

The work done by Mr. Hu and the students of Boone Library School was very greatly appreciated by the staff of the Commercial Press. They highly honored and respected the profession of the librarian. We value the endorsement of such leading men in the new profession to which students in China are just now entering.

The Work of the Boone Library in the Chinese Social and Political Science Library in Peking

Tsong Dun Chen

Adjacent to the Eastern Wall of the Forbidden City and in among one of the Royal treasuries of the Manchu Dynasty there stands a solemn building, though newly restored—a building, the environment and atmosphere of which together, suggest an old monastery. Notwithstanding that this building is situated in the center of the capital of China, it is so shut from the outside world, that it seems in a forest. Here a Chinese mandarin of high rank, formerly had his home. But no longer will this building serve as a treasury of gold and silver and precious things of an official family, but a treasury of knowledge and wisdom. It is now a library, the Library of the well-known Chinese Social and Political Science Association, a society made up of some of the most influential political and educational leaders in the capital.

The Boone Library's connection with this library dates back a few months, when Mr. Roger S. Greene, of the China Medical Board, of Peking, who is a member of the Association, wrote to Miss M. E. Wood in regard to a trained librarian for a special collection of books this association was gathering for the use of its members. The Boone Library welcomed the opportunity to be of service. Mr. Samuel T. Y. Seng, a member of our staff, and a graduate of New York Public Library, offered to go to Peking in the summer vacation and get the library well started. Three of the Boone Library School students, of whom the writer was one, accompanied him. Only a comparatively small part of the collection had arrived at the time of the visit, but those books were carefully catalogued and put in convenient shape to be of use to the readers. The volumes were labelled and a card-system introduced. Three thousand new volumes—mostly in political and social science, arrived later. Mr. Hung-Tu Tien, of the Boone Library School, remained in Peking and has taken the position of librarian, temporarily, until a graduate is ready for the permanent position. Letters have come saying the new books are rapidly being put in order, that readers may have access to them.

This library, although a small one, is a significant one. The volumes chosen, are those likely to throw light on social problems that are confronting China to-day, and in political science those concerning government, international law, treaties etc. The members of the Social and Political Science Association, who will use these books, are men who are helping to shape the destinies of the Country. One of the members is Hon. Lou Tseng-tsiang, former Chief delegate of the Peace Commission at Paris, and Ex-minister of Foreign Affairs, Hon. Hawkling L. Yen, Councillor Minister Foreign Affairs, and the delegate sent to Europe for the meeting of the League of Nations, Admiral Tsai Ting Kan, Dr. C. C. Wang, of the Board of Communications, and members of the Chinese Senate and House of Representatives. From this library these leaders in public affairs, will constantly draw knowledge and inspiration for their tasks. Many returned students are members, and they will find these books supplement their studies in foreign countries. Certain promiment foreigners in Peking are members of this Association: Dr. Pard S. Reinsh the ex-minister from the United States was one of the Charter-members and promoters of this Association, and Hon. Roger S. Greene, of the China Medical Board, and Dr. L. R. O. Bryan, who has the Chair of Law and Political Science in Peking Government University, are among the leaders. These are men who are true friends of China, who have helped as advisors, trusted councellors.

This Association publishes a periodical "The Social and Political Science Review," in which these prominent men, and other well-known writers, are contributors. The magazine deals with the burning questions in China to-day, and exercises much influence.

As one takes into consideration the importance of such an organization, the Boone Library may well feel it a privilege to be of service to such an Association.

Boone Library School

by John C. B. Kwei

Librarian, Shanlung Christian University, Tsinan

China, old in history and civilization, rich in literature and classics, is still very young in libraries. Realizing China's urgent need for better libraries, a group of educators started, in the Boone University (now Central China University), Changsha, in 1920, the Boone Library—the first one of its kind throughout the length and breadth of this great ancient land. The fundamental aim of this school is to enlist interest of promising young college men in this new profession, and to train them in such a way as to bring efficient service to the library field in China. Miss Mary Elizabeth Wood is the funder of the school—a woman of wisdom, tact, insight, and love. Her one pervading purpose is to help China and elevate the people through libraries. It is she who has a vision of something better than the old Chinese Tsan Hsu Lou (藏书楼). It is also she who is really responsible for bringing about the passing of the American Boxer Indemnity Fund for the educational and cultural purposes in China.

The school is one of the several departments in the School of Arts of the Central China University, and, the courses in, library science cover three years—from the sophomore to the senior class. At the completion of this course, the graduates receive the A. B, degree and a library school certificate. During the past six years, twenty-three students have graduated, and nearly all of them are shouldering important positions in the different libraries. The successful records of these young men are really enviable, and may also serve as a source of pride and gratification to the school. At present, fifteen more students are under training.

Since the formation of the Chinese Library Association, in Peking, June

2, 1925, a new era of library development in China has been distinctly marked out. With a purpose of meeting the increasing demands for efficient librarians, which naturally follow this great forward move, the faculty of the Boone Library School has determined to do all in their power to make the school, not purely a private or sectional one, but an institution of nation-wide significance, looking forward towards an effective and practical contribution to the whole library field in China and to Chinese librarianship. In view of this, the following leading educators and noted librarians have been requested to serve on a Board of Councilors for the school, to help to promote it, and to direct it in its development in such a way as to contribute to the whole library movement in China.

五、笔者近年向全国人大提交的制定图书馆法、博物馆法和加强档案馆建设的有关议案

关于制定《公共图书馆法》的议案（2009年）

案由：

图书馆是搜集、整理、收藏图书资料供人阅览、参考的机构，是人类文明的集散地，具有保存人类文化遗产，开发信息资源，参与社会教育，丰富群众文化生活的重要功能。

改革开放30年来，我国公共图书馆事业有了很大的发展，在事业规模、服务质量、管理水平和现代科学技术应用等方面都取得了较大进展，但在整体上较世界先进水平仍有一定的差距。随着国家依法治国和科教兴国战略的实施，建设社会主义法制下的现代化图书馆已显得日益重要。在总结中外经验成果的基础上，制定一部具有中国特色、符合中国国情的《中华人民共和国公共图书馆法》(以下简称《公共图书馆法》)，使我国的公共图书馆事业制度化、法制化，用法律来保障和促进图书馆事业发展，更好地发

挥公共图书馆在建设中国特色社会主义文化中的巨大作用，已迫在眉睫，刻不容缓。

案据：

（一）公共图书馆立法的重要性、必要性与迫切性

《公共图书馆法》是公共图书馆事业促进法，根本目的是保障公众利用图书馆的权益，不是图书馆行业保护法，应该是人民意志的集中表现和公共图书馆事业发展规律的高度概括，它根据具体的社会条件和国家在文化领域的基本任务制定成文。它是确定国家公共图书馆事业发展和管理的共同原则和必要条件的权威法章。

1. 制定公共图书馆法，是新世纪我国公共图书馆事业健康发展的重要保障

公共图书馆事业作为社会组织系统的一个组成部分，要走稳定、健康的发展道路，必须依靠强有力的法律保障，用法律的形式把党和国家对公共图书馆事业的方针、政策、任务等规定下来，将公共图书馆的各项工作纳入法制轨道，从根本上协调和优化公共图书馆事业发展的内部环境和运作机制。国内外的图书馆立法经验证明，法律、法规建设是公共图书馆实行科学管理的根本保证，是使公共图书馆事业健康发展、读者更好地利用公共图书馆接受文化科学知识和继续教育的保障。尽快制定《公共图书馆法》，对推动公共图书馆事业发展、充分发挥公共图书馆在服务小康社会与和谐社会建设中的应有作用、实现中华民族的伟大复兴，具有十分重要的意义。

2. 制定公共图书馆法，也是新世纪我国公共图书馆事业法制建设的必然要求和迫切需要

新中国图书馆事业经历了近60年的建设与发展，已经具备相当的基础与规模。据不完全统计，截至2007年年底，全国有县以上公共图书馆2 799个，县以上公共图书馆网络已基本完备，馆舍面积达741万平方米，总藏量

52 053 万册（件），从业人员 5.2 万人。在文献信息服务标准方面，中国已制定文献著录国家标准、中国文献编目规则，实现联合统一编目及文献编目标准化，有力地促进了书目信息的广泛传递与交流。图书馆自动化、网络化、数字化建设取得了较大进展，国家图书馆已与 Internet 联网，区域性网络逐步建立；文化信息资源共享工程的实施加速了图书馆现代化进程。我们有理由相信，随着社会主义文化建设新高潮的到来，公共图书馆事业也应该有一个新的大发展、大繁荣。

然而，面对已经具备相当基础与规模且迅速发展的公共图书馆事业，我国却至今没有一部与之同步的规范公共图书馆建设标准与服务准则、保障公共图书馆科学发展的基本法律。进入 1990 年代以来，国家法制建设步伐不断加快，调整各个方面社会关系的法律特别是调整社会主义市场经济关系的法律越来越多地被颁布施行，而文化事业的立法则相对缓慢，尤其是图书馆法制建设的步伐已远远落后于国家法制建设的整体进程，至今也没有一部全国人大常委会制定的图书馆法。由于一直缺乏基本法律的指导和规范，在当前依法治国的大环境下，公共图书馆事业的管理仍然停留在主要依靠政策、依靠行政手段的阶段，且这些政策、法规多是在一些特定的背景下制定的，只是和当时的管理体制相适应，故出现条块分割、多头管理、各自为政，缺乏统一的指导原则，难以协调和维系公共图书馆之间及公共图书馆与外部的各种关系。由于缺乏法律保障，公共图书馆事业发展还不平衡，在一些地方发展还比较困难，与我国现代化建设总体水平不相适应，与人民群众日益增长的文化需求不相适应。由于缺乏法律保障，有些地方还存在着随意拆迁拆借、侵占挪用图书馆舍的现象。由于缺乏法律保障，图书呈缴工作难以正常进行。国外的图书馆法中一个重要的内容就是呈缴本制度，这一制度是用立法的形式加以确立的。呈缴本是国家版本图书馆和各地区出版物完整保存的保证。新中国成立以来，各级政府曾经以下发文件的方式要求执行呈缴本制度，但是由于没有法律为依据，这一工作很难开展。凡此种种，类似这样影响我国公共图书馆事业发展的问题还有很多。总之，由于缺乏有力的法律保障，目前我国的公共图书馆事业仍处于一种不稳定的状态，在建设、管理、效益发挥等方面还存在诸多问题，政府投入、图书缴存与保护、建设标准、服务规范等，都无法可依。法律的缺失，严重阻碍了公共图书馆事业的健康发展。

基于此因，近年来，为图书馆立法尤其是为公共图书馆立法的呼声越来越高，尽快制定《公共图书馆法》已越来越成为社会各界的共识，国家迫切需要一部系统的、权威性的《公共图书馆法》，为社会提供最佳的公共图书馆标准，促进公共图书馆事业按照科学的规律发展，为现代经济社会发展和全民整体文化素质的提高提供更有效的服务，为国家的政治、经济、文化等方面的决策，为企业个人及其他社会组织的各项活动提供高质量、高效率的信息服务提供保障。当然，一部图书馆法不可能解决所有的问题，也不可能立刻改变公共图书馆事业长期存在的一些弊端和发展障碍。但是如果没有图书馆法这一坚实的基础，我国公共图书馆事业是很难保持可持续发展的。制定一部公共图书馆立法，既是必需的，也是必要的，更是十分迫切的。

（二）国内外公共图书馆立法现状及其比较

1. 国外公共图书馆立法概况

纵览历史可知，公共图书馆法是近代图书馆事业发展的产物。19 世纪中期，欧美的一些国家为了促进图书馆的公共化，保证图书馆经费的固定来源，加强图书馆管理，开始制定和颁布相关的图书馆法案。1848 年，美国马萨诸塞州议会通过了《公共图书馆法》，这是世界上第一部公共图书馆法。1850 年，英国议会通过《公共图书馆法》，规定每 5 000 人的地区设一所图书馆，地方政府应对本地区的成人和儿童提供图书馆服务，经费从房地产税中提取。这是世界上第一部全国性公共图书馆法。1964 年，英国颁布了《公共图书馆和博物馆法》，进一步从法律上保证了图书馆事业的发展。1972 年，英国又颁布了涉及国家图书馆的《不列颠图书馆法》，图书馆法制不断完善。

美国继马萨诸塞州1848年颁布《公共图书馆法》之后，新罕布什尔州1849年也通过了《公共图书馆法》。到1877年，有20个州制定了有关图书馆法。目前美国各州均有《公共图书馆法》。1956年，美国联邦政府第一次颁布了全国性的《图书馆服务法》。1964年，美国联邦政府又颁布了《图书馆服务与建设法》，内容包括服务、建设、馆际合作和读者服务工作4部分。1965年，美国国会通过了几项与图书馆有关的重要法令，如《初等和中等教育法》、《高等教育法》、《医学图书馆资助法》等。这些法案的颁布与执行使美国的图书馆事业得到了高速的发展，图书馆服务延伸到乡村及其他未开展图书馆服务的地区，出现了大量的新图书馆建筑。

日本于1899年颁布《图书馆令》，并分别于1906年、1933年两次修订。此外，在1906年颁布了《图书馆规程》，1947年颁布了《国会图书馆法》，1950年颁布了《图书馆法》与《图书馆法实施规则》，1953年颁布了《学校图书馆法》等。

瑞典也是欧洲公共图书馆事业比较发达的国家，于1905年通过第一个图书馆法，在经济上对图书馆予以支持。1912年，通过了在教育部下设立图书馆顾问委员会的法案。1930年，又通过新的图书馆法，增加对各省市的援助，并决定建立市政区图书馆来帮助小的居民区。1947年，为了增加省市和市政区图书馆，又通过了对上述法案的修正案。1966年，瑞典政府颁布新的图书馆法，强调要把图书馆投资到基层居民区。

苏联对图书馆事业十分重视，并影响至今。1920年11月3日，颁布了《人民委员会关于集中管理图书馆事业的命令》。这一法令是在列宁领导并参加下拟定的，规定所有的图书馆一律由教育人民委员会（中央政治教育委员会）管辖，宣布人人都能利用图书馆，所有的图书馆必须加入统一的图书馆网。1934年，苏联中央执行委员会通过了《关于苏维埃社会主义共和国联盟的图书馆事业》的决议。这是苏联第二个综合性的图书馆法律。这个决议确定了图书馆事业的组织原则、图书馆的普及性原则，提出了建立图书馆领导机关的明确体系以及改进图书馆藏书和干部培养工作、加强图书馆物质基础建设的方法。1984 年 3 月 13 日，苏联最高苏维埃主席团批准的《苏联图书馆事业条例》规定了苏联图书馆的性质、任务、组织原则、领导体制、图书馆藏书、读者利用图书馆的权利以及图书统计报表等。

此外，其他国家也相继制定和颁布施行了图书馆法。如捷克斯洛伐克于 1919 年颁布了《公共图书馆法》，1959 年又颁布了《全国图书馆组织法》；比利时于 1920 年颁布了《图书馆法》；丹麦于 1920 年颁布了《公共图书馆法》，1956 年颁布了《学校图书馆法》，1964 年又颁布了《图书馆法》；芬兰于 1928 年颁布了《公共图书馆法》，1962 年颁布了《图书馆法》；挪威于 1935 年颁布了《图书馆法》，1971 年又颁布了《学校公共图书馆法》；匈牙利于 1956 年颁布了《图书馆法》；伊朗于 1964 年、波兰于 1968 年、德意志民主共和国于 1968 年、保加利亚于 1970 年也制定并颁布了图书馆法。

综上所述，从 1848 年美国马萨诸塞州议会通过的第一个图书馆法产生以来，图书馆立法已经有 150 多年的历史；随着图书馆事业的发展与进步，各国尤其是发达国家的图书馆法也在不断地进行修正与重新颁布，以适应客观发展的需要。

2. 我国公共图书馆立法现状

中国较为完整的公共图书馆立法出现在 20 世纪初期。清政府于宣统二年（1910 年）颁布的《京师图书馆及各省图书馆通行章程》是中国以政府名义颁布的第一部图书馆法规。1915 年，北洋政府教育部颁布了《图书馆规程》和《通俗图书馆规程》。1927 年，大学院颁布了《图书馆条例》，同年颁布了《新出图书呈缴条例》。1930 年，中华民国教育部颁布了《新出图书呈缴规程》、《图书馆规程》（对前大学院颁布的《图书馆条例》进行修正），1939 年颁布了《修正图书馆规程》。1940 年，国民政府又颁布了《国立中央图书馆组织条例》。1941 年，教育部颁布了《普及全国图书教育办法》，并于 1943 年、1944 年先后两次修正。1947 年，教育部颁布了《图书馆规程》。除中央政府及有关部门颁布的法规外，这一时期还有各省发布的地方图书馆法规。如《湖南图书馆暂行章程》、《台湾省图书馆组织规程》(1946 年) 等。

1949 年中华人民共和国成立后，国务院于 1957 年颁布了《全国图书协调方案》，文化部于 1955 年颁发《关于征集图书、杂志样本办法》、《关于加强与改进公共图书馆工作指示》。

进入改革开放新时期以来，国家进一步重视公共图书馆立法工作。1982 年颁布《省（自治区、市）图书馆工作条例》，1990 年文化部开始启动《公共图书馆条例》的起草工作，后因为机构改革而中断。1996 年以来，《上海市公共图书馆管理办法》、《深圳经济特区公共图书馆管理条例（试行)》、《内蒙古自治区公共图书馆管理条例》、《湖北省公共图书馆条例》、《北京市公共图书馆条例》和《河南省公共图书馆管理办法》等地方性法规相继出台和实施。总的来看，新中国成立以后，国务院及有关部委、部分省市虽就图书馆某些类型或专门问题制定过一些行政性法规，但是还很不完善，缺乏一部最高立法机构制定并颁布的规范性的公共图书馆法。

3. 国外公共图书馆立法的特点及启示

从前述国外《公共图书馆法》的立法情况来看，至少有三个特点值得我国目前公共图书馆立法注意：一是国外特别是西方国家公共图书馆立法工作做得“早”。美国在这方面的立法最早，马萨诸塞州议会早在 1848 年就通过了《公共图书馆法》，这既是世界上第一部《公共图书馆法》，也是世界上第一部地方的《公共图书馆法》。紧接着不久，1850 年英国议会也通过《公共图书馆法》，这是世界第一部全国性公共图书馆法。此后，日本、瑞典、苏联、捷克、比利时、丹麦、芬兰、匈牙利、挪威、伊朗等国也制定了《公共图书馆法》，说明这些国家对图书馆事业的重要性很早就有了清醒的认识，对用法律来保障图书馆事业的健康发展很早就有了清醒的认识。他们就是在这种清醒认识的基础上来开展和推动图书馆工作的。

二是国外特别是西方国家公共图书馆立法工作做得“细”。美国联邦政府 1964 年颁布的《图书馆服务与建设法》，内容包括服务、建设、馆际合作和读者服务工作 4 部分，考虑得很细致，很具体，很有针对性和可操作性。瑞典 1905 年通过第一个图书馆法后，在经济上对图书馆予以支持。1930 年又通过新的图书馆法，增加对各省市的援助，并决定建立市政区图书馆来帮助小的居民区。1947 年为了增加省市和市政区图书馆，又通过了对上述法案的修正案。1966 年，又颁布新的图书馆法，强调要把图书馆投资到基层居民区。工作越来越具体，越来越深入。苏联也是如此。1920 年 11 月 3 日颁布的《人民委员会关于集中管理图书馆事业的命令》，规定所有的图书馆一律由教育人民委员会（中央政治教育委员会）管辖，宣布人人都能利用图书馆，所有的图书馆必须加入统一的图书馆网。1934 年，苏联中央执行委员会通过的《关于苏维埃社会主义共和国联盟的图书馆事业》的决议，进一步确定了图书馆事业的组织原则、图书馆的普及性原则，提出了建立图书馆领导机关的明确体系以及改进图书馆藏书和干部培养工作、加强图书馆物质基础建设的方法。而 1984 年 3 月 13 日苏联最高苏维埃主席团批准的《苏联图书馆事业条例》，则明确规定了苏联图书馆的性质、任务、组织原则、领导体制、图书馆藏书、读者利用图书馆的权利以及图书统计报表等。每一次修改完善，都体现了深入化、精细化的特点。

三是国外特别是西方国家公共图书馆立法工作做得“全”。美国继马萨诸塞州 1848 年颁布《公共图书馆法》之后，1849 年新罕布什尔州也通过了《公共图书馆法》。到 1877 年，有 20 个州制定了有关图书馆法。迄今美国各州都有了《公共图书馆法》，可以说地方的公共图书馆法已经齐全。从相关配套立法来看，1956 年美国联邦政府第一次颁布了全国性的《图书馆服务法》后，1964 年美国联邦政府又颁布了《图书馆服务与建设法》。1965 年美国国会还通过了几项与图书馆有关的重要法令，如《初等和中等教育法》、《高等教育法》、《医学图书馆资助法》等。这些地方和相关法案的颁布与执行，促使美国的图书馆事业得到了极大的发展，图书馆服务延伸到乡村及其他未开展图书馆服务的地区。日本也是如此，1899 年首次颁布了《图书馆令》后，1906 年又颁布了《图书馆规程》，1947 年更颁布了《国会图书馆法》，1950年颁布了《图书馆法》与《图书馆法实施规则》，1953年颁布了《学校图书馆法》等，一步一步使与之相配套的法律法规完善起来，从而保证了图书馆事业的健康发展。

我国制定公共图书馆法，应该学习和借鉴国外的好的经验，一是要尽快制定，出台得“早”一点，越早越好，不能拖得太久，拖太久了不利于图书馆事业的健康发展；二是要尽量“细”一点，考虑周全一点，不仅要考虑公共图书馆的定位、功能、服务对象和范围，还要考虑其区位布局、建设标准、图书购置与呈缴、管理体制、运行费用以及投入体制、从业者的资格要求与聘用、读者不当行为的约束等。在制定过程中，要多听听社会各界特别是专家学者的声音，充分吸收大家的智慧，不能闭门造车；三是要尽量“全”一点，即不仅要有全国的立法，还要有地方的立法；不仅要制定总的《公共图书馆法》，今后还要考虑制定各种专门的图书馆法（如《学校图书馆法》、《社区图书馆法》、《企业图书馆法》等）；不仅要制定公共图书馆法，今后还要制定与公共图书馆法相适应、相配套的各种立法（如《公共图书馆法实施细则》、《公共图书馆资助法》、《私立图书馆法》等）。

建议：

1. 进一步加快立法进程，争取早日发挥其积极作用

目前，文化部已经启动了《公共图书馆法》立法的相关工作，全国人民代表大会也将公共图书馆法立法工作列入“十一五”重点立法项目。因此，我们建议加快《公共图书馆法》的立法进程，尽快组织工作专班，完成法律初稿，广泛听取社会各界的建议，及早进入立法程序，争取在2011年前由全国人大审议通过，发挥其积极作用。

2. 立法工作要体现“以人为本”、“普惠全民”的基本原则

公共图书馆立法要充分体现公共文化服务“以人为本”、“普遍均等，惠及全民”的基本原则，以努力构建覆盖全社会的较为完善的公共文化服务体系，保障公民的基本文化权益，促进公共图书馆事业的长远发展，满足人民群众获取知识和信息的需求，促进全民终身教育和科学、文化事业

的发展，推动社会主义物质文明和精神文明建设。

3. 立法工作要立足国情，体现特色，处理好应急与谋远的关系

公共图书馆立法必须体现中国社会主义特色。我国的经济发展水平与世界发达国家相比还存在很大差距，整个法律体系还有待进一步完善，人们的法律意识和法制观念还比较淡薄，这是我国的基本国情。作为指导和调控我国公共图书馆事业发展的公共图书馆法的制定，不能脱离这一国情。我国地域辽阔，各地区经济发展水平迥异，公共图书馆赖以生存的物质条件差别很大，公共图书馆立法在内容上需要协调各方面的利益，在程序上必须遵循《中华人民共和国立法法》的规定。从中国国情出发，必须要立足于我国公共图书馆的客观现实，注重解决好我国公共图书馆事业面临的一系列急需解决的实际问题和长远问题，目标既不能太高，以致不能适用于经济欠发达地区，也不能太低，以致对经济较发达地区的图书馆事业的发展起不到促进作用。

4. 立法框架结构要科学合理

该法的主体框架，建议包括总则、基本属性与功能、服务对象与范围、区位布局、建设标准、图书购置与呈缴、管理体制、运行费用以及投入体制、从业者的资格要求与聘用、读者不当行为的约束、附则等。

主体框架中之所以要包括总则、基本属性与功能、服务对象与范围，是因为这有助于明确公共图书馆的定位和作用；之所以要包括区位布局，是因为这有助于图书馆的合理分布，便于人民群众更好地利用图书馆，实现兴建图书馆的初衷；之所以要包括建设标准和图书购置与呈缴，是因为这有助于确保图书馆的建筑质量，提高图书馆的安全性和舒适度，有助于图书的收藏与增添，更安全、更舒适、更好地为读者服务；之所以要包括管理体制、运行费用以及投入体制，是因为这有助于确保图书馆事业的长久、稳定、健康地发展，确保公共图书馆的“公益性”和“公共性”；之所以要包括从业者的资格要求与聘用、读者不当行为的约束，是因为要提升图书馆工作人员的素质，保证服务质量，同时在读者的权利与义务、责任

之间寻找平衡，用法律约束少数读者的不文明行为，保护广大读者的合法利益。

总之，科学合理地设计《公共图书馆法》的框架，安排应有的内容，是制定一部良法的基本前提。

建议人：周洪宇，第十一届全国人大代表

关于制定《博物馆法》的建议（2013年）

案由：

近年来，随着我国经济、社会、文化全面发展，全国博物馆事业也呈现出蓬勃发展的良好局面，取得了十分显著的成就。全国博物馆数量迅速增长，类型愈加丰富，博物馆体系日臻完善，截至2011年底，全国博物馆总数达到3 589个，其中，国有博物馆3 054个，民办博物馆535个。特别是实施免费开放政策以来，中央补助博物馆免费开放专项经费30亿元，全国博物馆每年举办陈列展览近万个，年接待观众达到5.2亿人次。可以说，博物馆为引领风尚、教育人民、服务社会、推动发展发挥了重要作用。

但是，与全面建成小康社会的要求相比，与广大人民群众日益增长的精神文化需求相比，我国博物馆还存在管理难度明显加大、学术研究定位不高、理论成果不够前沿、陈列服务水平急需提高、自主创新能力不强、准入门槛不高导致民办和行业博物馆良莠不齐、民办博物馆发展后劲不足等问题。这些问题的产生，其根本原因之一就是缺乏国家层面的法律支撑。因此，加快博物馆立法，制定一部顺应时代潮流，规范行业行为，促进事业可持续跨越发展的博物馆法具有十分重要的意义。

案据：

（一）制定《博物馆法》的重要性、必要性与迫切性

1. 制定《博物馆法》是落实党的十八大精神，推动社会主义文化强国建设的重要体现

博物馆是社会主义文化事业的重要组成部分，是文化基础设施建设的重要方面，是公共文化服务体系建设的重要内容，是保障人民群众基本文化权益的重要阵地。党的十八大提出“全面建成小康社会，实现中华民族伟大复兴，必须推动社会主义文化大发展大繁荣，建设社会主义文化强国”，“加强重大公共文化工程和文化项目建设，完善公共文化服务体系，提高服务效能”。制定《博物馆法》，促进博物馆事业发展，充分发挥博物馆的功能作用，对于提高全体公民思想道德素质和科学文化素质，丰富广大人民群众的精神文化生活，弘扬中华民族优秀传统文化，提升国家文化整体实力和竞争力，建设社会主义文化强国具有重要意义。

2. 制定《博物馆法》是我国博物馆事业健康可持续发展的重要保障

博物馆事业的发展离不开法治保障。党的十七届六中全会强调，加快文化立法，制定和完善公共文化服务保障、文化产业振兴、文化市场管理等方面的法律法规，提高文化建设法制化水平。在新形势下，我国博物馆办馆主体、博物馆结构日趋多元化，博物馆事业也面临着一些新情况和新问题。如在免费开放后，越来越多的观众走进博物馆，如何切实保障观众人身安全、参观权益以及保障博物馆的合法权益；在鼓励和支持民办博物馆参与国民体系建设，丰富博物馆体系过程中，如何保障民办博物馆享受与公共博物馆同等的国民待遇，在规划建设、土地征用、规费减免、从业人员职称等方面给予支持；在博物馆设立、建设、监督管理等过程中，地方政府和行业主管部门应该承担的责任和义务；在保障博物馆合法权益，如对博物馆文化品牌等无形资产有效保障时做到有法可依等。制定《博物馆法》，有利于从根本上解决制约目前我国博物馆事业发展的瓶颈，保障博物馆权益，建立健全博物馆体系，为博物馆事业的发展提供良好的外部发展环境及资金、人才、技术需求，为实现我国博物馆事业健康可持续发展提供重要法律支持。

3. 制定《博物馆法》是我国博物馆加强自身建设、提高服务民生水平的重要规范建设社会主义法治国家，要注重发挥法治在国家治理和社会管理中的重要作用。博物馆立法，是博物馆事业依法行政、依法管理，贯彻落实科学发展观的重要内容。虽然目前我国有《公益事业捐赠法》等对包括博物馆在内的公益文化事业的扶持规定，但是这些法律法规政策文件，大多属于原则性规定，2005年出台的《博物馆管理办法》又属部门规章，法律效力有限，在协调博物馆与政府部门之间以及社会各个方面的关系力度不够，已不能适应博物馆事业发展的新需要。制定出台《博物馆法》，从法的高度对博物馆从业人员资质、博物馆管理制度、文化产品开发、法律责任等方面做出明确法律规定，从根本上解决关系博物馆事业发展的人才问题、制度问题、责任问题，明确用法律来规范、引导博物馆改进行政管理职能、完善管理制度、加强自身建设、提升服务水平具有重要推动作用。

（二）《博物馆法》立法的可行性

1. 党和政府越来越重视文化遗产事业发展，博物馆得到社会广泛关注

近年来，党和政府对文博事业的重视程度前所未有，这不仅体现在国家对博物馆硬件建设的重视——对博物馆财政投入大幅增加，如2012年中央财政文物保护专项资金达到128亿元，而且还体现在国家对博物馆软件建设的重视——积极推动博物馆制度建设。十八大刚刚胜利闭幕，以习近平同志为总书记的新一届中央领导集体，就前往中国国家博物馆参观《复兴之路》展览。同时，越来越多的观众走进博物馆，爱上博物馆，自博物馆免费开放以来，全国博物馆接待国内外观众已超过40亿。这成为加快博物馆立法进程的直接推动力。

2.《博物馆法》已经有了良好的立法前期基础

1979年，国家文物事业管理局颁布《省、市、自治区博物馆工作条例》；1982年，《文物保护法》颁布；1986年，文化部颁布《博物馆藏品管理办法》；2001年，文化部《文物藏品定级标准》开始施行；2003年，《文物保护法》修订，《文物保护法实施条例》施行；2005年，文化部发布《博

物馆管理办法》；2008 年、2012 年国务院法制办公室两次就《博物馆条例(征求意见稿)》向全社会公开征求意见，据悉，文化部已将《博物馆条例(草案)》报请国务院审议。涉及博物馆的内容散见于上述法律、条例和办法中，急需进行系统化研究，提升层级，加大法律效力，形成一部独立的、有效的法律。也正是基于上述文化法律法规的立法，我们对文化立法的规律有效把握，文化立法的工作方式可供参考，博物馆领域立法可供借鉴经验已比较丰富。

3. 国际公约及先进国家博物馆立法经验可提供有价值的参考

制定法律以保障和促进博物馆事业发展，已成为国际性趋势。联合国教科文组织于1960 年发布《关于博物馆向公众开放最有效方法的建议》，于1978 年发布《关于保护可移动文化财产的建议》，于 1986 年发布《博物馆协会博物馆职业道德准则》(2004 年第四次修订)。日本《博物馆法》立法在 20 世纪 50 年代已经完成，对博物馆人员从业资格，中央政府、地方政府与公立博物馆、私立博物馆的关系，为之提供的服务等都做了明确规定。此外，还有美国博物馆评审制度，英国博物馆认证制度，以及法国、波兰、丹麦、爱莎尼亚、肯尼亚等国的博物馆法案，十分值得学习和借鉴。

建议：

(1) 全国人大常委会将《博物馆法》纳入新一届全国人大常委会的立法规划。

(2) 全国人大常委会积极开展《博物馆法》立法研究工作。由全国人大法工委牵头，文化部、国家文物局及有关科研机构等有关部门组织专班调研起草《博物馆法》。

(3) 建议有关部门和专家学者在制定《博物馆法》时，应注重借鉴国外有关先进经验，同时要结合中国国情和实际。

(4) 建议《博物馆法》在制定时，要注重基本构架、主要内容与《博物馆管理办法》、《博物馆条例》保持连贯性、延续性。同时，要与《中华人民共和国文物保护法》相协调。

(5) 建议在《博物馆法》制定过程中，应向中央单位、地方政府、博物馆、有关专家和社会公众广泛征求意见，使之更加完善。

建议人：周洪宇，第十二届全国人大代表

关于加强各级综合档案馆规范化建设的建议案（2009 年）

案由：

各级综合档案馆是永久保存党和国家档案信息资源的保管基地和利用中心，是为社会公众提供档案信息服务，弘扬社会主义先进文化，构建社会主义和谐社会，实现全面建设小康社会宏伟目标的综合平台，是政府信息公开集中查阅场所和资料索取点。《中华人民共和国档案法》、《中华人民共和国档案法实施办法》明确了档案工作的原则、机构、职责、档案管理、档案利用和档案法律责任。建设部、国家发改委联合制订的《档案馆建设标准》(建标〔2008〕51 号）规定了新时期各级综合档案馆建筑设计规范和国家标准。但是，中西部地区各级综合档案馆馆库建设严重滞后，不能满足档案保管和档案开放利用的需求。充分发挥中央实施积极财政政策的大好机遇，大力加强中西部地区各级综合档案馆建设，是一项重要而紧迫的任务。

案据：

国家档案局于 2006 年组织了专项调查。调查结果显示：中西部地区县级国家综合档案馆现有馆藏档案资料 9 039 万卷（件、册），保存了大量地方政治、经济、文化、社会档案，近现代档案尤为丰富，是中华历史文明的重要见证。中西部地区 2 092 个县级国家综合档案馆，建筑总面积为 161 万 m^2，每县平均 769.6 m^2。其中库房面积 84.899 7 万 m^2，平均 405.83 m^2。建设部和国家发改委 2008 年 2 月 27 日公布的《档案馆建设标准》规定：县级国家综合档案馆面积最低标准为 1 200 m^2。我省的实际情况比最低标准还相差很多。在被调查的档案馆中，中西部地区县级国家综合档案馆无标准库房的有 60 个，面积在 350 m^2 以下的有 578 个，面积在 350 m^2 以上、800 m^2 以下的有567个。湖北省现有县以上国家综合档案馆机构115个，共有档案馆库97座，有18个县（市、区）档案馆尚未建成独立的档案馆库。在现有的档案馆库中，有27个馆库被鉴定为危房。据了解，中西部地区各级国家综合档案馆由于受档案馆库房面积狭小的制约，到期未进馆档案数量达4 753万卷（件、册)。已接收进馆的大量档案资料，也由于面积不足，有的堆积在临时的保管场所，有的和车队、食堂同处一室，有的和电工室、水房同处一室，形同杂物，存在严重的安全隐患。现有的档案馆库，受历史条件和思想观念的制约，考虑保密保管功能多，较少考虑对公众利用功能的需要，中西部各级国家综合档案馆库有80%以上是建在当地党委或政府机关大院内，群众进馆查档很不方便。区位的局限使得档案馆的服务功能难以得到充分发挥。2008年5月1日实施的《中华人民共和国政府信息公开条例》要求，各级国家综合档案馆要作为各级人民政府信息公开的查阅场所和资料索取点。如果没有符合功能要求的档案馆库，国家综合档案馆的这些社会服务能力将会受到极大影响。

建议：

1. 国家发改委要以国家扩大内需为契机，把国家综合档案馆建设纳入重点投资对象

国家综合档案馆承担着“为国管档、为民服务”的重要使命，是衡量社会文明进步的重要标志。在党中央提出扩内需、保增长的宏观政策指导下，把国家综合档案馆作为党和政府联系人民群众的重要窗口进行规划和建设，充分体现国家综合档案馆的社会公益性和服务性特征，是促进档案事业服务经济社会发展、提高全民文化素质、构建和谐社会的客观要求。国家发改委应当充分发挥新一轮积极财政政策的优势，与国家档案局等部门联合制定《国家综合档案馆馆库专项建设规划》，将国家综合档案馆建设纳入重点投资对象，抓紧建设一批符合《档案馆建设标准》，充分体现档案工作社会性、文化性、基础性、开放性特点的现代国家综合档案馆，实现我国各级国家综合档案馆，特别是中西部地区各级国家综合档案馆落后面

貌的根本好转。

2. 建立以项目为支撑的档案馆建设投资机制

我国中西部地区经济欠发达，地方财政基础较为薄弱，档案馆建设仅靠市县投入是远远不够的，亟需国家财政予以重点扶持。2000 年以后，国家没有专项资金扶持档案馆基本建设，在社会文化事业发展中，与博物馆、图书馆、科技馆、体育馆相比，档案馆建设明显落后。国家发改委要按照《档案法》的要求，加大对中西部地区国家综合档案馆馆库基本建设经费投入的力度，将中西部地区国家综合档案馆新建和改建、扩建纳入支持范围，作出具体部署，建立长效机制，确保实施。

建议人：周洪宇，第十一届全国人大代表

关于在国家博物馆悬挂横匾，继承和弘扬中国文化优良传统，引领风尚，教化民众，以利中华民族伟大复兴的建议案（2013 年）

案由：

中国古代匾额是中华民族独有的文化遗产，是中国文化的重要载体之一。它始于春秋战国时期，迄今已有两千多年的历史。匾额的产生，缘于社会文化的发展，是社会文明的一种体现，是国家组织出现之后，官方为认识社会、管理国家的一种行政行为。同样也是历代统治者以文治国的一种形式或手段。两千多年来，匾额把中国古老文化流传中的辞赋诗文、书法篆刻、建筑艺术融为一体，集字、印、雕、色的大成，以其凝练的诗文、精湛的书法、深远的寓意，指点江山，评述人物，成为中华文化园地中的一朵奇葩。

匾额集书法篆刻、文史 、雕刻于一身，辞藻华美、书法精湛、言简意赅，与建筑相得益彰融为一体，是精美实用工艺品，反映了政治、经济、文化、艺术、民俗民风的特点，对建筑和周围环境也起到很好的装饰作用。而且匾额的存在，也使古建筑成了珍贵的历史坐标，正所谓“以匾研史，可以佐旺；以匾研涛，可得涛眼；以匾学书，可得笔髓”。

自有匾额以来，它就与我国人民的文化生活密不可分，与建筑、民俗、文学、艺术、书法相结合，深入社会生活的各个方面，其写景状物，言表抒情，寓意深邃，具有极大的文学艺术感染力。

我国官方匾额遗存处主要在北京，而北京的匾额遗存处主要是故宫和颐和园，这些地方一直受到国家保护。除此之外的地方，匾额破坏非常严重。一方面由于洪水、火灾等不可抗力因素造成；另一方面，由于战火和一些“与封建思想决裂”的行为，匾额遭到大肆破坏，特别是民间匾额。加之改革开放之后，城镇化改造加快，很多匾额在拆迁过程中被损毁。而国家所属的各级博物馆，对匾额的保护力度也有所欠缺，多数没有匾额的专项收藏，导致有些流落民间，出现在古玩市场和拍卖会，但其中仿品居多，不具有唯一性。去年 12 月，笔者有幸第三次走访宝岛台湾，所到之处，包括偏僻乡壤文教建筑，看见匾额保护工作做得不错，深感欣慰，也令人汗颜，真诚希望两岸人民加强合作，相互借鉴，共同保护匾额这份中华民族珍贵的文化遗产。

历史上我国古代统治者有向外邦赐匾的传统。清朝时期，有康熙、乾隆等 7 个皇帝向日本琉球赐过御书匾额 9 块。第二次世界大战后，它们已全部摧毁。但日本在战后又重新制作恢复了“中山世土”、“辑瑞球阳”、“永祚瀛壖”三块牌匾，显示了日本民众对中国传统文化的尊重和传承。清朝时期，古代统治者还向朝鲜和安南赐过匾额，赐予朝鲜的有，乾隆八年，“式表东藩”；乾隆四十三年，“东籓绳美”；嘉庆十年，“礼教绥藩”；道光九年，“缵服扬休”。赐予安南的有，康熙二十二年，“忠孝守邦”；雍正二年“日南世祚”；乾隆四十九年，“南交屏翰”。这些匾额在封建王朝的输出，有着传播文明和教化邻邦的作用，也为世界了解、认识中华民族辉煌的文明史，让国人树立民族自豪感和历史责任感起到了不可估量的作用。

案据：

（一）在重要建筑物悬挂横匾具有多重意义与价值

匾额这一古老艺术形式，特别是横匾，是中国文化最外在、最典型的代表，官方一直是应用的主体。在古今建筑上，官方添置悬挂巨大的横匾，用以标识名称或为彰显其雄伟气势的实例，在历史上数不胜数。最著名者，当属山海关，建关百年之后，明代进士萧显，一面“天下第一关”巨匾，名扬天下。嘉峪关，左宗棠行书“天下第一雄关”巨匾，是五百年后重建时设置。故宫北门，在原有“神武门”竖额之下，不囿于旧制所镶嵌的长10米，宽2.2米巨大石匾，其本身已成为著名景观。

（二）将国家博物馆标识设为横匾是发挥文化引领风尚、教化民众、服务社会的作用，以利中华民族伟大复兴的客观需要

建筑物的名称标识，首先是标识建筑物的性质，进而标识建筑物在国家与社会中的地位。

胡锦涛同志在中共十八大报告中说：“实现中华民族伟大复兴，必须推动社会主义文化大发展大繁荣，兴起社会主义文化建设新高潮，提高国家文化软实力，发挥文化引领风尚、教育人民、服务社会、推动发展的作用。”我国自近代以来，命运多舛，历经了数百年的炮火，许多珍贵历史文化遗产毁于一旦，匾额又属于首当其冲被损毁的文物，因此，在匾额这一珍贵的文化形式面临断层的时候，必须高度重视对匾额文化的保护，我们可以国家博物馆标识设置横匾为开始，继承传统文化特色，恢复传统文化活力，让子孙后代多一份宝贵的历史文化遗产。

（三）国家博物馆现有标识，设置于建筑物两端而不是置于中央，不符合中国传统的悬挂匾额的方式，影响中国传统文化传承

国家博物馆改扩建后，摘去了白底黑字刺眼的窄长牌，将“中国国家博物馆”标识文字镶嵌在胜利廊南北两端建筑物墙面，与原有白底黑字牌比较，应该说是个进步。但新的名称标识形式虽类似匾额，但在设置上由于没有严格而规范地应用匾额这种艺术形式，故存在着没有凸显民族文化特征的弊病。且字小位置过高，虽然有昭示万众之心，但却不清晰显著，未能达到引人注目、使人一目了然的愿望。存在着看不清，看不见，多被人忽略等问题，没有发挥标识的作用。与中轴线上所有官方建筑标识方式皆不吻合，有不伦不类背离之感。最重要的是在天安门广场的三座建筑，四个机构，在标识形式上的不统一、不一致、不协调，破坏了天安门广场庄严肃穆的氛围，破坏了中轴线历史文化连续性的完整，而国家博物馆标识设置的方式，在引领文化取向上更给人以混乱的感觉。

国家博物馆现有标识，设置于建筑物两端而不是置于中央，不符合中国传统的悬挂匾额的方式与习惯，影响中国传统文化传承。若设置成横匾则可让匾额成为国家博物馆的一张具有民族文化特色的名片，成为供后人传承历史、弘扬文化的文物，其匾额本身就可以成为国家博物馆具有特殊价值的藏品。且统一标识可突出历史建筑的文化内涵，横匾与博物馆（院）建筑群的匹配，必将呈现出一个宏大的历史文化景观，使中国匾额这一具有中国优秀传统特色的文化形式得以弘扬和传承，为“文化中国”增添丰富内容。

建议：

全国人大常委会督促国务院有关部门主要是文化部（国家文物局）高度重视中国古代匾额保护恢复工作，首先在国家博物馆设置横匾，拆除国家博物馆西门上方的红色装饰，在正门两个廊柱的顶端，悬挂一面巨大的横匾。匾额上只标注“国家博物馆”五个大字，这样既照顾了人们称谓的习惯，又与《人民日报》、中央电视台播报用语保持一致，其形制最好用红底金字，最好请当代书法名家或知名政治人物题写，当然最终方案需由各方面的领导与专家学者研讨确定。

建议人：周洪宇，第十二届全国人大代表

代表助理：姚远利，北京科举匾额博物馆馆长

参考文献

一、档案资料

［1］湖北私立文华图书馆学专科学校概况、访问材料、教职员工学生名册、调查表、毕业生历年成绩表［G］. 湖北省档案馆藏，全宗号：GM7-1-96.

［2］湖北私立文华图书馆学专科学校各学科教学情况调查表、学生意见表［G］. 湖北省档案馆藏，全宗号：GM7-1-97.

［3］私立武昌文华图书馆学校毕业生名册［G］. 湖北省档案馆藏，全宗号：LS10-5-386.

［4］私立武昌艺术专校和私立文华图书馆学专科学校学生表册［G］. 湖北省档案馆藏，全宗号：LS10-6-261.

［5］私立武昌文华图书馆学专科学校呈请补助修建设备［G］. 湖北省档案馆藏，全宗号：LS10-6-278.

［6］武昌图书馆学专科学校请拨昭忠祠为校舍［G］. 湖北省档案馆藏，全宗号：LS19-4-6059.

［7］武昌文华图书馆学专科学校请拨武昌粮道街昭忠祠为校［G］. 湖北省档案馆藏，全宗号：LS20-3-1217.

［8］文华图书馆学专科学校季刊［G］. 湖北省档案馆藏，全宗号：LSF2. 2-8.

［9］文华图书馆学校请将敌伪时间废档移交本校以为学生实习用［G］. 湖北省档案馆藏，全宗号：LS3-1-1673.

[10] 私立武昌文华图专图书馆学．档案管理科毕业证书存根 [G]．湖北省档案馆藏，全宗号：ZN9-1-345.

[11] 沈祖荣致王东原书信 (原信藏湖北省档案馆).

[12] 王东原复吴国桢函 (1946 年 3 月 16 日)、钱云阶复吴国桢函 (1946 年 3 月 19 日) (两信底稿均存湖北省档案馆).

[13] 外国人及宗教团体设立学校办法 [G]．武汉市档案馆藏，全宗号：9-31-183.

[14] 基督教圣公会中学方面资料 [G]．武汉市档案馆藏，全宗号：112-1-25.

[15] 伪武昌文华中学校董及教职员简历名册 [G]．武汉市档案馆藏，全宗号 69-5-87.

[16] 视察湖北教育分报告 [G]．武汉市档案馆藏，全宗号：Bg3 /13.

[17] 基督教圣公会文华图专资料 [G]．武汉市档案馆藏，全宗号：112-1-26.

[18] 伪文华中学 [G]．武汉市档案馆藏，全宗号：101-1278.

[19] 永利银行总管理处同政府机关团体来往函件 [G]．武汉市档案馆藏，全宗号：68-1-70.

[20] 原上海银行鄂行各字来去函 [G]．武汉市档案馆藏，全宗号：68-3-376.

[21] 见《华中大学文华图书科 1926 年概况启事》中的几点可注意的资料 (藏武汉大学档案馆).

[22] 沈档主件 (中文) 第 21 页之摘录 (藏武汉大学档案馆).

[23] 美国图书馆协会方面于 1926—1927 年间为韦棣华在美继续进行文华图书科 (文华图专校) 筹款筹集资金等活动所印的宣传单 (译文藏武汉大学档案馆).

[24] 孟良佐于 1946 年 2 月 13 日致沈祖荣函 (译文摘录现藏武汉大学图书馆).

[25] 沈祖荣于1946年3月3日从重庆文华图专学校写给孟良佐的信(译文藏武汉大学档案馆).

[26] 孟良佐于1946年4月11日写给沈祖荣的信（原信藏武汉市档案馆，译文摘录藏武汉大学档案馆).

[27] 孟良佐于1946年4月18日写给沈祖荣的信（原信藏武汉市档案馆，译文摘录藏武汉大学档案馆).

[28] 格朗于1946年4月24日致孟良佐函（中文摘译现藏武汉大学档案馆).

[29] 孟良佐于1946年5月22日致沈祖荣函（译文摘录现藏武汉大学图书馆).

[30] 张海松致彭德兰的信（中文摘译武汉大学档案馆有藏，原文为英文打印本，中文摘译武汉大学档案馆有藏，英文原件藏武汉市公安局档案馆，其为圣公会、张海松档案中的一件).

[31] 私立武昌华中大学概况［G]. 华中大学档案全宗，案卷号：54.

[32] 历来补助文华图专的几个主要团体简介［G]. 华中师范大学档案馆藏，案卷号：549.

[33] Outline of Constitution of Hua Chung College［G]. 华中大学档案全宗，案卷号：56.

[34] Constitution of Board of Directors of Hua Chung College［G]. 华中大学档案全宗，案卷号：56.

[35] 华中大学组织大纲·二十二年度私立华中大学一览［G]. 华中大学档案全宗，案卷号：57.

[36] 华中大学校董会章程［G]. 华中大学档案全宗，案卷号：57.

[37] 韦卓民致麦默伦函（1949年9月27日）[G]. 华中大学档案108号案卷，甲084.

[38] 韦卓民致麦默伦函（1950年4月11日）[G]. 华中大学档案108号案卷，甲085.

[39] 麦默伦复韦卓民函（1949年12月21日）[G]. 华中大学档案108号案卷，甲097.

[40] 沈祖荣致Charles H. Brown函（1945年8月10日）[G]. ALA Archives，University of Illinois，Urbana. 7/1/51，Box2.

[41] Charles H. Brown致Rae Cecilia Kipp函（1947年7月13日）[G]. ALA Archives，University of Illinois，Urbana. 7/1/51，Box2.

二、期刊

《晨报副刊》，1921年创刊；《大学院公报》，1927年大学院编；《东方杂志》，1904年创刊；《佛化新青年》，1923年创刊；《湖北教育月刊》，1933年创刊；《教务杂志》，1868年创刊；《教育杂志》，1909年创刊；《金陵光》，1909年创刊；《民铎》，1918年迁至上海出版；《人民教育》，1950年创刊；《申报》，1872年创刊；《图书馆学季刊》，1925年创刊；《图书展望》，1935年创刊；《文华图书馆学专科学校季刊》，1929年创刊；《文华月刊》，1929年创刊；《文华温故集》，1920年出版；《武汉文史资料》（第九辑），1982年出版；《新教育》，1919年创刊；《中华图书馆协会会报》，1925年创刊；《浙江公立图书馆年报》，1915年出版

三、著作

[1] 北京图书馆. 民国时期总书目（1911—1949）（文化科学、艺术卷）[M]. 北京：书目文献出版社，1994.

[2] 陈寅恪. 金明馆丛稿二编［M］. 上海：上海古籍出版社，1980.

[3] 陈学恂. 中国近代教育史教学参考资料［M］. 曾钜生，译. 北京：人民教育出版社，1998.

[4] 程焕文. 中国图书馆学教育之父：沈祖荣评传［M］. 台北：台湾学生书局，1997.

[5] 程焕文. 晚清图书馆学术思想史［M］. 北京：北京图书馆出版社，2004.

[6] 陈传夫. 文华情怀——文华图专九十周年纪念文集［M］. 武汉：

武汉大学出版社，2010.

[7] 陈冠林，杨胜红. 文华之光 [M]. 武汉：长江出版社，2011.

[8] 杜定友. 图书馆学概论 [M]. 上海：上海商务印书馆，1927.

[9] 邓力群，马洪，武衡. 当代中国的档案事业 [M]. 北京：中国社会科学出版社，1987.

[10] 丁道凡. 中国图书馆界先驱——沈祖荣先生文集（1918—1944年）[M]. 杭州：杭州大学出版社，1991.

[11] 董乃强. 中国高等师范图书馆史 [M]. 北京：人民教育出版社，2002.

[12] 费孝通. 乡土中国生育制度 [M]. 北京：北京大学出版社，1998.

[13] 顾长声. 传教士与近代中国 [M]. 上海：上海人民出版社，1981.

[14] 顾潮. 顾颉刚年谱 [M]. 北京：中国社会科学出版社，1993.

[15] 高时良. 中国教会学校史 [M]. 长沙：湖南教育出版社，1994.

[16] 金敏甫. 中国现代图书馆概况 [M]. 广州：广州图书馆协会，1929.

[17] 金一鸣. 中国特色社会主义教育研究 [M]. 济南：山东教育出版社，1998.

[18] 金以林. 近代中国大学研究（1895—1949）[M]. 北京：中央文献出版社，2000.

[19] 黄宗忠. 图书馆学导论 [M]. 武汉：武汉大学出版社，1988.

[20] 雷通群. 西洋教育通史 [M]. 上海：商务印书馆，1934.

[21] 卢震京. 图书馆学辞典 [M]. 北京：商务印书馆，1958.

[22] 刘国钧. 刘国钧图书馆学论文选集 [M]. 北京：书目文献出版社，1983.

[23] 卢荷生. 中国图书馆事业史 [M]. 台湾：文史哲出版社，1986.

[24] 李小缘. 藏书楼与公共图书馆 [M] //马先阵，倪波. 李小缘纪念文集. 南京：南京大学出版社，1988.

[25] 李志刚. 基督教与近代中国文化论文集（二）[M]. 台北：基督教宇宙光传播中心出版社，1993.

[26] 李希泌，张椒华. 中国古代藏书与近代图书馆史料（春秋至五四前后）[M]. 北京：中华书局，1996.

[27] 梁启超. 中国近三百年学术史 [M]. 北京：东方出版社，1996.

[28] 梁启超. 中国历史研究法 [M]. 北京：东方出版社，1996.

[29] 来新夏. 中国近代图书事业史 [M]. 上海：上海人民出版社，2000.

[30] 李致忠. 中国国家图书馆馆史 [M]. 北京：国家图书馆出版社，2009.

[31] 林美玫. 妇女与差传——19 世纪美国圣公会传教士在华差传研究（Women in Missiology：The Study of the Episcopal Women Missionaries and Their Endeavors in China（1835—1900））[M]. 北京：社会科学文献出版社，2011.

[32] 马敏. 艰难的蜕变——解放前后华中大学与韦卓民 [M] //章开沅，等. 中西文化与教会大学. 武汉：湖北教育出版社，1991.

[33] 马敏. 韦卓民基督教文集 [M]. 香港：香港汉语基督教文化研究所，2000.

[34] 马费成. 世代相传的智慧与服务精神 [M]. 北京：北京图书馆出版社，2001.

[35] 孟雪梅. 近代中国教会大学图书馆研究 [M]. 北京：国家图书馆出版社，2009.

[36] 清华大学校史组. 清华大学校史稿 [M]. 北京：中华书局，1981.

[37] 钱亚新，白国应. 杜定友图书馆学论文集 [M]. 北京：书目文献

出版社，1988.

[38] 任之恭. 一位华裔物理学家的回忆录［M］. 太原：山西高教联合出版社，1992.

[39] 任继愈. 中国藏书楼［M］. 沈阳：辽宁人民出版社，2001.

[40] 沈祖荣，胡庆生. 仿杜威书目十类法［M］. 武昌：文华公书林，1922.

[41] 宋建成. 中华图书馆协会［M］. 台湾：育英社文化事业有限公司，1980.

[42] 吴宝康. 档案学概论［M］. 北京：中国人民大学出版社，1988.

[43] 王西梅. 中国图书馆发展史［M］. 通化：吉林教育出版社，1991.

[44] 吴仲强. 中国图书馆学史［M］. 长沙：湖南出版社，1991.

[45] 汪文汉. 华中师范大学校史［M］. 武汉：华中师范大学出版社，1993.

[46] 王子舟. 杜定友和中国图书馆学［M］. 北京：北京图书馆出版社，2002.

[47] 王子舟. 图书馆学是什么［M］. 北京：北京大学出版社，2007.

[48] 万琼华. 近代女子教育思潮与女性主体身份建构——以周南女校(1905—1938) 为中心的考察［M］. 北京：中国社会科学出版社，2010.

[49] 谢灼华. 中国图书和图书馆史［M］. 武汉：武汉大学出版社，1987.

[50] 徐引篪，霍国庆. 现代图书馆学理论［M］. 北京：北京图书馆出版社，2000.

[51] 熊月之. 西学东渐与晚清社会（修订版）［M］. 北京：中国人民大学出版社，2011.

[52] 严文郁. 中国图书馆发展史——自清末至抗战胜利［M］. 台湾：枫城出版社，1983.

[53] 杨威理. 西方图书馆史 [M]. 北京：商务印书馆，1988.

[54] 姚淦铭. 王国维文献学研究 [M]. 南京：江苏古籍出版社，2001.

[55] 周谷城. 中国通史 [M]. 上海：开明书店，1939.

[56] 张锦郎，黄渊泉. 中国近六十年来图书馆事业大事记 [M]. 台北："商务印书馆"，1974.

[57] 张锦郎. 中国图书馆事业论集 [M]. 台北：台湾学生书局，1984.

[58] 中华续行委办会调查特委会. 中华归主 [M]. 北京：中国社会科学出版社，1987.

[59] 邹华享，施金炎. 中国近现代图书馆事业大事记 [M]. 长沙：湖南人民出版社，1988.

[60] 卓新民. 宗教与文化 [M]. 北京：人民出版社，1988.

[61] 郑章飞，黎盛荣，王红. 中国图书馆学教育概论 [M]. 长沙：国防科技出版社，2001.

[62] 章开沅，林蔚. 中西文化与教会大学 [M]. 武汉：湖北教育出版社，1991.

[63] 章开沅. 文化传播与教会大学 [M]. 武汉：湖北教育出版社，1996.

[64] 章开沅. 江汉昙华林——华中大学 [M]. 武汉：湖北教育出版社，2003.

[65] 中国社会科学院近代史研究所近代史资料编辑部. 近代史资料(总101号) [M]. 北京：中国社会科学出版社，2001.

[66] 张碧惠. 晚清藏书家缪荃孙研究 [M]. 台北：汉美图书公司，1991.

[67] 周洪宇. 学术新域与范式转换——教育活动史研究引论 [M]. 武汉：华中科技大学出版社，2011.

[68] 周洪宇. 文化与教育的双重历史变奏——周洪宇文化教育史论[M]. 武汉：华中科技大学出版社，2012.

[69] 朱有瓛，高时良. 中国近代学制史料（第四辑）[M]. 上海：华东师范大学出版社，1993.

[70] [美] 盖·斯·拉托里斯. 在华基督教学校概况 [M]. 纽约：纽约麦克米伦图书公司，1929.

[71] [美] 理查德·克尔齐斯，加斯顿·利顿. 世界图书馆事业——比较研究 [M]. 徐俊，译. 北京：书目文献出版社，1990.

[72] [美] 柯约翰. 华中大学 [M]. 黄政辉，译. 武汉：华中师范大学出版社，1992.

[73] [美] 吉尔曼，等. 文华大学 [M]. 黄政辉，译. 武汉：华中师范大学出版社，1992.

[74] [美] 玛丽·布朗·布洛克. 洛克菲勒基金会和中国 [M] //二十世纪美国与亚太地区国际学术讨论会论文集北京：现代出版社，1992.

[75] [美] 费正清，费维恺. 剑桥中华民国史（1912—1949）[M]. 北京：中国社会科学出版社，1994.

[76] [美] 费正清. 剑桥中国晚清史 [M]. 北京：中国社会科学出版社，1994.

[77] [德] 裴迪南·滕尼斯. 共同体与社会 [M]. 林荣远，译. 北京：商务印书馆，1999.

[78] [美] 本杰明·艾尔曼. 晚清帝国科举文化史（A Cultural History of Civil Examinations in Late Imperial China）[M]. 加州：加州大学出版社，2001.

[79] [美] 亚伯拉罕·弗莱克斯纳. 现代大学论 [M]. 徐辉，陈晓菲，译. 杭州：浙江教育出版社，2001.

[80] [美] 欧文·V. 约翰宁迈耶. 教育史的本质、目的和方法 [M] //当代教育史研究与教学的主要趋势，方晓东，等，译. 北京：教育科学出

版社，2001.

[81] [英] 齐格蒙特·鲍曼. 共同体：在一个不确定的世界中寻找安全 [M]. 欧阳景根，译. 南京：江苏人民出版社，2003.

[82] [美] 约翰·克来默. 过度社会化的知识分子的困境：后殖民时代新加坡的大学、政治与知识的制度动力学 [M] //贺照田. 并非自明的知识与思想，倪伟，译. 长春：吉林人民出版社，2003.

[83] [美] 托马斯·J. 萨乔万尼. 校长学：一种反思性实践观 [M]. 张虹，译. 上海：上海教育出版社，2004.

[84] [美] 赉玛丽. 圣约翰大学 [M]. 王东波，译. 珠海：珠海出版社，2005.

[85] [美] 海波士. 沪江大学 [M]. 王立城，译. 珠海：珠海出版社，2005.

[86] Thomas Sergiovanni. The Lifeword of Leadership: Creating Culture, Community, and Personal Meaning in Our Schools [M]. San Francisco: Jossey-bass Publishers, 2000.

[87] Burton R. Clark and Ted I. K. Y. Youn. Academic Power in the United States: Comparative Historic and Structural Perspective [M]. Research Report No. 3. Published by The American Association for Higher Education, 1976.

四、论文

[1] 白国应. 沈祖荣先生是我国近代图书分类学的先驱者 [J]. 图书馆通讯，1981 (3).

[2] 白齐茹 (Cheryl Boettcher). 沈祖荣与文华图书馆学专科学校 [M] //陈传夫. 文华情怀——文华图专九十周年纪念文集，何建初，译. 武汉：武汉大学出版社，2010.

[3] 陈颂. 如何引导民众到图书馆来 [J]. 文华图书馆学专科学校季刊，1929，1 (4).

[4] 蔡元培. 裨补学界　潜滋暗助——纪念美国友人韦棣华女士 [J]. 文华图书馆学专科学校季刊, 1931, 3 (3).

[5] 程焕文. 文华图专名称考释 [J]. 图书情报知识, 1987 (2).

[6] 程焕文. 中华民国时期图书馆学术史序说 [J]. 中山大学学报 (哲学社会科学版), 1988 (2).

[7] 程焕文. 一代宗师　千秋彪炳——记中国图书馆学教育之父沈祖荣先生 [J]. 图书馆, 1990 (4).

[8] 程焕文. 图书馆人与图书馆精神 [J]. 中国图书馆学报, 1992 (2).

[9] 程焕文. 文化精神: 中国图书馆精神的家园 [M] //世代相传的智慧与服务精神. 北京: 北京图书馆出版社, 2001.

[10] 程焕文. 百年沧桑　世纪华章——20 世纪中国图书馆事业回顾与展望 [J]. 图书馆建设, 2004 (6).

[11] 查启森. 从文华图专到武汉大学图书情报学院的档案教育 [J]. 图书情报知识, 1990 (3).

[12] 查启森, 招纪元. 所见"文华图专"校史资料中若干异裁的辨析 [J]. 图书馆情报知识, 2008 (2).

[13] 查启森, 赵纪元. 文华公书林纪事本末 [J]. 图书情报知识, 2008 (5).

[14] 杜定友. 图书馆学的内容与方法 [J]. 教育杂志, 1926, 18 (9、10).

[15] 董铸仁. 韦棣华女士追悼大会纪略 [J]. 文华图书馆学专科学校季刊, 1931, 3 (3).

[16] 邓衍林. 火葬 [J]. 文华图书馆学专科学校季刊, 1931, 3 (3).

[17] 杜定友. 图书分类法史略 [J]. 图书馆工作, 1957 (8-9).

[18] 杜定友. 百城生活 [J]. 图书馆园地, 1988 (3).

[19] 高时良. 华中大学的发展历程及办学特色 [J]. 教育评论, 1993 (5).

[20] 黄宗忠. 武汉大学图书馆学系六十年——兼评文华图专和韦棣华

在我国图书馆事业史上的作用 [J]. 武汉大学学报 (哲学社会科学版), 1980 (6).

[21] 黄宗忠. 中国新型图书馆事业百年 (1904—2004) [J]. 图书馆, 2004 (2).

[22] 孔敏中. 现代图书馆的意义 [J]. 晨报副刊, 1925 (6).

[23] 刘国钧. 近代图书馆之性质及功用 [J]. 金陵光, 1921, 12 (2).

[24] 刘允慈. 记美国图书馆学专家韦棣华女士 [J]. 图书展望 (复刊), 1946 (4).

[25] 刘一青. 中国唯一的文华图专 [J]. 知识, 1945 (4).

[26] 李继先. 韦棣华女士与我国图书馆事业 [J]. 华北日报图书馆学周刊, 1931 (8).

[27] 李甲芹, 张海济. 关于中国现代图书馆事业史评价上的一个重要问题 [J]. 吉林图书馆学会会刊, 1981 (3).

[28] 路林. 韦棣华与文华公书林及文华图专 [J]. 河南图书馆季刊, 1982 (4).

[29] 梁建洲. 我国解放前档案管理教育状况 [J]. 档案学通讯, 1992 (1).

[30] 梁建洲, 梁鳣如. 我国图书馆学、档案学专业教育的摇篮——记武昌文华图书馆学专科学校 [J]. 四川图书馆学报, 1996 (5).

[31] 罗忆. 文华图专经费来源考 [J]. 中国档案, 1998 (1).

[32] 雷颐. “公共空间”的自觉与扩展 [J]. 寻根, 2001 (6).

[33] 梁建洲. 回头看看私立武昌文华图书馆学专科学校档案管理专业教育的贡献 [J]. 图书情报知识, 2007 (1).

[34] 廖洛纲. 文华图专毕业生自抗日战争开始后对四川地区各图书馆做出的贡献 [J]. 图书情报知识, 2007 (1).

[35] 刘耀华. 难忘文华图专和文华师友 [J]. 图书情报知识, 2008 (4).

[36] 林明武. 中国近代图书馆诞生与欧美图书馆关系 [J]. 中国电力

教育，2008 (11).

[37] 刘美文. 文华图专的兴起及其历史、社会背景分析 [J]. 档案学研究，2011 (1).

[38] 毛坤. 华中大学文华图书科十周年纪念 [J]. 文华图书科季刊，1930，2 (2).

[39] 毛坤. 悼韦棣华女士 [J]. 文华图书馆学专科学校季刊，1931 (3).

[40] 马叙伦. 处理接受外国津贴的高等学校会议的开幕词 [J]. 人民教育，1951 (2).

[41] 马启. 评韦棣华 [J]. 四川图书馆学报，1985 (3).

[42] 马敏. 21 世纪中国近现代史研究的若干趋势 [J]. 历史研究，1999 (5).

[43] 毛相麟. 文华图专旧事——从公书林到廖家花园 [J]. 图书情报知识，2007 (5).

[44] 彭斐章. 文华图专和中国图书馆学教育的发展 [J]. 图书馆，2001 (4).

[45] 彭敏惠. 文华公书林与文华图专的巡回文库 [J]. 图书馆论坛，2008 (4).

[46] 彭斐章，彭敏惠. 文华图专目录学教育与目录学思想现代化 [J]. 图书馆论坛，2009 (6).

[47] 钱德芳，程晓端. 文华图书馆学专科学校开办档案教育始末 [J]. 图书情报知识，1984 (2).

[48] 任鸿隽. 十年来中基会事业的回顾 [J]. 东方杂志，1935，32 (7).

[49] 沈祖荣. 中国全国图书馆调查表 [J]. 教育杂志，1918，10 (8).

[50] 沈祖荣. 民国十年之图书馆 [J]. 新教育，1923，6 (2).

[51] 沈祖荣. 我对于文华图书科季刊的几种希望 [J]. 武昌文华图书科季刊，1929 (1).

[52] 沈祖荣. 参加国际图书馆第一次大会及欧洲图书馆概况调查报告

[J]. 中华图书馆协会会报，1929，5 (3).

[53] 沈祖荣. 韦棣华女士略传 [J]. 文华图书馆学专科学校季刊，1931，3 (3).

[54] 沈祖荣. 国难与图书馆 [J]. 文华图书馆学专科学校季刊，1932，4 (2).

[55] 沈祖荣. 我国图书馆事业之改进 [J]. 文华图书馆学专科学校季刊，1933，5 (3、4).

[56] 沈祖荣. 谈图书馆员的生活 [J]. 文华图书馆学专科学校季刊，1934，6 (1).

[57] 沈祖荣. 谈图书馆专业教育 [J]. 湖北教育月刊，1935，2 (4).

[58] 沈祖荣. 图书馆教育的战时需要与实际 [J]. 中华图书馆协会会报，1939，13 (4).

[59] 沈祖荣. 私立武昌文华图书馆学专科学校近况 [J]. 中华图书馆协会会报，1942，16 (3、4).

[60] 唐月萱. 回顾文华学习生活，缅怀沈祖荣校长 [J]. 高校图书馆工作，1982 (2).

[61] 汤岩旭，马志立. 孤光自照　表里澄澈——胡庆生二三事 [J]. 图书情报论坛，2008 (4).

[62] 吴则田. 韦棣华在中国近代图书馆史上的活动 [J]. 图书情报知识，1983 (4).

[63] 王德俊. 我国近代档案教育历史简述 [J]. 档案工作，1992 (5).

[64] 王立新. 十九世纪在华基督教的两种传教政策 [J]. 历史研究，1996 (3).

[65] 王政. 评柯临清著《从社会性别角度看中国革命》[J]. 近代中国妇女史研究，1996 (4).

[66] 吴稌年. 论“新图书馆运动”的高潮期 [J]. 图书馆，2007 (2).

[67] 吴永贵，林肖海. 文华图专与中国近代图书馆学学科建制 [J].

图书情报知识，2009 (3).

[68] 王子舟．中国图书馆学教育九十年回望与反思 [J]．中国图书馆学报，2009 (14).

[69] 徐文台．关于收回教育权 [J]．民铎，1926，7 (3).

[70] 徐全廉．评《评韦棣华》[J]．四川图书馆学报，1987 (1).

[71] 谢灼华，彭海斌．李小缘先生在近代图书馆研究上的地位 [J]．江苏图书馆学报，1987 (4-5).

[72] 谢灼华，贺子岳．文华图专与中国图书馆学研究 [J]．高校图书情报学刊，2002 (1).

[73] 谢灼华．特点和影响：20 世纪上半叶的文华图书馆学专科学校 [J]．图书情报知识，2009 (1).

[74] 徐鸿．美国模式对中国现代图书馆学教育的影响——以文华图专为例 [J]．天禄论丛——中国研究图书馆员学会会刊，2012 (2).

[75] 禹成明．热心中国图书馆事业的美国人 [J]．广东图书馆学刊，1983 (4).

[76] 严文郁．文华图专的三位教务主任 [J]．高校图书情报学刊，1989 (2).

[77] 阎鸣，段国桥．武汉最早的公共图书馆——文华公书林 [J]．湖北档案，2000 (2).

[78] 俞君立．文华图专学者对图书分类理论与实践的贡献 [J]．高校图书馆工作，2001 (1).

[79] 杨子竞．1925—1936 年中国图书馆事业兴盛的成因与评价 [J]．图书馆学研究，2003 (6).

[80] 赵紫宸．今后四十年中国基督教教义神学可能的发展 [J]．金陵神学志，1950，26 (1、2).

[81] 张遵俭．昙华忆旧录——毛体六学记 [J]．图书馆学通讯，1982 (1).

[82] 张遵俭．昙华林旧录——回忆绍期师 [J]．图书馆学通讯，1982 (2).

[83] Alfred K. M. Chieo. Boone University Library Past, Present and Future [J]. The Boone Review, 1920.

[84] Mary Elizabeth Wood. A Christian Library for Central China [J]. The Spirit of Missions, 1907.

[85] George W. Huang. Miss Mary Elizabeth Wood: Pioneer of the Library Movement in China [J]. Journal of Library and Information Science, 1975.

[86] Hsu Ta-Tsung. The Work of Boone Library in the Commercial Press Library [J]. The Boone Review, 1920.

[87] Kwei, J. C. B. Boone Library School [J]. 英文杂志, 1926, 12 (3).

[88] T. C. S. Hu. A Great Surprise on Last Boone Commencent Day [J]. The Boone Review, 1920.

[89] Tohn H. Winkelman. Mary Elizabeth Wood (1861—1931): American Missionary-Librarian to Modern China [J]. Journal of Library and Information Science, 1982 (8).

[90] Tsu-Yung Seng. Difficult Problems of the Librarian in China [J]. The Chinese Student's Monthly, 1917, 12 (1); 13 (2).

[91] William Hwang. The First Library School in China [J]. The Boone Review, 1920.

后　记

拙作《不朽的文华——从文华公书林到文华图书馆学专科学校》就要问世了，紧张而充实的写作日子算是告一段落。回想去年 6 月在书房里找到十多年前撰写的打印封面业已发黄的本书初稿时，顷刻间的喜悦犹如宝物重归故人之手，轻轻用手拂去灰尘，俯首翻阅时内心感慨油然而生，有如故友久别重逢，格外亲切。

先说点治学感悟吧。一部书就有一种意求，即人们常说的“学以外成”。面对有关文华图专纷繁芜杂的历史资料，耳边恍如响起苏东坡与王郎书交流读书意求的感悟：“少年为学，每一书作数次读。当如入海，百货皆有，人不能兼收尽取，但得其所欲求者耳。故愿学者每次作一意求之。如欲求古今兴亡治乱圣贤作用，且只作意求之，勿生杂念。”数十年的治学生涯，我始终信奉“史学所以经世”之圭臬，希望能打通历史与现实，使教育文化史研究能有益于社会现实，造福于人民教育文化事业。本书的意求，无非冀图通过展示文华人百年探索与奋斗、苦难与辉煌的沧桑历程，向世人昭示：教育是民族振兴的重要基石，文化是国家昌盛的深层本源。

章学诚在《文史通义·博约上》道明治学追求“学在自立，人所能者，我不必以不能愧也。因取譬于货殖，居布帛者不必与知粟菽，藏药饵者不必与闻金珠，患已不能自成家耳。譬市布而或缺于衣材，售药而或欠于方剂，则不可也”。在文华图专及相关研究上，图书馆学家彭斐章、谢灼华、程焕文等教授之扎实研究在前，各位专家研究成果本书已注意尽量吸纳，唯过往图书馆学研究者由于其专业背景更侧重于研究文华图专在图书馆学史上的作用与地位，而我则偏向于从教育文化史（尤其是基督教在华教育事业史）角度来考察文华图专，不敢说“自成一家”，只求“一已之言”足矣。本书也注意尽量收集运用反映文华公书林、文华图专不同阶段，尤其是创办之初的原始文献，希望能立论坚实、论有所傍、不发空议。遗憾的是，因学植不厚，悟性不高，俗务缠身，精力有限，时间仓促，无暇推敲，本书难免错漏，还望方家指正。

我不否认世间真有天纵之才，但窃以为研究教育文化史，要想真正有所成就，凭藉的不是天才，而是勤奋、细致与创新。没有对材料的辛苦爬梳，没有对历史实相的细心考察，没有对种种矛盾陈述的认真清理，没有对已有论说的多方比照，没有对历史文化生态环境的整体把握，是不可能对业已远去的复杂的教育文化活动现象探幽发微的。细心的读者也许会发现“文华共同体”这样一个自撰词汇在全书不同历史关头频频出现，这是解读文华的钥匙所在，它贯穿于全书，体现历史的宿命。人们常常用社会效应作为判断学者功底、识见与资质的尺度，却往往忽视史家才学识增长的自然过程。我的学生时代，如果不曾受业师章开沅先生“文化土壤论”、张舜徽先生“考镜源流论”和董宝良先生“教文融合论”的熏陶，如果没有众多才华横溢的同门桑兵、马敏、朱英、虞和平、莫世祥、王杰、马小泉、乐正、郭国灿、宋亚平、熊贤君、余子侠、彭南生、李宪生、潘岳、王奇生等人的相交激励；执教期间，如果不曾与华中师范大学教育学院和历史文化学院诸多同事相互切磋，砥砺学行；近十多年来，如果不投身于社会文教事业的管理与实践，不始终关注现实图书馆、档案馆、博物馆的法律保障，就很难有本书的问世。这本饱含了学、思、行人生百味的拙作，能在母校110周年校庆之际，作为献礼蕴含了个人对母校及师长多年栽培关怀的感恩之情。

最后，我想特别提出的是，在本书搜集资料和撰写期间，国家图书馆、湖北省档案馆、武汉市档案馆、华中师范大学图书馆与档案馆、武汉大学图书馆与档案馆、信息管理学院等机构提供了很多便利。湖北省档案馆熊承家馆长、李宗春副馆长、信息开发利用处周幼芬副处长给予了积极支持，湖北省图书馆汤旭岩馆长、徐力文副馆长、信息咨询部戴波主任、张汉强研究馆员提供了热情帮助。刘飒、贺娜同志前后予以有力襄助，华中师范大学出版社领导和编辑高度重视并精心编辑，在此一并表示诚挚的谢意！

周洪宇

2013 年 6 月 30 日